厦门经济特区年鉴

YEARBOOK OF XIAMEN SPECIAL ECONOMIC ZONE

2002

（总第十四期 NO.14）

《厦门经济特区年鉴》编辑委员会 编

中国统计出版社
China Statistics Press

第七篇　法规文件

第八篇　大事记

特载·文献

特载·文献

政府工作报告

——2002年2月22日在市十一届人大第五次会议上

厦门市市长　朱亚衍

各位代表：

现在，我代表市人民政府向大会作政府工作报告，请予审议，并请市政协委员和其他列席人员提出意见。

一、2001年工作回顾

2001年是进入新世纪的第一年，也是厦门经济特区建设20周年。在党中央、国务院、福建省委、省政府和中共厦门市委的领导下，全市人民以邓小平理论和党的十五大精神为指导，认真贯彻党的十五届五中、六中全会精神，努力实践江总书记"三个代表"重要思想，继续实施中央扩大内需的方针，不断加大固定资产投入，大力治理经济发展环境，着力抓好经济增长点，积极开拓国内外市场，努力克服世界经济增长减缓等不利因素的影响，在比较困难的环境中，努力完成市十一届人大四次会议确定的各项任务。全市国内生产总值完成556.4亿元，比上年增长12%；地方级财政收入65.3亿元，增长26%；城镇居民人均可支配收入11 365元，农民人均可支配收入4 322元，分别增长8.3%和11.4%。

过去的一年，我市一些支撑经济增长、关系发展后劲、体现竞争实力和反映城市特色的重要指标，取得较快增长。规模以上工业产值跃居全省首位，财政总收入突破100亿元，海港货物吞吐量突破2 000万吨，招商引资取得三年来最好成绩，外贸出口保持全省领先水平，固定资产投资超额完成任务。规模以上工业产值、海、空港运量、外贸进出口总额、招商引资和财政总收入等指标占全省较大比重，为我省经济建设和社会发展作出新的贡献。

（一）大力培植经济增长点，国民经济保持较快发展

工业生产稳步增长。继续实施减负措施，认真做好重点企业的跟踪服务，及时协调解决存在的困难和问题，为企业尽快投达产创造了良好环境，柯达一次性相机、厦新电子城、通用发动机维修等一批项目投产。引导和支持企业拓展市场，工业品产销率98.4%，经济效益综合指数139.7%。实施扶持高新技术企业发展的若干意见，"一区多园"产业化基地发展势头良好，留学生创业园二期工程进展顺利，北大生物园开园运作。鼓励企业设立研发中心和博士后流动站，扶持民营科技企业。推进工业结构调整，支持技术改造和技术创新，一批项目列入国家重点技术创新和新产品试产计划，通士达照明、绿泉实业等易地技改项目陆续投产，完成技改投资27.6亿元，增长20.1%。实现工业总产值881.5亿元，增长15.4%，其中规模以上工业产值800.5亿元，增长16.3%。

第三产业继续发展。引进先进经营模式，促进了商贸批发零售业的改革。出台加快旅游业发展的若干意见，加强客源市场的促销，整顿规范旅游市场秩序，旅游业较快发展。成功举办投洽会、广告节、煤交会等大型会展活动，带动了相关行业的发展。推进港口基础设施建设，提高大型船舶靠泊能力，增辟8条国际航线，拓展集装箱国际中转业务，集装箱吞吐量129.3万标箱，增长19.3%，首次进入世界集装箱港口50强。空港旅客吞吐量373.7万人次，货物吞吐量10.7万吨，均创历史新高。信息港建设加快，基本完成金宏工程，启用出租车卫星定位系统，物流公共信息平台和宽带网建设步伐加快，互联网用户增长30%，电子商务和多种模式信息化小区试点得到推进。

财税金融对经济发展的扶持作用增强。执行国家积极财政政策，加强财税管理，多方筹集和有效调度财政资金，在加快重点项目建设、扩大出口、推动农村“两化”等方面有力支持了经济发展。促进金融创新和完善管理机制，加强银企合作，在增加投入和扩大有效需求方面，发挥了较好作用。

各区经济取得较快发展。进一步调动各行政区、开发区积极性，通过加大投入，培植增长点和生财点，各行政区、开发区国内生产总值、财政收入、招商引资取得较大增长，对全市经济增长的贡献作用增强。

（二）努力改善投资环境，对外经贸取得显著成绩

口岸环境逐步优化。建成启用海沧联检中心。清理整顿口岸中介组织，先后三次降低港口收费。实行通关作业改革，开通电子口岸，对高新企业实施便捷通关措施，扩大“先放后税”适用范围，对信誉好的企业实行“绿色通道”管理，试行预归类、预申报制度和预约加班服务，启用组合移动式集装箱检查系统，实现了出入境货物检验检疫的报检、转单和签证电子化，通关速度明显提高。

外贸出口保持较快增长。加大出口扶持力度，紧密跟踪出口动态，注重政策的针对性和时效性，促进关贸、税贸、银贸协作。进一步开拓多元化出口市场，组织企业参加国际展览会和其他市场促销活动，对新兴市场出口取得明显成效。完成外贸进出口总额 110.8 亿美元，增长 10.2%，其中出口 65 亿美元，增长 10.6%。

招商引资凸显成效。出台关于进一步改善投资环境的若干意见，建立外商投资项目审批服务中心和建设管理服务中心。组建招商中心，落实招商引资责任制。跟踪服务外资项目，实施重点外资项目“一把手工程”，促进了在谈、在建项目的签约、履约和开业。合同利用外资 12.7 亿美元，实际利用外资 11.5 亿美元，分别增长 26.7% 和 11.8%。

对台经贸交流扩大。认真落实《厦门市台湾同胞投资保障条例》，依法维护台商合法权益。办好台商投资区，加大对台招商力度，扩大对台贸易。引进合同台资 2.9 亿美元，增长 96%。对台贸易进出口总额 12.7 亿美元，增长 7%。积极推进两岸试点直航，运载集装箱 35.3 万标箱。实现厦门与金门个案直航，全年来往航班 129 航次。

经济协作取得新进展。签订各种经济协作项目 74 个，新增内联企业 172 家。成功举办了厦门商品昆明博览会和乌鲁木齐展销会。推进闽粤赣 13 地市和闽西南五地市的经济协作，支持企业参与西部大开发。继续做好宁夏固原和西藏林芝对口支援工作，顺利接收安置三峡库区第一批移民。

（三）积极推进体制改革，市场经济秩序日趋规范

体制创新步伐加快。出台了股权质押、改制和破产准备金、职工经济补偿金等管理办法，对部分国有中小企业进行改组、改造，电控设备、华纶纺织、利恒涤纶等国有企业成功嫁接外资或民营资本。区属企业改制任务基本完成。流通领域改革不断深化，多元化商业格局初步形成，国有资本从一般竞争性领域有序退出步伐加快。初步建立了中小企业投资担保等服务体系。进一步培育资本市场，加快厦门证券公司资产重组，厦门信托、建发信托公司的重组工作基本完成。全年新增股份有限公司 19 家。小城镇综合改革试点工作取得进展。

整顿和规范市场经济秩序取得阶段性成果。严厉打击制售假冒伪劣商品，净化市场环境。实施“放心食品工程”，餐桌污染整治初见成效。加强重点环节监控，走私活动得到遏制。强化劳动力市场管理，清理非法中介机构。整顿和规范建筑市场，推行工程代建、监理和招投标制度。整顿歌舞娱乐场所，进一步净化了文化市场。开展安全生产专项整治，排查事故隐患，减少重特大安全事故的发生，及时妥善处理了“运鸿”号油轮沉没事故。

（四）千方百计增加投入，城市环境进一步改善

重点项目进展较快。加大工程资金、进度、质量协调，着力解决征地拆迁等困扰工程建设的突出问题，建成鹭江道、市府大道（厦禾路——公园东路段）等一批市政道路，完成电力进岛第三通道、同安东西溪防洪体系、北溪引水厦门段改造等工程，开工建设云顶隧道、蔡尖尾山隧道一期工程、海沧港区 3 个泊位等一批重点项目，并启动一批增投项目。完成全社会固定资产投资 191.7 亿元，增长 9.5%，实现止跌回升。

城市规划和管理进一步强化。宣传和实施“城市总体规划修编”，调整部分分区规划，组织评审海沧新市区规划和鼓浪屿发展规划。推行规划公示制度试点。加大违章建筑整治力度。完成火车站广场、厦大公交停车场等项目的改造。扩大城乡园林绿化面积，加强夜景规划与建设，进一步美化城市环境。开展海域使用普查登记，推行海域有偿使用制度，启动第二轮海岸带综合管理示范区建设项目。实施 ISO14000 城市环境管理体系，加强环境监测和污染源控制，获得国家“人居环境范例奖”。

（五）实施同发展工程，农村经济较快发展

农业生产较快增长。加大农业投入，完成一批农业基础设施建设，增强了防灾抗灾能力。引进一批优良品种，推广增产增效实用技术，着力发展种苗业和农产品加工业，调整优化了农业产品结构。加快闽南果蔬等农产品批发市场建设，开通农村经济信息网站，拓展了农产品销售渠道。进一步保护森林资源，完成林业生态公益林区划界定工作。全年实现农业总产值35.6亿元，增长10.3%。

农村“两化”建设全面启动。认真落实关于进一步促进农村发展、农民增收的若干政策，扶持农业产业化龙头企业，推动了农村经济结构调整，一批薄弱村集体经济实力增强。五个工业区基础设施建设和招商引资稳步推进，完成三个中心镇规划调整。农村电网改造基本完成，降低了农村电价。免费培训农业富余劳力，优先推荐就业，农村劳动力转移力度加大，非农收入增加，促进农民增收。

（六）坚持经济社会协调发展，社会事业全面进步

实施“办学质量年”取得成效。推进素质教育，启动国家级基础教育课程改革实验，三所成人高校合并取得实质性进展，基本普及高中阶段教育，高考继续保持佳绩，基本完成岛外农村学校危房改造，改善外来员工子弟学校办学条件，社会力量办学有新进展。分类实施市属科研机构体制改革，六个行政区通过全国科技进步考核，建成启用青少年科技馆，加强科技成果及技术市场管理，组织申报了一批国家科技计划项目。加强文化基础设施建设，建成少儿图书馆，完成市影剧院改造，推出一批农村镇级文化中心示范点，公布了一批涉台文物保护单位，文、博、图事业得到发展。城镇职工医疗保险、药品集中招标采购制度改革继续走在全国前列，农村合作医疗取得重大进展，农村人口参保率55%，人口和计生工作得到加强。成功举办第十六届市运会。深入开展群众性精神文明创建活动，加强社会公德、职业道德和家庭美德建设，引导崇尚科学文明的生活方式。同时，广播电视、新闻出版、社会科学、民族、宗教、双拥、民政、民防、地震、气象、外事、侨务、老龄、关心下一代、妇女、儿童、残疾人等方面工作全面推进。

（七）关心人民群众生活，社会保持安定稳定

完成为民办实事项目，关心困难群体，保障下岗职工、农村贫困户和优抚对象的基本生活。调高企业最低工资标准，增加机关事业单位工作人员工资，提高退休、退职人员基本养老金。启动企业退休人员社会化管理，改革社会保险费、医疗保险金征缴办法。调整失业人员待遇，提高医疗和重新就业补助标准，全面实行职业技能培训补贴。加强失业人员和上岗前人员的培训，提高劳动技能，社会就业渠道扩大。广开门路安置军队转业退役人员。开展岛内社区建设试点，完成部分社区居委会的调整。

“严打”斗争取得效果，侦破了一批重大刑事案件，“法轮功”非法活动得到遏制。认真受理群众来信来访，做好人民调解和经济仲裁、劳动仲裁工作，化解社会矛盾，尽力解决群众反映的热点难点问题。实施“四五”普法规划，干部群众的法律意识普遍增强。

（八）进一步转变工作作风，政府自身建设得到加强

效能建设取得成效。巩固行政审批制度改革成果，全面启动区级行政审批制度改革，市直职能部门、窗口单位和各区政府积极履行公开承诺，提高了服务质量，优化了投资环境。开展民主评议行风和“千家企业评机关效能”活动，督促有关单位改进了工作作风。

依法行政稳步推进。清理和废止了一批规章和规范性文件。加强行政立法，邀请专家参与立法工作，立法质量提高。加强执法监督，规范执法行为，建立了行政执法责任制。依法办理行政复议案件，认真开展应诉工作，维护公民的合法权益。出台政务公开实施意见，区级政务公开全面展开，市直部门政务公开继续深化。认真向市人大代表、政协委员通报政情，积极办理人大议案、建议、批评、意见和政协提案。推行决策咨询论证和听证制度，认真听取专家学者和人民群众的意见和建议，推动决策民主化、科学化。

廉政建设得到加强。查处特大走私案基本结束，惩治了腐败分子，以党风廉政建设的实际成果取信于民。认真贯彻从严治政要求，加强领导干部廉洁自律，开展自查自纠整改活动，开设廉政账户，建立廉政谈话、诫勉谈话制度。认真落实党风廉政建设责任制，各级领导干部“一岗双责”意识普遍增强。加大从源头治理腐败的力度，加强政府部门预算管理和审计工作。

各位代表，过去的一年，我们各项成绩的取得，是在党中央、国务院和中共福建省委、省政府及中共厦门市委的正确领导下，在各级人大及全体人大代表的依法监督和大力支持下，在各级政协及各位政协委员的民主监督和积极参与下，全市人民迎难而上、团结拼搏的结果。在此，我代表市人民政府，向全市人民，向中央和省驻厦单位、驻厦部队、武警部队，向各民主党派、总商会、人民团体和各界爱国人士，向来厦的所有投资者和务工人员，向香港和澳门特别行政区同胞、台湾同胞、海外侨胞和外国朋友，表示衷心的感谢！

过去的一年，我们也存在一些困难和问题：（1）国内生产总值增幅未完成年初预期目标。主要是年初对困难形势估计不足，受世界经济增长减缓和美国“9·11”事件的影响，出口订单减少，内销门路不广，企业生产受到较大影响。（2）经济增长后劲不足，工业新增长点不多，招商引资仅是恢复性增长，缺乏关联性、拉动性强的项目。（3）城乡规划跟不上建设发展的需要，海湾型城市建设步伐推进不快，城市管理存在一些薄弱环节。（4）应对入世的学习和研究不够，具体应对措施和办法不多。（5）政府转变职能、提高行政效率的有效措施不多，创新精神不够，投资软环境还存在不少问题。（6）群众反映的热点问题有的未能得到及时妥善处理，主要是工作不到位，了解基层情况不深不透，措施不够有力。这些问题我们要在今后工作中认真加以解决。

二、2002年主要工作

各位代表，2002年是我们党和国家历史上具有重大意义的一年，也是我市重振雄风、再创辉煌的关键一年。今年，国际经济环境相当严峻，不确定因素增加，世界经济增长减缓和美国“9·11”事件的影响不可低估，我市主要出口市场的美国、欧盟、日本经济仍将不景气，以出口为主的三资企业和重点工业企业生产可能更加困难，形势将比1997年亚洲金融危机时更为严峻；入世后一些竞争力不强的行业和产品将受到较大冲击；新投产的项目不多，在建的一些项目在明后年才能形成新的增长点；经济生活中一些深层次的问题还有待解决，结构调整还要付出较高的成本。但是，我们也有许多有利因素，国家继续实施扩大内需的方针，为我们开拓内销市场创造了有利条件；我市多年积累的物质技术基础较好，外向型经济特征明显，适应入世后新形势的能力较强。纵观全局，机遇大于挑战。我们要正视困难，发挥优势，努力保持我市经济发展的良好势头。

今年政府工作的指导思想是：以邓小平理论和党的十五大精神为指导，认真贯彻落实江总书记“七·一”重要讲话和党的十五届五中、六中全会精神，以及省第七次党代会和市委九届三次全体（扩大）会议精神，按照“三个代表”的要求，审时度势，趋利避害，实施海湾型城市发展战略，积极有效应对入世，加快结构调整和体制创新，增强城市综合竞争力，提高人民群众收入，加强政府自身建设，坚定信心，开拓进取，艰苦奋斗，扎实工作，推动国民经济持续快速健康发展和社会全面进步，以改革开放和现代化建设的新成就迎接党的十六大的胜利召开。

今年我市主要经济预期目标是：国内生产总值增长12%左右，地方级财政收入（按可比口径）增长12.4%；城镇居民和农民人均可支配收入分别增长8%和9%。政府主要工作是：

（一）培育经济增长后劲，为基本实现现代化夯实基础

加强对企业的支持和服务。认真落实进一步改善工业经济运行环境的政策措施和扶持高新技术企业发展的若干意见，继续减轻企业负担，降低经营性收费，减少行政性收费，切实帮助解决生产经营中的困难和问题，提高企业竞争力，扶持优势企业，提升产品档次，扩大产销规模。鼓励拓展内外销市场，组织企业参加各种博览会、订货会，支持在一些重点城市设立厦门产品销售窗口和服务中心。

大力培植新增长点。跟踪在建新项目，及时帮助解决困难和问题。协助戴尔计算机、柯达一次性相机、通用发动机维修、TDK三期等项目扩大市场、增加生产，加快厦顺铝箔、太古飞机维修三期建设，促进PTA、瑞声达助听器等项目竣工。加快工业结构调整，扶优扶强支柱产业和重点骨干企业，大力发展高新技术产业，努力培植拳头产品、特色产品和企业品牌。以信息化带动工业化，推动企业技术进步，加大技术创新和改造力度，推进厦门卷烟厂、厦工集团等老企业搬迁改造。加强对企业技术中心建设的支持和指导，推动产学研合作。积极扶持中小企业的发展。

加快发展服务业。争创“中国最佳旅游城市”，认真落实进一步加快旅游业发展的若干意见，高标准做好旅游发展的总体规划和专项规划，加强旅游招商，推进项目建设，培育骨干企业，拓展多元化旅游市场。做好中山路步行街前期工作。研究制定促进会展业发展的扶持政策，积极争取举办各类会展。积极开辟新的国际航线和内航支线。大力发展

中转业务，高水平做好物流业发展的整体规划，着重培育东渡、海沧、空港三个物流中心，形成有较强集聚效应的物流平台，加快构建厦门区域性航运中心。加大岛外房地产开发力度，进一步规范和搞活房地产市场，推进住宅和房地产业健康稳步发展。抓住我国加入世贸组织的机遇，充分发挥港口和区位优势，积极推进服务贸易行业的对外开放，按照时间表抓紧做好相关准备工作，大力发展服务贸易。

（二）推进海湾型城市建设，拓展城市发展空间

实施“城市规划年”。组织实施修订后的《厦门市城市规划条例》，建立健全城市规划委员会工作制度，完善法定图则制和规划公示制。加快海湾型城市各分区规划编制进度，高起点做好重点片区、新区开发与旧城改建、岛内农村城市化等各项规划的编制。加强规划宣传、管理和监督力度。进一步开放设计市场，引入竞争机制，提升规划水平。

加大海湾型城市的建设力度。建立多元化投入机制，千方百计增加固定资产投入。充分发挥财政金融在城市建设中的筹融资作用，鼓励外资、民间资金投资建设经营基础设施项目，发挥各级政府的积极性，逐步形成以政府投资为引导、社会投资为主体的多元化投资格局。推进经济发展重点区域从岛内向岛外战略转移，继续建设一批交通干道和市政基础设施项目。加快岛外公路网等基础设施建设和工业园区的开发步伐，启动西海域综合整治及开发工程，开工建设同集路延伸段，改革出岛过桥收费办法，加快东通道和厦漳跨海大桥等项目的前期工作。

加强生态环境建设。树立经营城市的理念，运用市场手段做好城市建设与管理。坚持新区开发与旧城改造并重，加快岛外基础设施建设与完善本岛市政设施并重，构筑海湾型城市与建设生态城市并重。修订城市管理法规，进一步理顺市、区两级城市管理体制。改革城市管理执法体制，建立新的综合执法管理体系，提高执法水平。完善土地管理制度和土地批租机制，完成协议土地出让清理工作。大力推进和完善土地收购、储备制度，促进土地集约利用，提高土地开发效益。加大造林绿化投入，更换林木品种，整治裸露山体，完善道路绿化和景观，加强污染源控制，进一步改善人居环境，争创“国际花园城市”。抓好海域环境和海岸带的保护，全面实施海洋功能区划、海域使用权属管理和海域有偿使用制度。制定鼓励政策，推进旧城改建和本岛农村城市化试点工作。继续整治违章建设，高标准建设一批新片区。

创造良好的建设环境。加大重点工程项目的调度力度，完善建设项目的跟踪服务和协调机制。树立全局观念，加强相关单位的配合，提高环保评审、设计审批、预算审核的效率。发挥区、街基层的作用，及时解决征地拆迁等难点问题。强化项目责任制，加强质量、工期、资金控制，确保重点工程顺利进展。

（三）抓住入世契机，促进对外开放向高层次发展

进一步优化口岸环境。建立“大通关”协调体制，形成快速通关反应机制，推广运用电子口岸，规划建设口岸信息平台，提高通关效率。简化通关手续，做好深加工结转、转关运输等有关工作，继续扩大“绿色通道”、“先放后税”适用范围。实行海港集装箱集中查验，扩大分类管理。建立海上交管监控系统，清理整顿航道，动工建设厦门港10万吨级航道二期工程。加强对口岸中介行业的整顿和管理，规范货代企业的经营行为。改善港口设施条件，建设快件监管中心。

积极有效利用外资。坚持大中小项目并举、内外资兼顾，积极推行代理招商、委托招商等引资新方式，推动招商市场化运作。拓展服务贸易招商引资的新领域。落实招商责任制，加大岛外各开发区、工业新区的招商力度，突出出口加工区、软件园、留学人员创业园等重点区域的招商，强化对跨国公司、大项目和高新技术企业的引进工作，做好现有重点企业的配套招商。进一步做好侨务工作，加强与港澳同胞和华侨、华人的联系，重视对港澳侨资金和技术的引进。发挥民间团体作用，加强与台湾工商社团的联系，跟踪台湾产业转移趋势，加大对台招商力度，争取更多的台资企业落户厦门。加强对现有三资企业的服务，促其增资扩产，并吸引关联企业来厦投资。进一步落实重点项目跟踪责任制，推动已签约项目的到资。继续办好“投洽会”和“台交会”，充分利用在厦召开的各类国际会议，加强招商引资。

千方百计扩大出口。在世贸组织有关规则下，继续保持鼓励出口政策的连续性。积极争取退税指标，加快退税速度，落实退税抵押贷款，解决“税票信息”等问题。做好出口大户的跟踪服务，加大对机电产品和高附加值产品的出口扶持力度。巩固传统出口市场，拓展新兴市场，加强海外贸易网点建设，扩大对俄罗斯、东欧、中东、非洲、南美等地的出口业务，适应两岸入世的新形势，进一步拓展对台贸易。加快保税区二期建设，办好出口加工区，扩大加工贸易出口。实施“走出去”战略，支持企业在海外投资设厂。

努力拓展经济腹地。加强山海协作、区域协作以及友城之间的经济协作，推进龙厦铁路前期工作，密切与赣南、湘南等区域的经济联系，引导企业参与西部大开发，促进与国内各地开展经贸合作。重视对内招商，想方设法吸引更多的企业把总部和研发中心设在厦门。做好对西藏、宁夏、重庆有关地县的对口支援。做好三峡库区第二批移民的安置工作。

（四）发挥先行先试作用，大力推进市场化改革

深化国有企业改革。以提高企业竞争力为目标，规范和完善法人治理结构，转换经营机制，强化企业内部管理，形成自我发展、善于竞争的内在机制。继续完善国有资产运营监督管理体系，抓好国有资产经营主体或投资主体之间的优化重组。推进公交、自来水等公用事业市场化改革。促进商贸和旅游企业资产重组。继续改革分配方式，完善经营者年薪制，扩大期股期权试点，推进职工持股、技术入股，建立健全激励机制和约束机制。加快企业改制步伐。妥善处理好关闭企业的善后工作和职工安置分流工作。

促进非公有经济发展。降低市场准入“门槛”，鼓励非公有经济以资本、技术等生产要素参股等形式，参与公有经济的改组改造。促进非公有经济股权结构优化。落实鼓励非公有经济发展的政策措施，逐步建立融资、信用担保、技术创新、人才培训、市场开拓等服务体系。支持非公有经济参与公用事业改革。

深化社会事业改革。继续推进科技管理体制改革，加快建立科技创新及服务体系。启动勘察设计院改企建制工作。促进市属专业艺术表演团体的改革，实现文化资源的合理配置，培养和引进高水平的专业艺术人才。推进医药卫生体制三项改革，建立健全卫生监督体制和疾病预防控制体制，推行医疗机构分类管理，合理调整医疗卫生资源，形成多元化办医格局，加快卫生事业单位用人和分配制度改革。

继续整顿和规范市场经济秩序。培育企业和个人信用，提高市场主体信用程度。坚决打击走私犯罪行为，加强对重点地域、重点环节的监控。继续打击制售假冒伪劣商品行为。继续整治建筑市场和房地产市场，严格准入和清出制度，完善招投标管理制度，加大清理拖欠工程款力度。规范文化市场，加强知识产权保护。整治和规范旅游市场，优化旅游环境。继续整顿金融秩序，打击逃、废债行为。切实落实安全生产责任制，保证安全生产。

（五）加快农村“两化”进程，提升农村经济发展水平

继续实施“同发展共富裕”工程。坚决贯彻中央关于农村工作“多予、少取、放活”的方针，认真落实关于进一步促进农村发展、农民增收的若干政策，积极实施乡镇工作纲要。大力扶持农业产业化龙头企业，鼓励外资、民间资本投资设立农业产业化龙头企业，参与农业综合开发，继续筛选一批龙头企业给予扶持，带动农业结构调整。支持和引导龙头企业与农户建立稳定的产销关系，大力发展订单农业。在坚持土地延包政策不变和农民自愿的前提下，引导通过转包、租赁、入股等形式，实现农村集体土地使用权的合理流转。推广新型农业种养模式和管理模式，加速农业品种和技术的更新换代，努力发展现代农业。加强农业基础设施建设，基本完成后溪流域治理，继续抓好生态农业科技园和闽台农业合作基地等项目建设。加强农村信息网络建设，建立健全农业服务体系。

推进岛外工业化和城市化。基本建成东孚一期、集美北部四期、同安城南、城北和马巷巷北等工业区，推动灌南等工业新区规划建设。积极推进灌口、马巷、大嶝三镇建设。引导农村二、三产业向城镇新区和工业新区集中，推进岛内外经济对接，带动农村经济较快发展。

增加农民收入，维护农村社会稳定。进一步减轻农民负担。加大对贫困村、贫困户的扶持力度，通过发展生产、增加就业，切实增加农民收入。加强镇、村集体资产管理。规范完善镇级财政管理体制，提高镇一级财政公共服务能力和社会保障功能。进一步推行镇村政务公开，加强基层政权建设，做好镇级政府换届工作。积极开展农村法律咨询服务，妥善化解农村社会矛盾。继续严厉打击“六合彩”骗赌活动，打击地痞村霸和封建宗族势力。

（六）抓好增收节支，充分发挥财税金融作用

进一步强化税收征管，健全财税增收机制，努力培育后续财源，确保我市财政收入稳定增长。继续调整和优化财政支出结构，大力压缩一般性开支，集中财力确保重点支出需要。加快公共财政体制建设步伐，进一步完善部门预算，积极推进财政国库管理制度改革，健全预算编制、执行和监督机制，规范各级政府和部门理财行为，增强预算约束力。继续深化预算外资金“收支两条线”改革，加强综合财政预算管理，统筹运用预算内外资金，进一步加强审计监督，努力提高财政资金使用的效益，有效发挥对经济和社会发展的促进作用。

进一步培育资本市场，做好企业的改制辅导和上市申请工作，促进符合条件的上市公司增配股，推动通过考核期的企业上市，引导和加强上市公司的重组工作，充分发挥上市公司再融资功能。积极发展金融中介等业务，促进金融服务体系的健全和完善。引导地方金融机构资产重组，支持国有商业银行改革，促进金融信贷结构调整，推进业务创新，改善金融环境，创建金融安全区，加大融资力度，满足经济发展的需要。

（七）推进“三城”建设，努力构筑人才高地

研究制定教育、科技、艺术之城建设规划。继续做好共建厦大、联办集大工作，推进集美、曾厝垵两个文教区的规划和建设，加快建设国家会计学院以及三所成人高校合并项目。巩固“两基”成果，提高高中阶段教育普及率。确保东渡、前埔和金尚中学按时投入使用，推进厦门工科大学和外国语学校、双十中学分校的前期工作。推行基础教育课程改革，推进以创新为重点的素质教育。继续扶持薄弱学校，发展社会力量办学、职业教育和社区教育，积极稳妥促进中外合作办学，拓展教育产业。完善社会化科技中介服务体系和科技创新体系，营造良好的科技发展环境。继续推进“一区多园”建设，加快同集高新技术园区建设。加大文化设施投入，建设图书馆新馆、陈嘉庚纪念馆、青少年天文馆，筹建厦门书城和博物馆。扩大对台对外学术、文化交流，办好第四届柴可夫斯基国际青少年音乐比赛，支持鼓浪屿办好国际钢琴艺术节，扶持和培育文化产业的发展，组建报业集团和广电集团。做好信息化专项规划，加快城市信息网络建设和广电有线网络升级改造，促进企业、物流和社区的信息化。加快建设医学职业技术学院和妇幼保健新院。继续发展社区卫生服务，鼓励农村合作医疗与商业保险联动。深入开展全民健身活动，组织参加省运会，增设一批社区健身场所，推进嘉庚体育馆建设，发展体育产业。以稳定低生育水平、提高人口素质为目标，落实计划生育责任制。加强精神文明建设，认真贯彻《公民道德建设实施纲要》，全面提高公民素质。积极实施 2001～2010 年厦门市妇女、儿童发展纲要。

加强人才资源开发，切实实施人才战略。推行政府、社会、单位和个人相结合的人才投资多元化政策。多渠道开展培训，提高人才的国际化、专业化水平，努力建设高素质的行政管理、专业技术、经营管理和熟悉世贸规则的人才队伍。进一步落实和完善人才引进优惠政策，加大人才引进力度，面向海内外公开招聘高级人才。充分发挥人才市场在人才资源配置中的基础性作用，完善人才柔性流动政策。加快专家公寓建设，筹建留学回国人员服务中心。推进事业单位聘任制和工资收入分配制度改革。设立人才奖励基金，对有突出贡献的人员实行重奖。引导企业和社会营造良好人才环境，建立和完善技术、专利等生产要素参与分配的激励机制，激活创新潜能，切实维护人才合法权益。

（八）树立以民为本思想，提高人民生活质量

完善社会保障体系。理顺社会保障管理机构，推进社会保障法制化建设，完善养老、失业、医疗和工伤保险制度，加强社会保障资金的监管和运营，清理欠费，提高基金征缴率。建立劳动力市场信息网络和社会保障技术支持系统，推进社会保障管理和服务的社会化。加大劳动保障监察执法力度，继续清理少数企业拖欠工资行为，充分保障劳动者合法权益。完善城乡居民最低生活保障制度，扩大困难群体社会保障覆盖面，适当提高保障标准，确保困难职工、失业人员、农村贫困户和老区基点村群众的基本生活。

努力扩大就业。加强劳动力市场管理与服务，大力培育和规范职业中介机构，进一步完善市场就业导向机制。努力构造适应市场经济发展要求的职业技能开发体系，积极开展城镇失业人员、农业富余劳力和随军家属就业技能培训，启动再就业援助工作，研究制订促进本市居民实现就业的有关政策，支持失业人员在社区实现再就业。鼓励劳务输出。积极探索阶段性就业、弹性就业等多种就业方式。城镇登记失业率控制在 4%左右。

解决与群众密切相关的问题。落实为民办实事项目，建设一批廉租房和经济适用房，继续实施“放心食品工程”，整治餐馆油烟污染和畜禽养殖污染，治理二次供水水质污染，提高城乡居民生活质量。鼓励多渠道、多形式兴办社会福利机构，推进福利事业社会化。关心帮助社会困难群体，深入开展扶贫济困活动。

全面推进城市社区建设。认真落实推进城市社区建设的实施意见，制定社区建设规划，构建新的社区组织体系。完善医疗卫生、科普教育、文体娱乐等社区配套设施，实行社区服务资源共享。鼓励社会力量兴办社区服务业，积极推进社区服务的网络化和产业化。进一步做好老龄工作，实行企业退休人员社会化管理，全面实施社区老年服务“星光计划”。

维护社会安定稳定。加强社会治安综合治理，深入开展“严打”整治斗争，严厉打击“法轮功”和其他违法犯罪活动。重视人民来信来访工作，妥善处理基层反映的热点问题，化解社会矛盾。加强宗教民族事务管理。深入扎实做好双拥工作，加强国防教育、国防动员、民兵预备役和人民防空工作。

三、积极应对入世，建设依法行政廉洁高效的服务型政府

面对入世的新形势，我们要抓住机遇，积极应对挑战，加快建立廉洁高效、运转协调、行为规范的行政管理体制，提高政府服务人民、服务经济、服务社会的水平和能力。

（一）学习、熟悉世贸规则，努力提高应对能力

学习世贸基本知识。组织各级公务人员深入学习世贸规则和我国入世法律文件主要内容，学习国家相应出台的新法规、新政策，切实增强规则意识、市场意识和服务意识。组织各种类型的应对入世培训班，加大相关知识的宣传，促进企业树立符合国际惯例的经营观念。

加强应对入世的组织领导和政策研究。成立应对入世协调机构，组织研究世贸组织机制和过渡期保护措施，分析、评估入世对我市各行各业的冲击和影响，加快制定具体应对措施。充分利用世贸组织机制中可享有的权利，积极帮助重点产业、行业和企业尽快提高国际竞争力。加强对我市主要经贸交往国的法律、关税、市场准入等方面的研究，积极为企业和社会提供法律援助、信息情报收集、业务咨询等服务，做好应对可能出现的各类贸易争端的准备工作。

（二）推进机构改革，加快政府职能转变

认真实施政府机构改革，一季度市直部门应完成定职能、定机构、定编制工作，上半年完成机构改革。通过改革，精简行政机构和行政人员，切实解决职责不清、机构重叠、职能交叉等问题，提升公务员队伍整体素质。

按照世贸组织规则和我国所作承诺，对照中央和省有关清理范围和标准的要求，上半年应基本完成清理现行地方性法规、规章和其他政策措施，进一步减少行政审批项目。完善行政审批运作机制，健全监督约束机制，提高审批效率、增强审批透明度。简政放权，充分发挥区级政府在经济发展和社会管理中的作用。坚持用市场经济的观点和方法，解决经济发展中的问题，培育、规范经济鉴证类等行业中介组织，充分发挥商会、行业协会的作用，减少不必要的行政干预，可交给市场的事务坚决交给市场。强化政府经济调节、社会管理、公共服务的职能。

（三）坚持依法行政，推进政府工作的法制化、规范化

进一步改善法制环境。认真贯彻依法治市决定，继续抓好“四五”普法教育，增强各级干部的法制观念，提高全民的法律意识。继续推行执法人员资格认证制度，做好行政复议工作，完善执法责任制，切实落实行政执法过错追究制度，努力创造公平、公开、公正的执法环境。推进司法鉴定管理改革，促进仲裁、公证和律师行业的规范发展。

积极推进政务公开。按照世贸组织的透明度原则，及时公布地方法规、政府规章、规范性文件及其实施细则。全面推进各级政府的政务公开，切实保障人民群众的知情权、参与权和监督权。自觉接受人大的工作、法律监督和政协的民主监督，认真办理人大议案和政协提案，完善定期向人大代表、政协委员通报政府工作的制度。健全决策咨询和意见征集制度，重大决策充分征求人大、政协、各民主党派和专家的意见，广泛听取广大人民群众的合理化建议，努力推进行政决策的民主化、科学化。

（四）进一步改进工作作风，提升政府服务质量

切实转变作风。认真贯彻市委《关于加强和改进党的作风建设的实施意见》。围绕入世带来的新挑战，号召和引导全体公务员树立与时俱进的思想观念，努力增强改革创新、加快发展的使命感和危机感。教育各级干部牢固树立正确的权力观，增强公仆意识，务必保持谦虚谨慎、不骄不躁、艰苦奋斗的品质，克服求稳怕改、明哲保身、但求无过的思想，反对教条主义、官僚主义、形式主义，改变软懒涣散、回避困难、无所作为的现象，大力倡导求真务实、真抓实干、敢于负责的工作作风。深入基层调查研究，不断增强工作的针对性和有效性。切实改进会风和文风，注重会议和文件的实效性。严格出国（境）和出差管理，确保各级干部有效的工作时间。加强协调

配合，强化督促检查，下力气解决中梗阻问题，确保政令畅通。

加大机关效能建设力度。进一步提高机关工作人员的效率意识和服务意识，深入开展纠正部门和行业不正之风工作，积极推行一个“窗口”对外、“一站式”办理和“一条龙”服务，努力让群众办事少跑机关、少等时间、少耗精力。结合绩效考评，加大对机关效能的监督和处罚力度。自觉接受群众、企业和新闻媒体的监督，确保机关服务承诺制度落到实处。推广运用电子政务，提高行政管理信息化水平。

进一步加强廉政建设。严格落实党风廉政建设责任制，贯彻执行“八个支持、八个反对”，强化监督检查，规范领导干部从政行为。完善会计委派、政府采购、土地批租、工程招投标等制度，从源头上预防和治理腐败。制定行政经费节支计划，坚决反对和制止铺张浪费的行为。加强财经监督管理，强化领导干部任期经济责任审计，严厉查处违反财经纪律行为。完善思想教育、制度规范、监督制约、查案惩处和干部保护机制，坚持开展反腐败斗争，严肃查处违法违纪案件。坚决支持和保护实事求是、依法依纪秉公办事、大胆开拓创新的干部。

各位代表，宏伟的目标在召唤着我们，艰巨的任务在考验着我们。我们迈出了“十五”计划开局的坚定步伐，展望美好的未来，我们更是充满信心。让我们紧密团结在以江泽民总书记为核心的党中央周围，高举邓小平理论伟大旗帜，在中共厦门市委的领导下，团结和依靠全市人民，把握机遇，迎接挑战，奋发有为，扎实工作，全面完成今年的各项目标任务，为谱写厦门特区建设新篇章而努力奋斗！

厦门市2001年国民经济和社会发展计划执行情况和2002年计划（草案）的报告

——2002年2月22日在市十一届人大第五次会议上

厦门市发展计划委员会主任　徐　模

各位代表：

我受市政府委托，向大会报告我市2001年国民经济和社会发展计划执行情况和2002年计划（草案），请予审议；并请市政协委员和列席会议的同志提出意见。

一、2001年国民经济和社会发展计划执行情况

去年，我市认真贯彻中央、省有关会议精神，克服世界经济减速、“9.11”事件的冲击和国内有效需求不足等不利因素的影响，扎实推进各项工作，付出了艰苦的努力，促使国民经济在困难的形势下保持较快发展，各项社会事业继续全面进步。全年实现国内生产总值556.39亿元，同比增长12.0%，增幅低于年预期目标2个百分点。其中，第一、第二、第三产业分别增长9.2%、13.2%和10.7%。从各领域来看：

（一）工业保持一定增幅，产销衔接良好

去年，在工业品出口下滑、国内市场竞争加剧等不利因素的影响下，我市工业产销仍然保持较好水平。全年工业总产值881.5亿元，完成年预期目标的100.2%，增长15.4%，其中，规模以上工业产值800.5亿元，完成年预期目标的100.1%，增长16.3%。地产工业品出口低速增长，以出口为主的“三资”工业增幅低于全市平均水平，全年地产工业品出口交货值344.3亿元，增长5.0%；“三资”工业产值671.4亿元，增长13.5%。高新技术产业较快发展，全年高新技术企业产值375亿元，占全市工业总产值的42.5%，同比提高3个百分点。工业总体经济效益逐月回升，工业品产销率98.4%，保持上年的较好水平；全市独立核算工业企业经济效益综合指数139.7%，同比提高1.0个百分点。戴尔、金龙联合、金龙旅行车、厦工等以内销为主的增产大户，有力地支撑了全市工业的发展。

（二）农业较快增长，乡镇企业稳步发展

去年，我市农业和农村经济形势较好。全年农业总产值35.57亿元，完成年预期目标的101.6%，增长10.3%，其中，种植业产值11.48亿元，增长23.8%。全年粮食总产18.18万吨，下降4.1%；蔬菜总产48.09万吨，增长6.2%；水果总产5.15万吨，增长78.9%；水产品总产20.28万吨，增长10.2%；花卉种植面积8 742亩，增长37.3%；肉蛋奶总产7.07万吨，下降0.3%。乡镇企业产值232亿元，增长9.5%。上缴税收6.33亿元，增长3.4%；利润8.96亿元，增长8.6%。

（三）“增投”取得成效，岛外建设力度逐步加大

去年，我市贯彻落实积极的财政政策，拓宽筹融资渠道，下大力气解决工程建设中的突出问题，促使固定资产投资稳步回升。全年全社会固定资产投资191.71亿元，完成年预期目标的104.8%，增长9.5%。其中，基本建设投资74.96亿元，增长23.9%；更新改造投资27.59亿元，增长20.1%；房地产开发投资56.63亿元，下降8.8%。全市69个重点项目投资53.1亿元，完成年计划的80.0%。岛外建设

取得进展，海沧大道、蔡尖尾山隧道、杏林高浦海堤除险加固工程、PTA、海沧出口加工区、农村“两化”等项目建设进展顺利，东通道、城市轻轨、厦漳跨海大桥等项目正在抓紧前期工作。

（四）利用外资形势较好，引资质量和水平继续提高

去年，我市进一步改善投资环境，努力调动各级各部门的引资积极性，又适逢境外资金加速向境内转移，利用外资实现止跌回升。全年实际直接利用外资11.53亿美元，完成年预期目标的109.8%，增长11.8%。合同利用外资12.72亿美元，完成年预期目标的115.6%，增长26.7%。大项目投资占有重要比重，千万美元以上的项目共40项，比上年增加16项，合同外资8.2亿美元，占总额的64.6%。引进台资取得较大进展，合同台资2.9亿美元，增长96.4%，占总额的22.8%。

（五）外贸出口稳步增长，消费品市场趋于活跃

去年，在较为困难的形势下，我市积极采取扶持措施，完善口岸环境，外贸进口和出口增幅均高于全国、全省平均水平。全年外贸进出口总额110.79亿美元，完成年预期目标的100.2%，增长10.2%，其中，出口65.05亿美元，完成年预期目标的98.8%，增长10.6%。从出口企业来看，内资企业出口26.04亿美元，增长15.6%，其中，民营企业出口6.37亿美元，增长87.8%；“三资”企业出口39.01亿美元，增长7.6%。从出口市场来看，对传统市场出口27.61亿美元，增长8.7%；对发达市场出口28.26亿美元，增长9.4%；对新兴市场出口9.18亿美元，增长21.4%。从出口商品来看，全市高新技术产品出口8.33亿美元，下降4.0%；机电产品出口27.5亿美元，增长9.7%。

去年，我市举办果博会、广告节、绿博会、煤交会等大型会展活动，同时涌现出一批大型超市、连锁店、便利店等新兴业态，消费品市场日趋活跃。全年社会消费品零售总额186.55亿元，完成年预期目标的103.8%，增长8.3%。其中，批发零售贸易业129.74亿元，增长10.5%；餐饮业29.98亿元，增长7.3%。市场物价持续低位运行，学杂费、医疗费等价格有所上升，其余商品及服务价格稳中略有回落，全年居民消费价格指数为98.5%。

（六）财政收支状况良好，金融运行质量不断提高

去年，我市加强收入征管，优化支出结构，积极推进依法理财和从严治税，财政收支良性运行。全年财政总收入110.5亿元，增长20.8%，其中地方级收入65.31亿元，增长26.0%。财政支出74.31亿元，增长25.7%。

去年，我市金融机构本外币存贷款增幅处于历史高点，快于全国和全省平均水平。全市金融机构本外币存款余额736亿元，增长15.5%，增幅分别高于全国和全省0.4个和0.5个百分点。本外币贷款余额552亿元，增长12%，增幅分别高于全国和全省平均水平1个和1.7个百分点。同期信贷资产质量不断提高，不良贷款率下降3.2个百分点。

（七）社会事业继续全面进步，居民收入较大幅度增加

去年，我市在维护社会稳定、精神文明建设和社会事业体制创新等方面，取得较好成效。实施教育之城规划，推进曾厝垵文教区建设和集美文教区总体规划，加快“三校”搬迁合并和高校后勤社会化改革，进一步调整教育资源，改善基础教育的办学条件。以庆祝建党八十周年和特区建设二十周年为主线，推进文艺创作和社区文化发展，促进对台对外文化交流，加大文化设施建设。以推进医药卫生体制“三项”改革为契机，深化卫生人事、分配制度改革，优化卫生资源，改善农村医疗条件，推进药品流通体制改革。完善旅游设施，做好旅游黄金周的组织、促销工作，全年接待境外过夜游客44.2万人次，增长4.1%；接待国内游客851.5万人次，增长15.8%。继续巩固“两个确保”，实施再就业工程，年末城镇登记失业率4.2%；扩大社会保险的覆盖面，提高基金征缴率，完善社会保障制度，维护社会稳定。城乡居民生活水平继续提高，全年城镇居民人均可支配收入11 365元，增长8.3%；农民人均可支配收入4 322元，增长11.4%。

上述情况表明，过去的一年里，在复杂多变的环境下，我市经济运行的总体状况仍然是好的。但也要看到，新的经济增长点不多，发展后劲有待增强；投资、生产和经营中存在一些矛盾和问题，综合环境有待改善；岛内外、城乡差别仍然较大，海岛型城市向海湾型城市转变有待加快；信息化对经济社会的渗透不够深入，信息化水平有待提高，等等。这些问题，要在今后的工作中抓紧解决。

二、2002年经济和社会发展主要预期目标和工作重点

2002年是我市实施“十五”计划的重要一年，又是外部发展环境比较复杂的一年。机遇和挑

战并存，机遇大于挑战，关键在于审时度势，趋利避害，求得发展。

2002年国民经济和社会发展主要预期目标建议如下：

——国内生产总值增长12%左右。

——规模以上工业总产值增长15%。外贸进出口总额增长6.4%，其中出口增长6%。社会消费品零售总额增长8%；居民消费价格指数控制在103%以内。

——全社会固定资产投资增长10%。合同利用外资12.5亿美元；实际直接利用外资10.5亿美元。

——全市财政总收入增长13.34%，其中地方级收入增长12.45%（按可比口径）。

——城镇居民和农民人均可支配收入分别增长8%和9%。城镇登记失业率控制在4%左右。

按照市委、市政府的总体部署和要求，实现上述预期目标，重点抓好以下四项工作：

（一）把扩大规模和优化结构结合起来，千方百计增加固定资产投入，增强发展后劲

1. 构建海湾型城市的基础设施框架。围绕建设东南沿海重要的中心城市这一目标，提升本岛、拓展海湾、对接周边，岛内进行高标准功能性城市基础设施建设，岛外推进开发性大规模基础设施建设。一是完善岛内交通路网。建成市府大道，续建环岛路、仙岳路、湖里大道、吕岭路等，建设县黄路、环湖里大道等。二是推进岛外交通路网建设。按照城市主干道标准，建设海沧大道、同集路延伸段、灌新路，基本建成319国道改造二期。做深做细东通道、厦漳跨海大桥、环东海域道路、城市轻轨、龙厦铁路、福厦铁路的前期工作，争取部分项目达到开工条件。三是加快现代化港口设施建设。建成东渡港区三期、猴屿西航道工程，实施10万吨级航道二期、梧村汽车客运站改造，推进海沧港区一期（1、4、5号泊位）和港口综合补给系统、集疏运体系建设。四是加强环保设施建设。建成污水处理一厂中水回用、膜法水处理工程，建设污水处理二厂扩建、同安污水处理系统一期、环卫综合处理厂，加快湖边水库整治，启动西海域综合整治及开发。五是加大平战结合项目建设力度。建成云顶隧道、蔡尖尾山隧道，建设东渡港区18号泊位、五通—刘五店滚装码头、市民防指挥所和两个区级民防指挥所，实施早期民防工事改造。

2. 加大经济增长点投入。投资不仅要扩大规模，更要优化结构，有效拉动经济增长。一是建设和投达产一批新的工业项目，形成新的增长点。协助做好翔鹭涤纶一期收尾工程、柯达一次性相机、TDK三期等项目的达产工作；促进PTA、瑞声达助听器、海沧出口加工区一期等项目竣工、投产；推进厦顺铝箔扩建、厦工、卷烟厂易地搬迁改造等项目建设；促进明达玻璃深加工、瓶级切片、子午线胎等项目开工建设。鼓励内外资企业加大技术改造力度，加快用高新技术和先进适用技术改造传统产业。推进经济社会的信息化，扶持企业信息化建设，以信息化带动工业化。二是加大高新技术产业投入，推进科技之城建设。认真落实市政府《关于厦门市财政扶持高新技术企业发展的若干意见》。加快同集高新技术园区、北大生物园、留学人员创业园、厦门软件园（二、三期）等高科技园区建设，积极引进项目。三是加大农业投入，推进农村“两化”。在继续扶持现有13个重点骨干龙头企业的基础上，扩大扶持的数量。基本建成东孚一期、集美北部四期等五个重点工业区，并争取引进一批项目。新开工灌南等工业区。推动灌口、马巷、大嶝三个重点中心镇建设。

3. 加大社会事业投入。在加大财政性投资的同时，要引入市场机制，把部分有条件的社会事业逐步社会化、产业化。一是围绕“教育之城”的战略目标，加大教育投入和投融资体制改革的力度。继续做好与厦门大学、集美大学的共建工作，规划和建设曾厝垵文教区、集美文教区，促进海内外合作办学，建设国家会计学院，建成东渡中学、金尚中学、前埔中学、松柏中学分校一期，推进厦门工科大学、外国语学校海沧分校、双十中学分校等的前期工作。二是围绕建设区域性医疗卫生中心的目标，加大卫生事业投入和改革的力度。进一步调整优化卫生资源，建成中医院病房大楼，推进集美医院迁建、杏林医院病房楼、同安城南医院等项目建设。三是围绕建设“艺术之城”的战略目标，提高文化事业水平。推进文艺体制改革，整合文化资源，建设市图书馆新馆，筹建博物馆等项目，办好第四届柴可夫斯基国际青少年音乐比赛等。

4. 提高规划和建设的品位。要贯彻“经营城市”的理念，按照拓展海湾与提升本岛并重、新区开发与旧城改造并重、巩固提高园林城市与建设生态城市并重的指导思想，高水平地规划、建设和管理城市。一是提高规划水平。修订《厦门市规划条例》，开展城市规划法定图则制订工作。邀请国内外知名设计院所参与重大规划的招投标。对一些重点区域进行国际先进水平的规划、概念设计、形象设计和生态设计。重点开展岛外经济发展和建设总体规划、环岛路沿线商住旅游区规划、岛外重点示范片区规划等。二是高水平实施城市建设。提升经济适用房建设、旧城（村）改造和绿化美化水平。实施市府大道东侧的拆迁改造，形成示范区段。高起点规划和整治筼筜湖周边、会展中心和体育中心片区，整治完善旧住宅区。三是推动各区、开发区实施旧城（村）改造。研究制定鼓励各区实施旧城（村）改造和新区开发的政策。支持部分区适度举债，按照总体规划、分级负责的原则，高水平实施旧城（村）改造。加大财政转移支付的力度，支持岛外区培植新经济增长点的配套基础设施建设。

5. 拓宽筹融资渠道。要深化投融资体制改革，健全投资增长的内在机制。一是继续通过原有的渠道筹资。争取国债等国家各类资金，筛选、推进1～2个大项目利用外国政府或国际金融机构贷款，继续跟踪落实国家开发银行贷款，协调做好市级财政性融资工作，创造条件吸引国家和省行业性投资公司来厦投资。二是加强资本市场的融资。制定全市证券业的发展规划。做好企业的改制辅导和上市申请工作，推进符合条件的上市公司增配股和涌泉、法拉等企业上市。有选择地筛选一批项目争取发行企业债券。三是创新筹融资方式。积极引导民间资金，凡是鼓励和允许外商投资进入的领域，均向民间投资者开放，其优惠政策对民间投资同样适用。研究制定公共服务设施投资经营社会化的方案，推出一批环保、园林、旅游等项目利用国内外资金建设、经营，推进部分教育、卫生事业项目利用社会资金试点。

（二）把内外两个市场结合起来，改善生产经营环境，提高整体竞争力

1. 提高入世应对能力。一是加强组织领导和政策研究。成立协调机构，研究制定行动纲领。学习和研究世贸的各项规则和议事程序，对现行政策法规进行全面地清理和修订。以行政审批制度改革为突破口，合理地界定政府职能。二是抓紧培养和引进熟悉世贸规则的人才。有计划地组织各部门和各层次人员赴境外学习，鼓励和扶持企业培训经营管理人才。引进一批熟悉有关规则的专家和留学人员。三是建立公平、公正、公开的市场环境。实行统一综合执法，整顿和规范市场经济秩序。制定和完善有利于规范市场运作的法规、规章。培育各类要素市场。在市场竞争中培育与发展中介服务组织。

2. 增强企业竞争力。继续执行《厦门市人民政府关于2001年继续减轻企业负担的通知》，落实《关于改善工业经济运行环境若干政策措施的意见》。进一步清理整顿港口各项收费，并再取消一批收费项目。扶持出口和销售净增大户，并给予表彰和奖励，优先安排重点生产企业的重要工业品进口配额和机电产品进口配额。建立市产业损害调查援助资金，补助企业反倾销应对过程中的调查费和律师费。鼓励企业有选择地参加国内外展览会，对市里统一组织的给予补贴。

3. 提高招商引资的办事效率和服务水平。及时总结“一个中心，两个窗口”的运行情况，进一步简化办事程序。改革现行的外资审批体制，除土地、规划等国家明令禁止下放的以外，把项目审批权下放到各区和开发区。加强对现有“三资”企业的服务，促其增资扩产，并吸引关联企业来厦投资。积极争取台资和跨国公司投资，加强PX、厦门光盘生产线等一批重点项目的争取与促进工作，推动已签约的项目到资、建设和投产。

4. 优化口岸环境。建立“大通关”体制，加强对口岸通关工作的协调领导。进一步简化口岸通关手续。实行海港集装箱集中查验，扩大分类管理。做好深加工结转、转关运输等有关工作。完善快速通关系统，推广“F”通道管理，扩大加工贸易联网监管。加强口岸中介行业的整顿和管理。改善口岸设施条件，清理整顿航道，改造和平码头，建设海上高速公路、东渡海关办事处、快件监管中心，建立海上交管监控系统，启动电子订舱系统。

5. 采取措施扶持出口。一是在不违背世贸有关规则的前提下，加大政策和资金扶持力度。完善初步建立的对外贸易促进服务体系。帮助企业申请进出口配额。在政策、资金、信息和市场开拓等方面支持民营企业出口。制定外贸企业在本市设立出口基地的优惠政策。二是做好出口退税工作。对生产企业自营和委托出口全面实行“免、抵、退”税收管理办法。向上争取退税指标，解决“税票信息”等问题，加快退税速度。扩大退税抵押贷款规模，补偿出口退税滞后占用资金的利息差。三是继续拓展国际市场。扩大对南美、俄罗斯、东欧、中东、非洲等地的出口业务，做好重点拓展的海外出口市场工作，加大外派促销小组的工作力度。

（三）把商、住、行、游结合起来，发展第三产业，拓展经济腹地和扩大辐射面

1. 发展批发零售业和会展业。要面向全国特别是闽西南、粤东和赣南地区发展批发零售业，逐步形成区域性消费品集散中心和购物中心。一是促进本市消费。应对入世后的冲击，加快国有商业、供销、粮食等企业的改制步伐。服务好SM商业城、沃尔玛等大型零售企业，发展闽客隆等社区连锁企业。促进生产和批发零售企业之间的合作，增加大型批发零售企业及其连锁企业销售厦门产品的份额。发展特色商业，推进中山路步行街改造的前期工作，筹划1～2个专业夜市。建设闽南果蔬批发市场二期，扶持在岛外建立大型水产品综合批发市场。二是开拓国内市场。组织企业在中心城市举办厦门产品展销会，鼓励企业有选择地参加国内的各类博览会、展销会，支持企业举办产品推介会和各类促销活动。三是发展会展业。向上争取全国性的医疗、烟酒等行业性会展，举办台博会、通讯产业国际研讨会、中国（厦门）国际航空维修设备及工程技术展览会等，继续办好投洽会和台交会。研究制定会展业发展和吸引社会力量办展的专项扶持政策。

2. 大力发展旅游业。以创建“中国最佳旅游城市”和“国际花园城市”为契机，认真贯彻落实《厦门市人民政府关于进一步加快旅游业发展的若干意见》。一是尽快制定全市旅游业发展的整体规划和专项规划。二是深度开发旅游项目。策划和规划好环岛路沿线，并启动一批项目。完善鼓浪屿的规划，做好景区的包装和策划，条件成熟时争取上市。办好鼓浪屿国际钢琴艺术节，充实北辰山省级风景区内涵，开发天竺山和小坪两个省级森林公园。三是推出特色系列旅游。做好苏颂科技馆、陈嘉庚纪念馆等项目的前期工作，完善青礁慈济宫等景点的配套设施，丰富名人文化旅游专线。继续开发以战地、涉台（金）等为主题的大嶝旅游项目。开发历史、对台、建筑、植物等展览馆，开展博物系列旅游。四是加快旅游体制改革和创新。引进国际知名的旅游饭店管理公司及企业来厦参与管理和投资。吸引国际旅游班轮停靠。把旅游业与会展、教育、文化、医疗产业的发展结合起来，培育有特色的文化娱乐项目。

3. 推进岛外房地产开发和岛内旧城改造。岛内要适当控制，高标准地发展房地产业，选择一批重要片区实施旧城（村）成片开发改造，重点启动中华街区、莲坂街区、黄厝和曾厝垵两村以及东部刘厝、祥店的旧城（村）改造工作。岛外要大力发展房地产业，做好杏林城区、同安城区、集美北部生活区、马巷等地的规划、风格设计和城市化建设，完善交通、教育、医疗、休闲等配套设施，适当放宽人口入户限制。

4. 培育物流产业。要以物流业带动三产乃至二产的发展，强化厦门作为东南沿海重要的中心城市功能。做好全市物流业发展的整体规划，着重培育东渡、海沧、空港三个物流中心。建设象屿保税区物流平台，加快象屿保税区二期建设，形成有较强集聚效应的物流区域。做好东渡港区、海沧港区、机场航空货站等物流园区的规划和建设工作，逐步形成完善的货物配送系统。大力发展国内外中转业务，开辟新的国际航线和内航支线。研究制定物流业等服务贸易领域招商引资的具体措施和配套政策。

（四）把改革、发展和稳定结合起来，改善人民生活、维护良好的社会秩序

1. 在解决“三农”问题上取得进展。一是制定落实农民减负增收的相关措施。落实《关于进一步促进农村发展农民增收的若干政策意见》等相关扶持政策。推进镇域行政区划的调整，探索促进中心城镇发展的政策机制。开设农民劳动技能、劳务输出等方面的培训班，完成2500人的职业技能培训，加强免费推荐就业和劳务输出工作，争取就业人数达到培训数的50%以上。加快农村土地经营权流转机制的改革，盘活存量土地。二是建立健全农业社会化服务体系。完善农业生产技术、设备、生产资料供应服务体系，建设农副产品市场营销体系、质量标准体系和检测检疫体系。加强农村信用社管理，推广小额信贷、农户联保信贷。扶持农业专业协会、农民经纪人等流通中介组织。三是完善农业和农村设施建设。建成高崎闽台渔轮避风港（一期）、集美后溪流域治理等项目，建设气象雷达科普观景楼，做好杏林湾防洪排涝整治、厦门生态农业科技园等项目的前期工作。

2. 拓宽就业渠道。研究制定促进本市居民扩大就业的有关政策。把社区服务业作为增加就业、完善社会服务体系的重要产业来抓。在做好全市社区发展规划的基础上，加快各区以及教育、卫生、文体、民政等部门的社区规划。启动社区就业和再就业援助工作，加强专业化培训，落实兴办社区服务业的优惠政策，鼓励兴办社区文体服务、托幼托老、家政服务、日用品配送等专业化、规模化服务公司，增加就业机会。落实非公有制经济发展的扶持政策，促进非公有制经济在扩大就业、促进发展方面作出更大的贡献。

3. 完善社会保障工作。健全

养老、失业、医疗、工伤和生育保险制度。完善城乡居民最低生活保障制度，确保困难职工、失业人员和农村贫困户的基本生活。做好国有中小企业改制后职工的分流工作。逐步推进社会保障社会化改革，把企业退休人员从企业剥离，由依托于街道和社区的专门机构进行管理和服务。

各位代表，新的一年里，我们要在市委领导下，在市人大的监督和支持下，认真贯彻落实中央、省和市里制定的一系列政策措施，审时度势，趋利避害，促使国民经济持续快速健康发展，以优异的成绩迎接党的十六大召开！

关于厦门市2001年财政预算执行情况和2002年财政预算草案的报告

——2002年2月22日在市十一届人大第五次会议上

厦门市财政局局长　叶重耕

各位代表：

受市人民政府委托，现在我向大会提出厦门市2001年财政预算执行情况和2002年财政预算草案的报告，请予审议，并请市政协委员和列席会议的同志提出意见。

一、2001年财政预算执行情况

2001年，在市委的领导下，在市人大及其常委会的依法监督下，我市认真实施积极财政政策，有效运用财税杠杆和手段，加强财税宏观调控，促进国民经济保持较快发展。在此基础上，全市财政收支预算执行情况是好的。

（一）预算执行情况

收入情况　去年全市财政总收入1 105 019万元，比上年增长20.77%。其中：地方级财政收入653 090万元，完成预算的107.42%，比上年增长25.95%；上划中央“两税”收入451 929万元，比上年增长13.99%。

在全市地方级财政收入中，市本级收入468 538万元，完成预算的106.25%，比上年增长22.93%；市辖七个行政区收入184 552万元，比上年增长34.36%。

支出情况　全市当年财政支出672 014万元，完成预算的105.05%。此外，中央、省专款和其他补助，以及上年结转结余在当年体现支出79 993万元，合计全市财政总支出为752 007万元，比上年增长27.24%。

在全市当年财政支出中，市本级支出487 046万元（含海沧、象屿、火炬三个开发区支出43 282万元），完成年度预算的106.89%。此外，中央、省专款和其他补助，以及上年结转结余在当年体现支出70 069万元，合计市本级财政总支出为557 115万元，比上年增长26.68%。

平衡情况　全市地方级财政收入加上级补助收入203 701万元、调入资金700万元和上年滚存结余30 560万元，减财政支出752 007万元、增设预算周转金1 000万元和按现行预算管理体制规定上解上级财政支出103 505万元后，年终滚存结余31 539万元。

市本级地方级财政收入加上级补助收入203 701万元和上年滚存结余14 142万元，减财政支出557 115万元和按现行财政预算管理体制规定上解上级财政支出103 505万元以及补助区级财政支出15 868万元后，年终滚存结余9 893万元。

各位代表，以上财政预算执行情况表明，2001年全市及市本级财政实现了收支平衡并略有结余。

以上财政收支执行数均为快报数，待与上级财政部门办理体制结算并正式编成财政决算后，再报请市人大常委会审批。

（二）财政运行特点

工业经济发展和效益提高为财政增收提供厚实的税源基础。受国家积极财政政策的拉动和市委、市政府一系列宏观调控措施的影响，去年我市国民经济保持较快发展，企业运行质量和效益明显提高，反映在财政收入上，2001年全市财政总收入首次突破百亿元大关，比上年净增19亿元，占同期国内生产总值比重由上年的18.26%提高到19.86%。企业增值税、所得税和营业税等三大税种继续支撑全市财政收入“七分天下”，其中，企业增值税受工业经济增长的带动和出口税收“免抵”调库增加的影响，全年入库453 013万元，比上年增长22%，增收额占同期财政总收入增加额的43%，拉动财政总收入增幅8.93个百分点；去年我市加大国有企业改革力度，部分内资企业改制为股份制企业后经营状况明显改善，效益明显提高，加上进入纳税期的外商投资企业增加较多，全年企业所得税入库151 047万元，比上年增长74.14%，增收额占同期财政总收入增加额的33.84%，拉动财政总收入增幅7.03个百分点；由于房地产投资下滑和国家调整部分金融营业税政策，以及上年同期基数较高等因素影响，致使营业税增长平缓，全年入库167 156万元，比上年增长3.68%，拉动财政总收入增幅0.65个百分点。

规范秩序、加强征管、堵塞漏洞是财政增收的重要因素。去年我市财税部门积极推行规范化管理，整顿和规范财税秩序，推进税收征管电子信息化建设，严格执行新的税收征管法，加大清理欠税和监督检查力度，强化税源监控，控制税收减免和收入退库，严厉打击各种偷、逃、抗税等违法行为，为财政收入的增长提供了有效的保障。

初步测算表明，当年财政总收入中，由于经济增长和效益提高带来的增加额约9.13亿元，拉动财政总收入增幅9.97个百分点；由于清欠和免抵调增增值税入库增加等不可比因素带来的增加额约9.87亿元，拉动财政总收入增幅10.8个百分点。当年财政收支较大幅度超过年度收支预算任务，为此，市政府已按照《厦门市预算审查批准监督条例》的有关规定，及时将有关情况向市人大常委会作了专题报告。

财政支出结构进一步优化，各项重点支出得到有力保障。我市各级政府加大财政支出结构调整力度，集中财力保障各项重点支出。去年市本级财政用于教育、科技、农业等项支出97 331万元，比上年增长17.05%。其中：科技投入18 914万元，比上年增长18.74%；教育投入62 758万元，比上年增长17.06%；农业投入15 660万元，比上年增长15.03%。不仅促进了科技之城、教育之城的建设，而且有力地推动了农村“两化”进程，促进了农村经济的发展。上述三项支出均符合法定要求。

除上述法定支出外，去年市本级财政还安排各项社会保障资金51 407万元，重点支持社会保障体系的建立；增加安排6 200万元确保两次调资政策的及时兑现；为了加快工业结构调整速度，扩大岛外工业区规模，培植新财源，市本级财政在财力有限的情况下，除预算内安排8 793万元用于工业结构调整和国有老企业技改外，还积极筹措资金2.9亿元支持国有老企业易地搬迁和开发岛外工业区。

推进财税改革，加强财税部门自身建设，为圆满完成财政预算任务作出了积极贡献。去年，我市各级财税部门紧密围绕全市改革、发展、稳定大局，按照构建特区公共财政体制的要求，落实财税工作两个“十六字”方针，依法组织收入，加强支出管理，推进财税改革，创新管理机制，提高管理水平，特别是通过完善部门预算，增强各级政府和部门依法理财的观念。财税部门还通过加强自身建设，改进工作作风，提高办事效率，有力地确保了全年财政收支的良性运行，促进了我市经济和社会各项事业的发展。

（三）预算执行中存在的主要问题

主要表现在：一是在我市财力还不很宽裕的情况下，财政性投融资资金占全社会固定资产投资的比重逐年提高，这虽然对我市经济持续快速发展起到积极促进作用，但由于对社会投资的引导和带动作用还不够明显，造成固定资产投资来源过于单一，增加了政府融资压力和债务负担；二是财政支出进度不够均衡，部分财政资金没有发挥应有的使用效益；三是区级财政发展不平衡，特别是一些镇级财政比较困难，不同程度地存在财政入不敷出的现象；四是一些部门和单位违反财经纪律的现象还时有发生。这些都有待于今后工作中继续着力加以改进。

二、2002年财政预算草案

2002年我市财政经济既面临有利形势，也存在不利因素，一方面，随着我国加入WTO和国家继续实施积极财政政策和稳健货币政策，2002年我市经济有望继续保持较快增长；经过多年努力，我市已初步建立健全了与经济发展相适应的财政增收机制和与三次产业结构大体适应的税收收入结构体系；随着整顿市场经济秩序工作的深入和财税管理体制的不断完善，财税工作的外部环境将得到进一步改善，加上进一步加强税收征管，清理和规范税收优惠政策，落实“收支两条线”规定等，这些将为财政增收提供稳定的财源。另一方面，加入WTO后我市将面临许多新挑战，受世界经济增速放缓等因素影响，我市经济发展的不确定性因素仍然比较多。国家对出口退税政策的调整和所得税收入分享政策的出台也将会对地方财政收入产生一定影响。

从支出方面看，2002年随着

我市经济和社会事业的发展，特别是为加快海湾型城市规划与建设发展步伐，各方面对财政资金需求将大量增加。财政既要保法定支出、保社会稳定，又要促改革、促发展，财政收入有限增长与财政支出刚性增长的矛盾愈益突出，财政收支平衡的压力越来越大。

为支持和促进经济与社会事业发展的资金需要，今年我市财政预算安排要继续坚持收入预算与经济增长相适应、支出预算与公共需求相适应的方针，努力增收节支，确保全年财政收支平衡。

根据上述分析和判断，今年我市财政收支预算草案编制总的指导思想是：以“三个代表”重要思想和市委关于2002年经济工作的方针为指导，确定与经济增长和社会事业发展相适应的财政收支增长幅度；进一步加强收入征管，健全财政增收机制；继续完善部门预算，推进财政国库制度改革，健全预算编制、执行和监督机制，强化财政支出管理；继续整顿和规范财税秩序，实现财政收支平衡；有效运用财政宏观调控政策手段，促进经济发展，推动社会全面进步。

（一）全市财政收支预算

全市财政总收入预算1 252 423万元，比上年增长13.34%。其中：地方级财政收入预算625 700万元，同口径比上年增长12.45%；上划中央“四税”（消费税100%、增值税75%、企业所得税50%、个人所得税50%）收入预算626 723万元。

地方级财政收入加预计中央税收返还及其他补助净收入253 061万元，减上解上级财政支出111 563万元后，全市可供安排财力767 198万元。

按照财政收支平衡的原则，全市财政支出预算安排767 198万元。

（二）市本级财政收支预算

市本级地方级财政收入预算452 378万元，同口径（下同）比上年增长12.01%。主要收入项目是：工商税收327 672万元，比上年增长18.74%，其中个人所得税39 790万元，比上年增长15.23%；企业所得税57 940万元，比上年下降11.29%（剔除不可比因素，比增11.99%）；农业“四税”17 305万元，比上年下降8.03%；行政性收费和罚没收入18 078万元，比上年增长4.56%；基金收入19 476万元，比上年增长39.85%。

市本级财政收入加预计中央税收返还及其他补助净收入253 061万元，减上解上级财政支出111 563万元以及对区级财政转移支付48 000万元，市本级可供安排财力545 876万元。由于海沧、象屿、火炬等三个开发区税收收入46 200万元全额返还用于开发区建设。因此，扣除三个开发区后市本级可供安排财力为499 676万元。

按照财政收支平衡原则，市本级（不含三个开发区）财政支出预算安排499 676万元，其中：经常性支出预算286 929万元，占市本级可供安排财力的57.42%；建设性和基金等支出预算205 747万元，占市本级可供安排财力的41.18%；预备费7 000万元，占市本级可供安排财力的1.4%。

由于各方面对财政资金的需求很大，给财政收支平衡带来很大压力，根据全国、全省财政工作会议和市委九届三次全体（扩大）会议精神，以及今年市本级可供安排财力情况，今年支出预算安排继续采取有保有压的措施，集中财力保证科技、教育、农业等法定支出项目和增加社会保障、社会稳定方面的支出，留足调增党政群机关和事业单位在职人员工资和提高离退休人员待遇等公共支出项目的资金需要；对行政事业单位公用经费支出预算继续保持“零增长”；大力压缩对竞争性和经营性领域的直接投资；取消一批不规范、不符合规定的税收先征后返政策，同时，推进公用事业部门市场化进程，减少财政对公用事业部门的亏损补贴。

（三）重点支出项目安排情况

今年市本级财政支出预算重点安排以下几个方面：

1. 为推进科技之城、教育之城和艺术之城建设，预算安排科技投入17 520万元，占市本级可供安排财力的3.51%；安排教育投入65 041万元，占市本级可供安排财力的13.02%；安排文化、体育、广播事业等支出21 384万元，占市本级可供安排财力的4.28%。为加快农村“两化”进程，实施“同发展”工程，提升农村经济发展水平，增加农民收入，预算安排农业投入19 644万元，占市本级可供安排财力的3.93%。上述支出中的科技、教育、农业三项支出合计102 205万元，占市本级可供安排财力的20.45%，符合法定要求。

2. 为进一步提高社会保障能力，预算安排社会保障资金57 223万元，占市本级可供安排财力的11.45%。其中：行政事业单位离退休经费23 144万元；市属国有中小企业改制及破产准备金6 000万元；国有企业和集体企业职工生活保障补助经费以及城乡义务兵家属优待金2 950万元；抚恤和社会福利救济经费3 369万元；公费医疗经费7 485万元；卫生事业费12 494万元；

社保经办机构经费 1 781 万元。

3. 为维持地方政权建设和国家机器的正常运转，预算安排公检法司支出 34 530 万元，占市本级可供安排财力的 6.91%；行政管理费支出 15 627 万元，占市本级可供安排财力的 3.13%。

4. 为推进海湾型城市建设步伐，预算安排基本建设和市政设施维护建设支出 58 640 万元，占市本级可供安排财力的 11.74%。此外，在预算之外继续筹集和适度融资，保证政府重点基础设施工程建设资金需求。

5. 为培植经济增长点和生财点，预算安排扶持企业发展支出 60 347万元，占市本级可供安排财力的 12.08%。其中：安排 6 700万元用于企业结构调整和易地搬迁改造；安排 1 950 万元用于企业技改贴息；安排 6 000 万元用于扶持高新技术企业发展；安排 3 850 万元用于建立对外贸易促进体系，对出口退税滞后占用资金的利息给予适当补偿。

6. 为落实中央对口支援中西部地区的有关要求，预算安排 4 047万元用于继续做好对西藏、宁夏、新疆等地的对口支援和三峡库区移民的接收工作，以及对三明、龙岩两市的山海协作。

7. 为防范政府债务风险，预算安排偿债基金24 126万元，占市本级可供安排财力的 4.83%。

上述收支预算草案是根据 2002 年我市国民经济和社会发展计划，分析和考虑影响财政收支增减变动因素，按照现行财政预算管理体制和所得税收入分享改革后的口径来编制的，贯彻了量入为出、收支平衡的方针，使财政收入预算如实反映我市经济发展的实际状况、财政支出预算尽可能满足我市公共需要。完成今年财政收支预算任务尽管有一定难度，但只要各级、各部门重视支持，严格执行部门预算，全年收入目标经过努力是可以实现的，支出也可以控制在当年预算指标之内。

（四）预算编制特点

与往年相比，今年我市财政收支预算的编制有以下四个特点：一是所得税收入分享改革后，除少数特殊行业或企业外，绝大部分企业所得税和个人所得税实行中央与地方按比例分享，因此，为便于同口径比较，今年收入预算采用按所得税收入分享改革后口径编制；二是部门预算按照基本支出预算和项目支出预算分别编制；三是改变分项下达定额标准的做法，对市本级各部门公用经费实行按预算内外综合定额核定，各单位可以在此标准定额数内自主调整确定具体目级科目预算；四是按照堵疏结合的原则，在厉行节约的基础上，试行设立部门和单位法定责任人专项基金，允许部门和单位对公用经费标准定额包干年终结余部分按规定用于职工福利等开支。

三、与时俱进，扎实工作，确保完成 2002 年财政预算任务

2002 年是我国加入 WTO 的第一年，也是我市实施“十五”计划、再创辉煌的重要一年，全面完成今年财政收支预算任务，对促进我市国民经济持续快速健康发展和社会全面进步，具有承前启后的重要意义。

（一）加大财政对我市经济和社会发展支持的力度

为此，要坚持四个结合：一是要把积极财政政策和稳健货币政策结合起来。在继续落实积极财政政策，争取国家国债资金的同时，充分利用增加工资、财政贴息、出口退税、清理取消乱收费等多种财政政策措施，发挥各种财政政策工具扩大投资、拉动消费、促进出口的组合效应，认真落实好《厦门市财政扶持高新技术企业发展的若干意见》，通过资助、贴息、担保等形式，重点支持我市高新技术企业发展；二是要把增加投入与促进工业结构调整和产业升级结合起来，积极探索财政促进经济发展的方式，培育新的经济增长点和生财点，增强国民经济的后续发展能力；三是要把保持投资力度与确保投资效果结合起来。统筹捆绑使用预算内外资金，发挥财政资金“四两拨千斤”的作用，积极引导和带动社会资金投入，逐步实现由政府主导型投资向引导型投资的转变，提高财政资金使用的效益；四是要把增加财政投入与防范财政风险结合起来，进一步加强政府债务监管，健全偿债机制，提高我市财政抵御风险的能力。

（二）应对税收政策调整，加强税收征管，健全财政增收机制

为此，要认真贯彻落实国务院关于所得税收入分享改革方案，充分估计所得税收入分享改革对我市各级政府财力增长带来的影响，进一步做好完善市对区财政管理体制的调研、测算等准备工作，健全财政增收机制，调动我市各级政府发展经济、增收节支的积极性。继续坚持“扩大总量、注重质量”的原则，进一步强化税收征管，改进征管手段，提高征管质量，加强税源监控，确保我市财政收入稳定增长。

（三）有效配置财力资源，提高财政保障能力

为此，要继续贯彻“一要吃饭、二要建设”的方针，进一步调整和优化财政支出结构，提高财政保障能力。今年下半年国家将再次调增行政事业单位职工工

资和提高离退休人员待遇，各级财政要合理有效配置财力资源，及时足额兑现调资政策，同时要进一步提高社会保障支出占财政支出的比重，做好“两个确保”和城镇居民最低生活费的发放工作，努力保障城市低收入居民基本生活，维护社会稳定。

（四）推进财政制度改革，加快公共财政体制建设

为此，要进一步完善部门预算，提高部门预算的准确性和透明度，增强预算约束力；要积极推进财政国库管理制度改革，健全预算编制、执行、监督机制，提高财政资金使用的效率和效益；进一步落实“收支两条线”管理的各项规定，扩大会计委派范围，对拥有预算分配权的主管部门试行委派财务负责人；加强企业资产和财务管理，完善国有资产营运体系；强化会计管理，坚决打击做假账行为，为我市经济持续快速健康发展和社会全面进步营造一个良好的财税环境。

（五）牢固树立过紧日子思想，进一步严肃财经纪律

艰苦奋斗、勤俭办事业是党和国家的优良传统，是贯彻落实“三个代表”重要思想、加强党的作风建设的一项重要内容，也是构建适应社会主义市场经济发展要求的公共财政体制的内在要求。尽管近几年我市经济和社会有了很大发展，财政收入也上了新台阶，但与其他发达地区相比，我市财政收支规模还不大，财力并不宽裕，即便将来财力有了较大增加，也要坚持厉行节约的方针，讲求资金使用效益，防止过度超前建设，超前消费，每办一件事都要珍惜纳税人的每一分钱。因此，各级、各部门都要进一步转变理财观念，牢固树立过紧日子的思想，切实改进工作作风，严守财经纪律，反对铺张浪费，努力为人民当好家、理好财。

各位代表，我们要在市委的领导下，开拓创新，与时俱进，扎实工作，迎难而上，为确保完成2002年财政预算任务而奋斗！

全市概况

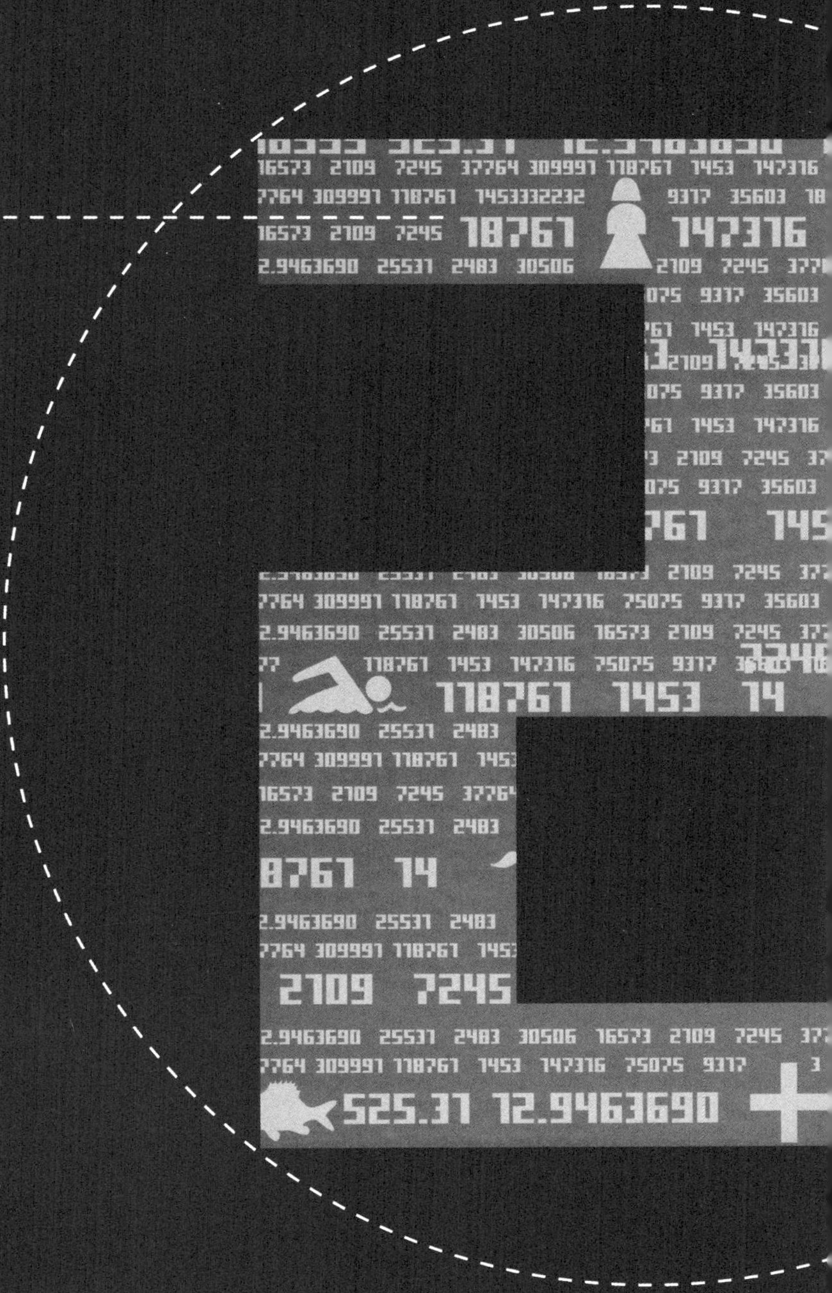

全市概况

厦门市国民经济和社会事业发展概况

一、国民经济发展情况

（一）经济总量保持较快增长

2001年全市实现国内生产总值558.33亿元，按可比价格计算，比上年增长12.2%，其中，第一产业增加值22.03亿元，增长8.1%；第二产业增加值296.68亿元，增长13.2%；第三产业增加值239.62亿元，增长11.3%。三次产业结构由上年的4.2:52.8:43.0调整为3.8:53.2:43.0。

2001年上半年，厦门市固定资产投资、实际利用外资等指标的持续走低，致使全市经济发展后劲不足。下半年开始，市政府采取措施加大引资和投资力度，积极积蓄经济发展动力，招商引资和固定资产投资由降转升，增强了经济发展后劲，工业经济保持较快增长，有效推动了经济发展，对外贸易克服各种困难再创新高，财政收入大幅度增长，为经济建设和社会事业发展奠定了良好基础。全年国民经济整体走势呈现低开平走缓慢回升，国内生产总值累计增幅由上半年的11.5%升至第三季度的12.0%及全年的12.2%。三大需求共同拉动经济增长，其中：出口需求拉动4.9个百分点，投资需求拉动3.6个百分点，消费需求拉动3.7个百分点。在总供给方面，三次产业分别拉动经济增长0.5个百分点、6.9个百分点和4.8个百分点，其中，工业拉动了6.6个百分点，依然是经济增长的主要动力。一些支撑经济增长、体现竞争实力和城市特色的重要指标取得较好成绩。

（二）工业生产增长较快，拓展内销取得成效

市委、市政府一方面着力改善通关环境，努力扶持企业出口，一方面积极组织企业拓展内销，参加国内大型贸洽会。在厦门工业外向度较高，受世界经济走弱、出口需求减少影响较大的情况下，工业品产销售率保持在98%以上。全年工业生产在上年高基数、高增长的基础上，继续保持较快增长速度，有力推动了全市的经济发展。

2001年全市完成工业总产值884.32亿元，比上年增长15.6%，其中，规模以上工业实现产值803.29亿元，增长16.5%。工业经济运行中主要特点有：

1. 重点骨干工业企业继续发挥重要支撑作用。全市拥有年产值超亿元的企业121家，全年完成工业总产值609.35亿元，占全市规模以上工业总产值的75.9%，实现产品销售收入587.76亿元，拥有固定资产381.73亿元，实现利税54.7亿元，分别占同期规模以上工业的74.9%和73.4%、82.4%，在全市工业增幅中拉动13.7个百分点。其中，有14家企业产值超10亿元，有5家企业产值超20亿元，优势企业生产规模不断扩张，极大的增强了厦门工业经济的整体实力。

2. 拓展内销市场见成效。随着国家扩大内需政策效应逐步显现，工业品销售在努力扩大出口的同时，加大国内市场开拓力度，新开辟3条内贸集装箱航线，调整产品结构，发展适销对路产品，致力减少库存，在保持生产较快增长的同时，巩固和扩大国内市场份额，产品结构调整和拓展内销取得明显成效，全年规模以上工业完成销售产值790.26亿元，比上年增长15.0%，工业品产销率达98.4%。其中，工业品出口交货值346.51亿元，增长5.0%，工业品出口交货值率43.85%。内销市场扩大了2.02个百分点，为工业经济发展创造了新的商机。

3. 重点行业生产继续提速。电子、机械、化工三大支柱行业已成为带动全市工业经济发展的龙头力量，全年三大支柱行业完成产值568.02亿元，实现产品销售收入553.44亿元，创利税34.20亿元，占全市规模以上工业的70.7%、70.5%和51.5%。主要工业产品产量中，成品钢材产量增长38.5%、化学纤维增长16.4%、改装汽车增长33.7%、装载机增长72.5%、微型电子计算机增长9.9%、传真机增长48.7%、照相机增长12.5%、彩电生产持平、摩托车下降18.0%，发电量下降14.6%。

4. 工业经济效益略有回升。2001年，全市独立核算工业企业经济效益综合指数为132.3%，

比上年提升1.0个百分点，比全省平均数高出14.9个百分点。企业亏损面为30.8%，与上年持平。企业应收账款净额112.4亿元，增长2.3%，产成品资金占用44.92亿元，减少0.7%，总资产贡献率9.1%，上升0.2个百分点，成本费用利润率4.1%，提高0.5个百分点，劳动生产率为6.89万元/人，下降1.7%，实现利润总额30.73亿元，增长26.6%，利税总额66.35亿元，增长15.4%。

（三）积极推进“两化”进程，农村经济较较快发展

2001年，农村工作以促进农村经济发展，农民增收，农村稳定为主线，厦门市委、市政府出台了《进一步促进农村发展农民增收的若干政策意见》，使支持农村发展增加农民收入的33条政策得到细化，各项支农措施逐步落实到位。通过农村工业化和城市化建设，全面激活农村经济，调整优化农业产品结构，清理整顿农村经济秩序，农村用电基本实现城乡同网同价，有效减轻农民负担。一年来，农业生产风调雨顺，农村经济全面发展，农民收入持续增加。全年实现农业总产值35.57亿元，按可比价计算，比上年增长10.6%。其中，种植业产值11.48亿元，增长23.8%；渔业产值16.47亿元，增长8.9%；畜牧业产值7.45亿元，下降1.8%；林业产值0.16亿元，下降16.1%。

农业生产喜获丰收。一年来，农业生产在重视对农业基础设施的修复工作，增强农业防灾抗灾能力的同时，积极调整种植结构，调减粮食种植面积，扩大经济作物种植面积，优化品种结构，推广农业增产增效技术，全年粮食在播种面积减少4.2%的情况下，总产量仍达18.18万吨，比上年减产4.1%，蔬菜总产量48.09万吨，增长6.2%；水果产量5.15万吨，增产78.9%，其中龙眼产量达2.31万吨，比上年增长1.5倍；花卉种植面积8 742亩，增加2 373亩，实现产值6 994万元，增长37.3%。

畜牧业生产出现徘徊。由于禽产品价格低位运行，生产收益下降，影响了畜牧业生产的发展。全年肉蛋奶总产量7.07万吨，比上年下降0.3%，其中：肉类产量5.79万吨，增长5.0%；蛋品产量1.09万吨，下降23.2%；乳品产量0.19吨，增长20.2%。全年生猪出栏72.25万头，增长6.1%，家禽出栏748.79万只，比上年增长0.1%。全市生猪年末存栏37.45万头，比上年增长4.0%；家禽存栏296.28万只，减少7.2%。

渔业生产恢复性增长。2001年，水产部门积极推广对虾科学养殖技术，增加水产养殖主要品种数量，并完善服务，努力提高单位养殖面积产量，全年水产品总产量为20.28万吨，比上年增长10.2%，其中，海水养殖15.37万吨，增长9.6%；海洋捕捞2.48万吨，增长7.0%，淡水养殖2.43万吨，增长18.0%。

随着“两化”建设的全面启动，农村经济发展后劲增强，农民收入渠道拓宽。全年乡镇企业实现总产值235.79亿元，比上年增长11.4%，涌现了一批产值上亿元的骨干企业和农业产业化的龙头企业，为增加农民收入创造了条件。据调查，全年农民人均纯收入达4 425元，比上年增长9.8%。在全年人均总收入中，人均劳动报酬收入1 955元，增长10.3%；家庭经营收入3 449元，增长3.6%。其中，从事二、三产业收入506元，与上年基本持平。随着城市范围的扩大和乡镇企业的发展，外来员工增加，农村房屋出租收入增加，人均财产性、转移性收入691元，增长21.9%。

随着农民收入增加，生活消费支出也相应增长。2001年全市农民人均生活消费支出3 282元，比上年增长8.00%。其中，吃、住、交通通讯和文化教育是支出的重点，全年人均食品支出1 386元，增长0.4%，占生活消费的42.2%；居住支出804元，增长26.2%，占24.5%；文化教育支出321元，增长7.4%，占9.8%；交通通讯支出357元，增长40.7%，占10.9%。另外，人均用品支出137元，下降12.5%，人均衣着支出104元，下降3.0%；医疗保健支出82元，下降5.8%；其它支出91元，下降23.2%。支出热点主要集中在交通通讯和住房支出。

（四）固定资产投资止跌回升，商品房竣工面积有所回落

2001年上半年，全市固定资产投资一直低幅度波动，滞碍了整体经济发展的后劲，市有关部门从解决阻碍投资的瓶颈入手，实施财政增投，加快重点项目建设，逐步优化固定资产投资结构，固定资产投资从下半年开始止跌回升，全年共完成固定资产投投资191.89亿元，比上年增长9.6%，其中，基本建设完成投资75.02亿元，增长24.0%，更新改造完成投资27.59亿元，增长20.1%，房地产完成投资56.63亿元，下降8.8%。

基本建设投向以交通运输业和制造为业主，投入向城市公用事业倾斜。全年全市用于城市基础设施的投资达49.87亿元，比上年增长28.4%，占基本建设投资的66.5%。在基建投资中投向交通运输业的投资14.72亿元，投入制造业的投资26.3亿元，分别比上年增长43.8%和13.4%，占全市基本建设投资的比重分别达19.6%和35.1%。城市公用事业中的电力煤气及自来水基建投入6.31亿元，比上年增长3.7%，社会服务业（主要是市政工程）完成投资10.73亿元，增长30.0%。

更新改造重点投入通信、制造业、电力、交通四个行业。全年制造业完成技改投资9.58亿元，下降3.2%，电力行业加快城网、配网改造，完成技改投资2.39亿元，增长10.7%。交通运输业完成技改投资4.51亿元，下降18.9%；电信行业加快网络和设备技改投资力度，随着电信局接入网改造及联通公司CDMA及GSM六期等项目的实施，电信行业技改飞速发展，成为全市更新改造的亮点。全行业完成技改投资10.3亿元，增长1.15倍。

针对重点建设项目进展情况，市政府从下半年开始每月召开一次重点项目协调会，及时解决重点项目建设过程中出现的困难和问题，推进项目征地拆迁步伐，采取措施解决重点建设过程中的瓶颈，加快重点项目建设进度。全年69个重点建设项目共完成投资53.06亿元，比上年增长33.5%，占全市基本投资和更新改造投资的51.7%。至年底已有东渡污水处理一期、TDK三期工程、电力进岛第三通道、通用电气发动机大修、北溪引水厦门段改造、鹭江道（和平码头——海军码头）、环岛路（演武路口——厦大白城）、市府大道（厦禾路——公园南路）、绿泉实业易地改造、厦大学生公寓等19个项目如期建成投入使用。

受房地产信贷政策调整的影响，商品房施工面积和竣工面积有所回落，但仍保持了较大的规模。2001年，全市商品房施工面积1 029.91万平方米，比上年减少91.05万平方米，其中住宅施工面积707.24万平方米，比上年减少36.06万平方米，下降4.9%，占全市施工面积的68.7%。全年商品房竣工面积281.68万平方米，比上年减少15.73万平方米，下降5.3%，其中住宅竣工面积216.72万平方米，比上年下降6.7%，占全部竣工面积的76.9%。

全年商品房销售面积257.39万平方米，比上年增长3.1%，其中，住宅销售215.31万平方米，增长1.1%，占商品销售面积83.65%。商品房销售额达73.12亿元，其中，住宅销售55.10亿元，增长3.2%。至年末，全市商品房空置面积176.13万平方米，比上年末增加8.64万平方米，其中，住宅空置79.43万平方米，占总空置面积45.1%。

（五）招商引资止跌回升，对外贸易保持增长

市委、市政府及时采取有力措施，加大招商引资力度，落实招商引资责任制，努力调动各部门招商引资积极性。对重点外资项目实施“一把手”工程，促进了在谈、在建项目签约、履约和开业，特别是第五届中国投资贸易洽谈会的顺利召开，增强了外国投资者在厦投资的兴趣和信心，也为厦门招商引资带来新的机遇。8月份实际利用外资停止连续两年七个月的下滑趋势，9月份出现大回升，全年实际利用外资达到11.53亿美元，比上年增长11.8%。达到近三年来最好的水平，增强了特区经济发展的后劲。

全年新批外商直接投资项目343个，增长32.4%，合同利用外资金额12.72亿美元，增长26.7%。在合同利用外资中，增资项目150个，增资额4.90亿美元，占合同利用外资的38.5%。全年全市共批准外商直接投资超千万美元的大项目达40项（其中新批项目23项，增资项目17项），比上年增加16项。其合同外资金额达8.2亿美元，占全年外资总量的64%，大投资项目的增加，提升了厦门利用外资的总体规模。

对外贸易保持增长。受国际市场低迷的影响，2001年，对外贸易出口困难较大。市政府积极采取措施，争取退税指标，加快退税速度，出台鼓励出口的相关政策，清理整顿口岸中介组织，先后三次降低口岸收费，开辟快速通关“F”通道，扩大“先放后税”范围，加快货物通关速度，使全市对外贸易保持稳步增长。全年外贸进出口总值110.79亿美元，比上年增长10.2%，占全省进出口总值的48.9%，其中，外贸进口45.74亿美元，增长9.7%，外贸出口65.05亿美元，增长10.6%。在外贸出口中，一般贸易出口增速高于加工贸易。全年一般贸易出口27.70亿美元，增长16.2%，加工贸易出口32.50亿美元，增长6.4%。出口商品中机电产品出口27.50亿美元，增长9.7%，占出口总值的42.3%；服装及衣着附件出口5.70亿美元，增长13.3%；鞋类出口5.1亿美元，增长21.7%。美国、日本、欧盟、香港、东盟为厦门市主要出口市场。全年向美国出口增长8.2%，向日本出口增长22.6%，向欧盟出口增长7.8%，向香港出口下降8.8%，向东盟出口增长5.1%。

（六）财政收入较快增长，金融运行平稳

2001年，财税部门加强税收征管，积极推进依法理财，从严治税，均衡组织税收入库，优化支出结构，财政收支良性运转，为经济和社会各项事业发展提供有力保障。全年全市共实现地方级财政收入和中央“两税”收入110.50亿元，比上年增收19.0亿元，增长20.8%，完成预算105.2亿元的105.2%。其中，地方级财政收入65.31亿元，增长25.9%，完成预算的108.7%，上划中央“两税”收入45.19亿元，增长14.0%，完成预算的100.1%。在地方级财政收入中，工商税收完成42.31亿元，增长16.9%。企业所得税15.10亿元，增长74.1%，分别占地方级财政收入的64.8%和23.1%。

2001年全市财政支出74.31亿元，比上年增加15.21亿元，增长25.7%。其中，建设性支出23.53亿元，增长13.5%；在建设性支出中，企业挖潜改造支出6.44亿元，增长40.8%，城市维护费支出2.76亿元，增长57.8%。经常性支出47.18亿元，增长30.7%；经常性支出中社会保障补助支出增长较快，增长1.09倍，教育事业费支出9.49亿元，为经常性支出的20.1%，比上年增长21.5%。

一年来，金融机构灵活运用货币信贷政策，改善金融服务，增加信贷有效收入，支持经济发展力度增强。各项存款余额增加，信贷结构逐步改善，现金收支同步增长。

至2001年底，全市金融机构人民币存款余额达642.37亿元，比年初净增97.47亿元，增长17.9%。其中，城乡居民储蓄存款余额262.23亿元，增加43.73亿元，增长20.0%；企业存款320.48亿元，增加48.5亿元，增长17.8%。各项人民币贷款余额506.36亿元，比年初增加53.56亿元，增长11.8%。其中，短期贷款290.6亿元，中长期贷款178.26亿元，分别比年初增长6.8%和28.6%。人民币存贷款差136.01亿元，比年初扩大44.01亿元。

现金收支相抵体现净投放。全年全市银行现金收入1 388.02亿元，比上年增长19.8%；银行现金支出1 415.28亿元，增长20.8%，收支相抵，累计净投放27.26亿元，比上年多投13.7亿元。

（七）市场物价低位波动，消费品市场趋于活跃

2001年，市场物价持续低位运行，全市居民消费价格总指数98.5%。在居民消费价格的八大构成项目中，娱乐教育文化用品及服务、交通和通讯、医疗保健三大类略有上升，指数分别达103.8%、103.2%、101.4%，其余五大类下降，下降幅度较大的是衣着类、食品类和家庭设备用品类，指数分别下降11.9%、3.1%和1.9%。在食品类价格中，粮食下降3.5%，肉禽及制品下降1.5%，鲜果下降10.0%、油脂下降5.7%、鲜菜下降2.4%。

随着城乡居民收入的增加和旅游会展业发展的推动，消费品市场趋于活跃，全年实现消费品零售总额186.55亿元，比上年增长8.3%。其中，批发零售贸易业实现零售额129.74亿元，增长10.3%；餐饮业零售额29.98亿元，增长7.3%；农业生产者直接零售额10.84亿元，下降20.2%；制造业直接零售额8.17亿元，增长20.7%。非国有商业经济所占市场份额迅速提升，而国有商业改制进程加快，其消费品市场的主导作用日益弱化。2001年全市非国有商业实现零售额113.65亿元，比上年增长21.0%，市场占有率达60.9%，比上年提升了6.4个百分点，而国有商业实现零售额28.27亿元，比上年减少17.7%，占全市零售总额的15.2%，比上年减少4.8个百分点。

市场消费出现新的热点。房地产市场的活跃带动了建材、室内装饰和家居装潢用品、家具、家电等商品的销售，汽车、数字电视、电脑进入部分高收入家庭，耐用品更新换代步伐加快。据对436家限额以上批发零售贸易企业统计，全年零售电视机3.25万台，实现零售额11.56亿元，增长29.1%，微型计算机8 616台，实现零售额5.88亿元，增长42.2%。电冰箱、空调、摄像机零售额分别增长14.2%、43.9%和73.9%。由于居民受教育、住房、医疗、就业等改革预期制约，加上股市持续低迷，影响了即期消费，消费品市场整体走势在活跃中趋于平稳，增长幅度低于全国、全省平均水平。

（八）城镇居民收入增加，消费结构进一步改善

2001年，随着机关事业单位职工增补工资和部分企业效益的好转，城镇居民收入继续增加。据抽样调查，全市城镇居民全年人均可支配收入为11 365元，按同口径对比，比上年增长8.3%。其中，人均国有经济获得的收入6 272元，增长3.7%；从其它经济类型单位收入1 097元，增长17.1%；离退休人员增加工资补贴和部分职工买断工龄，人均转移性收入2 421元，增长33.2%。其中，离退休金收入1 522元，增长13.7%。受下岗及其它因素影响，调查户中有20.4%的家庭收入比上年下降。居民收入差距逐步扩大，调查户中高收入组人均可支配收入为低收入组的3.0倍，由上年的3.7∶1扩大为4.0∶1。

随着收入的增加支出出现较快增长，其中非消费性支出增长快于消费性支出。全年人均实际支出1.13万元，比上年增长19.8%。其中，人均非消费性支出2 846元，增长90.5%，其中购房建房支出达1 496元，占52.6%。人均消费性支出8 490元，比上年增长6.5%。其中，食品价格由于持续走低，人均食品支出3 510元，比上年下降0.7%，恩格尔系数为41.3%；人均居住支出1 240元，增长44.5%；人均娱乐教育文化支出835元，增长8.9%，其中教育支出453元，增长18.9%；人均家庭设备用品及服务支出706元，增长2.7%；人均医疗保健支出312元，下降2.6%；人均交通通讯支出830元，增长12.9%；人均衣着支出605元，下降1.0%。居民消费投向依次是：食品、居住、娱乐教育、交通通讯、家庭设备用品、衣着、医疗保健。在消费结构中，吃穿医疗保健比重下降，居住比重大幅提升，交通通讯、娱乐文化支出比重上升。食品支出占41.3%，下降3个百分点；衣着支出占7.1%，下降0.5个百分点；家庭设备用品支出占8.3%，下降0.3个百分点；医疗保健占3.7%，下降0.3个百分点；交通与通讯占9.8%，上升0.6个百分点；娱乐教育文化占9.8%，上升0.3个百分点，居住占14.6%，上升3.8个百分点。

二、各项社会事业全面进步

（一）科学事业不断进步

坚持“科教兴市”的可持续发展战略，重视科技投入，发展科技成果的转化应用。2001年，全市新认定高新技术企业25家、软件企业45家、科技先导企业7家以及13个高新技术产品和74个软件产品，新组建4家工程技术研究中心。市高新技术创业中心和留学人员创业园先后晋升国家级创业中心和国家级创业园；市生产力促进中心被授予“国家级示范中心”的称号；厦门软件园已发展成为国家级软件产业基地；北大生物园建成并获得了全省第一个一类新药证书；市科技情报所、科技交流中心正加强科技政策研究、积极向中介服务机构转型，科技中介、孵化体系建设步伐加快，为科技创新创业营造了良好的环境。

科学研究和技术开发取得新成果。全年全市组织科技成果鉴定67项，办理科技成果项目登记85项。其中：达到国际先进水的有21项，达到国内领先的有42项。组织实施国家级科技成果推广计划8项，首次组织申报科技部重点新产品计划项目3项，其中2项列入国家级重点新产品计划。全年共代理申请专利1 778件，比上年增长11.7%；授权专利1 509件，增长10.2%，全市专利代理申请量和授权量继续位居全省地市之首。其中台胞台资专利申请444件，占了全市申请量的25.0%。

（二）教育事业加快发展

2001年末，全市社会力量办学机构已达345家，中等职校的结构布局已略具规模；有SK集团加盟的厦门交通职教集团已组建完成；厦门旅游职业中专学校和女子职业学校职业技能鉴定站相继获准挂牌；全市职专、职高毕业生的就业率达到84%。高考成绩继续名列全省榜首，每万人口中普通高中在校生达209.601人，岛内初中毕业升学率达97.1%，学龄儿童入学率达到99.99%，被授予“全国‘两基’工作先进地区”称号。至2001年底，全市共有各级各类学校普通学校921所，在校生员33.40万人。其中：普通高校4所、中等专业学校12所、普通中学64所、职业中学13所、小学376所、幼儿园444所、还有各级特殊教育学校5所，拥有各级各类学校专任教师2.02万人。

全市教育信息化水平进一步提高，各级各类学校共配置计算机3万多台，平均15名学生一台，城区已达到8名学生一台，在教育部召开的全国会议上被誉为“厦门校校通模式”。

（三）文化事业健康兴旺

年末全市拥有各类艺术表演团体6个，艺术表演场所8个，全年演出场次共843场，国内观众达93.2万人次；电影院、影剧院11家，全年各电影放映单位共演（映）出场次9.85千场，观众71.16万人次，电影放映收入达480.47万元；现有公共图书馆7个，其中少儿图书馆2个，全市图书总藏量达141.3万册（件）；博物馆3个，文物保护管理机构2个；群众艺术馆1个，文化馆7个，文化站32个。市工人文化宫、影剧院、图书馆、少儿图书馆、博物馆、戏剧舞蹈学校、鼓浪屿音乐厅等多项文娱设施的新建、改建、搬迁、维修工程进展顺利。大型神话歌仔戏《白鹭女神》获第七届中国戏剧节曹禺戏剧优秀演出奖及八项单奖，集体舞《酷滴》、独舞《偶人》获第五届全国舞蹈“创作三等奖”，小剧场话剧剧本《日子》获华东田汉戏剧三等奖，市歌仔戏剧团和小白鹭民间舞团分别赴新加坡和俄罗斯演出取得成功，小白鹭舞团还获得了中国人民对外友好协会授予的“中俄友谊纪念奖章”。

（四）卫生医疗水平显著提高

2001年末，全市共有各类卫生事业机构821个。其中：各类医院23个、卫生院28个、门诊部16个、卫生防疫机构9个、专科防治机构3个、妇幼保健机构3个、药品检验机构2个、疗养院4个；共有专业卫生技术人员8 058人，其中：医生3 627人、护师和护士2 694人、获得主治医师及以上技术职称的有2 015人；共有卫生机构床位5 632张，其中：医院（卫生院）4 780张。市中医院已与湖北中医学院肝病治疗中心、上海内分泌研究所建立了科研合作关系，肝病专科被省卫生厅正式确认为省重点中医专科，另有肛肠专科、慢性胃炎、糖尿病专科已成为省中医重点专科第二批建设基地，肝科、慢性胃炎专科申报国家中医药管理局全国重点建设基地已通过专家组审评。

到2001年末，全市农村实行合作医疗或医疗保险的村数已有161个，占农村总数的55%以上，共设置农村医疗点356个，拥有乡村医生和卫生员975人、接生员147人。

（五）体育事业成绩卓著

竞技体育取得较好成绩，2001年，我市运动员在十二届世界航模锦标赛上获得了一名亚军、一名季军；在第十届亚洲OP帆船锦标赛陈和池获第一名；在亚洲青年田径锦标赛上体校的张璐获100米栏第四名、4×100米接力第二名。在全国体育赛事中获得了28枚金牌、22枚银牌、19枚铜牌；以及省级赛事的金牌185枚、银牌95枚及铜牌7枚。厦门足球队在2001年全国足球甲B联赛上冲A未果，厦足俱乐部的青年足球队则获全国U－19青年赛冠军。

全民健身活动进一步展开。一年来共组队参加了国际比赛4次、全国比赛8次、全省比赛2次。厦门市选手在首届世界太极拳健康大会上获1个特等奖、5个一等奖，残疾人运动员叶超群在远南运动会上勇夺远南运动会TT7级乒乓球金牌。

（六）环保工作力度进一步加强

在积极推动污水处理厂建设，实行污染集中控制的同时，机动车尾气污染综合整治的全面启动也取得了阶段性成果，在经济快速增长的同时，保证了环境污染的有效控制并不断优化，进一步巩固了“一控双达标”成果。2001年，全市已有DELL、松下、涌泉等26家企业通过ISO14000环境管理体系认证。鼓浪屿区还率先以名胜风景区和行政区的双重身份通过了国家环保总局和建设部验收，成为国家级ISO14000示范区。覆盖全市的空气质量自动监测系统业已建设完成，在公布空气质量日报的基础上，厦门又成为国家第一批率先实现空气质量预报的城市。

全年全市城市环保投资指数2.22%，环境噪声达标区覆盖率62.68%，区域环境噪声值为58.1分贝，交通干线噪声平均值为69.6分贝。全市空气污染周报指数平均值为52，烟尘控制区覆盖率为92.67%；饮用水水资源地质达标率98.11%；城市污水处理率和生活垃圾处理率分别为57.63%、95.46%；城市气化率97.7%，集中供热率52.89%；工业废气排放和汽车尾气的达标率分别为99.85%、78.72%；工业固体废物综合利用率为89.80%。各项城市环保考核指标均达到或超过国家环保模范城市考核标准，先后在全省9个设区市的完成“1998～2000年度市长环保目标责任制”工作和全国22个城市完成“2000年度环境综合整治定量考核工作的考核评比中获第一名。”

（厦门市统计局　许建良、林红玉供稿）

经济体制改革概况

一、创新企业制度，加快转机建制

国有企业改革效果显著　在全省率先设立了6 000万元的国有企业改制与破产准备金，并出台了股权质押、改制与破产准备金、职工经济补偿金等管理办法，清理了“停薪留职”人员，建立了“企业自主用人，劳动者自主择业”的用人机制，加强了离退休人员的社会化管理，解决了历史遗留问题。通过内部员工持股、合资、出售、租赁、兼并、关闭等方式，全市55家国有企业完成了改制任务，占计划改制企业总数的55%，涉及总资产35.6亿元，净资产11.6亿元，分流安置职工近1.3万人。电控厂、华纺、利恒涤纶等国有企业成功嫁接外资或民营资本。区属企业改制任务基本完成。初步建立了中小企业担保体系。国有资本正从一般竞争性领域有序退出。

国有工业企业扭亏增盈工作取得突破性进展 全市国有及国有控股工业企业实现利润增长58.8%，利税增长22.5%，亏损额下降67.5%。三圈日化、通士达、罐头厂、卷烟厂等企业实现利润大幅提高，“海燕”公司大幅减亏。

国有流通企业改革步伐加快，商、粮、供三家集团公司的资产盘整、债权债务转移工作取得了实质性进展，实现了经营主体多元化 市供销社集团公司下属4家企业进行了股份制改造，国有外贸公司通过兼并重组进一步增强了活力。

二、加快股份制改造，培育资本市场

新增股份公司数量多、实力强 2001年全市共批准设立19家股份有限公司，总股本67 952万元，家数和股本总数均达历年最高纪录。外地企业及个人纷纷来厦投资设立股份公司或参与国有、民营企业的股份制改造，涉及电力、化工、林业、房地产、物流、传播等行业，吸收外地法人股14 859万元，占全年新增股本的21%。私人资本入股成为亮点，19家新批股份公司中就有11家完全由自然人发起设立，总股本13 670万元，占全年新增股本的20%。截止2001年底，全市共有86家股份有限公司，总股本达68.9亿元，其中上市公司16家。

资本市场后备力量足、潜力大 全市进入辅导期的股份公司达10家，其中6家已通过中国证监会厦门特派办验收，特别是“法拉电子”、“环境科技”、“钨业股份”和“特宝生物”等4家公司经营业绩好，运作规范，科技含量高，有一定融资能力，有望在主板及香港创业板上市，预计可融资10多亿元人民币。厦门证券有限公司资产重组，增资扩股进展较顺利，厦门信托、建发信托公司的重组工作基本完成。年末全市拥有证券交易营业部22个，全年累计成交量达569.2亿元，证券交易开户人数54万人。

三、非公有制经济较大发展，所有制结构更趋合理

“三资”企业继续发挥举足轻重的作用 2001年，在规模以上工业产值中，“三资”企业产值673.50亿元，占83.8%。在全市全年实现的出口总额65.05亿美元中，外资企业占60%，国有企业占28.6%；全市全年进口总额45.74亿美元中，外资企业占73%，国有企业仅占23.2%。

非公有制商业发展迅速 沃尔玛、富山诚达、新时代莱雅百货等大型外资批发零售贸易企业相继进入厦门。全年各类非公有制商业企业实现消费品零售额113.65亿元，增长21%，在社会消费品零售总额中，非公有制企业占60.9%。

个体私营经济继续发展 2001年底全市个体私营企业5.18万多户，从业人员22.18万人，共创产值53.97亿元，分别比2000年增长18%、19%和5%，其中拥有进出口经营权的私营企业达360家，比上年翻一番，出口创汇折合人民币46亿多元，成为拉动出口增长的一支重要力量。

四、规范行政行为，提高机关效能

规范审批行为 进一步巩固行政审批制度改革成果，对保留或合并的审批事项，严格规范审批事项的内容、对象、条件、程序和时限。各职能部门实行“一个窗口”对外办公，内部实行“并联”审批，部门间的审批采取联合办公形式。建立“首问负责制”等10项制度，并有62个单位向社会公开承诺，公开办事规则和程序，压缩办事时限。

推行“电子政务” 2001年投资1 980万元建设“党政机关办公业务资源网”，113个单位实行联网工作。全市已有34个部门建立了办公自动化网，25个部门开发的数据库网络成为政务公开门户。市贸发委进一步放开进出口贸易经营权，全市全年新登记开业的进出口企业达297家。财政局6月起通过政府网站运行“市政府采购网”，市地税局实行电子报税，市外资委在电子商务平台上开展一般贸易网上审批，建设“中国电子口岸”，市工商局开展企业注册“网上联审”，做到了审批工作的信息化、规范化和透明化，提高了工作效率。

加强机关效能建设 出台《厦门市2001年机关效能建设工作方案》，成立了“厦门市招商中心”、“厦门外商投资项目审批服务中心”和“厦门建设管理服务中心”。市建设管理服务中心建立了联合议事制度，建设会审制度及对重点工程的绿色通道制度和一个窗口收费制度，将施工图审查期限压缩为5天，办结率达83%。市招标办和交易中心建立起以招标前备案、招标文件备案以及招投标情况书面报告制度为主要内容、辅以对招标行为进行监督的“备案查处监督”模式，全市形成“业主组织招标，企业自主设标，专家负责评标，中介提供服务，政府实施监督”的新型招标运作模式。这些措施进一步转变了机关工作作风，确保了政令畅通。

应对“入世”，清理地方性法规、规章和政策措施 到2001年底，收集、整理属于清理范围的地方

性法规66件，政府规章100件，政府规范性文件427件，并按发文单位和发文时间顺序归类形成目录。

五、继续推进医药卫生改革，医保制度改革逐步完善

医疗保险制度改革保持领先水平 出台《厦门市外来从业人员基本医疗保险暂行办法》，在全国率先将外来从业人员纳入城镇职工基本医疗保险范畴。在全国率先制定出台《以个人身份投保基本养老保险并以个人身份办理退休人员纳入基本医疗保险的办法》以及《个人医疗账户资金转移办法》，解决长期以来存在的身份不同产生的社会待遇差别的问题，完善了个人医疗账户资金管理办法，规范了医疗保险经办行为。制定《厦门市基本医疗保险用药管理办法》、《基本医疗保险诊疗管理办法》，扩大了医保用药和诊疗项目范围。进一步扩大了城镇职工基本医疗保险覆盖面，到2001年11月底，全市38.38万人、7 665个单位参保，覆盖面达81%。对参保农民实行“双优惠”，即参保农民可在政府办的三级医疗机构就诊时享受手术费、检查费等的减免优惠，到2001年底，全市37万人口参加农村合作医疗，全市农村参保人口覆盖率达到54.9%。

医疗卫生体制改革进入实质推进阶段 出台《厦门市城镇职工基本医疗保险制度改革与城镇医药卫生体制改革实施意见》等七个配套文件。启动医药卫生人事制度改革，实行领导岗位竞聘制度，市卫生局向社会公开招考的8个市属医疗单位领导已全部到位，中山医院、中医院、第一医院完成了首批中层岗位的竞争上岗工作。医药公开核算、收支两条线管理取得明显成效，全市医疗机构药品收入占全年收入比重已下降至43.3%，全市各大医院普遍实行病人选医生和医疗费用清单制。社区医疗卫生体制进一步完善，社区卫生服务建设取得初步成效。

完善药品采购统一招标工作 1999年9月开始实行药品采购统一招标制度以来，共进行了15批药品招标，中标销售金额约3.8亿元。通过招标，药品和医用卫生耗材的中标价分别平均降幅30%和18.2%。特别是2001年11月开始海虹医药电子商务有限公司承担全市药品采购招标工作，以企业运作取代了政府行为，该公司已组织实施了第15批药品的招标工作，交易额达3千万。

六、推进科技体制改革，阶段性成果明显

市属科研机构“分类转制、分步实施”，取得阶段性成果 完成5家社会公益类科研机构人员编制重新核定工作，推动3家技术开发型科研机构改制为科技企业，共有51人办理了提前退休手续。专利事务所脱勾改制工作基本完成。厦门市生产力促进中心、厦门市科技情报所和厦门科技交流中心正积极向科技中介服务机构转型，加强科研政策研究功能。

技术市场进一步发育 已认定登记技术合同总金额6.3亿元，2001年新成立的技术贸易机构已有61家办理资格证。新设立了“厦门常设技术市场（电子城市场）”。

促进高新技术产业发展 出台《厦门市科技创新资金项目申报审批管理办法（试行）》，改革科技项目计划和经费的管理机制。市高新技术风险投资公司增资扩股进展顺利。2001年新认定高新技术企业25家，全市高新技术企业总数达165家，高新技术企业产值占全市工业总产值的42%左右。《厦门市鼓励科技成果入股和期权激励的暂行规定》正在制订之中。

七、深化文、教、广电改革，社会事业改革逐步展开

启动文化体制改革 制订了《调整艺术表演团体的布局和结构方案》，推动艺术表演团体内部的人事、用工等相关制度改革，调整布局，优化结构，初步实现艺术资源的合理配置。

推动教育体制改革 深化办学方式改革，全市社会力量办学机构已达345家。创新高校人才培养模式，学校结构调整与学科建设、人事分配制度改革与队伍建设取得一定成果。启动厦门教育学院、厦门广播电视大学、厦门职工大学合并工作，将成为以本科为主、融专科、研究生为一体、办学规模超5000人的现代化高校。调整了中等职校结构和布局。初中招生改革初见成效，中考成绩有整体提高。

启动广电体制改革 市委、市政府召开专题会议研究有线电视台和无线电视台合并问题，制定并实施了“两台合并”方案以及电视台人员“双向选择，聘用上岗”方案，着手组建广电集团，进行广电局机关的改革。

八、小城镇综合改革继续推进，成效初步显露

小城镇综合改革初见成效 制定出台《贯彻落实福建省〈乡镇工作纲要〉实施意见》。国家级试点镇马巷镇调整了镇域规划，将镇域面积扩大到14.43平方公里。镇域建设用地实行“公开招标”，实行统一规划、征地、出让、建设等“四统一”，并成立拆迁公司统一办理有关工作。在全省率先实行废弃工矿用地整理置换为建设用地的办法，已完成300亩土地置换工作。推进市场体系建设，完成果

蔬批发市场一期工程80亩用地审批工作。已落实2001年城镇规划建设补助资金570万元以及“两化”重点项目资金1 470万元，镇工业小区列入全市重点发展的第一批5个工业小区名单，已有2家外资企业进驻小区。省级试点镇大嶝镇的改革方案已修改完善，镇域规划调整工作业已完成，已制订全镇的经济社会发展规划，以办好对台小额商品交易市场为着力点，加快培育经济支柱。

户籍制度改革进展顺利　同安区大同、祥平两街道和马巷镇户籍制度改革方案经市政府批准，于2001年10月开始实施。按规定，凡居住在马巷镇及大同、祥平两街道办事处辖区，从事合法稳定的非农职业连续2年或者有稳定的生活来源、有合法固定住所，且已实际居住者（不限同安人，可以是外地市人员），均可申请办理城镇常住户口。到2001年底，大同、祥平两街道2 914人实现“农转非”，马巷镇则有8 500人办理了“农转非”手续。

（厦门市经济体制改革委员会办公室　林曦供稿）

农村经济发展概况

2001年是“十五”计划的起始之年。厦门市按照农业发展新阶段的要求，整顿规范农村市场经济秩序，坚持以农业结构战略性调整为主线，以农业增效、农民增收为目标，采取超常规措施，加大对农业投入，全面推进农业产业化、市场化和农村工业化、城镇化建设进程，进一步加强对农业和农村工作的领导，实现了新世纪农业和农村经济发展起好步、开好局的良好态势。

2001年全市实现农村社会总产值239.54亿元，比上年增长10.2%。其中第一产业35.57亿元，增长10.6%。第二产业181.84亿元，增长12.7%；第三产业22.13亿元，与上年持平。在农业产值中，种植业产值11.48亿元，增长23.8%，林业产值0.17亿元，与上年持平，畜牧业产值7.45亿元，下降1.8%，渔业产值16.47亿元，增长8.9%。农民人均纯收入4 425元，提高395元，增长9.8%。农业产值、乡镇企业产值和农民收入都达到了快速增长，出现了近年来农业和农村经济发展的最好局面。其主要工作和成因有以下几个方面：

1．全面贯彻落实农村各项经济政策　年初，市委、市政府作出了把经济建设重点向岛外农村转移的决策，制定出台了《关于进一步促进农村发展农民增收的若干政策意见》，市直各部门认真制定具体的实施意见、实施方案和实施细则，真抓实干，初步形成全社会支农扶农的政治氛围。市财政全年安排支农资金比上年增长13.8%，解决了一大批农业和农村经济发展中的难点、热点和重点问题。尤其是通过农村工业化和城镇化建设，全面激活农村经济，政策效应十分明显。市直部门还于10月份组织60多位科技人员和司法人员赴五显、灌口两镇开展“四下乡”活动，现场咨询的农民达830多人，在9个镇举行15场农业科技和农业实用技术培训，参加听讲座的农民达1 800人次。全年减轻农民各类负担5 905万元，农民人均负担村提留、镇统筹41.6元，仅为1995年农民人均纯收入的1.7%。

2．继续实施农村“同发展、共富裕”工程　实施农村“同发展、共富裕”工程是市委、市政府扶持农村发展的一项重要举措。全市共审定下达了3批64个项目，总投资3.35亿元，其中安排市补助资金1.28亿元。通过近二年实施，其中第一、二批项目已大部分完成并初见成效，主要表现：一是重点扶持了村集体经济实力，增强其造血功能，三批共直接挂钩扶持的140多个村，预计从2002年开始平均每个村年可稳定增加集体经济收入5万元左右，其中有24个村年收入可达20万元以上目标；二是促进了一批农村劳力转移，增加农民收入，通过项目的引资办厂，将间接地为农村劳力转移提供就业机会1万多个，通过劳务年可增加农民收入7 000万元，并为当地镇、村经济提供了新的经济增长点；三是改善了部分农村生产、生活基础设施条件，特别是一批镇级水厂的扩建，为工业小区和5万多当地居民生活用水提供了便利和保证；四是加快了一批现代农业生产、种苗示范基地的建设，促进了农业结构调整，提高了特区农业的层次和形象；五是安排300万元用于扶持农业抗灾生产，体现了党和政府对农民的关怀。

3．镇村招商引资止跌回升日趋活跃　通过招商引资增强农村综合经济实力，促进农业结构和生产方式的转变，“引一家企业，富一方经济”成为共识，各地普遍加大力度，出现招商引资向镇村下移、向岛外外移的新趋势、新热潮。年中，市委、市政府召开镇村招商引资现场工作会议，开创了农村招商引资工作新的局面。据统计，仅同安区、集美区和杏林区，共批准设立外商投资企业112家，批准合同外资5.69亿美元，其中镇村招商引资约占农村的一半。重点工业小区的配套建设增加了外商投资的吸引力，现在不仅农村沿海、沿路镇有大型骨干项目，就是一些山区镇也不乏有外商落足。同安莲花镇现有8家台资企业；西柯镇全年引进外资企业12家、引进外资3 120万美元，内资企业10家、吸引7 000万元人民币；集美区后溪镇新村有9家外资企业，成为全镇的首富村；湖里区禾山镇现有外资企业120多家、内联企业300多家，2001年全镇经济总收入28.6亿元，财政收入1.1亿元，村均集体收入595万元，农民人均纯收入超过8 000元，被评为“中国乡镇之星”

4. **以推进农业产业化带动结构调整** 积极推进农业产业化经营，7月份召开了全市农业产业化工作会议，总结推广了全市农业产业化的典型经验，研究推进农业产业化的思路对策。组织评定了如意、同茂、惠尔康共13家市级农业产业化龙头企业，并组织龙头企业与农户签订产销协议，带动农业基地28万亩，促进农业结构的调整。种植业花卉实际面积达8 742亩，增加2 373亩，实现产值6 994万元，增长37.3%；早晚季优质稻、薯面积各占50%以上，实施龙眼高接换种1万亩，种植优质杂果2 000亩，引进果、菜、花及粮油新品种77个，建立新品种试验点和示范片2 000亩。畜牧业肉类和乳品总产量分别增长5.0%和20.2%。水产推广南美白对虾淡化养殖2万亩，估测增利6 000多万元；全市形成了网箱养殖、淡水养殖、对虾养殖、滩贝养殖、半封闭栏网养殖、浅海筏式养殖、紫菜养殖和工厂化养殖等8大不同养殖方式的规模养殖基地。其中石斑鱼网箱养殖发展到万箱规模，成为当家品种；新建育虾苗场50多家，新增50多亿尾的生产能力，使全市对虾苗种生产超过年114亿尾，成为全国对虾苗种市场的集散地；海洋捕捞生产重心向北太平洋海域转移，从事金枪钓、鱿鱼钓生产，都取得较好经济效益。

5. **完成一批农村重大基础设施建设** 去冬今春水利建设共投资1.05亿元，完成土石方294万方，小型水库加固23座，病险水闸加固4处，修建水毁工程69处，疏浚河道12.5公里，改善灌溉面积3.55万亩，治理水土流失面积15平方公里。20公里的堤防加固建设和北引改造二期工程已经大部分完成。完成造林更新1.01万亩，其中裸露山体整治绿化面积1 701亩，沿海护林体系造林1 386亩，生物防火林带造林面积720亩，迹地更新造林面积6 630亩，均超额完成年度计划任务；完成封山育林面积2.1万亩；完成防火道路维修130公里；培育容器育苗101万袋。改造中低产田、果园3.67万亩，改造低洼盐碱地和盐田为养殖池7 000亩，组织实施土地整理2.6万亩，改造后不少成为龙头企业的生产基地。扶建一批有一定规模档次的专业农产品市场，其中同安闽南果蔬批发市场和马巷蔬菜批发市场年交易量达37万吨。完成农村电网改造工程，受益农户可达28万户，全年可减轻农民负担2 500万元。新建、扩建农村道路46.2公里。厦门市优新种苗繁育中心、海水良种引进中心、高崎闽台渔轮避风港、天竺山森林公园、东孚海峡花卉市场，新一代多普勒天气雷达以及一批镇级自来水厂和工业小区等工程建设都在加紧施工中。这些工程的建成投产，将极大提高农业抗灾防灾能力，改善招商引资和生产、生活条件。

6. **农村工业化城镇化进程明显加快** 围绕建设海湾型城市的规划布局，2001年确定新建杏林东孚、集美北部工业区四期、同安的巷北、城南和城北5个工业小区，首期共2 965亩，用地红线图已获批准，土地平整；基础设施建设正在进行，现已引进外资项目20个，引资金额达8 520万美元，工业区用地面积已安排一半，成为全市农村经济快速发展的“亮点”。与此同时，组织市区一批国有大中型企业向岛外搬迁。厦工集团、三圈日化、绿泉实业、包印集团等企业已捷足先登到工业小区落户。工业企业的搬迁，不但为岛外退“二”进“三”和城市的建设提供了空间，而且极大地推动了区镇经济的发展。实施乡镇企业质量振兴纲要和名牌战略，积极推行国际规范体系认证，做好省部级名牌产品和著名、驰名商标的推荐申报工作，提高产品市场竞争能力。全年完成乡镇企业总产值235.8亿元，比上年增长9.5%，其中出口交货值达70.5亿元，占总产值的29.9%。办理乡镇企业土地房屋确权453宗，完成同意办理数的48.4%。完成“厦门市小城镇发展与布局规划”论证。灌口、马巷和大嶝3个中心镇和重点镇的规划调整基本完成，一些基础设施建设项目，如马巷巷北路、大嶝环岛路、灌口凤泉商业大道等工程项目已动工兴建。

7. **全面开展整顿规范市场经济秩序** 农业行政执法普遍加强。特别是积极实施“放心食品工程”，“整治餐桌污染”，重点抓好“瘦肉精”的整治，加强牲畜定点屠宰工作，严格肉品市场管理秩序，禁止销售和使用部分高、剧毒农药，实施“放心菜”生产，食品安全总体上得到有效的监督和控制。农业部门还加大农村合作基金会清理力度，完成提请市人大对《厦门市农村集体经济审计条例》进入审议程序；森林公安共受理各类林业违法案件45起，打击处理53人；森林火灾率和受灾率分别严格控制在责任目标之内。渔业部门认真贯彻实施伏季休渔、“三无”渔船清理整顿和浅海滩涂确权发证制度，严厉打击电、毒、炸鱼等非法作业和欺行霸市不法行为。水利部门全面完成全市取水许可证年审工作，开展“河畅水清、防洪安全”执法活动。气象部门依法加强气球施放和气象探测环境管理。确保了农村经济健康有序发展。

8. **农业生产经营环境有利因素较多**　一是全年，农业生产风调雨顺，气候很好，基本无大灾；二是主要水果香蕉和龙眼的受灾已经得到恢复，又遇到龙眼大年，总产达到2.31万吨，比上年增长1.5倍，拉动了农业产值增长的大头；三是高效农业和科技兴农水平有新的提高，种植业个别品种虽因面积调减，总产有所降低，但由于重视品种结构，产值仍有增加；四是农产品总量过剩有所缓解，市场价格相对平衡稳定，某些产品如茶叶、杂果价格还略有回升；五是农村富有劳动力转移力度明显加大，经过培训农村劳动力1 400名到境外务工，1 930名就地安排就业。农村“两化”建设也为农民发展第三产业提供了新天地，特别是农民的房屋出租，为农民增收开辟了新的渠道。

（市委农办　余春水供稿）

工业经济发展概况

2001年，厦门市工业战线广大职工面对世界经济增长明显减缓、国内市场有效需求不足的形势，坚持以发展为主题、以结构调整为主线，着力抓好工业经济增长点，开拓国内外市场；工业管理部门强化对工业经济的协调服务，积极稳妥地推进各项改革，整顿和规范市场经济秩序，大力治理经济发展环境，促进了全市工业经济的发展。

一、主要工业经济指标完成情况和运行特点

（一）工业经济继续保持稳定、较快增长态势，对国民经济的发展贡献突出

2001年厦门市工业经济继续保持较快增长，全市完成工业总产值884.29亿元，比上年增长15.6%，其中规模以上工业实现产值803.29亿元，比上年增长16.5%。工业对全市经济增长贡献率达53.8%，直接拉动经济增长6.6个百分点，成为拉动经济增长的主要力量。

（二）大型工业企业、高新技术工业企业的发展壮大，促进了全市工业经济总量和质量的提高

2001年，全市产值超亿元企业达到121户，其中5亿元以上企业25户，10亿元以上企业14户，20亿元以上企业有6户。20亿元以上的企业分别是戴尔计算机（中国）有限公司、厦门华侨电子企业有限公司、翔鹭涤纶纺纤（厦门）有限公司、厦门太古飞机工程有限公司、厦门灿坤实业股份有限公司、柯达（中国）股份有限公司厦门分公司，其中戴尔计算机（中国）有限公司、厦门华侨电子企业有限公司产值超过50亿元，这些产值大户支撑着全市工业的发展。随着厦门市高新技术发展推进和向传统产业渗透与辐射作用的增强，高新技术企业已具备一定的经济规模，截至2001年，全市有高新技术企业165户，实现产值370亿元，占全市工业总产值的42.5%。产值上亿元的高新技术企业30多家，在产值5亿元以上的企业中有16家、10亿元以上的企业中有8家已被确认为高新技术企业，高新技术工业企业在全市国民经济中占据了非常重要的地位。

（三）企业的研发水平和创新能力不断提高，工业企业产销衔接良好

厦门市工业企业，特别是一些大型企业积极提高产品的研发水平和创新能力，及时开发适应市场需求的产品，提高产品性能和档次，增加产品的技术含量和附加值。如灿坤公司一年里就研发出170多种新产品，金龙联合汽车及金龙旅行车公司相继开发出新型的豪华大客车等，促进了生产的发展；同时，积极寻找新的市场空间，努力推行各种有效的现代营销方式和组织形式，调整营销策略，使内需市场的开拓迈出了新的步伐，实现了产销同步增长的好势头。2001年全市现价工业销售产值790.26亿元，比上年增长15.0%，产销率达98.4%，比上年提高0.2个百分点，比全省高出1.4个百分点，居全省第一位。在重点监测的95种产品中，产量增长的产品占58%，其中罐头、手套、成品钢材、改装汽车、民用钢质船舶、电热烘烤器、电话机、照相机等17种产品增幅在30%以上，占产品总数的17%。全年累计完成出口交货值346.51亿元，比上年增长10.0%，出口占销售产值比重为43.9%；其

中全市机电产品出口 27.51 亿美元，比上年增长 9.7%。

（四）重点行业支撑作用明显

2001 年，全市 33 个工业行业中，26 个行业生产保持增长，其中增幅在全市平均水平以上的行业有 12 个；7 个行业生产萎缩，其中电力、蒸汽、热水的生产和供应业比上年下降 4.9%；电子及通信设备创造业、电气机械及器材制造业、交通运输设备制造业产值分别增长 19.9%、18.2%和 19.9%，有效支撑全市工业经济的发展。

二、主要工作

（一）改善工业经济运行外部环境，促进工业经济发展

2001 年，电力城网建设改造步伐加快，实施电网建设“百日攻坚”成效显著，投资计划完成率首次达到 90%，城网建设改造完成投资 3.75 亿元，比上年增长 74%，接近前两年的总和。厦门电力进岛第三通道工程和 3 个 220 千伏、4 个 110 千伏新建扩建工程竣工投产；实施业扩项目“提速”工程，业扩工程新增容量 69.6 万千伏安，增长 1.8 倍；通过了农电“两改”验收，实现了同安工业用电与厦门岛内同网同价，每年可减轻该区电费负担 3 035 万元；实施增供促销“五项工程”，全年累计新增容量 37.5 万千伏安，比上年增 3.3 倍；电力供应能力、安全性、稳定性进一步提高，全年共完成售电量 47.54 亿千瓦时，比上年增长 14.5%，电力最高负荷为 92.9 万千瓦，增长 16.8%。深入开展企业减负工作，继续抓好已取消行政事业性收费项目的落实；开展港口秩序整顿，取消、暂停、降低港口相关经营性收费项目，减轻企业负担近亿元；同时严厉打击制售假冒伪劣商品，净化市场，为工业企业的发展创造了良好的外部环境。

（二）强化服务，抓好协调，促进扶持工业经济发展政策措施的落实到位

面对国内外经济环境不断变化带来的不利影响，厦门市工业经济管理部门强化对全市工业经济运行的分析、监控和预测，继续做好审批、核准项目的规范和清理，围绕实施政务公开，向社会做出了提高机关办事效率的公开承诺。成立“厦门市工业企业投诉服务中心”，设置举报电话和电子信箱，接受企业的投诉和举报，及时帮助企业解决生产经营中遇到的困难和问题。多方争取出口信贷、技改专项贷款、技术创新补助、丰水期优惠电量、新增生产用电优惠电价以及重要工业品进口指标等各种优惠政策扶持工业发展，其中国家、省的各项专项贷款 15.6 亿元，补贴贴息 1.26 亿元。主动与省有关部门联系，落实厦顺铝箔第三期投产新增 1.17 亿千瓦时、翔鹭纺纤扫尾工程 2001 年起新增的 2 亿千瓦时和 2002 年起投产新增的 2.4 亿千瓦时生产用电部分实行优惠电价，有力地支持了工业企业的快速发展。

（三）重点突出，规划到位，进一步加大企业技术创新、技术改造步伐，工业经济结构得到优化

根据国家、省经济结构调整的总体设想和厦门市的实际情况，经过调研和广泛听取各方面的意见，制定颁布了《厦门市“十五”期间工业经济结构调整的基本思路》、《厦门市工业“十五”发展计划》及各行业规划。确立了充分发挥现有优势，积极发展外向型工业，加速提升产业层次的发展思路。

加大企业技术创新、技术改造力度，认真做好国家、省级重点技术创新项目、重点优秀新产品项目、技术中心的推荐申报。对列入年度计划的 6 个国债支持技术改造项目、4 个“双高一优”技改项目、6 个国家重点技术创新计划项目、7 个国家重点产品试产计划项目，以及 6 个省重点“五新”计划项目、3 家省级企业技术中心，从政策、资金上给予重点扶持。厦新电子城一期、柯达一次性相机、厦汽一期、宏发电声、GE 发动机维修、通士达照明、绿泉、建发制药等项目顺利投产，卷烟厂、翔鹭 PTA、厦顺铝箔等项目进展顺利；调整和储备了一批技改项目。2001 年全市办理外资企业引进设备免税项目确认书 38 份，总投资 1.46 亿元，用汇 1 762万美元；办理内资企业采用国产设备抵免所得税项目确认书 5 份，总投资 1.18 亿元，国产设备投资 1.15 亿元。

为加快工业结构调整步伐和岛外各区工业布局调整，出台了《厦门市国有工业企业易地技术改造土地处置及资金筹措实施办法》，开展岛内工业老企业易地搬迁技术改造的调研、规划等前期工作，确定了“7+2”企业易地搬迁技术改造计划，完成机电工业园区的选址，灌南机电工业园区顺利启动，厦工集团、三圈日化、包印集团易地技改项目正式动工。会同市财政部门安排技改贴息资金 550 万元，用于支持企业约 1 亿元的银行贷款贴息。2001 年全社会技术改造投资完成 27.59 亿元，比上年增长 20.1%，其中工业企业技术改造投资完成 9.57 亿元，占规模以上工业增加值的 4.5%。

以企业为主体的技术创新工作稳步发展。对国家、省认定的企业技术中心进行跟踪评价和动态管理，15 家企业技术中心均通过年度考评，其中 3 家企业技术中心获得省级认定，有 2 家获得市级认定；

10个优秀技术创新项目获2000年度厦门市科技进步奖。17个项目获2000年度省优秀新产品奖，5个项目获“九五”国家优秀技术创新项目奖，5个项目获“九五”优秀新产品奖。加大产学研联合的实施力度，举办产学研对口交流技术洽谈，推进企业与厦门大学、集美大学和国家海洋三所高校、科研单位的科技合作，对30个重点产学研项目、50个重点技术创新项目的开发进度以及投产、达产情况进行跟踪服务，同时在资金上给予一定的支持，全年运用财政预算安排技术创新及产学研发展资金1 100万元。2001年主要工业企业开发新产品120项，新产品产值102.25亿元，高新技术新产品产值45.95亿元，占新产品产值的44.9%。

（四）加强指导，整体推进，国有企业改革进一步深化

随着新一轮深化国企改革的全面展开，厦门市重点抓好国有中小企业改制工作，先后出台了《厦门市深化国有中小企业改制意见》、《厦门市国有企业改制与破产准备金管理使用暂行办法》、《关于支付国有企业职工经济补偿及职工购买股权暂行办法》等近十个配套政策文件。设立6 000万元的国企改制与破产准备金，加大国有企业战略性调整步伐，为劣势企业逐步退出一般性竞争领域打好基础。有关部门加强对改制企业的协调和指导，有针对性地帮助企业解决改制中遇到的各种困难和问题，积极稳妥地推动了企业改制的顺利开展。全年有55家企业完成改制，分流安置职工1.29万人。通过改制，吸引外资3 854万美元，内资2.99亿元。其中两家较大规模的工业企业通过重组化解约八亿元的债务，盘活约七亿元的资产。

（五）完善措施，净化市场，积极引导和帮助企业加大市场开拓力度

根据中央的统一部署，2001年厦门市开展了声势浩大的整顿和规范市场经济秩序工作，强化了打击假冒伪劣商品，整顿文化市场、建筑市场、财税金融秩序，打击走私、破除地方保护、强化安全生产管理等专项整顿，取得了阶段性成果，市场经济秩序进一步好转。

在出口增幅大幅回落，国内市场需求趋缓的严峻形势下，有关职能部门的工作人员经常深入自营出口生产企业了解出口退税情况，针对“免抵退“、退税办理时间、单证的收集时限以及申报过程中的有关问题，及时整理上报并提出建议，引起上级领导的高度重视。税务部门也进行认真研究，提出完善措施的意见。建立了重点机电产品出口企业联系制度，确定一批重点联系企业，定期了解和分析企业产品的出口动态，及时向国家有关部门反映亟需解决的问题，向中国进出口银行争取了8.75亿元的低息出口卖方信贷，支持机电产品出口。

精心组织和引导企业参与国内举办的各种形式的大型展销会，以及在美国、阿联酋、香港等地举办的国际性工业博览会，并提供摊位补贴，帮助参展企业拓展海外市场，及时掌握国际市场需求信息和国外同行的发展情况，同时也提高了厦门市工业产品的知名度和竞争力。

三、工业的招商引资步伐进一步加大，促进工业结构的不断优化

根据国家产业政策和厦门市工业经济结构调整的基本思路，进一步完善了《厦门市工业投资指南》和《厦门市工业企业招商引资项目》，利用多种渠道引导外资投向高新技术产业。2001年全市工业利用外资252项，合同利用外资9.96亿美元，占全市新批外商直接投资项目的73.5%，主要涉及纺织、化工、医药、机械设备、电子通信等行业，如：北大之路生物工程、神弓复合材料、景富机械、光隆石材、奥新轴承、嘉诚工业、荣成锂业、大北欧通信设备、三达科技等都是外商直接投资千万以上的项目，促进了厦门市工业结构的调整。

（厦门市经济发展局　林琪梅供稿）

城乡建设事业发展概况

2001年，建设系统深入整顿和规范建设市场，改进建设审批制度，加快重点项目建设，改善城市管理，进一步推进建设事业健康发展。

一、整顿和规范建设市场取得阶段性成果

自2001年4月份以来，建设系统会同监察、工商等有关部门成立了“专项整顿办公室”，全面开展工作，进一步规范了建设市场秩序。

（一）建设工程招标投标管理日益规范和完善，在原市建设工程招标投标中心基础上分开设立了“厦门市建设工程招标投标办公室”和“厦门市建设工程交易中心”，实现了政府监管与市场服务机构分开设立、职能分离，完善了交易规则，规范了招标投标入围的资格审查办法，推行建设工程最低控制

价招标办法，取消了带有地区保护的条款，全年实现应进场交易率、应招标率和应公开招标率均达100%，厦门市建设工程招标投标网络通过市科委技术鉴定，达到国内领先水平；

（二）建立并推行建设工程项目代建制度，政府及其部门不再作为建设项目法人，政府及其部门的负责同志也不再担任项目法人负责，这一制度的建立及推行，有利于政企分开，实现内行管内行，确保工程质量，促进廉政建设，得到建设部和省建设厅的充分肯定；

（三）改进建设工程初步设计审查办法，即请与项目相应的专业局的技术人员参加由建委主持的项目初步设计审查会，并根据审查意见起草批文，复杂的专业工程则经专家技术论证后形成专家组意见作为设计批文附件，再由建委核、会稿并签发，发挥了专业局作用，加快了审批速度，提高了工作效率；

（四）建立市施工图审核所，确保了国家《工程建设标准强制性条文》贯彻执行，至今已累计完成施工图审查335个项目，总投资50亿元，建筑面积397.28万平方米；查出违反《强制性条文》16项69条，其中违反结构安全9项36条，均已及时得到纠正，消除了隐患；

（五）成立了市建设工程管理服务中心，改进建设工程审批管理，将工程立项、规划、用地审批直至竣工验收等26项审批手续划分成可行性研究、前期准备、实施和验收4个阶段，实施“一条龙”窗口服务，方便了行政管理相对人，促进了廉政建设，提高了办事效率，成立以来已累计收件26类1 594件，按时限办结1 024件；

（六）加强了城市燃气市场管理，通过查处无证和不具备条件经营燃气企业，严格了燃气经营企业资质管理，查处违章占压燃气管网，加强了城市燃气设施的安全管理和保护，查处违法经营液化石油气的“黑气”和收扣钢瓶，清除了事故隐患；

（七）加强了城市公共交通市场管理，通过深入开展查处违章公交运输车辆，改善了公交运输秩序，加强油库、仓库、消防器材等重要部位的监控和整改，进一步落实城市公共安全管理措施。

二、市重点建设项目基本完成预定目标

市重点办会同有关部门履行政府赋予的职能，增加主动服务意识，对全市69个重点工程实行全过程的跟踪、协调和督查，促进重点项目顺利建设。至2001年底，已有23个项目投入使用或基本完工，分别是鹭江道改造工程（和平码头到海军码头段）、仙岳路（仙岳村段）、市府大道（厦禾路至公园南路段）、集美20号路、环岛路（演武路至厦大白城段）、鼓浪屿环岛路、电力进岛第三通道、东部污水处理系统一期、北溪引水厦门段改造、北大生物园一期、厦大学生公寓、第一幼儿园、青少年科技馆一期和TDK三期工程、海沧出口加工区、通士达节能灯一期、翔鹭涤纶一期收尾工程、思明软件园一期、柯达一次性相机工程、灿坤科技园一期、中坤松节油项目以及通用电气发动机大修项目等。其次是一批新项目按计划陆续开工。新开工项目有莲黄隧道、蔡尖尾山隧道一期工程、湖里大道中段、海沧港区1、5、6号泊位、前埔中学、金尚中学、东渡中学、太古飞机维修三期、飞机改装仓工程、三安超高亮度发光二极管一期、厦顺铝箔扩建工程、长庚医院及护专工程、国家会计学院、厦门成人高校、环岛路（海军码头至演武路、墩上至五通）、开元区洪山柄旧村改造工程、正新公司与海燕公司合资的子午线轮胎项目、海沧港区18号泊位、三圈日化易地搬迁项目、厦工易地搬迁项目等。这批重点项目建成后，将进一步完善城市基础设施，许多工业项目也将成为新的经济增长点。

三、建筑业、房地产业在调整中健康发展

（一）基本完成预期经济指标。建筑业方面，全市现有建筑安装企业405家，全年完成建安产值79.72亿元，比上年增长4.8%，房屋施工面积1 095.1万平方米，下降5%，房屋新开工面积470.92万平方米，增长20.2%，房屋竣工面积492.88万平方米，增长22.4%。房地产业方面，全市房地产开发企业495家，全年完成房地产开发总投资56.63亿元，比上年下降9.5%；商品房施工面积1 029.91万平方米，下降8.1%，其中商品住宅707.24万平方米，占68.7%；商品房竣工面积281.68万平方米，下降5.3%，其中商品住宅216.72万平方米，占76.7%；商品房销售257.39万平方米，增长3.0%，其中商品住宅销售215.31万平方米，占83.7%。

（二）加强了行业管理。①按照新的企业资质管理办法，在各行业协会的配合下，分别完成了勘察设计企业（本市）、装饰企业、建设监理和房地产开发、物业企业的资质年检工作，其中将《商品房质量保证书》及《商品房使用说明书》纳入了开发企业的资质年检，从制度上明确了开发商负责工程质量的责任，增强了开发商的工程质量意识和对消费者的服务意识；建筑安装企业的新的资质就位工作正在按计划组织实施中。②认真贯彻国务院《关于禁止在市场经济活动中实行地区封锁的规定》，组织

清理并废止了带地方保护条款的规范性文件，制订下发了符合国务院《规定》精神和基本与国际惯例相适应的《关于进一步规范我市建设工程招标投标活动的若干规定》等，进一步规范了工程招标入围和资格审查办法，并推行工程承发包的履约和付款担保、从源头扼制拖欠工程款，促进建筑市场稳定有序。③改进了工程质量监督方式，推行建设工程竣工验收备案制，政府部门的工作重点从微观转向宏观，坚持依法行政，坚持基本建设程序，从制度上有效地防止了三边工程，并加强了对市场双方主体行为合法性的监督和建设工程主体结构质量安全的监督。④继续加强建筑劳力管理，推行劳务分包企业成为专业独立法人制度，提高建筑工程施工现场操作人员的素质，加强建设工程现场使用劳务管理；妥善解决拖欠工人工资问题，维护职工合法权益，促进社会稳定。⑤加强建筑安全管理人员培训，参训人员有 192 名企业经理或副经理、426 名专职安全员，培训面是近年来最多的；推行建筑工人意外伤害保险，增强了各级领导的忧患意识和责任意识，较好落实了安全生产，建设系统全年没有发生三级以上重大安全事故，发生职工伤亡事故 6 起，死亡 6 人，直接经济损失约 80 万元，与上年相比分别下降 33.3%、33.3%和 41.2%。被市安委会授予安全生产先进单位。

四、建材管理取得新成绩

（一）推广应用预拌砼成果日益显著。推广应用预拌砼的覆盖面已从厦门本岛延伸到岛外各区，全市使用预拌砼 171 万立方米，比上年增长 16.3%，市区预拌砼的推广率已达到 90%以上，达到发达国家水平，继续走在全国前列。

（二）墙改与建筑节能工作有新的进展。厦门是全国首批 170 个禁止使用粘土实心砖的城市之一，2001 年全市加大行政执法力度，全面实行新型墙体材料认定制度，限制生产粘土实心砖，鼓励发展新型墙体材料，取得较好效果，全年生产墙体材料 3.67 亿块，其中粘土实心砖 0.84 亿块，比上年下降 55%；新型墙体材料完成 2.84 亿块，比上年增长 17%，全市应用新型墙体材料比率达到 75.2%。

（三）建筑节能工作取得新进展。完成了《厦门市建筑节能十·五计划和 2010 年发展规划》（初稿）的编制，参与“南方炎热地区建筑节能标准”的调研和文件起草，并以贯彻省炎热地区建筑节能指导意见为契机，在全市进一步推广应用太阳能热水器等节能设施。

（四）建材合格率不断提高。通过深入开展打击假建材活动，有效遏制假冒伪劣建材流入建筑工地。建设部和国家技术监督局到本市施工工地现场监督抽查化学建材，总合格率 90%，其中塑料管材管件和建筑涂料合格率均达到 100%，合格率名次居全国前列。

五、整顿矿业秩序取得较好成效

（一）完成编制《厦门市矿产资源开发利用与保护规划》（初稿），其中《同安区矿产资源开发利用与保护规划》已经区政府审批报省国土资源厅。该项《规划》的编制填补了本市规划管理工作中的空白，实现了全市矿产资源从无序开发到有序管理利用的转变。

（二）根据《福建省生产矿山部分矿种最小开采规划目录》要求，厦门市从年初开始，在认真调查摸底的基础上，制定了工作方案，会同有关部门深入整顿小规模生产矿点，对 43 处存在“一处整体资源被分割开采”的小采矿点实行联合改造；31 处存在“投入资金少、设备老化和技术落后”和 15 处存在“安全隐患”的采矿点被责令限期整改；25 处“无后续资源保证或因规模小、超深度开采、已不能符合安全生产条件”的采矿点被淘汰关闭；26 处因破坏生态环境、处于禁采区域的采矿点被责令限期关闭，促进了山体生态保护，有利于矿山的合理开发利用。

（三）全面清查非法开采问题。根据省政府矿产资源管理秩序治理整顿电视电话会议精神，对各采点展开了拉网式大检查，累计查出 11 起越界开采（经立案处罚后被责成退回界内开采）、2 起非法转让采矿产权和 8 起无证采砂（均被立案查处）、2 处采矿点不符合“三区规定”及采矿资源条件（被限期注销采矿证），还有 15 起临时采矿点被责令限期关闭。对海沧投资区内的非法开采高岭土问题开展了专项执法清查，已通过年检审查及时查处了存在问题，取得较好效果。

（四）强化执法监察力度。在建立健全各项办案制度和监督管理制度的同时，加强了对各矿点的跟踪巡查，做到及时发现问题、及时立案查处各类违法行为；加强了重点区域的监察力度，主要是厦门本岛山体、同安东西区河砂、杏林高岭土片区、各风景名胜区域资源的保护等，比较及时地发现并制止了一批违法开采问题，较好保护了山体和资源；及时处理举报投诉件，妥善解决矿产开发中的热点、难点问题，保护了国家资源，促进了社会稳定。

六、村镇建设取得新进展

承办了市政府委托的“厦门城镇建设发展战略

研讨会”，邀请国内15名专家及8个名镇领导为厦门制订城市化战略、实施小城镇建设出谋划策、传经送宝，取得良好效果，在国内产生较大影响。

完成了《厦门市小城镇发展与布局规划》并经市政府审议同意将报省政府审批；组织进行了马巷、灌口、大嶝等3个重点镇的总规编修，其中马巷镇和灌口镇已经完成；组织报送的西柯镇潘涂小区的规划及单体设计被评为全省试点小区最佳方案。

七、城市管理进一步加强

在巩固和扩大创建“国家卫生城市”、“国家园林城市”和“国家环保模范城市”成果的基础上，围绕创建国家人居城市和世界花园城市目标，在不断完善城市公用设施的同时，以开展各项整治为手段，进一步提升城市管理水平。主要抓了以下工作。

（一）完善城市公用设施。完成了火车站广场改造，翻修火车站公交停车场，配套完善市政公用设施和夜景灯光，并首次采用公交候车岛、配备电子导乘牌，规范了公交车始发秩序和人车分流，改善了火车站广场环境和交通秩序；完成了厦门大学南校门公交停车场改造工程，拆迁原厦大商场和“厦大一条街”，重建厦大南校门，修建透空围墙，U造绿地，拓宽广场，同时完善了地下管线和市政公用配套设施，设置候车岛和电子导乘牌，改善了乘车环境；基本按计划完成了莲前西路和莲前东路的违章拆迁和绿化工程等景观建设；完成了鹭江道北段地下车库顶上地块景观建设；还完成了西堤公园建设用地范围内厦禾路拆迁周转房和建材码头周边临时建筑的拆除，将地块交由园林部门实施绿化。

（二）实施城市景观整治。完成了福厦路联检楼至石鼓山立交桥路段的景观改造的设计方案、交通组织、征地拆迁、地块平整等前期工作；完成了晨光路沿街建筑立面整治，拆除了违章建筑，重新装饰建筑立面、设置夜景灯光；配合18号排洪沟整治，完成了湖明路沿沟店面拆除，同时完成了人行道铺设和绿化美化；还完成了文园路、嘉禾路景观改造的前期准备工作。

（三）开展净化城市的专项整治。根据厦门市人民政府《关于禁止乱张贴、乱悬挂、乱涂写广告宣传品的通知》精神，市城管办会同市工商等有关部门，通过宣传发动、自查自纠、检查整改3个阶段，查处了违章者，遏制了“三乱”现象，达到较好整治效果。开展机动车尾气污染综合整治，组织专业人员上路检测公交车、营运中巴尾气排放情况，依法查处尾气超标车辆。还启动了占道经营的专项整治，已完成对市区占道经营常发地带的全面整治，并取得阶段性成果。

（四）改善城市夜景灯光管理。协调解决了鹭江道、火车站、莲前西路、石鼓山立交桥、联检楼等夜景专用电源的配置和用电问题；完成了市府大道桥体、湖滨中路桥体夜景的方案设计、招标等前期准备工作，以及湖滨南路、火车站绿化带夜景补强和水上舞台灯光建设等。

此外，还加大“畅通工程”的宣传力度，完成“畅通工程”公益广告征集和宣传，举办大型图片展，不断提高市民遵守交通规则的意识；完成了市区3处交叉路口绿灯和2处自动式人行道的设置；将“畅通工程”向同安区延伸，完成了同安区近期交通组织计划，进一步扩大我市“畅通工程”的创建成果。

八、建设科技上新台阶

完成了25项建设科技项目的组织、论证和申报，已有10个项目获2001年度省建设系统科技进步奖，其中《厦门建设现代化国际城市指标体系及发展策略》、《9914＃台风对厦门市建设工程破坏情况的调研与对策研究》获一等奖，《厦门市城市生活垃圾源头管理对策研究》、《8种棕榈植物耐盐性的筛选试验》、《膜分离法处理垃圾渗透滤液的应用研究》、《JB—2400小区智能化安全管理系统》、《普通混凝土小型空心砌块建筑设计与施工规程》、《钢丝网架水泥聚苯乙烯夹心板隔墙设计与施工规程》获二等奖，《蒸压加气混凝土砌块建筑设计与施工规程》、《GRC板隔墙设计与施工规程》获三等奖。厦门市建委科技处被授予“福建省‘九五’科技先进集体”。

《钢丝网架水泥聚苯乙烯夹心板隔墙设计与施工规程》DBJ13－37－2001、《GRC板隔墙设计与施工规程》DBJ13－15－2001和《普通混凝土小型空心砌块建筑设计与施工规程》DBJ13－38－2001被作为建设工程地方标准发布执行。

此外，还完成了全市注册建筑师、结构工程师、监理工程师、造价工程师的考前培训、执业考试和执业注册；参与组织厦门国际会展中心作为“全国新技术应用示范工程”的验收评审，与省土木建筑学会联合举办“2001福建（厦门）住宅与建筑科技展览会”、与VEUX（中国）有限公司联合召开“斜屋顶空间利用”研讨会，推进建筑科技应用，增加建筑科技含量，提高建筑工程质量。

九、较好完成国有资产保值增值指标

城建国投公司在进一步修订和完善《企业对外投资程序管理办法》、《企业分类定级暂行办法》、

《内部审计工作规定》、《企业法定代表人任期经济责任审计暂行办法》和《产权代表报告制度》的同时，加大了对国有企业的监管力度，取得较好成效，各项效益指标继续保持较高水平：（1）国有资产保值增值率为112.95%，比上一年度降低于2.24个百分点，比国有资产管理部门的核定指标高出6.84个百分点；（2）国有净资产利润率为13.79%，比上一年降低于0.62个百分点，比国有资产管理部门核定的指标高出4.17个百分点；（3）资产良好率为95.66%，与上一年度持平；（4）利润总额为1.35亿元，比上年增长10.6%。

（厦门市城乡建设委员会　吴乌皮供稿）

交通邮电通信事业发展概况

2001年厦门交通运输、邮电通信部门在国内外经济大环境比较严峻的形势下，积极开展工作，切实采取了措施，继续保持交通邮电经济平稳发展，实现交通邮电仓储增加值55.14亿元，比2000年增长13.1%。全年完成客运量4 700万人，比上年增长12.1%，完成客运周转量66.68亿人公里，增长18.6%；完成货运量2 547万吨，增长4.0%，完成货运周转量307.32亿吨公里，下降1.4%。

一、海上运输平稳增长，集装箱运输和外贸吞吐量再上新台阶

2001年，厦门港充分发挥自身利条件，扬长避短，努力开辟新航线，加快向国际性枢纽港方向转变。政府和企业共同努力，启动国际集装箱中转运输业务，不断开辟国际和国内新航线，世界著名航商马士基海陆，铁行渣华相继来厦开辟欧洲、美西等远洋集装箱班轮航线，逐渐改变了原有的以近洋支线班轮为主的格局，使厦门港逐步向国际性枢纽港方向转变。全年新开辟集装箱班轮近远洋航线8条，航线总数达到33条，集装箱班轮密度达到280多航班/月；已开通的航线有厦门到美东、美西、欧洲、地中海干线及厦门至香港、日本、韩国、高雄、新加坡等近远洋航线。全年全港集装箱吞吐量达129.32万标箱，比上年增长19.2%，继续居全国第六位；其中两岸试点直航完成35.30万标箱，增长15.3%，发展速度较快。

在此基础上，厦门市继续下大力气扶持内贸集装箱运输，使之成为新的增长点。全年共新开辟3条内贸航线，使内贸航线达到6条，集装箱吞吐量有较大幅度增长。2001年，内贸集装箱吞吐量达2.45万标箱，比上年增长37.1%。同时，积极发展支线运输，在巩固福州——福清——泉州——厦门的支线运输的基础上，争取开辟了宁德——厦门，东山——厦门等新的省内贸易支线，把辐射面扩大到全省沿海，并增加航班密度，全年完成内贸支线集装箱吞吐量1.97万标箱，增长194%。

随着航线增加，矿建材料等大宗散货吞吐量的不断回升，港口货物吞吐量扭转了上半年下降的趋势，呈现逐季回升的趋势，特别是外贸货物吞吐量增幅较大。全年港口货物吞吐量突破2 000万吨，达2 099万吨，比上年增长6.8%；其中进港1 194万吨，增长3.3%，出港905万吨，增长11.9%。外贸吞吐量完成1 405万吨，增长20.3%；其中进口603.37万吨，增长25.2%，出口801.87万吨，增长16.8%。

海港旅客吞吐量完成31.89万人次，增长10.6%，增幅逐季加快。主要是金厦直航和“狮子星”号大型旅游船带来大量的长途客源，其中金厦直航222航次，完成2.08万人次。

水路运输形势也有所好转，客运量稳步增长，货运量扭转连年下降的局面。全年共完成客运量338.9万人，货运量979万吨，分别比去年增长6.8%及10.4%。2001年全市共有经营省际以上航线的企业14家，拥有各种船舶58艘/62.37万吨；经营省内以下航线的企业47家，拥有各种船舶539艘/52.69万吨/15.03千客位。水路客运仍以短途运输为主，客源主要是厦门至漳州、龙海和厦门附近海域的旅游运输，主要增长点是“黄金周”和“会展”效应带来的大量游客。

二、铁路运输竞争力增强，增长速度持续加快

近几年来，铁路客货运业务一直保持着良好的发展势头，2001年完成铁路客运量563.38万人，比上年增长9.2%；货运量完成712.7万吨，增长10.9%。

客运方面：①不断改进软、硬件设施，提高竞争实力，增开客车对数，结构越来越合理。目前，已有始发客车11对，覆盖了华北、西南、华中、华东等地区；②转变经营观念，以市场为导向，积极组织客源，不断开辟新的增长点。增开厦门——桂林、厦门——三明、厦门——武夷山、厦门——吉

安临客等旅游专列，不断开辟新的客源地，在开通北京——厦门、哈尔滨——厦门的基础上，又开通了广州—厦门的特快列车，吸引了广州方向的旅客；③机车提速，服务质量不断提高，加上运价的优势，也吸引了部分客源。

货运方面，及时调整营销策略，明确为港口和大型企业服务的方向，在继续抓好厦门——沈阳、厦门——哈尔滨的行包专列和增开“五定班车”的基础上，抓好大宗货源的组织工作。

三、公路运输发展态势良好，客运增幅加大

2001年，公路运输企业不断调整经营策略，开辟新市场，寻找新的经济增长点，发展趋势好于往年。

截止年底，全市共有营运车2.33万辆。其中客车1 384辆，比上年增加142辆，客位3.67万个，增加4 661个；货车1.85万辆，比上年底增加1 466辆，吨位6.17万吨，增加1.17万吨，集装箱车1 071辆，比上年底增加369辆。全年共完成客运量3 672.63万人次，客运周转量24.57亿人公里，平均运距66.91公里，分别比上年增长12.3%、19.1%及6.1%。完成货运量1 325.04万吨，货运周转量15.65亿吨公里，平均运距118.10公里，分别下降2.9%和增长18.1%、21.6%。

公路客运呈现以下几个特点：①客运线路及班次增加。2001年新增省际线路3条，新增8辆省际班车，从第三季度开始，平均每天增开直达班车47班次。②“黄金周”及会展效应作用明显。2001年三个旅游“黄金周”期间，全市的客运量明显高于往年，其中春运客运量比上年增长19.4%，“五一”期间增长7.9%，“国庆”期间增长11%。此外，“投洽会”、“果蔬博览会”、“广告节”、“绿博会”、“煤炭订货会”等也带来大量客源。③公路路网日益完善，公路等级不断提升，运输企业进一步提高服务质量，使得方便、快捷、舒适的公路长途客运更具竞争力。

公路货运则出现了运量下降，周转量和运距大幅上涨的局面，这和以下几方面因素有密切关系：①运输企业调整经营策略，抢占长途货运市场，开始到上海、广东、山东等地设立揽货站点，使得货运量下降，但周转量却有大幅度的上升；②其他地市的运输企业与厦门市的货运市场竞争。

四、空港生产增长速度逐季加快，航空运输增长步伐进一步加快

2001年，厦门国际航空港以“争创温馨空港”为总体目标，大力开展安全生产和优质服务活动，保持并发展良好的安全态势和优质服务水平，稳健经营，努力开拓市场，总体效益水平又上了一个新台阶，平稳渡过了第五个还债高峰年。并与各航空公司紧密配合，采取各种措施，积极组织客源，不断增加运力和提高飞行时间，有效地提高运能，推动生产进一步发展。全年共保障安全飞行4.61万架次，比上年增长3.6%，迎送中外旅客共373.74万人次，增长5.2%，位居全国各航空港的第九位。其中国际航线36.01万人，增长13.7%，港澳地区航线46.54万人，与上年基本持平。

随着厦门市高新技术产业的不断发展，“日本货运专机航线”的开辟，促进了全市航空货运市场的发展。全年共完成货邮吞吐量10.67万吨，比上年增长7.2%。

至2001年底，厦门国际航空港已与国内外69个城市直达通航，航线达113条。其中国内航线101条，国际航线10条，香港、澳门特区航线2条。在厦门航空港运营的境内外航空公司共计31家，其中境外航空公司7家。投资1亿多元的厦门航管站新塔台已投入使用，旧塔台将改建安装二次雷达，航空港全天候的飞行起降能力得到了进一步提高。

航空运输生产增长步伐进一步加快。2001年厦航（含福航）运力投入继续增加，在上年增购3架飞机的基础上，当年又增购1架飞机，使总运力达25架，客座率及载运率均有所提高，分别达到64.3%和60.6%。全年共完成旅客运输量412.3万人次，比上年增长17.3%，完成货邮运输量6.30万吨，增长7.8%。

五、邮电通信业务总量增速加快，市场竞争激烈，发展不平衡的状况仍然存在

2001年，全市共完成邮电业务总量17.23亿元（2000年可比价，下同），比上年增11.5%，增速逐季加快，但发展不平衡，其中邮政业务总量下降10.1%，寻呼业务总量下降57.7%。

（一）全市电信业务总量完成14.78亿元，比上年增长16.1%。其中，固定电信及移动通信业务总量分别增长16.3%和40.6%，而无线寻呼业务总量却下降了57.7%，市场进一步萎缩。此外，国际及港澳台电信业务总量、长途电话业务总量、数据通信业务总量及电报业务总量也有不同程度的下降。在营业收入方面，固定电信及移动通信营业收入均有一定幅度的增长。电话初装费的取消，使得电话装机量迅速增加，2001年，全市固定电话净增

25.77万户，比2000年增长2.05倍，其中城市及乡村装机总量分别增长2.34倍和40%。随着网络技术的进一步发展，网络传输瓶颈不断拓宽，上网方式日益更新，速度不断加快，促使厦门的互联网用户大幅增加，全年净增用户16.48万户，增幅高达90.8%，这在一定程度上促进了全市信息化建设的发展。

（二）邮政业务总量出现下降，除函件及订销杂志有所增长外，各项业务均出现不同程度的下降。最主要原因是：①集邮市场低迷，炒作题材缺乏；②投资渠道多样化，邮政储蓄业务受到一定冲击；③通信手段多栏化，影响函件业务的发展；④特快业务市场混乱，存在私人公司的不正当竞争。而业务收入却有16%的增长幅度，主要增长来自其它业务，增幅高达111.66%。

六、固定资产投资完成情况良好

2001年交通邮电系统完成固定资产投资37.37亿元，比上年增长91.8%。其中，基本建设完成23.98亿元，（其中：公路建设10.67亿元，港口建设3.73亿元，邮电基建8.98亿元），技改投资完成13.39亿元。

（一）公路建设共完成投资10.67亿元，比上年增长129.2%。其中，重点项目完成5.03亿元；路网改造情况较好，完成5.06亿元，其中县乡公路完成0.46亿元。

全年共新增公路里程4公里，其中县道1公里，乡道3公里，均为一级路。截止2001年底，全市公路总里程为1 456公里，其中国道主干线128公里，省道94公里，县道418公里，乡道816公里。一级路116公里，二级路224公里，占公路总里程的23.35%。全市公路密度达93公里/百平方米公里，已实现村村通公路的目标。

（二）港口建设共完成投资3.72亿元，完成计划的114.2%，比上年增长69.4%。

至2001年底，共有生产性码头泊位为63个，其中货主码头21个。

（三）邮电通信业共完成投资14.67亿元，比上年增长112%。其中基本建设8.98亿元，更新改造完成5.69亿元。

（四）厦门航空公司完成投资8.08亿元，其中基本建设完成0.59亿元，更新改造完成7.49亿元。航空港集团完成2 176万元，其中更新改造完成2 097万元。

（厦门市交通委员会 郭智勇供稿）

商业零售市场发展概况

2001年，厦门市消费品零售市场保持稳中回升的态势，全年实现社会消费品零售总额186.55亿元，比上年增长8.3%，增幅比上年加快3.0个百分点，剔除消费品价格指数变动的影响实际增长12.0%。分行业看，批发零售贸易业实现零售额129.74亿元，比上年增长10.5%；餐饮业实现零售额29.98亿元，比上年增长7.3%，其他行业实现零售额26.83亿元，与上年基本持平。

全年市场运行的主要特点：

一、2001年逐月累计增长速度改变了从上年5月份开始持续下滑的态势，而呈逐月平稳增长的走势。首月开门红增长12.8%后，逐月累计增幅分别为10.0%、9.5%、8.3%、7.6%、7.8%、8.4%、8.9%、8.9%、8.5%、8.4%和8.3%。其中：当月增幅在10%以上的月份有1月、7月和8月份；当月增幅低于5%的月份为：4、5、10月份；其他月份增幅则介于7～10%之间。下半年累计增幅比上半年累计增幅回升0.5个百分点，从走势看总体运行平稳增长。

二、非公有制经济发展迅速，愈来愈显示出主力军的地位。2001年全市非公有制经济全年实现社会消费品零售总额达135.78亿元，比上年增长17.9%，其市场占有率已达72.9%，比上年上升5.9个百分点。其中：个体经济实现零售总额63.61亿元，增长11.3%，市场占有率为34.1%，较上年提高近1个百分点；私营经济实现零售额35.23亿元，增长37.8%，占市场份额为18.9%，比上年上升4.0个百分点；外资经济实现零售额所占比重较小，但市场占有率仍比上年提高近2.0个百分点，增幅居全市各种经济类型增幅之首，达56.5%。而国有经济实现零售总额仅为28.27亿元，比上年下降17.7%，其市场占有份额仅为15.2%，比上年减少4.8个百分点；集体经济实现零售总额为22.5亿元，比上年减少0.7%，其市场占有份额也比上年减少1.1个百分点。

三、大中型商场是消费品零售市场的主要增长点。2001年批发零售贸易业实现社会消费品零售总额达129.74亿元，比上年增长10.5%，高于全市平均增幅2.2个百分点，其中限额以上批发零售贸易业实现零售额40.94亿元，比上年增长36.1%，增幅列各行业之首。除新开业的富山诚达购物广场、沃尔玛、新时代莱雅百货拉动全市新增零售总额2.26亿元，拉动限额以上批发零售贸易业增长7.5个百分点外，思文电器有限公司实现零售总额也增长1.2倍，宝岛眼镜有限公司增长2.0倍，邮电纵横电器城增长80.5%，安利分销中心增长76.0%，上海捷强烟草厦门有限公司增长71.6%，五福贸易公司增长55.6%，对外图书交流中心增长47.8%，金鹭首饰增长39.0%，国欣电器增长37.1%，倍顺连锁店增长23.5%，莱雅百货增长23.8%。可见，信誉好、社区服务功能优的大中型百货店、专业专卖店、连锁超市仍是百姓消费首选之地。

四、餐饮业先降后升。2001年餐饮业实现零售总额29.98亿元，比上年增长7.3%。由于第一季度受上年“龙年生龙子”婚宴基数大、今年春节阴雨天气造成来厦游客减少、当地居民在外用餐减少等因素影响，传统大酒楼效益不佳，2月份餐饮零售额曾出现负增长，当季也仅增长1.9%；但第二季度随着早餐工程、午餐工程、洋快餐的快速增长及来厦求职人员增多的影响，增幅迅速提高，当季实现零售总额7.39亿元，比上年同季增长8.3%，增幅比第一季度提高6.4个百分点，累计增长幅度上升为5.0%；第三季度以来受暑假到厦游客增多、北京申奥成功、我国加入世贸组织及全国煤炭交易会在厦召开等因素影响，餐饮消费回升，下半年餐饮业零售总额实际增长9.6%，比上半年提高4.6个百分点，全年累计增长幅度从上年的0.7%上升为7.3%。

五、新的消费亮点逐渐呈现出来。随着居民生活水平的提高，贷款买车、买房、买电脑上网风潮渐起，大屏幕壁挂式数码彩电开始进入部分高收入居民家庭，反季节商品消费，高档耐用消费品更新换代步伐加快。据全年对436家限额以上批发零售贸易企业跟踪统计，累计零售小轿车3 137辆，实现零售额58.09亿元，增长2.4%，电视机32 486台，实现零售额11.56亿元，增长29.1%，微型计算机8 618台，实现零售额5.88亿元，增长42.2%。电冰箱、洗衣机、影碟机、空调、组合音响、摄像机等零售额也比上年分别增长14.2%、13.5%、20.2%、43.9%、42.9%和73.9%。

六、新兴业态及营销方式的变革对消费品市场起到重要支撑作用。随着连锁店、仓储百货超市以及国际知名百货超市的入住，现代流通组织形式和新型营销方式的引入，新的经济增长点开始显现。2001年6月28日富山诚达大型零售自选购物广场新开业，其购物火爆场面就对全市零售市场增长起到强有力的支撑作用，开业一个月该广场实现零售额就突破2 000万元，拉动全市7月份社会消费品零售总额增长1.5个百分点。9月份“戴尔”国内直销划归厦门市统计，11、12月新时代莱雅百货中山分店、沃尔玛世贸店及SM商业城分店的相继开张，加上闽客隆、倍顺、麦当劳、肯德基等连锁企业的不断扩张，弥补了国有经济及农对非直销下降所带来的负面影响，使下半年全市消费品零售总额增幅比上半年提高1.0个百分点，起到了支撑全市零售总额稳定增长的重要作用。

（厦门市统计局　林永明供稿）

对外贸易和对外经济合作发展概况

一、进出口贸易在困难中保持增长

根据海关统计，2001年厦门市进出口总额110.79亿美元，比上年增长10.2%，比全国增幅高2.7个百分点。其中，出口65.05亿美元，比上年增长10.6%，比全国增幅高3.8个百分点；进口45.74亿美元，比上年增长9.7%。总体持续保持增长态势。

各类贸易方式中，一般贸易进出口44.3亿美元，占全市进出口总额的40%，加工贸易进出口50.60亿美元，占全市进出口的45.7%，其他贸易方式进出口15.88亿美元，占全市进出口的14.3%。

2001年内资企业进出口总额38.40亿美元，比上年增长11.8%，其中出口总值26.04亿美元，增长15.7%；进口总值12.36亿美元，增长4.6%。内资外贸企业进出口贸易顺差13.68亿美元。内资企业中，民营企业的出口业务迅速增长，全年出口6.37亿美元，比上年增长87.8%。

2001年三资企业进出口总额72.39亿美元，比上年增长9.4%，其中出口总值39.01亿美元，增长7.6%，进口总值33.38亿美元，增长11.7%。

2001年进出口业务逾千万美元的企业有173家，比上年多24家，其进出口额合计为81.05亿美元，占全市进出口总额的73.16%，其中：内资企业74家，比上年增加15家，进出口额25.05亿美元；三资企业进出口逾千万美元的99家，比上年增加9家，进出口总额56亿美元。

2001年与厦门市有进出口贸易往来的国家或地区有178个，比上年多5个，其中进出口逾千万美元的国家或地区有55个，进出口额合计107.53亿美元，占全市总额的97.1%。本年与厦门市的十大贸易伙伴分别为美国、日本、香港、台湾、韩国、新加坡、英国、德国、马来西亚和加拿大，进出口总值81.63亿美元，占全市进出口额的73.7%。

2001年厦门市初级产品进出口额为7.30亿美元，占进出口总额的6.6%，进出口工业制成品103.49亿美元，占进出口总额的93.4%。其中，进出口逾千万美元的商品有229种，比上年多30种，进出口额77.02亿美元，占全市各商品进出口贸易的69.5%。

出口中，一般贸易出口27.70亿美元，比上年增长16.2%，占全市的42.6%；加工贸易出口32.54亿美元，比上年增长6.4%，占全市出口的50.0%，其中，进料加工27.56亿美元，比上年增长8.6%，占全市出口的42.4%；其他贸易方式出口4.81亿美元，比上年增长9.7%，占全市出口的7.4%。

2001年内资外贸企业出口总额26.04亿美元，比上年增长15.6%，其中民营企业的出口业务迅速增长，全年出口6.37亿美元，比上年增长了87.8%，国有企业出口18.62亿美元，增长2.1%。三资企业出口总值39.01亿美元，增长7.6%，占全市出口的60%。

2001年全市有1 632家企业有出口业绩，其中，出口逾亿美元的企业有8家，为厦门建发股份有限公司、厦门灿坤实业股份有限公司、厦门太古飞机工程有限公司、戴尔计算机（中国）有限公司、厦门进雄企业有限公司、柯达（中国）股份有限公司厦门分公司、宇达（中国）投资有限公司、厦门国贸集团股份有限公司，其出口额合计16.16亿美元，占全市出口的24.9%，出口逾千万美元的企业有120家，其出口额合计为42.66亿美元，占全市出口总额的65.6%，出口逾百万美元的企业有739家，其出口额合计为62.43亿美元，占全市出口总额的96%。

2001年厦门市出口的国家或地区有173个，其中，出口逾亿美元的有11个，为美、日、港、台、德、新、英、加、韩、澳、荷，其出口额合计47.98亿美元，占全市出口的73.8%，出口逾千万美元的有47个，其出口额合计为62.84亿美元，占全市出口总额的96.6%，出口逾百万美元的有96个，其出口额合计为64.88亿美元，占全市出口总额的99.7%。对东南亚五国的出口为4.67亿美元，比上年增长4.4%，占全市的7.2%，对欧盟的出口为9.56亿美元，比上年增长7.8%，占全市出口的14.7%，对十个重点新兴市场出口为4.28亿美元，增长33.3%，占全市的出口比重上升为6.6%。

2001年厦门市出口初级产品4.17亿美元，占出口总额的6.4%，出口工业制成品60.88亿美元，占出口总额的93.6%，比上年提升了1个百分点。从明细商品看，出口逾千万美元的商品有130种，其出口额46.52亿美元，占全市各商品出口的71.5%，出口逾百万美元的商品有588种，其出口额61.39亿美元，占全市各商品出口的94.4%。机电产品出口27.51亿美元，增长9.7%，占全市出口42.3%，高新技术产品出口8.33亿美元，占全市出口12.8%。

进口中，一般贸易进口16.61亿美元，比上年增长12.9%，占全市的36.3%；加工贸易进口18.07亿美元，比上年下降2%，占全市进口的39.5%；其他贸易方式进口11.06亿美元，比上年增长29.4%，占全市进口的24.2%。

2001年内资外贸企业进口总额12.36亿美元，比上年增长4.6%，三资企业进口总值33.38亿美元，增长11.7%。

2001年全市有1 475家企业有进口业绩，其中，进口逾亿美元的企业有8家，其进口额合计14.87亿美元，占全市进口的32.5%，进口逾千万美元的企业有69家，其进口额合计为32.94亿美元，占全市进口总额的72%，进口逾百万美元的企业有429家，其进口额合计为43.34亿美元，占全市进口总额的94.8%。

2001年厦门市进口的国家或地区有93个，台湾仍是厦门市最主要的进口市场，2001年自台湾进口为10.73亿美元，增长7.9%，占全市进口的23.5%，进口逾亿美元的有10个，进口逾千万美元的有32个，进口逾百万美元的有60个，其进口额合计为45.68亿美元，占全市进口总额的99.9%。

2001年厦门市进口初级产品3.13亿美元，占进口总额的6.8%，进口工业制成品42.61亿美元，占进口总额的93.2%。从明细商品看，进口逾千万美元的商品有89种，进口逾百万美元的商品有574种，其进口额41.46亿美元，占全市各商品进口的90.7%。机电产品进口23.41亿美元，增长12.3%，占全市进口51.2%，高新技术产品进口

7.93 亿美元，增长 3.7%，占全市进口 17.3%。

2001 年进出口贸易主要特点：一是一般贸易出口呈高幅增长，加工贸易出口呈低幅增长，一般贸易增幅高于加工贸易 9.8 个百分点。二是经营主体调整推动有力，成效明显，拉动内资企业出口增幅高于“三资”企业 8 个百分点。中小民营企业保持高增长态势。三是亚洲传统市场、欧美发达市场、新兴市场均保持增长态势，但美国、欧盟、香港、台湾等主要出口市场增幅出现较大回落。四是传统大宗劳动密集型出口商品仍保持两位数以上的增长态势，但受全球经济疲软，需求不足的影响，加工贸易项下的机电产品出口增幅回落，高新技术产品出口下降。五是进口持续低增长。

二、对外经济技术合作呈现良好的发展态势

2001 年，厦门市对外承包劳务新签合同额 1.50 亿美元，比上年增加 147.3%；完成营业额 7 115 万美元；派出人数 4 676 人，增加 965 人；期末在外 9 820人，增加 536 人。主要特点：一是对以色列和涉台陆地劳务市场的开拓已形成规模，对以建筑劳务已成为劳务主要市场之一，涉台陆地劳务在外人数超过 500 多人，达到了一定的规模；二是改组后的建隆公司稳定开展业务，成为一个较好的增长点；三是外派本市劳务问题得到各方重视，发展较快。

三、对台贸易和经贸合作继续拓展

顺应国际展览向专业化、高档次、高科技化发展趋势，将第五届“台交会”正式定名为“海峡两岸（机械电子）商品交易会”。努力办好“台交会”，第五届“台交会”的对台特色更加鲜明，公共布展水平、参展企业和展品的档次进一步提高，成效更显著。围绕扩大对台出口这个中心，适时调整、实施扩大对台出口政策，调动企业开展对台出口的积极性，同时加强了对“大嶝市场”的管理和指导，为金厦双向直航做好前期准备工作。2001 年，厦门市对台进出口额为 12.7 亿美元，比上年增长 6.6%，占厦门市外贸进出口总额的 11.5%，其中对台出口额达 1.96 亿美元，对台进口额 10.73 亿美元。

在“十五”计划起始之年，厦门市外经贸面对世界经济增长全面放缓，欧美市场出口受阻，出口退税严重滞后，国内通货紧缩，大类商品供大于求，且又发生“9·11”事件，给第四季度的对外贸易造成极大影响的严峻局势，尚能保持相对较好的发展势头，是十分不易的。主要的经验是：①始终把扩大出口，保证出口稳定增长做为商贸工作的重点；②准确把握形势，注重政策的针对性、时效性，缓解企业尤其是中小企业的资金压力，是 2001 年中小企业出口保持持续稳定增长的最重要因素；③以提高竞争力为目的，坚持不懈抓环境建设。针对影响 2001 年商贸竞争力的主要环境因素是“大通关”的环境和出口退税指标严重不足，市委、市政府狠抓关贸、税贸、银贸、汇贸的协作，专题会，专题调研项目为历年之最，及时解决了一系列的问题，减缓了口岸通关制度改革对正常运作的影响，缩短磨合期，各口岸、港口作业部门相继出台了几十项提高通关速度，降低企业生产经营成本的措施，使厦门企业在进出口方面保持一定的竞争力；④以改革促开放，以改革促发展，着力培育新的增长点。新增长点是经济持续、稳定发展的关键。加大了推动引资的力度，改进了对“三资”企业的服务，不断促进“三资”企业扩大出口。进一步放开进出口贸易经营权，实现真正意义上的登记制，全年新登记开业的进出口企业达 297 家。

（厦门市贸易发展局综合处　供稿）

外商投资发展概况

2001 年厦门市采取措施扭转前两年外商投资下降的局面，合同外资呈稳定增长态势，外商实际到资连续 2 年 7 个月的下降趋势得到遏止并逐月好转。全年合同利用外资与实际利用外资两项指标均达到两位数的增长。

2001 年全市新批外商投资项目 343 个，比上年增长 32.4%；合同利用外资 12.72 亿美元（不扣除当年减资），增长 26.7%，完成市人大下达全年计划 11 亿美元的 115.6%；实际利用外资 11.53 亿美元，增长 11.8%，完成人大下达全年计划10.5亿美元的 109.8%。新开工投产外商投资企业 144 家。

截止 2001 年底，全市共批准外商投资项目 5 334个，合同外资 187.30 亿美元，外商实际到资 126.50 亿美元，已开工投产外商投资企业 4 381 家。

2001 年外商直接投资的主要特点：

一、外商投资的来源国（地区）最多

共有 29 个国家和地区的外商到厦门市投资兴业，主要投资者来自欧美、大洋洲和亚非拉，其中巴拿马、凯曼群岛、匈牙利、挪威、印度和以色列是首次来厦投资的国别和地区，是历年来投资来源区域最多的一年，也是新增投资国别和地区最多的一年。

二、千万美元以上项目最多

共批准千万美元以上项目 40 个，比上年增加 16 个，是近年来最多的一年。其中新批设立项目 23 个，增资项目 17 个，总合同利用外资额 8.2 亿美元，单个项目平均投资规模为 2 050 万美元（当年新批项目单项平均金额 370 万美元）。千万美元的项目综合水平高，引进了一批技术含量较高的电子资讯、生物技术项目，不仅提升了厦门市吸收外资的整体质量和综合水平，也将为今后全市经济的发展夯实基础。如从事膜及其分离技术的三达分离科技项目合同外资 2 990 万美元，北大之路生物工程项目合同外资 1 178 万美元等。

三、台商投资发展势头加快

2001 年厦门市加大吸引台资力度，台商投资厦门打破了近年来低迷的态势，项目数和合同利用台资呈现快速增长的势头，新批台商项目和合同台资额分别占全市总量的 44.6%和 22.9%，比上年增长 45.7%和 96.4%，新批合同台资额首次超过港商投资，成为全市当年利用外资的主要来源。在“投洽会”签约的合同项目中，台商投资形势喜人，合同利用台资额 5.52 亿美元，占签约总数的 63%。

四、吸收外资形式有新突破

因应加入 WTO 的形势，适应新形势下吸收更多外资改造国有企业的需要，厦门市起草了《关于境外投资者收购国内企业股权或资产的暂行办法》，并依照这一暂行办法批准成立了北大之路生物工程有限公司等三家外商投资企业。此外，外资还通过合资等方式参与国有企业的改组改造，如正新橡胶公司与厦门橡胶厂合资的子午线轮胎项目等。

五、独资仍是外商投资的主要形式

由于近年来厦门市承接外商投资的企业载体越来越少，外商与国内企业的合资、合作方式已经逐渐淡化，外商独资的项目数、合同外资额和实际到资额分别占总量的 82.5%、70.4%和 75.0%，已经超过三分之二强。

六、制造业仍是外商投资的重点

三个产业吸收外资的构成仍然是二、三、一排序、比重分别是 86.8%、11.9%和 1.3%，第二产业中制造业合同外资额占总数的 82.8%，建筑、交通业合同外资占总数的 4.2%，第三产业中房地产项目合同外资占总数的 5%，比上一年度增加3.3个百分点。

七、服务贸易领域利用外资有大进展

物流、商业零售、软件开发等服务贸易领域有很大进展，新批了外资仓储、水运及航空运输、批发、软件开发及信息咨询等一批服务贸易项目，合同外资额占全年总数的 3.9%。特别是全球零售巨商沃尔玛在厦设立两个分店，引导全市零售业服务方式和经营理念的改变。

八、外商投资企业生产经营形势保持良好

全年外资工业完成产值 673.50 亿元，比上年增长 14.6%，占全市工业总产值的 83.8%。外商投资企业进出口虽然受美国“9·11”事件影响，但进出口总额与上年比仍然增长。全年外资企业进出口总额为 72.38 亿美元，增长 9.4%，其中出口 39 亿美元，增长 7.6%。

2001 年招商引资工作之所以取得可喜成效，是全市各级领导，各区、开发区、各有关部门和社会各界共同努力的结果，主要做了以下工作：

一、全市上下把扩大开放、招商引资、发展外向型经济，当作推动经济发展的主要动力

市委、市政府多次对招商引资进行动员布署，各级党政领导深入调查研究，切实解决项目进展过程中存在的困难和问题；市人大对招商引资十分关心，人大代表亲自听取利用外资工作汇报；市政协与市政府联合进行“新形势下招商引资的对策”议题研究；口岸各部门加大力度促进通关提速；政府各职能部门、各协会团体积极配合，共同促进。正是由于“举全市之力抓招商引资”，全市利用外资各项任务指标才得以顺利完成。

二、各区、开发区勇挑重担，充分发挥引资主体的积极性，采取积极措施扩大引资

区域招商成果显著，思明区、象屿保税区等八个区、开发区均超额完成全年任务，全市合同外资总量的 99.1%是由区完成的。各区、开发区不断完善制度，动脑筋想办法开拓招商引资新途径，形成区委、区政府统一领导、上下齐心的引资机制，是区域招商取得成效的根本。

三、下大力气解决存在的主要困难和问题，为外商投资企业创造一个良好的投资和经营环境

（一）企业外部环境进一步改善。一是市委、市政府出台了《关于进一步改善投资环境的若干意见》，提出了 21 条具体措施，全市各机关、各部门

和公共事业单位也提出了改善投资环境的实施细则，向社会公开服务承诺，加强机关效能建设，提高行政效率；二是继续改善通关环境。海关、检验检疫局等口岸部门先后采取一系列改革措施，努力提高通关速度；三是千方百计帮助企业解决资金困难。国税部门向国家争取退税指标，加快出口退税；四是继续清理和降低收费。成立整顿港口运输秩序工作小组，取消、暂停、降低港口相关的31个经营服务性收费项目和标准。

（二）成立二个“中心”，加快审批速度。针对外商反映的对项目审批时间长、环节多的问题，2001年7月厦门市“项目审批服务中心”成立，为外商提供项目审批“一站式”服务，具有三个主要特点：一是一个窗口受理，减少办事环节。在对外商投资项目的审批环节上，投资者只需在规定的时间内到“中心”就可领取外商投资企业批准证书和工商营业执照；二是规定办理时限，提高工作效率。“中心”对外商投资项目所涉及到的每一个审批和登记部门，规定了明确的办事时限，并且在规定的时限内还应该尽快办理。对市里引进的重点项目，中心将采取专人负责，特事特办，尽快审批的弹性工作原则；三是代发各种表格，提供咨询服务。将外商投资企业所需填写的各种空白表格、表格范本、办事须知等编印成册，办事须知上墙明示，方便了外商投资者。

2001年8月份成立“厦门市建设管理服务中心”，按“受理、服务、协调、督办”的职能，对厦门市新建、续建、改建、扩建等建设项目进行全方位审批、管理与服务工作，目的在于进一步改善厦门市投资环境、提高办事效率，推进政府机关效能建设，更好地为企业、基层服务。建设管理服务中心由市建委等11个部门组成，成立后实行“一个窗口”对外服务，从立项、用地、规划、设计、施工到竣工验收过程的27项手续，审批时间比原来缩短三分之一。

（三）实行重点项目跟踪责任制。继续实行《重点外商投资项目跟踪责任制度》，市五套班子领导分工对54个外商重点项目跟踪服务，亲临现场及时了解项目的动态情况，解决存在的困难和问题，有效地促进了重大项目的进展。2001年全市重点跟踪服务的外商投资项目中，正新海燕、水印纸等10个在谈或增资项目已获批，合同利用外资4.2亿美元；通士达照明、兴立工业等13个项目投产开业；厦顺铝箔二期、翔鹭石化等8个项目已动工兴建。

（四）开展重点课题调研。为了入世后能尽快应对可能发生的新情况，选择了“关于厦门口岸大通关情况”、“关于简政放权”、“关于入世与改善投资环境”等重点课题进行调查研究，收集了解存在问题，为提出改善的对策提供依据。

四、采取积极措施促进招商引资，扩大利用外资规模

（一）抓“两会”招商。2001年第五届中国投洽会，厦门市在做好东道主的同时，全力做好招商工作，共签订外商投资项目48个，协议利用外资8.74亿美元，比上届投洽会增长14%。其中外商投资合同项目35项，合同利用外资5.06亿美元，比上届增长8.4%。在2001年的第五届对台出口商品交易会上，厦门市共签约18个外商投资项目，协议利用外资1.6亿美元。

（二）下大力气抓实际到资。2001年厦门市积极协调解决企业在增资过程中遇到的困难和问题，促进增资项目到资；对未按期投入注册资金的企业，结合联合年检的工作督促企业履行合同按时到资，辅导已经到资的企业及时申报到资，动员投资已经超过投资总额的企业办理增资手续。通过采取这些积极措施，全市外商实际到资从8月份开始逐月增长。

（三）成立“厦门市招商中心”。市招商中心于2001年6月份挂牌运转，一支朝气蓬勃的招商队伍建立后，专业化招商已初见成效，当年共引进合同外资2 057万美元，超额完成年初市政府预先下达的招商引资任务，并得到市外资工作领导小组的表彰。

（厦门市外商投资局　黄佩钦供稿）

旅游事业发展概况

2001年厦门市旅游业瞄准把厦门建成亚太地区著名国际性生态型滨海旅游城市的战略目标，以全国旅游发展工作会议精神的贯彻、旅游宣传促销、三个旅游黄金周和旅游市场的整顿与规范等四项工作为重点，带动全面工作，促进了厦门市旅游产业的持续发展。

接待旅游者人数大幅度增长。全市全年共接待国内外旅游者908.75万人次，比上年增长14.9%。旅游总收入158.09亿元，增长13.8%。其中，接待海外旅游者57.30万人次，比上年增长2.5%；

旅游创汇3.11亿美元，比上年增长3.7%。海外来厦过夜旅游者为44.23万人次，增长4.1%；“一日游”海外来厦旅游者为13.07万人次，比上年下降2.4%。日、美、欧三大经济体来厦旅游者分别增长5.9%、12.3%、17.8%。台湾来厦过夜旅游者达14.59万人次，比上年增长13.4%，占来厦过夜海外旅游者总人次的37.4%。

全年接待国内旅游者851.45万人次，增长15.8%。在厦门过夜的国内旅游者为730.42万人次，增长16.1%。来厦门“一日游”的国内旅游者121.03万人次，增长14.2%。国内旅游创收132.56亿元，增长16.0%。

一、厦门市旅游工作重点

认真贯彻国务院召开的全国旅游发展工作会议和全国旅游工作会议精神，落实《国务院关于进一步加快旅游业发展的通知》，加大对旅游产业发展协调力度，促进旅游产业与相关行业的协调发展。

市委、市政府要求全市要树立大旅游、大产业、大市场的观念，营造一个各行各业全力支持旅游业发展的良好氛围，争创中国最佳旅游城市，把厦门市建设成为亚太地区著名的生态型滨海旅游城市。市政府正式下发《关于进一步加快旅游业发展的若干意见》。与此同时，市委、市政府将旅游业确定为“十五”期间厦门市第三产业的支柱产业，鼓浪屿区、思明区、集美区、同安区将旅游业确立为“十五”期间的龙头主导产业或支柱产业。这标志着厦门市旅游业经过改革开放20年的发展，已进入了一个新阶段。

二、以对台、对外为重点，加大旅游宣传促销力度

2001年1月2日金门客轮直航厦门成功后，台湾中华两岸旅行协会、台湾省旅行商业同业公会联合会、高雄旅行商业同业公会、高雄市观光协会、金门观光协会、澎湖观光协会和一批台湾记者相继来厦门访问、交流。3月，厦门市两岸交流协会、金马地区两岸交流协会签订了《关于加强厦门与金门民间交流合作协议》。配合第五届厦门对台出口商品交易会，于2001年4月举办了第二届台胞回乡旅游购物节。2001年，台湾来厦过夜旅游者达16.55万人次，增长13.4%。

三、采取参加旅游交易会和到客源地直接促销的方式，加大对日本、台湾、东南亚地区的促销力度，并首次赴大洋州促销

3月26日至4月2日，组团赴香港促销，举办了“温馨之旅——厦门旅游推介会”，走访了上百家旅游机构，促销团领导还接受了香港凤凰卫视等新闻媒体的专访。6月，组团参加在香港会议展览中心举办的“第十五届香港国际旅游交易会”。组团赴澳大利亚、新西兰促销，分别在澳大利亚马卢奇郡、新西兰惠灵顿举行旅游推介会。9月，组团前往新加坡、马来西亚、泰国进行旅游促销。在新、马、泰举办了三场以“新世纪、新厦门、新形象”为主题的厦门旅游推介会，吸引了170多家的新、马、泰旅行商和30多家的新闻媒体前来参加。11月，组团参加在昆明举办的中国国际旅游交易会。同时，继续开拓国内旅游市场。组团参加在四川成都举办的中国国内旅游交易会。组团赴周边地区促销、踩线。编印《厦门名景通览》、《厦门导游词》、《厦门旅游指南》、《厦门旅游线路精选》、《厦门市旅游业“十五”发展计划纲要》等书及《厦门新评二十名景》光盘。在海内外多种媒体上也做了许多宣传厦门整体旅游形象的工作。

四、开展体育健身游和美食节活动

4月中旬，举办海峡两岸企业家高尔夫邀请赛，共有150名来自日本、韩国、东南亚国家和港台地区以及深圳、厦门的选手参赛。6月10日，举办2001年厦门体育健身游国际高尔夫邀请赛，来自美国、韩国、台湾、香港和东南亚国家的285名选手参加了比赛。同时，继续做好厦门美食的推广工作。9月、10月又分别与有关部门联合举办了第八届厦门美食节和国庆、中秋美食展销活动。其中，在海沧大桥旅游区举办的国庆、中秋美食展销活动面向公众，集美食、娱乐、观光于一体，在展示方式上有所突破。

五、加强了旅游区域合作

厦门市旅游局和厦门市经协办（区域办）联合举办了闽粤赣十三市旅游局长联谊会。来自福建厦门、漳州、泉州、龙岩、三明，广东汕头、潮州、揭阳、汕尾、梅州和江西赣州、抚州、鹰潭等13个市的旅游、经济协作部门和新闻媒体的代表60多人围绕如何进一步加强区域旅游合作进行座谈。会议确定闽粤赣十三市旅游局长联谊会形成制度，每年一次。

六、积极组织协调春节、“五一”、“十一”三个旅游黄金周的准备、接待工作

认真贯彻南京全国假日旅游工作会议精神，制订三个旅游黄金周工作方案，坚持“安全第一、秩序第二、效益第三”的指导思想，使厦门市黄金周

工作进一步走上规范有序的轨道。从总体来看，2001年春节、“五一”、“十一”三个黄金周期间，厦门市加强了安全保障工作，引导得当，分流有方，整个旅游市场呈安全有序状态。5月1～7日全市共接待游客52.89万人次，与2000年“五一”相比，下降8.6%，旅游总收入达到6.29亿元，“十一”黄金周，全市共接待游客44.72万人次，比2000年“十一”黄金周下降3.3%。旅游总收入达到5.46亿元，下降7.48%。

七、以安全和秩序为中心，规范和整顿旅游市场

为贯彻国务院全国整顿和规范市场经济秩序会议精神，进一步规范厦门市旅游市场，促进旅游业持续健康发展，市旅游局决定从2001年4月起开展为期一年的旅游市场秩序整顿工作。重点是旅行社散客部、门市部的经营行为和导游执业行为的检查整顿。责令8个不符合设立要求的旅行社门市部限期整改，责令4个不符合设立要求的旅行社门市部立即关闭。5月起，在全省、全国率先试行对导游员进行IC卡管理制度。1至10月，在市场检查中共检查旅游团队8 537团，12.06万人次。其中规范团队8 103团，占94.9%；不规范团队434团，占5.1%。导游员违规率从1～5月的6%下降到4.3%，下降了近二个百分点，“假导”现象明显减少。1至12月，厦门市旅游质量监督管理所在常规性旅游市场检查中，共检查旅游团队1 028个团、1.40万人次，其中有违规现象的团队占4.9%。共受理各类旅游投诉159件，其中，调解成功的156件，占98%；调解不成裁决处理的3件，占2%；为投诉人挽回经济损失5.69万元。旅游投诉结案率达100%。在质监所处理的159件旅游投诉中，投诉双方都能接受质监所的协调或裁决意见，无发生因投诉双方对质监所处理决定不服，进一步向省旅游质监所提出申诉的情况。开展了2000年度旅行社年检工作，并首次采用年检数字网上报送。44家旅行社通过年检，10家旅行社受到暂缓通过年检的处理。全市4家国际、国内旅行社获2000年度全国国际旅行社百强、全国国内旅行社百强称号。同时，为加强行业自律工作，于7月进行了市旅游协会换届整顿工作，选举产生了市旅游协会第二届理事会及负责人，组建了市旅游协会下属的旅游饭店、旅行社、旅游景点、旅游烹饪等4个分会和秘书处。

八、加大旅游饭店星级评定、旅游区（点）质量等级评定工作力度

适当增设国际、国内旅行社。新评旅游星级饭店5家（其中四星级1家、三星级3家、预备三星级1家）、三星级升四星级1家；对部分2000年整改未通过的星级饭店进行复核；帮助新建、改造的酒店做好配套指导；配合消防支队开展全市旅游饭店消防整顿工作，核准转报设立7家国内旅行社、1家国内旅行社晋升为国际旅行社。与交通委联合确定5艘游船海上一日游运载服务的资格。目前，全市共有旅游星级饭店52家、国际旅行社12家、国内旅行社51家、具有海上一日游运载服务资格的游船16艘。同时，厦门市旅游景区（点）第二批质量等级评定工作于6月全面展开。6家旅游景点通过省、市旅游局开展的第二批旅游区（点）质量等级初评和评定工作。

同时，加强旅游培训和精神文明建设。培训旅游从业人员15期3 442人。其中，旅行社经理资格考试146人，合格106人；旅游饭店高级管理人员岗位培训80人，合格80人；全国导游员资格考试培训1 090人次；景区导游人员培训863人次，合格811人。目前，全市拥有全国导游证的导游719人、景区A类的导游487人、景区B类导游395人，共1 601名导游人员。配合市精神文明办公室做好厦门市旅游行业开展“诚实守信”创建文明旅游“六个一”活动工作。5月份组织全市导游员开展导游知识竞赛。6月底组织选手参加全省导游竞赛。一批旅游企业和个人被评为文明单位、文明工作者，其中全国文明导游员1人、福建省文明导游员4人、厦门市文明导游员10人。

（厦门市旅游局　供稿）

金融事业发展概况

2001年，厦门市金融运行质量明显提高，本外币存贷款增长速度达历史高点，不良贷款绝对量和相对量实现双降，银行实际盈利水平有所提高。金融运行面临的主要问题是如何进一步运用存贷差资金和改进贷款结构，推动厦门经济持续、健康、快速发展。

一、本外币存贷款实现双高增长，快于全国和全省水平。年末中资金融机构本外币各项存款余额

736亿元，比上年增加99亿元，增长15.5%，分别高于全国和全省0.4和0.5个百分点；本外币各项贷款余额552亿元，增加59亿元，增长12%，分别高于全国和全省1和1.7个百分点。全年本币现金净投放27亿元，增加14亿元，外币结售汇顺差23.6亿美元，增加9亿美元，折合人民币共计增加88亿元，增长66%。本外币贷款增速加快，基础货币扩大投放，有力支持了地方经济发展。

二、本币存款快速增长，但存款波动频率和幅度加大，其中企业存款和储蓄存款齐头并进。年末中资金融机构本币各项存款余额642亿元，比上年增加97亿元，多增50亿元，增长17.8%，是5年来最高水平。

本币储蓄存款增势强于企业存款，定期存款结构比例不变。年末储蓄存款余额262亿元，增加44亿元，多增36亿元，增势4年来首度回升。企业存款余额320亿元，增加49亿元，多增6.5亿元。其中企业存款定活比例为30∶70，定期存款上升5个百分点；储蓄存款定活比为51∶49，定期存款下降7个百分点。

三、本币贷款稳步增长，周转速度加快，资产趋向多元化，总体信贷供应比较充足，主要投向中长期消费贷款和基建贷款。年末中资金融机构本币各项贷款余额506亿元，比上年增加54亿元，按可比口径同比多增0.4亿元，增长11.7%。增长特点：一是贷款周转速度加快，全年累计发放贷款535亿元，累计收回贷款481亿元，贷款周转次数1.4次，均高于上年水平；二是信贷资产趋于多元化，年末信用证、保函、票据承兑余额112亿元，增加21亿元，增长23%，是贷款增速的两倍；三是外币贷款恢复正增长，一定程度分流本币贷款需求，信贷供应总量超历史水平。

贷款主要投向个人消费和基建项目，中长期贷款比例略有上升。一是个人中长期消费贷款比上年增加30亿元，增长35%，占贷款新增量达55%；二是基本建设贷款同比增加14亿元，增长40%，占贷款新增量27%。中期流动资金贷款和中长期贷款占40%，上升2.6个百分点。

四、外币存贷款增长速度分别创历史新低和新高，外币信贷资金利用率提高，主要投向短期流动资金贷款。年末中资金融机构外币各项存款余额11.3亿美元，比上年增加0.2亿美元，少增1.9亿美元，增长1.4%；外币各项贷款余额5.5亿美元，增加0.6亿美元，多增2.3亿美元，增长13.1%，是有历史数据可考的最高水平（人民银行1998年正式统计外币存贷款数据）。主要特点有：一是单位存款分流大于储蓄，定期存款比例有所下降；二是中资企业贷款增势强于外资，中长期贷款所占比重略有上升。

五、金融运行质量明显提高，信贷资产安全性、流动性和盈利性不断改善。金融机构不仅在增加信贷投入，支持经济发展方面做出贡献，而且在控制信贷风险，促进金融良性运行方面也取得成绩，表现在：一是有效遏制不良贷款增势，年末本外币不良贷款下降3.2个百分点；二是明显加强信贷资产流动性，本外币存贷余额比例75%，下降2个百分点；三是稳步提高实际利润水平，初步统计中资商业银行实现利润约6亿元（含冲销呆坏账3.1亿元），按可比口径比上年增加1.6亿元，增长36%。

六、货币政策侧重于结构调整，信贷政策窗口指导取得良好成效。先后出台了《厦门市中资商业银行出口退税贷款管理办法》、《关于推进厦门市出口退税贷款，积极支持外贸企业扩大出口的措施意见》、《推进厦门市国家助学贷款业务，为科教兴城做贡献》等信贷分类指导意见，有效推进出口退税贷款、国家助学贷款、个人消费贷款、重点项目贷款、中小企业贷款等信贷业务发展：一是出口退税贷款业务逐步形成规模，全年累计发放出口退税贷款2.43亿元，年末余额1.82亿元，比上年增加1.79亿元，增长60倍；二是助学贷款业务取得突破性进展，年末助学贷款余额895万元，增加735万元，增长4.6倍；三是规范中发展消费信贷业务，年末消费贷款余额99亿元，增加28亿元，增长39%，其中个人住房贷款96亿元，增加25亿元，增长35%；汽车消费贷款1.3亿元，增加0.8亿元，增长1.6倍；四是有力支持重点项目建设，年末基建贷款余额51亿元，增加14亿元，增长40%。五是积极解决中小企业融资难问题，年末中小企业贷款余额197亿元，增加2亿元。

七、积极运用货币政策工具，灵活调节资金总量余缺。一是运用再贷款支持农业贷款和中小企业贷款需求，累计发放各项再贷款19亿元，年末余额2.95亿元；二是继续规范再贴现业务，有效推进票据市场，累计发放再贴现29亿元，年末余额5.8亿元，减少3.5亿元；三是加强同业拆借管理，提高融资服务质量，累计办理辖内同业拆借88亿元，减少2亿元；办理债券回购交易240亿元，增加24亿元。

（中国人民银行厦门市中心支行 供稿）

精神文明建设概况

2001年，厦门市精神文明工作以全面落实《厦门市2001年群众性精神文明建设工作要点》提出的各项任务为重点，加强精神文明建设，在促进改革发展、维护社会稳定、提高市民素质、改善生活质量中发挥了应有的作用，呈现出积极、健康、向上的精神风貌。

一、理论武装工作不断深入

认真学习宣传江总书记“三个代表”重要思想，宣传贯彻“七一”讲话和十五届六中全会精神，全市335个党委（党组、总支）中心组，健全和完善了中心组学习制度、领导干部上党课、在职干部理论学习、培训制度，全年集中学习4 200场（次），各级领导干部撰写论文、学习心得400余篇，为基层上党课、学习辅导3 000场（次）。在全省率先成立“七一”讲话和十五届六中全会精神宣讲团，深入基层开展宣讲，推动全市理论武装工作进基层。全市农村广泛开展了“三个代表”学习教育活动，推动了农村两个文明建设的发展。理论研究不断深入，先后举办了以“三个代表”重要思想和以厦门经济特区建设20周年回顾与展望为主题的理论研讨会，收到了论文130多篇，召开了厦门市第五届精神文明建设理论研讨会，评选出一、二、三等优秀论文34篇。理论武装工作有力地推动了全市党员干部思想进一步解放，促进全市人民认识上的统一。

二、思想道德教育不断加强

厦门市先后制定了《关于加强和改进思想政治工作的实施意见》和《关于加强和改进基层思想政治工作的若干意见》，召开了思想政治工作会议，进一步健全了思想教育工作机制。全市以建党80周年和厦门经济特区建设20周年为契机，在干部群众中开展“解放思想、实事求是，紧跟时代、勇于创新，知难而进、一往无前，艰苦奋斗、务求实效，淡泊名利、无私奉献”的教育。建立健全了思想政治工作联席会、思想政治工作联系点、信息舆情分析报告制度，增强了思想政治工作的针对性和有效性。进一步加强了爱国主义基地的建设和管理，厦门华侨博物院被中宣部命名为“全国爱国主义教育基地”，同安大嶝岛战地观光园教育基地建成，重建了开元区“英雄小八路纪念馆”。继续开展揭批李洪志邪教的斗争，市委宣传部、文明办、610办、公安局、司法局、科协等6个单位联合举办了“反对邪教、崇尚文明”大型图片展，市区展出了21天，组织了15个专场，岛外巡回展览一个月，全市参观人数达到5.8万人次。认真贯彻《公民道德建设实施纲要》，市里举办了学习《纲要》专题报告会，市委宣传部、市文明办联合下发了进一步做好《纲要》学习宣传贯彻意见，组织编写了《厦门市公民道德建设读本》，市委市政府下发了厦门市贯彻《公民道德建设实施纲要》的实施意见。市委宣传部印发了3万份《纲要》学习宣传材料，组织10个宣传员深入基层开展宣传。市委讲师团编写了“以德治国”学习问答辅导材料1万多份，并深入基层宣讲。深入开展“讲文明、树新风”活动，在继续宣传实施《市民文明公约》和“十不准”规范的同时，针对社会经济生活中存在的信用方面的问题，在机关、执法、涉台涉外、卫生、旅游、商贸、交通等行业组织开展了“诚实守信”教育竞赛活动，市文明委召开了活动动员会，市文明办编印了《诚实守信教育宣传手册》42万册，厦门日报、厦门晚报、厦门商报、厦门人民广播电台和《海峡导报》等新闻媒体开辟了“诚实守信大家谈”专栏等，对广大群众进行宣传教育，促进了活动的不断深入开展。

三、群众性精神文明创建活动扎实推进

一是深入开展创建文明社区活动。认真贯彻中央文明委在南京召开的社区工作座谈会和《福建省城市社区工作纲要》的精神，先后制定了《厦门市关于推进城市社区建设的实施意见》和《厦门市“十五”期间创建文明安全社区活动规划》，明确提出到2005年把全市社区基本建成文明社区的目标。在实际工作中从具体问题抓起，突出抓好文明社区“十个一”创建活动，即：一个优秀理事会，一个人民满意的派出所，一个社区就业指导中心，一个高标准科普画廊，一个集读书、文化、娱乐为一体的社区文体活动场所，一个社区卫生医疗站，一支高素质的专兼职的社区治安防患队伍，一支责任心强的社区保洁队伍，一支社区服务志愿者队伍，一个较完善的社区服务网络。并广泛开展了创建“无吸毒社区”、“无毒害社区”等专项创建活动，有力地推动了全市社区的创建工作，湖里区的吕岭社区被命名为“全国创建文明社区示范点”。二是深入开展创建文明行业活动。继续在32个行业、78个示范点开展“创文明行业，建满意窗口”竞赛活动，形成了一整套比较完整的考评、检查、评比制度。广泛开展了“创建文明风景旅游区示范点”竞赛活动，市里成立了活动协调小组，制定了活动意见，开展

了评选文明旅游“六个一”活动，即：一批文明导游员，一批文明旅行社，一批文明旅游宾馆、酒店，一批文明旅游景点，一批文明旅游服务车辆，一批文明旅游公厕。市文明委聘请的18位文明行业考评员每月4天对参赛行业、示范点进行明察暗访，市文明办每月听取一次考评情况分析，及时协调和解决有关问题、指导行业创建工作。三是深入开展创建文明村镇活动。制定了《厦门市“十五”期间农村精神文明建设规划》，在指导思想上确立了农村精神文明建设的总体目标和工作思路。在具体工作上，突出抓好以城带乡、城乡共建活动，市文明委制定了《关于开展城乡精神文明共建活动的意见》，召开了“城乡共建精神文明活动现场经验交流会”，总结推广了杏林区开展城乡共建的经验，全市已有119个市、区直机关各类先进单位与79个行政村开展结对共建，力争3年后全市城乡结对共建全面覆盖。四是进一步深化军民共建活动。全市军民共建单位共有498对，为了加强活动的组织领导，成立了市军民共建活动领导小组，由军地有关部门领导组成，加强了军民共建活动的组织、协调，2001年，驻厦部队首次参与地方文明单位、文明家庭和先进工作者的评选活动，评出了20个文明单位、18户文明家庭、29名先进工作者。群众性精神文明创建活动的深入开展，大大地提高了各项活动的创建水平。

2001年，市委、市政府召开全市第七届精神文明建设工作先进集体、先进个人命名表彰会，命名表彰了第七届精神文明建设一级达标区6个，一级达标系统5个，一级达标行业13个，二级达标区1个，二级达标系统2个，二级达标行业5个，先进系统3个，专业性文明系统2个，文明单位104个，军警民共建先进单位41对，市直机关与居委会共建先进单位10对，文明行业先进单位6个，行业窗口示范先进单位9个，文明村镇7个，文明安全片区40个，三优街5条，文明家庭116户，第四届文明市（村）民标兵10名、文明市（村）民60名，精神文明建设先进工作者122名，“‘满意服务’先进个人”28名，经复查审核，保留了一批上一届精神文明建设先进单位和先进个人。

四、加强精神文明建设理论调研

2001年，围绕增强精神文明建设实效，一是积极配合做好中央文明办、省政协、省文明委、省委办公厅、省委文明办、省文化厅等7个部门组织来厦进行精神文明建设专项调研活动。二是由市政协牵头，组织市、社区精神文明建设、精神文明建设管理体制等专题调研。三是市文明办组织开展了精神文明建设考评机制、投入机制和精神文明建设如何适应经济全球化、政治多极化、信息网络化发展要求等课题的调研。四是筹备召开了厦门市第五届精神文明建设理论研讨会，并推荐一批优秀论文参加全省第七次精神文明建设理论研讨会，获二等奖2篇、三等奖2篇、优秀奖2篇。五是筹备召开了“福建·厦门与西部地区精神文明建设工作交流会”，邀请到西部地区10个省（区）34位文明办主任（副主任）来厦交流精神文明建设工作经验，探讨新时期东、西部地区精神文明建设的新思路。

五、继续抓好精神文明建设办实事项目

2001年初，在广泛征求社会各方面意见的基础上，市文明委确定了建立社区（村）图书联动网络，充分发挥基层图书阵地的作用，把书库盘活；每个街道（镇）完善一所“市（村）民教育中心”；在10个省级“精品”村中完善农村精神文明活动中心的建设；继续创建10条“文明畅通街路”、10条“文明公交线路”、10个“文明工地”、10个“文明市场”；为部分社区配备健身活动器材；继续开展创建中山路等7条“百城万店无假货”示范街（路）活动；继续创建一批高标准文明小区和文明新村；在城区开展全面清理乱张贴的专项整治；在全市开展创建文明风景旅游区“六个一”活动，邀请西部地区文明办干部来厦研讨精神文明建设，并对在厦大就学的5位西部贫困大学生给予资助。年终经过验收评比，各承办单位均按责任书要求抓落实。

六、不断加强党对精神文明建设的领导

一是召开了市文明委第五次全体会议，会议认真传达学习了近年来江泽民总书记等中央领导同志对厦门精神文明建设工作的重要讲话精神和中央文明办领导、省委领导关于厦门精神文明建设的讲话。认真总结近几年来厦门市精神文明建设工作，讨论通过了《厦门市“十五”精神文明建设规划》。二是认真制定了《厦门市“十五”期间社会主义精神文明建设规划》，由市委批准下发。同时按规划内容对《规划》进行了任务分解。三是加强了精神文明工作队伍建设，市文明办领导班子进行了“三讲”教育“回头看”。通过“三讲”教育文件的学习，广泛征求听取各方面的意见，召开民主生活会，制定整改措施，进一步提高了领导班子的凝聚力和战斗力，促进了精神文明建设各项任务的全面完成。

（厦门市文明办　林忠佺　供稿）

各区概况

各区概况

开元区国民经济和社会发展概况

一、“十五”计划开局良好

2001年，全区实现国内生产总值35.42亿元（现价），比上年增长18.3%，三次产业结构为0.5:41.3:58.2；完成财政收入6.94亿元，比上年增长27.7%，年净增加额连续两年超1.5亿元；引进外资项目总投资额1.36亿美元，比上年增长1.5倍，完成市下达的年度协议外资任务的178.6%；内联项目总投资额14.40亿元人民币；企业出口创汇2.44亿美元，比上年增长44.9%；完成固定资产投资19.20亿元，比上年增长15.5%。

二、大力培植高科技企业

通过全国科技进步先进城区考核。开元科技孵化中心建成投入使用，成为发展高科技产业、进行科技招商的重要基地，园区内已有20家科技型企业进驻，其中有3家企业承担国家863计划项目，1家企业列入科技部科技成果推广计划。开元科技园被纳入厦门火炬高新区“一区多园”管理，享受火炬高新区政策辐射区的相关政策。超高亮度发光二极管、柔性电路板列入市重点工程项目；DVD光盘等高科技项目建设前期工作进展顺利；超高亮度发光二极管厂房封顶，光电产业城初具雏形。积极扶持民营科技型企业，34家企业被认定为市民营科技企业，2家被认定为市高新技术企业。在全市率先对留学生创业企业进行科技三项经费无偿资助。

三、产业结构不断优化

三产增加值达20.62亿元，比上年增长26.7%，拉动经济增长14.5个百分点，成为财政收入增长的主要因素。限额以上商业企业增多，全区商业营业额提前一个季度超额完成全年预期目标；服务业稳步发展，宝龙等一批酒店、大型连锁店相继开业，形成相当规模，并带动其它服务业的发展。新引进项目中三产项目比重大，一批大型三产项目在中国投资贸洽会签约，法国家乐福进口公司在开元区设立驻厦代表处。以改善城市面貌、人居环境和增加第三产业发展空间为目标，农村城市化建设步伐加快，洪山柄、新潘宅农村城市化改造项目列入特区20周年开工工程，西郭二期工程顺利进行，莲坂旧城改造等前期工作扎实推进。积极推进“同发展，共富裕”项目建设，完成农村电网改造“两改一同价”工程，全面推行涉农收费公示制度，加快农村集体经济发展。

四、投资环境日臻完善

完善窗口部门、单位的制度建设，向社会公开作出提高行政效率、改善投资环境的12项承诺；整顿和规范市场经济秩序，营造公平竞争的市场环境；表彰113家为开元区经济作出突出贡献的企业，成立开元投资担保有限公司，鼓励和扶持企业增资扩产。加快工业园的开发建设，开元工业园建成一批厂房，形成一定的形象规模，兴安工业园基础设施建设加快并引进2家企业。出台招商引资考核暂行办法，首次将内联预期目标作为招商引资任务之一下达给街道和有关部门。改革招商方式，实行委托招商，制定招商中介奖励办法，充分调动工商等部门及中介组织的招商积极性，形成全方位招商格局。招商引资在投资导向、招商形式和服务功能等方面有新的突破，引资总量创历史最好水平。

五、体制创新有新突破

设立区属企业改制与清理准备金1 000万元，12家企业通过股权转让、职工持股、清理整顿等方式完成改革工作，突出全和公司和投资公司的龙头地位。深化教育办学体制改革，加快社会力量办学，部分公办幼儿园进行了多种形式办学改革探索；全面推行教师职务聘任制。积极推进医疗卫生体制改革，区医院与眼科中心分离，眼科中心着手向股份制营利性医疗机构改制。推进环卫体制改革，引入竞争机制，实行管干分离，将部分道路清扫保洁作业推向社会公开招投标，对其它作业岗位实行内部竞标（承包），并在内部实行岗位竞聘和一线工人组合上岗。

六、社区建设走在全省前列

制定2001～2005年社区建设发展规划，并进行了一系列改革。根据地域面积、户数、人口三大要素及新、老城区的不同情况，考虑居民的认同感和归属感等因素，将原172个居委会整合成99个社区居委会。健全社区组织，建立社区党建联席会议制度，成立社区成员代表大会和议事协商委员会，组建社区党员志愿者队伍、社区残疾人协会和社区文体协会等组织，建立一批社区老人、残疾人和妇女法律援助站。加强硬件设施建设，区社会福利中心大楼、区金榜公园健身活动中心落成，区级和3个街道社区服务中心投入使用，部分社区安装了闭路监控系统；加大社区建设宣传力度，举办社区建设恳谈会、研讨会，进一步促进社区资源共享。抓住社区服务这个关键，开展社会福利、便民利民、再就业等各类服务，启动“社区老年福利服务星光计划”，接收首批市属企业退休职工，进行社会化管理。继续深化社区卫生服务中心管理体制改革，大力开展以预防、保健、医疗、康复、健康教育和计划生育为内容的社区卫生服务，提高社区老人健康体检和建档率，将市口腔医院引入社区，满足社区居民对专科医疗服务的需求。新建一批社区建设和文明安全社区示范点，广泛开展读书、健身操、舞蹈、体育比赛、文艺表演等群众喜闻乐见的活动，丰富群众精神文化生活。被市确定为“社区就业试验区”、“社区教育实验区”，各项工作取得一定成效。

七、社会各项事业不断进步

加大教育投入，建成一批校园网、电脑室、电子备课室和塑胶跑道，全省青少年德育教育基地“英雄小八路”纪念馆开馆。开展教育课程改革，实验教学、图书室建设获省先进区称号。培育文化精品，小品《见面礼》荣获全省及华东六省一市小品大赛一等奖，并获全国小戏小品大赛“群星奖”银奖。积极开展全民健身活动，成功举办首届农村文艺体育节，组队参加市第16届运动会获得总成绩第一名，园南小学足球队获全国小甲A足球比赛第3名。将农村纳入市容卫生考核范围，市容环境卫生工作得到加强。加强城乡违法建设治理力度，拆除违法建设面积3 800多平方米，基本遏制了城乡违法建设势头。加强流动人口计生管理，构筑社区计生管理网络，开展计生优质服务，全区人口出生率控制在10.4‰，出生人口政策符合率达99.3%。规范物价收费，区物检所被国家计委命名为“规范化物价检查所”。完成148名新兵征集任务，组织参加预备役高炮团快速动员演练，组织制定街道防空袭预案和普查地下人防工程。落实侨房使用权清退，在全市率先建立侨情及留学生数据库，扎实有效地做好以经贸合作和交流交往为重点的对台工作。制定2001～2010年妇女、儿童纲要，被评为全国实施“两纲”先进集体，并被授予“全国妇女儿童纲要示范区”。

八、民主法制得到加强

全面实行政务公开，推进厂、院、校、村（居）务公开，落实用人权、财权和事权的公开。坚持“凡进必考”，向社会公开招聘机关干部、事业单位人员和社区工作者。清理、汇编区政府规范性文件，进行行政审批制度改革，认真做好行政复议，启动“四五”普法工作，推进依法行政。加强党风廉政建设和反腐败工作，圆满完成“三讲”教育“回头看”，开展制止送收“红包”等专项治理，规范礼品、礼金登记制度。出台基本建设项目审批规定，修订建设工程施工招投标管理暂行办法，完善基建审核、政府采购招投标制度。加强财务监管，全面落实“收支两条线”规定，制定行政事业单位财务管理办法，公开招聘重点企业财务总监和事业单位财务主管及各街道投资公司经理。开展同级审计和领导干部任期经济责任审计，坚决纠正违反财经纪律现象。自觉接受人大、政协监督，重视区人大常委会对财政、民政、文化三个部门的评议工作，悉心听取意见和建议。增强宗旨意识，关心下岗职工、低保对象、优抚对象、残疾人的生活，帮助解决治病、子女就学等生活难题；设立扶持村民转岗创业专项基金和农村帮困基金，建立农民贫困户和劳动力档案，组织农民转岗培训；推进农村社会养老保险制度，为农村老人发放固定生活补贴，扩大农保覆盖面。

（开元区政府办公室　陈子能供稿）

思明区国民经济和社会发展概况

一、经济发展概况

2001年全区国内生产总值14.05亿元，比上年增长15.1%，其中第一产业完成0.06亿元，与上年持平；第二产业完成增加值6.49亿元，比上年增长8.3%；第三产业完成增加值7.50亿元，比上年增长22.0%。财政收入首跨3亿元大关，实现3.09亿元，比上年增长20.0%，其中地方级财政收入2.50亿元，比上年增长24.9%；工业总产值18.61亿元，比上年增长11.62%，其中轻工业产值15.88亿元，占全区工业总产值的85.4%；商贸服务业营业额39.97亿元，比上年增长13.7%，限额以上零售业完成零售额5.15亿元，比上年增长49.5%，占全区零售总额72.4%；建筑业总产值2.66亿元，比上年增长7.5%；全年新批外资项目32个，投资总额3 051万美元，比上年增长2.1倍。其中协议外资2 919万美元，比上年增长3.1倍，完成市下达计划的292%。实际到资1 691万美元，完成市下达计划的113%，荣获市招商引资优秀奖。

采取有力措施推动经济发展。思明区科技工业园动工，黄厝旅游休闲服务中心奠基。举行政府与民营企业家恳谈会，实行政府领导走访民营企业制度。与厦门市担保公司签订担保合作协议，积极解决中小企业贷款难问题。培育新的经济增长点，全区新增企业215家。大力发展非公有制经济，促其继续为经济发展做出突出贡献，其营业总值和上缴税收占全区总量的80%以上。继续实施“质量立区”战略，整顿和规范市场经济秩序，开展中山路“打假维权，消费者满意街”和思明南北路“购物放心一条街”活动，18家企业通过质量体系认证，3家企业获得市著名商标。强化安全意识，层层建立责任制。

二、改革开放纵深推进

出台企业改革实施意见，完成区属企业清产核资和基本情况普查工作，区属企业改制工作进入实质性阶段。向阳印刷厂、奥斯卡公司、纸制品厂、菜篮子公司、霓虹灯广告公司、鹭京针织厂已完成改制；其它经贸、建安企业的改制工作也在有条不紊地进行。实施事业单位人事公开招聘和考试考核制度，区人民医院进行院科管理二级成本核算，思明社区卫生服务中心、防疫站实行主任、站长竞争聘任和任期制，区卫生消毒站完成转制。继续推进学校内部管理体制改革，成立教育系统财务核算中心，实现小学、幼儿园会计工作统一管理。加大教育资源整合，将霞溪小学并入思明小学。完成区公证处的改制。成立区退管中心和街道退管服务站，已接纳安置893名企业退休人员。新建设施领先于全市各区的劳动力市场，辖区下岗职工再就业率有所提高，社保基金单位收缴率保持在95%左右，发放失业保险金1.67万人次，金额757.86万元。全年支出最低生活保障金214万元，7 221户次1.65万人次得到最低生活保障。支出各类优抚安置金192万元，解决了优抚安置对象的实际困难。招商引资任务首次作为经济目标责任制的考核内容，与年终考评、奖惩相挂钩。每季召开一次招商引资形势分析会，“思明区招商服务中心”挂牌运作，成功举办思明区高校院所科技项目招商推介会，对引进外资企业的中介人员兑现奖励，有力推动了投资环境的改善，调动了各街道、各部门的积极性，招商引资取得三年来的最好成绩。

三、基层建设与管理力度增强

出台了《思明区社区建设工作实施意见》，将全区58个居委会划定为31个社区居委会，南华和巡司顶2个社区居委会先行试点成功，其他社区居委会的整合工作全面展开。基层组织建设得到加强，思明区被福建省评为“居委会换届选举工作先进区”。市容考评首次改为当月兑现，实施有奖有罚的新举措，全年市容卫生总评名列全市第一名。拨出专款聘用交通协管员35人，确保“畅通工程”扎实进行。编制和实施旅游“十五”规划，新增园林绿地1.2公顷。巩固“一控双达标”和烟尘、噪声达标区成果。深入开展各类精神文明创建活动，建成省级文明单位6个、市级文明单位11个、区级文明单位170个、市“五好”文明家庭17个，中山路等5条街路为“三优街”。积极开展“扶贫济困送温暖”、“慈善一日捐”、“万人献爱心”、“助养特困老人”等捐助活动，共捐赠衣被13万多件，捐款103万元。荣获省、市“第七届精神文明建设达标区”称号。拥军优属活动蓬勃开展，民兵预备役高炮连代表市参加全省高炮分队实弹射击考核取得第一名，武器装备管理被南京军区评为先进单位，征兵工作连续20年21次无退兵。认真落实“综治工作领导责任制”和“一票否决制”，坚决开展与“法轮功”邪教组织的斗争，严厉打击“黄、赌、毒”等社会丑恶现象和各类违法犯罪活动。民间纠纷调解率和调解成功率均为100%，创安覆盖面100%，省示范文明安全片区34个，群众社会治安满意率95.5%，荣获全省社会治安综合治理先进集体称号。

四、社会事业全面发展

制定《思明区科学技术发展“十五”规划》，出台《思明区扶持科技型企业发展若干规定》。安排科技三项费用390万元，扶持企业的发展和项目的开发应用。继续实施“星火技术密集区”战略，审定8家星火技术先进型企业，33家民营科技企业通过厦门市科委认定，12家科技型企业入驻思明科技创业园，2个项目列入市级星光计划项目，原点音响（厦门）有限公司成为市高新技术企业。科技系统企业全年完成技工贸总额6 660万元，上缴税收427万元。素质教育整体推进，共有349名教师获得各级各类表彰，其中国家级39人次，省级26人次。幼儿、特教及成人教育有较快发展，正常儿童入学率100%，三类残疾儿童入学率99.6%，成为全省“‘两基’工作巩固提高先进区”、“实验教学普及达标区”。积极参与全国课程改革的实验，演武小学成为“全国启发式教学实验基地”。有4个教学软件课题被教育部确认。有两个科技作品各获第十三届全国发明创造展览会银奖和铜奖。教学条件进一步改善，渔民小学教学综合楼、七幼教学楼、演武小学教学楼外墙装修及辅助教学楼同时建成投入使用。校外教育工作成效显著，建立“中国儿童歌舞学会思明区活动基地”，被评为“福建省少先队工作先进区”。加大卫生经费的投入，投资1 450万元，建成区人民医院门诊大楼，新组建厦港社区卫生服务中心、筹建滨海社区卫生服务中心，思明社区卫生服务中心成为全市惟一的省级首批示范中心，形成较完善的社区卫生服务网络。严格卫生监督执法，抓好打击非法行医行为、化妆品等专项整治。建立“思明区健康教育基地”。儿童计划免疫五苗建卡率、接种率均达100%，合格碘盐覆盖率99.4%。爱国卫生运动深入开展，除“四害”工作达一类区标准。计划生育工作再创佳绩，出生人口政策符合率达98.77%，自然增长率0.95‰，出生统计准确率在95%以上。开通计划生育政策法规、生殖保健98168声讯咨询热线，全面推行避孕节育知情选择，计生服务站达省二级标准，群众对计生工作满意率90%以上。跨入省计生工作“三为主”先进区行列，计生工作连续6年被评为全省一类先进区。参加全市“鹭岛歌潮献给党”群众歌咏比赛，名列各区第一。设立文艺创作基金，小品《囚徒与女儿》获华东六省一市戏剧小品比赛一等奖。厦港街道被评为“全国群众体育先进单位”。

（思明区政府　吴进法供稿）

湖里区国民经济和社会发展概况

一、经济保持了持续快速健康发展势头

2001年，全区实现国内生产总值30.5亿元，完成年计划的101.7%，比上年增长17.4%。其中，实现工业总产值63.5亿元，完成年计划的102.4%，比上年增长17.2%；完成农业总产值1.05亿元，比上年增长15.4%；农民人均纯收入7 996元，比上年增长6.6%；乡镇企业实现总产值42.33亿元，比上年增长13.3%；第一产业增加值0.44亿元，与上年持平，第二产业增加值17亿元，比上年增长16.8%，第三产业增加值13.06亿元，比上年增长18.9%，一、二、三产业结构比为1.44:55.74:42.82。第三产业在商贸业上取得突破。引进了沃尔玛、麦德龙等龙头企业，推进了江头建材市场、厦门汽车城等专业市场建设，初步形成了以建材、汽车销售为主的商贸格局。全年商贸业增加值3.73亿元，占第三产业增加值的28.6%，有力拉动全区第三产业发展；全社会固定资产投资额9.11亿元，比上年下降0.5%；全区财政总收入4.90亿元，其中地方级财政收入3.06亿元，比上年增长47.3%，总支出2.34亿元，比上年增长34.0%；全年共引进外商投资项目72个，投资总额1.23亿美元，比上年增长30.5%；合同外资1.06亿美元，比上年增长20.8%，完成市下达任务的151.8%；实际利用外资额1.03亿美元；引进内资项目326个，引资总额5.92亿元人民币，完成区自定任务的113.2%；企业增资扩产势头良好，实现新增合同外资6 146万美元，占利用外资总额的57.8%；第三产业项目比重显著提高，改善了引资结构，提升了引资质量和层次；出口总值5.89亿美元；建筑业稳步增长，实现产值6.38亿元，比上年增长16.0%；房地产市场平稳增长，实现投资额5.69亿元；全区实现商业营业额26亿元，比上年增长24.9%；实现交通运输业营业额1.7亿元，比上年增长10.4%。

二、社会事业全面发展

城镇建设：江头改建区取得新进展。台湾街美食城、江头影视娱乐中心、江头医院二期、江头公园已动工建设；徐厝改建区的开发建设及基础设施、公建配套建设基本完成，“悦明阁”、“悦星阁”、综合办公楼、社区服务中心正在建设；濠头改建区正加快拆迁改造扫尾工作；区妇女儿童活动中心、区图书馆禾山分馆、江头老年活动中心已完成并投入使用；村级市政管网的改造已完工；新建了一批公厕清洁楼；农村特困户安居问题得到妥善解决；开展悦华酒店周边及华荣路沿线、海天路等路段市容景观整治，拆除临时建筑6 500平方米，增补绿地6 100平方米；东荣社区露天文化广场及东兴小公园正在抓紧建设；支持禾山镇修建村间道路成效显著，共投入资金1 099万元，修建道路28条，总长达16.6公里。

环境保护 巩固“一控双达标”和创建噪声达标区成果，整治餐馆油烟扰民和“白色污染”，对湖里餐饮一条街污染进行了综合整治，促其全面达标；做好禁用含磷洗衣粉工作；继续对岛内备用水源周边环境综合整治，确保水质。

发动社会力量大力植树造林，美化家园，抓好新建、扩建道路、居住小区、单位附属绿地以及农村村容村貌的绿地建设，搞好辖区的绿化、美化工作。植树14.74万株，改造绿地3.4公顷，新增园林绿地12.83公顷。

科技 加强科技创新服务体系建设，成立了区科技创业服务中心并出台了管理办法，调整充实了区第二届科技顾问团。加大了对科技的投入，全年安排科技三项费用443万元，达到了区财政支出的2%。大力促进科技成果转化，扶持2家企业成立了研发中心，完成对25家市民营科技型企业认定工作，新增高新技术企业4家。深入开展科普宣传活动，举办各类科普培训、讲座7场次，扶持8个社区设立了科普宣传栏，赠送科技图书1 000多册。

教育 深化办学体制改革，加强了社会力量办学机构管理，出台了民办小学管理和民办幼儿园登记注册暂行办法，新批开办民办小学7所，将原公办塘边小学改为由企业承办，火炬小学由政府与企业联办，筹措资金60多万元用于扶持区民办小学发展壮大。进一步改善办学条件，新开办了康乐小学、区少年宫，投入400多万元用于改善小学现代化教学设备和设施。强化了教育督导和质量监控工作，全区“两基”工作保持较高水平。促进成教、职教发展，全区各类专业培训机构达到16所，年培训人员3 000多人。

群众文化、体育 提出了创建全省先进文化区活动方案，深入开展创建活动。加强了农村文化工作和社区文化工作，全市农村文化现场会在湖里区禾山镇召开；启动了社区图书联动工作，设立了10个图书流动点，流通图书达到1万多册。围绕建党80周年、特区建设20周年等节日庆典，精心组织开展各类群众性文体活动。强化了文化市场管理和专项整顿。深入开展全民健身运动，组队参加市运会并获团体总分第五名。建成并投入使用了一批新的文体活动场所。

卫生、计生 进一步优化了卫生资源配置，将湖里卫生所改制为湖里街道社区卫生服务中心。扶持社会力量办医，并纳入区社区卫生服务网络。狠抓卫生行风建设，强化卫生行政执法，严厉打击非法行医，做好卫生防疫、妇幼保健工作。认真落实了计划生育工作责任制，出台了计生奖惩规定，做好“知情选择”试点工作，开展了基层计生协会“双创”工作，人口出生率为12.1‰，计划生育率达99.4%，计生工作顺利通过省、市考核。

社会保障 巩固“两个确保”，强化了社保基金的征缴工作。至2001年底，参保企业达637家，参保人数达1.87万人，社保基金滚存结余4 149.42万元。成立了区企业离退休人员社会化服务管理中心和镇街劳动保障服务站，逐步实现企业离退休人员的社会化服务。

保障城乡困难户的生活，全年共对7 961人发放社会救济款216.82万元，其中农村最低生活保障1 479人，发放救济款59.36万元，城镇最低生活保障5 670人，发放救济款143.63万元，并对困难户、孤老残幼实施了定期救济和保障。

截止2001年底，全区参加农村社会保险的村民2.19万人，总投保率99.5%，历年累计收取保费2 459.64万元（其中2001年收取保费308.6万元），基金积累达3 070万元。2001年有957人领取养老金共15.63万元。

三、农村城市化工作全面启动

成立了区农城化领导小组及工作机构，制定了工作方案。区、镇成立了重点办和重点项目工作组，支持配合湖里大道等市政道路建设，抓紧环岛路五通至墩上段等征地拆迁工作。开展了农村集体资产改制试点工作，结合仙岳路中段建设启动刘厝祥店旧村改造。初步遏制了近二年来违法建筑泛滥的势头。

（湖里区政府办公室　魏向　陈枫供稿）

鼓浪屿区国民经济和社会发展概况

一、经济发展概况

2001年，鼓浪屿区实现（区属）国内生产总值1.51亿元，比上年增长3.1%；社会服务业收入9 138万元，比上年增长20.5%；工业总产值1.35亿元，比上年增长23.8%；商贸业营业额1.91亿元，比上年下降7.32%；财政总收入5 688万元，比上年增长35.8%，其中本级财政收入4 219万元，比上年增长47.1%。

各项改革继续推进　整合旅游资源，三个景点实现联票；完成旅游公司改制，组建新的股份制企业；制定《鼓浪屿区事业单位聘用制实施意见》，推进事业单位改革；对高频厂、工贸公司、海浪商店三家工贸企业进行改制，区属工业企业率先全部完成改制任务。推行财政预算管理改革，实行部门零基综合预算，增强预算透明度和约束力，增大了财政可调控资金规模；加大处理历史遗留问题力度，全年共清收财政周转金529.3万元。

规划编制和旅游工作　启动鼓浪屿发展规划编制工作。整个工作分二步走，即概念规划和总体规划。于2001年10月份召开了鼓浪屿发展规划专家研讨会，来自国内外33名专家、企业家就鼓浪屿的发展定位、主题乃至“谋篇布局”，提出了许多有广度、有深度、有见地的意见和建议，引发各方面人士的高度关注和深入思考，专家发言已汇编成册；在全国主要媒体和网上公开征集编制单位，从27家境内外应征单位中经考察确定3家参与概念规划的国际竞标。

着力旅游经济的深度开发。在轮渡广场设立游客服务中心，为游客提供旅游咨询、受理投诉等温馨周到的服务；区属景点向岛上居民免费开放，已发放近7000张免费入园年卡；建成钢琴博物馆新馆，新增40台世界名琴，增设演奏厅，并作为特区建设20周年庆典工程，由中央电视台现场直播开馆剪彩仪式，扩大了知名度，增强了影响力；结合林巧稚大夫诞辰100周年纪念活动，投资130万元，整修改造毓园，突出“生命天使”主题，彰显林巧稚精神；启动风貌建筑鹿礁游览片区修缮工作，对永春路14号等首批修缮的4幢风貌建筑进行设计，完成天主教堂、原日本领事馆等建筑外环境的修缮整治；引进全国最大的古钱币交易商进驻原英国领事馆官邸开设钱币博物馆；加强旅游宣传促销，赴成都参加国内旅游交易会，组织电视专场晚会，制作30期电视专题片连续2个月在当地电视台播出；配合《东方时空》栏目向海内外现场直播特别节目《鼓浪屿之波》；举办“9·27”世界旅游日系列纪念活动，聘请郑小瑛教授为鼓浪屿旅游形象大使；推出40万册《鼓浪屿旅游自助手册》，在轮渡、机场等游客集散地免费取阅；以整顿旅游市场和打击假冒伪劣商品为重点，整顿和规范市场经济秩序。

城市建设和管理工作　基本建成西北段环鼓路，除软基段设计方案修改的350米外，其余均已建成；在巩固、提高ISO14001环境管理体系基础上，创建“ISO14000”国家示范区，并通过国家环保总局和建设部的现场审核验收；完成污水膜技术处理的调查摸底、选点试点、地质勘测工作；改建了日光岩公厕，在环鼓路新建了3座公厕；恢复供电、邮电、有线电视破道面积1.4万平方米；整修夜景工程，增强动感，增加色彩；投入40万元，改造和增设垃圾分类回收设施，在全岛全面开展垃圾分类收集转运工作；投入绿地建设资金433万元，新增环鼓路、原三厂改建成的首期绿地共7.5万平方米，改造毓园绿地3 000多平方米，大幅度提高绿地面积和绿化率。

二、社会事业发展概况

制定《鼓浪屿区科技三项费用管理办法》，严格审批程序，提高财政资金使用效率；完成市科研课题《区域环境管理体系的规范化研究》并获市科技进步三等奖。调整小学布局，为实现均等教育打下良好基础；有效整合社区教育资源，推进“全国社区教育实验区”工作深入开展；重视做好“两基”巩固提高，加强“实验教学普及区”工作，积极开展基础教育课程改革；加大学校基础设施建设，教育事业费比上年增长23.2%。围绕“文化之岛”建设，组织纪念建党80周年系列活动，唱响主旋律；

举办爱乐乐团交响音乐会和鼓浪屿歌曲听评会，拍摄《鼓浪屿》歌曲电视音乐，在中央电视台等媒体播出。深化卫生体制改革，增强忧患意识、服务意识、竞争意识；翻建区卫生院，添置医疗设备；开展医疗市场及食品卫生专项整治，加强卫生监督；做好“六位一体”的社区卫生服务工作，确保该项工作在全省的领先地位。计生工作坚持以人为本，为育龄群众提供生殖健康服务；加强流动人口计生管理，强化综合治理人口的责任机制；全年计划生育率98.9%，人口自然增长率-0.92‰，全面完成市里下达的指标。民政工作围绕加强基层政权建设，将11个居委会整合为6个社区居委会，以适应新时期社区建设的发展要求；深入开展居委会自治管理规范化活动，增强居务透明度；成立全省首家社区行政事务管理中心，已办理各项行政事务800多件。依法行政，进一步推进政务公开，定期向人大代表、政协委员通报政情，接受监督；制定“四五”普法和依法行政工作五年规划；推行行政执法责任制，加强监督；对1980年至1999年颁布的规范性文件进行清理，共清理46件，其中保留14件，废止32件；进行行政审批制度改革，对各部门涉及的审批事项进行一次全面梳理，保留区级审批项目1项，备案项目1项。全面落实社会治安综合治理责任制，针对治安重点、难点，开展交通运输秩序、外来人口管理、“六合彩”、轮渡一带公共秩序等专项整治；做好群众信访和人民调解工作，创建“无毒害社区”，防范“法轮功”分子聚集滋事，确保社会安定、稳定。

（鼓浪屿区政府办公室　许飞鹏供稿）

杏林区国民经济和社会发展概况

一、国民经济稳步增长

全区完成国内生产总值52.50亿元，其中区属国内生产总值42.02亿元，分别比上年增长10.7%和10.4%。全区一、二、三产业增加值分别达1.93亿元、33.26亿元和17.31亿元，分别比上年增长7.2%、10.4%和12.5%，三次产业比例调整为3.68∶63.35∶32.97；全区工农业总产值126.70亿元，其中区属工农业总产值108.10亿元，分别比上年增长10.5%和10.4%；全区工业总产值122.00亿元，其中区属工业总产值103.40亿元，分别比上年增长9.7%和10.2%；三资工业总产值101.00亿元，比上年增长8.1%；全区商品出口交货值7.57亿美元，增长6.3%，其中台外资企业出口交货值7.28亿美元，主要出口产品为电子、化工、机械、纺织、食品类，主要出口到日本、韩国、东南亚和欧美市场；全区农村社会总产值24.50亿元，比上年增长8.5%；乡镇企业总产值23.50亿元，增长8.3%；农业总产值4.70亿元，增长10.1%；全社会固定资产投资总额6.50亿元，增长18.2%；预算内财政总收入5.59亿元，增长10.0%，其中地方级财政收入2.20亿元，增长49.0%，加上上年结余和上级补助等，地方级财政可用财力为2.60亿元；预算内财政支出2.37亿元，增长40.0%，财政收支基本平衡；城镇居民人均可支配收入10 700元，农民人均纯收入5 050元，分别增长7.5%和11.0%。

二、招商引资工作取得新成效

进一步强化了招商引资工作责任制，成立招商服务中心，出台招商引资奖励办法，着力优化投资环境；完善配套服务措施，积极协调解决企业生产经营中遇到的困难和问题；开发杏北二期等新的工业小区，清理盘活存量土地，招商引资的规模和质量进一步提高。新引进外资项目21个、增资项目13个，合同投资总额1.67亿美元，比上年增长12.1%，其中协议外资金额1.46亿美元，增长3.9%，超额完成市下达1.1亿美元的任务。全年投建、投产外资企业分别达22家和24家，外资企业实际到资1.19亿美元。引进内资项目23个，投资总额1.8亿元。全年引进农业项目6个，投资总额1 336万美元。

三、农业和农村发展迈出新步代

大力发展订单农业和庭院经济，着力扶持南美白对虾养殖、美国七彩山鸡养殖、食用菌生产等一批周期短、投资少、见效快的种养项目，促进了农民增收。基本完成厦门海峡两岸花卉中心一期工程、116亩特色观光水果母本园、500亩后柯蔬菜基地、150亩优良笋竹基地等一批项目建设，开工建设厦门旺农现代种苗温室工程，引进推广了十几项新品种、新技术，现代设施农业和优质高效农业进一步发展。农村“两化”建设加快。东孚工业新区首期300亩基础设施配套顺利推进，已有5个内外资项目入驻落户；纺织工业小区和私营企业工业园全部摆满项目，有14家企业动工或投产；实施了7个农村同发展项目，加大了对农业产业化龙头企业的扶持力度，完成了40家乡镇私营企业土地房屋确权手续。农村电网改造全面竣工。完成两二水库防汛公路、东孚自来水厂管网配套工程等一批水利设施的建设和维护。镇务、村务公开进一步深化，涉农收费公示、村财镇审、村集体工程招投标、减轻农民负担等各项政策和制度得到较好落实。开展农村富余劳力的培训和推荐就业工作，积极为农村富余劳力转移创造条件。

四、城乡建设管理上新水平

编制了杏南、杏北专项规划和一批重点区域、重要路段、重点项目的规划设计，开展了私人建房清理，出台了私人住宅建设管理规定，启动了杏东南为重点的新区建设和旧城改造，扎实推进城市化进程。加大了重点建设项目和基础设施建设项目的推进力度。完成高浦海堤一、二标段建设、杏北工业区二期一标段土方平整、6个为民办实事项目、宁宝住宅试点小区“宁馨园”建设等重点建设项目任务；英才西路、文华路南段、华懋路东段、曾营堤路及排洪排污工程、区府路路基和三南路西段等城市基础设施按年度计划推进。全年共投入财政资金1.13亿元，比上年增长33.2%。城市管理坚持机制完善与制度建设并重，专项整治与基础建设并举，市政设施和园林绿化建设维护进一步加强，市容环境卫生在全市考评中多次名列前茅。土地与环境执法力度加大，毁耕挖塘和乱采高岭土现象得到遏制，大气质量自动监测系统投入使用，全民可持续发展意识进一步增强。

五、财政工作取得新突破

积极配合市里完成了市区财政体制微调工作。加强税收征管，实现财政收入稳定增长。筹融资工作成效显著，全年共筹措和盘活各类资金2.41亿元。财政预算管理体制改革取得实质性成效。实行部门预算、细编预算和零基预算，严格预算变更制度。通过改革，预算调控力度明显增强，财政支出结构进一步优化，预算管理水平有较大提高，保证了建设项目和各项社会事业的投入。财政资金管理监督体系进一步健全。以银行代收制为手段的预算外资金“收支两条线”管理全面实施。政府采购制度进一步完善，全年组织40批次采购，节约资金159.39万元，资金节约率达13.26%。对财政性投资项目实行全过程台账跟踪管理，加强了财经纪律、财经法规执行情况的检查。

六、精神文明建设和社会各项事业加快发展

全国科技工作先进区通过复查验收。教育改革继续深化，基础教育水平不断提高，德育工作和教师队伍建设有新成效。完成后柯、鼎美小学合并，职教中心综合楼投入使用，全区教学设施进一步完善，被确认为省级“实验教学工作普及区”。区文化中心一期青少年宫完成主体建设，城乡文化、体育活动日益活跃，参加市第十六届运动会获得较好名次。城镇医药卫生体制改革逐步开展；建成妇幼保健所，开工建设东孚卫生院；农村合作医疗村民参保率达48.4%。计划生育工作保持省一类先进区水平，全区计划生育率99.4%。依法治区不断深化，“四五”普法工作开始实施。加强社会治安综合治理，安全小区覆盖面达到100%。开展以“打黑除恶”为重点的“严打”整治斗争、整顿和规范市场经济秩序、公众聚集场所消防安全等专项整治，社会环境进一步优化。社会保障体系进一步完善，社保覆盖面保持100%，全区参保单位373家，参保职工40 023人，基金收缴比上年增长30.7%。巩固“两个确保”，按时足额发放职工养老金和外来员工养老金。

七、政府自身建设进一步加强

健全了机关效能建设责任追究和考核考评制度，效能建设全面推开。依法行政扎实推进，区政府和政府各部门自觉接受人大及其常委会的监督，认真听取政协、民主党派和社会各界对政府工作的意见和建议。人大代表建议、意见、批评和政协委员提案办理结果满意和基本满意率达到97%。行政执法责任制和错案责任追究制全面推行，依法管理、依法决策水平不断提高。完成规范性文件清理和行政审批制度改革，废止与法律法规相抵触或不符合发展要求的规范性文件102件，行政审批项目减少48.5%。

（杏林区政府办公室　唐明娟供稿）

集美区国民经济和社会发展概况

2001年全区实现国内生产总值23.59亿元，比上年增长16.1%；工农业总产值46.50亿元，比上年增长16.5%；财政总收入2.87亿元，比上年增长4.0%，其中地方级财政收入1.63亿元，比上年增长18.2%；三次产业结构比重由2000年的5:66.55:28.45调整为2001年的6.23：54.64：39.13。

一、工业生产持续增长，经济运行质量不断提高

2001年，全区实现工业总产值43.31亿元，比上年增长16.6%，工业生产主要特点表现在：一是规模以上工业生产持续增长。全年规模以上工业企业完成产值40亿元，占全区工业总产值的92.4%，比上年增长16.6%。其中高新技术企业产值达19.16亿元，占全区工业总产值的44.2%，比上年增长16.2%；二是外商及港澳台商投资企业占主导地位。三资企业累计完成工业产值35.26亿元，占工业总产值的81.4%，比上年增长9.4%；三是重点骨干企业增速较快。林德气体、宏发电声、现代时装、坤联、虹鹭等骨干企业增势强劲，分别增长46.3%、40.6%、27.7%、21.3%、18.3%，全区实现产值上亿元的企业有TDK、太平货柜、集立、金鹭、宏发、现代时装、虹鹭等7家；四是工业产销衔接良好。累计完成工业销售值43.05亿元，产销率达99.35%；五是实现利润有所下降。全年规模以上工业企业盈亏相抵实现利润1.64亿元，比上年下降20.71%，主要是TDK、太平货柜等企业利润额大幅减少所致。而国有控股企业实现利润1.09亿元，占全年利润总额的66.46%，比上年增长13.93%。

二、农村经济稳步发展，农村“两化”扎实推进

2001年，集美区围绕加快推进农村工业化、城镇化总体目标，继续加大对农业结构的调整，加强农业生产扶持力度，增加农业的投入，农业基础设施得到逐步改善，促进了农业生产的发展，全年实现农业产值3.19亿元，比上年增长2.0%。农业生产呈如下特点：一是农作物种植结构进一步优化，粮食作物和饲料种植面积继续调减，花生、蔬菜种植面积稳中有增，西瓜和花卉种植面积增幅较大。全年粮食总产量15 811吨，比上年减少1 881吨，下降10.6%；油料产量2 148吨，增长10.0%；水果产量14 831吨，增长53.2%。二是畜牧业生产稳步增长，生猪生产保持强劲发展态势，集约化、规模生产格局凸现，家禽饲养稳中回落，禽蛋生产大幅下跌。其中生猪出栏数10.88万头，增长5.2%，存栏数6.07万头，增长15.5%；家禽出栏数183万只，减少11.8%；禽蛋产量2 031吨，下降44.4%。三是渔业生产方面，全年水产品产量7 082吨，下降14.2%，但由于养殖户根据市场需求，调整优化品种，扩增虾类养殖，缩减淡水鱼、鳗养殖面积，使渔业生产平稳发展。全年农民人均纯收入4 635元，比上年增长7.5%。农村“两化”工作扎实推进，市级重点工业小区北部工业区四期建设进展顺利；灌口中心镇基本完成了镇域总体规划调整，动工建设凤泉商业大道等一批基础设施工程；厦工集团和三圈日化项目落户灌南工业区并动工兴建。组织编制后溪镇区总体规划，继续推进新村村住宅示范小区建设。首批同发展项目已竣工投入使用，农村富余劳动力转移取得成效，举办14期的劳动技能专业技术培训，实现新增就业491人。

三、第三产业迅速发展，经济支撑作用进一步增强

2001年，全区第三产业完成增加值9.23亿元，比上年增长14.8%，对GDP的贡献率为28.4%，直接拉动GDP增长4.6个百分点。社会消费品零售总额9.26亿元，增长11.6%，其中，批发零售贸易业6.55亿元，增长15%，餐饮业2.72亿元，增长11.7%；城镇居民人均可支配收入9 750元，比上年增长8.3%；全年完成社会货物运输量455.96万吨，社会货物周转量14 593万吨/公里，分别比上年增长4.0%和9.2%；房地产业明显升温，全年累计完成销售额0.82亿元，增长28.4%，空置房

面积比上年下降22.4%；旅游业继续增长，全年旅游接待人数86万人次，增长5.9%；教育产业正在形成，全区有14所从事学历和非学历培训的民办教育机构，在校生2 000多人，其中具有500名学生以上规模的有3家，集美大学招生数量也逐年增加，教育产业正在逐步成为集美区的特色产业。

四、招商引资成效显著，固定资产投资持续增长

集美区进一步加大招商引资力度，提前完成全区招商引资任务。全区引进外资项目53项，项目总投资1.40亿美元，合同利用外资1.32亿美元，完成市下达任务的103.4%，实际到资9 005万美元，完成年计划的105.9%，超额完成市下达任务。

固定资产投资继续保持较快增长势头。全社会固定资产投资6.64亿元，比上年增长9.1%。其中基本建设投资2.20亿元，增长50.5%；房地产开发投资0.83亿元，增长71.7%；其他（含三资企业）投资3.19亿元，下降14.9%。TDK三期、裕兴螺丝、聚祥淀粉等一批工业项目建成投产。市政设施配套日臻完善，城区建设步伐加快，完成了北部新区道路和给水配套工程、集美学村雨污水管线工程建设；嘉庚体育馆、敬贤公园、集美医院等项目已动工建设；大唐房地产、悦海园、比华丽等房地产开发项目取得较大进展；建成辖区内主要公交线路候车亭21座。城区范围进一步扩大，城市化水平不断提高。

五、财政收入稳步增长，金融运行态势平稳

由于经济发展速度相对放慢，规模以上工业产值及销售增幅比上年降低，影响了增值税的征收入库，以及上年加大税收清欠工作，清缴入库税额较大也是本年财政收入不可比因素之一。但是在财税部门的努力和加强征管下，完成财政总收入2.87亿元，比上年增长4.01%，其中地方级财政收入1.63亿元，比上年增长18.2%。

金融运行基本平稳，全区金融机构存款余额18.51亿元，比年初增长10.9%，其中城乡居民储蓄存款余额8.31亿元，比年初增长14.4%，金融机构贷款余额11.76亿元，比年初增长6.2%。

六、改革力度进一步加大，社会各项事业不断发展

全区各项社会事业与经济建设协调发展。积极开展科普、实用技术培训和文化下乡活动，深入开展创建省级文化先进区活动；顺利地在教育系统推行教师职务聘用制，进一步调动了教师的工作热情和积极性；继续推进卫生体制的改革；在全区开展“四五”普法教育活动；进一步完善了政府采购制度；建立了招商中心，加大招商引资力度；北部工业区ISO14001环境体系认证工作通过验收；成立了会计管理中心，加强了对各单位的财务监管；为民办实事项目进展顺利；依法治区工作稳步开展，民主法制建设进一步加强；精神文明建设取得丰硕成果，社会各项事业不断进步。

（集美区计划统计局　供稿）

同安区国民经济和社会发展概况

2001 年，同安区完成国内生产总值 69.73 亿元，比上年增长 11.0%；工农业总产值 124.39 亿元，比上年增长 8.7%；预算内财政收入 5.37 亿元，比上年增长 26.8%。国民经济和社会各项事业持续、健康、协调发展。

一、招商引资成果显著，国民经济持续增长

引资质量明显提高，规模明显扩大。全年完成协议外资 2.22 亿美元，比上年增长 36.0%，其中投资总额超 500 万美元的项目 21 个，超千万美元的项目 10 个，实际利用外资 7 515 万美元，比上年增长 21.9%。

工业经济的支柱作用日益增强。全区完成工业总产值 102.68 亿元，比上年增长 8.1%，其中规模以上工业企业完成产值 73.28 亿元，三资企业工业产值比上年增长 9.2%，乡镇企业工业产值比上年增长 13.9%，有力地拉动全区经济的增长。国有企业改革取得实质性进展，确定 15 家企业改制，安排企业改制结构调整基金 975 万元。

第三产业发展加快。加强房地产“龙头”作用，加大城市扩容和建设力度，推动房地产业进一步发展。积极培植开发旅游资源，组织景点参加景区质量等级评定，旅游景点的品位和接待能力明显提高，一批旅游资源纳入市旅游重点开发前期项目。完成闽南果蔬批发市场二期工程，抓好马巷蔬菜批发市场及郭山、溪西等产地市场建设，进一步拓宽农副产品流通渠道。商贸业、金融业、邮政通信业、交通运输业等增长较快，全区社会消费品零售总额为 26.34 亿元，比上年增长 8.8%。

二、农业经济稳步发展，“两化”工作全面推进

全区农业总产值 21.71 亿元，比上年增长 14.1%；农民人均纯收入 3 803 元，比上年增长 7.0%。加强农田水利基础设施建设，继续抓好海堤达标建设，做好汀溪水库总干渠道等重点水利设施的加固与维护；积极实施农业综合开发、中低产田改造项目；强化科技兴农，推广新技术、新成果，发展反季节栽培、浅海滩涂立体养殖等高优农业；加强动植物病虫害和森林火灾的监测，完善农业防灾减灾体系；完成生态公益林区划界定，被评为全国经济林建设先进区；扶持农业产业化经营，如意、同茂等农业龙头企业不断壮大；加大农副产品的促销力度，举办龙眼、蔬菜等促销会；加强农村富余劳力培训工作，协调银行解决外派人员贷款难问题，促进劳务输出和就地转化；加大农业招商力度，批准农业投资项目 4 家，投资总额 792 万美元；落实减负工作，降低电价、取消村镇基础设施配套费等，减轻农民负担近 5 000 万元；完成城南外口公寓等 7 个“同发展、共富裕”项目；顺利安置首批 200 名三峡库区移民。

“两化”工作全面启动。建立“政府行为，统筹统建”机制，成立专门机构，积极推进城南、城北、巷北三个市定工业园区建设，有效发挥工业区招商引资载体功能，实施准入政策，努力提高利用外资水平，现已引进 5 个项目，总投资 5 850 万美元。马巷巷北路、大嶝环岛路动工建设；大嶝人造沙滩试点工程基本完成；同安区已有 6 个镇实现工业用水与市区同价。

三、重点项目进展顺利，城市规模不断扩大

重点项目建设步伐加快。完成全社会固定资产投资 13.91 亿元。银湖大桥、污水处理厂动工兴建；新行政中心竣工投用；同安医院病房楼、同民医院医技楼等项目的前期工作基本完成；同南公路一期工程已顺利完成，二期工程完成投资 7 364 万元；投资 3 272 万元新、改建县乡公路 40 公里；新较场路、银莲路、梅山路等市政道路正抓紧施工；全面完成农网改造工程，顺利通过省级预验收，实现全区城乡居民用电同网同价，工业用电全市同价。

城市建设规模不断扩大，大同、祥平两个街道办事处顺利挂牌办公。合理推进新区开发，逐步规范旧城改造，大唐世家二期等新区开发项目进展顺利，祥福花园等旧城改造项目开发力度不断加强；

成功招标拍卖瑞祥小区和环城中段两宗建设用地。加强城市综合管理，制定《市容市貌整治方案》，开展清理整治违章建设等各种专项整治活动，共查处违章建设259起，依法拆除84处。实施“畅通工程”，城市交通状况明显改善，顺利通过省级验收。

四、科教兴区扎实迈进，社会事业协调发展

科教事业稳步发展。编制完成科技发展十五规划，制定出台相关规定，促进科技与经济的紧密结合。加强技术创新，23项科技成果通过鉴定、验收，其中2项研究成果属国内首创，6项达国内先进水平；积极开展苏颂科技文化苑的选址和方案设计及银鹭高科技园区的建设规划工作，制定“全力推进同集高新技术园区建设，加速同安区经济发展”议案的办理实施方案，经区人大常委会审议通过，并完成前期的相关工作；顺利通过全国科技进步区初审考核；扎实抓好教育“两基”巩固提高，紧紧围绕“办学质量年”的目标和要求，全面推进素质教育；积极理顺市财政对农村学校投资体制，每年拨付2 800万元用于全区中小学校设施建设，进一步扶持农村薄弱校和边远山区贫困校；基层文化设施建设取得新进展，一批镇（街）、村文化活动中心相继竣工并投入使用；群众文体生活丰富多彩，共获市以上奖项（次）40个；组织民间职业剧团赴金门和文莱演出，对台、对外文化交流有新突破；侨务工作得到加强，接受华侨捐赠各类公益事业320万元；广电事业不断发展，落实市、区政府为民办实事项目，实施有线电视光缆覆盖百村工程；加强计生工作，提高出生人口素质，人口出生率为9.5‰，计划生育率为99.1%；积极推行农村合作医疗制度，参加人数达27万人，占全区农村人口的58.4%；创建全国农村中医工作先进区工作通过省级中期评估；全区各镇、街均实现初保达标，卫生防疫工作位居全省前列；民兵预备役和双拥工作迈上新台阶。

五、依法治区继续加强，社会治安保持稳定

加大依法治区力度。“四五”普法工作全面启动，深入开展各种学法活动，切实提高干部群众的民主法制意识。各级政府自觉接受人大监督，加强与政协和各民主党派的联系，注意听取社会各界意见，认真办理人大议案、代表建议和政协委员提案。抓好干部理论学习，深入开展“三个代表”重要思想学教活动，提高干部理论水平和业务素质，增强公仆意识。转变政府职能，全面清理规范性文件，推进行政审批制度改革，扎实开展机关效能建设，推行社会公开承诺制度，有力促进机关作风转变。继续推进勤政廉政建设和反腐败工作，落实领导干部党风廉政建设责任制，严肃查处各种违纪违法案件。

进一步加大行政执法力度。深入开展矿产资源管理秩序治理整顿，巩固消灭“无标”生产和环保“一控双达标”成果。组织安全生产大检查，开展公共聚集场所安全专项治理，消除一大批火险隐患。深入开展整顿规范市场经济秩序工作，查处各种案件502件，其中“六合彩”赌博案件132起。认真受理人民群众来信来访，努力解决群众反映的热点和难点问题，完成与周边市、县、区行政界限的勘定工作。抓好社会治安综合治理，加大群防群治力度，开展“打黑除恶”、整顿和规范娱乐服务场所秩序等专项活动，严厉打击各种刑事犯罪、经济犯罪和黄、财、毒等各种丑恶现象，确保全区社会稳定和人民安居乐业。

（同安区人民政府办公室　诸鸣供稿）

部门与行业

部门与行业

农 业 经 济

种 植 业

2001年，厦门市农业实施减粮扩经措施，优化品种结构，推广科学技术，加上全年风调雨顺，龙眼丰收，水果、花卉和蔬菜都有较大增长，种植业生产走出上年低谷，增长态势明显，全年实现产值11.48亿元，比上年增长23.8%。

一、主要农作物生产情况

粮食 全年粮食实际播种面积47.99万亩，比上年减少2.1万亩，下降4.2%。全年粮食实际总产量18.18万吨，比上年减少0.78万吨，下降4.1%。春粮增收、夏粮和秋粮减产。春收粮食2.16万吨，增长10.1%；夏收粮食5.25万吨，下降5.3%；秋收粮食10.78万吨，减产0.68万吨，下降6%。

蔬菜 全年蔬菜实际播种面积27.76万亩，增长6.3%，总产量48.09万吨，增长6.2%。蔬菜产量增长的原因是播种面积扩大了1.64万亩。蔬菜产值为5.35亿元，比上年增长9.8%，直接拉动种植业产值上升3 0个百分点。

油料 全年油料实际播种面积13.95万亩，实际总产量2.59万吨，比上年分别下降4.6%和4.4%。其中：花生产量2.58万吨，比上年下降4.4%。

花卉 经过几年的快速发展，2001年花卉产值已达到6 994万元，占整个种植业产值的6.1%，比上年增长37.3%，直接拉动种植业产值上升2.5个百分点。影响花卉产值增长的原因是播种面积有所扩大。全市花卉2001年实际播种面积为8 742亩，比上一年度增加2 373亩。

水果 水果全年未受灾害，当年龙眼丰年，产量大增。全年水果总产量5.15万吨，比上年增长2.27万吨，增长78.9%。其中龙眼产量为2.31万吨，比上年增产1.39万吨，增长1.5倍。水果全年实现产值1.43亿元，比上年增长1.1倍，拉动种植业产值上升20.7个百分点。其中龙眼贡献最为显著，全年实现产值9 232万元，比上年增长1.5倍，拉动种植业产值上升15.1个百分点。

二、2001年种植业生产特点

2001年，厦门市种植业主要采取继续调减粮食播种面积扩大经济作物播种面积、调整优化品种结构、推广增产增效技术以及开展各种科技培训等措施，促使种植业生产较快发展。

（一）减粮扩经。全年调减粮食面积2.1万亩；扩大蔬菜面积1.6万亩，优质杂果、杂豆、花卉及其它经济作物0.8万亩。

（二）调优品种结构。引进粮油菜新品种277个，已分别在同安、集美、杏林及市农科所建立新品种试验点和8 530亩示范片，优质稻新品种推广15个11.26万亩；早季优质稻面积占51%，晚季优质稻占70%多；推广台薯、岩薯5号等优质甘薯品种和脱毒马铃薯，优质薯面积已占65%。加快调整水果品种结构，龙眼通过高接换种推广早、晚熟优质鲜食品种1.3万多亩；引进优良水果新品种13种651株苗木，种植印度青枣、日本雪梨、美国早熟水蜜桃、火龙果等优质杂果2 500多亩。全年，种子精选加工率和标牌供应率达到100%；统供率由1995年的3%提高到26%，杂交水稻种子的统供率达到100%，已连续三年没有出现种子质量事故。

（三）加快种苗繁育基地建设。按照功能布局，抓紧建设杏林花卉、集美水果、同安蔬菜和市级优新种苗繁育基地。厦门市优新种苗繁育中心在同安区洪塘镇征租地100亩，2002年上半年将有部分小区陆续投入生产。

（四）推广增产增效实用技术。今年继续重点推广水稻旱育稀植、抛秧技术，抛秧推广4.15万亩、旱育秧8.6万亩；推广蔬菜设施栽培和穴盘育苗技术，蔬菜大小棚、地膜覆盖等栽培面积近5万亩，占全年蔬菜总面积的18%；开展龙眼高接换种、促花保果技术和反季节多次结果试验示范；推广作物生长调节剂、改土培肥、平衡施肥及专用肥等，累计总面积125万亩次；推广久保田联合收割机，实现年机收面积1 800亩。

（厦门市农调队　柯国持供稿）

林　业

一、森林资源培育

（一）全市完成造林更新面积1.04万亩，占目标任务的100.4%。其中：裸露山体整治绿化面积1 772亩；沿海防护林体系造林面积1 445亩；生物防火林带造林面积1 627亩；迹地更新造林面积5 577亩；义务植树256万株，占目标任务的102.4%。

（二）完成封山育林面积21万亩、占目标任务的110%；完成幼林抚育2.5万亩、占目标任务的125%；完成中幼林抚育间伐1.1万亩、占目标任务的110%；完成林分改造0.32万亩、占目标任务的107%。

（三）完成防火道路维修130公里、占目标任务的134%；完成新建防火道路16公里、占目标任务的335.6%；抚育生物防火林带210公里。

（四）良种壮苗提高科技含量，全年共完成大田育苗71亩；培育容器苗101万袋、占目标任务的118%。

二、森林资源保护与管理

（一）森林防火工作

召开市、区森林防火指挥部会议8场次，颁布防火“戒严令”3次，增设护林员80人，购置灭火弹3 600发、扑火工具200把、灭火水枪20套，组织全市性森林防火检查4次，印发森林防火宣传材料31万份，开展森林防火法律咨询5场，张贴防火标语8 500条，出动宣传车586次，与农户签订森林防火责任卡6.35万份，电视宣传72天次，广播宣传32天次，登报宣传13期次。为了适应新形势下森林防火工作，加强快速扑火救灾能力，完成无线电通讯指挥系统改造方案的设计和专家评审，完成全市森林防火明火电视联网观察了望系统的总体设计和专家论证，防火基础设施建设得到进一步加强。全市发生森林火灾3起，其中：火警1起，受灾面积7.5亩；火灾2起、过火面积64.5亩，受灾面积43.5亩，森林火灾的发生率和受害率均未突破责任书的双控指标。

（二）林政资源管理工作

2001年全市审批发放采伐许可证2.99万立方米，占年度采伐限额指标7.65万立方米的39%，大大低于责任控制指标。审核征占用林地21起，审核率达100%。完成全市省级重点生态公益林和国家级生态公益林5.04万亩。在此基础上，提出了《生态公益林建设管理及生态效益补偿办法》，把实施沿海防护林体系建设、红树林保育、裸露山体绿化、水流域与一重山林分改造、绿色走廊建设、水源涵养保护区与生物多样性保护和城乡绿化一体化建设等工程有机统一起来，加大了生态环境保护和建设的力度。深入开展森林生态网络建设和城市林业建设的研究工作，先后承办了福建省沿海城市林业建设研究讨论会和全国17个副省级城市暨新疆建设兵团林业局长联席会议，探讨新世纪城市林业建设及生态林业建设，确立根据不同区域自然地理条件和社会经济状况，以林木为主体，“乔、灌、草、藤”立体发展，“点、线、面”协调配套，集约或动态发展的森林网络体系。

（三）森林公安工作

2001年在各级森林公安机关和全体民警中开展以“全心全意为人民服务的宗旨教育，实事求是的思想路线教育，客观、公正、文明的执法教育”为主要内容的三项教育，积极开展林区社会治安治理，严厉打击破坏森林资源的各种违法犯罪活动。共查处各类森林案件45起，其中刑事案件5起、查处5起，林政案件38起、治安案件2起，打击处理52人，其中：逮捕4人，直接起诉2人，移送起诉1人，林政处罚35人，治安处罚11人，林政罚款33 535元、治安罚款700元，挽回经济损失52万元。

（四）森林病虫害防治检疫

全市森林病虫害共发生面积6.05万亩，发生率1.9%，为轻度发生。其中：主要森林病虫害发生1.65万亩，防治面积1.5万亩，有效防治率90.5%；规划和布置“十五”期间森林病虫害监测点550个，实施森林病虫害监测累计面积107.5万亩，监测率87.6%；完成产地检疫5.8公顷，产地检疫率95.1%，调运检疫木、竹材及胶合板、家具等制品3 966立方米，调运检疫率95.4%，复检木材212立方米。

三、发展林业产业，壮大林业经济

根据初步建立比较发达的林业产业体系的目标要求，确立了以发展森林生态旅游和依靠高新技术支撑优良种苗，依托资源区位优势，为林业产业体系建设的突破口。成立天竺山森林公园筹建处，举行了公园奠基仪式，出台公园建设招商引资优惠政策，并与厦门加州公司签订了组培中心和2 000亩柚木生物工程基地合同，利用外资1 600万元；大力发展森林旅游业。引进外资与争取政府投入启动建设“真寂寺”修复和“百竹游乐园”两大景点建设项目；积极支持民营企业开发利用林业产业项目。

认真抓好林木良种繁育高新技术产业化基地建设，累计完成投资300万元，建立连栋双层遮荫大棚1 440平方米，室内雾化降温系统1 330平方米，苗木沙麻培育15 000平方米，成功引种和筛选培育乡土林木树种、果树、花卉及地被植物近90个品种，培育优良林木种苗89.1万袋（株），取得了良好的社会效益和经济效益。

（厦门市林业局　吴意忠供稿）

畜牧业

厦门市畜牧业，特别是养猪业多年来连续保持较快增长，占整个农业产值的比例不断上升，但2001年上半年过后一改过去快速增长的势头，首次出现负增长。全年肉蛋奶实际总产量7.07万吨，比上年减少217吨，下降0.3%。其中：肉类产量5.79万吨，比上年增长5.0%；蛋品产量1.09万吨，比上年下降23.2%，奶品产量0.19万吨，比上年增长20.2%。全年畜牧业产值7.45亿元，比上年下降了1.8个百分点，影响农业总产值下降0.4%，占整个农业总产值的比重为21%，比上年的22.3%下降了1.3个百分点。2001年厦门市畜牧业生产特点：

一、禽蛋生产效益严重下降。原因一，由于全国性禽蛋过剩，北蛋南调猛增，形成供大于求，产大于消的局面；原因二，虽说蛋品价格指数2001年为107.2%，而饲料价格反而上涨30%左右，造成生产成本高，利润收益低，甚至亏本。禽蛋是畜牧业的第二大产业，近4年来，由于经济效益下降，禽蛋生产逐年下降，影响了整个畜牧业生产。据测算，蛋品产值2001年为5 970万元，比上年下降23.1%，影响畜牧业产值下降3.8%。

二、家禽饲养呈回落态势。2001年家禽产值为10 889万元，比上年下降1.2%，影响畜牧业产值下降0.2%。全年总饲养量（存出栏量）1 045.07万只，比上年的1 067.16万只减少22.09万只，下降2.1%。主要原因是存栏数比上年减少，全市家禽年末存栏数为296.28万只，比上年的319.17万只减少22.89万只，下降7.2%。据了解，厦门市近两年来，禽蛋生产一直处于亏损状况，原有的一个五万只和三个万只规模的现代化蛋鸡场被迫下马停办，沿海水禽基地家禽存栏量也下降30%左右。

三、生猪生产稳定发展，但增幅减缓。2001年生猪产值为50 324万元，比上年增长4.1%，拉动畜牧业产值增长2.4%。全年总饲养量（存出栏量）109.7万头，比上年的104.1万头增加5.6万头，增长5.4%；其中全年出栏数为72.25万头，增加4.17万头，增长6.1%；年末存栏数37.45万头，增加1.43万头，增长4.0%。厦门市生猪生产已呈现集约化、规模化的特点。据统计，2001年专业养猪场（户）有1 155户，比上年增加68户，其中年出栏商品猪50～99头的有463户，100～499头的有322户，500～2 999头的有198户，3 000～9 999头的有158户，1万头以上的有14户。专业养猪场（户）年末生猪存栏数为29.24万头，占全市总存栏数的76%，年提供市场商品肉猪达到47.65万头，占全市商品肉猪出栏数的66.0%，这些专业养猪场（户）是厦门市生猪生产的主要基地，对稳定厦门肉类市场供求起着举足轻重的作用。

2001年厦门市生猪生产虽然有所增长，但其增长势头已呈回落态势，增长速度比上年11.4%的增幅少了7.3个百分点。主要原因：一是玉米饲料受益于国家政策而大幅增加出口，国内存量减少，价格急速上升30%左右，其它配合饲料价格也逐步回升；二是仔猪市场价格持续提高，影响农户补栏积极性；三是前段有关疫病传言和近期优质水产品大批上市，居民副食品消费发生变化，从2001年第三季度开始，居民的猪肉消费量急剧下降，市场价格回落。

四、奶品生产保持强劲增长态势。2001年厦门市奶品生产仍以20.2%的升幅在发展（2000年的增长幅度为20.6%）。随着生活质量的不断提高，对奶品需求量不断增加，给奶品的发展提供了较大的空间，但奶品所占的比重很小，对整个畜牧业的贡献不大。

五、突出发展珍禽和草食性动物饲养。为满足居民食品消费结构转变的要求，2001年厦门市积极开发草食性动物和珍禽业生产。据统计，2001年优良高产萨能奶山羊存栏数有2 605只；梅花鹿存栏905只；鹧鸪存栏24.25万只，出栏53.5万只；鸵鸟存栏63只；新发展饲养的海鸭（俗称太湖野鸭）存栏3.55万只，出栏1.42万只；鹌鹑存栏54.25万只等等。特种养殖业的发展，不但丰富了特区农贸市场副食品供应和消费的品种，同时也对厦门市的畜牧业生产起着多元化补充作用。据测算，特种养殖业产值2001年为3 989万元，比上年增长11%，拉动畜牧业产值增长0.44%。

（厦门市农调队　柯国持供稿）

渔　　业

2001年，厦门市渔业生产以促进渔（农）村经济发展和增加渔民收入为目的，突出抓好渔业经济结构调整工作，渔业生产保持强劲发展态势。全市水产品总量为20.28万吨，比上年增长10.2%，完成年度计划的101.4%；其中海洋捕捞2.48万吨，增长7.0%，海水养殖15.37万吨，增长9.6%，淡水产品2.43万吨，增长18%。在水产品总量中，海洋捕捞、海水养殖、淡水产品所占比重分别为12%、76%、12%。全社会渔业产值完成16.47亿元，按可比价计算比上年增长8.9%，份额占全市农业总产值的46.3%，拉动农业总产值增长4.17个百分点。

一、海洋捕捞业

海洋捕捞结构调整取得成效。2001年渔业生产渔讯较淡，渔发时间短，海洋捕捞效益普遍下降，针对这种情况，水产部门一方面对生产渔船进行调整，小功率渔船进行清理整顿纳入管理，稳定巩固大功率渔船，2001年全市拥有渔船5 338艘，其中147千瓦以上的有93艘。另一方面在近海捕捞强度得到控制的基础上，远洋渔业酝酿了大动作。全市19艘渔船赴贝劳、北太平洋海域生产，生产情况较好，共捕获渔获物527吨。其中，15艘金枪鱼船捕捞金枪鱼309吨；厦门兴洋公司4艘拖网渔船，捕鱿鱼218吨；此外，与新西兰合捕龙虾项目以及金枪鱼兼捕鲨鱼项目，也正在积极筹备中。

二、水产养殖业

调整和优化水产业结构，促进养殖发展。2001年，厦门市水产养殖面积达17 138公顷，比上年增加1 137公顷，产量增幅达10.6%。其中：海水养殖12 148公顷，增加814公顷，产量增加13 410吨，海水养殖中鱼类增产810吨、虾蟹类增产364吨、贝类增产12 496吨，其他类减产604吨；淡水养殖4 990公顷，增加323公顷，产量增加3 703吨，淡水养殖中鱼类增产1 771吨、虾蟹类增产1 766吨、其他类增产166吨。为实现“结构调优、效益调高、品质调好、品种调新”的目标，厦门市有计划、有步骤地调整和优化了渔业经济结构，突出发挥了区域优势，水产养殖向精品养殖和特色养殖方向发展：

（一）大力推广南美白对虾养殖。针对南美白对虾养殖生物学的特点，召开全市养殖技术专业学术研讨会以及现场推广会，组织广大养殖户到现场参观，以典型示范引路，及时对养殖技术、经验进行交流和总结，使广大养殖户尽快掌握养殖技术。2001年推广南美白对虾淡化养殖2万亩，增加收入6 000多万元。

（二）积极引导渔农民按照市场寻向加快低洼盐碱地改造，发展水产养殖生产。全市改造5 000多亩，并全部如期投入生产，取得较好的经济效益。

（三）抓好名贵品种精品养殖。全市形成了网箱养殖、淡水养殖、对虾养殖、滩贝养殖、半封闭拦网养殖、浅海筏式养殖、紫菜养殖和工厂化养殖等8大不同养殖方式的规模养殖基地。其中，石斑鱼网箱养殖发展到万箱规模，成为养鱼的当家品种。鲟鱼工厂化养殖规模得到进一步扩大。针对厦门市浅海的有限资源，把发展深水抗风浪养殖提到议事日程，拟利用部分支农资金，引进台湾先进设施和养殖技术，在厦门市大嶝海域发展多组深水抗风浪网箱养殖，已完成项目的可行性研究，正在签订有关引进协议。

（四）利用区域优势，进一步壮大苗种产业规模。全市新增育苗厂50多家，新增50多亿尾的生产能力，据不完全统计，仅对虾苗种一项全年生产超过120多亿尾，生产的草虾、南美白对虾、日本对虾苗种，供应全国沿海各地，形成了全国对虾苗种市场的集散地。同时有力地促进了航空运输、苗种饲料、药品、器械和中介服务业的发展

（五）结合科技下乡和山区农村扶贫，发展稻田

生态养殖2 000多亩，投入鱼种80多万尾，生长良好，受到山区群众的欢迎。

三、水产加工业及其相关行业

水产加工品质量和放心水产品工程的建设取得进展。一是抓在水产食品加工企业推广HACCP管理体系等国际质量认证工作。全市已有10家水产品加工企业获得HACCP、ISO9000和欧盟注册等质量认证，比上年多了5家，为扩大水产品加工出口奠定了基础；二是抓贝类净化中试项目，于8月份试产，通过中试验收，达到欧盟贝类卫生标准，可日净化2～4吨贝类，为厦门市提供健康“绿色”贝类水产品；三是积极拓展销售渠道，稳定烤鳗产品和冷冻调理食品的生产规模。1～11月份，在国际烤鳗产品急剧下降的情况下，仍能稳定4 000吨的生产量，维持上年的水平。

围绕渔业“双增”目标，流通渠道得到拓展。一是充分发挥水产品批发专业市场流通主渠道的作用；二是积极发展专业化中介服务组织。尤其是苗种产业，支持鼓励乡村和渔民个体以及各种组织、法人发展营销队伍，建立全国市场营销网络。目前吴冠、五通和刘五店等育苗村片均形成强大的与苗种基地配套的专业化群众营销队伍，促进了厦门市苗种市场向全国各地辐射；三是积极组织厦门市水产品企业参加由省局举办的西部展销会，参加农博会的名牌产品认定和各种展销会、洽谈会，提高厦门市水产品的知名度，以拓展市场空间，厦门市银祥饲料和华顺食品两家企业被评为全省海洋与渔业龙头企业。

（厦门市农调队　陈鸿和、柯国持供稿）

乡镇企业

2001年，厦门市共有乡镇企业25 892家，比上年增长5.1%；职工21.73万人，比上年增长6.3%；实现总产值235.79亿元，增长11.4%；工业总产值168.84亿元，增长13.2%；出口交货值70.55亿元，增长8.6%；营业收入233.04亿元，增长11.8%；拥有固定资产原值79.27亿元，增长39.3%。整体经济运行情况良好，继续快速健康发展。

一、私营经济成为乡镇企业增长的亮点。2001年全市乡镇私营企业实现总产值170.6亿元，比上年增长17.7%，快于全市乡镇企业增速6.3个百分点，占全部企业总产值的72.4%，较上年提高了3.9个百分点。

二、工业企业成为乡镇企业经济发展主体。2001年全市乡镇工业企业实现总产值168.84亿元，比上年增长13.2%，快于所有行业增速1.8个百分点，占全部企业总产值的71.6%，较去年提高1.2个百分点。其中营业收入500万元以上的工业企业233家，实现营业收入58亿元。

三、规模企业支撑作用明显。2001年营业收入5 000万元以上企业39家，比上年多了5家；实现营业收入53亿元，占全市营业收入的22.4%，新增营业收入17亿元，占全市乡镇新增营业收入的68.9%。

四、外向驱动明显。2001年厦门市乡镇企业实现出口交货值70.55亿元，比上年增长8.6%，占全市乡镇工业总产值41.8%，出口交货值100万元以上企业有274家，实现营业收入97亿元，其中轻工产品24.5亿元，增长11.6%。

五、集体企业经济运行质量有所提高。集体企业营业收入下滑有所减缓，从上年下降13.6%回升到下降2.5%；净利润增长率由下降45.5%回升到下降11.3%；税金增长率提高1.8个百分点，资本金增长率由下降20.5%上升到增长9.1%，资本保值增值率由79.46%上升到92.14%，资产负债率由62.36%下降到58.35%；产销率由87.13%上升到95.72%。

六、固定资产投入加大。2001年全市乡镇企业拥有固定资产原值79.27亿元，比上年增长39.3%，当年完成固定资产投资22.37亿元。其中个私企业拥有固定资产原值70亿元，增长46.8%，当年完成固定资产投资22.29亿元，占全市当年完成的99.7%。为乡镇企业的进一步发展，打下坚实的基础。

七、农业产业化经营初具规模。2001年农业产业化龙头企业自建生产基地达1万多亩，常年挂钩收购当地的农产品原料基地7万多亩，收购量68 000多吨，带动家畜养殖70万头，安置劳动力11 382人；银鹭高科技园区、如意食品工业城、涌泉工业园区等专业化工业园区已建立，园区总面积3 340亩，已完成开发面积820亩，投资总金额26.24亿元，已完成投资8.35亿元，园区内总产值达7.6亿元，引进项目19个，引进资金4.58亿元。2001年这些龙头企业（包括自建工业园区）新增产值11.41亿元，新增利税0.74亿元。

（厦门市农业局乡镇企业管理处　王进峰供稿）

水利建设

一、防汛减灾保安工程建设得到加强

通过落实水利产业政策，进一步调动了区、镇、村海堤加固建设的积极性，地方自筹建设资金得到较好落实，使海堤加固建设取得重大进展。完成海沧吴冠、湖里高崎、五通、集美东安、杏林马銮和同安赵厝海堤加固工作。西柯5.53公里海堤建设正在组织实施中，力争2002年主汛期前完成主体工程，为安全度汛提供保障。水库除险加固方面，张埭桥水库、湖边水库已竣工并组织了验收，同安古宅水库基本完成；完成汀溪、溪东、竹坝三座中型水库安全鉴定工作。集美区后溪治理工程已动工。市防汛调度中心项目前期工作已办理“一书二证”，进入概算审批和开工报建工作阶段；完成了厦门市洪水预警报系统的施工图设计，骨干工程测井已开始实施，待采购办设备购置确定后即可采购并安装。完成了市防汛办风情监测系统建设和同安区防汛指挥现代化示范中心建设。由于各项工作扎实，防汛措施落实，厦门市先后战胜了2001年2、4、19号台风袭击，取得了抗台风暴雨的胜利。

二、重点工程建设取得新进展

北引改造工程是厦门市水利重点项目，2001年在完成一期9个标段主体工程基础上，以主要精力主攻二期工程。二期改造的三个标段位于人口稠密区，群众干扰多，工程施工难度大。水利部门领导带领有关干部不分昼夜深入镇村和工地，耐心细致做群众思想工作，协助镇村和施工队伍解决问题，排除了重重阻力，保证了工程改造的顺利进行和工程质量。截止2001年底，厦门段改造工程12个标段主体工程已全部完成，共完成砼浇筑16万方，土方开挖回填56万方，回填84万方，绑扎钢筋11 624吨，砂碎石垫层5.4万方，砌石3.7万方，累计完成投资19 822万元。工程改造自始至终严格实行项目建设“三项制度”，严把质量关，严格工程验收程序，强化质量监督和检测管理，使工程投资进度和质量得到有效控制。在已验收的9个标段中，有3个标段评为优良工程，6个合格工程。与此同时，一期扫尾也取得新的进展，龙海段也已全面动工。同安东西溪防洪体系工程完成扫尾工作，2001年9月份通过全面验收。该工程的建成，使同安城区防洪标准达20年一遇，城区面貌大为改观。

三、农田水利基本建设扎实推进

农田水利建设与减轻农民负担工作有机结合，两项工作齐头并进，互相促进。水利建设共完成投资14 425万元，土石方294万方，投劳226万工日，完成小型水库加固23座，病险水闸加固4处，共修复水毁69处。完成节水灌溉工程10处，总效益面积7 496亩，其中渠道防渗7处，效益面积6 906亩，果树喷灌3处，效益面积590亩。乡镇水管单位严格按照法规和政策规定的范围和标准向农民用水户收取水费，使减轻农民负担工作得到落实。

四、水土保持工作又上新台阶

基本完成1999年国债资金实施水土保持生态环境建设项目，完成投资219万元，治理水土流失7.5km²；除国债项目外，本年度常规治理水土流失8 000亩，其中强化重点治理1 450亩，封禁治理6 550亩，治理的标准较往年有较大的提高，并力争建成水土流失治理的示范点；完成集美区水土保持生态园的规划设计并开始实施，争取早日完成生态园的建设；与此同时，加大水土保持监督执法力度，全市共审批水土保持方案11个，收缴水土保持补偿费26.93万元，人为造成水土流失得到最大限度地遏制。加强了水土保持宣传工作，增强了全社会的水土保持生态环境意识。完善了内部机构建设，经市编委批准成立了厦门市水土保持监测站。

五、水政水资源工作力度加大

围绕3·22“世界水日”和“中国水周”开展水法律、法规宣传，取得良好效果；全面完成全市取水许可证年审工作，共年审取水证196份，年审率72%，取水许可计量工作稳步推进；加强执法巡查，坚持每月巡查两次制度，结合全省统一部署开展“河畅水清、防洪安全”执法活动，共出动人员29批231人次，捣毁非法采砂设备5台，工具154件，拆除临时搭盖6间，通过专项执法，进一步增强了全社会的水法律法规意识。积极组织开展水政监察队伍能力建设，集美区水政监察大队能力建设已在年底通过初步验收。同时组织人员编制《2000年厦门市水资源公报》、《厦门市水资源保护规划》，在《厦门日报》定期公布供水水源地水质旬报。

六、前期工作取得新成果

进一步加强了前期工作力度，杏林湾防洪排涝整治、后溪流域治理、厦门市第二水源工程的前期工作有所加强；完成了2002年水利年度投资计划和基建计划的编制工作，《“十五”计划和2010年规划》、《厦门市防洪规划》、《厦门市城市水资源规划》、《厦门市水资源规划》均已完成初稿和基础工作。

（厦门市水利局　刘永玲供稿）

工 业 经 济

食品制造业

2001年，食品制造业拥有规模以上工业企业15家，拥有资产8亿元，年末固定资产原值5.09亿元，全行业全年完成工业总产值5.58亿元，实现产品销售收入5.65亿元，创利税5 288万元，有职工3 293人。行业中：有糕点、糖果制造业6家，全年生产糖果944吨、方便主食品4.01万吨；罐头食品制造业2家，生产罐头2.16万吨；发酵制品业2家，生产味精2.57万吨；调味品制造业4家，生产酱油5 919吨。全行业有：大型工业企业4家，即厦门罐头厂、茂泰食品（厦门）有限公司、厦门德大食品有限公司、厦门新为天食品工业公司，另有2家中型企业，即厦门古龙调味品有限公司、厦门华光食品有限公司。这6家企业全年共完成现价工业总产值4.42亿元，占全行业产值完成量的79.2%。行业中内外资企业各占半壁江山，分别有“三资”工业企业8家，内资工业企业7家。

（厦门市统计局　许严宏供稿）

食品加工业

2001年，厦门市食品加工业拥有规模以上工业企业43家（以下同口径），其中亏损企业13家。2001年末全行业资产总计19.12亿元，拥有生产经营用固定资产原值8.97亿元，全部职工平均人数8 162人。全年完成现价工业总产值21.94亿元，实现产品销售收入19.30亿元，出口交货值为8.08亿元。

行业中，有粮食及饲料加工业15家，全年生产小麦粉4.15万吨、配、混合饲料29.30万吨，分别比上年增长5.9%和8.2%；植物油加工工业2家，生产植物油2.87万吨，比上年增长76.1%；屠宰及肉类蛋类加工企业4家，生产鲜、冻畜肉4.41万吨；水产品加工业9家，生产水产加工品1.1万吨；其他食品加工业13家。

从企业规模看，以小型企业居多，有29家，占全行业企业数的67.4%，有大型企业8家和中型企业6家，企业规模已有了较大的发展，比上年增加了5家大中型企业，至2001年底，有年产值上亿元的企业6家，为该行业的骨干企业，当年产值达13.09亿元，占全行业现价总产值的44.2%，拥有了较强的实力。“三资”工业是该行业生产的主要力量，共有企业23家，约占全行业一半，完成现价工业总产值13.65亿元，实现销售收入12.06亿元，出口交货值达6.09亿元，分别占全行业的62.2%、62.5%和75.4%。

（厦门市统计局　许严宏供稿）

饮料制造业

2001年，厦门市饮料制造业拥有规模以上工业生产企业16家，全行业资产合计达20.74亿元，固定资产原值11.19亿元。全年完成现价工业总产值14.40亿元，比上年增长10.9%；实现产品销售收入13.58亿元，创利税总额1.29亿元，分别比上年增长5.4%和下降17.8%。行业中，酒精及饮料酒制造业3家，全年生产白酒1 838吨、啤酒10.23

万吨；软饮料制造业9家，生产碳酸饮料9.45万吨、果汁及果汁饮料12.53万吨，瓶（罐）装饮料1.46万吨；制茶业4家，生产精制茶3 985吨。

该行业是外商投资的热点，“三资”工业支撑作用明显。2001年，全行业中“三资”企业11家，完成现价总产值12.00亿元，创利税8 454万元，分别占全行业的83.3%和65.5%。

该行业企业不多，但规模较大，共有大型企业7家，中型企业3家，大中型企业占全行业企业数的62.5%，其中有4家企业的产值超亿元，是全市行业中企业规模相对较大的行业。

（厦门市统计局　许严宏供稿）

烟草加工业

2001年，厦门烟草加工业共有规模以上工业企业3家，分别是厦门卷烟厂、厦门市人造板厂和厦门华美卷烟有限公司。行业内所有制结构：国有企业2家，中外合资企业1家。行业资本金中：国家资本4.63亿元，外商资本金0.81亿元。专业结构：卷烟制造业2家，工业产值22.65亿元；其他烟草加工业1家，工业产值117万元。2001年末全行业拥有固定资产原值7.49亿元，比2000年增长5.9%，职工平均人数1 592人。全年完成现价工业总产值22.67亿元，产品销售收入26.33亿元，分别比上年增长4.9%和27.8%；实现利税总额16.26亿元，比上年增长19.3%。全年卷烟产量46.82万箱，比上年增长4.9%；其中：一类卷烟7.86万箱，增长25.4%；二类卷烟16.83万箱，增长3.4%；三类及以下卷烟22.13万箱，增长0.2%。

厦门卷烟厂是全国烟草行业的重点骨干企业,为厦门市第一纳税大户。2001年该厂以市场为中心,调整产品结构,致力于提高产品研发能力和产品附加值,企业经济效益显著。同时创名牌工作取得成效,“石狮”、“沉香”系列被省政府评为“福建省名牌”,“沉香”荣获“福建省著名商标”称号,“特”牌蝉联两届全国“名优烟”,“石狮”、“沉香”、“特”、“友谊”四大系列品牌已成为企业的支柱产品。

（厦门市统计局　骆惠珠供稿）

纺织业

厦门纺织业已形成了纺织、印染、整理配套均衡的生产体系。2001年全行业共有规模以上工业企业26家，其中亏损企业10家，亏损面较大。

该行业的行业分布为：纤维原料初步加工业3家，毛纺织业、丝绢纺织业各1家，棉纺织业10家，针织品业8家，其他纺织业3家。全行业拥有固定资产原值15.28亿元，比上年增长了7.3%，其中生产经营用固定资产14.37亿元，全年职工平均人数6 557人。2001年该行业完成工业总产值13.79亿元，实现销售收入13.33亿元，分别比上年增长6.1%、5.9%；实现利润3 187万元，比上年下降24.9%。全年生产纱1.02万吨，比上年增长12.7%；布7 167万米、印染布9 322万米，分别比上年下降了12.7%、14.1%；针棉织品折用纱线量3 743吨。

骨干企业挑大梁。2001年纺织行业共有5家企业产值超亿元，即华懋（厦门）织造染整有限公司、厦门升汇华纶纺织工业有限公司、厦门华纶印染有限公司、厦门东纶织造有限公司和厦门华诚实业有限公司，5家企业合计现价产值、出口交货值、利税总额分为10.5亿元、2.24亿元、0.99亿元，占全行业的比重分别是76.1%、66.1%和102.3%。

外商投资企业在厦门纺织业的地位举足轻重，成为该行业新的经济增长点。2001年该行业的“三资”企业共有20家，拥有生产经营用固定资产原值11.93亿元，占全行业的83%；2001年实现产品销售收入10.23亿元，在全行业所占的比重为76.7%；实现利税0.73亿元，占全行业的75.8%。主要产品有印染针织布、化纤织物、精纺呢绒针织成衣和针织布。

（厦门市统计局　骆惠珠供稿）

服装及其他纤维制品制造业

随着市场需求的多样化，外资企业纷至沓来，抢占市场，厦门服装行业得到迅猛发展，已形成各类时装、西服茄克、礼服婚纱、休闲套装、童装T恤、牛仔系列、针织服装及电脑绣花、花边等各类服饰的外向型生产体系。2001年，全行业拥有规模以上工业企业75家，比上年增加5家。其中服装制造业66家，制鞋业2家，其他纤维制品制造业7家。2001年末全行业拥有固定资产原值7.44亿元，其中生产用固定资产原值5.77亿元；全年职工平均人数达22 496人。全年完成现价工业总产值33.31亿元，出口交货值26.14亿元，分别比上年下降4.6%、7%；实现产品销售收入33.12亿元，比上年略有下降；实现利税3.45亿元，比上年增长了93.8%。全年生产服装4 475.15万件，比上年增长14%，其中：梭织服装1 613.2万件，羽绒服装16.97万件，针织服装2 844.98万件。

“三资”企业的加盟，使该行业生机勃发，加上骨干企业的推动，行业整体实力跃上新台阶。2001年该行业“三资”企业55家，拥有生产用固定资产原值5.51亿元，完成工业总产值30.96亿元，实现产品销售收入30.89亿元，分别占全行业95.5%、92.9%和93.3%，可见“三资”企业在该行业居主导地位。2001年该行业2家产值上亿元的企业及8家大中型企业均为“三资”企业。

（厦门市统计局　骆惠珠供稿）

皮革、毛皮、羽绒及其制品业

2001年，厦门市皮革、毛皮、羽绒及其制品业拥有规模以上的工业企业29家。该行业企业分布较不均匀，主要集中在皮革制品业，有企业25家，占全行业的89.3%；制革业1家；羽毛（绒）及制品业3家。年末该行业拥有生产经营用固定资产4.13亿元，职工17 798人，随着人民生活质量的提高与社会的发展，人们对该行业的产品需求趋旺，产品品种多、式样新、变化快是该行业的产品特点，主要产品有：各式男、女皮鞋、皮箱、皮包、皮带、皮手套、羽绒制品。2001年全行业完成工业产值18.71亿元，比上年增长25%，其中出口交货值16.14亿元，占销售产值的87%，利税总额0.16亿元，全年实现销售收入14.97亿元；工业产值、产品销售收入有所增长，但利税比上年下降，行业利润为负数。2001年全行业生产各类皮鞋2 828.23万双，比上年增长4%。

全市皮革、毛皮、羽绒及其制品业以劳动密集型企业为主，是早期港澳台商投资的热点之一，整个行业外向度较高。全行业“三资”工业企业资本金3.85亿元，占全行业的96.2%；全行业有“三资”企业22家，占全行业的75.9%，2001年全行业“三资”企业拥有固定资产4.21亿元，完成工业总产值17.35亿元，实现销售收入13.43亿元；分别占全行业的92.7%、94.4%、89.7%，充分显示了“三资”企业在该行业的经济实力与主导地位。2001年，该行业现价产值上亿元的4家企业均为“三资”企业，即厦门集立工业有限公司、华夏山二（厦门）皮革制品工业有限公司、亚美（厦门）皮件有限公司、波特（厦门）鞋业有限公司。此外“三资”企业万益皮革（厦门）有限公司、厦门鑫兴鞋业有限公司、厦门义芳鞋业股份有限公司也是该行业的骨干企业，这些厂家生产的各式皮鞋、皮包、皮带在国际上拥有一定的知名度，产品全部远销欧美、日本等国。

（厦门市统计局　骆惠珠供稿）

家具制造业

2001年是厦门家具行业生产快速发展的一年，全行业资本金为1.55亿元，年末拥有固定资产2.55亿元，职工5 502人，比上年增幅均超50%。厦门市家具制造业拥有规模以上的企业10家，比上年多3家；其中3家产值上亿元企业为厦门喜盈门家具制品有限公司、厦门三德盛实业有限公司、厦门新技术集成有限公司。2001年全行业完成工业总产值6.63亿元，实现销售收入6.59亿元；分别比上年增长48.2%、55.7%。实现利税1 802万元，下降7.9%。2001年全行业实现出口交货值5.41亿元，占销售产值的84.3%，出口交货值比重比上年提高11个百分点。全行业生产各类家具544.77万件，比上年增长14.2%；其中：木制家具72.57万件、钢木家具471.84万件。

近年，由于“三资”工业加盟，家具制造业改变原来经济外向度较低、企业规模较小的状况，外向度提高，有效地提高行业整体实力和技术水平。该行业已初步形成多种经济成分并存，“三资”工业居主导的格局。2001年该行业年产品销售收入500万元以上的“三资”企业6家，拥有固定资产2.24亿元，完成工业总产值4.87亿元，实现销售收入4.85亿元，利税1 197亿元，分别占全行业的87.8%、73.5%、73.6%和66.4%。这些企业充分利用其信息灵、资金密集度高、工艺先进、用材及式样新潮、产品出口率高等优势，成为该行业一支生机勃勃的力量。

（厦门市统计局　骆惠珠供稿）

造纸及纸制品业

2001年，厦门市造纸及纸制品业共有规模以上独立核算工业企业47家，全年共创现价工业总产值10.16亿元，实现销售收入10.23亿元，利税总额9 611万元，拥有固定资产6.20亿元，职工4 749人。

全行业主要以小型企业为主，占85.1%，有大型企业2家，分别为永丰馀纸业（厦门）有限公司和厦门华恒餐饮纸容器有限公司，中型企业5家。在所有制结构上，内外资工业各占半壁江山，共有“三资”企业24家，占51.1%。在内资企业中，则以私营工业企业为主，私营有限责任公司达13家，占到内资工业企业的56.5%。

2001年全行业“三资”企业共创产值6.49亿元，占全行业的63.9%；完成销售收入6.65亿元，占全行业的65%，拥有固定资产4.99亿元，占全行业的80.5%，职工2 777人，为全行业的58.5%。

行业分布主要集中在纸制品业，共有企业40家，占全行业企业数的85.1%，实现现价工业总产值8.45亿元，另有机制纸及纸板制造业6家，实现现价工业总产值1.03亿元，还有加工纸制造业企业1家，实现现价工业总产值6 760万元。

主要产品种类繁多，主要有纸箱、纸盒、纸板、瓦楞板、手工书写纸、静电复印纸、水松纸、一次性餐饮纸容器等。2001年生产机制纸2.68万吨、机制纸板2.09万吨、纸制品9.35万吨，其中纸箱3.24万吨。

（厦门市统计局　许严宏供稿）

印刷及记录媒介的复制业

2001年，厦门市印刷及记录媒介的复制业共有规模以上工业企业46家，完成现价工业总产值9.65亿元，在行业分布上：有书、报、刊印刷业4家，占全行业的8.7%，完成现价工业总产值1.50亿元，占行业产值的15.6%；包装装潢印刷业23家，占行业企业数的50%，完成现价工业总产值3.74亿元，占行业产值的38.8%；其他印刷业18家，占行业企业数的39.1%，完成现价工业总产值4.19亿元，占行业产值的43.4%；记录媒介的复制企业1家，占该行业企业数的2.2%，完成现价工业总产值2 161万元，占全行业产值的2.2%。可以看出厦门市的印刷业以包装装潢印刷和其他印刷业为主。

从经济类型看，内、外资企业各占半壁江山，内资企业23家，分别为国有经济1家、集体经济6家、国有独资公司1家和其他有限公司责任公司2家、私营有限责任公司12家、集体联营1家；“三资”企业23家，其中，与港澳台合资经营9家、港澳台独资企业9家、与外商合资3家、外商独资2家。但总体实力仍是“三资”企业强，全行业的“三资”企业2001年共完成现价工业总产值6.51亿元，占行业产值的67.5%，拥有固定资产原值5.04亿元，为全行业固定资产原值的59.6%，资产总计8.25亿元，为全行业资产总计的58.3%。

2001年，全行业共拥有固定资产原值8.45亿元，资产14.15亿元，完成工业总产值9.65亿元，实现产品销售收入9.59亿元，创利税9 980元，完成出口交货值1.58万元，有职工6 117人。

（厦门市统计局　许严宏供稿）

文教体育用品制造业

2001年，厦门市文教体育用品制造业共有规模以上工业企业 26 家，完成工业总产值 14.19 亿元，实现销售收入 12.66 亿元，创利税 3 890 万元，有职工 12 685 人，拥有固定资产原值 5.97 亿元，资产总计为 11.51 亿元。

从企业所有制形式看，主要以“三资”工业企业为主，内资企业仅有 1 家，占行业企业数3.9%，完成现价工业总产值 227 万元，为全行业产值 0.2%。而“三资”工业企业有 25 家，占了行业企业数的 96.2%，完成现价工业总产值 14.16 亿元，为全行业产值的 99.8%，在“三资”工业企业中，又以港澳台商独资经济工业企业为多，共有 22 家，占该行业企业数的 84.6%，其中的 11 家大中型企业均为港澳台商独资工业企业。

从行业分布看，主要是体育用品制造业，共有企业 20 家，占该行业企业数的 76.9%；完成现价工业总产值 13.33 亿元，占全行业产值的93.9%；文化用品制造业 4 家，完成产值 2 651 万元，占全行业产值的 1.9%；玩具制造业 2 家，完成现价工业总产值 5 955 万元，占全行业产值的 4.2%。

该行业共有大型企业 2 家，分别为厦门侨兴工业有限公司和厦门飞鹏高科技铝业有限公司，另有中型企业 9 家，大中型企业的比例高达 42.3%。其中新凯复材料有限公司、厦门伟嘉运动器材有限公司、侨兴工业有限公司、厦门群鑫机械工业有限公司是年产值超亿元的较大规模企业。

（厦门市统计局　许严宏供稿）

化学原料及化学制品制造业

化学原料及化学制品制造业是全市的重要工业行业之一。1998 年柯达（中国）股份有限公司厦门分公司的成立，不仅是厦门感光工业发展的一个契机，也使厦门市化学原料及化学制品制造业整体水平得到较大提高，从而成为厦门工业经济的一个新增长点。2001 年，该行业拥有规模以上工业企业 33 家，行业的資金密集度及技术装备水平较高，资产总计为 89.25 亿元，占全市总资产的 10.0%，拥有固定资产原值 82.47 亿元，占全市的 15.9%，行业职工人数 5 296 人，人均装备系数达 155.72 万元/人，有大型企业 5 家，中型企业 6 家。

行业中，有基本化学原料制造业 3 家、化学肥料制造业 3 家、有机化学产品制造业 9 家、合成材料制造业 8 家。专用化学产品制造业 2 家、日用化学产品制造业 8 家。主要生产产品为彩色胶片、彩色胶卷、农用氮磷钾肥料、硫酸、酚醛塑料、氨基塑料、烧碱、糖精系列产品、油漆、香精香料、化妆品、蚊香等，全年生产农用氮磷钾化学肥料 3.72 万吨、硫酸 6.13 万吨、烧碱 1.14 万吨，盐酸4.33 万吨，塑料树脂及共聚物 8 668 吨，甲醛 1.75 万吨。2001 年，全行业完成现价工业总产值 33.62 亿元，实现销售收入 37.14 亿元，出口交货值10.64亿元。是厦门工业众多行业中较为重要的一个行业。

（厦门市统计局　许严宏供稿）

医药制造业

医药制造业因其拥有厦门星鲨实业总公司、厦门建发制药有限公司、厦门鼎炉实业总公司等国有重点工业企业，而在厦门工业中占有一席之地。近年来，随着国有重点工业企业相继进行改制或再投资，企业规模进一步扩充，生产能力提高，再加上港资、外资的投入，行业整体实力进一步增强。2001 年，全行业有规模以上的工业企业 14 家，职工 6 088 人，其中大型工业企业 3 家、中型工业企业 5 家，大中型工业企业的比例达到 57.1%。行业资产合计 13.56 亿元，其中年末固定资产原值 4.07 亿元，拥有国有工业企业 3 家，年末固定资产原值 1.45 亿元，职工 1 740 人，集体工业企业 2 家，年末固定资产原值 2 366 万元，职工 2 818 人，外商投资和港澳台投资工业企业 7 家，年末固定资产原值 1.14 亿元，职工 930 人，及股份有限公司 2 家，年末固定资产原值 1.24 亿元，职工 600 人。

行业分布：化学药品制造企业有 2 家，主要生产烟酸、烟酸胺和消化系统药；化学药品制剂制造企业 5 家，主要生产西药片剂、西药胶囊、鱼肝油系列产品等；中药材及中成药加工企业 3 家，主要生产新癀片、海珠喘息定片、六味地黄丸、灵芝胶囊、熊胆胶囊、西洋参胶囊、西洋参含片等；动物药品制造企业 1 家，主要产品是饲料添加剂、维生素 A 粉；生物制品生产企业 3 家分别是厦门特宝生物工程有限公司，生产商品名为“特尔立”的生物制品；厦门北大之路生物工程有限公司生产生物药品；还有厦门新创科技有限公司生产乙肝、丙肝诊断试剂和艾滋病诊断试剂。

2001年，厦门市医药行业共完成工业总产值9.62亿元，比上年增长17.2%，工业销售产值9.03亿元，生产化学原料药281吨，中成药599吨。

（厦门市统计局　许严宏供稿）

化学纤维制造业

2001年厦门化学纤维制造业有规模以上工业企业8家，企业数少，但企业规模大，生产能力强。2001年全行业资本金10.92亿元，其中：国家资本0.71亿元，个人资本0.29亿元、外商及港澳台资本9.92亿元；固定资产原值39.86亿元，职工4 412人。翔鹭涤纶纺纤（厦门）有限公司和厦门华纶化学纤维有限公司是该行业的两家主要生产厂家，两家企业的生产用固定资产原值、利税占全行业的98.1%和97.8%。

2001年，由于纺织服装行业出口减少，国内化纤业同行价格竞争加剧，造成该行业企业产量、销量增长，而收入下降，出现增产不增收的尴尬局面。2001年全行业完成工业总产值29.53亿元，比上年增长5.4%；完成销售收入26.93亿元，下降16.5%；实现现利税2.18亿元，下降68.3%；其中：利润下降79.0%。全年生产涤纶纤维33.64万吨，增长16.4%；聚脂切片7.49万吨，下降20.1%

（厦门市统计局　骆惠珠供稿）

橡胶制品业

2001年，厦门橡胶制品业共有规模以上工业企业23家，完成现价工业总产值22.18亿元，实现产品销售收入21.52亿元，完成现行价销售产值21.77亿元，其中：出口交货值达9.40亿元，占全行业销售产值的43.2%，行业产品的外向度较高。

2001年，全行业工业企业年末共拥有固定资产（原值）19.74亿元，其中生产经营用为19.11亿元，占原值的96.8%，而职工平均人数仅为10 690人；全年行业实收资本7.12亿元，其中：外商及港澳台资本金6.23亿元，占全行业资本金的比例达87.5%；共实现利税总额3.46亿元，比上年增长28.4%，行业经济效益水平比上年有所提高。

行业分布主要是轮胎制造业2家，完成现价工业总产值15.90亿元，占全行业的71.7%；橡胶零件制品业7家，完成现价工业总产值4.13亿元，占全行业的18.6%，另有日用橡胶制品业2家、其他橡胶制品业6家、橡胶靴鞋制造业3家，橡胶板、管、带制造业3家。

该行业以“三资”工业为主，共有“三资”工业企业17家，完成现价总产值20.13亿元，占全行业的90.8%，实现销售产值19.65亿元，占全行业90.8%，其中出口交货值9.19亿元，占全行业的97.8%，拥有固定资产原值18.00亿元，占全行业的91.2%。

（厦门市统计局　许严宏供稿）

塑料制品业

塑料制品业在厦门是通过外引内联，从原来的一些二轻手工联社企业的基础上，不断发展壮大起来的，至今，在全市工业行业中已占有相当的地位，2001年，全行业共有规模以上的工业企业71家，全年共创现价工业总产值27.06亿元，占全市（同口径）产值的3.4%。全行业年产塑料制品11.44万吨，其中：塑料薄膜2.93万吨、塑料棒管材4.05万吨、日用塑料制品2.14万吨、塑料丝及编织制品0.84万吨、塑料人造草0.41万吨。

在全行业的71家企业中，分别有：国有经济工业企业3家，完成工业总产值1 232万元；集体工业企业3家，产值4 177万元；联营工业企业3家，完成工业总产值1.19亿元；私营工业5家，产值1.04亿元；其他有限责任公司1家，产值668万元；“三资”工业企业56家，完成工业总产值

24.21亿元，行业中“三资”工业企业所创产值占行业产值的比重已高达89.5%，是全行业快速成长的主要因素。

2001年,全行业实收资本金12.42亿元,其中:港澳台及外资本金为10.26亿元,占全行业的82.6%,拥有流动资产16.22亿元,固定资产(原值)19.97亿元。全年全行业共实现销售收入27.51亿元,产品销售利润2.87亿元,比上年增长34.3%,利税总额1.90亿元,比上年增长51.7%,年平均职工14 646人,人均实现利税1.30万元,比上年增长26.1%。行业经济效益在年内有较大提高。

（厦门市统计局　许严宏供稿）

非金属矿物制品业

2001年，非金属矿物制品业共有规模以上工业企业47家，全年全行业共完成工业总产值20.03亿元，实现销售产值19.00亿元，出口交货值8.26亿元。拥有固定资产（原值）19.81亿元，全年实现销售收入18.11亿元，产品销售利润3.47亿元，创利税总额2.10亿元，职工平均人数10 932人，人均创利税1.92万元。

非金属矿物制品业是厦门市重要行业之一。近年来，该行业积极引进外资，引进先进的技术工艺和装备，运用新技术、新工艺，发展新产品，随着明达玻璃（厦门）有限公司、三荣陶瓷有限公司、玉晶光电（厦门）有限公司的加盟，该行业的产品的竞争力大大增强，行业整体实力显著提高，目前已形成7个行业中类的生产体系，其分布为：水泥制造业2家；水泥制品、石棉水泥制品业7家；砖瓦、石灰和轻质建筑材料制造业19家；玻璃及玻璃制品业3家；陶瓷制品业11家；矿物纤维及其制品业3家；其他类未包括非金属矿物制品业2家。行业产品品种众多，产品销路好，其主要产品有：花岗岩板材22.33万平方米，加气混凝土23.73万吨，水泥8.76万吨，平板玻璃442.71万重量箱，釉面砖30.12万平方米，墙地砖528.99万平方米，日用陶瓷制品3 170.94万件。

2001年，全行业共拥有“三资”企业36家，占全行业的76.6%，“三资”企业拥有固定资产原值18.35万元，实现现价工业总产值18.02亿元，销售收入16.17亿元，利税总额1.73亿元，分别占全行业的92.4%、90%、89.2%、82.4%。行业外向型开放格局已基本形成，行业实力雄厚，拥有“三资”大中型企业7家，分别是：明达玻璃（厦门）有限公司、东龙（厦门）陶瓷有限公司、玉晶光电（厦门）有限公司、厦门三荣陶瓷有限公司、高时（厦门）石业有限公司，还有中型企业11家，大中型企业数占全行业企业数的比例为34%。

（厦门市统计局　许严宏供稿）

金属制品业

2001年，厦门金属制品业共有规模以上工业企业77家，其中：金属结构制造业9家、铸铁管制造业1家、工具制造业5家、集装箱和金属包装物品制造业6家、金属丝绳及其制品业5家、建筑用金属制品业18家、金属表面处理及热处理业2家、日用金属制品业18家、其他金属制品业13家。全行业年末拥有固定资产原值15.93亿元，其中生产经营用固定资产14.02亿元，拥有职工年均人数15 000人，人均拥有固定资产原值达到10.61万元/人，技术和设备水平较高。

全年，全行业完成工业总产值25.87亿元，实现产品销售收入26.38亿元，生产日用不锈钢制品4 480吨、模具644套、金属集装箱123.80万立方米、金属制品包装物品1 734吨、建筑用金属品8 458吨，金属结构制品2 056吨。

几年来，该行业通过引进外资发展外向型经济，整个行业的实力和规模已跃上新台阶。到2001年末全行业拥有实收资本金13.09亿元，其中港澳台及外商资本金11.04亿元，占全行业的84.3%；全行业实现工业销售产值25.81亿元，其中：出口交货值16.74亿元，出口占全行业销售的比重达64.9%，超过全市平均水平21.3个百分点。

目前，该行业已拥有厦门太平货柜制造有限公司、厦门圣源金属制造有限公司、厦门永嘉工业有限公司、厦门吉源企业有限公司、厦门福记钢业有限公司等规模较大实力较强的“三资”工业企业。全行业共有“三资”工业企业56家，占全行业的

72.7%，拥有固定资产原值14.87亿元，实现现价工业总产值22.99亿元，分别占全行业的93.3%和88.9%，该行业外向型经济格局已形成，行业实力不断发展壮大。

（厦门市统计局　许严宏供稿）

普通机械制造业

2001年，厦门普通机械制造业共有规模以上工业企业33家，全行业的企业分布于6个行业小类中，分别是金属加工机械制造业5家、通用设备制造业10家、轴承其他通用零部件13家、铸锻件制造业2家、普通机械修理业1家、其他普通机械制造业2家。

从所有制结构上看，该行业已从前几年国有经济占主导地位而逐渐移向“三资”工业占主导地位，目前拥有国有经济工业5家、集体经济工业4家、私营有限公司5家、其他有限公司责任公司4家、私营股份有限公司1家、私营合伙企业1家、三资工业企业13家，行业经济类型较多且杂。全行业拥有实收资本14.61亿元，其中：国家资本金1.08亿元，占全行业资本金的7.4%；集体资本金7 137万元，占全行业资本金的0.5%；法人资本金1.80亿元，占全行业资本金的12.3%；个人资本金3 674万元，占全行业资本金的2.5%；港澳台及外商资本金11.30亿元，占全行业资本金77.3%。

全年全行业共拥有固定资产原值13.19亿元，职工平均人数6 329人，共完成现价工业总产值14.68亿元；实现工业销售产值14.50亿元，出口交货值3.26亿元，出口交货值占销售产值比重为22.5%；实现销售收入15.56亿元，产品销售利润1.99亿元，利税总额7 239万元。全年生产的主要产品有锻压设备3 264吨，标准紧固件3 457吨，叉车3 804台，齿轮1 248吨，铸件4 796吨。

行业中共有大中型企业9家，其中大型企业3家分别是林德——厦门叉车有限公司、厦门叉车总厂、厦门银华机械厂，这三家在行业中占主导地位的企业，有2家为国有企业。

（厦门市统计局　许严宏供稿）

专用设备制造业

专用设备制造业是厦门机械工业中实力较强的一个行业。经过“八五”、“九五”期间的改革与发展，已具备较强的经济实力，截止2001年止，全行业已有规模以上工业企业12家，比上年多1家，行业规模比上年有明显扩大。全年产值上亿元的企业有：瑞声达听力技术（中国）有限公司、厦门工程股份有限公司、厦门蒙发利垫制品有限公司；其中大中型企业2家，行业资本金为4.08亿元，资产总计16.18亿元，固定资产原值5.46亿元，职工人数3 875人。

2001年，该行业全年完成工业总产值14.78亿元，比上年增长69.2%；出口交货值1.08亿元，增长2.3倍；实现销售收入14.62亿元，利税总额1.10亿元，分别比上年增长53.6%、21.6%。2001年行业主要产品：铲土运输机械5 107台，比上年增长66.8%；耳背式助听器3.54万台，增长16.1%。

行业内部经济结构为：国有工业企业1家，工业总产值78万元；集体工业企业1家，工业总产值581万元；有限责任公司2家，工业总产值1.14亿元；私营企业1家，工业总产值1.01亿元；股份制工业1家，工业总产值10.61亿元；外商投资及港澳台投资工业企业6家，工业总产值1.95亿元。行业资本金中：国家资本2.32亿元，集体资本56万元，法人资本2 500万元，个人资本8 610万元，外商及港澳台资本6 363万元。

（厦门市统计局　骆惠珠供稿）

交通运输设备制造业

交通运输设备制造业以汽车制造业、飞机修理业为主，同时拥有船舶制造业、摩托车制造业、自行车制造业，是厦门市具有一定规模实力的骨干行业。2001年全行业拥有规模以上企业35家，全行业资本金13.62亿元，固定资产原值25.08亿元，固定资产净值平均余额18.62亿元，从业人员9 597人。其中：大中型企业19家，2001年现价工业产值超亿元企业7家。

近年来，厦门交通运输设备制造业规模实力成长迅速，已拥有金龙联合汽车、金龙旅行车、厦杏摩托、厦门造船厂、太古飞机工程等一批骨干企业和轻型客车、豪华大中型客车、摩托车等一批具有较高知名度、较强市场竞争力、特色显著的名优品牌产品以及大型商用飞机维修等服务项目。2001年全行业完成工业总产值67.41亿元，产品销售收入64.31亿元，均比上年大幅增长；产销率达100.8%；完成利税总额4.10亿元，比上年有所增长。行业主要产品产量：改装汽车9 214辆，增长33.8%；摩托车2.46万辆，下降18.0%；自行车1.39万辆，下降80%；民用钢质船舶3万综合吨，增长15倍。

汽车制造业通过外引内联造就了一批优势企业和拳头产品，金龙牌豪华大巴、中巴旅游客车是目前国内客车中的佼佼者。2001年拥有规模以上企业15家，行业资本金4.38亿元，固定资产原值5.3亿元，从业人员4 032人；全年完成工业产值34.51亿元，实现销售收入33.03亿元，创利税3.07亿元；分别比上年增长43.5%、54.9%、29.5%。

香港太古飞机维修公司落户厦门后带进了美国波音公司、通用电气公司、联信公司和英国卢卡斯等一系列著名跨国公司，共同在厦兴办航空维修业。至2001年，飞机修理业行业资本金4.53亿元，固定资产原值10.12亿元；全年完成工业产值25.35亿元，出口交货值率达92.5%；实现产品销售收入25.97亿元，人均创利税6.58万元。

（厦门市统计局　骆惠珠供稿）

电气机械及器材制造业

近年来，厦门市电气机械及器材制造业突飞猛进发展，成为厦门市重点工业行业之一。该行业拥有灿坤、建松、ABB开关、ABB低压、电控、中日电热、三圈日化、多威、通士达、利胜电光源、洪氏企业等一批骨干企业和"EUPA"小家电，ABB中压开关柜、厦控牌抽屉式开关柜、三圈电池等名优品牌产品。2001年，厦门电气机械及器材制造业有规模以上工业企业49家，比上年增加4家；其中：大中型企业16家，2001年工业总产值上亿元的企业10家。行业资产总计58.99亿元，行业资本金15.88亿元，固定资产原值22.34亿元，职工26 764人。

该行业全年完成工业总产值59.83亿元，比上年增长18.1%；销售收入57.96亿元，利税总额8.04亿元，其中利润总额6.69亿元，分别比上年增长9.6%、11.4%和7.0%；全年出口交货值37.03亿元，占销售产值的比重为64.6%，是全市所有工业行业中出口比重较大的行业之一。行业主要产品的年产量为：交流电动机10.55万千瓦、高压开关板5 533面、低压开关板9 513面、电线3.08万公里、原电池6.08亿只、蓄电池8 895千伏安时、家用电热烘烤器具1 541万个、各种灯泡5 549万只。

行业内所有制结构：国有企业1家；集体企业4家；其他联营1家；有限责任公司6家；股份有限公司1家；私营企业5家；港澳台投资企业18家；外商投资企业13家。行业资本金中：国家资本2.68亿元，集体资本0.14亿元，法人资本1.58亿元，个人资本0.67亿元，港澳台资本7.87亿元，外商资本2.93亿元。专业结构：电机制造业2家，工业产值0.48亿元；输配电及控制设备制造业21家，工业产值18.7亿元；电工器材制造业12家，工业产值8.05亿元；日用电器制造业4家，工业产值23.09亿元；照明器具制造业10家，工业产值9.51亿元。

外商投资工业仍然是该行业的支柱。2001年，规模以上的"三资"工业企业有31家，比上年多1家；固定资产原值18.18亿元，全年完成工业总产值53.71亿元，销售收入51.76亿元；实现利税7.21亿元，其中利润6.09亿元；分别为全行业的81.4%、89.8%、89.3%、89.7%和91%。

国有控股工业企业在该行业占有一席之地。近年该行业通过联合兼并、易地改造和外引内联对国有企业实施战略性改组，培育和发展了一批企业集团和大公司，大大提升国有控股工业总体竞争实力。全行业国有控制企业5家，共完成工业产值11.94亿元，实现销售收入11.22亿元，利税总额1.72亿元，分别占全行业的10.2%、20%、19.4%、21.4%。5家企业中现价产值上亿元企业就有3家。

（厦门市统计局　骆惠珠供稿）

电子及通讯设备制造业

厦门市电子及通信设备制造业做为一门新兴工业，通过外引内联迅速崛起，形成了以消费类产品为主，投资类、基础类产品共同发展的格局，并形成了电子产品整机与配套协调发展的电子工业体系。主要产品有：以视听产品彩电、收录音机、激光视盘机等为主的消费类电子产品；以计算机外设、通信与导航设备、电话机、集团交换机、可编程控制器、IC卡、磁卡等为主的投资类电子产品，以陶瓷电容器、薄膜电容器等各种电容器、光电器件、液晶显示器、半导体集成电路、引线框架、各种磁头、磁性材料、继电器、导电橡胶为主的基础元器件电子产品。

厦门电子及通信设备制造业不断上规模，技术设备和工艺水平、产品科技含量和附加值有较大提高，具有一定的经济规模和物质技术基础，该行业大部分整机等主要产品水平接近国际现有水平；产品技术从模拟走向数字化，从分立元器件走向集成化；电子元器件可靠性多数达5～6级，少数达7级；大部分重点企业通过了ISO9000认证。技术开发力量不断增强，电子部有十几个研究所在厦门设立分所，有十几所国内著名大学在厦门设立机构开发电子产品和实施成果商品化。2001年，该行业拥有规模以上的工业企业87家，比上年增加5家；行业资本金为25.75亿元，比上年增长16.9%；资产合计160.55亿元，增长17.8%；固定资产原值为52.38亿元，增长19.5%；职工人数为55 579人，增长8.3%。

该行业的发展壮大是厦门市工业上层次，上水平的重要因素。2001年，全行业完成工业总产值229.31亿元，占全市同口径产值的28.6%，比上年增长19.9%；实现工业增加值46.73亿元，占全市工业增加值的24.1%，比上年有提高；实现利税12.23亿元，增长13.9%。全年生产电话单机645.22万部、移动电话机94万部、传真机8.01万部、半导体集成电路4 118万块、电子元件87.65亿只，彩电154.07万部、激光视盘机117.65万部、微型电子计算机67.61万台、收音机113.85万部、收录放机558.13万部，主要产品产量都比上年有较大幅度增长。

行业内所有制结构：国有企业2家；集体企业2家；联营企业3家；有限责任公司5家；股份有限公司1家；私营企业13家；港澳台投资企业41家；外商投资企业20家。行业资本金中：国家资本0.70亿元，集体资本0.72亿元，法人资本4.81亿元，个人资本0.84亿元，港澳台资本9.58亿元，外商资本9.11亿元。专业结构：通信设备制造业7家，工业产值7.05亿元；电子计算机制造业6家，工业产值70.29亿元；电子器件制造业12家，工业产值11.46亿元；电子元件制造业42家，工业产值45.85亿元；日用电子器具制造业10家，工业产值86.54亿元；其他电子设备制造业10家，工业产值8.13亿元。

厦门电子及通信设备制造业拥有“XOCECO”、“DELL”、“Amoisonic”、“Panasonic”等国际国内知名品牌，形成了厦华、厦新、DELL、松下、TDK、FDK、台和、建松、法拉、华联、中桥等一批骨干企业，是厦门的最大行业。骨干企业支撑带动作用明显，该行业大中型工业企业29家，共创产值214.25亿元，占全行业产值的93.4%。产值10亿元以上的企业4家，5至10亿元的企业5家，1亿至5亿元的企业13家，5 000万元至1亿的企业8家。

厦门电子及通信设备制造业是厦门市工业经济中外向度高的行业之一，全行业87家企业中有62家企业产品实现出口，共完成出口交货值92.61亿元。“三资”工业在该行业起举足轻重的作用，规模以上“三资”工业有企业61家，固定资产原值43.70亿元。全年完成工业总产值215.38亿元，销售收入204.37亿元；实现利税10.57亿，其中利润6.80亿元；分别为全行业的93.9%、93.9%、86.4%和87.2%。

国际知名的DELL计算机公司落户厦门，并在厦门兴建“中国客户服务中心”（CCC）。1997年12月成立的DELL计算机（厦门）有限公司以其高新技术和产品促进该行业整体水平和产品档次的提高。2001年工业总产值超68亿元，企业已发展成为厦门工业产值第一大户。

（厦门市统计局　骆惠珠供稿）

仪器仪表制造业

2001年，由于柯达（厦门）有限公司的加盟，仪器仪表制造业整体水平和产品档次有大幅的提升。全年完成工业总产值9.34亿元，完成销售收入8.90亿元，实现利税1.07亿元，其中利润0.89亿元；分别比上年增长62.9%、56.4%、30.6%、27.6%。相比于其他行业，仪器仪表制造业规模较小，企业数仅19家，但行业资本金和固定资产却是连年扩充，2001年，行业资本金为2.78亿元，固定资产原值为2.68亿元，职工人数4 410人。行业内所有制结构：国有工业企业2家，私营企业2家，外商投资和港澳台投资工业企业15家；专业结构为：通用仪器仪表制造业7家，计算器具制造业4家，文化办公用机械制造业6家，其他仪器仪表制造业2家。该行业有麦克奥迪光学仪器有限公司、坤联（厦门）照相器材有限公司、艾美凯仪表（厦门）有限公司、欧普康光电（厦门）有限公司、厦门依玛士金陵码机有限公司等一批高新技术企业，新增了一批技术较先进的产品，行业产品层次得到了提高。主要产品有显微镜、恒温器、投影机、镭射指示器、压力表、激光编码机、自动化仪表、光学仪器、照相机、水轮机、水声换能器、台案称等。2001年，该行业生产了自动化仪表及系统1 002.9万台（套），光学仪器15.28万台，照相机362.56万台，台案称355台。

该行业以外向型经济为主，19家企业中，“三资”工业有15家，“三资”工业的固定资产原值、总产值占全行业的92.4%、96%。2001年全行业有14家企业实现产品出口，共完成出口交货值6.42亿元，比上年增长62.5%，出口交货值比重达74.4%。

骨干企业支撑带动作用明显。2001年，该行业工业产值、销售收入均超亿元的企业有3家：柯达（厦门）有限公司、厦门依玛士金陵喷码机有限公司、麦克奥迪光学仪器有限公司；3家企业共完成产值5.09亿元，占全行业的54.5%。

（厦门市统计局　骆惠珠供稿）

交 通 邮 电

铁路运输

厦门火车站是客运一等站。现有旅客到发线3条，日均办理旅客列车11对，分别开往北京、杭州、西安、蚌埠、南京、重庆、上海、南昌、鹰潭、广州、武夷山。日均到发旅客1.54万人，现已实现与路局管内各站计算机联网售票，2001年旅客发送日最高达2.86万人，客票日收入最高达281.4万元，均创历史最好成绩。2001年末固定资产原值3 017万元，全站职工357人。

一、安全生产

截止2001年底，厦门火车站已实现行车安全1 262天，实现无职工责任重伤事故3 158天，三创行车安全年，八创劳动安全年。保持安全、平稳的发展态势。

二、运输营销

2001年，厦门火车站运输收入完成4.13亿元，比上年增长27.0%；全年完成旅客发送量277.6万人次，增长9.4%；行包发送件数66.5万件，增长13.8%；旅客到发总量563.4万人次，增长9.2%，以上几项指标均创历史最好成绩。

2001年春运自元月28日至3月8日历时40天。共发送旅客46.6万人（日均1.2万人），临客累计开行146趟，增运旅客10万人。实现运输收入5 718.1万元，比上年同期增长1.2%，增收65.4万元。运输生产安全平稳，客车始发正点率达到99%。

（厦门火车站　郑重要供稿）

公路运输

2001年，公路建设不断强化在建工程项目管理，提高公路养护管理水平，公路绿化效果和绿化品位明显提升。全年公路基建工程项目11个，完成投资3.25亿元。其中，云顶隧道及两端接线工程，东、西线隧道合计完成掘进1 682米，完成投资1亿元；文曾路完成投资8 000万元，国道319改线二期孚莲路段工程，完成投资5 800万元；同集路集美大学至集美立交桥段东侧拓宽工程，完成投资2 500万元；国道324线路面改造工程，完成投资1 974万元，预计2002年1月同安段11.8公里全部改造完成；省道S206线嘉禾路段路面改造工程，完成施工图、路面施工招投标；省道S206线高集海堤路面翻修工程，总投资260万元；沙内线水泥路和五显一桥改造工程均已建成通车，分别完成投资1 221万元和156.4万元。至2001年底，全市公路通车里程数达1 456公里，公路密度93公里/百平方公里。总里程中，高级路面697公里；次高级路面139公里；桥梁325座，总长达1.95万米。公路绿化覆盖面积达553.8万平方米，公路平均综合好路率为89.9%，养护质量综合值81.4，其中干线好路率为94.2%，养护质量综合值89.3。公路路网的日益完善，公路等级的不断提高，给公路运输业创造了商机。

2001年，公路运输企业抓住机遇，不断调整经营策略，挖掘新的经济增长点，全年公路运输形势趋好。至2001年底，全市拥有营业性车辆2.33万辆，其中，客车1 384辆，比上年增长11.4%，客位3.67万个，比上年增长14.6%；货车1.85万辆，比上年增长8.6%，吨位6.17万吨，比上年增长 23.4；集装箱车 1 071 辆，比上年增长 52.6%。2001 年，全市公路客运量 3 672.6 万人次，客运周转量 24.6 亿人公里，分别比上年增长 12.3% 和 19.1%；完成货运量 1 325.0 万吨，比上年下降 2.9%；货运周转量 15.6 亿吨公里，比上年增长 18.1%。

（厦门市统计局　董琪凤供稿）

水上运输

厦门有史以来就是我国东南沿海的重要口岸之一，又处于与台湾金门隔海相望的独特地理位置上。近年来，随着经济特区的发展，吸引了众多境内外航运公司在厦设立分公司、代表处、参与厦门的海上运营，促进了厦门水上运输市场的进一步繁荣。

2001 年，全市共有经营省际以上航线的水运企业 14 家，总运力 62.37 万吨/58 艘；经营省内以下航线的企业 47 家，总运力 52.69 万吨/15.03 千客位/539 艘。2001 年全市完成水上客运量 338.9 万人次，比上年增长 6.6%；客运周转量 3 906.8 万人公里，比上年下降 19.7%；货物运输量 979.3 万吨，比上年增长 10.4%；货物运输周转量 291.0 亿吨公里，比上年下降 2.3%。

（厦门市统计局　董琪凤供稿）

港　口

厦门港是我国东南沿海重要的深水良港，以外贸运输和临海工业为主，兼有旅游、客运、国际中转、过境贸易、商贸等多功能，配套设施较齐全的国家大型一类港口，已迈入国家主枢纽港行列。全港现有生产性泊位 76 个，其中万吨级以上泊位 16 个，最大靠泊能力 10 万吨级。集装箱、石油、煤炭、粮食等专用码头一应俱全，第四代集装箱船舶可直接靠泊作业。新建成的厦门湾 10 万吨级航道一期工程能够满足 10 万吨级船舶乘潮进出。至今，厦门港已相续开辟至香港、台湾等地区以及日本、韩国、新加坡、菲律宾、美国东、西海岸、欧洲、地中海等国家的集装箱班轮航线 33 条，月航班量达 240 班。到 2001 年，厦门港已与 40 多个国家和地区的 60 多个港口建立了海运往来。与国内的天津、青岛、上海、宁波、南京、深圳等地开通了全货柜集装箱班轮。并与 140 多个国家和地区建立了贸易联系，辟有香港、日本、韩国、新加坡、台湾高雄及地中海、欧洲、美国西海岸的定期和不定期航班。

2001 年，厦门港口货物吞吐量 2 098.9 万吨，比上年增长 6.8%。其中，进口 1 193.7 万吨，出口 905.2 万吨，分别比上年增长 3.3% 和 11.9%；完成旅客吞吐量 31.9 万人次，比上年增长 10.6%。全年集装箱吞吐量达 129.3 万标箱，比上年增长 19.2%。

（厦门市统计局　董琪凤供稿）

民用航空

一、航空运输

厦门航空有限公司（简称“厦航”）是全国第一家企业化航空公司。经过 6 年的艰苦创业、5 年的稳步发展和 5 年的二次创业，已发展成为一家拥有 25 架波音系列飞机，总座位 3 786 个，总资产 46.65 亿元，净资产 11.62 亿元的中等规模航空公司。主营国内航空客货运输业务、福建省及其他经民航总局批准的城市始发至邻近国家或地区的航空客货运输业务、航空公司间的业务代理、航空器维修；兼营航空配餐、酒店、旅游、广告、进出口贸易等业务。厦航以厦门、福州、晋江、武夷山、杭州为航班始发的营运基地，经营至北京、上海、广州、香港、澳门、曼谷、吉隆坡及其它大中城市一百多条国际、国内定期航班。此外，还辟有国际定期或不定期包机业务。在国内三十几个大中城市设立了厦航营业部和办事处。

厦航长期致力于强化“以诚为本、以客为尊、安全第一、优质服务”的经营理念和塑造“安全、优质、诚信”的企业品牌，努力为广大顾客服务，连续荣获三次金雁杯和两次金鹰杯。2001 年厦航杜绝飞行事故、空防事故和航空地面事故，安全飞行

7.48万小时，事故征候万时率为0；完成运输总周转量4.45亿吨公里，比上年增长16.8%；旅客运输量412.3万人，增长17.3%；货邮运输量6.23万吨，增长7.8%。全年运输生产飞行7.41万小时，增长11.3%；飞机日利用率8.9小时，比上年提高0.1小时。

（厦门航空有限公司　供稿）

二、厦门机场

2001年，厦门机场深入开展创建“温馨机场”活动，继续营造空港安全有序、温馨服务的大环境；锻造核心竞争能力，实现扭亏为盈目标，推动企业步入可持续发展的良性循环。全年安全起降各类飞机4.61万架次，比上年增长3.6%；旅客吞吐量373.74万人次，增长5.2%；货邮行吞吐量10.67万吨，增长7.2%。

目前厦门机场共开通国内外航线113条，其中国内航线101条、国际航线10条、地区航线2条；已有69个中外通航城市，其中国内城市57个、国际城市10个、地区城市2个；自通航以来共有31家国内外航空公司投入厦门机场运营，其中国内航空公司22家、国外航空公司9家；每周计划运输航班为1 202架次（进出港），实际约为一千架次。

在客运业务增长缓慢的情况下，厦门机场瞄准货运市场的发展潜力，以DELL电脑项目的开展为契机，积极争取对日航权，开通了至日本大阪、名古屋的货运航线，采取定期航班包租的形式，保障了DELL电脑的顺利出口，带动了国际货运业务的快速增长。为减少包租风险，同其他货代公司合作，扩大销售覆盖面，提高了舱位利用率和货运的市场占有率。成功引进了山东航邮政包机，顺利保障了港龙及南航全货机业务。2001年，与台湾的航勤公司、中华航空公司、长荣航空公司、远东航空公司正式签约，合资成立空运货站公司并举行了奠基仪式。

（厦门国际航空港集团　陈宁供稿）

邮政业务

2001年，厦门邮政继续以“改革、发展、服务、增效”为主线，以“客户的需求就是厦门邮政的追求”为经营服务理念，不断开拓进取，改革创新，求实务真，步入良性快速发展轨道。

一、业务领域不断拓展

全年完成邮政业务收入2.68亿元，比上年增长16.0%；全员劳动生产率达20.76万元/人，比上年增长14.1%。邮政业务内涵和外延不断扩大，成立了厦门邮政物流有限公司，充分发挥邮政优势发展现代物流业务，并为戴尔等知名企业提供了全方位的物流配送服务。

二、通邮能力大大加强

2001年新增邮政综合局所2个，目前有综合局所98个；开办了全省首家“自助邮局”；每个网点平均服务面积15.47平方公里；新增报刊亭26个，报刊图书营业网点总数达193个；新建信报箱群172座2.04万户，进一步改善通邮难的状况；新增邮路长度784公里，邮路总长达6.03万公里。

三、服务水平不断提高

2001年厦门邮政服务工作主要措施有：一是实行服务工作“一把手”工程，形成以服务督察为龙头，党政工团为主体，社会监督员、新闻媒体为补充的监督体系。二是严格考核，强化服务管理工作。认真贯彻《福建省邮政通信管理标准》和《福建省邮政营业、投递、储蓄、集邮、特快揽收投递、报刊图书销售服务规范》评定标准，加大窗口服务的监督检查力度；严格落实“一次申告下岗制”。三是广泛征集客户意见建议，认真解决好服务热点难点问题。充分发挥185客户中心的作用，全年共接听各类客户咨询、投诉、表扬、建议电话50.7万次。同时还通过散发客户意见征询函加强与客户的沟涌。四是积极开展特色服务。新华支局开办了24小时全天候邮局，得到了社会赞赏；从下半年起，岛内包裹开始全面直投到户服务，直投到户率将近百分百；从2001年10月份起，速递局在岛内实行夜间揽收、投递服务，大大缩短了邮件时限，深受广大客户的好评；湖滨南路支局长期坚持上门为盲人服务，得到了社会的赞赏。

四、企业管理工作大大加强

一是深入贯彻ISO标准，加强工作计划和指导，使各项工作有计划、有步骤、有目标。按照程序要求，各项管理工作和操作处理规则与标准在总结过去一年的基础上重新进行修订，年初重新换版、颁发ISO文件40件，组织一年两次的内审工作，强化了企业规范化管理，企业管理逐步形成“自我审核、自我发现、自我整改、自我提升”的循环程序。二是加强行业管理。组建行政执法队伍，开展行政执法培训，全局46名员工取得行政执法资格证书；组织对集邮市场进行经常性的检查工作，共做出行政处罚12件；与工商局联合发布《关于规范信件寄递业务市场的公告》，并配合工商局查处了“天天”快递和“亚风”速递公司非法经营信函的行为。三是加强安全管理，加大安全设施建设投入，全年投入安保、消防设施建设、维修费用达100多万元，全年无发生“三类”案件，无重特大火灾事故、治安案件、刑事案件，为企业的正常发展提供了一个良好的内部治安环境。四是导入厦门邮政企业CI企业识别系统。在推行ISO和遵循国家邮政局相关统一规范（包括原有的中国邮政统一识别标识）的基础上，按照“全局推行、循序渐进、由表及里、内外结合、三年完成”的指导方针，正式导入厦门邮政企业CI企业识别系统战略。

五、科技兴邮工作取得显著成绩

一是全省首家自助邮局——投资近200万元的厦禾路自助邮局开业。二是涉足金融证券领域，邮政局与华福证券联合开发的银证存折炒股系统技术开发工作于2001年底基本完成。三是独立开发了无线POS系统。2001年底，邮政局自主开发的移动POS系统项目通过初步验收，该系统实现了邮政绿卡在移动式PCS上刷卡消费的功能，弥补了有线POS固定刷卡的不足，实现邮政各项上门揽收和不固定场所的业务收款电子化，既减少在途现金安全隐患，又优化了业务流程，提高邮政服务的高科技含量和劳动生产率。

（厦门市邮政局　陈方盛供稿）

电信业务

2001年是厦门电信进入公司化运作后的第一完整发展年度。厦门电信加大内部机制改革、深入市场竞争，全体员工始终坚持以量增收这一主轴，克服了资费下调、初装费取消等不利因素造成的影响，在复杂的经营环境下取得了良好的发展业绩。

一、业务发展又攀新高　2001年厦门电信发展固定电话和小灵通用户25万户，是历史发展成绩总和的一半。电话主线普及率近31线/百人；上网用户突破20万户；宽带用户超过4 000户。厦门电信小灵通业务成为2001年厦门通信市场的消费热点，17909直拨IP电话业务也成为长途电话市场的主流业务，大大便利了市民的工作和生活。

二、通信能力更进一步　厦门电信在2001年开展了大量网络改造升级工作，大大提高了全市电信网的安全性和稳定性，网络接通率和综合运行效率稳步攀升。为保证全市电信网的先进性、科学性、合理性，厦门电信还组织编制了“厦门电信十五规划纲要”。

三、信息港建设再创佳绩　厦门电信充分发挥电信公网的规模和技术优势，继续大力推进光纤进大楼、进小区，并于2001年年初开通了厦门宽带城域网，以ADSL、LAN、HOMEPNA等多种技术满足全市各单位和个人对大容量、高速率的通信方式的需求，大大提升了全市的通信基础设施的水平。8月份厦门电信又推出了应用大量现代计算机技术、网络技术、软件技术的互联网数据中心（IDC），向客户提供主机托管、虚拟主机、整机租用、宽带批发等多种服务。此外，厦门电信继续对“投洽会”和“台交会”等经贸盛会给予大力支持，体现了厦门电信在全市信息港建设中的主力军作用。

四、服务工作丰富内涵　厦门电信在2001年1月5日就推出了1000——中国电信综合服务热线，集成了112、170、180、189等服务功能，使用户遇到有关电信的问题只需拨打一个号码就能解决问题。1000热线的开通也使厦门市成为全国率先推行电信服务综合化的城市之一。在服务工作中，厦门电信要求员工向客户提供“诚信”服务，为促进服务工作的全面进步，厦门电信还在营业员、话务员、线务员中围绕“掌握一流技术，提供一流服务，培养一流人才。树立一流品牌”，开展了创建“青年文明号”活动，促进了服务水平的整体提升。

（厦门电信分公司　支德林供稿）

城 市 环 境

建 筑 业

2001年，厦门市建筑业行业继续深化管理体制改革，建立现代企业制度，推进产权多元化，以质量和效益为中心，开拓市场，促进生产、效益和工程质量稳步提高，为推动全市经济增长做出了显著贡献。

一、建筑业生产小幅增长

截止2001年底，厦门市拥有建筑业企业405家，比上年增加2家，其中国有企业105家，减少13家；集体企业73家，减少28家；联营企业14家，减少13家；有限责任公司63家，增加33家；股份有限公司19家，增加7家；私营企业101家，增加18家；港澳台及外商企业23家，增加2家；其他企业7家，减少4家。全年建筑业生产呈现小幅增长态势，共完成建筑业总产值79.72亿元，比上年增长4.8%；承接的各类施工项目4 961个，其中当年新开工3 253个；房屋施工面积达1 095.06万平方米，比上年减少57.66万平方米，下降5.0%，其中2001年新开工面积470.92万平方米，增长20.2%；工程竣工项目2 968个，竣工面积492.88万平方米，比上年增加90.13万平方米，增长22.4%；完成竣工产值65.15亿元，比上年增长18.6%，产值竣工率为81.7%，比上年增加9.5个百分点。

二、建筑业市场以土木建筑业为主

全市建筑业由土木工程建筑、线路管道设备安装及装修装饰业组成。2001年底，全市土木工程建筑业共有企业233家，完成产值68.48亿元，比上年下降0.2%，占全市建筑业产值的85.9%，仍是建筑业中的主要行业。其中房屋建筑业共有企业172家，完成产值52.91亿元，比上年下降2.0%，以修建铁路、公路、桥梁及电站码头为主的建筑业共有企业34家，完成产值15.06亿元，比上年增长18.4%；线路管道设备安装业共有企业50家，完成产值5.77亿元，比上年增长88.6%，其中线路管道安装业完成产值4.26亿元，比上年增长1.96倍，设备安装业完成1.51亿元，下降6.8%；装修装饰业共有企业122家，完成产值5.47亿元，比上年增长23.5%。

三、国有企业、集体企业是建筑业市场的主导力量

从占全市的比重看，2001年底，国有企业105家，完成产值29.64亿元，占全市建筑业总产值的37.2%；集体企业73家，完成产值15.47亿元，占全市建筑业总产值的19.4%，国有企业仍然是建筑业市场的主导力量。

四、动力装备率及劳动生产率进一步提高

2001年末，全市建筑业自有机械设备达20 044台，比上年增加938台，设备年末总功率为41.90万千瓦，比上年增加8.32万千瓦，建筑业动力装备率为4.95千瓦/人，比上年增长13.0%。其中国有企业设备台数和总功率分别占全市的27.2%和49.3%。2001年建筑企业劳动生产率总体水平提高，全市建筑业劳动生产率按建筑业总产值计算为10.48万元/人，比上年增长5.7%。

五、建筑业利润率增长，亏损额略有减少

2001年全市建筑业完成利润总额2.36亿元，比上年增长4.49倍。产值利润率2.96%，比上年增加2.40个百分点。全年亏损企业73家，比上年减少27家，亏损额6 866万元，比上年减少194万元。

（厦门市统计局　林华供稿）

固定资产投资

2001年，厦门市实施财政增投，加快重点项目建设，优化投资结构，固定资产投资呈现增长态势，全年完成全社会固定资产投资191.89亿元，比上年增长9.6%。其中：基本建设完成投资75.02亿元，比上年增长24.0%；更新改造完成投资27.59亿元，比上年增长20.1%；房地产完成投资56.63亿元，比上年下降8.8%；其他投资完成25.70亿元，比上年增长7.6%；城乡集体投资完成3.08亿元，比上年增长31.5%；私人投资完成3.87亿元，比上年增长20.0%。2001年全市共有361个项目竣工投入使用，项目竣工率达50.28%，比上年又提高7.7个百分点。全市共新增固定资产132.67亿元，比上年减少37.94亿元，新增固定资产交付使用率为69.1%，比上年下降28.3个百分点。全年全社会固定资产投产率为34.4%，较上年下降0.5个百分点。

2001年全社会固定资产投资完成年初计划183亿元的104.9%，其中基本建设完成年计划67亿元的112.0%；更新改造完成年计划25亿元的110.3%，房地产开发完成年计划60亿元的94.4%。

全年固定资产投资呈现如下运行特点：

一、基本建设跃升为投资主体

2001年基建、更改、房地产三者占全社会固定资产投资的比重分别为39.1%、14.4%和29.5%，基本建设和更新改造所占比重分别比上年增加了4.5和1.3个百分点，同时由于房地产投资规模得到控制，房地产所占比重相应减少，比上年下降6.4个百分点。基本建设投资所占比重超过房地产投资9.6个百分点，跃居为投资主体。

二、投资结构发生较大变化

2001年全社会固定资产投资中，建安工程完成94.89亿元，比上年下降8.7%，所占比重为49.5%，比重比上年下降了9.9个百分点；而设备工器具购置完成61.57亿元，增长37.0%，所占比重为32.1%，比重比上年增加6.4个百分点，造成设备工器具投资大幅度增长的原因主要是翔鹭一期扫尾和PTA项目部分设备安装到位，仅此两项目设备工器具购置额就高达15.38亿元，占25.1%。

三、行业投向继续向基础设施倾斜

2001年厦门市继续贯彻国家积极的财政政策，增加了基础设施的财政性投入，进一步加强了交通、市政、水利、环保、城乡电网改造等方面的建设。

在基本建设投资中，交通运输业完成投资14.72亿元，比上年增长43.8%；社会服务业（主要是市政工程）完成投资10.73亿元，增长30.0%；电力煤气及水的生产及供应业完成投资6.31亿元，增长3.7%。制造业在翔鹭一期扫尾及PTA两大项目的拉动下全年共完成投资26.35亿元，增长13.4%，而这两项目的投资额就占整个制造业投资额的70.8%。教育文化艺术与广电业完成投资5.72亿元，比上年下降16.2%。

2001年全市更新改造完成投资与上年相比虽有较大增长，但是作为技改投资的重要组成部分的制造业完成情况却不理想，仅完成技改投资9.58亿元，比上年下降3.2%，所占技改投资的比重为34.7%，较上年减少8.4个百分点。更新改造中用于城市基础设施方面的投资大幅度增长，电力行业进一步加快城网、配网改造步伐，全年共完成投资2.39亿元，较上年增长10.7%；同时电信行业也加大了网络和设备技改投资，随着电信局无线市话小灵通、局用交换网络扩容、接入网改造及联通公司CDMA及GSM六期等项目的上马，电信行业得到快速发展，当年共完成投资10.30亿元（其中电信技改完成投资5.64亿元，联通完成投资4.62亿元），比上年增加1.15倍，电力及邮电业的快速发展成为当年全市技改投资保持增长的主要原因。全年电力及交通运输邮电业等基础设施行业在整个技改投资中所占比重高达62.4%，比上年增加8.8个百分点。2001年交通运输业完成技改投资4.51亿元，比上年减少18.9%。

在2001年全市的其他固定资产投资中，制造业完成19.73亿元，比上年增长27.0%，占其他投资的比重为76.8%，主要是三资企业大量新增设备所致；交通运输业完成1.31亿元，比上年增长32.9%；教育、文化、艺术和广电业完成0.33亿元，比上年降低55.4%。

四、投资后续资金充足

从资金来源看，全年共筹措资金250亿元，大于同期投资完成额，比上年增长21.0%，到位资金增长速度远高于投资增速，其中国家预算内资金12.12亿元，比上年增长20.6%，国内贷款50.21亿元，比上年增长60.0%，利用外资36.84亿元，比上年增长44.9%，自筹资金79.28亿元，比上年增长13.4%，建设资金的及时到位，为投资增长提供有力保障。

五、基础设施建设快速增长

2001年城市基础设施重点建设项目在增投资金的支持下，资金紧张状况得到缓解，投入力度明显加强，全年又有鹭江道（和平码头——海军码头）、仙岳路（仙岳村段）、环岛路（演武路口——厦大白城段）等一批城市主干道及电力进岛第三通道、东部污水处理、北溪引水等一批基础设施项目相继建成，全年共完成投资50.69亿元，比上年增长30.5%，是厦门历年来投入最多的一年。

六、房地产投资减少而空置房总量依然较大

受宏观调控政策的影响，2001年全市房地产开发投资继续呈下降态势。全年完成房地产开发投资56.63亿元，在上年下降10.4%的基础上又下降了9.5%。房地产投资占当年全社会固定资产投资比重也由上年的35.9%下降为29.5%。造成房地产投资下降的主要原因：一是受房地产商对市场预期降低和两岸关系不定的影响，部分国有、私营和三资企业采取观望态度，减缓投入，使得房地产业的投资大幅下降。全年国有房地产投资为14.54亿元，比上年减少1.65亿元，下降10.2%；全年私营房地产企业投资11.41亿元，比上年减少1.80亿元，下降13.6%；全年外商房地产企业投资额为16.99亿元，比上年减少2.39亿元，下降15.4%。二是宏观调控作用力度加大。1998年以来，全市对固定投资结构进行调整，加强了房地产的宏观调控，在城市建设用地迅速增加的情况下，对商品房建设规模进行总量控制，对有限的商品房用地实行有偿出让，对出让的用地实行公开投标，对协议出让的土地进行清理，使得近几年土地供应量逐年减少，影响当年商品房施工规模进一步缩小，投资下降。2001年全年待开发土地面积为249.18万平方米，比上年又减少17.85万平方米，下降6.9%。

虽然全市房地产在建规模连年缩小，但受2000年房地产续建项目较多的影响，2001年全市商品房施工面积继续保持较大规模。全年商品房施工面积1 029.91万平方米，比上年减少91.05万平方米，下降8.1%，在总施工面积中，住宅施工面积707.24万平方米，比上年减少36.06万平方米，下降4.9%，占全部施工面积的68.7%。

由于前几年开工建设的部分高层楼宇陆续竣工建成，2001年全市商品房竣工面积开始减少。全年商品房竣工面积为281.68万平方米，比上年减少15.73万平方米，下降5.3%，其中住宅竣工面积216.72万平方米，比上年减少15.62万平方米，下降6.7%，占全部竣工面积的76.9%。

由于受住房信贷政策的调整以及商品房竣工面积下降等因素影响，2001年全市商品房销售在持续一年的高速增长后，于下半年开始出现逐月下降趋势。至年底商品房实际销售面积257.39万平方米，比上年增加7.55万平方米，增长率由上年的44.6%减少为3.0%，其中住宅销售面积为215.31万平方米，比上年增加2.23万平方米，增长1.1%。商品房销售额73.12亿元，比上年减少0.6亿元，下降0.8%，其中住宅销售额55.10亿元，比上年增加1.73亿元，增长3.2%。受政府减费、房地产企业让利等因素影响使部分往年滞销的空置房开始动销，但同时也由于在空置房中占60%的高层建筑和部分多层商品房存在房型、朝向和地点等方面不足，使大部分商品房销售促而不动。至年底，全市空置面积为176.13万平方米，比上年增加8.64万平方米，其中住宅空置面积为79.43万平方米，比上年增加4.37万平方米，住宅空置占全部商品房总空置面积的45.1%。

（厦门市统计局　吴丹　林华　张勤供稿）

重点工程建设

2001年，厦门市重点建设项目表现以下几个特点：

一、较好地完成了年度投资计划。全市69个重点项目共完成投资53.06亿元，增加投资13.31亿元，比上年增长33.5%，完成年度计划的79.6%，竣工和续建项目基本达到预定计划目标。其中60个基建重点建设项目完成投资48.79亿元，占全年基本建设完成投资的65.1%，比重比上年增加4.8个百分点；9个重点技改项目完成投资4.27亿元，占全年更新改造投资的15.5%，比重比上年降低1.3个百分点。重点项目中的18个“重中之重”项目完成20.84亿元，完成年计划的59.9%。

从行业来看：30个基础设施项目完成投资19.24亿元，完成年计划的90.7%，完成情况较好项目有：环岛路（演武路——厦大白城段）累计完成投资1.21亿元，完成年度计划121%，该项目已于“9·8”正式建成通车；东渡港区三期工程完成投

资1.01亿元，完成年度计划101.4%，当年水工、陆域、铁路部分已完成，港口配套设备采购正在进行；蔡尖尾山隧道及接线一期工程项目完成投资1.69亿元，完成年度计划的109.6%；东部污水系统工程一期项目完成投资0.81亿元，完成年度计划的11.1%，污水处理厂区已基本建成并试通水。26个工业项目完成投资30.21亿元，完成年度计划的76.6%。其中PTA项目就完成投资9.99亿元，完成计划60.9%，主工艺区设备安装及钢结构吊装已基本完成；翔鹭涤纶一期扫尾项目完成8.66亿元；卷烟厂易地搬迁改造项目完成投资1.54亿元，完成计划67.6%，该项目建成后将达到年产50万大箱的生产能力；三安超高亮度发光二级管一期项目完成投资0.79亿元，完成年度计划49.8%，该项目厂房及办公大楼均已封顶，设备已陆续进入安装现场。9个社会项目共完成投资3.21亿元，完成年度计划61.8%，其中工人文化宫大厦完成投资1.19亿元，完成年度计划的192.5%；厦门大学学生公寓完成1.08亿元，完成年度计划108.6%。3个农业项目共完成0.41亿元，完成年度计划45.1%，高崎渔轮避风港项目完成投资984万元，完成年度计划的17.6%。

二、竣工投产项目较多。至2001年底，全市69个重点项目如期建成的有19个，分别是：鹭江道改造工程（和平码头——海军码头段）、仙岳路（仙岳村段）、通用电气发动机大修、柯达一次性像机、中坤松节油、灿坤科技园一期、TDK三期工程、青少年宫科技馆、市府大道（厦禾路——公园南路段）、环岛路（演武路口——厦大白城段）、电力进岛第三通道、翔鹭一期收尾工程、第一幼儿园迁建、厦门市影剧院改造、东部污水系统一期、北溪引水厦门段改造、绿泉实业易地改造、思明综合软件园和厦门大学学生公寓。

（厦门市统计局　张勤供稿）

市政公用事业

一、抓增设，城市市政基础设施建设投入总量再创历史新高，城市品位进一步提高

2001年，市政部门共完成固定资产投资14.56亿元（其中，基本建设完成13.09亿元，更新改造完成1.47亿元），创历史最好水平，完成年计划的182%，比上年增长40%。全年续建、新建市政道路达22项，竣工16项，新增道路面积19.6万平方米。新增路灯474盏，对湖滨北路的路灯和夜景工程进行改造。全市的道路完好率、下水道畅通率和路灯亮灯率分别达到90.0%、92.8%和99.6%。

市政府下达的“四个一批”工程建设进展顺利。按计划建成鹭江道改造工程和仙岳路（仙岳村段）并通车；如期建成市府大道（厦禾路——公园岗亭）；建成本岛东部污水处理系统一期工程。污水处理二厂扩建工程，已进行初步设计，完成了厂前区施工图和厂区范围内征地拆迁工作，拆除违章建筑和临时建筑9 624平方米，完成投资400万元。一年来，市政部门完成征地拆迁工作量3.08亿元，拆除房屋2 397户27.91万平方米。

完成吕岭路东段、环湖里大道、洪前路、西应殿路市政工程、安岭路、松岳小区市政配套、北大生物园市政配套、莲坂天桥、莲花路口改造工程、南山路铁路立交、厦大学生公寓市政工程、戒毒所市政工程等项目。环卫综合处理厂在2001年中国投资贸洽会上与瑞士签订了金额为1 998.5万元瑞士法郎的技术和设备引进合同，2002年中瑞两国政府在北京正式签定贷款协议。

厦大南校门公交停车场整治、莲花路口改造、台湾街路口改造、莲坂人行过街天桥已如期完成；改造开禾路、九条巷、讲古脚、水流巷、顶沃仔、湖里南、北片区等自来水管道，解决了这部分地区居民饮水困难。

二、抓好展，公用企业两个效益同步增长

全年新开公交线路6条，调整和延伸线路17条，新建、改建、扩建公交场地、站点13处。新建及更新改造候车亭120多座，在厦禾路、禾祥东路、莲前大道、湖滨北路、嘉禾路、湖中路、市府大道等市区主干道全面更新改造导乘牌。发展城乡一体化公共交通，兼并同安汽车运输公司后的公交同安分公司和新组建鹭驰巴士有限公司得到健康发展。全年全市完成客运量2.53亿人次；营运行驶里程8 530.3万公里，比上年增长14.0%；营运收入2.80亿元，比上年增长23.9%；安全间隔里程104.03万公里，新增营运车辆321台，人车比达3.11∶1。

三、抓管理，城市人居环境进一步改善

美化城市环境，提高人民生活质量。全市日处理污水能力已达40.9万吨。全年一级处理污水6 232万立方米，二级处理污水2 680万立方米，处

理污泥 14.78 万吨，处理的水质合格率达 100%，污水处理率达 59.7%。进一步规范排水许可证制度，征收排水设施使用费 2 899.25 万元。继续综合治理筼筜湖，在原有整治的基础上，翻修下陷的人行道路 3 500m^2，维护条石护栏（含松柏湖）30 余处，铺设了内湖北侧自来水管 1 200 米。规范中水系统管理。充分利用沿湖沿岸已铺设近 10 公里的中水管道，用中水浇灌的沿湖绿地面积为 24 万平方米，节省养报成本，减轻了财政负担。湖区新增绿地 1.5 万平方米，改造绿地 0.18 万平方米，使整个湖区绿地面积达 27.5 万平方米，绿化率达 86%。超过《厦门市筼筜湖区管理办法》中所要求绿化率达 85%的标准。依靠科学手段，加强管理，发挥筼筜湖的蓄洪和防汛的功能。加强水质科研工作，《厦门市筼筜湖水质影响因素及水体良性运行方式研究》、《厦门市筼筜湖水生生态及水生生物毒性调查与评价》两个课题已进入实质性阶段，获得大量有效数据。筹建了实验实，筼筜湖区水质进一步改善，指标接近 B 类标准，水深平均达 1.2 米以上。湖区景观水面达到 1.58 平方公里，湖畔已成为厦门市民休闲的好去处。

城市市容和环境卫生更加美化净化。新建公厕清洁楼一体化 1 座，改（翻）建公厕 6 座。采购牵引车、专用垃圾集装箱车、自卸车、扫路车、洒水车、轮式挖掘装载机、沙滩清扫机、分类果皮箱等环卫设备 634.64 万元，全市普遍实行垃圾定点和上门收集，清洁楼中转、密闭运输。全年处理生活垃圾 40.0 万吨，垃圾无害化处理率达 95.45%，垃圾转运及时率和粪便无害化处理率均达 100%，海上垃圾基本实现机械化打捞。加大宣传教育力度，进一步提高市民市容环境卫生意识。对城区、城乡结合部、海域沙滩、公园旅游景点、窗口单位、住宅小区等 11 个项目的市容环境卫生进行考评，并根据各时期的工作重点，开展市容环境卫生专项整治和调研工作，进一步促进市容环境卫生长效管理整体水平的提高。全年共进行每日市容巡查 282 天次，常规考评 53 项次。

依法行政、依法管理，市政公用环卫设施的效能进一步提高。全年办理审批、核准事项 983 件，委托行政处罚案件 3.55 万件。其中，纠正处罚违规 13.46 万起，罚款 117.6 万元；拆除违章或简易搭盖 1.43 万平方米；没收非法捕捞工具 1 468 件；没收无证经营液化气钢瓶 4 125 只；暂扣运载“黑气”车辆 45 辆次；清洗各类乱张贴广告五千多张，拆除固定广告 847 条。保证了市容市貌整洁优美。

四、抓市场，市政设计、监理在市场竞争中健康发展

市政设计单位先后完成市府大道、鹭江道等 13 项的项目建议书、11 项工程可行性报告的编制，储备一批工程项目，配合施工，完成“畅通工程”的道路渠化改造设计。同时积极拓展设计范围，开拓新的设计领域。

工程监理坚持监理工作制度和质量管理体系的操作方式，规范监理工作行为，坚持旁站和巡视相结合，对关键工序和重点部位采取全过程跟踪监督的监理方式，与施工单位共创优质工程，监理工程项目 93 项，完成监理工程总量 2.72 亿元，已竣工并通过初验的工程项目 13 项中，有 12 项被评为优良或推荐为优良。

五、抓科技创新，推动生产力发展

建立了鼓励科技人员积极参与技术创新的激励机制，在发展高新科学技术、加快先进科研成果的转化方面有了长足进步。《厦门市城市生活垃圾源头管理对策的研究》被评为省建设系统 1999～2000 年度科技进步二等然。厦门市政部门有 25 篇优秀论文被“厦门市第三届青年学术年会”选入论文集。组织了一批科研项目（课题），其中《厦门市筼筜湖水质影响因素及水体良性运行方式研究》被省科委列为 2000～2001 年度科研项目。开展“厦门市第三届优秀发明创造、技术改进革新、合理化建议、能工巧匠评选”活动。

（厦门市市政管理局　刘北飞供稿）

电力供应

2001 年，厦门电力供应工作以实施让客户满意、政府放心的“双满意”工程为主线，以创建国际一流供电企业为载体，做好全市电力供应工作。全年共完成售电量 47.5 亿千瓦时，比上年增长 14.5%；供电电压合格率为 99.5%，供电系统用电可靠率为 99.98%，比一流供电企业考核指标分别高出 1.5%和 0.02 个百分点，比承诺的指标分别高出 4.47%和 0.08 个百分点。线损率实际完成值 3.61%（小于考核值 5.42%），充油（气）设备无泄漏。

一、落实责任、强化管理，夯实安全生产基础

（一）以确保安全生产作为企业最重要的基础，建立全方位、网络式安全监督管理体系，在主要生产部门设立了专职安全助理，执行安全检查登记备案制度，切实加大对各级领导和安监人员履行安全责任是否到位的考核力度。

（二）突出抓好人身安全，积极推行“危险点分析预控”方法及生产现场安全设施标准化建设工作，修订安全生产奖惩制度，加大反违章力度，严肃查处“三违”行为。

（三）全面贯彻落实国电公司《安全生产工作规定》、《电业生产事故调查规程》和《防止电力生产重大事故的25项重点要求》，并按照“横向到边、纵向到底”的要求，认真落实安全性评价的整改工作。企业安全性评价生产部分的整改完成率达到98.7%，安全管理部分的整改完成率达到96.9%。

（四）针对岛内电网迎峰度夏形势十分严峻的问题，加强调度运行管理，提前制定电网运行方式预案，落实各项针对性措施，确保了“台交会”、“厦门大学80周年校庆”和第五届中国投洽会等重要活动的重点保电工作万无一失。

（五）强化班组建设，提高班组规范化管理水平，落实安全生产“三级控制”，下功夫抓好班组“危险点分析预控”工作，构筑安全生产的第一道防线。

（六）加强在线技术监督和主设备管理，对技术参数有不良发展趋势的重要设备加强跟踪监测，利用变电检修管理系统实现了设备消缺的闭环管理，并成立继电保护中心，重点加强继电保护、监控系统和自动装置尤其是防误闭锁装置的监督管理。

（七）建立健全全农电安全保证体系和安全监察体系，在各农村供电营业所配备兼职安全员，定期开展农村电工安全教育活动。

二、以客户为中心，推进“双满意”工程

以供电“双满意”工程列入厦门市委、市政府为民办实事项目为契机，以客户为中心实施管理革命。根据省公司基层供电单位机构设置框架，按照市场型企业和信息型企业精简高效的要求，对企业内部组织机构设置进行了部分优化整合，下放内部审批权限，优化办事流程，强化面向市场快速反映的服务功能。紧扣“双满意”工程的七项内容，加强领导，真抓实干，双满意各项工程顺利推进，完成了市委、市政府下达的“为民办实事”项目。大力实施业扩项目“提速”工程，业扩工程新增容量69.6万千伏安，为全年电量增长奠定良好基础。在省电业系统首家通过电农“两改”验收，近22万户农村客户实现了“四到户”供电，减轻农民负担二千多万元，并实现了同安工业用电与厦门岛内同网同价，农电“两改”被市政府表扬，为全市最实惠的民心工程。大力实施增供促销“五项工程”，全年累计新增容量37.5万千伏安（全年计划的405%），为上年的4.3倍。缩短业扩流程，零散居民一户一表报装和其他无工程用电报装做到了“满足客户需求，一次就做好”，零散居民一户一表报装到装表接电时间不超过5个工作日（客户延误的时间除外）；大力推行“零天工程”，其他无工程用电从受理申请到装表接电最长时间为6天。由工程的用电，根据客户提出的合理要求的时间送电，在现场具备供电条件的情况下，确保最长不超过30个工作日。全年累计发展一户一表5.03万户（完成“双满意”承诺要求的279.7%），完成81个企事业单位及32个物业小区一户一表改造（分别完成全年计划的101.3%和107%）。实行客户经理制和与之配套的项目经理制，制订了厦门电业局项目经理构架、项目经理制管理办法，促进了电力经营机制的转变。大力开展带电作业、不停电检修等技术创新举措，从技术上支撑缩短流程。目前，电力部门已有10部抢修车辆、生产维护车辆装上GPS（卫星定位）监控调度系统。抢修中心调度人员可以从计算机或投影屏幕上的厦门市电子地理地图上一目了然看到抢修车辆当前所在的位置，并可通过车载电话进行指挥调度下令抢修人员前往就近的故障点作业，大大提高了车辆抢修运行、调度指挥的效率。

三、开辟“项目直通车”，加速建设城乡电网

2001年城乡电网建设任务空前繁重，投资规模超过前两年的总和，相当于“九五”期间的40%。为此，专门成立了规划建设部，开辟“项目直通车”，在基建全过程管理上引入柔性管理，淡化部门界限，实行项目责任人制，引进监理力量，开展联合设计，加强评标、审图、质监和工作验收工作。全年共完成电网建设改造投资4.59亿元，为上年的4.5倍。新建、扩建3座220千伏变电站、7座110千伏变电站、完成厦门电力第三通道和100多项配网工程的建设。其中重中之重220千伏安兜2号主变扩建工程于2001年7月21日投产送电，增加岛内220千伏变电容量17万千伏安，对减轻220千伏半兰山变电站负荷过载压力、提高岛内供电可靠性，确保厦门电网在夏季负荷高峰期间没有出现拉闸限

电起到关键作用；220 千伏梧桐 2 号主变扩建工程于 9 月 18 日投产送电，增加岛外 220 千伏变电容量 12 万千伏安，为厦门工业向岛外转移提供可靠的电源和充足的容量；省重点工程 220 千伏厦禾变电站和电力第三进岛通道工程于 10 月 30 日顺利投产送电，为全岛电网的安全、可靠运行提供坚强的保障；110 千伏曾厝变电站工程和 110 千伏叶厝#3 主变扩建工程也于 12 月竣工投产，110 千伏江头变电站工程和 110 千伏官任变电站扩建工程也将在 2002 年初投产送电，110 千伏县后变电站工程和 110 千伏枋湖变电站已完成三通一平，110 千伏前埔变电站已在施工中。

开展农电“两改”、“百日百村”攻坚工程。自 2000 年第四季度启动以来，得到市政府的大力支持，在全市掀起农电“两改”高潮。到 2001 年底，杏林区、集美区、同安区的农网改造已通过省公司组织的初验收，岛内 18 个村农网改造已全面完成。全市农网改造共完成投资 2.87 亿元，共改造 294 个行政村、46 条 10 千伏线路，新建 14 个农村供电营业所，已对 20 多万农户实行了“四到户”（销售到户、抄表到户、收费到户、服务到户）服务。农村电价有了大幅度降低，同安区实现城乡用电同网同价，杏林区、集美区到户电价降到 0.46 元/千瓦时以下，岛内 18 个行政村直接实行同价政策，即 0.367 元/千瓦时，减轻农民电费负担，他们切身感受到了实惠，并受到了省减轻农民负担工作检查组的充分肯定。

四、加大投入、技术创新，建设“数字电力”

市电力部门以省电力公司在厦门建设高科技工业园区为契机，大力实施建设“数字电力”工程，构筑技术创新体系。成立了科技信息部，加强对科技项目的全过程管理，建立专业技术带头人队伍，配齐部门主任工程师和班组技术负责人，调整健全各专业管理网，以技术专业带头人为代表锻造企业技术创新的主力；加快配网自动化建设，在鼓浪屿全岛实现缆化并建成集环网自动化、负荷管理、配变监测、载波抄表等四个子系统为一体的配电综合管理系统。同时 GIS 地理信息系统建设完成前期方案设计，列入国电公司首批试点城市；大力推广带电作业，成功实施全省首例 500 千伏带电作业，并有两项 500 千伏带电作业项目通过了省级科技成果鉴定。同时，10 千伏带电作业拓展至 5 个项目，在 85 回路 160 千米配电线路试行不停电综合检修。启动 10 千伏配电线路不停电综合检修工程，全方位开展 10～500 千伏带电作业，全年开展 10 千伏带电作业 323 次（位居公司系统第一位，占总数 38%），多供电量 298 万千瓦时（2000 年为 97 次，多供电量 298 万千瓦时），并有两项带电作业项目首次荣获福建省科技进步二等奖和三等奖；启动数字化电力信息服务系统建设，其中计算机城域宽带网已初具规模，电力信息网站正在逐步完善，交互式“96996”电力综合服务系统完成了方案设计，业务扩展流程查询系统已初步建成。

（厦门市电业局　王兴献供稿）

环境保护

一、“一控双达标”再提高工程进展顺利

为进一步巩固“一控双达标”成果，一年来，环保部门对全市 441 家工业企业及“十五小”的情况集中开展了工业污染源专项检查。坚持不懈地实施再提高工程，完成省重点污染源的自动监控系统建设，坚持新建项目必须符合清洁生产工艺及该区域总量要求，做到增产不增污。继续加大老企业改造力度，促进产业结构调整，按照《厦门市环境功能区划》调整工业布局，积极促进厦门饮料厂、卷烟厂等一批企业搬迁出岛的前期工作。积极推动污水处理厂建设，进行污染集中控制。

2001 年全市污染物排放总量比上年有所减少，二氧化硫排放 3.89 万吨、工业粉尘排放 0.04 吨、烟尘排放 0.91 万吨、COD 排放 2.24 万吨、石油类排放 4.36 万吨；环境污染和生态破坏的势头继续得到控制；环保资金投入占 GDP 的比例达到 2.2%，按期实现了整治目标。与上年相比，年度降水酸度有所减弱，酸雨频率有所降低，但城市空气污染有所加重。

二、环境专项整治初见成效

继续巩固已有噪声达标区和烟尘控制区。组织协助有关部门修改完善《厦门市机动车排气污染防治办法》；加大对公交车、中巴运营车和柴油车的整治力度，推广清洁燃料，加大年检和路检力度；全年共监测汽车尾气 3 万多部，在路检行动中，对 715 辆冒黑烟的本市车辆进行限期治理，并对超标车处罚金额计 12 万余元。

2001年9月20日，在厦门港青屿水道发生了油轮碰撞沉船事故，环保部门积极协助相关部门，冒着台风来临的危险同涉海部门一道把沉船内轻柴油抽出，采取设置围油栏，调集消油剂等措施把油泄漏对海域污染减少到最低程度，使这起重大环境污染事故得到及时处理。

三、生态环境保护工作有所突破

完成了《厦门珍稀海洋物种国家级自然保护区总体规划》的组织编制和上报。组织完成大屿白鹭自然保护区建设项目规划方案并通过专家评审，及时参与协调和妥善处理了集美白鹭保护小区事件和杏林蔡林社白鹭栖息地保护事宜，消除了不利影响。进一步加大九龙江流域综合治理协调力度，制定了厦门市九龙江综合整治年度工作计划；签订工作责任书，划定了禁养区，制定了治理计划方案，组织各分局下达限期改正通知书63家，27家治理达标，九龙江流域的污染趋势得到遏制。

完成《厦门生活饮用水地表水源保护区划定方案》编制任务，开展生态环境现状调查工作，完成了国家环保总局布置的近岸海域环境功能区划工作检查，协调开展沿岸入海排污口情况调查，协调组织开展宝珠屿周围海域赤潮观测；与海事部门、海管办及时处置了东海码头前沿海域无主源油污染；划定了秸秆禁烧区。继续指导和推动同安、集美、杏林开展创建生态示范区工作。

四、环境执法和宣教力度持续加大

全年实施环境行政处罚案件数119件，罚款55.81万元；举行听证1件；受理行政复议案件1件；维持具体行政行为1件。在严肃查处环境违法行为专项行动中，查处违法行为17起。通过授予下属执法单位5 000元罚款以下的处罚自行决定权，提高了执法效率，有力促进了环境违法行为的查处力度。加强了对污染源的现场监理，全年共对企业现场监理3 109厂次，监督、检查污染治理设施运行情况和排污情况，对严重违反规定的企业进行严肃处理，并通过媒体曝光。受理环境投诉6 562件。在中高考期间对噪声污染进行了重点监理，“两考”期间噪声投诉有所下降。认真做好排污收费工作，全年收费达4 207万元。

认真做好环境宣传教育工作，结合“一控双达标”等中心工作开展宣传报道，围绕“六·五”世界环境日主题，开展公益广告获奖作品展示、支持绿博会签名、专题文艺晚会等形式多样的宣传活动。在全市开展“创建绿色学校”和环境教育基地的评选活动，还扩大了环保科技夏令营的招收人数。认真做好全国人大环资委、建设部、国家环保总局和厦门市共同主办的首届“国际城市绿色环保博览会”的各项筹备工作，成功举办了高校大学生绿色环保论坛。

五、环保科技、产业及各项工作取得新进展

完成了《厦门海滨鸟类多样性研究》、《厦门岛东南海域沙滩稳定性分析及海滨浴场环境保护》等科研课题。对环境管理信息化进行研究，开发了建设项目管理、污染源管理系统等软件；应用高分辨卫星影像为厦门西海域综合整治项目提供了翔实准确的海洋资源利用数据；完成了中意遥感与地理信息系统技术合作项目和国家环保总局城市环境信息系统建设项目。环保产业工作有所进展，组织开展全市环保相关产业基本情况调查。大力推行清洁生产审计和ISO14000环境管理体系认证，鼓浪屿区还在全国率先以作为具有名胜风景区和行政区双重身份通过国家环保总局和建设部的现场验收，成为ISO14000国家示范区，集美北部工业区也成为国家首个通过环境管理体系认证的台商投资区。

加强环境监测工作，对全市环境空气、地面水、海洋、噪声等环境要素开展了例行监测，继续开展对酸雨、赤潮等监视性工作，完成有效监测数据62万个，认真组织编写完成了1996～2000年5年环境质量报告书，并获全国一等奖。按时完成了覆盖全市的空气质量自动监测系统的建设，继全市空气质量日报率先于1999年实现向媒体公布后，2001年又成为国家第一批实现空气质量预报工作的城市。

（厦门市环境保护局　供稿）

绿化工作

2001年，全市完成义务植树工日数69.43万个，植树210.94万株，其中乔木88.51万株，灌木122.43万株；种植绿篱1.29万米，草坪84.5万平方米；新增园林绿地200.89公顷，全市建成区园林绿地总面积达2 955公顷，其中公共绿地总面积达676.5公顷，建成区绿地率达33.6%，绿化覆盖率达35.7%，人均公共绿地面积达9.7平方米。

一、全民义务植树工作

为纪念全国开展全民义务植树运动20周年，展示20年来厦门军民踊跃参加义务植树、绿化美化厦门所取得的成果，激发全市人民投身新一轮的生态环境建设中去，2001年3月在厦门园林植物园百花厅举办了“厦门市义务植树绿化成果图片展览”。在《厦门日报》刊登了绿化宣传专版，宣传近年来城市绿化的成果，宣传绿化的艰巨性和紧迫性。各区也充分利用广播、电视、图片、咨询、展览以及标语等宣传手段，开展植树节系列宣传报道，及时服道城乡绿化新动态、新成就，宣传绿化先进单位的典型事迹。组织召开2001年全民义务植树及城乡绿化动员表彰大会。大会表彰了厦门市2000年度27个“花园式单位”和“九五”期间厦门市57个义务植树绿化先进单位和138位先进个人，还聘请了10位市民担任“绿色大使”。市五套班子领导与机关干部、驻厦官兵等300余人到仙岳路参加义务植树劳动，在3公里长的路段上种下了600株海南蒲桃、垂榕、黄金榕等树种。各区结合裸露山体、火烧迹地植被恢复，造林更新、中幼林抚育间伐、封山育林及沿海基干林带建设，绿色通道树木的抚育，城乡结合部绿化，绿地的养护、保洁等重点工作，均组织开展了义务植树劳动。

2001年市直各单位共在狐尾山、仙岳山、植物园、环岛路、厦大后山等种植马占相思、巨尾桉、木麻黄、柳杉、木荷、香樟等5.2万株。团市委组织800名青年志愿者在云顶岩柯厝山“新世纪青年林”种植马占相思、木荷8 500株。

二、城市园林绿化建设

新增公共绿地面积21.84公顷。主要项目是市府大道新建段两侧及部分街头绿地，鼓浪屿无线电四厂搬迁地绿化，人民会堂广场、会展中心广场绿地改造，白鹭洲周转房拆房建绿以及莲前路西林段街头绿地等；西堤公园的拆迁工作正在加紧进行。中山公园拆墙透绿及内部改造基本完成，完成了筼筜湖湖心岛增植乔木的改造任务，筼筜湖湖心岛原已栽种黄槿、福建茶、美人蕉等植物，近年来，这里成为白鹭等鸟儿觅食、逗留的好场所。

新增道路绿地19.8公顷。主要项目有仙岳路仙岳村段、吕岭路东段、市府大道公园段、环湖里大道、鹭江道北段以及集美经三路、纬三路、纬五路等，杏林百佳路、文华路南段，海沧中沧工业区市政路和新阳工业区阳光路明达段、柯达段等道路绿化。市政府把种植5万株乔木列入2001年度为民办实事项目，从广东、广西、海南、江西等地采购苗木，在疏港路、金尚路、嘉禾路、吕岭路、福厦路、莲前路、仙岳路和岛外各区主干道及部分街头绿地种植麻楝、天竺桂、肯氏南洋杉、垂榕、大叶榕、凤凰木、重阳木、海南蒲桃、尖叶杜英、印度紫檀、黄槿、小叶榕、蝴蝶果、人面果、盆架子等乔木5.54万株。

新增单位附属绿地87.68公顷，主要项目是鼓浪屿干部疗养院、创新生物高科技园、路桥高科技园、明达塑胶厦门有限公司、海沧污水处理厂、DELL公司、预备役高炮团等单位的附属绿地。

新增居住区绿地34.59公顷，主要项目有厦门唐庄、联发紫薇花园、前埔北区西组团及西组团中心花园，以及展城新村、假日花园、金山小区、东方巴黎、岭兜小区、宏山小区等。

完成风景林地划归统一管理面积36.98公顷，主要是磨心山及双狮山等；完成了省级以上风景名胜区的自查工作及国家级风景名胜区总体规划修编的前期工作，为2002年完成修编工作打下了基础。制作《厦门市园林风景名胜资源管理信息系统》、制定《厦门市风景名胜资源保护规划》 完成了风景名胜资源保护与管理的行政执法委托二作，使风景区和风景林地的管理逐步走上规范轨道。

本岛整治裸露山体9公顷，主要地点是薛岭山、马峰山靠湖里一侧、仙岳山西端西侧、山脊线防火道等裸露山体绿化工程，其它重要部位绿化覆盖也取得一定进展。

圆满完成摆花及全国其他花卉参展任务。认真做好元旦、春节、国庆等重大节日摆花及市里组织承办的“台交会”、“广告节”、“果博会”、“投洽会”和“绿博会”等大型展览的摆花任务，共摆放鲜花50万盆。

2001年厦门市成功地举办了全国首届“绿博会”。由全国人大环资委、建设部、国家环保总局及厦门市人民政府主办的《中国（厦门）国际城市绿色环境博览会》11月18日～11月11日在厦门市国际会展中心举行，共有包括二十多个国家和地区的四十多个城市、三百多家中外企业在内的二万多名海内外客人参加。此次展览设计新颖，构思独特，绿意盎然，充分展示出境内外城市园林、环保方面取得的成就及园林、环保领域的新技术、新成果。

三、绿色通道工程建设及城乡绿化一体化建设

绿色通道工程建设取得新进展，公路部门完成环岛路、国道319改线、马青路、翁角路、兴港路、角嵩路、省道205线、国道324线、国道319线、孙坂线及同集路等公路绿化改造、提高，新种植乔

木 5.3 万株，灌木 24.09 万株；补植乔灌木 9.31 万株。

继续开展单位庭院（居住小区）绿化达标及园林式镇（村）检查评比工作。2001 年共评出厦门市国家安全局等 46 个单位为市级“花园式单位”；厦门翔鹭涤纶纺纤公司等 19 个单位被省绿化委员会评为第一批省级“花园式单位”；同安区大嶝镇被评为第三批省级园林式乡镇；集美区后溪镇后安村、集美区灌口镇灌口新村、同安区马巷镇桐梓村被评为第三批省级园林式村庄。厦门市路桥建设投资总公司、厦门市公路局被全国绿化委员会、人事部、国家林业局授予“全国绿化先进集体”荣誉称号；柯汉寿被授予“全国绿化先进工作者”荣誉称号。

四、园林绿化保护和管理工作

加强园林绿地的养护管理工作。道路、广场精细化管理及彩化水平有新的提高，市绿化工程处以重点工程为龙头，积极完成绿化养护各项工作。完成 2.2 万株大树种植任务，实施“固本促绿”工程，为 1.6 万株行道树调查挂牌，实行动态数据管理，向科学化、规范化、精细化迈开了坚实的一步。公园绿地养护管理逐步走向规范化，环境卫生常年保持较高水平。中山公园在市府大道建设、影剧院改造、拆墙透绿、园内大面积改造的情况下，及时调整管理方式，使园容园貌仍保持较好水平。

不断完善园林绿化考评机制。按照市里对园林绿化管理的总体要求及标准，加强全市园林绿地管理的全面考评，并召开了道路绿化管理、居住小区绿化管理、公园（风景点）园林管理、单位庭院绿化等不同类别绿化管理典型现场会。从而提高园林行业队伍素质，加强园林绿化管理的责任感，增强市民群众对园林绿化的认识和参与保护意见。

加强绿化工程质量管理。园林绿化工程质监站积极采取有效措施，加大工程质量管理力度，搞好养护期跟踪核验，保证了工程质量的不断提高。2001 年接受绿化工程质监委托总面积达 67.55 万平方米，总预算投资金额 3 492.72 万元。

强化山林病虫害、火灾的治理和防护。市护林大队在根据组建时间短、人员组成新、管理范围大、反映要求快等特点，坚持抓好制度建设、业务技能培训和快速反映能力的提高。2001 年及时组织扑灭山林火警 30 起；完成岛内 1.3 万亩山林的“松毛虫”虫害的施药防治和监测；制止和调查破坏山林事件 20 余起。

加强对古树名木的保护管理工作，对已登记挂牌的古树名木的生长情况及病虫害防治情况进行巡查，重点对受白蚂蚁侵害的古树名木施放了防治白蚁药物，控制白蚁的蔓延。同时针对巡查中发现的问题，采取相应的措施进行保护。与各管护责任单位签定管护责任状，落实管护措施；对未鉴定树龄的大树进行调查摸底，为第二批古树名木的树龄鉴定、登记造册作准备。对已死亡的古树名木进行注销登记。

（厦门市市政园林局　许海燕供稿）

城市气候

2001 年厦门市气候仍出现部分异常，主要表现在：气温偏高，尤其是冬、春两季特暖。降雨量偏多但分布不匀，春季中旱、夏季大旱、秋冬季特大旱。

一、主要气象要素分析

气温　年平均气温明显偏高，尤其是冬、春两季特暖。春播期（2 月下旬～4 月上旬）气温特高，没有出现“倒春寒”。23℃型秋季“寒露风”比常年略偏迟。

年（1～12 月）平均气温 21.3℃，比常年偏高 0.7℃，仅次于 1998 年。极端最高气温 37.4℃（7 月 30 日），极端最低气温 6.0℃（12 月 23 日）。

各季平均气温：

冬季（2000 年 12 月至 2001 年 2 月）平均气温 15.3℃，比常年偏高 2.0℃，各月平均气温也都比常年偏高 2.0℃以上，为特暖的暖冬。

春雨季（3～4 月）平均气温 18.0℃，比常年偏高 1.3℃。春播期（2 月下旬～4 月上旬）平均气温比常年明显偏高 2.2℃，与历史同期最高年 1997 年持平。

梅雨季（5～6 月）平均气温 25.1℃，比常年偏高 0.8℃。

台风季（7～9 月）平均气温 27.5℃，比常年偏高 0.1℃。

秋季（10～11 月）平均气温 20.9℃，比常年偏低 0.3℃。“寒露风”出现在 10 月 10～13 日，比常年略偏迟。

突破历史同期最高纪录的有：冬季平均气温 15.3℃，比常年偏高 2.0℃，超过历史同期最高年

1998年；上半年平均气温19.2℃，比常年偏高1.3℃，也超过历史同期最高年1998年。

降水 年降雨总量1 513毫米，比常年偏多近二成。

各季降雨总量：

冬季（2000年12月至2001年2月初）降雨量162毫米，比常年同季多一成。

春雨季总雨量268毫米，比常年同季多一成。2月11日～3月24日连旱39天，出现春头旱（中等）。春雨晚，在3月25日才开始解除春旱。4月10日春雨基本结束，比常年明显偏早。

梅雨季开始于4月28日，比常年偏早；5～6月总雨量526毫米，比常年偏多五成，仅次于2000年、1965年。

台风季受四个热带风暴影响，8月底还受到热带低压影响并出现暴雨。7月19～8月27日连旱39天，出现伏季大旱。9月降雨量特多。7～9月总雨量626毫米，比常年偏多三成。主汛期（5～9月）总降雨量1 152毫米，比常年偏多四成。

秋季总降雨量仅4毫米，比常年明显偏少九成以上。2001年9月29日～2002年1月24日连旱日数超过110天，出现秋冬季特大旱。

全年共发生8天暴雨（3月25日、4月18日、5月18日、6月25日、7月6日、8月30日、9月19日及20日）。最大日降雨量153毫米（9月20日）。

降雨突出特点为降雨量及时段非常集中：1月25～26日二天总雨量占全月的83%，3月25～27日三天总雨量占全月的75%。8月28～31日4天总雨量占全月的97%，9月19～20日2天总雨量占全月的67%。

日照 年日照总时数1 995小时，比常年偏多不到一成。

各季日照总时数：冬季443小时，比常年略偏多一成。春雨季276小时，比常年偏多近三成。梅雨季272小时，比常年略偏少一成。台风季590小时，比常年略偏少一成。秋季423小时，比常年偏多近二成。

二、重大天气气候事件

2001年对厦门有影响的热带风暴全年有四个，接近常年。初台偏早在6月下旬，影响较大的是16号台风“百合”。

2号台风“飞燕”6月23日登陆福清，影响厦门6月25日出现暴雨（68毫米），过程（23～27日）总降雨量104毫米，但风力不大，利大于弊。

4号台风“尤特”7月6日登陆海丰—惠来，厦门7月4～6日风力6级、阵风9级，6日出现暴雨（65毫米），过程（6～7日）总降雨量66毫米。

16号台风“百合”9月19日凌晨进入台湾海峡减弱为热带低压，厦门9月19和20日连续出现暴雨（60毫米）和大暴雨（153毫米），过程（17～21日）总降雨量220毫米，发生雨涝灾害。

19号台风“利奇马”9月26日登陆台湾岛、28日进入台湾海峡减弱为热带低压，厦门25～26日受台风和冷空气共同影响，风力6级、阵风8～9级。过程（26～29日）总降雨量只有9毫米。

2001年共出现暴雨8天，其中有4天为热带风暴影响造成。最大日雨量153毫米（9月20日），为16号台风“百合”影响造成。

（厦门市气象台　张康民供稿）

财 政 税 务

财政工作

一、财政收入首次突破百亿元大关，收支运行情况良好

2001年全市财政总收入突破百亿元大关，比上年净增19亿元。在全市财政总收入中，税性收入入库105亿元，占95%，完成全年预算的105.7%，比上年增收18.62亿元，增长21.6%；非税性收入入库5.52亿元，占5%，完成全年预算的93.18%，比上年增收0.38亿元，增长7.36%；从税收来源看，2001年外商投资企业继续保持强劲发展势头，特别是少数著名跨国公司支撑作用明显，成为带动全市经济快速发展的重要增长点和生财点。市税务部门征收涉外税收42.3亿元，占全部税收收入的比重由上年的37.2%提高到39.7%；从主体税种看，增值税全年入库45.3亿元，比上年增长22%，增收额占同期财政总收入增加额的42.9%，拉动财政总收入增长8.9个百分点。全年企业所得税入库15.1亿元，比上年增长74.1%，增收额占同期财政总收入增加额的33.8%，拉动财政总收入增长7个百分点。个人所得税入库7.75亿元，比上年增长68%，拉动财政总收入增幅3.4个百分点。从收入结构看，区级收入比上年增收4.72亿元，增幅高于市本级11个百分点。从支出上看，财政支出结构进一步优化，教育、农业、科技等各项重点支出得到有力保障。

二、深化改革，着力建立一整套新预算管理体制及运行机制

2001年，市财政部门把改革的重点放在构建以部门预算为龙头，以国库集中支付为手段的新预算管理制度上，花大力气，下大功夫组织进行改革攻关。

（一）抓深入调研。在汇总出版上年各处室提供的《实行国库单一账户与预算会计改革》等19个调研课题成果的基础上，下达了本年度33个调研课题，使调研工作制度化。各处室采取请进来、走出去、深入基层等办法，纷纷撰写了有一定质量和水平，具有一定可操作性的调研文章，并注重转化到财政改革中，使调研工作出成果、出效益。

（二）抓制度创新。明确深化部门预算改革的总体思路：将部门预算按基本支出预算和项目支出预算分开编制。①将基本支出预算分人员经费支出和日常公用经费支出两部门，以定员定额标准进行分配；②把项目支出预算编制的重点放在编制政府采购预算，扩大政府采购目录，进一步细化预算；③采用新的预算目级科目，由12个目级科目增加到44个，简化了部门预算报表，由上年的15张减为5张；④为了将预算外资金完整地纳入综合预算，从根本上减少“小金库”问题的发生，按照“有堵有疏”原则，将“非转经”收入纳入部门预算统筹安排。

制定了《厦门市财政国库管理制度改革试行方案》，明确提出到2004年全面建立以国库单一账户体系为基础、资金缴拨以国库集中收付为主要形式的现代国库管理制度。

（三）抓布置和培训。较早以市政府的名义组织召开了2002年全市预算编制工作，部署了2002年全市财政收支预算编制工作。会后，又分别召集各有关部门召开了十几场座谈会。此外，专门组织了具体编报人员对报表的填报、软件的使用以及有关新科目的内容集中时间进行培训，确保编制工作的顺利进行。

（四）抓全面实施。2002年的预算编制按照计划将如期完成，并把市政府42个直属部门的部门预算提交2002年召开的市人代会审议。在国库集中支付方面，主要实施了几方面的工作：①建立了政府

采购专户，政府采购资金全面实施统一支付，凡列入政府集中采购目录的项目，财政资金不再拨到行政、事业单位，而是通过政府采购专户直接支付给供应商，减少了资金在途，提高了资金使用效率。此外，为了规范政府采购资金支付流程，在执行中进行了调整，规定政府采购资金自筹部分不再缴入采购专户，经采购办同意，可以按合同自行支付给供应商。②财政统发工资扩大了范围，把276个单位（在职）和270个单位（离退休）的行政机关事业单位和市属中小学离退休人员共22 341人工资纳入了财政集中支付的范畴。③将国库集中支付的范围扩大到基本建设拨款，减少拨款环节，提高财政资金的使用效率。

三、增加财政投入，增强经济增长后劲

（一）落实增投措施，积极筹措资金。千方百计筹措资金，增加投资。在年初183亿固定资产投资计划中，财政性投资融资从预算内外、中央国债转贷资金历年结余及今年新增、国家开发银行贷款、地方商业银行贷款等渠道筹集大约50亿元。

此外，成功向财政部争取国家会计学院项目。在市委、市政府的全力支持下，把争取国家会计学院项目作为重点工作，并把环岛路边的一块政府储备地块作为该项目用地。确定总投资额为5亿元。

在增加资金投入的同时，继续加强对项目工程的审核，全年共完成1 518个项目工程的预决算审核，审核工作量40.25亿元，净核减5.03亿元；审核标底136个，中标价19.39亿元，超额完成了年度计划任务。

（二）加大对企业的投入，促进企业发展。出台《厦门市财政扶持高新技术企业发展的若干意见》，利用资助、贴息、担保等形式，培植经济增长点，增强了经济后续发展能力。当年预算内安排的企业挖潜改造资金达4.29亿元，比上年增长54%；科技三项费用达1.59亿元，比上年增长31.7%；重点支持了9家老企业搬迁、异地改造和企业技术改造、升级；落实了信息港、软件园、留学人员创业园的建设资金。

（三）鼓励出口。采取措施，对出口退税滞后、机电产品出口、高新技术产品出口、对台贸易给予贴息和补贴，千方百计扩大出口。同时，会同有关部门积极推动出口退税抵押担保业务的开展，最大限度地降低出口退税滞后带来的影响。把国家和市政府出口贴息政策落实到位，及时足额兑现贴息资金，2001年度已兑现给企业国家和市两级贴息1.4亿元，大大缓解了出口企业资金压力，降低成本，有力地拉动了出口增长。

（四）支持国有企业改制，保证职工的妥善安置。安排预算资金并制定《厦门市国有企业改制与破产准备金管理使用暂行办法》和《厦门市国有企业关闭、破产和改制中支付职工经济补偿金暂行办法》，规范国有企业改制与破产资金及职工补偿金管理。继续搞好“两个低保”和“一个确保”工作，进一步完善社会保障体系。

（五）继续清理乱收费，改善投资环境。结合当前改革形势，对一些基金项目进行清理。加强了土地基金的管理，以市政府规范性文件出台了《厦门市土地基金管理暂行办法》；设立了土地基金，对土地基金实行财政专户“收支两条线’管理，并设专账核算，单独编制收支计划；从机制上防止土地出让金征收和使用过程腐败现象产生。逐步建立社会保险费，“税务征收、财政监管、社保使用”新的征缴管理模式。

四、加强财政监督管理，严肃财经纪律

（一）加强检查，切实抓好整顿财经秩序工作。全年由市财政牵头组织了6次涉及全市性的专项清理检查验收工作：①《会计法》执行情况检查。有2 665个单位进行了自查、自纠，对310家单位的会计基础工作和会计信息质量方面进行了重点检查，查出违纪金额8 100万元，对129个有违法违纪现象的单位予以通报批评；②按照上级要求，对市注册会计师等13个行业的经济鉴证类社会中介机构脱钩改制工作进行检查验收；③完成了1999～2000年度科技计划项目、经费的全面清理工作，并进行了重点检查；④对市各有关单位自2000年以来的国有企业下岗职工基本生活保障资金、基本养老保险基金、失业保险基金以及城市居民最低生活保障资金的管理情况实施了专项检查；⑤对住房公积金、售房款（维修基金）1997～2000年间各政策性承办银行的运作情况进行了全面审计；⑥对预算单位银行账户资金的年审。通过开展2001年行政事业单位银行账户年检暨清理整顿工作，撤并银行账户910个，清理各类资金2 000多万元上缴财政专户；同时还认真配合做好同级审计及查处问题的整改工作。

（二）认真落实好市委、市政府委予的反腐败专项任务。根据市反腐败领导小组办公室的部署，重点抓试行会计委派制、政府采购制、行政事业性收费实行“收支两条线”管理以及制止收受礼品礼金、有价证券、贵重物品等专项工作。

1.正式实施会计委派制。经过精心筹备，会计委派制开始启动，实现了三个到位。①制度到位。

出台了《厦门市属国有企业财务总监委派及其管理试行办法》，对委派的财务总监的任职资格、岗位职责、职务任免、管理与监督等方面作出了统一规定；②组织机构到位。成立了正处级的事业单位——厦门市会计管理中心，专门负责会计委派工作；③人员到位。选派了一名处长任会计管理中心主任，并向社会公开招聘6名具备会计中级职称、有丰富的会计从业经验的人员为财务总监，经过市政府批准，6名财务总监已全部委派到有关企业。

2. 政府采购制度进一步健全和完善。纳入政府统一采购的项目已达103项，基本涵盖了行政事业单位各类办公设备、专用设备、修缮工程和服务项目。全年完成全市政府采购合同金额4.71亿元，节约财政资金7 732万元，节约率为14.1%；同时注重采购行为的规范、透明，提高工作效率。开通了厦门市政府采购信息网，推进了采购工作的电子化进程，试行网上采购；制定了政府采购服务承诺，缩减了招投标办事时限；实施了定点采购；规范评标办法，强化对评标委员会的管理和对政府采购专家的考核，组织对政府采购代理机构人员的培训，组织编印了《厦门市政府采购资料汇编》，加大了采购工作宣传力度。

3. 进一步完善行政事业性收费实行"收支两条线"管理。着重对市本级行政事业性收费所存在的深层次问题进行了认真的研究，制定对行政事业单位"非转经"实施办法。

4. 积极配合纪检监察部门开展制止赠送和收受礼金、有价证券和贵重物品工作。协助市纪委、监察局制定了若干具体规定，巩固了成果。

（厦门市财政局　叶俊毅供稿）

国税工作

一、狠抓收入，圆满完成税收任务

2001年，国税实现税收收入65.11亿元，比上年增收8.03亿元，增长14.1%，完成总局计划的102.1%，市计划的102.0%。其中：中央级收入48.60亿元，比上年增长11.3%，完成总局计划的102.1%；地方级收入16.51亿元，比上年增长23.2%，完成市计划的108.5%。"两税"入库56.56亿元，增收7.49亿元，增长15.3%，完成总局年度计划的101.9%。海关代征税收入库29.32亿元，比上年增收4.47亿元，增长18.0%。

二、真抓实干，加速依法治税进程

2001年，国税部门紧紧把握依法治税这一税收工作的灵魂与核心，积极开展工作，努力实现由"收入中心论"向"法治导向型"的转变。

一是抓思想，转变观念。淡化税收收入计划，强化依法治税观念，将背着任务去征税转变为落实税法保税收，做到依法治税，依率计征，应收尽收，堵塞漏洞。

二是抓征管，规范执法。主要抓了五个环节：抓专业化管理，进一步明确征管查职责的划分，强化各专业局之间的监督制约和业务的衔接配合；抓优化纳税服务，增加办税厅的服务设施和服务项目，建设功能齐全办税大厅；抓税收执法规范，对办税程序、审批环节、工作标准等方面一一加以规范；抓执法责任制的考核管理，建立考核评议制度、过错追究制度；抓内部执法监督机制，规范文件的出台程序，认真清理了7份与税收法律、行政法规和其他相关法律、行政法规不符的规范性文件。

三是抓规划，明确目标。根据税收法制基本完备、执法行为全面规范、执法监督严密有力、执法保障明显改善、队伍素质显著提高的工作目标，以及内外并举，重在治内，以内促外的指导方针，制订《厦门市国税局依法治税实施方案》，明确了近期目标、中期目标与远期目标，强调了可操作性。

三、推进改革，初步建立现代税收征管模式

2001年完成了征管、机构、人事制度综合改革。按照"强化管理、精简效能、积极稳妥"三项改革原则，采用分步实施的方案：市区按专业化管理要求，设立征收局、管理一局、管理二局、稽查局、涉外税收管理局、进出口税收管理局等6个专业局，岛外因地制宜设立集征、管、查于一体的4个区局，设立了信息中心、服务中心2个事业单位。在组织建设与人员分流上，对缺位的8个副处级领导职位实行竞争上岗，把一批年富力强的干部推上了领导岗位。对处以下干部分别采用双向选择和整建制划转的方法，以保证工作的连续性，确保人员、机构尽快到位，各项工作不受影响。机关管理编制压缩24人，减编率30%。全系统轮岗交流377人，轮岗面达55%。分流人员73名，分流比例达到10.5%。

四、突出重点，进一步整顿规范税收秩序

开展商贸企业专项检查，确定重点稽查对象。将使用防伪税控系统的商贸企业及2000年1月1日以后成立的商贸企业列为专项检查对象。专项检查分为排查、稽查两个阶段。全系统共检查2 405户企业，其中排查有疑点户625户，转入重点稽查的有164户。对已被列为怀疑对象的企业，组织力量深入开展核查。通过专项检查，滞补罚1 109万元，促使一批账证不健全企业实行规范管理、规范纳税，取得了良好的经济效益与社会效益。

突破大案要案，取得丰硕成果。查处厦门某企业接受外地企业虚开专用发票一案，案情复杂，数额巨大，非法抵扣税款达7 300万元，在社会上产生极大的反响。加强与公安部门的执法合作，联合查处多起倒卖、虚开、制售假发票等涉税的违法犯罪行为，将一批涉税犯罪人员绳之以法，净化了环境。同时，还完善了重大税收案件集体审理制度，明确重大案件审理的原则、标准、程序和权限，制定审理业务工作规范和工作流程。

把握税案新动向，寻找热点扩大战果。组织对“零申报”企业特别是新出现的“零申报”企业开展专项检查；外税局开展间接出口专项检查、“免抵退”企业预抵税额专项检查等。一年来，除重大案件外，还查处各类涉税案件2 072户，查补税款5 279.2万元。其中移送公安机关案件31起，涉及税款1 871.05万元，通过各种媒体曝光案件6起。

五、加强内部监管，努力提高管理水平

开展征管质量考核，强化执法权监督。充分发挥计算机网络的功能，采取“被查单位自报、计算机检查核实”的方式，对征管水平作出客观考量，对存在问题，穷追不舍，找原因，查责任，加强监督，研究对策，进一步提高了征管质量。

加强税收会计核算，强化内部统计监督。将全面推进税收会计核算作为加强税务管理的突破口，制订了《厦门国税系统税收会计核算管理暂行办法》，举办业务培训班，邀请专家讲座，开展税收会计核算检查，实行权力监督。通过会计核算，税收会计信息的时效性、真实性和准确性得到了改善，税收征管水平有了新的提高。

清理纳税异常户，强化审批权监督。借助“CTAIS”，开展异常纳税户专项清理，共清理各类异常户3 725户，确认非正常户1 436户，查补税款、加收滞纳金、罚款计1 009.05万元。对纳税人申报、进项税收抵扣、缓交税款、滞纳金制度等的执行与审批，也逐项检查，考量有关责任人权力使用的合理性，完善监督机制。

加强税种管理，实现交叉制约。为了税收政策确实落实到位，分别采取措施，加强对各个税种的征管。制定了“软件产品登记管理办法”，明确了软件产品增值税超税负返还的具体操作流程；及时调整了增值税一般纳税人认定、年审政策，对新认定户一律纳入防伪税控系统管理；认真做好增值税资料普查工作，在原有对475户企业进行增值税资料普查的基础上，2001年将普查范围扩大到1 002户；加强对校办企业、民政福利企业、饲料免税生产企业等涉税优惠企业的资格审定；做好消费税重点税源信息上报工作，对涉及政策调整的烟酒行业进行了调查；开展所得税专项检查和汇算清缴，做好企业所得税各项税前扣除项目审批工作；对外商投资企业进行了汇算清缴，实际补缴税款入库8 037.90万元；对29户外商投资企业进行关联交易转让定价税收调整工作，调增所得额1.65亿元；加强出口退税管理，通过各类检查和清算发现有问题户71户，查补税款415.95万元，补退税款35.28万元，不予办退税款10.23万元，罚款15.2万元。

六、积极推进，加快信息化建设步伐

金税工程成果显著。金税工程于2001年7月1日按时顺利开通，并一直高质量运行，9～12月连续四个月在主要指标考核中名列或并列全国第一。科技手段的应用为税收征管提供了有利的武器。

CTAIS工程顺利运行。在金税工程取得阶段性成果的基础上，经过上上下下协同努力，CTAIS已在厦门市全面推行，运行取得了初步的成功。

（厦门国税局　毛卫红供稿）

地税工作

一、以贯彻新《征管法》为主线，不断强化税收征管工作

厦门地税继续坚持以组织收入为中心，认真学习和贯彻执行新《征管法》，重新确定掌握的重点税源企业，开展2000年度营业税纳税人税收资料调查，修订完善《个人所得税代扣代缴暂行办法》。做好全市3 500多辆出租车税控器安装的工作；实行车船使用（牌照）税驻点征收；抓好一年一度的企

业所得税的汇算清缴，开展2000年个人独资企业和合伙企业投资者个人所得税汇算清缴工作。加强对上市公司分红派息个人所得税的征收管理，对机构分设后票证使用情况进行全面检查。并举办了3期发票摇奖活动，有效地强化了税收征管工作，堵塞各种漏洞。全年共组织各项收入入库49.6亿元，剔除代征社保费收入5.87亿元后入库43.73亿元，比上年增收7.27亿元，增长19.9%。其中税收收入入库41.48亿元，增收8.84亿元，增长27.1%，分别完成省地税局、厦门市政府下达计划的108.6%和108.4%。与此同时，认真抓好社保费的征收工作，研究制订并报市政府批转《关于做好社保费委托地税部门征收有关问题的意见》，下发《社会保险费征收管理规程》，开发了社保费计算机软件，举办了4期社保费业务知识专题培训班和8期社保费计算机应用培训班。

二、以高收入者个人所得税为重点，扎实抓好整顿和规范税收秩序工作

根据上级有关精神，制定下发《关于进一步整顿和规范税收工作秩序若干问题的通知》，对全市个人收入情况进行摸底调查，确定8个重点高收入行业和8类高收入个人，并对其收入支付（取得）等基本情况进行电脑建档；组织对邮政、通讯、电力等16个行业的376户企业进行个人所得税“两高”重点检查；组织对取得、发放“返还式保险”个人所得税专项检查；抓好航空公司、高等院校等3 000多家企业的自查工作；抓好涉税案件的查处工作，成功查获一起厦门地税成立以来数额最大的假发票案，缴获假发票450份，面额高达300多万元；与市国税、市公安部门联合查处一起重大虚开、代开、非法出售普通发票案，当场抓获犯罪嫌疑人5名，查获工业、商业、服务业发票63份，总金额为29.82万元，并顺藤摸瓜查处了12家虚开建筑材料发票的公司，查获涉案发票逾千份，涉案金额数千万元；查处一起特大偷税案，涉税金额近四千万元；抓好举报案件的查处工作，全年共受理举报757件。查补罚税款1 927万元。出台了《厦门市个人所得税“劳务报酬所得”项目征收管理试行办法》、《注销税务登记管理暂行办法》等，对全市经市、区二级工商或民政部门批准登记的各种事业单位及协会、研究会、联合会、基金会、商会以及其他有关事业单位、社会团体和民办非企业单位办理税务登记、使用票据及缴纳地方税费等情况进行清理和规范，对演出经纪机构到税务部门办理税务登记、按税收法律法规扣缴营业税、个人所得税及其它税费，对未经报批的“非法演出”的查处等作出了明确规定。

三、以规范执法行为为前提，进一步加强税收法律建设

组织干部职工认真学习贯彻全国、全省依法治税工作会议精神和新《征管法》，开展执法经验体会交流，深刻剖析反面典型案例，对机构改革定岗的129名稽查干部进行一周的集中教育，强化干部职工的法治意识；对税务审批审核事项进行专项清理，通过新闻媒体向社会公布，并及时印发了《厦门市地方税务局关于规范审核事项的通知》，对审批审核条件、办理程序、各部门职责等进行具体规范；完善稽查案件审理、审批权限、稽查分类管理等制度，实现选案、查案、审理、执行的“四分离”；坚持每半年组织一次税收执法责任制检查考核，并组织3次税收执法检查，分清责任，追究过错，解决少数干部中存在的“疏于管理、淡化责任”的问题。

四、以完善应用体系为突破口，推进信息化建设再上新台阶

应用光纤宽带网络技术，改造广域网络通讯线路，在市、区之间建立千兆光纤连接，建成全系统的“信息高速公路”；对相关模块进行认真的修改完善，开通了与总局联网的公文管理服务器、与省局联网的电子邮件系统，实现与市政府、市信息中心公文系统的联网；把2001年定为“计算机应用安全年”，加强对干部职工的计算机安全教育，建立计算机系统安全管理领导责任制，定期进行安全检查，建设了技术先进、高度集成的系统网络监控管理中心；抓好视频会议监控系统的建设，开通市局主会场与各基层局分会场网上多点视频会议功能和市局领导与各基层局领导之间点对点及多点视音频功能，实现市局和基层局领导对基层局的办税服务厅进行远程、实时、动态的监控。

五、以提升服务层次为核心，进一步优化特区税收软环境

深入开展税收宣传月活动，及时在地税网站发布最新税收政策和动态，解答纳税人提出的问题，向社会大众提供因特网申报、税收法规查询、税务公告、涉税举报等涉税服务；在全国税务系统内率先推出网上销售发票，开辟“网上购票、送票上门、票到付款”的新型服务渠道；推出电子邮件系统，在厦门地税网站为纳税人提供免费邮箱，进一步拓展了税企交流渠道；开发出网上电子申报、微机申报、电话申报等多种电子化报税方式，并大力开展“电子化报税推广月”活动，全年全市地税系统采用

电子化申报的纳税户已达 3 940 户，税款收入 4 066 万元，比上年增长 82.7%。同时，及时兑现各项税收优惠政策，对全市 1998 年以来下岗职工再就业税收优惠政策落实情况进行全面自查，按规定为 6 户安置下岗职工的企业减免企业所得税 64.06 万元，对符合条件享受企业所得税减免优惠的企业及时兑现优惠政策，全年共审批 224 户企业 2000 年度所得税的政策性减免税额 3 494 万元；组织空置房税收政策执行情况的检查，为 17 户房地产企业减免营业税 210 万元；根据《国家税务总局关于银行贷款利息收入营业税纳税义务发生时间问题的通知》，批准 9 家外资金融机构应收未收利息额在年内全部冲减应税营业额 6 216 万元，批准 11 家内资金融机构应收未收利息额在年内冲减应税营业额 1.53 亿元；审批减免房产税、土地使用税 300 多万元。

（厦门市地方税务局　陈亦林供稿）

金　融　保　险

中资商业银行

截止2001年末，厦门市共有9家中资商业银行，其中4家国有独资商业银行，即中国工商银行厦门市分行、中国农业银行厦门市分行、中国银行厦门市分行和中国建设银行厦门市分行；4家股份制商业银行和1家城市商业银行，即交通银行厦门分行、福建兴业银行厦门分行、中国光大银行厦门支行、中信实业银行厦门支行和厦门市商业银行。共有营业网点364个，金融从业人员5 419人。

2001年，厦门市各中资商业银行进一步加大科技投入，推进金融产品与服务创新，加强银企、银银合作，大力开发个人金融业务，各项业务比上年有较大幅度增长。截止2001年末，全市各中资商业银行资产总额914.15亿元，比年初增加144.86亿元，增长18.8%；各项存款余额685.99亿元，比年初增加105.66亿元，增长18.2%；各项贷款余额523.15亿元，比年初增加57.91亿元，增长12.5%；全年实现利润2.58亿元。

面对加入WTO的机遇与挑战，置身金融全球化和电子化浪潮，厦门市各中资商业银行坚持科技兴行，注重金融创新，提升服务品质，增强竞争实力，相继推出了保理业务、“24小进离行式自助服务”等新的业务品种与服务方式，中间业务得到一定发展，个人消费信贷有了很大突破。同时，各行在加强风险管理和完善内控机制方面作了积极探索，组织结构、管理制度、操作流程等各项内控制度日臻完善，信贷风险的防范和化解取得了明显成效。另外，各行逐步深化人事、机构和分配制度改革，加快体制改革和机制转换步伐，强化员工队伍素质建设，进一步完善激励、约束机制和薪酬奖惩制度，有力地促进了业务的快速、健康发展。

（中国人民银行厦门中心支行　供稿）

外（合）资商业银行

截止2001年底，厦门市共有12家营业性外（合）资银行，其中，在华注册机构2家，即厦门国际银行（中外合资银行）及新联商业银行（原厦门商业银行，2001年3月更名），10家外资银行分行（其中荷兰商业银行厦门分行于2001年11月提交关闭申请）。此外还有3家非营业性外资银行驻厦代表处。

在厦外资银行代表处机构主要从事咨询、联络等非盈利性金融活动。营业性外（合）资银行主要经营外汇存、贷款、结算、外汇买卖、外汇票据贴现、保管箱业务等12项经中国人民银行总行批准的业务。服务对象主要是“三资”企业，同时还可以办理批准的国有企业外汇贷款、出口结算及贷款项下的进口结算。

2001年，在厦外（合）资银行继续发挥其资金实力雄厚、海外网络多、经营管理国际化以及较为完善的内控机制等优势，为改善厦门特区金融环境，推动特区外向型经济的发展作出了积极的贡献。特别是在融通企业资金、方便企业国际结算方面发挥了较为显著的作用。此外，外（合）资银行还利用其为客户提供中长期项目贷款、充当银团贷款的牵头行、参与外汇即期、远期、期货和期权交易等业务方面比较擅长的优势，联合中资银行共同为客户提供银团贷款等业务，在中资银行向企业发放人民币贷款时，外（合）资银行则为客户开立备用信用证作担保，使中资、外（合）资银行双方优势互补，实现双赢。截止2001年底，全市外（合）资银行的总资产为10.3亿美元，外汇存款余额3.61亿美元，占全市金融机构该项业务的23.8%，外汇贷款余额5.93亿美元，占全市金融机构该项业务的50.2%。

（中国人民银行厦门中心支行　供稿）

农村信用合作社

至2001年底，厦门市具有独立法人资格的农村信用合作（联）社24家。其中，1家市农联社、2家区农联社和21家农村信用社；此外还有非独立核算的农村信用分社31家、储蓄所1家和信用代办站235个；全市共有机构网点总数291个，机构网点遍布整个厦门城乡，正式员工662人。

2001年底，厦门市全辖区农村信用合作社资产总额40.24亿元，比上年增加2.70亿元，增长7.2%；负债总额39.50亿元，比上年增加2.64亿元，增长7.2%；各项存款余款26.52亿元，比上年增加2.87亿元，增长12.2%；各项贷款余额20.17亿元，比上年增加0.57亿元、增长2.9%。

2001年，厦门市农村信用社在加强和改进金融服务的同时，坚持以支持农业生产发展为主要经营宗旨、以繁荣厦门城乡经济为己任，紧紧围绕厦门农村经济发展的战略目标，立足农村，加大支农力度。积极转换经营机制，拓宽服务领域，充分发挥其点多面广、接近农民群众的优势，完善服务功能，提高服务质量，以增加农民收入为目标，积极筹措资金，支持“三农”经济的发展，完善了联保贷款制度，因地制宜推出小额农贷便民措施，真正解决农民“贷款难”问题。至2001年底，厦门市农村信用社支持农业贷款余额为8.38亿元，比上年增加7 000万元，增幅达9.2%，为厦门农村经济的发展做出了重要贡献。

（中国人民银行厦门中心支行　供稿）

金融信托业

截止2001年末，厦门市拥有金融信托投资公司三家，即厦门国际信托投资公司、厦门建发信托投资公司和厦门联合信托投资公司，从业人员287人。

资产负债情况：随着信托业整顿工作进一步深入，逐步加大力度清理违规业务及银行业务，信托贷款原则上只收不贷，同时严格控制投资项目、固定资产及在建工程的增长，信托投资公司的业务日趋萎缩。2001年末，三家信托投资公司资产总额为34.46亿元，较年初减少2.73亿元，下降8.6%；负债总额为23.5亿元，较年初减少5.56亿元，下降24%。

财务经营成果情况：信托业转轨期间，其主营业务不断萎缩，再加上证券业的剥离，较大程度影响其经营效益。2001年三家信托投资公司实现利润总额为4 723万元，较上年减少2 171万元，下降46%。

整顿工作进展情况：自1999年初开始，根据国务院办公厅有关文件精神，在厦门市政府统一领导下，有计划有步骤地实施信托业整顿工作。完成了对所属证券业的剥离工作，厦门国际信托投资公司所属的同安、杏林、海沧办事处已完成了撤销工作，其债权、债务已得到妥善处理。按照规定的程序，厦门国际信托投资有限公司（筹）、厦门联合信托投资公司积极上报重新登记材料。

（中国人民银行厦门中心支行　供稿）

拍　卖　业

2001年，厦门市拍卖业坚持“公开、公正、公平、诚实信用”原则，秉承“高效、优质”的服务宗旨，规范拍卖行为，拓展拍卖领域，无形资产拍卖获得新的进展，异地拍卖取得成效，服务网络进一步扩大。全市6家拍卖企业，共举办拍卖会204场，拍卖成交额7.39亿元，创历史新高，与上年相比，增加了3.76亿元，增长1.04倍，约占全省总成交额20亿的40%。其中：厦门国际商品拍卖中心、厦门特拍拍卖有限公司年成交额居全省第二、第三位；厦门中正拍卖行、厦门丰盛拍卖行第一次突破亿元大关；全省10家上亿元拍卖企业中，厦门占了4家。有3家拍卖企业顺利通过中国拍卖行业协会的资质评定，在全国22家通过AAA级拍卖企业中，厦门特拍拍卖有限公司、厦门国际商品拍卖中心榜上有名；此外，厦门中正拍卖行有限公司被评为A级拍卖企业；厦门国际商品拍卖中心通过了ISO9001:2000国际质量管理体系认证；厦门特拍拍卖有限公司、厦门国际商品拍卖中心、厦门市同安拍卖行等3家企业被厦门市人民政府授于“1999～2000年度重合同、守信用”单位。这些资质、荣誉的获得，树立了良好的企业形象和信誉，促进了企业的发展，进一步提升了厦门市拍卖企业的档次和水平。

（厦门市贸发局内贸处　张丽苹供稿）

国　内　贸　易

商品流通

商品货源　2001年厦门市限额以上批发零售贸易业商品购进总额457.58亿元，比上年增长4.9%。商品购进总额中：内资企业446.54亿元，比上年增长3.6%；港澳台商投资企业3.87亿元、外商投资企业7.17亿元，比上年分别增长74.3%和1.3倍，各占总额的比重为97.6%、0.9%和1.6%。随着流通体制改革的不断深入和我国加入WTO后，公有制经济呈下降趋势，非公有制经济迅速增长，外资企业进入贸易领域的步伐逐步加快。在内资企业商品购进总额中：国有企业176.81亿元，比上年下降7.0%；集体企业6.72亿元，比上年下降19.7%；联营企业26.29亿元，比上年下降40.5%；有限责任公司57.27亿元，比上年增长24.9%；股份有限公司100.89亿元，比上年增长17.5%；私营企业77.81亿元，比上年增长48.3%。各行业中商品购进总额增长幅度较大的主要有：日用百货批发业增长1.4倍；五金、交电、化工批发业增长53.5%；金属材料批发业增长96.7%；五金、交电、化工零售业增长37.8%；汽车、摩托车及零配件零售业增长2.3倍；计算机及软件、办公设备零售业增长9.3倍。

商品销售　2001年全市限额以上批发零售贸易业商品销售总额486.43亿元，比上年增长1.2%。其中：批发额444.07亿元，比上年增长0.8%，其中出口额155.31亿元，比上年增长7.6%；零售额42.36亿元，比上年增长5.6%。在销售总额中：内资企业473.84亿元，比上年稍有下降；港澳台商投资企业4.29亿元，比上年增长76.5%；外商投资企业8.3亿元，比上年增长1.4倍。随着沃尔玛等外资商业的进入，内资企业销售额占全市销售额的比重逐渐下降，比上年减少1.4个百分点。其中主要是公有制经济的市场占有率呈逐年下降趋势，国有集体经济占内资企业销售额比重为38.0%，比上年减少8.7个百分点；随着国有资金逐步退出流通领域及国有集体企业改制、兼并等改革的相继完成，有限责任公司、股份制公司、私营企业快速发展，市场份额逐年增长，其占内资企业销售额的比重分别为14.2%、22.8%、18.5%，比上年分别增加3.5、4.1和6.1个百分点。销售额增长幅度较大的行业主要有：计算机及软件和办公设备零售业增长12.1倍；汽车和摩托车及其零配件零售业增长2.9倍；日用百货批发业增长1.3倍；金属材料批发业增长1.1倍；五金交电化工批发业增长56.2%；日用杂品批发业增长48.0%；工艺美术批发业增长45.8%；建筑材料批发业增长42.3%；五金交电化工零售业增长41.2%；木材批发业增长32.2%，药品及医疗器械批发业增长30.9%；百货零售业增长14.0%。

商品库存　2001年限额以上批发零售贸易业年末库存总额27.46亿元，比上年增长5.1%。其中：内资企业26.86亿元，港澳台商投资企业0.09亿元，外商投资企业0.51亿元。

其中：国有企业8.34亿元，集体企业0.59亿元，联营企业1.76亿元，有限责任公司4.57亿元，股份有限公司6.97亿元，私营企业4.63亿元。按国民经济行业分组，库存额上亿元的行业有：食品、饮料、烟草批发业2.92亿元；纺织品、服装和鞋帽批发业1.25亿元；五金、交电、化工批发业1.31亿元；药品及医疗器械批发业1.47亿元；能源批发业4.96亿元；金属材料批发业2.68亿元；机械、电子设备批发业2.45亿元；其他类未包括的批发业1.63亿元；日用百货零售业2.11亿元。

内联外引　2001年末全市联营企业、港澳台商投资企业、外商投资企业贸易网点数达464个，比上年增加56个。其限额以上贸易业商品购进总额37.32亿元，销售总额42.22亿元，其中：出口额25.60亿元，零售额6.52亿元。在全市限额以上批发零售贸易业商品销售总额中，内联外引企业销售额占比重为8.7%。内联外引贸易企业为全市商业发展带来活力，成为商业经济发展的重要组成部分。

（厦门市统计局 李薇供稿）

集市贸易市场

至2001年底，厦门市共有城乡集市贸易市场136个，比上年增加8个，增长6.3%。其中，专业市场36个、综合市场100个。在综合市场中，工业品综合市场3个、农副产品综合市场95个、其它综合市场2个。全年全市商品交易市场成交额49.79亿元，比上年增长5.4%；固定资产累计投资6.52亿元，比上年下降9.9%；投入使用的市场总面积49.93万平方米，比上年增长8.5%；市场管理费收入3 705万元，比上年下降18.7%。

年成交额超亿元消费品市场有11个，比上年减少3个。其中逾3亿元的市场有3个，厦门市畜禽蛋批发市场成交额最高，达3.5亿元，成交额最低的是厦门市金属材料交易市场，只有1.09亿元。

（厦门市统计局 纪新供稿）

餐 饮 业

2001年厦门市餐饮业先降后升，全年实现零售总额29.98亿元，比上年增长7.3%。由于第一季度受上年“龙年生龙子”婚宴基数大、年初春节阴雨天气造成来厦游客减少、居民在外用餐减少等因素影响，使传统大酒楼效益不佳，2月份餐饮业零售额比上年同月出现负增长，当季也仅增长1.9%；但第二季度随着早餐工程、午餐工程、洋快餐的快速增长及来厦求职人员增多的影响，增幅迅速提高，当季实现零售总额7.39亿元，比上年同季增长8.3%，增幅比第一季度提高6.4个百分点；下半年后受暑期到厦游客增多、北京申奥成功、我国加入世贸组织及全国煤炭交易会在厦召开等因素的影响，餐饮业增长回升，促使下半年零售额实际增长9.6%，比上半年提高4.6个百分点，全年累计增幅从上年的0.7%上升为7.3%。

至2001年底，厦门市拥有餐饮业网点7 035个，比上年增加1 302个，每个网点服务的人口数（第五次人口普查数，含外来人口，下同）为291个，比上年增加62人。餐饮业从业人员2.67万人，比上年增加5 509人，平均每万人拥有餐饮业从业人员130人，比上年减少66人。其中正餐网点1 176个，比上年增加234个，占网点总数的16.7%，从业人员1.36万人，比上年增加1 871人，占人员总数的50.9%；快餐网点3 923个，比上年增加278个，占网点总数的55.8%，从业人员8 998人，比上年增加2 242人，占人员总数的33.8%；其他餐饮业网点1 936个，比上年增加790个，占网点总数的27.5%，从业人员4 074人，比上年增加1 396人，占人员总数的15.3%。

2001年，厦门市限额以上餐饮业零售额9.05亿元，比上年增长3.4%，占餐饮业零售额比重的30.2%。其中正餐业实现零售额6.85亿元，比上年增长3.9%；快餐业实现零售额2.05亿元，比上年增长0.8%；其他餐饮业实现零售额1 489万元，比上年增长16.9%；

至2001年底，限额以上法人餐饮企业43家，比上年减少3家，亏损面为30.2%，比上年减少3.8个百分点。营业收入比上年增长8.6%，经营利润比上年增长9.4%，实现利润总额2 422万元，比上年增长2.4%。其中外资企业及港澳台商投资企业经营状况良好，内资企业效益不佳。外资企业数只占总企业数的9.3%，而其利润总额所占比重达到78.6%，比上年增长2.2%；港澳台商投资企业实现利润总额比上年增长4.4倍；而占企业总数69.8%的内资企业则利润大幅度下滑，比上年下降99%，特别是国有企业亏损额大量增长，由上年亏损2.4万元增加到396.2万元。快餐业特别是洋快餐经营状况好于正餐业和其他餐饮业，其实现利润总额2 466.9万元，比上年增长20.7%；而正餐业则由上年盈利292.6万元变为亏损99.6万元。

（厦门市统计局 李薇供稿）

连 锁 店

至2001年底，厦门市限额以上连锁总店（商业、餐饮业）21个，连锁门店151个；其中直销店141个、加盟店10个，平均每个连锁店拥有门店7个，营业面积5.31万平方米，平均每个门店面积352平方米。从业人员3 814人。全年营业总收入10.63亿元，其中零售额8.53亿元。

2001年限额以上零售业连锁总店15个，连锁门店106个，营业面积3.8万平方米，从业人员1 952人，全年营业总收入7.84亿元，其中零售额6.86亿元。其中国有及国有控股连锁店3个，外资及港澳台投资连锁店1个。按零售业态分类，百货商店1个、超级市场3个、专业店6个、专卖店4个、其他1个。其中零售额超亿元的企业有3家，即厦门闽客隆发展有限公司、厦门育兴商场和厦门思文电器城有限公司；5 000～10 000万元的企业有2家，即沃尔玛厦门分店和厦门倍顺连锁有限公司；1 000～5 000万元的企业有7家，即厦门上海捷强烟草糖酒（集团）厦门有限公司、厦门市国欣电器有限公司、厦门金中华百货有限公司、厦门对外图书交流中心、厦门宝岛眼镜有限公司、厦门邮电纵横电器城和厦门金联祥科技有限公司。

2001年限额以上餐饮业连锁店6个，连锁门店45个，营业面积1.51万平方米，从业人员1 862人，全年营业总收入2.8亿元，其中零售额1.67亿元。其中外资及港澳台投资连锁店5个。按行业分类，正餐业2个、快餐业3个、其他餐饮业1个。其中零售额超亿元的企业有1家，即厦门肯德基有限公司；1 000～10 000万元的企业有2家，即厦门麦当劳食品发展有限公司和天源食品（厦门）有限公司。

（厦门市统计局　李薇供稿）

第五届中国投资贸易洽谈会

一、第五届投洽会基本情况

2001年9月8日至12日，第五届中国投资贸易洽谈会（以下简称投洽会）在厦门国际会展中心隆重举行。本届投洽会由中国外经贸部主办，福建省、厦门市人民政府承办。全国31个省、自治区、直辖市，9个国家部、委、办、局和行业管理协会，部分计划单列市和新疆生产建设兵团等共44个成员单位共同组团参会。吴邦国副总理、约旦副首相穆罕默德·哈拉伊格、美国商会主席史蒂夫·温安洛和英中贸易协会主席查尔斯·鲍威尔勋爵等出席了投洽会。本届投洽会共接待来自世界97个国家和地区的8 950名客人。

二、"投洽会"的主要成果

第五届中国投资贸易投洽会共签订合同项目1 027个，合同外资金额47.98亿美元，意向项目368个，意向外资金额33.52亿美元。

从投向上看，工业项目占较大比重，高新科技项目、房地产、旅游项目也有较大增长。从签约的投资国别和地区看，仍以港澳台商为主，但是欧美客商签约较上年有所增加。

从签约项目的规模看，大中项目比重有所提高，1 000万美元以上的合同项目146个，总投资额42.14亿美元，合同外资金额32.83亿美元，占投洽会签订的合同外资总额的68.4%。

在贸易成交方面，本届"投洽会"进出口贸易成交总额达7.51亿美元。其中，出口6.45亿美元，进口1.06亿美元。

此外，共签订内联项目107个，总投资48.05亿元，其中合同项目44个，合同金额13.06亿元，国内贸易成交2.35亿元。

三、本届"投洽会"的主要特点

本届投洽会是我国在新世纪首次举办的全国性国际双向投资促进活动，其特点主要体现以下几个方面：

（一）成功举办国际投资论坛，迎接加入世界贸易组织的机遇和挑战

本届"投洽会"国际投资论坛主题为"中国·WTO·机遇与挑战"的"国际投资论坛"再度成为海内外关注的焦点。吴邦国副总理在论坛上发表了题为"二十一世纪中国更开放"的演讲，表明加入世贸组织后，中国将以更加积极的姿态，进一步推行全方位、多层次、宽领域的对外开放，促进中国的现代化建设。外经贸部副部长龙永图发表了题为"中国加入WTO与二十一世纪世界经济的发展"的演讲，表明中国遵守国际规则的决心和诚意，并展望了入世后，中国对外开放的新格局。前来与会的约旦副首相穆罕默德·哈拉伊格、美国商会主席史蒂

夫·温安洛和英中贸易协会主席查尔斯·鲍威尔勋爵分别在论坛上发表了演讲，就中国市场前景、中国入世后面临的挑战和应对，以及中国参与国际经济合作等方面，提出了许多很好的建议。

（二）成功举办双向投资研讨会，首开双向投资洽谈先河，引进来与走出去相结合，国际投资促进特色更加鲜明

本届“投洽会”首次将促进双向投资与合作列为重点，大会成功举办了“中国——南非双向投资研讨会”、“中国——尼日利亚双向投资研讨会”、“中国——欧盟中小企业合作研讨会”等13场双向投资研讨会。据统计，共有二千二百多名境内外人士参加了上述研讨会，为与会境内外客商，尤其是中国企业了解海外投资环境提供了便捷的途径，以及投资洽谈的良好环境。同时，大会还设立了境外投资促进机构展区，吸引了来自阿盟和英国、美国、意大利、澳大利亚、印尼、马来西亚、日本、阿根廷、古巴、香港、澳门等23个国家和地区的政府引资机构及中介机构前来参展，展示上述各国和地区的投资环境和引资项目。

此外大会还组织了13场以吸收和利用外资为主题的政策性、务实性的研讨和宣讲报告会，介绍我国有关工商、税务、外汇和外商投资产业政策方面的法律、法规以及正在进行的有关外商投资的法律、法规的修改情况和立法方面，召开了人才招聘会，加强了对优秀人才的引进。此外，有关的国际机构和国内相关系统组织了多场围绕WTO框架下的贸易与投资问题研讨会和培训班。

投洽会从单向吸引外资转变为双向、多项式国际投资合作洽谈的探索，推动了中外企业朝多元化投资方向发展，这使得“投洽会”不仅成为境外资本进入我国的桥梁，对外国及吸引我国企业投资和第三国投资也起到了重要的平台作用。

（三）首设三大主题展区和国产原材料供需见面会，展览展示洽谈领域进一步拓宽，主题更加突出

本届“投洽会”推出了上万个符合中国产业政策导向和地方特色的项目，重点推出国家鼓励发展的28个产业领域项目，尤其是针对加入WTO后服务贸易领域更加开放因素，加大商业、贸易、金融、保险、电信、旅游、中介服务项目的招商展示外，还首次设立了汽车、IT、化工三大主题展区，组织福特、通用、摩托罗拉、爱立信、戴尔、埃克森美孚等中外三大行业知名企业及产品展示；此外，首次设立外商投资企业产品配套供需洽谈会和首次举办人才交流大会，组织钢材、成品油、化纤供需双方见面洽谈，供需洽谈会共有50个项目进行商谈或达成初步意向，意向金额3 795万元，其中签订合同1 900万元。人才交流大会也获得了广泛响应，参会人数达四千余人，同期召开的网上招聘会8日至11日点击人数达13.7万。投洽会展览展示的内容进一步丰富，洽谈领域进一步拓宽，主题更加突出。

（四）与会境内外客商显著增多，洽谈成效更加显著

本届“投洽会”到会客商明显多于上届。据组委会客商报到中心统计，在报名参会的境外团组中，政府及商会、协会团组达117个，分别来自美国、加拿大、英国、德国、西班牙、意大利、日本、韩国等33个国家和地区；跨国公司及重要企业团组106个，分别来自28个国家和地区，其中世界五百强企业的前10名企业纷纷抵厦参展、参会，与会客商层次大大提高。需要特别指出的是，台湾客商参会人数达3 221人，占到会境外客商人数的36%。

本届“投洽会”上，中西部地区的项目洽谈进展顺利，取得了丰硕成果。据统计，中西部地区在本届投洽会上共签订外商投资合同、意向等项目278个，外资金额43.25亿美元，分别占大会签约总数的17.1%和37%，均比上届“投洽会”有所增长。

（五）受到中外媒体广泛关注，“投洽会”在海内外影响力进一步扩大

参加本届“投洽会”新闻报道的海内外媒体有近二百家、一千一百多名记者，凤凰卫视、文汇报、大公报、台湾TVBS等港、澳、台记者以及美国之音、日本经济新闻社、英国金融时报、新加坡联合早报等23家境外媒体的记者到会采访。全国31个省、自治区、直辖市和部分计划单列市的电视台、电台、报社也派出记者随团采访报道。

此外，组委会还与中国日报社合作，对《国际招商快报》进行改版，以中英文的形式，对投洽会进行全方位的深入报道，使之成为投洽会期间惟一无语言障碍的媒体，为与会境内外客商的交流提供了全新的平台。

四、厦门代表团的主要成果

厦门团共与外商签订48个项目，协议利用外资8.74亿美元，协议利用外资比上届“投洽会”增长14%。其中，签订合同项目35项，合同利用外资5.06亿美元，比上届增长8.4%。

厦门代表团此次签约项目，不仅协议外资金额高于往年，而且利用外资的质量和水平也有明显攀升，主要呈现以下几个特点：

（一）台商投资高居榜首，投资者来源更广泛。共有14个国家和地区参与投资厦门，其中台湾地区客商投资16项，协议台资5.52亿美元，占签约项目协议外资总额的比重高达63%，首次超过香港地区跃居第一位。香港地区客商投资11项，协议外资1.9亿美元，居第二位。

（二）投资领域多元化。工业项目仍占主导，工业项目协议利用外资占总数的82%。此外，外商投资更多地向基础设施、房地产和旅游等行业发展。其中比较大的项目有：香港和记黄埔三角洲码头有限公司参与投资建设海沧港区1号泊位，总投资1.2亿美元；厦门拟与德国合资改造杏林水厂、同安污水厂，总投资3 624万美元。

（三）项目资金密集度和科技含量高。签约项目单项平均投资规模2 240万美元，单项平均利用外资1 820万美元，远远高于上届。本届投洽会，厦门签订了一批高新技术项目，对产业结构调整和技术升级将有重要的意义。

（四）在厦外资企业增资投产踊跃。共签订增资项目12项，协议外资1.25亿美元，占签约数25%，表明外商对市场前景和厦门投资环境充满信心。

（五）利用外资方式有新突破。除外商直接投资以外，还采取多种外资利用方式。一是国内企业通过国际购并嫁接外资。如：香港港中国际投资有限公司收购厦门华钤经编有限公司，总投资2 600万元人民币；菲律宾客商收购厦门冠华针织有限公司，总投资3 100万元人民币等。二是境外贷款。如：厦门环卫综合处理厂利用瑞士贷款引进垃圾焚烧技术和设备。

（六）对内经济协作有新进展。福建光盘有限公司与清华大学国家工程研究中心拟共建一个“清华大学光盘国家工程研究中心厦门分中心”，福建升汇纺织投资集团有限公司拟收购厦门华纶纺织有限公司、厦门利恒股份有限公司等。

“投洽会”期间，厦门市还签订了一批进出口贸易合同，进出口总额4.78亿美元；其中出口3.57亿美元，比上届增长8.9%。

（中国（厦门）国际投资促进中心推介处　供稿）

对台出口商品交易会

第五届“厦门对台出口商品交易会”于2001年4月12日～15日在厦门国际会议展览中心举行。顺应当前国际展览普遍向专业化、高档次、高科技化发展的趋势，第五届“台交会”正式定名为“海峡两岸（机械电子）商品交易会”。与第四届“台交会”相比，第五届“台交会”在办会形式上有很大变化：一是由综合展转型为机械电子专业展，变单纯的出口交易会为进出口、内贸相结合的交易会；二是扩大台湾企业参展比例，本次交易会台方组织了280多家台湾本岛企业参展，使“台交会”的对台特色更为鲜明；三是公共布展和展务管理的水平都有较大的提高，参展企业和参展展品的档次进一步提升。第五届“台交会”整个展览会展位数近一千二百七十个国际标准展位，超过了历届“台交会”的展位规模，其中来自台湾本岛展位四百多个，是祖国大陆迄今为止台湾企业参展规模最大的展览会。“台交会”期间，共有六千多名境内外专业客商前来参会洽谈，其中境外客商超过二千六百人，台商三千五百多人。同时，“台交会”还吸引了约五万名观众前来参观。本届“台交会”总成交4.2亿美元，成效显著。

（厦门市贸发局综合处　供稿）

口 岸 管 理

海关工作

2001年，厦门海关努力实践“依法行政、为国把关、服务经济、促进发展”的海关工作新方针，坚持依法行政与高效服务同举，队伍建设和业务规范并重。队伍的精神面貌明显改观，廉洁意识不断强化，管理规范化水平逐步提高，以通关作业改革为龙头的各项业务改革稳步推进，通关效率逐月提高，有效地促进当地进出口贸易特别是外贸出口稳步增长，保持了打击走私的高压态势，大规模走私活动得到有效遏制，口岸贸易秩序明显改善。全年查获（立案）各类走私案件249起，案值1.62亿元，案件数比上年增长3.3%，案值减少76.5%；征收税款61.23亿元，比计划多收3.2亿元，增收1.7%，再创历史新高；全年监管进出境货物2 013.77万吨，增长3.3%，监管集装箱总数达到127.6万标箱，增长13.1%；监管进出境运输工具3.17万辆/艘/架，增长42.8%。

一、以提高管理水平为目标，全面强化干部队伍素质，为推进海关改革提供强有力的组织保障 一是首次实行了副处级、副科级领导职位竞争上岗。通过公开选拔和竞争上岗，分别有16名正科级领导干部和39名年青干部走上副处、副科级领导岗位；加大各级干部交流力度，全年共交流处级干部14人，科级干部138人，一般关员181人，交流人数占全关总人数的22.4%；经公开招录公务员考试，招收123名应届毕业生，逐步缓和业务量增长与一线人员不足的矛盾。二是在关员较多的处级单位设立人教科，并配齐纪检监察专、兼职人员，加强协作，从源头上预防违法犯罪行为的发生。

二、以实施通关作业改革为突破口，积极采取措施，切实提高通关效率，支持外贸出口 一是2001年3月19日起在全关区推行通关作业制度改革，随着改革的不断深化和完善，厦门口岸整体通关效率呈逐月上升态势，进出口货物当天放行率已接近和达到全国平均水平。二是“电子口岸”系统从2001年8月1日正式开通以来，整体运行情况正常，至年底，厦门关区共有3 373家企业通过入网资格审查，占年审企业总数的75%。三是按照海关总署的要求，于2001年11月5日起正式实行便捷通关措施，获准的首批适用企业有厦门太古、TDK公司、柯达、DELL公司等4家，目前运行情况良好。四是转关运输驶入快速通道，实现了“一次申报、一次查验、一次放行”的模式，同时对保税区进出口货物与口岸之间实行了直通式监管，简化了手续。五是从2001年7月31日起，对关区内厦门市“A”类企业非涉税生产型出口货物试行“F通道”管理，走“F通道”的企业出口一票货物从过去6个环节压缩为3个环节，通关手续从申报到装船由原来的2～3天减少为不到2个小时；目前适用“F通道”管理的企业已拓展到包括泉州、漳州、龙岩的全关区的A类企业，运作效果良好。六是扩大“先放后税”企业适用范围，对关区内44家A类企业实行“先放后税”制度，减轻企业担保资金，大幅度减少企业滞港费、仓储费。七是对以一般贸易方式进口，商品品种多，进口量大的A类企业实行预归类，接受申请和办理约束性预归类的企业有柯达、厦华等8家企业；在海运通关现场实行出口船期、进口船舶舱单、船舶吨税、出口船舶单证、供船物料等五个“预申报”制度，打开现场的通关“瓶颈”，加快了船舶的在港周转速度。八是将二、三级参考价格下浮10%以下和其他参考价格库的参考价格下浮20%以下的审批权限下放至审单中心，同时对部分大宗货物实行预审价制度，加快了通关速度。九是加大对关区加工贸易台账遗留手册和保税工厂、保税仓库等的清理力度；进一步规范加工贸易余料转册、设立分册、边角料内销等的管理，下放大额合同审批管理权限，提高审批效率；积极探索加工贸易监管新模式，在完成与DELL公司计算机联网监管基础上，做好与“三高一大”企业联网的前期准备工作。全年合同核销结案率达到97.8%。十是自2001年11月1日起，在业务量较大的东办、高崎办、海沧办和机场办等现场实行周六加班制度，取代原先的周六预约加班制度；对生产急需、鲜活产品等特殊情况采取急事急办、加班验放措施。此外，通过与地方政府定期召开联席会议、举办政策宣讲会等形式，让有关部门和广大企业及时了解海关新的政策规定；建立通关应急处理机制，实行关领导昼夜值班制度，及时处理解决现场出现的突发问题；开展统计分析、统计咨询，为关领导、地方政府、企业提供决策参考依据。

三、以维护国家利益为出发点，严厉打击走私，强化物流监控，忠实履行把关职能 一是继续保持打击走私高压态势，有效遏制走私回潮。在打击走私违法活动过程中，厦门海关进一步密切与地方公检法、边防、海警、军队、烟草、工商等部门的协调配合，形成打击合力。在开展打击成品油、香烟、假烟走私的3次专项斗争中，厦门海关共查扣成品油323吨，香烟634箱，假烟五千多箱。使厦门关区内大规模走私违法活动得到有效遏制。二是加大对口岸进出口秩序的清理整顿力度，重点对厦门东渡港码头堆场进行了清理整顿，将15家码头堆场进行了合并重组为5家；对73家专业报关企业、代理报关企业进行了清理整顿，撤销2家，限期整改2家；清理整顿不符合海关监管条件的转关运输企业149家，车辆321辆，规范了关区转关运输的管理。三是充分利用H986工程、电子地磅等科技设备，以及合理设置作业流程和操作规范，加大物流监控力度，提高监管的有效性和准确性；开展查验统计分析工作，为强化物流监控提供了可靠的决策依据；借用武警力量加强对海关监管区域的巡查，确保一线实际监管到位。

（厦门海关　吴建华供稿）

出入境检验检疫工作

一、依法施检，口岸检验检疫工作有效开展

2001年共受理报检/申报出入境货物29.26万批，货值86.62亿美元；实施货物检验检疫13.17万批，货值50.77亿美元，其中入境货物5.01万批，货值26亿美元；出境货物8.16万批，货值24.78亿美元。轮船检疫6 945艘次，其中，两岸直航客轮检疫215艘次；飞机检疫7 308架次；集装箱检疫47.13万标箱。出入境人员检疫总计128.09万人次，健康体检6 954人次。入境快件检疫15.5万件，入境邮件检疫1.62万件。完成外商投资财产价值鉴定4 367批，总报价1.4亿美元；出口商品包装检验4 567批。在鉴定业务中衡器计重、水尺计重、容量计重269.75万吨，验舱122船，集装箱适载检验4.7万标箱，残损鉴定25批。

（一）加强对涉及安全、卫生、健康、环保等检验检疫对象的把关工作

对进境的畜禽产品、肉骨粉和动物性饲料等严格按照国家局有关规定进行审批、查验证书和实施检验检疫；对香港、澳门地区爆发高致病性禽流感的情况下来自港澳地区的船舶加强实施登轮检疫；加强对来自日本、美国、欧盟的进境木质包装检疫工作；2001年4月份在世界卫生组织通报非洲六国爆发流行性脑膜炎的疫情后，对来自非洲的入境人员进行重点查验，并积极为前往非洲六国的人员提供旅行卫生保健咨询，给予接种流脑疫苗和提供预防性药品；成立防止炭疽传入领导小组，及时编写宣传材料，对邮局、海关有关人员进行炭疽防制知识培训，排除6起可疑物品炭疽杆菌嫌疑；对进口“三菱”帕杰罗V31、V33型越野车存在安全隐患，跟踪监督特约维修点及时检修更换。

（二）从源头上狠抓进出口商品质量

大力推行管理体系认证，引导企业加强质量体系建设，强化质量管理。积极开展ISO9000质量管理体系、ISO14000环境管理体系、OHSAS18000职业安全卫生管理体系认证工作。全年新评审认证ISO9000质量管理体系企业112家，有效认证企业总数达318家；加快产品质量认证步伐，颁发产品认证证书10张。

强化出口生产加工企业的监督管理。做好出口

质量许可证管理和出口食品加工企业注册登记工作，颁发各类证书121份。在出口水产品企业中继续推行HACCP计划，推荐17家向国外注册。及时研究对策，重申卫生注册编号专厂专用的规定，从产区和养殖环境、用药的监控、原料的检验到加工过程的卫生控制等环节进行层层把关，确保出口产品的品质、卫生及其他各项指标符合要求。敦促保鲜蔬菜、速冻蔬菜出口企业配备必要的检测设备，加强原料及成品的农残检测。

（三）积极开展口岸卫生监督，加强疫情疫病监测控制

开展口岸医学媒介生物本底调查工作，设立蚊虫监测点153个，捕获成蚊3属9种共1 347只；加强口岸储存场地、服务行业的监督管理，签发卫生许可证29份；开展厦门国际机场候机楼微小气候和空港饮用水监测。及时制定鼠疫、霍乱、登革热等口岸传染病的监测方案，开展登革热抗体调查摸底工作，先后在出入境人员中采血340份，实验室登革热抗体检测330份。继续开展厦门口岸检疫性实蝇监测，设立55个监测点；完成进出境动物临时隔离场考核注册30场次。

（四）加大对违法案件查处力度，积极与有关部门联手开展打假工作

对各类违法案件进行立案查处142起；配合海关等部门打击走私犯罪活动，进行品名鉴定94批。联合技术监督部门、工商部门开展打假工作，对厦门地区的进口玩具、进口食品、化妆品及肉品冻库进行检查，查处并封存了来自疫区巴西的牛肚、牛鞭和鸡翅175件、2.46吨。继续开展打击假冒UL认证标志工作，对厦门地区的代理报检机构进行了清理整顿。

二、与时俱进，积极推进各项改革

（一）调整机构和业务分工，努力实现“六个一”工作模式。在上年成功实现木质包装随货物一并检验检疫的基础上，将非大宗散装的重量鉴定业务由货物施检部门一并负责，进口废旧物与集装箱检验检疫一并进行，理顺了各部门之间的关系，提高了口岸通关速度。

（二）进一步转变检验检疫方式。继续推行出口商品分类管理工作，重新修订了《出口商品分类管理办法》，制定了出口商品分类管理工作程序和各专业审核标准，明确将认可企业的实验室或检测能力作为实行一、二类分类管理的出口商品生产企业的必备条件之一，实行企业法人授权专职检验员备案制。以出口机电产品为重点，加大推行分类管理工作力度。积极探索进口商品分类管理办法，对进口废纸、塑料树脂试行分类管理。对进境木质包装批次多且具备条件的企业实行监督核查管理，定期检疫处理。

（三）全面推广应用和完善“三电”工程。在优化CIQ2000综合业务管理系统的同时，加快电子报检、产地证电子签证、电子转单的推广步伐。已有186家外贸企业申请使用“三电”企业端软件，电子报检量达到总报检量的95%；产地证电子签证量达到总签证量的35%；电子转单量占换发出境通关单总量的63%。于2001年11月份正式启动出境货物直通式电子报检试点。全面开展入境电子转单业务，厦门口岸入境运往福建各地、符合规定的检验检疫货物实行入境电子转单。

三、积极落实服务外贸的各项措施

认真落实向社会公布的改善投资软环境提高机关工作效能的8项承诺和关于提高口岸工作效率的8条措施，促进外贸发展。

（一）发挥优势，帮助企业扩大出口。做好申领普惠制原产地证和一般原产地证的宣传培训工作。共签发普惠制产地证6.56万份，货值12.44亿美元，分别比上年增长11.5%和2.3%。签发一般原产地证1.23万份，货值2.89亿美元，分别比上年增长15.2%和30.3%。检验检疫人员深入生产出口企业，解决出口商品质量问题，帮助企业制定行之有效的改进措施和建立健全各项管理制度，确保出口商品质量。

（二）对辖区内出入境货物允许异地报检。根据厦门实际情况，从2001年10月份开始，改变出入境货物均在本市目的地检验检疫机构报检的做法，对厦门辖区内的出入境货物，可凭报检人意愿在局本部或所属各分支机构报检，方便企业，加快口岸通关速度。

（三）减少办事环节，特事特办。简化了出入境货物检验检疫退费审批手续。对某些出入境货物单证不齐全的，在不影响检验检疫的前提下，企业出具保函后，允许先报检，后及时补齐单证，对第五届中国投资贸易洽谈会、果蔬产业博览会等国际性大型会展设立优先通道和参展货物专用报检窗口，特殊情况参展货物可直接运往现场检验检疫。

（四）实行预约、延时服务。窗口部门坚持6天工作，7天服务，只要货主有预约，均安排人员在8小时以外、周日和节假日加班服务；对国际航行船舶办理进出口岸检疫手续和公估业务实行24小时服务。

（厦门出入境检验检疫局　供稿）

投 资 开 发 区

海沧台商投资区

2001年，厦门海沧台商投资区重点抓了以下工作：

一、抓好规划，推进重点项目建设

进一步调整和深化投资区规划。以规划作为开发建设的龙头，按照建设21世纪新工业区、新港区和新市区的目标要求，完成出口加工区、未来海岸等重要区域的规划设计编制审批；组织完成“海沧新城”的城市设计评审，组织上报新阳西区市政规划设计；开展了马青路以北的控制性详规。大力推进征地拆迁工作，保证了投资区基础设施和重点项目的开工建设；进一步强化土地资源管理，实行协议出让用地公示制，开展土地批租收支管理和国有土地有偿出让使用费专项检查，清理经营性房地产用地。加大投入，加快海沧大道、PTA相关配套、出口加工区、角嵩路东段等重点工程项目建设。

二、加强服务，提高招商引资水平

（一）加强对现有投产企业的服务工作，促进企业增资扩产。抓好外资项目特别是大项目的引进。将招商区域重点放在港台与欧美地区，并采取了上门招商、网上招商、专题招商、代理招商等多种形式，特别是利用“中国投资贸易洽淡会”、“台交会”、“果博会”、“绿博会”等展会平台，有针对性地开展招商引资工作，促进了瓶级切片等一批新项目的引进。内外并举，积极做好内资企业，特别是岛内异地搬迁改造企业的进区工作，促成了一批企业搬迁落户。抓好项目的开工与投产。实行项目责任制，抓好签约项目的落实。全年共有11个工业项目开工，8个工业项目投产，为投资区的工业经济奠定了良好的基础。

（二）做好出口加工区筹建工作，出口加工区规划、征地场平、配套建设、围网、管理楼、检验监管楼已基本到位，初步制定了出口加工区管理条例及招商优惠政策，成立了出口加工区管理委员会，设立了开发公司，加紧对外招商。目前已通过国家各有关部委的封关验收，正式对外运作。

三、深化改革，加快社会各项事业发展

（一）狠抓基础教育，加快发展教育事业。围绕投资区教育发展规划，加大资金投入，完善教学设施，调整充实了学校领导班子，强化师资队伍建设，从北师大、华师大引进优秀毕业生，向全国公开招聘学校校（园）长，加强对现有教师的业务培训，提高教师的业务素质和各校的整体素质。

（二）开展送温暖、安人心活动，做好“四五”普法工作，提高全民法律素质。

（三）全力抓好计划生育工作，“双查”工作到位率达99.7%。

（四）以抓群众性创建为载体，逐步推进投资区精神文明建设。从海沧实际出发，按照“打基础、办实事、抓巩固、促提高”的思路，以提高人的文明素质为目标，以群众性精神文明创建为载体，以全社会齐抓共管为手段，逐步推进投资区精神文明建设全面发展。

四、投资区经济全面增长，基础设施更趋完善

（一）经济运行良好，财力有所提高

2001年，实现国内生产总值41.9亿元，比上年增长18.7%。其中，第一产业增加值0.6亿元，与上年持平，第二产业增加值37.84亿元，增长20.1%，第三产业增加值3.45亿元，增长7.8%。完成税收入库5.99亿元，增长6.26%；其中中央级2.81亿元，减少15.3%，地方级3.18亿元，增长24.32%。财政收入为12.71亿元；其中，工商税收返还3.15亿元，土地出让2.87亿元，债务收入6.15亿元，其它0.54亿元。全年实现农村社会总产值13.1亿元，增长9%。其中，乡镇企业总产

值12亿元，增长1.5%；农业总产值1.1亿元；镇财政收入2 405万元，增长36%；农民人均收入4 734元，增长10%。

（二）招商引资又上新水平，科技含量明显提高

全年新批准外商投资项目22个，办理外商增资项目9个，总投资（含增资）3.74亿元，增长26.9%；合同利用外资3.16亿美元，增长9.6%。其中工业项目28个，总投资3.28亿美元，合同利用外资2.86亿美元。外资实际到资5.25亿美元，增长2.6倍。批准内资项目51个，总投资29.17亿元，增长1.9倍。其中工业项目16个，总投资7.61亿元。新引进项目以工业项目为主，主要涉及化工、电子、机械、建材、五金等行业。项目的质量和科技含量进一步提高，已取得高新科技项目认证的有福星生物饲料、爱特欧光电等项目，生产工艺先进的有翔鹭瓶级切片、美琪玛化学、科能电子、英科生物、华森科技等项目，占新项目的60%以上。

（三）投资环境日臻完善

全年固定资产投资完成37.13亿元，增长84.9%。其中，基础设施和社会事业完成投资5.79亿元，房地产完成投资4.17亿元，工业项目完成投资26.2亿元，分别比上年增长59.1%、50%和1.1倍。管委会系统投入2.83亿元，增长20.9%。出口加工区一期配套工程、PTA配套工程（化工码头、原水供应、化工管廊）、新阳4号地块厦顺铝箔用地配套、9号地块明达用地配套、长庚医院配套、中沧工业区配套的场平工程、宇德二期场平及配套工程相继开工。继续推进海沧大道、角嵩路东段、湖滨南北路一期工程、宇德一期场平及新阳工业区配套。完成沧五路路基、新阳厦新电子、卷烟厂、柯达一次性相机配套建设、生活区二期市政配套工程（文圃南路、文圃北路、东路、西路），口岸园区市政配套。进一步加大了港区开发建设力度，全年港区共完成投资1.1亿元。2号、3号泊位扩建工程基本完工，1号、4号～6号泊位岸壁整治工程开始实施；10号PTA化工专用码头主体工程和储罐设施相继开工建设，进展顺利；9号化工码头施工前期工作及港区各项市政配套工程建设全面展开；H986土建工程接近尾声；至3号泊位调头区的港区航道拓宽疏浚工程已竣工。全年完成征地3.93平方公里，增长4.9倍。完成土地出让3.83平方公里。

（四）工业生产长足发展

全年新投产工业企业15家，累计已有64家工业企业投产。全年实现工业产值110.59亿元，增长21.1%，实现工业销售值109.34亿元，产销率98.87%。投资区大中型企业骨干作用明显，规模以上工业企业完成109.18亿元，占比重98.7%；年产值在1亿元以上的企业比上年增加4家，达到13家，产值占全区工业总产值的86.76%。外商投资企业占绝对优势，全年实现工业产值90.75亿元，占全区工业产值比重为82.1%。其中台资企业工业产值45.51亿元，比重为41.2%。工业科技含量较高，投产企业中有9家为高新技术企业，工业产值占全区工业产值的50.1%。支柱产业进一步加强，全区感光材料、化纤、机械电子、建材等占全区产值的79%。

（五）进出口额大幅上升

全年进出口总额为11.42亿美元，比上年增长71.2%，其中出口总额4.74亿美元，进口总额6.68亿美元，分别增长34.3%和112.7%。出口的主要产品为塑胶、感光、化纤、电子、生物制药、服装等产品；出口国家和地区主要为欧美日、东南亚及香港、台湾等。进口产品主要为化工机械设备及化工原料、钢材及电子元件；主要进口国家和地区包括美国、德国、日本、韩国、新加坡及香港、台湾等。

（海沧管委会　温普华供稿）

象屿保税区

一、狠抓落实，招商引资工作取得新突破

2001年，新设立企业24个，比上年增长38%，增资企业3个，区外迁入企业5个，合同利用外资2 177万美元，增长1.71倍，实际利用外资1 267万美元（含对外借款238万美元），完成全年计划的253.4%。招商引资工作呈现几个特点：一是结合保税区产业结构调整，物流分拨企业成为招商工作的新亮点，共引进此类项目10个，占项目总数的一半以上；二是引进了一批全球500强企业。柯达、MICRON、MCMS、安科等国际知名的“双高”企业入区投资，为DELL公司提供配套，既提升了保税区产业层次，又加快了厦门IT产业链的形成；三是服务招商，采取措施扶持投产企业做大做强，鼓励增资扩产。区内玛立克、皇基、华盛昌等加工

企业新增投资555万美元，占合同外资的25%。2001年区内加工企业的工业产值已达2.53亿元，比上年增长58.39%。

二、因势利导，推进物流产业发展 一是加强物流业发展调查研究。围绕建立区域性国际物流基地的目标，组织保税区物流业发展课题研究，制定促进物流业发展的政策，组建保税区物流企业协作中心；召开保税区、厦门市物流企业发展研讨会，与厦门市交通管理部门共同承办全国物流企业经验交流会；创办《物流信息》，开辟物流企业间协调及与政府沟通的新渠道。二是积极配合海关完善直通式监管措施，改进查验方式，加快实施区内EDI通关工程，全面提高通关速度。三是会同厦门海关、工商等部门明确物流企业设立条件和经营范围。四是加强与有关职能部门及国家主管机关的沟通与协调，基本解决物流企业出口退税、加工物流企业购汇、机电卡申办等问题，解决困扰企业发展的政策瓶颈。五是加大东渡12～16号泊位重组力度。经市政府批准，12～16号泊位划归保税区管理，由象屿集团公司控股与外商合同经营，重组工作进展顺利，有望于2002年整体投产。2001年象屿12号泊位的货运量已达26万标箱，占厦门港的20%。2001年，象屿海关进出口报关单总数达3.24万份，增长2.34倍；一线进出境货物总值5.08亿美元，增长1.49倍，二线进出口货物总值4.73亿美元，增长1.21倍。六是加强物流招商，新增9个外资物流分拨项目，柯达在区内设立一次性相机的亚太分拣中心，裕利集团、外贸报关行等从区外迁入。目前区内物流分拨企业达14家，与物流业相关的企业近30家，初步形成了机电产品配送、进口石材分拨及第三方物流三大物流产业群，物流公司业绩快速增长。伯灵顿公司成为厦门关区物流产业的首家A类企业，象屿国运公司的改制进程加快，在第二届中国货运企业评选活动中，保税区的厦门象屿码头有限公司、象屿胜狮货柜有限公司被评为“全国最佳仓储物流公司”。

三、全力以赴，重点工程建设创造新奇迹 积极推进区内基础设施建设。总投资2 180万元的保税区30号厂房是专为DELL配套项目美光（厦门）半导体有限公司和MCMS（厦门）电子有限公司进驻象屿保税区而建设的钢结构、大跨度、超洁净、全空调的现代化电子专用厂房，其先进性和现代化程度居厦门市厂房建设前列。该项目于2001年4月23日签约，外商要求于6个月内交付使用，时间紧、任务重、难度大，但在相关部门共同努力下，提前于10月5日全面交付使用，比合同约定时间提前69天，创造了新的“象屿速度”，受到市领导和外商的好评。此外，管委会为解决保税区海关等驻区机关就餐问题的综合楼项目经科学组织、精心施工，主体工程已经竣工，开始内部装修；区内22号地块裕利集装箱堆场，总投资1 150万元，已于2001年中国投资贸易洽谈会期间建成并投入使用；太平物流仓库建设已完工，总投资3 583万元；保税区13、14号泊位的水工、航道疏竣工程已完成，现进入陆地交通项目和设备安装，累计完成投资1.97亿元；15、16号泊位已完成水工、港池挖泥、陆域形成工程，目前正进行堆场、道路工程建设，已累计完成投资1.74亿元。

推动保税区二期工程建设。由于保税区一期土地、厂房已全部利用，发展空间已经饱和，为尽快解决保税区发展空间问题，2001年10月，市政府正式批复建设保税区二期工程。2001年12月，象屿保税区二期工程1.1平方公里正式复工建设，为保税区发展拓展了新的空间。

四、开源节流，加大资金监管力度 一是进一步理顺财政管理体制。就新一轮财政管理体制及其具体运作问题与市财政、税务等相关部门进行协调，新的税种划分制度基本确立，与市财政建立的税收跨年度返还也已逐步过渡到财政收入部分当年返还。在推动保税区设立代理金库事宜上加强了与相关部门的协调和沟通。二是依法对财政性投融资基本建设项目进行跟踪和工程预算、概算、结算的审核，特别是对MCMS公司厂房建设项目和保税区综合楼项目进行了有效跟踪、监督、审核和资金划拨，确保厂房和综合楼顺利完工并通过验收交付使用。三是努力组织财政收入，合理安排各项支出。2001年共组织财政收入6 600万元，超额完成年初预算计划，比上年增长26.9%，实际安排财政支出3 773万元，完成年初预算的94.3%。2001年象屿海关征收税款8 762万元，增长1.27倍。四是与市审计部门完成对保税区一期开发建设成本的审计，截止到2001年6月30日保税区一期开发总收入7.11亿元，一期开发成本及费用5.31亿元，审计结果显示保税区一期投入已全部回收，保税区的发展进入良性循环。

（厦门象屿保税区管委会　代斌供稿）

火炬高新技术产业开发区

一、主要经济指标完成情况

2001年，实现工业产值146亿元、技工贸总收入144亿元、出口创汇7.2亿美元、利税14亿元。其中核心区工业产值、技工贸总收入、出口额和利税分别为129亿元，128亿元、5.6亿美元和12亿元，分别比上年增长33.57%、34.7%、37.43%和6.47%。

二、高新技术产业扶持体系

2001年新审批入区企业97家；大北欧等9家企业被认定为高新技术企业；瑞声达听力技术（中国）有限公司、厦门灿坤科技有限公司2家企业被认定为先进技术企业；瑞声达听力技术（中国）有限公司被认定为产品出口型企业。截止2001年底，高新区共有高新技术企业59家（其中5家为政策区企业），先进技术型企业17家（其中3家为政策区企业），产品出口型企业12家（其中1家为政策区企业）。

2001年制定了《厦门火炬高技术产业开发区技术创新资金管理暂行办法》。厦门北大之路公司的转基因植物（花卉、番茄、甜椒）中试产业化等6个项目获2001年度火炬高新区创新基金，基金总额达110万元；给予获得科技部创新基金支持的三个项目总额100万元的配套资助；配合科技部火炬中心完成2000年度高新区企业统计和全社会R&D资源调查表的布置、收集、汇总上报，受到科技部等七部委的表彰。

继创建厦门北大生物园之后，北京大学与厦门市再次喜结“良缘”。2001年12月16日，双方在北大国际交流中心签署协议，决定在厦门火炬高新区建立北京大学软件工程国家工程研究中心的第一个产业化基地。合作双方将用2年的时间在厦门软件园内建设软件构件库、工具库、产品测试平台等技术支撑基础设施；建立软件工程技术咨询、培训服务体系；建设5万平方米的研发、培训、孵化用房及配套设施。同时还拟定在厦建设北京大学软件工程学院厦门分院，为厦门产业化基地提供人才保障。

三、建设投资环境

2001年完成建设投资3.32亿元，房屋竣工面积6.7万平方米，在建项目9个，房屋施工面积约18.3万平方米。

火炬高科技园完成建设投资1.47亿元。火炬大厦已竣工并完成验收；火炬小学于8月底全部完工交付使用，并按时开学；光明楼施工进展顺利，将于2002年初完工；火炬商住楼、市政道路等工程正在建设中；供电及配套设施建设、通讯、绿化和给、排水施工进展顺利；火炬高科技园社区医疗服务中心已完成筹建工作，火炬园配套服务设施将得到进一步完善。

留学人员创业园完成建设投资4 597万元。创业大厦、宏业楼已经封顶；轩业楼年底前完成主体工程；创业园绿化工程已部分完成；为解决创业园排水、排污问题，由高新区财政垫资的北部市政道路工程已经开工，年底前完工。2001年末，厦门留学人员创业园二期工程最大建筑面积的综合型厂房——“伟业楼”，进入设计阶段，创业园孵化场地将得到进一步扩充。批准的用地位于创业园东北区域，占地面积1.6万平方米，将建成3万平方米的综合型创业场地。该项目建设总投资6 000万元，计划用一年时间完成。项目建成后，将使厦门留学人员创业园总建筑面积达到8.8万平方米，拥有各类孵化单元300个，基本上满足留学人员企业对发展空间的需求。

路桥高科技园完成建设投资5 383万元；厦门软件园完成建设投资2 955万元；北大生物园一期建设投资5 596.19万元，完成办公楼、研发大楼的建设，年底投入使用。

其他配套设施：由物业公司与北大之路公司合作开发的全国首家转基因花卉基地已初具规模，为尽早实现花园式高新区奠定了一定的物质基础。

四、招商引资

高新区全年新增合同外资9 052万美元，完成全年任务的100.6%。其中新批项目19个，合同外资4 492万美元；增资项目12个，增加投资4 560万美元。外资实际到资9 436万美元，完成全年任务的118%。

五、企业孵化

2001年，高新区企业孵化工作取得显著成效。6月份厦门留学人员创业园被科技部、人事部、教育部及国家外专局联合确定为国家留学人员创业园，成为了全国经济特区第一个国家级企业孵化器；8月份厦门高新技术创业中心又被科技部确定为国家高新技术创业服务中心。创业中心和创业园升格为国家级企业孵化器后，在两个单位孵化的留学人员企业和科技中小型企业，可得到科技部创新基金、种子基金等更多支持，对高新区孵化体系的进一步完善及留学人员企业、科技中小型企业的成长有着重大的意义。

2001年，创业中心及创业园孵化企业完成技工贸总收入9 360万，利润1 105万，上缴税收285万。创业园共引进留学人员企业23家，注册资本共计1 900多万元。共有三批19家留学人员企业各获得政府支持的10万元无偿创业资助金。与厦门市财政局、厦门市科技局共同颁布了留学人员企业49%配套资本金管理办法，现已进入运作阶段。全年接待留学人员来访或委托来访超过100人次。创业园品牌已初步打响。

继2000年9月厦门软件园获得国家科技部授予的“国家火炬计划软件产业基地”称号后，厦门软件园企业孵化工作有了长足进展，投融资、技术服务等各种专业服务以及其他综合性的服务日益完善。引进的52家入园软件企业在物流信息管理系统软件、企业管理软件、医疗管理软件、多媒体教育软件、通讯软件、地理信息系统软件等领域拿出了自己的拳头产品，并有多项软件产品出口日本、台湾、美国等。

六、同集高新技术园区前期筹建

遵循“管建分开，开发招商一体”的原则，火炬高新区积极开展同集高新技术园区前期筹备工作。2001年12月25日举行了规划设计方案评标会，基本完成1.4平方公里控制性详规的编制工作。

七、获奖企业与个人

2001年是厦门火炬高新区建设十周年。在庆祝厦门火炬高新区建设发展十周年之际，为鼓励高新区企业在“二次企业”中实现新的跨越，火炬高新区管委会决定对十年来在高新区建设发展中做出突出贡献的20家企业予以表彰。这二十家企业是：戴尔计算机（中国）有限公司，厦门ABB开关有限公司，厦门ABB低压电器设备有限公司、瑞声达听力技术（中国）有限公司，厦门富士电气化学有限公司，厦门松下音响有限公司，厦门麦克奥迪实业集团有限公司，利胜电光源（厦门）有限公司，厦门厦芝科技工具有限公司，厦门华联电子有限公司，厦门大洋通信有限公司，天安制药（厦门）有限公司，厦门联创微电子股份有限公司、厦门北大之路生物工程有限公司，厦门火炬投资开发有限公司，厦门高新技术创业中心，厦门软件产业建设发展有限公司，厦门高卓立液晶显示器有限公司，厦门灿坤科技有限公司，厦门辰信企业发展有限公司。

12月22日，厦门市人民政府授予19名在厦工作、创业的外籍人士厦门市“荣誉市民”称号。其中，火炬高新区ABB公司总经理翁建汉先生、DELL计算机（中国）有限公司原副总经理巴迪先生和物流部经理张宝玲女士、利胜电光源（厦门）有限公司董事长胡安华先生等4位外籍人士榜上有名。

（厦门火炬高新区管委会　熊福京供稿）

经济管理与监督

计划工作

2001年，厦门市计划部门狠抓各项任务的落实，充分发挥全市经济综合管理部门的作用，为全市经济建设和社会发展作出了积极的努力。

一、大力推进全市基本建设，促进全社会固定资产投资任务的完成

2001年，厦门市计划部门紧紧围绕市政府“确保完成全社会固定资产投资183亿元，力争完成投资200亿元”这一中心任务，狠抓重点建设，实施增投计划，大力推进全市基本建设。

一是认真落实重点项目工作计划，做到早计划、早安排。元月初就召开全市重点项目建设工作会议，确定和落实了2001年重点建设项目和重点前期项目51项、“重中之重”项目18项、“四个一批”项目56项，并与各重点项目单位签定了责任状，明确目标和责任。下半年，又协同市领导召开了4次全市重点项目建设工作调度会，逐一解决存在问题，有力地保障了重点项目建设的顺利进行。二是实施增投计划。针对1～7月份出现的投资增长乏力的现象，计划部门会同有关部门进行认真调研，适时提出并经市政府批转《关于确保完成我市2001年全社会固定资产投资183亿元，力争完成投资200亿元的建议》，在老企业易地搬迁改造、房地产、农村“两化”、教育、卫生、基础设施等7个方面实施增投，取得成效。三是积极调度建设资金，一方面及时下达2001年基本建设计划，共下达项目178个，年度计划投资16.8亿元；另一方面，调剂资金保证增投需要，积极落实农村“两化”项目自筹资金，不足部分及时帮助衔接金融单位，为其融资创造条件。四是切实解决投资环境问题，特别是针对项目单位反映强烈的招投标和政府采购方面的问题，提出了改进现行建设项目招投标制度和政府采购制度的建议。五是加强基建管理工作，提出了《厦门市计委关于进一步改进和加强计委基建管理工作的若干意见》、《厦门市财政性投融资项目代建管理试行办法》，规范和加强了全市重点建设项目及财政性投融资项目的管理；更新完善2001年重大项目数据库，实现重点项目、“四个一批”项目、重点前期项目网上数据报送跟踪。

二、认真抓好项目储备及前期工作，为全市经济发展攒后劲

一是切实加大项目前期工作力度。根据年度计划目标要求，积极做好新开工、争取新开工重点项目及重点前期项目的跟踪、检查，抓住前期准备、资金、审批、征地等重点环节，逐项查找项目进展缓慢的原因，针对查找出来的问题，逐项制定整改方案，及时做好协调服务和管理，加快项目进度。同时，做好全市一批2002年重大外资项目的前期工作，抓紧做好长庚医院和高级护理学院、PX等项目前期工作，并继续做好LNG项目的站址比选方面的各项争取工作等。二是加快投资新增长点的筹划工作。如高起点进行环岛路片区旅游设施规划、外国人居住区规划、海湾型城市交通快速通道路网骨架规划、岛外统建房小区规划、曾厝垵文教区和集美文教区的开发建设规划等。三是成立驻京办项目处，发挥常驻北京联络方便的优势，加强同中央各部委的联系，积极协助市领导和市有关部门，争取国家批准厦门长庚医院和高级护理学院、厦门国家会计学院、厦大软件学院、海燕公司和正新集团合资的子午线轮胎、明达特种玻璃、翔鹭瓶级切片、厦门国际航空港货运站等项目。

三、积极筹集资金，保证经济建设顺利进行

2001年，市计划部门共争取到各类资金指标63.84亿元，占全市筹资的54%。一是积极争取国

家增投资金。2001年国家计委共安排厦门市国债项目资金3.08亿元，其中：中央预算内专项资金1.14亿元，地方预算内专项资金1.94亿元，主要用于城市基础设施、高新技术产业化、公检法司、旅游基础设施、教育文化设施、交通战备、供水工程等项目建设；二是积极争取各项补助资金。2001年共争取到各类补助拨款资金8 805万元；三是跟踪落实争取开行贷款的工作。9月份，全市申请开行贷款全部顺利通过了开总行贷委会审批，11月份，开总行出具了贷款承诺函；四是协调和推进基建项目财政融资工作。截止12月31日，市财政部门已出具承诺函的贷款为26.02亿元，项目单位已提款11.93亿元，确保融资资金不拖项目建设后腿；五是继续做好借用国外贷款项目的筛选和组织上报工作，并加强对全市以往借用外债项目的运行监管监测。

此外，还争取落实了国家计委安排厦门市增加2万箱生产卷烟指标、0.4万箱代西藏加工卷烟计划，争取落实了一些重要农产品进口配额指标，并争取到2002年全国煤炭订货交易会在厦门举行。

四、大力促进高新技术产业发展，促进产业结构调整

一是根据厦门市高技术产业化当前面临的发展空间不足问题，开展了岛外高新技术开发区的前期工作，完成了同集高新技术园区体制、建设方案、开发费用测算等的编制工作，并协调园区详勘与预可研究编制工作。二是积极争取国家计委对厦门市高技术项目的资金和立项支持，积极争取厦华、厦新、中桥GSM手机生产指标103万部，厦华CDMA手机列入国家19家定点生产企业之一，组织厦新家庭信息服务器、高比特宽带无线接入系统等高技术产业化示范工程项目的上报工作，2001年共7个项目列入国家计委高技术产业化发展计划，获得国家计委2 500万元资金的支持。三是积极组织实施重大科技成果产业化示范工程项目，厦华GSM手机及微波通信设备、中坤化学药物原料、涌泉马尾松精制天然香料等项目均有较大的进展。

五、强化招商引资工作，推动全市利用外资回升

一是认真学习全国外资工作会议精神，研究新时期的招商引资工作，提出《“十五”期间加大计委招商引资工作力度的意见》。二是认真做好招商项目和相关资料的准备工作，积极开展外引内联工作，2001年市计划部门先后组团到西欧等地招商、参加厦门产品（乌洽会）展销暨经贸合作洽谈会，积极、主动地进行招商活动。三是会同市外资管理部门年初制定并下达了各区、开发区和有招商任务的市直部门招商引资指标分解计划，定期对全市各区、开发区招商引资工作以及市重点外资项目建设进度进行调查，收集各单位在引资和建设工作中遇到的问题，提出对策与建议，对于其中比较突出的问题及时向有关部门反映并跟踪。四是拟定鼓励外商投资产业导向，收集全市招商引资项目，并积极争取省对储备项目前期工作的经费支持。积极参与中国投洽会的组织、协调及客商邀请和接待工作，组织制作《厦门投资指南2001》光盘版，加大对全市投资环境的宣传力度，并对“投洽会”签约、开工的外资项目进行跟踪，掌握项目进展情况。

六、加大社会事业投入力度，促进城乡社会事业协调发展

一是教育方面，配合市有关部门推进基础教育体制改革，加快全市教育资源的优化配置和学校布局调整工作，适当调整合并旧城区有关中小学校资源，目前已形成《厦门市中小学校布局规划》文稿；加快电大、教育学院、职工大学三校合并搬迁工作，推进鹭江职业大学专升本和厦门科技大学组建的前期工作，并争取到国家教育国债资金1 000万元；加大新区配套中小学校的建设步伐，启动东渡中学、金尚中学、前埔中学等一批学校和外国语学校海沧分校的建设。二是卫生方面，继续完善全市区域卫生规划和卫生资源战略性调整，加快市中医院病房楼、集美医院迁建、杏林医院病房楼等医院的建设，推进长庚医院、同安区医院病房楼等项目建设的前期工作，对厦门医学职业技术学院、市巧稚医院的选址及筹建方案提出建议意见。三是文化、体育方面，围绕2001年市党代会提出建设艺术之城目标，结合建党80周年和特区建设20周年，加大了文化设施的建设力度。主要有：帮助群艺馆、艺术展览馆等文化单位解决业务及办公用房；促进厦门影剧院、鼓浪屿音乐厅的改造升级和市戏曲舞蹈学校二期学生公寓及电教图书馆等项目建设按期完成；加快华侨博物院改造、图书馆、陈嘉庚纪念馆、苏颂科技文化苑等一批具有厦门特色的文化项目的前期工作；继续加大嘉庚体育馆的前期工作，推进了方案设计论证工作。四是旅游业方面，围绕全市城市建设由海岛型向海湾型城市转变的战略目标，适时推出“提高岛内旅游景点档次内涵，加快岛外旅游资源开发”的战略思路，同时加快岛外旅游资源开发的前期工作；加大市财政对旅游配套基础设施的

投入，完善了国家级、省级旅游景点水、电、道路等基础设施建设，并争取到国家旅游国债资金800万元，用于万石植物园东西山景区道路建设。

七、加强经济形势分析预测，认真做好“十五”计划编制的后续工作

密切关注国际、全国和兄弟省市经济运行态势，组织开展对月、季、年度经济运行情况的预测、监测和分析工作，深入基层，把握动态，及时发现经济运行中的难点和亮点，在职权范围内协调解决问题，通过各种渠道向上级部门、领导反映投资环境、通关环境、企业运作、投资建设等方面存在的问题，及时提出针对性和操作性强的对策建议提供市委、市政府领导决策参考。认真分析2002年经济形势，完成了2002年全市经济社会发展计划草案的编制工作，提出2002年经济工作基本思路和建议。

“十五”计划工作方面，一是完成“十五”计划纲要的修改并经市十一届人大四次会议审议通过，并正式印刷成册（单行本）；二是牵头组织、督促有关部门修改完善16个专项计划，并上报市政府审定，且已全部由市政府下发执行；三是组织力量对6个专题计划进行深化、补充，除“提高城市品位”专题计划正在编制外，其他5个专题计划已基本完成；四是延伸“十五”计划，研究开展“十五”计划的实施工作。

八、积极参与全市经济秩序整顿工作，重点抓好报废汽车市场的清理整顿

牵头组织全市报废汽车回收业的清理整顿和回收企业资格认定工作。2001年5月份市计委会同有关部门联合发文，先期对全市报废车回收拆解行业开展清理整顿工作。国务院颁布《报废汽车回收管理条例》后，为加强对报废车回收拆解行业进行管理，市汽更办（挂靠在市计委）和工商部门采用联合和分头的办法，对全市报废车回收拆解单位和部分企业进行检查，整治了非法回收报废车、拼装车的活动。2001年来共检查相关企业1 638家，捣毁拼装农用车窝点1个，取缔非法拼装经营单位3家，查扣拼装汽车2部、拼装农用车8部、拖头1个、发动机1台，、三无汽车配件3 252件以及部分用于拼装农用车的原材料。

九、积极推进农村“两化”工作

一是加大宣传力度，提高各级对农村“两化”工作的认识。二是认真抓好农村“两化”规划的编制工作，在广泛调研、并深入讨论的基础上完成了规划初稿，并完成了规划的论证工作。三是抓好工业小区的用地报批和基础设施建设，五个工业小区一期用地的报批工作全部完成，并在9月份之前陆续取得用地红线批复，基础设施也基本上按计划进度往前推进。四是抓好中心镇建设规划的调整工作和项目建设，至年底三个镇的规划调整全部完成，中心镇的基础设施建设也按计划推进。五是加大协调力度，努力为岛外地区创造良好的经营环境，针对区、镇在“两化”工作中遇到的具体问题，联系相关部门帮助协调解决，例如：协调解决同安马巷的洪氏企业用地、用水、用电问题，同安工业用水与岛内同价问题、东孚工业区内军用电缆搬迁问题等。

十、继续抓好全市经济动员工作

一是抓好国防建设项目的落实，蔡尖尾山隧道、莲黄隧道、五通——刘五店滚装码头、东渡港18号泊位平战结合多用途滚装船码头和市、区指挥所及地下工程等城市防空设施建设等项目的前期工作基本完成并陆续开工；市预备役高炮团团部工程建设完工。莲黄隧道获得国家计委2001年中央预算内专项资金2 000万元，五通——刘五店5 000吨级可潜式滚装码头获得2 000万元。二是深入开展国民经济动员潜力调查。全年组织动员全市近20个部门，开展潜力调查20天，共收集了39大类719分项，近4 000组数据，获取了第一手资料。三是建立经济动员综合管理网络，自筹资金121.48万元，着手建设包括民防、交战、支前、地震、防汛、消防和“120”在内的8个子系统的厦门市国民经济动员信息管理系统。四是积极参加省经济动员网上演练，提高经济动员的应变能力。

（厦门市发展计划委员会　彭梅芳供稿）

城市规划与管理

一、城市规划编制工作

完成了厦门小城镇发展与布局规划，完成了马巷镇总体规划；后溪镇总体规划和灌口镇总体规划也在进行之中。

完成了薛岭山——虎头山南片区（162.02公顷）、集美区灌口镇凤泉商贸区、灌南工业区（191.28公顷）、集美旧城改造（175.25公顷）、中

山路片区（250.00 公顷）、杏林区东孚镇工业小区（71.78 公顷）等控制性详细规划，规划面积达850.33 公顷。正在进行中的有莲前路北片区前埔地块、莲前路北片区半兰山地块、航空城北片区、莲坂西片区等控制性详细规划。

完成了洪文居住区（88.78 公顷）、东方快乐岛总体规划（124.88 公顷）、台湾民俗村总体规划（30.84 公顷）、园林植物园西山分区（50.00 公顷）、祥店、刘厝旧村改造（26.55 公顷）、西堤公园（15.44 公顷）等修建性详细规划，规划面积达336.49 公顷。

完成了厦门市城市雕塑规划、厦门市夜景观总体规划、厦门市中小学布局规划、厦门地区碎石开采规划、厦门本岛邮政书报亭布点规划、湖里寨上仓储区规划（8.5 公顷）以及厦门市城市轨道交通规划研究等专项规划。

同时还完成了金尚路（286 公顷）、莲前路（357.85 公顷）、石鼓山立交桥——厦门大桥——集美体院景观（161.63 公顷）城市设计。完成了厦门本岛旧城历史风貌建筑保护规划、集美风貌建筑保护规划。

二、城市规划管理工作

为了确保城市各项建设按规划顺利实施，促进城市规划管理早日走上法制化轨道，积极组织修订《厦门市城市规划条例》，《条例》修订（草案）经市政府常务会审定并提请市人大审议；积极推行城市规划法定图则制，经多方努力，已初步完成了厦门市法定图则体系的研究报告，同文顶片区《法定图则》已通过有关专家技术论证；根据市政府的要求，对 1980 年以来的规范性文件进行清理，废止规范性文件 8 项；筹备成立厦门市规划委员会。

为了推进城市规划科学化、民主化的决策进程，增强城市规划透明度，广泛征集社会各界及市民对城市规划的建议和意见，2001 年对城市重要地段或重大建设项目先行实行登报公示制，如“厦门图书馆”的选址，“嘉庚体育馆”建设方案，通过公示后，根据社会各界和广大市民的意见，经专家论证，最后确定建设地点和建设方案；在白鹭洲广场、中山公园南门等处设立城市规划公示栏，在市工人文化宫顶层，建立厦门城市规划展示厅。

三、城市规划法规宣传工作

为了使社会各阶层，广大市民对《中华人民共和国城市规划法》、《厦门市城市规划条例》等法规有了较深刻的认识，印制了《中华人民共和国城市规划法》、《厦门市城市规划条例》、《鼓浪屿风貌建筑保护条例》单行本、合订本进行散发，开展《中华人民共和国城市规划法》颁布 11 周年纪念活动。在广泛宣传城市规划法规的同时，加强城市规划的宣传力度，成立了《厦门市城市总体规划》宣传工作小组，通过报刊、电视、电台着重宣传《厦门市城市总体规划》和国务院关于厦门市城市总体规划批复精神，并编印了《厦门规划图册》、《厦门规划纵横》、《厦门规划通讯》、制作城市规划 VCD 等宣传资料。

四、城市规划执法

加强对建设工程的开工验收和竣工验收，督促建设单位严格按规划审批要求进行建设，一定程度上遏制了违法建设的发生；依照《城市规划法》、《厦门市城市规划条例》以及相关法规，严格查处各类违法建设。一年来共查处各类违法建设 633 起，处罚 108 起，召开了 10 场行政处罚听证会，对拒不履行行政处罚者，申请法院强制执行 5 起，拆除违法建筑面积 31 517.08 平方米，罚款金额近 1 000 万元。

五、规划行业管理

为了创造良好的投资软环境，更好地为建设单位服务，积极配合建设管理服务中心开展工作，将报件受理纳入建设管理服务中心统一管理，并将项目审批时限从 67 天缩短至 60 天。严格按规划要求、审批程序、审批时限及社会服务承诺要求，及时办理各类建设项目审批，提高了工作效率，受到了建设单位的好评。

2001 年办理“建设项目选址意见书”265 件，办理“建设用地规划许可证”341 件，新批建设用地 1 821.5 公顷；办理“建设工程规划许可证”396 件，建筑面积 341.67 万平方米；审批各类建设规划方案 516 件。

（厦门市规划局　陈文瑶供稿）

土地房产管理

一、用地管理

做好 2001 年城市建设用地、村镇建设用地和城市建设征用集体建设用地的汇总、初审和上报工作。全年共申报了 1 个单独选址的项目用地、14 个批次的新增建设用地，总共涉及新增建设用地 161 宗；申请用地总面积 2 128 公顷，涉及农用地转用 1 536

公顷，其中耕地775公顷。

共预审建设项目用地441宗，审批国家建设项目用地401宗，面积2 157.92公顷，其中划拨用地215宗，面积1 566.66公顷；出让186宗，面积591.26公顷；批准使用集体土地40宗，面积43.76公顷。

积极推进土地整理，拓宽补充耕地的途径，建立多轮驱动、多途径的开发整理模式。2001年全市通过部、省、市三级立项的土地开发整理项目共18个，总面积3.82万亩，总投资计划2 785万元。

积极宣传贯彻国务院新的《城市房屋拆迁管理条例》，加大征地拆迁工作力度，全力保障重点项目建设。全年完成征地项目49个，其中包括前埔110KV变电站、三安超高亮度发光二极管一期、莲黄隧道北段接线工程、市属三所成人高校、吕岭路东段、东部污水相关道路、自来水厂污水处理等一批市重点项目，完成征用土地面积1.04万亩，拆除农村房屋建筑面积192.5万平方米，完成征地拆迁补偿总金额4.24亿元。共发布房屋拆迁公告34个，发放拆迁许可证41个。完成厦门大学旧校门公交车站、市府大道（厦禾——公园岗亭段、公园——海军码头段）、鹭江道改造及景观工程、环岛路部分路段、达意商业城、仙岳路（仙岳村段）、中港花园、钻石海岸等项目，拆迁范围占地面积36.87万平方米，拆除建筑面积24.62万平方米，拆迁总户数1 860户，安置建筑面积39.40万平方米，货币安置补偿总金额约4.5亿元。

二、房地产市场管理

加强对房地产一级市场的宏观管理，加大对土地市场的宏观调控力度。进一步深化土地使用制度改革，完善和实施土地招标拍卖制度。2001年全市土地出让地价收入21亿元；其中岛内12.22亿元、同安区5 950万元、杏林区1.10亿元、集美区1.58亿元、海沧投资区5.5亿元。经营性房地产用地公开招标拍卖出让土地7幅，面积166亩，土地出让金2.81亿元，集美区和杏林区实现了公开招标出让土地零的突破，工业项目用地出让面积6 657亩，出让金为9.21亿元；其他项目用地23宗，面积324亩，土地出让金1.40亿元。为妥善解决历史遗留问题，2001年全市重点开展了房地产建设用地清理工作，全市共有153个项目列入清理范围，经市政府批准，岛内有35宗、用地面积92公顷；海沧投资区26宗、用地面积93.8公顷；同安区17宗、用地面积57公顷被列入拟继续协议出让清单。此外继续完善土地"收、储、让"制度，出台了《厦门市国有土地储备实施办法》、《厦门市土地基金管理暂行办法》，加大土地收购储备的力度，满足供应和调控全市用地需求，2001年新增储备用地18.64万平方米，规划储备用地约二百万平方米。

加强房地产二、三级市场管理，规范商品房预售和销售行为。结合推广使用新版《商品房买卖合同示范文本》，编写了《示范合同》条文释义，广泛开展房地产知识和建设部88号令宣传咨询活动，举办法律讲座，增强购房者自我保护意识。于2001年9月15日正式出台了《厦门市商品房预售管理规定》从2002年1月1日起开始实施。为进一步推进公房上市工作，陆续出台了各项降低税费的政策，激发了市场活力，扩大了房改房进入市场的总量。新组建的厦门市住房置业担保有限公司，为居民提供"买卖放心房"的交易平台，实现房地产二、三级市场的联动，取得了良好的经济效益和社会效益。2001年房地产三级市场交易业务4 368件，比上年增长1.2倍；批准预售商品房许可证236件，批准入市面积192.8万平方米，预售面积251.37万平方米，总金额88.1亿元；土地交易12.57万平方米，房屋交易49.92万平方米，总金额11.94亿元；商品房购销合同登记2.34万件；抵押合同登记1.93万件，比上年增长1%；租赁合同备案2 999件，比上年增长2%；楼花转让1 375件，比上年增长37%；办理购房入户8 934件，比上年增长20%。

加强房地产中介市场管理，大力扶持房地产中介机构的发展。从房地产评估市场入手，规范评估执业行为，开展每月一次评估业务培训，培养和增强评估行业的自律意识。2001年全面完成评估机构脱钩改制的验收工作，6月份顺利通过了省政府检查组的验收，11月份又通过了省国土资源厅的专项检查。开展房地产经纪人执业资格培训班四期，培训782人，经考核682人取得资格；新审核批准19家经纪机构资质，经纪人610人，目前全市已有64家机构取得经纪机构资质。同时，整合中介机构，积极筹建房地产中介行业协会。

三、房政管理

继续加强直管公房的管理。2001年全市直管公房租金应收数6 516.07万元，实收租金6 485.68万元，完成应收数99.5%，其中：非住宅应收数为4 091.04万元，实收房租4 081.02万元，完成应收数的99.3%，住宅应收数为2 425.03万元，实收租金是2 404.66万元，完成应收数的99.2%，旧欠实收59.30万元，收取滞纳金9.62万元。共征收租赁收益金779.77万元、5 589户，其中土地收益金

569.56万元、转租收益金210.21万元；同时为减轻困难企业负担，共减免租赁收益金35.27万元、87户。共出售直管公房214套，建筑面积1.54万平方米，收回售房款1 300.93万元，其中正常售房192套，建筑面积1.39万平方米，收回售房款1 243.77万元；补全产权22套，建筑面积1 497.14平方米，收回售房款57.16万元；直管公房5户补超加价款14.22万元。住房使用权交换成功93件、186户，交换总建筑面积4 825.69平方米，交换住房总金额378.27万元，收取换房差价32.28万元。审批实行廉租租金申请对象共1 503户，核减年租额53.08万元；审批租金减免申请对象63户，减免年租金额1.99万元。

直管公房修缮2001年计划投入维修资金3 000万元，实际完成2 998.74万元，完成率为99.96%，其中：翻修工程61幢、面积1.16万平方米，投入资金768.34万元；大中修项目279幢、修缮面积12.93万平方米，投入资金1 516.22万元；小修项目2 829幢次、投入资金679.90万元。白蚁普查6 849户、灭治1 905户，投入资金34.28万元；共完成房屋安全鉴定任务457幢（件），建筑面积32.79万平方米；完成解危65幢、住户285户、1 017人，解危投入624.03万元。2001年全市已完成危房治理改造232幢、4.89万平方米，超额完成全年计划改造数141.5%。共受理审批危房户个人申请承租过渡周转房66户，安置到位68套；审结个人申请购买解危房24户（25套）；受理审结单位购买解危安置房15宗1 214套。危房抢险值班中心继续发挥抢险救灾排头兵作用，全年累计接、处警162起。

加强廉租房的建设和分配工作，努力完成2001年的为民办实事项目。起草、制定《厦门市廉租住房管理规定》、《厦门市旧公有住房与政府新购建住房置换管理办法》和《厦门市廉租住房租金标准》，不断地完善和规范廉租房的申配工作。2001年有五百多户居民领取廉租房申请表，491户参加申请，截止2001年11月底154户廉租房办理住房入住手续。此外，2001年第二批100套廉租住房于2001年10月底开始向社会公开申配。为民办实事项目岭兜小区安置房建设至2001年11月底，428套危改安置房和192套过渡周转房提前完成单体施工任务，进入区内配套设施建设，132套廉租房已完成外墙装修。

四、住房制度改革

制定了《厦门市2001年住房制度改革有关规定》，全年共办理住房货币化补贴审批273单位1.10万人，应发放5 052万元，已发放4 100万元；办理已购公有住房入市审批2 177件、已完成交易1 655件，建筑面积13万平方米，金额2.09亿元；住房公积金归集4.69亿元，办理住房公积金支取2.22万人，支取金额1.36亿元，办理住房公积金个人贷款1 715人，贷款金额6 422万元；办理单位售房审批392单位、2 450套、22.5万平方米，各单位出售公有住房1 886套、17.33万平方米、归集售房款1.7亿元；办理单位支取售房款用于购建住房83个单位、1.21亿元；货币化补贴57个单位，849.1万元；办理职工领取住房货币化补贴3 224人、2 991万元。

加强住房公积金的管理。2001年成立了厦门市住房资金管理中心，健全机构、配齐人员，围绕着贯彻《住房公积金管理条例》，针对以往工作中的薄弱环节，采取措施，规范管理。

五、土地房屋权属登记发证和基础业务

完成土地房屋权属登记审核3.39万件，权证发证3.35万件；地籍调查外业完成各类案件2 378宗，房产测量工作完成土地初始登记外业调查100件，用地面积271.16万平方米，房产查档配图9 197件；完成单位自管房、商品房房产测绘460.22万平方米，用地面积300.55万平方米；完成私房测量建筑面积9.70万平方米，宗地面积5.86万平方米。岛内农村土地房屋登记审结发证2 900件；土地房屋登记资料公开查询接待2 800人次；乡镇企业土地房屋确权登记发证数已达到434家。同时开展农用地分等定级和集体所有权登记发证前期准备工作。

对全市辖区1∶1.5万航摄资料进行检查验收。作为“数字厦门”的基础资料，制定厦门市1∶5 000全数字航空测量计划；并审核《厦门市地图册》、《厦门工贸旅游图》、《厦门岛地图册》、《厦门市数字影像图》四幅地图的出版。

修改制定了《档案利用制度》，加强土地房产档案的利用和管理。全年共接受档案3.22万卷，整理档案3.48万卷，电脑扫描录入2.51万卷，出具住房证明一万二千多份，档案利用3 483人次、1.37万卷，较好地发挥了土地房产档案信息的重要作用。

六、土地执法监察

加强土地立法及配套政策的制定。2001年组织起草的《厦门市商品房预售管理规定》作为市政府规章颁布；《厦门市土地储备实施办法》作为市政府规范性文件发布；组织了《厦门市实施〈城市房屋

拆迁管理条例〉暂行办法》、《厦门市征地制度改革试点方案》的论证工作。

坚持预防为主的原则，全面实行土地执法监察动态巡查责任制。以土地所所在辖区为基础，由土地所与土地监察中队人员搭配编组，聘请村土地协管员为信息员，共同承担辖区内的日常动态巡查，及时发现和制止土地违法行为；对拒不停止土地违法行为和已形成土地违法事实的，及时上报土地管理部门立案查处。全年有 472 起土地违法事件被制止在萌芽状态，土地违法案件明显减少。

齐抓共管，形成合力。针对查处土地违法案件牵涉面广、难度大的实际，全市逐步形成了职能部门、地方政府、司法机关共同参与、齐抓共管的工作格局。2001 年市城监大队和开元、湖里、思明各区都加大违法占地违法建筑整治力度，有力地打击违法者的嚣张气焰。全年共制止违法占地现象 472 件，占地面积 5.33 万平方米；立案查处的有 71 件，占地面积 3.06 万平方米，其中拆除 37 件，涉及占地面积 8 323 平方米（建筑面积 1.22 万平方米），共追缴地价款 840.43 万元，对 18 起当事人拒不履行处罚决定的案件，已依法申请人民法院强制执行。

（厦门市国土资源与房产管理局　王宇供稿）

质量技术监督

一、加强质量管理，不断促进质量建设

（一）加强产品质量工作的调查研究。为贯彻落实国家关于质量工作的一系列决策，解决厦门市新时期质量工作的重大问题，市质量技术监督部门对全市产品质量状况进行了广泛深入的调查研究。在掌握情况，找准问题，查清根源的基础上，形成并发布了《厦门市关于进一步加强产品质量工作的若干问题的意见》。

（二）开展“质量月”系列活动。通过开展大型质量宣传咨询服务活动，进行《产品质量法》宣传教育，组织质量管理先进企业介绍典型经验，表彰质量管理先进企业；开展“3·15”活动以及对重点产品、重点区域、重点市场进行检查，公开销毁假冒伪劣产（商）品等活动，扶优治劣，既保护了名优企业和消费者的合法权益，又打击了制假售假行为，收到了良好的社会效果。

（三）继续推进“质量立市（区）”工作。为推进“质量立市（区）”工作向纵深发展，质量技术监督部门从贯彻《质量振兴纲要》入手，加强“质量立市（区）”的组织协调、宣传教育、服务保障、检查督促等方面的工作，坚持抓点带面、点面结合、互相促进，全市工业产品质量、工程质量、服务质量和环境质量有了明显改善。思明区“质量立区”工作成绩突出，2001 年 10 月被国家质检总局首批授予“全国质量兴市先进市（区、县）”称号。

（四）实施名牌战略，开展创名牌工作。重点是强化企业自觉实施名牌战略观念，增强企业创名牌的内在动力；激励社会各界的支持，为企业创名牌营造良好的外部环境。“厦华”彩电荣获“中国名牌产品”称号，有 6 家企业的 6 个品牌产品获“2001 年福建省名牌产品”称号，同时，还对 7 家获得第 4 批福建省名牌产品的企业进行了复审。

二、用铁腕抓质量，强化质量监督和行政执法

（一）进一步加大质量监督力度。①完成了 1 521批次涉及健康、安全的重点产品的监督检验任务；②加强了元旦、春节、“五一”、“十一”、中秋等重大节假日市场产品的抽查和重点商品（“瘦肉精”、“吊白块”、农药化肥、中秋月饼）的检查；③结合“放心工程”活动，加大了眼镜、大米、面粉、食用油、桶装饮用水、酱油、水泥、白酒、燃气灶具等 9 项产品的监督力度；④按照国家质监总局的部署，对小麦粉、大米、食用植物油、酱油、食醋等 5 类产品的所有生产企业进行了产品质量国家监督专项抽查，严把产品源头关；⑤加强经常性监督，注重抓经常，经常抓，初步形成质量监督制度化、经常化的机制。

（二）深入开展“百日”打假和“整规”打假活动。先后组织了“为了孩子、为了明天”、“查汽配、保安全”，“饮净水、保健康”、“查农资、保夏种”、“查建材、保健设”、“查假冒、保名优”等六个专项打假活动，共出动 1 475 人次，检查 2 208 家企业，涉案金额 79.7 万元。为贯彻全国“整规”电视电话会议精神，“打假办”以“整规”打假为重点，认真落实“四个一批”，把治理餐桌污染作为重中之重，加大查处和打击力度，先后开展冷冻肉品、蔬菜农药残留量、食品添加剂、食品中违禁使用甲醛次硫酸氢钠的检查，以及酱油、药品、医疗器械、低压电器、建筑装修材料、儿童用品及游乐设施等专项检查。“打假办”各成员单位共出动 2.39 万人次，

检查1.24万家企业和个体经营户，立案1 695起，涉案标值1 511.5万元，收缴罚没款370.28万元，并统一集中销毁总标值1 199.56万元的假冒伪劣商品。

（三）严格规范行政执法。2001年初下发了《关于实施〈厦门市质量技术监督行政执法责任制实施方案〉的通知》，进一步规范了行政执法的内容、标准、程序和方法，明确了各级、各部门和各类人员的责任，对保证法律、法规、规章的正确实施和行政执法的规范化起到积极作用。全年共办理质量技术监督行政案件928件，罚没款总数311.87万元，入库数258.41万元。

三、紧贴市场实际，切实提高标准化工作的有效性

（一）积极开展采标和采标标志工作。首次尝试宣传先行、采标任务分解、分批落实、奖励兑现办法，超额完成了工作目标。全年共完成采标90项，采标标志62项，两项指标均创市历史记录。

（二）不断深化农业标准化工作。在进一步扩大无公害蔬菜种植基地，加强快速检测实验室、农环站实验室计量认证、蔬菜批发市场的农残检测数据的汇总监控工作基础上，建立了面积5 000亩毛豆标准化栽培示范区，毛豆病虫害测报网，进行农药使用监督指导，农残速测卡使用培训推广，制定审议无公害毛豆产品标准，新建的农业标准化工作模式按要求正常启动运行。

（三）消灭无标生产工作向纵深发展。在全市各区通过消灭无标生产工作验收的基础上，加强与标准化相关的数据库管理维护，建立有效的动态管理信息网络，健全区局向市局报备制度，保持与工商、统计、税务部门的联系，随时掌握企业变更动态，巩固消灭无标生产工作成果。

（四）认真做好企业产品标准备案和登记。全年完成企业产品标准备案633项、237家企业727项产品执行标准的登记和发证。

四、抓住重点，扎实做好计量基础工作

（一）加强计量器具的监督管理。继续组织实施住宅“三表”安装使用前首次强制检定和使用中的住宅“三表”计量性能随机监督抽查，认真受理消费者的“三表”计量投诉；继续实施“1112强检工程”，湖里区列为考核区，已通过预验收并报省局考核；积极开展“光明工程”，加强了对制配售眼镜所使用的验光仪、验光镜片箱、焦度计等强制检定计量器具的监督管理，受检率达100%。

（二）加强商品量的计量监督。采取流通、生产领域监督并重、上下结合监督并举，对中秋月饼、液化石油气、黄金首饰、贵重药材、电源线等10种商品实施跟踪监督检查，完成定量包装商品计量监督583批次，为百姓放心购物创造了良好的计量环境。

（三）加强法定计量检定机构建设。新建立“高频信号发生器检定装置”、“汽车前照灯检测仪”等13项社会公用计量标准，提高了计量检定机构的检测能力和水平，拓宽了服务领域。

五、注重实效，法制宣传教育工作取得新进展

（一）深入开展宣传工作。举办讲座、结合“3·15”、“质量月”活动开展大型宣传和咨询服务，充分发挥报刊、电视、广播等新闻媒体作用，全年在市级以上新闻媒体以新闻、报道、专题、知识介绍等形式发表的稿件、图片、影像共437条，编印《技术监督简报》23期、《打假简报》25期，加大宣传力度，增强了全民质量意识，扩大了质量技术监督的影响。

（二）积极开展教育培训工作。加强系统内部人员的普法教育和岗位培训，使干部职工的法制意识得到增强，执法水平有了新的提高；积极开展对外培训，参加质量、标准、计量、认证等专业培训的企业人员达1 029人次。深入开展《产品质量法》宣传教育，先后为企业事业单位普法骨干、5个区的干部职工以及企业律师顾问协会、公交公司、街道办事处等十几家单位进行《产品质量法》专题讲座，听众2 000余人次，取得良好的社会效益。

（厦门市质量技术监督局　余尉东供稿）

粮食管理

一、推进全市粮食购销市场化改革

2001年，厦门粮食行政管理部门根据全国粮食工作会议提出的以“放开销区，保护产区，省长负责，加强调控”为基本思路的改革精神，结合厦门实际，提出了推进全市粮食购销市场化改革的实施意见，确定了“三放开（放开粮食收购、放开粮食购销价格、放开粮食市场）、二加强（加强粮食宏观调控、加强粮食市场体系培育和粮食市场管理）、一

确保（确保军需民食供应，保障粮食安全）”的基本做法及改革的若干配套政策措施。

二、以减员分流为主要措施，推进粮食企业改革

在政策性企业改革方面，厦门市粮食收储有限公司、集美区收储公司和杏林区收储公司实行了定编定岗定员、竞争上岗。上岗人员实行岗位工资制和年度末位淘汰制，被淘汰者通过内退、待岗、解除劳动关系进行分流安置，着手建立新的劳动用工制度。

在经营性企业改革方面，按照“先易后难、一企一策”的原则，推进国有粮食企业改革。一是减员分流。以解除劳动关系为主要形式，积极稳妥地推进企业减员分流和安置工作。全系统全年减员分流451人，其中解除劳动关系368人，共支付补偿金1 263.5万元。二是资产重组。厦门粮食集团公司将部分资产、人员及相应的债权债务划归厦门粮油进出口接运公司，在减轻前者债务负担的同时也解除了后者的担保责任；厦门一犁春中心酒店买断厦门海兴公司的全部资产及债权债务，海兴公司顺利关闭；集美粮食管理部门将5家经营力量薄弱的企业归并到集美粮油总公司，对企业国有资产和经营资源进行整合。三是招标承包。厦万面包食品有限公司实行内部承包经营；嘉鸿酒店进行新一轮公开招标承包经营；粮油供应公司对部分偏、小、亏网点实行竞标承包。

三、以清仓查库为工作重点，加强粮食宏观调控

厦门市成立了清仓查库工作领导小组，经过努力查清了全市所存粮食和受委托代储代销粮的有关情况。经福建省清查组认定，全市粮食库存总量和各种性质、品种的存粮做到账账、账卡、账实相符；有关单位对各级储备粮的管理较为规范、堆垛整齐，并采用科学保粮技术，确保了储备粮安全。。

2001年，厦门市提出了“十五”期间市级地方储备粮增储计划。市粮食、财政、物价等有关部门通过厦门粮油批发市场分两批对2.36万吨市级地方储备陈粮进行轮换，陈粮销售处理采取竞价拍卖方式，销售金额为2 702万元，超出预定底价245万元；新粮采购补充则分夏、秋两季进行，夏粮约7 000吨以省内地区间对口调拨形式调入，秋粮调入首次采用政府面向社会公开采购招标的形式，招标采购量1.32万吨，价值1 533万元。同安区粮食部门也完成轮换区级储备粮和增加储备规模的任务。

四、以“放心粮油”为工作目标，搞好军需民食供应

厦门市粮食系统参与全市“放心食品工程”的实施工作，成立了“放心粮油、放心米面制品”活动领导小组，制定并实施了贯彻福建省政府治理调味品、大米污染的实施意见，组织参加福建省“放心粮油”、“放心粮油企业”评选活动；对全市面粉及面制品生产源头进行摸底调查和质量抽查；及时宣传贯彻粮食食品有关的新标准；质量技术监督、粮食、工商等有关部门加强了对粮油生产和流通环节的监督检查，全年组织8次行业质量检查，抽样检测500批次，并在新闻媒体公布了检测结果。全市13家国有骨干粮店和4家粮食加工厂联合发出“生产和销售放心粮油，对人民健康负责”的倡议书，向社会作出庄严承诺。全年共新建3家国有骨干粮店，扩大了放心粮油覆盖面。

全市节日粮油市场供应充足、平稳。各粮油企业针对粮油消费日益趋向多样化、优质化的情况，结合厦门作为旅游城市的实际，丰富花色品种，增加精品和杂粮供应。据统计，全市国有粮食企业在全年五大传统节日期间，共投放优质大米1.32万吨、食用油2 734吨、面粉七千多吨。

改革军粮供应。粮食部门对军供大米加工实行定点招标改革，完善并实行军粮供应规范化管理工作评比办法，新建了季度质量抽查及通报制度。有关单位认真贯彻落实新出台的军粮提等、价格调整政策。同安军供站、大同军供点的选址得到了落实。

五、以法律法规为行政依据，加强行业管理服务

（一）建立健全粮食行政执法责任制。制定了《厦门市粮食行政执法责任制实施方案》及其补充细则，进一步规范粮食行政执法行为。

（二）继续实行粮油批发准入制度，加强证后动态管理。全市新批粮油批发资格证14家；年审130家粮油批发、加工企业，14家丧失资质企业被吊销批发资格证。至2001年底全市具有粮油批发资格的企业130家。为方便经营者办证入市，市粮食部门将厦门本岛以外的企业的粮油批发资格审批权下放到区粮食部门。

（三）粮食行业建设取得成效。4家企业、3个品牌的12个品种分获“放心粮油”、“放心粮油企业”称号。组织全市粮油行业进行质量与标准化法规培训。在新闻媒体上公布了全市3家大米加工厂的5个合格品牌和15家国有骨干粮店名单，以引导

企业正确经营和市民放心消费。全市粮食系统结合"放心粮油"工作，开展"诚实守信"活动，提高了服务水平。

（厦门市粮食局　王高升供稿）

劳动保障

2001年，厦门市劳动和社会保障部门积极主动地做好国有中小企业改制中的劳动保障政策指导、农村富余劳动力培训、整顿规范劳动力市场秩序、社会保险费由地税部门代征等工作，全面推进劳动保障工作的发展。

一、在确保国有企业下岗职工基本生活和促进再就业基础上，认真做好企业改制中职工经济补偿金政策指导工作

继续将做好下岗职工基本生活保障和再就业工作摆在工作的首要位置，截止2001年底，滞留在再就业服务中心的下岗职工有290人，100%确保了他们的基本生活；与监察、财政、工商、地税等部门配合对下岗职工再就业优惠政策落实情况进行检查，督促落实；积极落实企业招用下岗职工的鼓励政策，从2000年12月起共向企业发放招收下岗职工专项补贴40.4万元。为了配合企业改制工作的进行，市劳动部门成立了国有中小企业改制协调工作小组，与市有关部门联合制定并由市政府办公厅转发了《厦门市国有企业关闭、破产和改制中支付职工经济补偿金暂行办法》，同时制定了《关于用再就业资金帮助国有企业支付职工经济补偿金的实施办法》（厦劳发［2001］3号），有效指导改制的国有企业做好与下岗职工依法解除劳动关系、支付经济补偿金工作，有542.8万元再就业资金用于支付下岗职工经济补偿金，帮助职工进入劳动力市场寻求工作岗位或自谋职业；认真履行职责，做好改制企业的职工分流方案审核工作，共审核45家改制企业方案，涉及职工近万人。同时在开元、湖里区开展社区就业试点，草拟出《厦门市开展社区就业和再就业援助实施意见》上报市政府。

二、加强下岗职工、失业人员和上岗前人员的职业技能培训，重点做好农村富余劳动力的培训转移工作

针对厦门市劳动力市场的需求，增设汽车维修、电气焊、制冷等十多个培训专业，截止2001年底，开展就业培训19 983人次、再就业培训5 283人次；继续加强外来务工人员的就业前培训指导工作，全市完成21万人的就业前培训。市委、市政府于2001年初颁发了《关于进一步促进农村发展农民增收的若干政策意见》，并将"开展我市农村富余劳动力职业培训"列入为民办实事项目，为此市劳动局成立了"市劳动局农村劳动力开发就业转移工作协调小组"，下设办公室，制定了《关于开展我市农村富余劳动力职业培训的实施方案》、《厦门市农村富余劳动力培训、考核管理办法》、《厦门市2001年度农村富余劳动力培训、转移工作激励和制约管理措施》，与各区人劳局签订了"厦门市农村富余劳动力2001年职业培训工作目标责任书"。开展了"厦门市企业单位用工需求情况调查"和"农村富余劳动力培训意向调查"，根据调查结果有计划地组织培训，全年共完成2 950人的培训，结业2 799人，推荐1 929人实现就业，就业率达68%。各公共职业介绍机构开设农村富余劳动力职业介绍专门窗口，实行免费服务和优先推荐就业。

三、继续加强社会保险扩面和基金征缴，确保养老金按时足额发放，做好社会保险费委托地税征收工作

2001年全市参保企业离退休人员6.13万人，共发放养老金6.63亿元，月人均养老金达到846元；所有参保企业离退休人员每月都可以按时、足额从银行或邮局领取到养老金，无一少发、漏发。配合国有企业改制，做好下岗、失业人员社会保险接续工作，在社会保险经办机构开设个人缴费窗口，方便了自由职业人员和流向社会的失业职工参保缴费，个人缴费人数已达2.34万人，月征收额超过345万元。集中力量清理历年欠费。全市参加养老保险企业达10 411户，参保职工39.67万人（其中外来劳力23万人）；征收基本养老保险基金6.51亿元，征收失业保险费5 661万元，征收工伤保险费5 636万元，各项基金征缴率均达98%。根据市政府的决定，加强与财政、地税部门的协调，认真做好社会保险费委托地税部门代征的前期准备工作，将缴费单位（含事业单位参加失业保险）的基本数据全部移交地税部门，并共同制订代征方案，进行宣传咨询活动。经反复调查、测算，牵头与有关单位和部门草拟了《厦门市完善城镇社会保障体系试点实施方案》。

四、按照整顿规范市场经济秩序的要求，加强劳动力市场的清理整顿和安全生产专项整顿，强化劳动保障执法监察，确保安全生产

2001年全市共查处非法从事职业中介活动的单位103户，取缔未经批准从事职业中介活动的非法职业中介机构43户，责令60户违反规定擅自扩大经营从事职业中介活动的信息咨询、家政服务、婚姻中介机构停止非法职业中介活动；对14户从事非法职业中介活动的机构进行公开曝光，劳动力市场秩序明显好转。与市法制局、经发委、公安局、工商局、教委等部门联合开展贯彻实施《禁止使用童工规定》情况检查活动，共检查用人单位1 205户，涉及员工22 300人，查处清退童工23人，督促用人单位补办劳动用工手续1 300多人。全年共检查用人单位13 446户次（其中劳动年审7 150户），处理集体上访劳动突发事件340起；督促用人单位办理社会保险登记申报521户、补签劳动合同7.9万份、补办就业证卡4.6万人、补缴社会保险费1 086万元、补发工资1 975万元，清退押金42万多元。成立安全整顿领导小组，下设道路交通、学校安全、建筑施工安全、消防安全、劳动安全、特种设备等专项整治组，实行安全生产目标责任制，开展安全生产系列宣传教育活动，加强安全生产培训和劳动安全监察，加大专项整治力度。全年共收缴烟花爆竹4 296万头、查处违章船舶342艘、关闭淘汰43个采矿点、清查取缔82台土锅炉、停工整顿21个工地、检测特种设备6 735台，安全生产环境得到明显改善；工伤事故死亡19人，比上年下降20.8%；因工重伤53人，比上年下降18.5%，安全生产形势较为稳定。

五、关心群众生活，调整最低工资标准，提高失业人员以及退休人员的待遇

根据《厦门市劳动管理规定》和《厦门市企业最低工资暂行规定》的要求，从有利于全市经济结构调整和制造业向岛外转移方向出发，对企业最低工资标准进行了测算，并与统计、工会、企业家协会等部门协商后，上报市政府批准了企业最低工资标准的调整方案：岛内各区由每人每月420元提高到450元；集美区、杏林区和海沧投资区维持420元；同安区维持330元。为鼓励失业人员积极再就业，根据当前下岗失业人员的实际情况，经市政府批准，从2001年7月1日起调整医疗补助金、职业技能培训补贴、重新就业补助等方面的标准和政策。职业技能培训补贴提高到每人600元，其中对男1953年底、女1958年底前出生的失业人员，可将职业技能培训补贴限额提高到2000元；对于介绍失业人员就业的职业介绍机构可给予一定的补助，自谋职业的失业人员也可获得不超过200元的补助。考虑多方面的状况和因素，从2001年7月1日起，对失业保险金进行调整，企业退休人员基本养老金每人每月增加50元。

六、积极推动退休人员社会化管理服务

根据《厦门市企业离退休人员社会化管理服务试行办法》的要求，重点在落实机构、配备人员、情况调查、档案管理以及活动场地调查摸底等方面加强工作。市、区、街道（镇）三级退休人员管理服务机构工作人员已基本到位，并着手开展企业退休人员资料的信息录入、制定业务规范及有关制度等项工作，着手建立信息和档案库，落实全市退管机构工作经费预算，做好具体业务开展前的准备工作。至2001年底已完成15家企业近六千名退休人员移交社区管理工作。

七、全面推进劳动保障各项工作发展

在抓好重点工作的前提下，全面推进劳动保障事业发展。加强了劳动力市场科学化、规范化、现代化的建设，实现与各区市场信息联网，市职业介绍服务中心被评为全省优秀职业介绍机构；为1 664位未就业的随军家属发放基本生活保障金213.2万元；办理《企业工资总额使用手册》9 132户，审核工资总额121.72亿元；测算并发布了2001年度企业工资指导线、部分工种（职位）工资指导价位；积极开展职业技能鉴定工作，扩大职业技能鉴定站，推行职业院校毕业生的“双证”工作，全年职业技能鉴定7 510人；受理劳动信访案件11 385件，比上年上升163%；受理劳动争议案件2 153件，其中立案1 153件，比上年上升38%，劳动争议仲裁结案率达100%，有效地化解劳资纠纷，维护了社会稳定；加强劳动合同管理，对94 035份劳动合同进行鉴证；加强行政执法工作，受理10起行政复议工作；开展多渠道、多形式的劳动保障法律法规政策宣传活动。

（厦门市劳动和社会保障局　李建军供稿）

工商行政管理

一、继续支持企业改革和发展

（一）出台了《厦门市高技术开发区企业注册登记工作的试点办法》，下放了企业登记注册权限；

（二）进一步简化办事程序，缩短了受理审核时限，提高了工作效率。修订下发了《行政审核事项公示规范制度》和《行政审核事项公示规范格式》及《证照办理须知》；

（三）继续实行与企业联系服务制度、跟踪服务制度。全市新注册国内企业590户，累计8 989户，注册资本418.74亿元。其中，有限责任公司5 405家，股份有限公司54家，企业集团25家。

二、为外商投资企业创造良好的投资环境

（一）积极参与、协调、筹建外商投资项目审批服务中心工作。派专人进驻办理有关审批工作，极大地缩短了办理审批时限；

（二）继续对外资企业采取联合年检、到各区现场年检、简化变更登记手续等措施，极大地方便了企业，企业实际年检率也有较大的提高；

（三）深入企业进行调查研究，鼓励外商收购兼并，出台了《厦门市财团法人登记办法》。全市核准外商投资企业305户，注册资金3.24亿美元，累计3 016户，投资总额126.15亿美元，注册资本67.66亿美元，外方认缴注册资本58.99亿美元。

三、继续促进个体私营经济持续健康发展

（一）继续与百家守法经营、效率良好的私营企业建立重点服务制度；

（二）积极主动地向个体工商户和私营企业宣传《福建省个体工商户和私营企业保护条例》，宣传个体私营经济在市场经济的地位和作用；

（三）帮助个体私营企业开拓省外和海外市场，取得较好的社会效益；

（四）鼓励个体私营企业积极吸纳下岗职工，支持下岗职工申办个体工商户和私营企业。全市新增私营企业2 805户，累计1.21万户，注册资本168亿元；新注册个体工商户1.06万户，累计3.97万户，注册资本5.6亿元。

四、积极引导企业实施名牌战略

（一）帮助企业提高商标意识，通过办培训班、上门服务等各种手段，协助企业制定、实施正确的商标发展和建立健全商标管理制度；

（二）草拟了《厦门市著名商标认定和保护办法》，进一步规范了著名商标的认定、管理和保护工作；

（三）指导、鼓励企业争创著名商标、驰名商标工作，首次认定厦门市著名商标14个，福建省著名商标24个，驰名商标1件。评出市级重合同守信用企业275家，省级47家，国家级6家。

五、积极推进广告业的发展

（一）进一步加大对药品、医药、保健食品违法广告的打击力度，重点查处了发布虚假、误导消费者的违法药品广告；

（二）建立报纸广告监测系统，能综合、系统地对广告发布、广告违法情况进行汇总分析，该系统从5月份使用以来，共监测广告2.62万条，其中违法广告2 130条；

（三）成功地举办了第八届中国广告节。

六、扎实开展整顿和规范市场经济秩序工作

（一）加大对经营主体的监管力度，认真开展了前置审批复查，清理取缔了一批不符合法定条件的企业；在外商投资企业中实行了公示制、催缴制、违法违规警告通知制。对虚假出资和抽逃注册资金以及“三无”企业进行了查处。全年共依法注、吊销营业执照3 967户。

（二）取缔非法拼装车市场；

（三）严厉打击制售假冒伪劣行为。查处假烟、假酒、假饮料、假食品等假冒伪劣商品案值908.03万元，罚没款55.69万元。

（四）狠抓“放心食品工程”和治理“餐桌污染”工作。查处各类违法案件920件，市场蔬菜农药残留超标、生猪私宰、水产品浸泡“福尔吗啉”等现象得到了一定程度遏制。

（五）严厉打击了流通领域的走私贩私活动。查处走私贩私案件6件，案值约311.16万元。

（六）严厉打击非法传销和变相传销活动。共查处非法传销和变相传销案件8起，涉及传销人员近300人。

（七）集中查处了合同欺诈、商标侵权和虚假广告违法行为。查处建筑工程串通投标案件2起、违法合同案件15件、商标侵权案件41件；查处药品、保健品、医疗器械和医疗服务等广告违法案件26件。

（八）开展了红盾打假保春耕专项行动。共查处制售假冒伪劣农药16.21吨，化肥6.35吨。

（九）开展了对粮食市场、劳动力市场和文化市场的专项整顿。

（十）积极稳妥地推进破除地方保护和行业垄断

行为。采取主动查处和自查自纠相结合的方法，督促全市100多家行业主管部门和公用企业进行了自查自纠，共清查纠正了4个行业主管部门滥用行政权力限制竞争、20家公用企业利用独占地位限制竞争的行为。

七、加强保护消费者权益工作

（一）继续加强“12315”消费者投诉中心建设。在巩固纵向、横向联动网络的基础上，又重点加强了商业投诉网络建设，将家庭装修协会、餐饮协会等也纳入了投诉网点，进一步理顺了案件分流制度，加大了保护消费者合法权益的力度。2001年“12315”消费者投诉中心和各台、站接到申诉、咨询、举报1.93万件，受理申诉3 884件，办结3 570件，办结率91%，为消费者挽回经济损失七百多万元。中央电视台《焦点访谈》节目专门介绍了12315消费者投诉中心依法维权的事迹，日本广播协会也通过国际卫星电视进行了转播。

（二）继续深入开展“百城万店无假货”活动，较好地完成了市委、市政府交办的“创建中山路打假维权、消费者满意街”为民办实事项目，并获得国家工商总局授予的“打假维权消费者满意街”称号。

（三）继续深入开展“百家企业联手打假”活动，先后与正新橡胶、联想集团、柯达等企业开展了联合打假保名优活动。

八、加强法制建设，提高依法行政水平

（一）进一步完善了相关制度。制定下发了《行政处罚案件评查标准》、《关于委托各分局查处企业违反登记法规行为的规定》、《关于无主财物案件适用法规文书的通知》、《行政执法监督办法》、《错案和行政执法过错责任追究办法》，修改制定了《查处违法案件审批备案规定》及补充规定。这些制度的制定为规范执法行为、依法行政提供了依据。

（二）严把案件审核关，认真开展执法检查。全年案件审核率达100%。

九、全面推进监管模式改革

（一）完成了与所办市场脱钩任务。

（二）对基层工商户监管模式的改革进行了探索，全面建立和实现了“经济户口”企业属地管理。在继续推行市局、分局、工商所三级巡查制和区域巡查制的基础上，进一步扩大了市场巡查内容，促进了监管职能到位。

（三）信息化建设进一步加强。完成了大型数据库的建立、广域网的建设、新版企业软件、查询软件和经济户口软件的设计制作及推广运用工作。

（四）围绕应对加入WTO新形势，工商职能的改革和发展以及促进地方经济建设、内部机构设置等进行了深入的调研。

（厦门市工商局　桑乐祥、李文供稿）

物价工作

2001年，厦门市物价工作围绕扩大内需方针，以整顿市场经济（价格）秩序和减轻企业、农村负担为重点而展开。

一、效能建设见成效

物价效能建设根据市委、市政府关于提高工作效率优化投资环境的要求，首先对已过时或不适应市场经济建设要求的规章、规范性文件进行清理，报请市政府废止了50个政府规范性文件，并废止了27个部门规范性文件；其次在市政府公布的第一批价格审批项目17项（审批10项、审核6项、备案1项）基础上，再精减到保留审批6项，核准6项和备案1项；项目审批时间也由原来的15个工作日缩减为10个工作日，办证时间由原来的5个工作日缩减为4个工作日。

二、围绕改善投资环境开展清规减负有新进展

（一）物价部门自编教材，对全市行政事业单位收费员进行培训，向全市2 050名收费员发放收费员上岗证并建立了档案，这些措施促进了一线收费员的规范化，在清费减负工作中发挥出极大作用。

（二）厦门市委、市政府把营造良好的投资环境作为2001年开局工作的切入点，与有关部门联合对涉及港口的各项收费进行了全面的清理规范，分三批下达了取消的收费项目6项、暂停的收费项目16项、降低标准的收费项目9项、并对2项收费提出了规范的意见。每年可为企业（货主）减负近1亿元。

（三）2001年厦门市还取消了自来水增容费、义务兵优待金，降低暂住人口管理费的收费标准，当年可减轻社会负担6 750万元；取消“双休日活动费”和“暑假差生补习费”两项收费，当年减轻学生负担750万元；通过涉农收费公示发现并取消“村镇配套费”，每年可减轻农民负担1 251万元；降低中小学杂费，减轻农村学生负担435万元。

（四）为推行涉农收费公示制度，各区政府成立了专门领导小组，经过市、区两级的共同努力，全

市731个涉农收费公示单位全部实现涉农收费公示，各区还聘请了联络员35名，监督员296名，为改善农村投资环境，减轻农民负担打下良好基础。

三、整顿规范价格秩序，维护市场经济公平环境，价格检查成绩大

2001年厦门市的价格监督检查工作以整顿和规范市场经济秩序为重点，为促进国民经济持续快速健康发展创造了良好的价格环境。全市共查处价格违法案件400件、违法所得2 074.51万元，经济制裁总金额2 092万元，退还用户251.86万元，没收违法所得1 822.36万元，罚款17.78万元；其中市物检所查处价格违法案件204件，查处违法所得1 764.42万元，经济制裁总金额1 770.41万元，其中退还用户92.11万元，没收违法所得1 672.02万元，罚款6.28万元。先后布置开展了港口收费、药品及医疗服务价格、农村电价和农网改造收费、文化经营收费、教育收费、成品油价格、土地和住宅建设收费、自来水企业收费等专项检查。

四、运用价格杠杆深化改革，价格结构性矛盾得到了改善

（一）贯彻落实市委、市政府关于进一步促进农业发展农民增收的若干政策意见的指示精神，围绕尽快实现城乡用电同网同价目标，在有关部门的共同努力下，全市城乡用电同网同价工作已取得实质性进展。2001年10月20日起同安区实现了城乡用电同网同价，其中工业用电与厦门直供区实现了同价，农村生活和生产用电及商业用电价格也有大幅度的下降，每年减轻约三千万元电费负担，对同安经济的发展起到极大的促进作用；厦门直供区的城乡用电同价工作也跨出了一大步，岛内农村居民与城镇居民生活用电已实现同网同价，集美、杏林区也已从9月1日起进一步下调了到户电价。

（二）在召开价格听证会和充分听取社会各界意见的基础上，合理调整了公交月票价格，由于调价方案较好地兼顾了各方的利益，并注意通过新闻媒体做好宣传解释工作，因此调价方案的实施较为顺利。特别是推出了面向社会敞开供应的储值IC卡（即电子钱包），并给予10%的优惠，受到了乘客的欢迎。

（三）经过听取多方意见，多次修改收费标准调整方案，对2 931个医疗服务项目的价格进行了调整。这次调整初步改变了医院医疗收费中医务技术含量高但收费偏低、而大型医疗设备检查费用高的状况。

五、深入调查研究，探讨物价工作新途径取得新成果

物价部门提出并安排了十个调研课题，从不同的角度对价格工作进行了总结。提出了改革的思路和解决矛盾的方法与途径，有的已在实际工作中采用。如根据召开的物业收费研讨会反映的情况，制定了《厦门市前期物业管理服务收费暂行规定》和《厦门市住宅区公共用电电量分摊暂行办法》等规范性文件，进一步规范物业收费行为；开展了《物业管理服务收费分等定级办法》出台前的调研，逐步建立起专项价格管理规范性配套文件。2001年，市物价部门的课题调研报告《低价竞争、低价倾销研究》，荣获我国价格研究最高奖“薛暮桥价格研究奖”。

六、积极促进价格信用的建立有新举措

（一）加大明码标价的监督检查力度。国家计委和省物价部门对《关于商品和服务实行明码标价的规定》的实施十分重视，厦门市通过将国家计委8号令及地方制定的有关明码标价规定汇编成册，结合明码标价检查及“3·15”消费者权益日、节日旅游价格突击检查等时机，向商家分发宣传，接受群众咨询，并多次通过电视、电台和报纸报道检查活动，对较突出的违规现象予以曝光。2001年仅市物检所就查处违反明码标价规定案件139件，查处违法所得22.88万元，处以罚款4.71万元，退还消费者7.5万元，没收违法所得15.38万元，促进了全市明码标价的普及和规范。

（二）开展创建“双信”活动。为规范经营者的价格、计量行为，维护正常的市场经济秩序，保护消费者和经营者的合法权益，物价部门与技术监督部门积极推动价格、计量信得过竞赛评比活动，制定出创建“双信”活动方案与评比标准，并在《厦门晚报》向社会广泛宣传。同时，召开了“厦门市整顿规范市场经济秩序，开展价格、计量信得过活动工作会议”，推动全市双信活动深入开展，促进形成良好价格信用机制。

七、开展价格服务，价格监测和价格认证工作有新发展

（一）开展了新年度农户种植意向、春耕前农资市场价格与农户购买农资数量、农户存粮数量、农户税费负担和收支，生猪生产成本调查等情况专项调查；根据省物价部门的部署，开展电价、自来水价格成本调查、生猪定点屠宰加工费成本调查，提出改变厦门市生猪定点屠宰加工费收取方式的意见。

（二）市价格认证中心配合全市公、检、法、海

关等执法、司法机关、纪检监察机关开展的严打整治、反走私、反腐败等斗争和法院执行年，为全市整顿规范市场秩序活动，客观、公正、及时有效地提供价格服务。2001年市价格认证中心出具涉案物价格鉴定结论的达4 497件，总鉴定值达1亿多元。

（厦门市物价局　陈国光供稿）

审计工作

2001年，厦门市各级审计机关共完成了184个审计单位和21个审计调查项目，查处违规行为金额11.86亿元，其中决定处理、处罚1.83亿元，应上缴财政1.01亿元，已上缴财政0.78亿元，指明要求纠正10.04亿元，应减少财政拨款或补贴102万元，促进增收节支113万元；查出百万元以上违规单位24个，向司法机关移送案件2件，协助有关部门查处案件19件。

一、深化市本级预算执行审计，维护预算管理秩序

（一）加强领导。预算执行审计历来是审计工作的"龙头"。审前成立了"同级财政审计协调领导小组"和"审前工作小组"，开展深入的审前调查，广泛征求市人大财经委、市政府、市财政等部门对预算执行审计项目安排的意见与建议。在充分做好审前调查的基础上，制定审计计划和方案，确定了审计工作目标和重点对象、内容、范围与要求。

（二）精心组织。把预算执行审计作为全局性的项目，树立全局一盘棋的思想。既明确分工，又密切协作，合理调配审计力量。审计中坚持抓住源头，力求查深查透，突出评价财政资金的安全性和效益性，重点审查周转金清理回收和专项资金使用情况，揭露和纠正擅自调整预算，挪用和截留财政资金，违规私设"小金库"等问题，审计重点突出，目标明确。

（三）揭露违法违纪行为。预算执行情况审计结果表明，2000年市本级预算执行情况良好，财政收支平衡，略有节余，财政收入继续保持较大的增长幅度，支出预算保证了科技、文教、卫生、农业等经济和社会发展的需要，但也发现一些违纪违规行为。在对39个单位进行审计中，查出违规行为金额3.89亿元，其中应上缴财政2 611万元，应缴未缴预算收入1 355万元，隐瞒、转移预算收入490万元。问题主要表现在：①税收异常增长，突破年初预算，影响"均衡、稳健、合理"的理财原则，弱化财政预算的约束力；②部分预算支出进度缓慢，如教育类支出资金沉淀6 081万元，农业类支出资金沉淀6 707万元，未完成预算支出任务，资金的使用效益不能得到充分发挥；③有些财政专项资金被挪作他用，预算外资金未能依法管理；④滥发奖金、福利、补贴，私设"小金库"和账外账仍然存在；⑤少数行政单位与下属经济实体脱钩不彻底，甚至从下属单位划转资金转入机关工会，用于发放福利和过节费；⑥固定资产管理不严，各种捐款资金管理不规范；⑦有的国有企业违规经营、管理混乱，造成企业巨额亏损；⑧有些企业领导法制观念淡薄，弄虚作假，个别领导或会计涉嫌违法犯罪等。

（四）运用审计成果。市本级预算执行审计情况向政府报告后，受到高度评价和充分肯定。2001年市审计机关受市政府委托，向市人大常委会作《2000年度厦门市本级预算执行情况和其他财政收支审计的审计工作报告》，实事求是地反映了17个被审计单位财政财务收支方面存在的问题和整改的建议，引起人大代表的强烈反映。市人大常委会要求市政府认真抓好审计所发现问题的整改。在2001年8月召开的全市机关事业单位预算编制工作会上，市审计机关通报了预算执行审计发现七个方面问题，市领导针对审计查出的问题，在会上提出：①17个被审计单位要立即采取整改措施，在9月底之前完成整改工作，并向审计机关报送整改报告；②屡查屡犯、问题严重、而且不整改的，该立案就立案，该追究责任的就追究责任；③未审计到的单位，要举一反三，引以为戒。并由市府办牵头，与市财政、监察、审计部门分别组成三个检查小组，检查预算执行审计整改工作情况。整改工作结束后，市政府专题向市人大常委会作《关于2000年市本级预算执行情况和其他财政财务审计中发现问题的整改报告》。

二、经济责任审计

2001年厦门市委、市政府联合下发通知，印发《厦门市党政领导干部任期经济责任审计暂行规定》和《厦门市国有企业及国有控股企业领导人员任期经济责任审计暂行规定》，根据两个暂行规定，市审计机关又制订了《厦门市经济责任审计实施办法》，建立健全经济责任审计的规章制度。一年来，全市各级审计机关共对38名党政领导干部、13个国有或国有控股企业领导人的任期经济责任进行审计，

共查出违规行为金额2.06亿元，损失浪费1.23亿元，向有关部门移交案件2件。主要问题包括：①财经法纪观念淡薄，私设“小金库”和账外账；②单位内控制度不健全，财会工作基础薄弱；③企业单位还存在资产质量不高，损益不实，决策失误，管理不善或违规担保而承担连带责任，给国有资产带来较大损失。通过对51个单位领导任期经济责任审计，为市、区委和有关主管（职能）部门考核干部，依法处理少数违法、违纪干部提供真实可靠的依据。

三、保质保量完成署定、省定和市党政领导交办审计事项

（一）完成署定项目。2001年共按时完成了审计署委托的市本级城乡电网改造、外援贷款、中保厦门分公司及下属五个支公司、普教经费等16个审计项目，取得了显著的经济和社会效益。

1. 市本级城乡电网改造项目审计。市审计机关深入山区走村串户，倾听群众呼声，如实反映同安区所属两个镇20个山区贫困村仍未进行农网改造等问题，经有关部门和领导多次召开现场办公会，研究解决农网改造的实际困难，使这20多个村农网改造、供电体制改革得到解决。

2. 普教经费审计。按照《全国普教经费审计工作方案》，市审计部门共审计了财政、教育系统的13个单位，各区审计部门还延伸调查了58所中小学，共查出违规行为金额1 198万元，其中决定处理、处罚211万元，指明要求纠正987万元，应缴财政140万元。针对教育资金支出滞留、岛内对教育经费投入不均衡及挤占普教经费等问题，形成《审计专报》向市政府呈报，引起各级领导和有关部门重视，使审计所发现问题得到妥善解决。各区普教经费审计也取得一定成效。开元区提出学校收费实行银行代收制；鼓浪屿区提出实行集中管理、分校核算的财务管理体制；集美区建议教育系统建立会计中心。各区领导都分别作了批示，审计建议全部得到落实，普教经费管理进一步规范。

3. 中保厦门分公司及下属五个支公司审计。对中国人民保险公司厦门分公司及其下属思明、开元、湖里、杏林、同安五个区支公司1999～2000年度资产、负债、损益情况的审计。查出违规行为金额5 787万元，其中应上缴市财政3 700万元。按时完成审计任务，得到审计署的充分肯定。

4. 利用外资审计。全年共审计了5个国外援贷款项目。坚持实事求是，客观公正的原则，通过审计充分肯定了厦门使用国外援贷款项目的单位财力制度比较健全，核算规范，能按照贷款协定用款、拨款，没有发现挪用资金等违规行为。在污水处理、机场二期候机楼等利用外贷项目中，取得了明显的经济和社会效益。审计后，如实对外出具国外援贷款项目的中英文审计报告，不仅为市政府今后利用外贷提供可靠的依据，而且监督了国外贷款的专款专用。

（二）完成省定项目。完成了厦门市邮电局、东渡港三期工程、地税局三个审计项目，审计结果受到省、市政府及有关部门重视。在对厦门东渡港三期工程进行跟踪开展审计调查中，发现地方专项资金尚有1.06亿元没有到位等问题，影响该项目建设的正常进程。省政府办公厅根据审计调查报告，发文要求尽快解决资金缺口，经省政府有关部门协调，及时调整资金，保证了该重点工程建设项目顺利进行。

（三）完成市党政领导交办审计事项。全年共完成市纪检机关交办审计事项7件，市人大常委会交办2件，受理市政协提案1件。此外，派出8名审计干部，配合市纪检监察机关办理专案和参加全市土地批租收支情况专项检查。各区审计部门也协助有关部门查处案件18件。

四、其他行业审计

（一）财政决算审计和行政事业单位审计。全年市、区审计机关共对5个区级和5个乡镇财政决算进行审计，查出违规行为金额1.3亿元，其中应缴财政118万元。根据审计查出存在隐瞒转移财政收入、混淆入库级次、虚列财政支出和挪用财政专项资金等问题，市审计部门从整顿财政秩序、规范决算管理、促进区级财政体制改革等方面提出审计意见或建议，受到各级领导的高度重视。2001年全市共审计行政机关和事业单位76个，查出违纪行为金额1.54亿元，其中应上交财政2 458万元，决定处理处罚3 095万元，指明要求纠正12 339万元。主要存在问题：应缴未缴预算收入、挤占、挪用专项基金、预算外收入未缴专户、巧立名目私设“小金库”、虚列转移财政资金等违规行为。

（二）国有企业审计。市、区审计机关共对37个国有企业资产、负债、损益进行审计。查出违规行为金额2.31亿元，其中应上缴财政1 151万元，决定处理、处罚5 902万元，指明要求纠正1.72亿元。查出主要问题：企业资产不实，虚增资产现象比较严重；虚增虚减利润，企业盈亏和负债状况不真实；转移、隐瞒、截留收入和利润及私设“小金库”的问题仍然存在；会计核算不及时、不规范。

（三）固定资产投资审计。对厦门国际会展中心

会展路2号标段、市外国语学校综合楼等10个项目开展工程预决算审计，共查出违纪行为金额2.13亿元，指明要求纠正2.12亿元。审计中发现，厦门工程建设在基建审批程序、项目管理、概预算编制执行、招投标和成本控制等方面还存在一些问题。市审计机关依法做出核减工程款等处理决定，并从规范建筑市场秩序，节约国家建设资金等方面，向市政府及有关部门提出审计意见和建议。

五、开发运用审计成果，为政府决策服务

各级审计机关围绕政府工作中心，针对社会关注热点、难点，组织对"同发展，共富裕"工程、国有企业工资性支付职工经济补偿金、企业重组资产处置等行业或单位进行审计调查。如实反映带有倾向性、普遍性的问题，抓住典型解剖麻雀，及时向市政府报告或提出审计建议，均得到各级各部门的重视和落实。

（市审计局　李清海供稿）

统计工作

2001年，厦门统计部门以提高统计数据质量为中心，以搞好统计优质服务为重点，进一步加快统计改革与发展，全面提高统计工作水平，较好实现了新世纪统计工作的良好开局。

一、以提高统计数据质量为中心，推进统计制度改革

按照朱镕基总理对统计工作"快、精、准"的要求，厦门统计工作以提高统计数据质量为中心，不断完善国民经济核算体系，坚持分月核算GDP的制度，并规范了全市区级GDP核算工作，建立了区级国内生产总值核算的季度审核评估制度。在源头上对统计数据把好关，对基层上报的统计报表的表与表、指标与指标之间关系采用现场审核、专业审核，综合部门评议的方法，不断提高统计数据质量。开展了以区为总体的试点工作，客观反映了各区规模以下工业营运情况，消除历史原因累积的"水份"，完成规模以下工业由全面统计向抽样调查的过渡，建立了较为真实可靠的抽样框，为科学准确地评估总体奠定了坚实基础；在全省率先执行了以小型贸易企业抽样调查推算总体的统计改革制度，制定和完善厦门市季度服务业定期报表制度；月度税收统计，主要银行利润税收统计等调查，与交通委共同制定了《厦门交通、邮电部门统计报表制度》，与电子商务中心一起开发工业和贸易统计的网上直报系统（EPI）。

二、提高统计监测水平，搞好统计优质服务

紧紧围绕全市经济工作会议提出的任务，认真实施统计监测，积极开展调研，及时提供监测预警报告，为各级党政领导决策和管理提供依据。对全市产值超亿元企业进行严密监控，经常走访这些企业、了解企业状况，及时向市领导提供这些企业产值变动情况。配合市"假日办"完成"黄金周"预报预测工作，在每个"黄金周"跟踪20家贸易企业和20家餐饮企业经营状况，写出调查分析报告，供政府有关部门对如何办好"黄金周"提供决策参考，台交会和"投洽会"期间，重点选择30家涉外宾馆进行接待人数、住房率、客房收入、多项收入等指标的跟踪调查。及时提供监测预警报告，取得较好的社会效果。开展《妇女发展纲要》、《儿童发展纲要》的监测统计工作，完成"两纲"监测指标体系的建立、数字的收集与评估，撰写了《厦门市"九五"妇女发展纲要监测统计报告》、《厦门市"九五"儿童发展纲要监测统计报告》。与市科委合作完成《厦门市区级科技进步监测统计》，定量测算科技进步对各区社会经济的影响，以及对科技的投入和产出工作的科学评价。

厦门统计部门一直把为党政领导、社会公众服务作为重中之重来抓，不断拓宽服务领域，提高服务水平。参与市政府《政府工作报告》、市委第九次党代会报告等重要文件调研起草工作；配合市委"两化"办公室和政府社会经济研究中心进行农村城市化调查和测算；参加市经研办农村现代化进程调研，参与市委《厦门率先实现现代化》及市政府《厦门经济发展后劲》课题的调研和撰写工作。参与市委、市政府的季度经济工作分析会议。坚持月后8日向市委、市政府报送月度经济分析材料。定期的新闻发布制度，向新闻媒体通报全市经济运行情况；每季在《厦门日报》头版公布主要统计指标完成情况；及时向市委、市政府报送信息，被市"两办"评为信息工作先进单位。围绕市委、市政府中心工作，针对社会经济生活中的热点、难点问题，深入进行调查研究，提供一些质量较高、针对性较强、有较高决策参考价值的统计分析精品。不少调查分析报告受到市领导的批示或表扬。为市人大、

政协“两会”代表提供统计信息咨询服务。受到了“两会”代表的普遍欢迎和赞扬。组织编印《厦门经济特区年鉴——2001》、《厦门市情》、《厦门统计月报》、《2001——厦门房地产年鉴》、《厦门市对外经济贸易统计资料》、《经济特区及副省级城市月报指标对比》，取得较好的社会宣传效果。

三、继续做好人口普查工作，组织开展第二次全国基本单位普查工作

认真做好人口普查编码前的各项准备工作，精心选调编码员，进行集中培训。对编码工作实行全过程质量控制，加强了对编码工作的检查指导。光电录入工作进展顺利。通过国家人口普查办数据处理质量抽查小组的验收，其字符误码率、记录差错率、项目差错率均为零。在《厦门日报》上发布了厦门市第五次全国人口普查公报，编印《厦门市第五次人口普查手工快速汇总资料汇编》和《2000年厦门市第五次全国人口普查主要数据公报》两本小册子，及时为社会各界提供最新人口数据。

认真做好全省基本单位清查工作，高质量完成了全省基本单位清查的各项工作任务。认真做好全国第二次基本单位普查的组织实施工作。抽调精干人员成立了基本单位普查领导小组办公室，确定了相关单位的联络员，制订了《厦门市基本单位普查实施方案》，开展了基本单位普查的试点工作和培训了大批普查人员，普查的布置填报工作有序开展。

四、加强统计法制建设，加大统计执法检查力度

进一步强化依法统计的观念，坚持依法行政、依法办事，充分利用新闻媒体宣传统计法规。与市司法局编印了《法制宣传教育材料》，利用法制宣传栏近200版面，宣传《统计法》的有关规定，使《统计法》深入人心。进一步落实《中共中央办公厅、国务院公厅关于坚决反对和制止在统计上弄虚作假的通知》及《中共福建省委、福建省人民政府关于进一步加强统计工作的通知》指示精神，2001年在全市范围内联合开展《统计法》和“两办通知”执行情况大检查，为确保统计数据准确性提供有力的组织保证。通过大检查，全市共查处迟报统计资料68起，未建立原始记录、统计台账116家，未进行统计登记的1 157家。

五、加快实施统计工作信息化进程

统计现代化建设的核心是统计信息化建设，在市委、市政府及有关部门的关心支持下，《厦门统计信息工程建设方案》通过了专家论证。在已形成的骨干网络架构基础上，构造统计应用系统的“骨干应用系统架构”，提高网络环境下统计信息的采集、数据处理、存储、挖掘、发布、分析于一体的应用体系，提高网络环境下统计信息服务能力。利用局域网和信息港办的平台、建立工业、贸易、房地产的网上直接报送系统。充分利用局域网，配备人手一台PⅢ以上计算机，开通IP电话，各处室建立各自的网页。在继续办好厦门统计信息网和《厦门农网》的同时，与省统计局联合在因特网上开办《八闽农网》，扩充县域经济版块，网站内容更加丰富，功能更加完善，社会效果日益显著。在办公自动化方面，完成办公自动化软件培训，开通 openmail 功能，实现数据安全传输，基本实现办公自动化，统计系统内部文件实现了网络流转。同时，培训一大批既熟悉统计业务，又精通信息技术的复合型人才。

（厦门市统计局　蔡镗埼供稿）

政 法 工 作

检察工作

2001年，厦门市检察机关全力以赴投入严打整治斗争，维护社会稳定和市场经济秩序，加大查办和预防职务犯罪的力度，强化诉讼监督，继续深化检察改革，坚持走科技强检之路，巩固和发展了基层院建设和检察队伍集中教育整顿的成果。

一、精心组织，全力以赴参加严打整治斗争和整顿、规范市场经济秩序的斗争

坚持从重从快的严打工作方针，坚决打击各类刑事犯罪活动。认真贯彻落实全国社会治安工作会议和全国整顿和规范市场经济秩序工作会议精神，成立了严打整治斗争领导小组，制定详细的实施方案，确保认识到位、领导到位、组织到位和措施到位。以“打黑除恶”为重点，有计划、有重点、分阶段地重点打击“三类”犯罪案件。尤其是对有组织犯罪、带黑社会性质的犯罪和“车匪路霸”、流氓恶势力，以及制售假冒伪劣商品、走私、骗税等犯罪，作为严打整治斗争打击的重中之重，绝不手软。全年共受理公安、国家安全机关提请批准逮捕犯罪嫌疑人2 914人，经审查批准逮捕2 738人；受理移送审查起诉2 201件3 390人，经审查提起公诉1 936件2 885人。批捕、起诉人数比上年分别上升7.2%和7.1%。其中，批捕杀人、抢劫、强奸、伤害等恶性暴力犯罪嫌疑人680人；批捕破坏社会主义市场经济秩序的犯罪112件163人；批捕涉毒犯罪嫌疑人244人；批捕利用“法轮功”犯罪的犯罪嫌疑人15人；批捕利用“六合彩”方式赌博犯罪嫌疑人83人；批捕“涉黑”案件5件16人。

坚持严打与整治并举，坚决贯彻全国社会治安综合治理会议精神，制定了《2001年厦门市人民检察院贯彻社会治安综合治理责任实施意见》。坚持检察长接待日活动，认真办理群众来信来访，依法妥善处理了一批群体性事件和集体上访、告急信访；积极开展争创优秀“青少年维权岗”活动，对未成年被告人试行暂缓起诉制度，派出优秀年轻干部到学校兼任综治副校长，参与维护校园治安，协助处理侵犯学生合法权益的事件，辅导特殊家庭子女，都收到了较好的效果。

二、加大查办职务犯罪的力度，积极开展预防职务犯罪的工作

坚持“一要坚决、二要慎重、务必搞准”的原则，进一步加大了对查办职务犯罪工作的领导。成立了职务犯罪大要案侦查指挥中心，下设办公室，统一协调指挥，不断加大办案的力度，查处了一批有影响的大案要案和群众反映强烈的案件。积极参与整顿和规范市场经济秩序的工作，严肃查处了国有大中型企业管理人员贪污、受贿、挪用公款等犯罪案件；查处了一些负有管理市场、维护市场经济秩序、保护经济安全职责的行政执法部门发生的滥用职权、徇私舞弊犯罪案件。全年共立案侦查贪污、贿赂、渎职等职务犯罪案件80件96人，涉案总金额高达六千多万元，追缴赃款赃物846万元。其中贪污15件21人、贿赂37件40人、挪用公款23件30人、渎职犯罪4件4人。查处副处级以上干部犯罪要案13件13人，其中副厅级干部经济犯罪案件3件3人；查办司法人员职务犯罪案件6件6人；查办国有企业工作人员职务犯罪案件36件40人；追捕在逃的职务犯罪嫌疑人3名，捕获率达60%。

坚持“打防结合，预防为主，标本兼治”的方针。向市委呈报了《关于健全完善我市预防职务犯罪工作机制的建议》，成立了市委统一领导、有关部门参与、检察机关在其中发挥职能作用的职务犯罪预防机构，集美、湖里等区也已成立类似机构；向市人大常委会提出预防职务犯罪的立法建议，已被列入立法计划。同时注意选择重点工程项目，同步开展职务犯罪预防工作。集美区院先后选择三峡移

民安置工程、北区四期市政工程、区政府行政大楼等集美区影响较大的工程项目，思明区院选择了厦门大学学生公寓近亿元的工程项目，湖里区院选择了湖里东部征地拆迁四百多亩用地建设项目。在工程建设的不同阶段相应采取不同的预防对策，做到预防犯罪与工程建设同步进行，实现“工程优质，干部优秀”的目标。检察机关还先后与海关、工商、税务、卫生等部门建立联席会议制度，坚持定期走访，互通信息，加强协调配合，共同开展职务犯罪预防工作。

三、进一步强化诉讼法律监督，维护司法公正和法律的统一正确实施

2001年，检察机关牢固树立刑事诉讼监督的法律意识，认真把好审查批捕和审查起诉的事实关和法律关。全年依法向公安机关发出《说明不立案理由通知书》20份；依法追捕20人，追诉31人；不捕150人，不起诉13人；提出刑事抗诉7件17人，提请省院抗诉3件9人。

受理民事、经济和行政裁判申诉案件230件，经审查，立案83件，向中级法院提出抗诉8件，提请省院抗诉30件，息诉217件（含上年积存未结案件）。至2001年12月底，法院再审审结63件，其中改判8件、调解46件、维持原判9件。湖里区院还积极探索检察机关代表国家起诉损害国家利益和社会公共利益的案件，取得了一定的经验。

监所检察部门提出安全防范建议85条，对57名不符合减刑条件的罪犯呈报材料提出纠正意见，纠正超期羁押177人次。同时，注意维护被监管人员的合法权益，配合监管改造部门打击“牢头狱霸”，办理在押犯“再犯罪”等案件2件2人。

控申部门受理各类群众信访2 434件次，举报线索1 805件次，其中首次举报1 692件、举报职务犯罪线索1 082件次。不断加强检察机关内部监督制约机制，坚持“实事求是，有错必纠”原则，加大刑事申诉案件复查力度，立案复查6件，办理共同刑事赔偿案件2件。通过举办以“责任重于泰山，依法惩治渎职犯罪”为主题的“举报宣传周”活动，集中时间，在城乡重点街区、乡镇、企业等部位开展规模较大的举报宣传和法律咨询活动二十余次，增强了群众与渎职犯罪作斗争的自觉性。注意抓好群体性、突发性事件的矛盾纠纷排查调解工作，切实把矛盾化解在基层。

四、经过数年坚持不懈的建设创新，科技强检已经迈出坚实的步伐

全市两级检察院8个单位，已经有4个单位建成了局域网，其他的院也在积极筹建中。市检察院局域网连接近百个工作站点，已经完全覆盖了各个内设机构及其办公用房，自己开发的办公自动化软件，经过第二次升级，功能更加强大，已投入运用，基本实现办公无纸化。

五、坚持巩固和发展基层院建设成果和开展市检察院处室争创“五好”活动并重，提高全市检察人员的整体素质

市检察机关从政治思想、职业道德、纪律作风等方面入手，制定切实可行的实施方案，开展了为期半年的队伍集中教育整顿活动。期间，在全市开设了8个举报信箱，公布了11个举报电话，发出1 200份致在厦各级人大代表的信和征求意见函，并通过走访、召开座谈会等形式，自觉接受社会各界的监督。对各界反映的31条意见和建议，认真进行梳理、整改和反馈。

结合检察队伍教育整顿工作，市检察院于2001年9月中旬组织了一次执法大检查，并邀请了部分人大代表和特约检察员参加，从执法过程和纪律作风两个方面，围绕高检院提出的执法检查四个方面的重点问题，对1999年以来，特别是2000年以来办理的三百余个案件进行仔细检查，并针对检查中发现的问题，及时采取有效措施进行整改，促进了队伍纪律作风建设和公正执法。

（厦门市检察院办公室　辜勇志供稿）

审判工作

2001年，厦门市两级法院紧紧围绕公正与效率这一主题，认真抓好审判工作、法院改革、队伍建设，努力提高司法水平，各项工作取得新的进展。一年来，全市法院共受理各类案件36 427件，审结34 705件，分别比上年上升9.6%和9.2%。

一、围绕公正与效率，全面加强各项审判工作

积极开展严打整治斗争和整顿规范市场经济秩序工作，全力维护社会稳定　全市法院坚决贯彻执行中央严打整治斗争和整顿规范市场经济秩序的决定，依法严厉打击严重危害社会治安的犯罪活动，

严惩严重破坏市场经济秩序的犯罪分子，全年共受理一、二审刑事案件2 645件，审结2 601件。审结严重危害社会治安的案件637件1 005人、毒品犯罪案件203件259人、破坏社会主义市场经济秩序的案件55件115人；判决发生法律效力的被告人中，判处五年以上直至死刑的454人。全市法院还继续审理厦门特大走私案和贪污、贿赂、挪用公款等犯罪案件，审结厦门特大走私案件125件201人，贪污、贿赂、挪用公款等案件147件176人，“法轮功”等邪教组织破坏法律实施案16件24人，利用“六合彩”进行赌博犯罪案件36件。

依法处理民商事和行政案件，规范市场行为，促进经济发展和社会团结　一是依法审理好各类经济纠纷案件，全年共受理一审经济纠纷案件5 889件，审结5 697件，解决诉讼争议标的金额46.48亿元；二是依法审理好婚姻家庭、债务、损害赔偿和劳动争议案件。全市法院认真学习和正确适用修改后的《婚姻法》，全年共审结婚姻家庭、债务、损害赔偿等案件7 428件。同时，严格依照劳动法律法规和国家政策规定，认真贯彻双保护原则，维护正常的劳动关系，全年共审结劳动争议案件916件；三是依法审理好房地产案件，全年共审结1 807件。受理的房地产案件讼争范围不断扩大，新类型案件增多，案件审理难度加大；四是加大知识产权保护力度，认真审理域名注册、计算机软件著作权等新类型案件，制裁侵权行为，依法保护知识产权人的合法权益，全年共审结35件；五是进一步加强行政审判工作，依法监督，支持行政机关依法行政，维护公民、法人和其他组织的合法权益。全年共受理行政案件207件，审结201件；执结行政非诉执行案件486件。

继续加大执行力度，维护司法权威　全市法院以强化执行机制，提高执行效率，实现执行工作良性循环为目标，深入贯彻中央关于加强执行工作的指示，加大执行力度。一年来，全市法院共受理执行案件14 627件，执结13 597件，执行标的金额18.81亿元，分别比上年上升17.3%、15.9%和11.2%。

结合审判实际，积极参与社会治安综合治理　全市法院注意运用司法手段，妥善处理好劳动报酬、社会保险金、拆迁安置、商品房预售、物业管理等矛盾易于激化的案件，特别是群体性诉讼案件。全年共处理了81件群体性诉讼案件，涉及人数1 951人，涉案标约8 083万元；同时认真做好人民群众来信来访工作，共处理、接待来信来访22 063件（人）次；全市法院还认真审理未成年人犯罪、减刑、假释案件，全年共审结未成年人犯罪案件141件，减刑案件745件，假释案件3件；进一步加强法制宣传和法律服务工作，选择典型案件，通过新闻媒体以案释法，开展法制宣传教育，全年共有4 270篇法制宣传材料被报刊、电台、电视台采用，增强公民的法律意识。

二、推进法院改革，加大监督力度，促进司法公正

深化审判改革　为提高审判效率，全市两级法院在诉讼证据制度改革、强化合议庭职责、案件繁简分流、裁判文书改革等方面进行了新的探索和实践。一是在民事诉讼中进一步加强证据展示、证据交换制度，明确适用条件和程序，努力提高公开审判的透明度和审判效率；二是试行符合宪法和法律，符合公正与效率主题的改革措施。如思明区法院在庭审中试用法槌，体现了审判权威与法律尊严，引起了社会积极反响，市中级法院及时决定在全市法院推行，受到了最高法院的肯定；三是进一步加强对审判长、独任审判员的管理。各法院均已完成审判长、独任审判员选任工作，并相继出台一些配套制度和措施，加强对审判长、独任审判员的考评等后续管理工作；四是继续推行案件繁简分流制度。各区法院从“两便”原则出发，针对不同案件的具体情况在法律规定的范围内，探索运用简便、灵活、快捷的办案方式，对案件实行繁简分流，发挥简易程序在及时解决纠纷，提高办案效率方面的作用。2001年，各基层法院适用简易程序审理的案件占总结案数的72.6%；五是加大裁判文书改革力度。加强裁判文书的说理性，突出强调证据采信的理由阐述、认定事实的逻辑推理以及判决结论的充分说明，使裁判文书成为向社会公众展示司法公正的载体。

强化审判监督制约机制　全市法院进一步健全审判流程管理，由立案庭对案件审理的全过程进行跟踪监督，对临界审限的案件进行催办和公示。不断完善案件质量评查制度和审监、纪检监察部门联席会议制度，成立了质量监督评定办公室，制定了《案件质量评定办法》、《不合格案件责任追究办法》和《错案责任追究办法》。认真处理刑事申诉和民事、经济、行政案件的再审申请，共审结各类申诉再审案件190件，再审后改判34件；审结检察机关按照审判监督程序提起抗诉的案件70件，其中维持原判12件，改判10件，调解47件，其他处理1件。

自觉接受人大监督　一是认真贯彻落实市十一届人大四次会议精神和对法院工作的要求，及时报

告法院工作情况，接受人大代表的执法检查和专题检查。一年来，两级法院先后就《法官法》、行政审判工作、执行工作、审判监督等方面情况向人大常委会进行报告，对人大提出的意见和建议，认真进行研究和整改；二是对人大代表提出的建议和人大督办、交办、转办的案件，落实专人办理，院领导认真审核把关，在规定的时间内办结并作出答复。全年全市两级法院共办结 162 件；三是进一步加强与人大代表的联系。市中级法院设立了人大代表联络室，各区法院均确定一名联络员，负责人大代表联系的日常工作。定期邀请人大代表座谈，特邀部分人大代表担任廉政监督员、机关效能建设监督员，邀请人大代表旁听重点、典型案件的开庭审理。

三、加强法院队伍建设，提高干警素质

一年来，全市法院以法官职业道德教育，整顿领导班子、整顿审判纪律、整顿工作作风为主要内容的“一教育三整顿”为重点，认真贯彻执行修正后的《法官法》，进一步加强法院队伍建设，干警的政治素质和业务素质有了新的提高。市中级法院被最高法院荣记集体一等功，市中级法院、思明法院被省法院评为“十佳法院”，湖里区法院禾山法庭、开元区法院审判员张嵘分别被省法院评为“十佳法庭”和“十佳法官”，思明区法院、湖里区禾山法庭被省法院荣记集体一等功，集美区法院被省法院荣记集体二等功。

（厦门市中级人民法院　张水波供稿）

司法行政

一、法律保障工作

积极参与严打整治专项斗争　成立了严打整治领导小组和办公室以及律师刑辩指导小组，认真制定实施方案和各个阶段的具体工作计划，把任务分解落实到各部门和责任人。在严打斗争中，结合司法行政系统实际，突出抓好“五大载体”，即抓好民间纠纷大排查大调处活动、抓好监所内严打整治活动、抓好严打整治中的法制宣传活动、抓好律师“为谁执法，为谁服务”大讨论活动、抓好系统内的安全大检查大整治活动，进一步发挥五大职能作用。

加快创建现代化文明劳教所步伐　一年来，通过抓好班子队伍建设、思想作风建设、场所基础设施建设，劳教所工作出现了良好的发展势头。一是场所教育改造秩序良好，无“四防”事故发生，达到安全所的目标；二是坚持严格依法管理，按照严打整治斗争的总体部署和要求，强化所内防范措施，切实落实各项制度，较好地发挥了教育改造的特殊职能；三是加强对创建现代化文明劳教所活动的领导，调整了创建领导小组成员，设立创建办公室，修订了创建实施方案。2001 年 6 月被评为“福建省优秀劳动教养学校”之后，当年底又荣获“省级现代化文明劳教所”称号。

加强基层司法行政工作　一是充分发挥各级基层司法行政组织在维稳中的“第一道防线”作用。坚持“调防结合，以防为主，多种手段，协调作战”的方针，充分发挥“扎根基层，贴近群众，了解民情”的优势，落实群防群治，维护元旦、春节期间、省市“两会”期间、“投洽会”期间及严打整治期间的社会稳定。二是重视做好人民调解工作。加强人民调解组织的规范化建设，保障人民调解各项工作的落实。全市共成立基层排查调处机构 516 个，跟踪调解民间纠纷 2 209 件，其中调解成功 1 980 件；揭发犯罪线索 49 条、协助公安机关破获案件 7 起、抓捕犯罪嫌疑人 17 人；向党政领导报送社会治安信息 115 条；防止群体性上访 58 起 3 744 人；防止群体性械斗事件 22 起 1 855 人，防止民转刑事件 18 起 111 人。三是加大刑释解教人员排查清理工作的力度。对 1998 年以来全市刑释解教人员的基本情况进行全方位拉网式排查清理工作，在摸清底数掌握情况的基础上，及时采取各种有效措施，最大限度地预防和减少重新违法犯罪。四是扎实做好安置帮教工作。重新调整了市刑满释放、解除劳教人员安置帮教工作协调小组及办公室，进一步建立健全市安置帮教网络，建立帮教小组 2 365 个，基层帮教工作人员总数达到7 095人，形成一支以司法助理员、段警、村（居）干部、人民调解员为骨干的基层安置帮教队伍。

二、普法依法治理工作

（一）加强普法依法治理工作的领导。及时建议市委调整了市依法治市领导小组及办事机构人员，建立依法治市工作办公、例会、检查、汇报等制度，规范依法治市组织运行机制。

（二）认真做好“三五”普法的总结表彰和“四五”普法启动工作。全市 7 个区和海沧投资区都按规划完成了“四五”普法教育启动工作，市直各主要部门都制定了实施方案（意见）报依法治市办备案。

（三）重点抓好“共学法”普及宣传活动。举办2期全市性的普法骨干培训班，邀请专家学者和专业人员为全市四百多名普法骨干进行培训。共编印发放普法教材10万册，各区和各有关单位在组织学习教育的基础上，还组织干部群众参加“共学法”知识考试。

（四）积极配合党和政府各个时期工作中心开展法制宣传教育，为严打整治斗争创造了强大的舆论氛围。围绕反对“法轮功”邪教组织、打击“六合彩”等专项斗争以及市政拆迁安置、征兵等工作中心，配合有关部门开展法制宣传，起到了较好的宣传效果。

三、法律服务工作

律师工作　全市所有国资律师所完成了脱钩转制工作。兴天地、衡峰两家律师所实现强强联合；新开设了2家合伙制律师事务所；联合信实律师事务所到泉州设立了分所。律师队伍稳定发展，开展全市律师职业道德和执业纪律教育评查活动，对违反职业道德、执业纪律的律师，严格依法作出处理。加强监督和管理，对律师执业中存在的不正当竞争，逐步加以规范，并与税务部门协调，基本解决了对执业律师的征税方式，为维护律师的合法权益，创造了良好的执业环境。联合信实律师事务所和天地律师事务所被司法部授予“部级文明律师事务所”称号。

公证工作　制订了《关于深化公证工作改革方案的实施意见》，并积极组织实施。有3家公证处被批准转为事业单位，除鼓浪屿区公证处按有关规定暂时保留原有体制外，全市公证处转制工作已全部完成。各公证处在推行要素式公证书格式、实行主办公证员制度方面进行探索；积极开拓公证业务，市公证处和鹭江公证处开通了网上证据保全公证业务，鹭江公证处还开辟了金融业务中的股权转让、置押等新业务。市公证处成绩突出，被省厅评为“省级公证质量工作先进单位”。市公证管理部门及各公证处认真审查涉外公证申请，从严掌控涉及厦门远华走私案的犯罪嫌疑人亲属的公证事宜，有力地配合了打击走私斗争。

法律援助工作　2001年，法律援助中心共接待来访群众2 455人次，指派办理各类援助案件406件，比上年增长15%；“96148”法律服务专用电话共受理电话咨询20 540个，接待来访3 907人次，处置应急事件32件；法律援助网络进一步延伸和扩大，2001年全市新建19个“残疾人法律援助站”，已形成以各级法律援助中心为主，“妇女法律援助站”、“老年人法律援助站”、“残疾人法律援助站”、“大学生法律援助站”为辅的网络体系，为贫弱群体带来更多的希望和利益。

基层法律服务工作　全市现有基层法律服务所22家，基层法律服务工作人员155人。各基层法律服务所在竞争激烈的法律服务市场中找准自己的位置，把社区工作和农村工作做为服务重点，服务于社区，服务于严打整治斗争，取得了一定成效。

全市法律服务组织牢固树立“大服务”的思想，不断拓展法律服务领域，积极为清理整顿市场经济秩序提供服务，使法律服务工作渗透到社会生活的方方面面。重点抓了公证、律师介入房地产预售资金监管的前期论证工作；组织6家律师事务所的7名律师对总造价逾2亿元的海沧大道招投标项目提供法律咨询服务，收到了较好的效果。

2001年，厦门市司法行政机关积极参与配合“4·20”案件审理工作，表现突出，受到了省委省政府表彰，被记集体三等功一次。

司法鉴定工作　积极推进面向社会服务的司法鉴定管理的试点工作。在宣传、机构、立法调研和人员培训等方面做了大量工作，取得了阶段性成果。已基本完成立法调研，《厦门司法鉴定管理条例》正在争取列入2002年地方立法计划，为创建有特区特色的司法鉴定制度奠定了坚实的基础。

（厦门市司法局　林美福供稿）

公安工作

2001年，厦门市公安机关把维护政治稳定和社会安定为首要任务，以“三项教育”为契机，充分发挥职能作用，深入开展严打整治斗争，强化社会治安管理，进一步加强公安队伍建设，圆满完成了各项公安保卫工作任务，为厦门市改革开放和社会经济建设创造了良好的社会治安环境。

一、突出重点，维护了社会政治稳定

各级公安机关始终把维护社会政治稳定放在首位，依法坚决打击境内外敌对势力、敌对分子的渗透破坏活动，深化同“法轮功”邪教组织斗争，全年没有发生影响全局的重大案件和事件，确保了全市社会政治持续稳定。一是切实加强隐蔽战线斗争。

获取预警性、深层次、内幕性的动态信息1千余条次，查获非法入出境案件16起32人、私渡案件4起5人，及时打击了危害国家安全的违法犯罪活动；二是深化同“法轮功”等邪教组织的斗争。查处“法轮功”违法犯罪人员45人，收缴2万余份“法轮功”宣传品，积极配合有关部门做好“法轮功”练习者的教育转化工作，有针对性地做好其他有害功法组织的专项调查和防范控制工作，有效遏制了其活动空间；三是积极疏导和化解了人民内部矛盾。依法妥善处置各类群体性治安事件48起和各种不稳定隐患苗头一百五十余起，制定了反暴力恐怖活动和依法处置群体性治安事件的工作预案，进一步密切各警种的协调配合，完善维护稳定的工作机制。

二、全警动员，深入开展了严打整治斗争

各级公安机关认真贯彻全国社会治安工作会议精神，精心组织严打整治斗争，共破获各类刑事案件6 719起，抓获犯罪嫌疑人4 952人，比上年破案绝对数增加1 390起，增破26.1%。摧毁犯罪团伙233个756人，查处治安案件9 918起13 549人，其中治安拘留6 972人、劳动教养1 006人，案件上升幅度得到遏制。一是组织五个专项斗争和八次集中统一行动。打掉恶势力团伙33个145人、破获省厅挂牌大案3起、市局挂牌大案69起。抓获各类逃犯1 027人，其中部督捕逃犯2名、省厅督捕逃犯14名，百名民警抓获逃犯数达26名，全市逃犯捕获率达到57.52%，超过省厅下达“追逃”指标。破获毒品案件272起，缴获毒品9千多克；二是以打击假冒伪劣商品犯罪为龙头、深入开展打击金融票证犯罪、涉税犯罪、虚报注册资本犯罪、非法买卖外汇犯罪专项斗争。共查破各类经济犯罪案件331起，抓获犯罪嫌疑人264名，涉案金额十一亿多元，挽回经济损失九千多万元。破获部督案件2起、省督案件5起；三是集中开展了流动人口、“治爆缉枪”、反盗车、反扒、手机二级市场、非法“六合彩”等六个专项整治行动。对15个治安复杂的区域、部位进行重点整治。查破各类案件一千九百多起，抓获犯罪嫌疑人1 538人。加大了对爆炸物品、枪支、弹药和剧毒物品的检查、收缴和整治力度，查获涉枪涉爆案件27起，收缴非法枪支368支、子弹5 021发、炸药64.2公斤。加强对机动车维修点、旧车交易和中介市场、汽车租赁点、停车场的管理，查扣无牌无证机动车3 328辆、抓获盗车犯罪嫌疑人115人、摧毁犯罪团伙21个76人、破获盗车案件331起。加大反扒力度，抓获扒窃犯罪嫌疑人504名。与有关部门配合开展对手机二级市场的专项整治，责令停业、限期整改45家，有效遏制了手机黑市买卖，诱发扒、盗案件高发的状况。查获“六合彩”案件365起，查处涉案人员944人，有力控制了“六合彩”的蔓延势头；四是对歌舞娱乐服务场所进行整顿。查处违规经营531家，查获黄赌毒的案件114起354人，营造了健康向上的社会风气。

三、依法行政，提高了治安防控能力和社会服务水平

一是加大治安防控力度。各级始终把路面、社区安全防控工作摆在治安工作的重要位置，不断完善人防、技防、物防相结合的安全体系。改革巡警勤务模式，提高了快速反应和社会面的防控水平。全年“110”接警台共接各类报警求助电话46.2万个，比上年增加19.4%。调遣出警13.19万次39.58万人次，现场抓获各类违法、犯罪嫌疑人员3 949人；二是改进公安行政管理工作，增强服务经济的意识。取消审批项目20项，简化办事环节30个。开展了以易发生群死群伤火灾事故的公众聚集场所为重点的专项整治，全年共检查五千余家次公共场所和工厂企业，依法发出改正通知书一千多份，督促整改火灾隐患二千多条。运用新手段新技术，进行化工装置、大型建筑和高层建筑灭火救援综合演练，进一步提高灭火救授能力。全年共发生火灾194起、亡9人、伤10人，直接经济损失112.6万元，受伤人数和经济损失分别比上年下降61.5%和68.4%，未发生重特大火灾和群死群伤恶性事故。以争创交通管理模范城市为目标，进一步深化了“畅通工程”和“平安大道”创建活动，确保了全市交通秩序规范、有序，被推荐为全国实施“畅通工程”A类一等。与九家外资企业签署“出入境备忘录”，方便了外资企业人士出入境。积极简化办理签注手续，报请上级批准放宽内地居民赴港商务活动签注有效期，台胞办证签注量全国口岸第一。外国人落地签证3 189人次，金门直航46航次9 522人次，中国公民前往港澳台和出国申请量突破万人大关。以确保监所安全和稳定为重点，认真落实全天候各种防范为一体的安全措施，加强管理教育感化，监管水平不断提高；三是圆满完成中央领导和外宾来厦的警卫任务43批次，顺利完成了“投洽会”、“台交会”、特区二十周年庆典、煤炭订货交易会等重要节庆、经贸、体育比赛大型活动的安全保卫工作。党政首脑机关、金融等重点要害部位的安全保卫工作落实到位。

四、科技强警，增强了公安工作发展的后劲

完成了旅馆业治安管理、常住人口网络管理、暂住人口信息、重点人口管理、国内安全保卫等信息系统试点运行工作。旅馆业治安管理综合信息系统通过鉴定，达到国内同类系统领先水平，已在76家旅馆投入使用。开通各分局和业务部门的电子邮件服务，实现同市政府金宏工程的网络联接；同省厅的2M专线互联，完善了三级网络建设；开通到各支队、分局的13条2M专线和派出所的73条64K专线，解决网络信道拥挤问题。查处网络服务营业场所违法案件24起，拦截和封堵有害电子邮件十万余篇；开发了适应斗争形势的新的技侦手段，全年运用技侦手段协破各类刑事案件128起，抓获犯罪嫌疑人207人。已完成基层派出所装备标准的调研，完成基建项目12个，改善了基层办公条件。

（厦门市公安局　陈超勇供稿）

政府法制工作

2001年，厦门市政府法制工作，认真贯彻实施依法治国基本方略和国务院关于全面推进依法行政的决定，紧紧围绕全市工作大局，全面履行政府法制工作职能，推动依法行政工作深入开展，各项工作取得了新的进展。

一、认真落实市政府依法行政工作目标

根据厦门市十一届人大常委会第31次会议通过的《厦门市人民政府关于2000年实施依法行政工作情况和2001年依法行政工作意见的报告》，制定和颁布了《厦门市人民政府2001年依法行政工作意见》，对全市依法行政工作进行了安排部署。2001年3月，召开全市政府法制工作座谈会，具体传达落实市政府2001年依法行政各项工作目标及要求，积极指导、协调、督促市直各委、办、局和各区政府开展依法行政工作。

二、立法工作进展顺利

2001年，市政府向市人大常委会提交法规草案5件，即：《厦门市农村集体经济审计条例（草案）》、《厦门市出租车管理条例（草案）》、《厦门经济特区高新技术产业园区条例（草案）》、《厦门经济特区鼓励留学人员来厦创业工作规定（草案）》和《厦门市城市规划条例（修订）》。立法计划确定的市政府向市人大报送法规草案的任务全部完成。

经市政府常务会通过的政府规章为4件，即：《厦门市人民政府关于废止部分市政府规章、市政府规范性文件的决定》、《厦门市建筑控制区管理办法》、《关于修订〈厦门市机动车污染防治办法〉的决定》和《厦门市商品房预售管理办法》。

继续做好市政府规章、规范性文件的清理工作。市政府以规章的形式公布了1980年至1999年市政府颁发的88件规章、1 065件规范性文件的清理结果。从2001年8月开始，为适应我国加入世贸组织进程，按照WTO协定及我国承诺要求，再次组织对厦门市法规、市政府规章和其他政策措施开展清理工作。

完成了2000年厦门市法规、规章、规范性文件汇编和经清规保留的246件市政府规范性文件的汇编工作；办理国家法律法规、省法规及有关文件草案征求意见34件。

为提高立法质量，根据“控制总量，提高质量”的原则，进一步加强了立法项目的前期研究论证工作，提高立法项目的选题质量，科学地编制好年度立法计划。市法制部门于2001年8月在有关大学、科研机构首批选聘了知名专家学者23人为立法顾问，充分发挥专家在立法工作中的作用。

三、行政执法监督得到进一步加强

行政执法检查工作得到加强。根据厦门市政府2001年执法检查计划安排，完成了《厦门市港口管理条例》、《厦门市鼓浪屿历史风貌建筑保护条例》、《厦门市建筑工程设计招标投标管理办法》、《厦门市城镇房屋交换管理规定》和《厦门市行政执法责任制暂行规定》共5项法规、规章的执法检查工作。执法检查工作较之往年有较大改进，检查方式上增加了在《厦门日报》上登出执法检查的公告，广泛收集相对人对要检查的法规、规章执行情况的意见、建议。此外，在组织检查前召开管理相对人座谈会，事先直接收集相对人的意见、建议。通过广泛收集意见、建议，为开展好检查工作做了有益的准备。

全面实施《厦门市行政执法责任制暂行规定》。该暂行规定从2000年9月1日生效后，2001年已进入全面实施阶段。共受理报备的重大行政处理决定45件、规范性文件19件、执法检查报告1份、新法实施一周年情况报告1件、委托执法7件；报备持有国家部委、省政府执法证件的4家；发出执法监督建议书2件。此外，市政府办公厅还发布了

《厦门市人民政府办公厅关于〈厦门政报〉和政府网站上刊登规范性文件的通知》和《厦门市行政执法责任制评议考核标准》，作为该暂行规定实施的配套性文件。

继续做好对行政执法人员的培训、执法证件的审核、注册、发放工作，全年共审查、发放新证9批982本，注册旧证2 500多本，开展执法培训6期337人次。

新颁布法规、规章的宣传工作有了新的加强。分别在火车站、湖里百乐园新建了2个市政府公告栏，公告栏总数目前已达12个。全年共张贴公告栏95面，及时公布10个新颁布的法规、规章；为让广大市民更好地学习了解新制定的法规、规章，市法制部门专门印制宣传小册子，分送全市各报刊亭供市民免费索取。

抓好规章报备，加强规范性文件备案审查。对厦门市颁布的政府规章，按照《立法法》的要求，在规定时限内向国务院、省政府和市人大等部门报备。同时，加强对市直各部门制定的规范性文件的审查力度，全年共收到报备的规范性文件19件，经审查发现有8件存在问题而停止执行，向市直2个部门发出执法监督建议书2份，对11件通过合法性审查的规范性文件已陆续在《厦门政报》和《政府网站》上登载。

四、认真开展行政复议应诉工作，依法办理行政复议案件

2001年，厦门市政府共接到行政复议申请49起；其中立案受理40起，依法作出不予受理决定的8起，作其他处理的1起。在受理的案件中，已经审结的38起，占受案总数的95%。在已经审结的案件中，维持的27起，占结案总数的71%；撤销的6起，占结案总数的16%；撤回复议申请的5起，占结案总数的13%。同时，市政府还办理了4起行政应诉案件，3起以市政府为被申请人的行政复议案件。

（厦门市法制局　供稿）

社 会 保 障

职工医疗保险

2001年，厦门市职工医疗保险工作主要从完善政策办法、强化监督管理、扩大投保覆盖面三个主要方面入手，着眼于完善城镇职工基本医疗保险制度，保证新医疗保险制度向纵深发展。

一、2001年基本医疗保险的主要运行情况

2000医疗保险年度（2000年7月～2001年6月）共征缴各类医疗保险基金4.04亿元，资金到位率约为98%；医保基金支出2.89亿元；结余1.15亿元，结余率为28.6%。其中个人医疗账户结余0.85亿元，社会统筹基金结余0.4亿元，基金总体运行平稳。2001年7月～12月共征缴各类职工医疗保险金约2.49亿元。

2000医疗保险年度人均医疗费为950元（不含离休人员和外来从业人员），比上年度增加约6%，低于人均工资的增长水平，人均医疗费用增长与国民经济、社会发展水平基本适应。全年个人平均自付水平（总自付费用占总费用的比例）约为12%，个人负担继续保持较低水平。

截止2001年底，医疗保险投保人数达38.38万人，参保单位7 665家，覆盖面约为83.75%。全市定点医疗机构总数已达67家，医疗保险服务更趋完善。

二、2001年的主要工作

（一）继续完善政策办法，健全职工医疗保险政策法规体系

首先，制定出台了“以个人身份投保基本养老保险并以个人身份办理退休的人员纳入基本医疗保险的办法”。这一办法规定，此类“社会退休人员”于参保时补缴自1998年7月至投保当月的基本医疗保险费，并按最低缴费年限核定补足年限后，享受退休医疗保险待遇。这一办法在全国的率先出台，解决了基本医疗保险制度实施之前，特别是失业人员基本医疗保险办法实施之前，从企业及机关事业单位分流出来、并以个人身份投保基本养老保险、退休后无用人单位依托的“社会退休人员”的基本医疗保险问题，将这些对象的历史贡献实实在在地化为基本医疗保险待遇。这一办法的出台，实际上是对2000年厦门市实行失业人员基本医疗保险办法的补充，解决了长期以来客观存在的因身份不同产生社会待遇差别的问题，有力地配合了国有企业的改革，促进了社会稳定。

其次，2001年6月《福建省基本医疗保险用药目录》和诊疗项目目录出台后，市医改办会同市财政、卫生部门制定出台了厦门市“基本医疗保险用药管理办法”和“基本医疗保险诊疗管理办法”，规定了部分支付的药品的个人自付比例和部分支付的大型检查、治疗项目个人自付比例。基本医疗保险用药管理办法和诊疗项目管理办法的出台，改变了由厦门市医保试点时制定用药目录和诊疗项目目录的做法，扩大了医保用药和诊疗项目的范围，也规范了厦门市基本医疗保险的医疗服务行为。

（二）加强日常监管、及时调整相关标准、保证职工医疗保险制度的顺利运行

1. 针对一些定点医疗机构存在不规范医疗服务行为和部分参保人员存在冒用IC卡就医行为的情况，组织市医保中心及各分中心开展了两次全市范围内的“医疗保险IC卡使用情况大检查”，纠正了医疗服务过程中医疗机构工作人员及参保人员存在的不规范行为，并对检查中发现的违反《厦门市城镇职工基本医疗保险暂行规定》的单位或个人进行了查处，保证了职工医疗保险制度的安全运行，维护了广大参保人员的根本利益。

2. 加强日常监管工作，配合市卫生综合执法大

队对违规行为进行了查处。通过对违规案件的查处，特别是对定点医疗机构采取暂停定点服务的行政措施，维护了医疗保险的正常秩序，减少了基金的流失。

3. 规范门诊观察床的结算行为，纠正了部分定点医疗机构将门诊观察床列入住院定额结算的不规范做法。

4. 为了更好地体现基本医疗保险逐步提高城镇职工健康保障水平的要求，自 2001 年 7 月 1 日起，社会统筹医疗基金最高支付限额由 4.5 万元调至 4.8 万元。

5. 根据大额补充医疗保险前三年的运行实际，为确保该项制度的长期稳定、健康发展，切实保障广大参保人员的大病医疗，在前三年运作的基础上，对大额补充医疗保险的缴费标准进行了调整。每年 24 元调至 28.8 元，其中个人医疗账户每人每年支出 22.8 元，社会统筹医疗基金每人每年补助 6 元。

（三）继续扩大城镇职工基本医疗保险覆盖面，努力保障职工的基本医疗保险

抓紧抓好《厦门市外来从业人员基本医疗保险暂行办法》的实施工作，积极宣传、动员外商投资企业按规定为外来从业人员投保，改变了外来从业人员医疗保险投保人数长期徘徊的局面，一些大型外商投资企业已纳入基本医疗保险范畴，外来从业人员 5 个月之内增加近 4.5 万人。采取妥善处理办法，解决厦门大学四千多名教职员工多年悬而未决的基本医疗保险投保问题，2001 年 4 月 1 日，厦门市最后一个较大的用人单位厦门大学纳入基本医疗保险，切实保障了厦门大学广大员工的基本医疗，受到广泛好评。与市妇联共同协商，从现实出发，采取妥善办法，解决华侨托儿所教职员工及其“退养”人员的基本医疗保险投保及待遇享受问题。继续加大宣传、动员力度，从面上扩大职工基本医疗保险覆盖水平。总结失业人员投保基本医疗保险以来政策及执行中的经验及教训，扩大服务面，促进了失业人员的投保面。失业人员投保人数由 2000 年底的 3 673 人，到 2001 年 12 月初已增至 14 754 人。

（四）转变基金征缴方式，积极配合地税、财政等部门抓好基金征缴工作

与市财政部门加强沟通、联系，逐步理顺财政代扣代缴基本医疗保险费的工作程序，保证机关事业单位基本医疗保险费的足额及时到位。会同地税、财政、劳动等部门推行社会保险费地税代征工作，提高了资金到位率水平，并对历史欠费进行了清理，提高了医疗保险基金运行的安全度。

此外，为了妥善处理好参保人员跨地区转移医疗保险的行为，在全国尚未统一办法之前，出台了个人医疗账户资金转移办法，进一步规范了医疗保险的经办行为，完善了管理办法和管理制度。

（厦门市职工医疗保障制度改革办公室　供稿）

社会就业

2001 年，厦门市经济稳定增长，各项社会事业全面发展，全社会就业队伍不断壮大，劳动力市场秩序得到整顿规范，农村富余劳动力的培训转移工作得到加强，但城镇登记失业率也不断上升。

一、经济持续增长，推动就业队伍不断壮大

（一）经济持续、稳步增长，增加了就业岗位，推动就业队伍不断壮大

2001 年全市国内生产总值比上年增长 12.2%。经济的增长，推动了就业队伍不断壮大。全年全社会从业人员总人数达 106.4 万人，比上年增加 2.59 万人，增长 2.5%。其中，城镇单位从业人员为 51.14 万人，增长 0.3%；城镇个体、私营单位从业人员数 14.75 万人，增长 19.1%；乡村实有劳动力从业人员数 40.51 万人，增长 0.1%。

从各区城镇单位从业人员数分布情况来看，厦门市的同安区及“三资”企业较为集中的湖里区、杏林区区属从业人员居前三位。从增长幅度看，湖里区以 21.8% 的增长速度名列第一位，开元区以 7.4% 的增速居第二位，思明区由于街道办集体企业停业倒闭、减员、兼并较多，导致从业人员下降幅度较大。

（二）国有单位和集体单位继续深化改革，从业人数持续下降

2001 年，全市城镇单位在岗职工总数有所增长。其中其他经济单位比上年增加 1.70 万人；国有、集体单位减少 1.52 万人。2001 年，国有单位在岗职工人数 16.06 万人，比上年减少 5 632 人；集体单位在岗职工 3.50 万人，比上年减少 9 586 人。这是因为国有、集体企业近年来不断深化改革，裁减冗员，或改制、兼并、撤销、破产等，从业人数不断下降。

（三）其他经济类型发展较快，发挥出就业主渠道作用

2001年，全市城镇单位在岗职工50.32万人，比上年增加0.18万人，增长0.4%。按经济类型分，其他经济类型单位在岗职工人数及增长幅度均有较大增长，在岗职工人数占全市城镇单位在岗职工总人数的61%，发挥出就业主渠道的作用。2001年，全市其他经济单位（含股份合作、联营、有限责任公司、股份有限责任公司、港、澳、台商投资及外商投资单位）在岗职工人数已达30.76万人，比上年增加1.7万人，增长5.8%。

（四）离开岗位保留劳动关系的职工人数首次出现下降趋势

全市离开本单位仍保留劳动关系的职工人数至年底剩1.46万人，比上年减少1 606人，下降10%。这是因为：①根据有关规定，厦门市自上年以来已清理完停薪留职人员2 362人；②部分企业通过解除劳动关系支付经济补偿金等各种途径，解除一部分富余人员的劳动关系，达到减轻企业包袱，提高效益的目的。

（五）招用的专业技术人员及来自农村的劳动力均有较大幅度增加

2001年，全市专业技术人员达9.25万人，比上年增加6 257人，增长7.2%。这是由于经济快速增长、生产力结构调整及加入WTO后，对专业技术人员的需求大幅度增加。同时，来自农村的劳动力也不断增加，人数已达22.18万人，比上年增加1.69万人，增长8.3%。城镇单位使用的农村劳动力92%集中在制造、建筑业“苦、脏、累”等一线工种。

二、职业技能培训及农村富余劳动力的培训转移工作取得新进展

2001年，全市开展就业培训1.99万人次、再就业培训5 283人次；同时继续加强外来务工人员的就业前培训指导工作，全市完成21万人次的就业前培训。开展农村富余劳动力的职业培训是列入为民办实事项目之一，全年已完成2 950人的培训，推荐1 929人实现就业，有力地推动了农村劳动力的转移。

三、加强对劳动力市场的清理整顿，促进劳动力市场逐步规范

从2001年2月1日至6月30日，市有关部门分三阶段对劳动力市场秩序开展清理整顿专项检查，全市共查处非法从事职业中介活动的单位103户，取缔未经批准从事职业中介活动的非法职业中介机构43户，责令60户违反规定擅自扩大经营从事职业中介活动的信息咨询、家政服务、婚姻中介机构停止非法职业中介活动，对14户从事非法职业中介活动的机构进行公开曝光，整顿劳动力市场秩序取得明显效果。

四、劳动力转移加速，劳动力资源配置趋向合理

2001年，全市城镇单位劳动力转移速度加快，从业人员共增加人数12.8万人，减少人数10.76万人，流动率达46%，比上年上升5个百分点。全市城镇单位劳动力转移中增加人数最多的是从农村招收7.98万人，减少人数最多的是终止、解除合同4.9万人。2001年度共录用大、中专、技校毕业生1.14万人，其中75%流向其他经济类型单位。城镇就业实行双向选择，保持较高的流动率。

五、城镇登记失业率不断上升，就业形势不容乐观

2001年，厦门市城镇登记失业率继续攀升，达到4.2%，创历史新高，与上年的3.3%相比，上升了0.9个百分点。全市年末登记失业人数达1.93万人，比上年增加5 166人，增长29.5%。其主要原因是：①下岗与失业并轨后，国有企业原固定工与企业解除劳动关系后直接成为失业人员；②中小企业改制过程中，企业不少员工直接领取经济补偿金与企业解除劳动关系后登记失业；③每年新成长劳动力（约5 000人）及迁入厦门人口而尚未就业者增多；④农村富余劳动力大量转移。据调查，全市农村富余劳动力有就业需求的达7万人以上；⑤本市户籍失业人员竞争力较差。近两年职业介绍成功的本地户籍人员只占介绍成功总数不到3%，其主要原因是本地户籍人员在社会保险政策方面与外来劳动力差异较大，同时他们整体竞争力较差，就业观念尚未根本转变，导致企业更多考虑使用外来劳动力。

（厦门市统计局　郑朝旭供稿）

职工工资

2001年，在“增加居民收入，合理调节收入分

配关系，健全社会保障体系”的方针指导下，厦门市职工工资收入水平稳步提高，社会保障体系日趋完善，与市场经济相适应的宏观调控不断加强，现代企业工资收入分配制度逐步建立，但行业间工资收入差距进一步扩大。

一、城镇单位在岗职工工资总额稳步增长

2001年，全市共发放从业人员劳动报酬总额85.27亿元，比上年增长9.4%，其中在岗职工工资总额为82.38亿元，比上年增长9.7%。其中，国有单位为35.42亿元，增长13.3%；集体单位为4.6亿元，比上年下降18.3%；其他单位为42.36亿元，比上年增长10.8%。

在岗职工工资总额增长的原因有：①2001年全市机关和事业单位实施政策性调资，并且当年内全部兑现，共补发工资约627万元；②由于职工的正常晋级升职增资及部分企业实施“减员增效”，工效挂钩，相应提高在岗职工工资；③受增人增资的影响，2001年厦门市从业人员净增0.74万人，使全市在岗职工工资和从业人员劳动报酬总额增加约3 400万元。

二、在岗职工年平均工资有较大幅度提高

城镇单位在岗职工年人均工资再创历史新高，达1.67万元（月人均1 390元），比上年增加1 399元（月增117元）增长9.2%，增幅与上年的9.1%相比，略有上升。拉动人均工资增长的是国有单位，其在岗职工人均工资增幅达19.6%。事业、机关单位由于政策性调资，国有企业也有不同程度的调资，推动了全市国有单位人均工资较大幅度增长。

（一）按经济类型分组看，国有单位在岗职工年人均工资及增长幅度独占鳌头，分别为2.22万元和9.2%；集体单位在岗职工年人均工资为1.34万元，比上年增长7%；其他单位为1.41万元，增长2.7%。

（二）从各区属单位分组来看，鼓浪屿区、集美区年人均工资水平居前二位，分别为1.51万元和1.48万元，增长幅度为7.8%和10.5%；其他依次为：思明区1.38万元，增长10.7%；开元区1.38万元，增长1.6%；湖里区1.29万元，增长0.7%；同安区1.28万元，增长9.2%；杏林区1.24万元，增长2.9%。

（三）按三大产业分组来看，第三产业的在岗职工人均工资增幅高达18.4%，年人均工资为2.29万元，居首位；其次为第二产业，在岗职工的人均工资为1.39万元，增长3.6%；而第一产业则为8 325元，增长仅0.5%。

全市职工平均工资增长的原因有：一方面，机关、事业单位政策性调资与正常的晋级升级是拉动从业人员平均劳动报酬和在岗职工平均工资增长的一个最主要因素。另一方面，企业分离了冗员，减员增效，相应提高工资。

2001年厦门市在岗职工平均工资增长呈以下特点：

（一）在岗职工平均工资的增长与全市的经济指标的增长相适应

2001年，厦门市国内生产总值比上年增长12%，全市人均GDP达4.11万元，增长8.8%；财政收支分别增长20.7%和25.7%。经济运行质量的提高，必然带动居民收入水平的提高，推动职工人均工资的增长。

（二）厦门市在岗职工人均工资水平居全省首位、全国中心城市第五位

2001年，厦门市城镇单位在岗职工人均工资水平居全省首位。在全国中心城市中，厦门市人均工资水平位居深圳市、广州市、上海市、北京市之后，列全国第五位。在全国十五个副省级城市中，厦门市的人均工资水平列第三位。其中深圳市以年人均工资2.59万元，居首位；广州市以年人均工资2.28万元，居第二位。

（三）第一产业在岗职工人均工资止滑上升

2001年，厦门市第一产业国内生产总值比上年上升9.2%，农民收入遏制了逐年下滑的局面，并且有较大幅度增长，农业企业在岗职工年人均工资达9 545元，上升了78.6%。

三、不在岗职工生活费稳步增长，下岗职工生活有保障

2001年，全市共发放离开本单位仍保留劳动关系职工生活费0.64亿元，比上年增加0.02亿元，增长3.2%；月人均生活费达344元，比上年增长8.5%。

厦门市认真贯彻党中央、国务院关于确保三条保障线的决定，有关部门100%确保了滞留在再就业服务中心的290名下岗职工按时足额领到基本生活费，保障了下岗职工的生活水平。同时，积极落实企业招收下岗职工的鼓励政策，至2001年底共向企业发放招收下岗职工专项补贴40.4万元。

四、关心群众生活，调整最低工资标准，提高失业人员以及退休人员的待遇

根据《厦门市劳动管理规定》和《厦门市企业最低工资暂行规定》的要求，从有利于全市经济结

构调整和制造业向岛外转移方向出发，对企业最低工资标准进行了测算，劳动、统计、工会、企业家协会等部门共同协商后，上报市政府批准了厦门市企业最低工资标准的调整方案：岛内各区由每人每月420元提高到450元；集美区、杏林区和海沧投资区维持420元；同安区维持330元。逐步纠正了最低工资标准与失业救济金标准形成的“倒挂”现象。

为鼓励失业人员积极再就业，厦门市自2001年7月1日起调整医疗补助金、职业技能培训补贴、重新就业补助等方面的标准和政策，职业技能培训补贴提高到每人600元。对于介绍失业人员就业的职业介绍机构给予一定的补助，自谋职业的失业人员也可获得不超过200元的补助。同时对失业保险金进行调整，企业退休人员基本养老金每人每月增加50元。

五、行业间职工收入差距继续拉大

2001年，全市在岗职工年平均工资按国民经济各行业分组情况来看，金融、保险业年平均工资达3.33万元，居各行业首位；电、煤、水生产供应业年平均工资3.05万元，居第二位；农、林、牧、渔业年平均工资9 545元，居末位。

在国民经济各行业中，年人均工资最高的三个小类行业是：体育行业（7.39万元）、航空运输业（4.41万元）、烟草加工业（4.19万元）；最低的小类行业是：农业（5 898元）、畜牧业（9 124元）。

（厦门市统计局　郑朝旭供稿）

社　会　生　活

民族宗教

2001年，厦门市宗教民族工作全面贯彻党的宗教政策，依法加强对宗教事务的管理，积极引导宗教与社会主义社会相适应；努力促进民族村经济发展和社会进步，依法保障少数民族合法权益，维护民族团结，宗教民族工作取得良好成效。

一、认真贯彻宗教政策法规，切实维护宗教界合法权益

开展宗教政策法规的宣传教育。利用各种形式，多渠道开展宗教政策法规的宣传，在重要宗教活动场所开辟墙报和宣传栏，介绍宣传有关宗教理论知识和宗教政策法规。编印《宗教民族法律法规政策文件选编》，分发给各级领导干部学习，扩大宣传，提高各级领导干部对宗教政策法规的认识。

认真贯彻《厦门市宗教活动场所管理规定》。积极协助市人大做好《厦门市宗教活动场所管理规定》贯彻执行情况的检查，对市人大执法检查反馈的具体问题，按照市政府办公厅下发通知要求有关部门认真进行研究，限期解决，并深入现场检查落实情况。

积极协调和帮助宗教界解决难点问题。市基督教两会因华辉广场建设征用尚未安置，经市政府协调先安置在思明南路房管局旧址办公。协调做好市府大道建设涉及妙释寺拆迁安置，帮助市佛协择地重建。协调有关部门做好观音寺与台湾山庄、南普陀寺与钟鼓山索道建设的矛盾纠纷。做好宗教危房修缮、加固工作，排查危房20处、危房住房91户。拨款帮助解决天主教3幢危房的维修加固和拆除平整工作，加固危房2幢，拆除1幢。妥善处理危房住房搬迁，搬迁危房住户27户。

二、依法加强宗教事务管理，努力维护社会安定团结

做好宗教活动场所登记、年检工作。按照国家宗教局颁布的《宗教活动场所登记办法》的具体标准和要求，对符合条件的3处宗教活动场所进行了登记，变更登记的1处。根据国家宗教局《宗教活动场所年度检查办法》，结合厦门实际情况，开展2001年度宗教活动场所年检。对年检中发现问题的，及时给予指正，督促限期整改，促进宗教活动严格守法，健全各项规章制度，实行民主管理，提高自我管理水平。

开展创建“先进宗教活动场所”活动。积极探索宗教活动场所管理新路子，组织宗教工作干部到外地学习考察，借鉴外地年检工作的做法和经验，开展创建“先进宗教活动场所”评选活动，发挥典型示范作用，提高宗教活动场所年检工作成效，为依法管理宗教事务打下扎实的基础。

加强管理，确保宗教领域团结稳定。加强对宗教活动的管理，坚持大型活动事前报告制度，及时做好预案，促进活动安全有序。认真贯彻执行《中华人民共和国境内外国人宗教活动管理规定》及《实施细则》，批准一处基督教堂装置外语同步翻译设备，满足在厦境外人士宗教生活需求。配合有关部门做好抵御境外势力利用宗教进行的渗透活动。

三、引导宗教界开展对外交往，发挥宗教工作窗口作用

积极引导和协助宗教界开展对外友好交往，发展同国外宗教团体的正常交往和友好关系。接待了美国哈岗华人教会、香港中国神学院研究院参访团和马来西亚、印尼、菲律宾、澳大利亚等国家宗教人士。2001年10月南普陀寺组团走新加坡参加双林寺重建落成庆典，12月组团赴香港参加志莲净苑水陆法会。2001年1月，南普陀寺方丈圣辉法师率

领中国佛教代表团赴新加坡出席“跨世纪的温馨晚会”，3月作为中国反邪教协会代表团名誉团长出访瑞士、法国，4月作为中国非政府代表团成员出席联合国第57届人权大会，10月以中方首席代表出席第四次中韩日佛教友好交流会议暨佛教与环保演讲会，取得很好成效。

四、加强宗教团体自身建设，积极引导宗教与社会主义社会相适应

抓好宗教团体思想建设，提高宗教教职人员的整体素质。坚持以爱国主义为基础，结合形势，在宗教界开展以“面向新世纪，主动讲适应”，为主题的教育活动，举办3期教职人员培训班，举行国际形势报告会，组织教职人员参观爱国主义教育基地，激发宗教界爱国爱教热情。支持和帮助佛教提高自身素质，推动佛教界开展道风建设。支持和帮助基督教开展神学思想建设活动，从神学理论上研讨与社会主义社会相适应的问题。推荐2名基督教神职人员为按立牧师人选，选送3人报考福建神学院。组织宗教界开展新时期统一战线知识的学习，组队参加全市统战系统统一战线知识竞赛，获得二等奖。

抓好宗教团体组织建设，增强爱国宗教力量。做好宗教界上层人士的建档工作，为加强对宗教界人士的教育和管理打好基础。进一步充实天主教爱国会领导成员，增强天主教爱国会的领导力量。帮助、指导市佛教协会召开第六届代表会议，选举产生新一届市佛协领导班子，南普陀寺方丈圣辉法师当选会长。帮助宗教团体解决实际问题和困难，帮助2名教职人员申请农转非指标，帮助2名宗教界上层人士解决住房问题。

抓好闽南佛学院的建设，努力提高办学质量。调整和充实学院的领导班子，聘请著名教授讲课，开办专题讲座，开展各种爱国主义和社会主义教育，开设政治课程。获准接收4名越南比丘尼留学生。认真贯彻落实全省宗教院校思想政治工作座谈会精神，成立思想政治工作领导小组，加强和改进学院思想政治工作。

深入开展揭批“法轮功”的活动，发挥宗教界在揭批“法轮功”活动中的特殊作用。广大宗教界人士以极高的政治热情，深入开展“宗教反邪”的活动。一些宗教界人士还奋笔疾书，撰写批判“法轮功”的文章，义正严辞地揭露批判“法轮功”反人类、反社会、反科学的邪教本质及其险恶用心。厦门电视台《政协视点》栏目制作专题节目，对厦门市几大宗教团体负责人进行现场采访，揭露“法轮功”邪教的真实面目，在社会上产生了积极的反响。

发挥宗教界积极因素，引导宗教界为社会作贡献。通过各种形式和渠道，引导、支持宗教界开展捐资助学、赈灾救难、施医赠药、助残扶困、关爱弱势群体等慈善活动。2001年南普陀寺捐资希望工程164万元，资助特困生2 456名，资助金额88.33万元；向内蒙古、新疆两地灾区捐款20万元，向贵州、广西、湖南5个受灾地区339户受灾群众资助9.56万元；为龙海市隆教畲族乡、同安区莲花镇的偏僻村庄义诊施药，义诊人数超过三百六十多人，施药金额三千八百多元；为仙岳医院、南山疗养院和同安皮肤病防治中心的精神病和麻风病患者捐款8万元，为强制戒毒所吸毒者捐款2.9万元，为市儿童福利院捐赠3台价值为8 070元的空调；为孤寡病残特困户资助145.49万元。南普陀寺大力加强旅游环境建设，积极开展创建“文明旅游”竞赛活动，被市旅游局、市文明办授予“文明旅游景点”。市基督教两会利用自有房产，组织信徒捐资兴办“百合托老院”。

五、加强调查研究，积极稳妥地开展民间信仰的管理

加强对民间信仰活动的管理，妥善解决民间信仰宫庙存在的问题，制止封建迷信活动。做好民间信仰方面的对台交往和联谊，接待台湾进香团十多个，人员超过二千人次。加强对民间信仰活动的调研，积极探索加强民间信仰活动管理的对策与建议。成立市民间信仰活动管理办公室，开展对民间信仰活动的管理和指导。

六、做好民族工作，增进民族团结

积极促进民族村经济和社会事业发展。帮助陈塘回民村做好幼儿园综合楼的使用，争取有关部门支持8万元建设村内道路，联系市公物处理中心捐赠10台电脑给溪尾回汉小学，改善民族小学办学条件。帮助钟宅畲族村做好道路的修建和村容村貌的整治工作，开展旧村改造调研，千方百计推动民族村经济发展和社会进步。组织3家少数民族企业参加“中国少数民族和民族地区名优新特产品交易会”，扩大交流与协作。

认真贯彻民族政策法规，维护少数民族的合法权益。支持和指导民族联谊会开展民族联谊活动，加强对少数民族人士的联系。热情为少数民族服务，积极为少数民族排忧解难，认真受理群众的申请事项，落实少数民族优惠政策。协调有关部门加强清真食品的卫生管理，做好“投洽会”和节日清真食品供应。

配合有关部门做好少数民族干部的培养联系工作。推荐1名少数民族干部参加省委党校少数民族干部培训班，做好中央安排来厦挂职锻炼的8名内蒙古自治区干部的联系工作。

做好对口支援少数民族地区工作，促进民族地区经济社会发展。积极组织为对口支援的少数民族地区捐资、捐物，帮助民族地区发展。2001年继续援建西藏林芝地区“厦门广场”、“厦门路”和地区职业中学等建设项目，支援1 250万元帮助米林县兴建文化广场、江滨大道、县中心小学和县中学教学楼。组织和发动社会各界帮扶宁夏固原地区，捐赠衣物38万多件。开展“捐校服献爱心”活动，为宁夏固原地区海原县中小学生捐献衣物13.9万件。做好对口支援我省少数民族地区教育工作，深入教育帮扶结对子的民族乡考察办学情况，落实帮扶项目。同安区捐助10万元帮助上杭县庐丰畲族乡修缮校舍，杏林区指导宁化县治平畲族乡完成发展教育“十五”计划的编制工作，并捐助10万元装修中心学校教学楼。

（厦门市宗教局、民委　供稿）

民 政 工 作

一、救灾救济工作扎实深入开展。开展元旦春节扶贫送温暖活动，市财政拨出专项经费78.6万元，慰问7 151人（户）。认真贯彻民政部《关于进一步做好2001年城市居民最低生活保障工作的通知》精神，进一步做好低保工作。2001年全市享受“低保”的有64 658户次177 732人次，发放保障金1 497万元，其中城市居民33 013户次，75 155人次，保障金1 036万元；城镇居民5 311户次，13 618人次，保障金110万元；农村居民26 334次，88 958人次，保障金350万元。下发《关于2001年度农村居民最低生活保障经费的通知》，下拨市级负担70.67万元农村最低保障资金。落实救灾工作分级管理，救灾款分级负担的机制，落实市救灾预备金、粮差价补贴合计150万元，各区分别预列192万元、24.5万元。开展向宁夏捐助活动，共募集衣物35万件、捐款37.4万元。开展“扶贫济困送温暖”活动，向全市推出23个经常性捐助工作接收站。做好老区扶建工作，安排老区扶建项目经费116万元。全年办理8例知青子女进厦门入户手续。

二、农保工作稳妥推进，继续坚持发展与管理并重的方针，全市全年收取农保金808.93万元。至此，全市农保基金积累1.15亿元，为全省九地市之首。

三、优抚安置和双拥工作取得新的成绩。元旦、春节和“八一”期间组织慰问解放军演习部队和驻厦部队。农业科技人员深入部队副食品基地、基层连队开展种植、养殖巡回指导，落实安排2001年度市委、市政府为部队办实事项目，办理驻厦部队生活补贴；着眼于军事斗争准备的需要，大力支持部队开展科技练兵活动，协助做好部队军事演习和国防施工的后勤保障工作；开展全市重点优抚对象的普查工作，建立数据库并上报全国普查办；认真落实优抚对象的生活保障，改革义务兵家属优待金资金负担办法，城市义务兵家属优待金由市、区两级各负担50%，农村义务兵家属优待金由市、区、镇以3:3:4负担，2001年度义务兵家属优待金总额达592.02万元；进一步落实军休干部的生活待遇，办理第五批34名军休干部的移交接收手续；抓好退役士兵的安置，全市2001年度接收退役士兵824人，其中回农村安置的362人，需安置工作的462人（含转业士官52人）；复员干部4人；已经安置451人，占安置总数97.6%，其中：复工复职36人，安排事业单位28人，安置企业单位111人，办理自谋职业276人；前场军供站较好地完成过往的大演习部队的饮食供水保障工作。

四、基层政权建设和社区建设工作取得新的进展。在农村，抓村委会换届选举的扫尾工作，除1个村委会外，全市农村村委会已完成换届选举任务。各区分别组织新当选的村（居）委会干部进行培训，进一步完善各项规章制度。认真贯彻落实中央两办（2000）23号文件精神，会同有关单位研究制定《厦门“社区在线”网络工程建设实施计划》，草拟《厦门市社区建设实施方案》。岛内4个区社区建设工作已全面展开，社区居委会的调整组建工作基本结束。各区都成立了社区领导机构，制定社区建设方案。开元区、湖里区分别作为全国、全省社区建设示范区，社区建设取得许多新的成绩。

五、社会福利和社会服务有新的发展。全市换发福利企业证书50家，其中市属13家，区属共37家。新办福利企业8家，新安置残疾人150人。全年全市福利企业产值2.25亿，利税2 172万元。至年末，福利企业57家，共安置残疾人926人。配合国税、地税对福利企业进行重新认定。市社会福利中心新接收三无老人 19 人、孤儿弃婴 18 个，市南山疗养院接收精神病人 12 人，按时审核麻疯病人生活补助款。新批准 2 家民办福利机构。认真贯彻落实民政部、省民政厅“星光计划”会议精神，已确定并上报部级社区老年人福利设施项目 21 个，同时获得资助福利金 385.5 万元。3 月份开始发行电脑福利彩票，共销售电脑福利彩票 8 000 万元。

六、专项社会行政管理工作得到加强

勘界工作　厦门市内 4 条区级界线 129.33 公里的勘定工作基本完成，与泉州、漳州两市界线的勘定工作也基本完成。完成集美区灌口镇与后溪镇界勘定试点，同安区、杏林区也开始进行镇界勘定工作。

区划地名工作　完成了乡镇规模调查，2001 年共命名地名 75 条，《厦门市地名志》于 2001 年 11 月正式出版。

婚姻和收养登记管理工作　全市办理结婚登记 11 158 对；其中涉外登记 48 对，涉港、澳、华侨、出国人员 69 对，办理离婚登记 217 对。全年收养登记 69 件，其中澳门 1 件。婚姻、收养登记合格率均达 100%。

收容遣送工作　对滞站收容人员的生活环境包括床铺、被褥、卫生设备、通风采光等进行较大的改善。同时，筹建儿童救助中心，完善遣送站配套设施建设。全年收容遣送 10 007 人次。

殡葬管理工作　经民政部批准，设立国际运尸网络厦门办事处，已于下半年开展工作。做好大生里殡仪馆搬迁的筹备。2001 年全市人口死亡火化尸体 7 620 具，中华永久墓园售出墓穴 920 个，薛岭山陵园售出骨灰穴位 500 个。

社团管理工作　全市社团重新登记换证工作顺利完成，全市原有 763 个社团，经过清理整顿，依法获得重新登记的有 524 个社团，注销 129 个社团，注销并入其他社团 60 个，不予重新登记社团 50 个。其中全市性社团原有 470 个，清理后准予重新登记社团 358 个，注销 47 个，注销并入其他社团 18 个，不予重新登记社团 23 个。2001 年批准登记的全市性社团 9 个。开展社团 2000 年度检查工作。积极做好民办非企业单位复查登记工作，全面部署民办非企业单位复查登记工作。已受理审查的民办非企业单位 278 个，批准登记 14 家。

（厦门市民政局　辛聪桦供稿）

计划生育

2001 年，厦门市各级计生部门紧紧围绕稳定低生育水平、提高出生人口素质和群众对计划生育工作的满意程度这一主线，扎实做好各项工作，取得显著成绩，被省评为“三为主”先进市。

一、围绕目标，真抓实管

一是加强了组织领导。市委、市政府召开了全市计生工作会议，对全市“九五”计生工作情况和“十五”及 2001 年的工作任务作了总结和部署，并向各区下达了目标责任书；制定了《厦门市人口与计划生育工作综合改革方案》和《关于开展创合格村（居）和一流村（居）计生协会活动的意见》；市计生领导小组召开了全市避孕方法知情选择工作会议，总结了 42 个试点村的工作经验；组织了对各区和市直有关部门完成计生工作目标责任状情况进行考核，由市政府兑现奖励；市委、市政府分管领导带队深入城乡基层，慰问计生干部和计生困难户，并实地调研了农村和流动人口计生管理情况，指导面上工作；区、镇（街）两级也都召开了计生工作部署会，层层签订了工作目标责任书，形成了一级对一级负责的工作格局。二是强化计生一票否决权制。市、区两级计生部门共对 355 名省、市党代表人选和 1 555 个评先评优集体和个人的计划生育情况进行审核把关，并配合有关部门做好流动人口孩子入学、办理蓝印户口、收养登记等计生情况把关，确保了计生政策在各方面得到落实。

二、加强宣传，营造氛围

坚持把宣传中央《决定》精神和广泛开展“婚育新风进万家”活动作为精神文明建设的一项重要内容，纳入全市精神文明建设“十五”规划。各级计生部门坚持做好经常性的宣传教育工作，在各个节假日、纪念日、活动日，利用各种宣传工具和文艺活动，在社会上进行广泛宣传，营造良好的舆论氛围。同时，注重加强人口理论、计划生育政策法规和避孕节育、优生优育知识的宣传。做到党校的培训有《人口理论》；学校的教育有“青春期知识”；社区宣传阵地和“全市婚庆博览会”有计生政策法规的宣传咨询；报纸、电视台、广播、人口学校有避孕节育、优生优育、生殖健康科普知识的宣传栏目。此外，还重视树立和推广先进典型，全市有 3

个区、8个镇、街、15个单位、18位同志被国家和省授予“婚育新风进万家活动”先进单位和先进个人荣誉称号；市计生协会组织了14名优秀村（居）计生协会会长、小组长，到每个镇、街举办先进事迹报告会，近万名基层干部受到教育。

三、抓住重点，力求实效

坚持一手抓村、居委会计划生育民主自治建设；一手抓创建计划生育合格村居和合格村居计生协会“双创”活动，取得良好的工作成效。全市“三无”村率达到86.21%，“三无”居率达到92.36%。加强了计生服务站、所规范化建设，认真贯彻执行医疗法规和《计划生育技术服务管理条例》，坚持做到持证上岗、依法服务，取得了良好的社会效益。加强了流动人口计生管理，增设了流动人口计生审检点22个、增配流动人口计生管理员24名，并安排了一定的专项经费，保障了工作需要。市计生、公安部门联合组织开展了流动人口计生管理情况大清查活动，重点治理城乡结合部、高层楼寓、新建住宅小区、施工工地，有效地提高了流动人口计生审检办证率。市计生部门还加快了计算机应用推广步伐，在区和镇、街道全面实现了计生信息的手工台账管理向计算机管理的转变。

四、以人为本，优质服务

坚持把提高群众的满意程度作为计生工作的出发点，努力提高服务水平。一是增加投入，提高服务保障能力。市财政安排计生事业经费比上年增加8.28%，同时继续安排了200万元计生扶贫资金，由计生部门帮助2 000个农村独女和二女扎特困户发展生产，增加家庭收入。市、区财政还投入217万元，为农村独生子女和二女结扎户办理计生养老保险。二是掌握本领，提高计生技术服务水平。在各级计生技术服务人员的积极工作下，全市农村共有7.33万对育龄夫妇自主地选择了适合自身特点的避孕方法，有48.87万人次到计生服务站、所门诊；有5.41万人接受妇科病查治；有5 774人接受乳腺检测；有224人次接受不孕症治疗；有8 169人次接受优生检测。三是想尽办法，争创服务新方式。各级计生部门通过社区，发动社会力量，帮助计生户济贫解困、解决下岗再就业、以及子女入学等问题，从生产、生活上关心实行计划生育的家庭，赢得群众对计生工作的理解和支持。

（厦门市计生委　邵育秦供稿）

城市居民生活

2001年是“十五”计划第一年，厦门市经济持续增长，在各项宏观措施推动下，居民收入继续增长，生活水平逐步提高。据城调队200户居民抽样调查资料显示：2001年厦门市居民人均可支配收入为11 364.96元（同口径对比），比上年增长8.3%，剔除物价上涨因素，实际增长9.9%。人均消费性支出8 490.24元，比上年增长6.5%，剔除物价上涨因素，实际增长8.2%。具体特点如下：

一、收入呈现升多降少的格局，收入结构有所变化

2001年厦门对全市范围内的行政事业单位的在职职工及离退休人员进行增资补资以及国有企业的改革改制工作加快，职工辞退金收入增多，从而拉动居民可支配收入增长。居民人均可支配收入比上年增长8.3%，其中：国有经济单位职工收入、其它经济类型单位职工收入、个体被雇者收入、离退休再就业者收入、其它就业者收入、转移性收入分别比上年增长3.7%、17.1%、22.6%、96.1%、44.6%、33.2%。200户居民家庭职工由于买断工龄获得的收入达19.2万元。

居民家庭从集体经济单位获得的收入、个体经营者净收入、其它劳动收入、财产性收入，分别比上年下降24.6%、16.7%、13.6%、4.0%。形成下降的主要原因：个体经营业萧条，生意难做，居民家庭职工从事第二职业明显减少。集体经济单位职工人数逐渐减少，2001年，200户居民家庭中，集体经济单位职工人数为17人，占总人数的2.7%，比上年下降1.3个百分点。

占居民家庭主导地位的国有、集体经济单位的收入比重下降，其占实际收入的比重为57.3%，比上年下降3.77个百分点；个体经营者净收入占实际收入比重为5.0%，比上年下降1.51个百分点。而从其它经济类型单位获得的收入、个体被雇者收入、其它就业者收入比重略有上升，占实际收入比重分别为9.5%、3.9%、0.8%，比上年分别略上升0.69、0.45、0.2个百分点。变化的原因是为适应改革形势的需要，国企转制，一部分国有职工失业，转向其它经济类型和个体就业的人数增多。

二、居民消费结构进一步优化，生活质量进一步提高

居民消费结构的变化，主要是居民基本生活资料吃、穿已得到满足，从而向发展型及享受型消费发展。2001 年，200 户居民家庭人均消费性支出 8 490.24元，比上年增长 6.5%，其中居民用于食品支出人均 3 509.76 元，比上年略降 0.7%，占消费性支出比重（恩格尔系数）为 41.3%，比上年下降 3 个百分点；衣着支出、医疗保健支出、杂项商品和服务人均消费分别比上年下降 1.0%、2.6%、1.1%。而居民用于发展型及享受型消费，如设备用品及服务、交通和通讯、娱乐文教服务、居住人均消费分别比上年增长 2.7%、12.9%、8.9%、44.5%。除设备用品及服务消费外，其它三项消费占消费性支出比重上升，分别由上年的 9.2%、9.6%、10.8% 上升至 9.8%、9.8%、14.6%，位居八大类商品消费的第 2～4 位。消费结构进一步优化，基本改变了以吃、穿为主的单一格局，呈现出生存资料比重减少，发展和享受资料比重提高的新趋势。

三、居住消费成为热点，居住条件进一步改善

2001 年，居民居住消费成为继食品后的第二大消费，其人均用于居住方面支出为 1 239.84 元，比上年增长 44.5%；其中住房支出比上年增长 89.4%，水电燃料其它支出比上年增长 7.7%。在住房消费中用于住房装修的建筑材料和维修服务费，分别比上年增长 1.31 倍和 81.0%。随着住房制度的改革，居民居住条件明显改善。2001 年末，200 户居民家庭人均居住面积为 18.4 平方米，比上年增加 0.38 平方米；自有房及部分产权拥有率达 81.5%；94%的居民家庭独用自来水，93%居民家庭用上管道煤气和液化石油气；93%的居民家庭住房为单元式配套住宅及单栋配套楼房。

四、非消费性支出大幅增长，资金投向发生变化

随着厦门市居民收入的不断提高，资金投向发生变化。据 200 户居民抽样调查资料表明：2001 年，厦门市居民人均存入储蓄款和提取银行存款，分别比上年增长 30.5% 和 80.1%；购买有价证券、兑售有价证券分别比上年下降 46.4%、67.0%。居民有价证券投资热情下降，主要受股市长时间的低迷表现影响，股市成交量锐减，居民购买与兑售有价证券（主要是股票）大幅度下降，一改几年来持续增长的势头。资金投向非消费性支出，2001 年居民人均非消费性支出 2 846.28 元，比上年增长 90.5%；非消费性支出大幅增长，主要是受购房与建房支出所致，2001 年，200 户居民家庭人均购房与建房支出 1 496.04 元，比上年增长4.9倍。由于购房与建房支出的大幅度增长，使居民动用较多银行储蓄，拉动存取储蓄增长。随着购房户的增多，带动住房装修及耐用消费品消费的增长。

2001 年，厦门市居民收入持续增长，主要是受政策因素影响，政府对行政事业单位在职职工及离退休人员进行增资补资，拉动可支配收入增长1.92 个百分点；职工买断工龄获得收入拉动可支配收入增长约 2.77 个百分点。剔除此因素影响，2001 年厦门市居民的可支配收入仅增长 3.6%，收入水平不容乐观。据调查资料显示：2001 年，200 户居民家庭人均可支配收入在平均线以下的占 57%，比上年上升 3 个百分点。2000 年 20% 高收入户与 20% 低收入户人均可支配收入差距为 12 884.5 元，而 2001 年增至 15 570.1 元，差距拉大了 2 685.6 元。差距比例由上年的 3.7:1 上升到 4:1。

（厦门市城调队　林芙贞供稿）

农村居民生活

2001 年，厦门市委、市政府继续以增加农民收入为农村工作重点，深入实施农村“同发展、共富裕”工程，制定出台《关于进一步促进农村发展农民增收的若干政策意见》，大力调整优化农业结构，全面激活农村经济，治理整顿农村经济秩序，减轻了农民负担，有效遏制了从 1996 年以来农民收入增幅逐年下滑的局面，农民收入继续增加。2001 年厦门市农民人均纯收入为 4 425 元，比上年增加 395 元，增长 9.8%。其中市郊 5 688 元（集美区 4 695 元，杏林区 4 627 元，湖里区 8 073 元，海沧投资区 5 978 元），增长 11.7%；同安区 3 803 元，增长 7.0%。在农民人均纯收入中，工资性收入 1 956 元，比上年增加 184 元，增长 10.4%；家庭经营收入1 905 元，增长 5.8%；财产性转移性收入 564 元，增长 23.4%。

2001 年，厦门市农民人均生活消费总支出 3 282元，比上年增加 242 元，增长 8.0%，农民生活质量继续提高。在农民生活消费八大指标中，交

通通讯、居住、文教娱乐用品及服务、食品等支出呈增长趋势，衣着、医疗保健、家庭设备用品及服务、其他商品和服务等支出呈下降趋势，其中交通通讯、住房支出继续大幅增长，成为本市农民的消费热点。

一、农民收入的主要特点

（一）工资性收入继续呈上升势头。一方面，厦门市工业继续保持较好的增长速度，乡镇企业蓬勃发展，随着岛内第二产业外移、岛外工业化速度加快和工业区相继建成，农村剩余劳动力就地转化日益增多，农民从乡镇企业中得到收入明显增加。全年仅乡镇企业新吸纳本地农村劳动力达 2 759 人。另一方面，市委、市政府为民办实事项目的实施，农村“同发展、共富裕”和其他农村基础设施工程建设，以及组织开展的各类技术培训活动，为农村富余劳动力提供了就业机会，增加了农民的工资性收入。全年培训农村富余劳动力 2 950 人，结业 2 799 人，已就业 1 929 人，就业率 68.9%，人均工资 800～1000 元/月。2001 年，农民工资性收入 1 956元，比上年增加 184 元，增长 10.4%。其中，有 36%的收入来自本地企业，人均 710 元，增加 66 元，增长 10.2%。

（二）家庭第一产业经营收入增长有保证。2001 年农业丰收除天气风调雨顺外，市有关部门还采取了五项农业增产增效措施：①调整种植业结构。减粮扩经措施得到落实；②稳定市场价格；③加强“种子工程”建设；④开展科技下乡活动，推广增产增效技术；⑤通过“厦门农网”在因特网上拓宽农产品营销渠道，促进本地农产品销售。资料显示，2001 年农民第一产业经营纯收入人均 1 401 元，增加 110 元，增长 8.5%。从收入（含成本）的来源看，农业、渔业收入继续呈增长势头，分别为 952 元、198 元，分别增加 67 元和 73 元，牧业经营收入有下降趋势，人均 245 元，继 2000 年减收 44 元后 2001 年又减少 36 元。

（三）财产性、转移性收入增加明显。2001 年，农民财产性、转移性收入人均 564 元，比上年增加 107 元，增长 23.4%。其中租金收入 430 元，增加 121 元，增长 39.2%；利息收入 24 元，增加 8 元；在外人口带回 69 元，增加 50 元；土地征用补偿 13 元，减少 18 元。这些收入包括利息、租金、救济金、退休金、在外人口带回等。一方面，农村“两化”建设，集体经济不断壮大，农民收入渠道增多，非生产性收入逐年增加。另一方面经济开发区不断发展，企业越办越多，外地劳工大幅增加，农村房屋出租业发展迅速，租金收入大幅度增加。

（四）农民家庭二、三产业经营收入出现下降趋势。厦门农民家庭二、三产业经营收入历来是农民收入中的弱项，也是与周边沿海地区农民收入的差距所在，虽然上年经营有所起色，也对推动农民纯收入增加起了一定作用，但 2001 年略有减少，人均收入 504 元，减少 6 元，减幅 0.1%，其中交通运输业增加 13 元，增长 7.5%，批发和零售贸易、餐饮业增加 90 元，增长 76.3%，其他家庭经营收入减少 100 元，下降 80.0%。

（五）第一产业收入比重依然较大。2001 年，农民家庭第一产业收入占纯收入的 31.5%，在整个家庭经营收入中，第一产业收入占 73.5%，而二、三产业经营收入所占的比重仅为 26.5%。

二、农民生活消费的主要特点

（一）交通通讯消费支出增长迅猛。随着厦门市农村“两化”进程的加快，农村基础设施日益完善，农民用于交通通讯消费支出逐年增加，2001 年增长迅猛，人均达 357 元，比上年增长 40.7%，其中：

购买交通工具支出明显增加。随着农业产业结构的调整和优化，农村剩余劳动力不断转移，使相当一部分人转为从事交通运输业，购买交通工具支出明显增加，2001 年人均达到 138 元，增长 1.6 倍。每百户农村居民家庭已拥有摩托车 108 辆，比上年增加 26 辆；汽车（生活用）0.47 辆，而 2000 年以前统计数字则几乎为零。

邮电费支出逐年增长。电信业的发展壮大和农民对外界联系的增加，农户电话普及率日益提高，用于邮电费支出逐渐增加。2001 年，厦门农户电话普及率已经达到 134 部/百户，其中移动电话 34.7 部/百户，人均话费支出 148 元，比上年增长 10.8%，每百户农民家庭比上年新增电话 19 部。

交通、通讯工具拥有量与使用率的增加，随之相应的维护与修理费用也明显提高，2001 年人均支出 16 元，比上年增加 3 元，增长 23.0%。

（二）居住支出仍是农民消费的热点。继 2000 年我市农民建房再度成为消费热点后，2001 年继续攀升，全年人均居住消费 804 元，比上年增加 167 元，增长 26.2%。其中：购买建筑材料支出 357 元，增长 34.2%；用于住房设施改造、装修装饰 194 元，增长 28.6%。至 2001 年底，厦门市农民人均居住面积达到 40.2 平方米，比上年人均居住面积增加 3.82 平方米，其中楼房面积 27.48 平方米，占居住面积的 68.4%。

随着农户居住面积的增加，居住质量也在不断提高，大部分家庭居室宽敞陈设一新，家庭燃气化、电气化程度一年比一年提高。2001年拥有卫生设备和使用安全饮用水的农户占78.6%和56.4%，液化气普及率达到38.6%，人均用于电费、水费支出分别为121元和29元，分别比上年增长25.1%和9.4%。

（三）文教娱乐用品及服务支出成为农民消费的新热点。农村经济的稳定发展和农民收入的不断增加，电视、家庭影院、电脑、影碟机等文化教育娱乐用机电产品不断进入农民家庭，带动了农村文化娱乐消费。2001年人均消费达321元，增长7.4%，跃居生活消费排位第三，成为农民消费的新热点，主要表现在：学杂费支出246元，增长0.4%，技术培训费支出21元，下降3.3%，用于购买文教娱乐用机电产品的支出，人均达45元，增长1.37倍。文化教育娱乐用机电产品中彩电、电脑正成为农民消费新宠，2001年与上年相比有较大幅度增长。

（四）吃、穿满足，消费更加商品化、城市化。2001年农民人均食品消费支出1 386元，增长0.4%，扣除食品价格因素影响，实际增长3.5%，其中商品性支出占86.7%。从食品实物消费量看，主食类稻谷消费下降，副食类消费继续增加，饮食结构更趋营养化、科学化，具体表现为：主食类稻谷消费140.14公斤，下降1.9%；营养类副食消费蔬菜75公斤，增长1.5%；奶和奶制品0.38公斤，增长11.8%；水产品15.32公斤，增长14.8%；酒和饮料26.04公斤，增长12.7%；水果及制品10.78公斤，增长24.8%；肉禽及制品29公斤，降1.2%。

肉类消费减少主要原因是，市场猪肉曾一度监测出瘦肉精含量超标，猪肉消费明显减少，而牛、羊、禽肉消费相应增加，人均达6.04公斤，增长24.0%。可见，农民的健康与自我保护意识增强了。

在衣着消费上，农村居民衣着装扮越来越城市化，服装、衣帽鞋袜类消费个性化消费不断增加，衣着材料和加工支出日益减少。2001年农民人均衣着消费支出是104元，比上年下降3.1%，扣除价格因素影响，农民人均衣着消费实际增长了9.99%，其中服装支出83元，下降5.8%，衣帽鞋袜类支出20元，增长17.3%，二项支出合计占衣着支出的98.9%，衣着材料和加工费支出只有0.67元，下降63.2%，占衣着支出的0.6%。

（五）家庭设备用品基本饱和，主要家庭设备继续增加。农民在步入小康生活后，一般日用消费品开始进入饱和状态，目前处于不断更新换代时期。2001年，农民的家庭设备、用品及服务支出减少，人均137元，下降12.5%，耐用消费品、床上用品、家庭日用杂品等消费支出都处于下降趋势，其中家电价格的不断下降和更新换代的因素，促使农民对家庭设备消费进一步增加，人均家庭设备32元，增加14元，增长80.7%，而家具支出减少28元，下降52.4%，日用百货及其他杂品支出减少7元，下降9.5%。

2001年，每百户农村居民主要耐用消费品拥有量为：电冰箱46.47台、抽油烟机11.34台、微波炉4.73台、热水器33.71台、洗衣机17.5台、空调5.69台。

（六）医疗保健和其他商品、服务支出减少。2001年，农民人均医疗保健、其他商品服务支出为82元和91元，分别下降5.8%和23.2%。

医疗保健：自我保健意识增强，对琳琅满目保健用品消费开始淡化，健康时尚的服务性医疗保健消费渐受欢迎，其中医疗卫生保健用品支出25元，降11.2%，其他支出7元，降43.8%，医疗保健服务费支出50元，增长8.2%。

其他商品和服务人均支出91元，减少27元，下降了23.2%，其中化妆品、首饰品等商品性支出大幅下降，人均32元，下降44.0%，其他服务支出59元，下降3.5%。

（厦门市农村调查队 蔡明发、连金平供稿）

教育科技

教育事业

一、“办学质量年”工作取得成效

把21世纪的第一年定为“办学质量年”，出台了《关于提高办学质量的若干意见》。组织有关部门对厦门市小学进行为期10天的教学质量调研，形成具有较强针对性和指导性的调研报告。有效地营造了狠抓教学质量的氛围，促进了各区、校质量监控工作的深入开展。

中考成绩相对于往年有整体性提高，形成了重点中学继续领先，一般学校迎头赶上的良好局面。高中会考继续保持优势，各科成绩均居全省领先地位。在国际中学生化学和生物奥林匹克竞赛中厦门市获一枚金牌、一枚铜牌，在国际科技与环保竞赛中获两项大奖。

高考再创佳绩。2001年全市报考普通高校考生7 024人，比上年增加2 029人，增幅为40.6%。尽管考生有较大幅度的增加，高考文理科万人口上线人数仍然高居全省第一。无论是分科类或者分批次都名列全省九个设区市第一。全市录取率为79.8%，双十中学、厦门一中理科和双十中学文科取得全省最好成绩。

市属鹭江大学、电视大学等继续深化教育教学改革。其中，鹭江大学开展了“教育质量月”活动，进行公开教学并评奖，还开展了专业教学改革试点，其中市场策划和英语专业分别被列为部级和省级专业教学改革试点建设的示范专业。

二、采取积极措施，推进各级各类教育事业健康发展

继续把“两基”工作摆在重中之重的地位，狠抓“两基”投入，外来人口子弟入学、控制初中流生等关键环节，巩固提高了“两基”成果，厦门市被授予“全国‘两基’工作先进地区”。

2001年，全市小学适龄人口入学人数1.94万人，初中入学人数2.37万人，以上2项均超额完成上级下达的计划数。高中阶段各类学校招生1.92万人，升学率85.8%，提前一年达到普及高中阶段教育的预定目标。全市高中阶段新生普职比为5∶5（岛内5.9∶4.1），岛内初中毕业生升学率为97.1%。除同安区外，岛外其余各区初中毕业生升学率都在90%以上。全市普通高中招生9 653人，为历史上最多。与1997年比较，全市每万人口普通高中在校生从93人增加到210人，增长了1.3倍；普通高中在校生数从1.14万人增加到2.75万人，增长了1.4倍。

农村成人教育工作有新的发展。全市非文盲率占15岁以上人口总数的94.3%，高于国家达标标准；建成国际文技校8所，位居全省前列；培训农村富余劳动力2 950人，其中1 929人已推荐就业。

全面拓展厦门市教育对外合作交流的领域。2001年厦门市中外合作办学的合作伙伴增加了韩国、日本、澳大利亚等国的教育机构，不少教育工作者，尤其是教学第一线的教师得到了出国学习进修的机会；厦门市的74位教育工作者还直航金门进行教育交流；还参与国内外大型的国际交流活动。

社会力量办学有了新的发展。厦门市社会力量办学机构目前达345家，其中民办高等教育机构2所，还另有一所正在上报审批之中；高中阶段学校7所；初中阶段学校3所、小学30所、幼儿园134所。外来员工子弟学校建设有新的推进，全市该类学校共招生1.54万人，其中小学生1.43万人；初中生795人；高中生264人。市委市政府还将支持外来员工子弟学校办学列入2001年办实事项目，拨专款300万元，有效地改善了这些学校的办学条件。

三、高等教育改革和发展继续保持良好势头

2001年厦门市政府再次与教育部、福建省签定

重点共建厦门大学协议，决定在2001年至2003年三年内增加对厦大投入6亿元，其中教育部3亿元，省、市政府各1.5亿元。共建的深化使厦大得以顺利通过国家“211工程”的预审和立项。

集美大学通过实质性合并和省、市共建，大大改善了学校的办学条件，提高了办学质量和办学效益。并顺利地通过了教育部本科教学合格评估。

三所成人高校新校建设取得了实质性的进展。市政府常务会议以纪要的形式明确了电大、教育学院、职工大学三校资源整合工作方案；成立了三校新校筹建领导小组及其办公室；基本落实了建设资金的筹措方案；确定了委托代建单位；征地工作在市政府及有关部门的大力支持下已完成。2001年12月22日举行了三所新校区奠基仪式。并已完成总体设计，进入单体设计。

2001年民办华厦职业学校取得颁发国家承认的学历文凭资格，首次通过国家高考招生。民办南洋专修学院获得高等学历文凭考试资格。

四、突出重点，继续推进素质教育

思想政治工作和德育工作进一步加强。召开全市学校德育工作会议，分别出台了《加强和改进中小学德育工作意见》和《“十五”期间加强教师思想道德建设工作意见》。各级各类学校大力开展以遵纪守法，崇尚科学，抵制邪教为主要内容的“校园拒绝邪教”活动。加强法制教育，广泛开展普法教育活动。围绕建党80周年和特区成立20周年开展爱国主义系列教育活动。在教师中广泛开展“讲师德，树形象”活动。组织师德报告团进行巡回演出，产生了良好的社会影响。2001年全市获国家级优秀教师4人，省级优秀教师32人，市级优秀教师547人。教育系统获一级达标文明单位。

教育科研工作有新突破。召开全市教育科研工作会议，教育科研有大的发展。先后出台了《厦门市“十五”教育科研成果奖励办法》、《厦门市教育科研管理条例》《厦门市教育科研专著出版奖励办法》等一系列文件。“科研兴教”的观念进一步确立。全市申报“十五”课题168项，批准立项107项。

创新教育实验区工作得到落实。在科技中学、英才学校分别举行了全市创新教育观摩研讨活动，展示各实验校开展创新教育的成果；观摩创新教育的课堂教学和高中研究性学习成果；进行经验交流，聘请专家讲学，推动了创新教育面上的进展。

教育信息化步伐进一步加快。全市各级各类学校共配计算机三万多台，平均15名学生一台计算机，其中，城区平均8名学生一台计算机。全市共建有计算机网络机房三百多间，有相当部分的学校教室配备了多媒体计算机、实物展台和液晶投影机，大多数学校都建有教师电子备课室、电子阅鉴室。厦门市按“宽带网络＋数据中心＋应用系统”的思路，建设全市教育信息网，在教育部召开的全国会议上，被誉为“厦门校校通模式”。

全面启动实施国家基础教育课程改革。教育部已批准厦门市为全国首批38个实验单位之一。厦门市出台《课程改革实验校工作指导意见》等9个文件，建立实验基地学校，广泛开展宣传、学习和调研活动，并进行实验教材的组织征订及教材培训，首期培训共9 000人次。

五、加大干部制度改革力度，继续深化内部管理体制改革，落实继续教育工程

引入竞争机制，鼓励干部竞争上岗，在工业学校进行了校级干部竞争上岗试点，选拔了副校长和校长助理。实施名校长计划，选送了16位校长和后备干部到上海中小学挂职。加强校长培训工作，全市中小学校长岗位培训率达99.3%，提高培训率达96.2%，并选送10位校长参加国家级千名骨干培训班。

教育系统35所学校已普遍实行教师职务聘任制、工资总额包干制和校内结构工资制，各区属学校也正分步推进学校内部管理改革，开元、思明、集美、鼓浪屿4个区已开始实行公开招考教师的办法，使厦门市实行公开招考教师工作的范围进一步扩大。制定了《厦门市教育系统教职工聘用制试行方案》，在教师职务聘任制的基础上推行教师聘用合同制，并着重抓了教师资格认定工作。

教师继续教育是提高师资队伍整体素质的重要工作。按照《中小学教师继续教育工程方案》的规划，①抓好计算机全员培训。在抓好培训和考核的同时，重新制作了考试系统软件，设立了中小学教师计算机继续教育培训网站；通过网络开展计算机继续教育，并完善考试考核的办法；②抓好教师职务培训，在市教育学院、区进修学校开设十几个专业的教师职业培训班，有三千二百多位教师接受了教师职务培训；③抓骨干教师培训，继续在市教育学院、集大师院、集美和同安区教师进修学校开设骨干教师培训班，共有634位教师参加了国家、省级、市级培训，还有三百多位正在接受培训；④抓好提高学历培训，鼓励教师参加各类研究生、专升本、中专升专科的函授教育、成人教育等，使厦门市的教师队伍的学历层次不断提高。特别是初中和

小学教师的本科和大专学历，分别由2000年29.1%和31.7%，提高到2001年的35.7%和42.4%。此外，开设了“名师讲坛”，组织特级教师和市级学科带头人定期或不定期组织特级教师和学科带头人举办学术讲座，发挥特级教师的作用。组织特级教师开展科研和调研，编写出版《厦门名师系列丛书》。

六、教育经费使用效益较高，办学条件继续改善

根据市人大通过的关于2001年部门经费预算，及时将全系统的经费批复给委属各有关单位，基本完成全年教育经费预算任务。

基建任务完成较好。根据教育部《关于危险校舍改造工程》的要求，开展对系统校舍的安全检查工作。通过检查，对全系统存在的2.36万平方米C级危险校舍提出改造的意见。同时积极争取改造资金，除集美中学道南楼等2.67万平方米为一般损坏房列为下阶段改造外，所有C级的局部危房已经全部列入改造计划。

对2001年厦门市扶持农村薄弱学校项目进行论证，确保扶持农村薄弱学校4 000万元专项资金首先保证用于岛外农村学校的危险校舍改造，其次，用于保证义务教育阶段学校布局调整以及普及高中阶段教育的校舍建设。对确定的项目进行跟踪检查，保证专项经费专款专用。

克服各种困难，提前20天完成市政府确定的重点项目市第一幼儿园的建设任务，确保了一幼招生和市府大道厦禾路至公园岗亭段道路建设。

根据教育事业发展的需要，投资1.37亿元，扩大禾山中学、九中、湖里中学、莲花中学等学校的办学规模，以及新建金尚中学、前埔中学、东渡中学、松柏中学分校，计划建筑总面积10.1万平方米。目前，3所中学的建设进展顺利，前博中学、金尚中学主体均已封顶，其余多数项目也已经完成施工招投标，进入基础施工。3所新校及1个分校的建成，可扩大招生规模156个教学班，容纳7 800名学生。

在积极推进工程建设进度的同时，加强工程建设质量的管理，避免隐患工程的出现。组织对跨年度施工的华侨中学、槟榔中学等7所中学投资1 425万元的塑胶跑道工程进行平整度及物理性能的检测，以及复检验收工作。

（厦门市教委　赵家明供稿）

科技工作

2001年，厦门市科技部门的干部职工全面落实“科学技术是第一生产力”的思想，努力推进科教兴市战略，科技事业取得了新的进步。全市高新技术企业总数达到165家，2001年度全市高新技术企业产值375亿元，占全市工业总产值的42%左右。火炬高新区“一区多园”战略取得新的进展，全年火炬高新区核心区实现工业产值129.3亿元，技工贸总收入127.57亿元，出口交货值5.58亿美元，分别比上年增长33.5%、34.7%和37.4%。全市科技投入继续增长，市本级财政科技投入一亿七千万元左右，其中科技三项费预算下达1.2亿元，实际支出1.14亿元。全年安排科技创新计划项目、社会发展计划项目及软科学项目共115项。科技投入总共9.7亿元，其中市财政科技投入3 669.5万元（包括技术创新资金和产学研资金），企业在科技投入中的主体地位更加凸显。市计委、市科计局帮助企业从国家有关部门争取各类科技扶持资金3 160万元。

一、加快发展高新技术产业，进一步壮大新的经济增长点

2001年，市科技工作以服务高新技术企业为导向，以建设高新技术产业基地为重点，努力推动全市高新技术产业迈上新的台阶。科技投入突出重点，致力于增强高新技术产业的发展后劲和企业的科技产品竞争力。全年安排厦门软件园建设资金3 000万元；厦门留学人员创业园安排建设资金2 270万元；同集高新技术园区安排筹建经费1 000万元；企业工程技术研究开发中心和企业博士后工作站等安排经费1 000万元；安排留学人员创业扶持资金630万元；安排科技创新、社会发展和软科学计划项目的技术创新资金和产学研资金共3 669.5万元，其中78.5%用于可产业化和已产业化项目，努力培育新的经济增长点。

抓好各项科技认定工作，扩大“以点带面”的示范效应。全年共组织认定了25家高新技术企业、13个高新技术产品、45家软件企业、74个软件产品、7家科技先导型企业，撤销了7家企业的高新技术企业资格。组织认定了四批162家民营科技企业，开展“外商投资先进技术企业”的确认和考核工作，新确认10家外商投资先进技术企业。

二、火炬高新区实施“一区多园”战略

取得新的进展

各园区开发建设进展顺利，经济发展保持快速增长态势，已经成为厦门市重要的高新技术产业基地和重要的经济增长点。至2001年底，高新区经认定的高新技术企业总数为54家，实现工业产值127.41亿元，占全区工业产值的98.5%，占全市高新技术企业产值的34%，产值超亿元企业达15家。“一区多园”全年完成建设投资3.32亿元，竣工面积6.7万平方米；在建项目9个，建设面积18.3万平方米。高新区招商引资取得可喜成绩，全年合同利用外资9 052万美元，完成市政府下达任务的100.6%；实际利用外资9 436万美元，完成市政府下达任务的118%。启动了同集高新技术园区的筹建工作，第一期474.6亩用地的申请已得到省政府的批准，规划方案已经过专家多次论证。科技创新孵化工作取得显著成效，2001年6月厦门留学人员创业园被科技部、人事部、教育部及国家外专局联合确定为国家留学人员创业园，成为了全国经济特区第一个国家级企业孵化器，创业园全年共引进留学人员企业23家，注册资本1 900万元，留学人员创业园的建设大规模展开。8月份厦门高新技术创业中心又被科技部确定为国家高新技术创业服务中心。厦门软件园继2000年9月获得国家科技部授予的“国家火炬计划软件产业基地”后，企业孵化工作进一步提高。路桥科技园已经成为厦门市主要的经济增长点之一DELL公司成为产值最高的企业。北大生物园已经开园，获得了全省历史上第一个一类新药证书，预计2002年9月可以投产。

三、积极推进科技体制改革，努力构建科技发展新机制

市科技系统积极推进各项体制改革，大力推进市属科研机构的改制工作。根据科技部的文件精神和市政府的要求，基本完成了8个市属科研机构的改革工作。设立科技重大贡献奖的评选，重奖贡献突出的科技人员，洪荣照、夏宁邵同志荣获2000年度科技重大贡献奖。另外42项科技成果获2000年度市科技进步一、二、三等奖，取得了良好的社会影响。

改革科技项目计划和经费管理机制，确保科技三项费用的正确使用。市有关部门联合出台了《厦门市科技创新资金项目申报审批管理办法（试行）》，强化对科技三项费用计划项目的资金管理，由市财政部门牵头的四家联审科技计划项目的制度，对所有的科技计划项目的资助，必须经过四家联席会议审议通过，再在厦门科技网上公示，无异议后才报市领导批准、执行；增加了重大项目占科技计划资金的比例，并经行业专家评审论证，努力提高项目质量。

四、积极采取有效措施，促进科技发展外部环境的明显改善

进一步加强政策法规工作。为了指导“十五”期间全市科技事业的发展，市政府批准了《厦门市科学技术发展“十五”专项计划》、颁发了《厦门市促进风险投资发展若干试行规定》、《厦门市财政扶持高新技术企业的若干规定》等多个政策法规，大大改善了高新技术产业发展环境。

全市技术创新条件建设取得新的成果，市生产力促进中心被授予“国家级示范生产力促进中心”称号；新批准组建4家工程技术研究中心。这些科技中介孵化机构的发展为厦门市营造了越来越好的创新创业环境。

五、继续实施科教兴市（区）战略，树立大科技观念，促进全市科技进步

继续实施“科教兴市”战略，逐步树立大科技观念，推动全市科技工作的广泛开展。各区按照科技部的要求，认真组织实施科技进步考核工作。思明、开元、湖里、集美、同安、杏林等6个区1999～2000年度的各项工作均达到全国区科技进步考核指标，其中，思明区和开元区被评为“全国科技进步先进城区”；集美区和同安区被评为“全国科技进步先进县（市、区）”；湖里区和杏林区通过科技进步考核。工业科技取得新的进步，38个技改项目按照国家技改税收政策获得进口设备税收减免，全市主要工业企业开发新产品120项，新产品产值102.25亿元。“科技兴贸”、“科技兴企”、“科技兴农”工作开展顺利。教育、公安、城建、环保、卫生、信息港等领域的社会科技事业继续发展，厦门大学、集美大学的科技研发和产业化工作等取得了良好的成绩，全市各行各业都更加重视科技进步，科技与经济社会工作的结合更趋紧密。

六、抓好常规科技管理工作，科技事业稳步发展

抓好科技成果管理工作。2001年，共组织科技成果鉴定60项，软科学研究成果评审7项，共67项；全年办理登记科技成果项目85项。组织实施国家级科技成果推广计划8项，首次参加申报科技部重点新产品计划项目3项，其中2项列入国家级重点新产品计划。做好技术市场管理工作，已认定登记的技术合同总金额6.3亿元，其中，技术交易额4.3亿元；新成立的技术贸易机构61家；新设立了

“厦门常设技术市场（电子城市场）”。

国内科技合作有了新的突破。筹组厦门市科学技术顾问团，聘请了29位有影响的国内外专家为科技顾问。与中国科学院建立了合作关系，“投洽会”期间共同举办了专项科技合作活动，与清华大学签订了全面合作协议。以厦门软件园合作建设、软件产品开发、软件人员培训等，开始与北京大学、清华大学、武汉大学等的合作。

知识产权管理工作取得新成绩。全市专利试点企业已达32家。专利申请量有较快增长，全市全年专利代理申请量1 778件、比上年增长11.7%，专利授权量1 509件、比上年增长10.2%，其中台胞台资专利代理申请量444件，占全市专利代理申请量的25.0%。全市专利代理申请量和授权量继续位居全省各地市之首。

做好防震抗灾工作。闽南防震减灾示范区工程厦门部分通过专家组验收，获得一致好评。厦门市地震工作水平继续居全省先进行列。市地震局根据地震专业特点进一步规范了震情布告程序，理顺了地震应急工作中的通信网络、指挥中心、应急救灾特勤队等关系。

（厦门市科技局　潘广生、余红胜供稿）

文 化 新 闻

文化事业

2001年，围绕把厦门建成“艺术之城”的战略目标，厦门文化工作坚持“二为”方向和“双百”方针，不断开拓进取，使特区的文化艺术事业得到了较快的发展。

一、抓精品生产，精心组织各项演出活动

召开了2001年春季创作年会，研究制定了年度创作规划，确定重点剧目的创作和修改。再次修改后的高甲戏《金刀会》被福建省推荐参加全国“五个一工程”奖的评选工作。为庆祝厦门经济特区创建20周年，重点抓好庆典晚会大型音乐舞蹈诗《鼓浪屿之波》的创作排练和演出。2001年1～10月份，市属5个专业艺术表演团体共演出570场，观众达58万人次，创收150万元；组织专业艺术表演团体“文化下乡”演出70余场，较好地完成了全年的演出任务。在组织剧节目参加全国、全省各项比赛中，大型神话歌仔戏《白鹭女神》参加第七届中国戏剧节评奖演出，并获得曹禺戏剧优秀演出奖及导演、音乐、唱腔、舞美、灯光、服装和优秀演员等八项奖；小白鹭民间舞团的《世纪之春》舞蹈专场在莫斯科“中俄友好之夜”的出色演出，为江泽民主席访问俄罗斯及北京申奥增添了光彩，并荣获中国人民对外友好协会授予的“中俄友谊纪念奖章”。集体舞《酷滴》、独舞《偶人》获第五届全国舞蹈比赛“创作三等奖”；市南乐团完成南乐十四大谱及南乐唱腔第一期的录制工作；小剧场话剧《日子》获第十五届田汉戏剧奖剧本三等奖；《网络物语》、《我爱红楹》、《歌祭》获福建省现代戏征文三等奖；《虾米街商情》获征文创作奖；小品创作《囚徒与女儿》获华东地区比赛一等奖、、省比赛二等奖。

举办了元旦《世纪之夜》广场晚会，春节、元宵及“五一”、“国庆”等节日期间，举办广场文化演出八十余场，给厦门市节庆活动增添了喜庆的气氛。还精心组织排演以庆祝中国共产党成立80周年为主题的《太阳之歌》庆典晚会；主办“鹭江歌潮献给党”全市群众歌咏比赛；国庆节期间还举办了第六届厦门市南乐唱腔比赛。

二、大力开展群众文化活动，加强社区与农村基层文化建设

元旦、春节、“五一”、“十一”、“台交会”与“中国投洽会”以及特区建设二十周年等节庆期间，分别在白鹭洲、会展中心等地举办焰火晚会8场，组织群众性文艺演出、社区游艺、民俗表演等30场。“六一”节举办厦门市第八届独生子女绘画比赛，开展文化下乡、组织文艺小分队深入农村集镇演出歌舞、曲艺、小品等20余场。为配合第五届台交会的召开，举办了“情系两岸”中华民间民俗艺术大汇展。吴桥杂技、陕西牛拉鼓、台湾原住民歌舞、内蒙乌兰牧骑等全国各地十几支有特色的民间民俗艺术表演队来厦参加展演。这是近十年来厦门市规模最大、参与人数最多、艺术质量最高、群众反映最好的一项大型广场文化活动，在4天的演出中，观众人数近三十万人次。2001年1月举办了荟萃两岸名家、名作的“骨肉情，中国心”海峡两岸名家书法展，启功、沈鹏、欧阳牛石、王静芝等106位两岸著名书法家的书法精品参加了展览；5月又与市书法家协会联合举办了“翰墨抒情杯”首届机关干部、企业家书法艺术作品展，对推动厦门市业余书法创作及提高文化生活的品位起到了积极的作用。为庆祝建党80周年，组织了“鹭江歌潮献给党”全市群众歌咏比赛，“光辉的历程”党史图片展、“代表先进文化前进方向的中国共产党”征文活动等。在组织全市少儿音乐美术作品参加全国第二

届“蒲公英奖”评选活动中，鼓浪屿音乐学校的合唱和厦师二附小的许维隆创作的作品荣获金奖，还有2个美术和1个摄影作用获得银奖；组织小品小戏参加省及华东区比赛分别获3个一等奖和1个二等奖；组织10件美术作品参加中国国际科技文化成果博览会书画大展；组织创作漫画作品参加全国崇尚科学，清除邪教漫画大赛，荣获1个二等奖和优秀组织奖。

2001年，成立了厦门市群众艺术团，并于“十一”期间推出《祖国颂·华夏情》综合文艺晚会和《秋之韵》民乐专场晚会。

农村文化工作迅速发展。2001年，湖里区委、区政府以创建先进文化区为目标，大力加强文化设施建设，筹建区级文化馆、图书馆和禾山镇文化中心、后埔村文化中心等一系列文化设施；为加强文化干部队伍建设，培植农村文艺骨干，成立湖里区艺术团、少儿艺术团、禾山镇艺术团。集美区委区政府将创建先进文化区摆上重要议事日程，加大创建力度，重新翻建和改造了区文化馆和图书馆，建设后溪、灌口镇文化中心，投资30万元建设二个村级儿童文化园，拨款补助建设村级文化室，全年区财政投入文化基础设施建设的资金达一百八十多万元。

全市各区、镇文化生活丰富，有37个职业剧团活跃在农村基层。同安区“世界同安联谊大会”开幕式上的文艺踩街盛况空前。海沧区的农村家庭文艺表演，开元区“名家新春联笔会”，湖里区“厦华杯”、“灿坤杯”，集美区的广场文化系列活动等各区文化活动有声有色。湖里禾山镇、东孚南山村、集美后垵村、开元莲前街道先后举办农民艺术节等活动。

三、加强文物保护，发展文物图书事业

为加强涉台文物古迹的保护工作，邀请专家和厦门市有关部门对全市一百三十多处涉台文物古迹进行论证，拟定厦门市第一批涉台文物古迹名单81处，市政府先确定31处向社会公布。并出台《厦门市涉台文物古迹保护管理暂行办法》。完成了《福建省文物地图集厦门分册》和《厦门文物志》的修改工作。协助处理同安施大厝的保护问题，划定盘石炮台和施大厝的保护范围。对灌口凤山庙、中共厦门工委（闽中）旧址、芦山堂、松山小学等文物保护单位进行维修，并加强了对青礁慈济宫重点文物保护单位的维修和保护工作。市博物馆、郑成功纪念馆在普及历史文化知识、弘扬爱国主义精神方面发挥积极作用，全年到郑成功纪念馆的观众达30万人次。市图书馆业务工作稳建发展，服务效益明显提高。全年入藏各类文献1.10万件，2 106册(件)；其中，中文图书近万种，1.91万册，外文图书、报刊214种，视听文献及数据库344种，900件。接待读者75.55万人次，办理读者借书证5 206个，电子上机证1 885个，总流通人次66.14万人次，总流通册次217.76万次。市少儿图书馆完成馆舍搬迁并已重新对外开放，图书外借合计为19.02万册次，读者流通20.6万次。

四、加强文化市场管理，整顿和规范文化市场秩序

2001年1～10月，全市放映电影场次8 063场，观众57.28万人次。市电影公司在建党80周年期间举办了全市电影展播，莲花影剧院、人民剧场、中华电影院等影剧院，在主营电影市场滑坡的情况下，兼顾其他文化娱乐项目，保证了“文化阵地”的主导作用。截止11月，外请25个艺术团体来厦演出140场。

加大文化市场管理力度。2001年3月，完成了全市音像市场管理职能统一归口管理工作，并进行了重新审核换证。4月份，开始着手整顿和规范文化市场秩序，分别对电子游戏机经营场所、“网吧”经营场所、音像市场、歌舞娱乐场所、出版物和计算机软件市场、印刷业及印刷品市场等6大市场进行了整顿和规范，取得了明显成效，达到了阶段性整治目的。在开展公共娱乐场所消防安全专项整治中，依法对14家违反消防等法规的录像放映场所给予吊销《文化许可证》，在整治音像市场中，查缴销毁违法音像制品二十五万多片（盒）。举办了二期娱乐场所负责人文化法规知识培训班，培训、考核演艺人员九百多人，基本做到了演出场所和演艺人员持证上岗演出。

五、加大投入，加强文化基础设施建设

投资三千多万元对厦门市影剧院进行维修改造工程已于2001年11月底竣工验收并投入使用；厦门戏曲舞蹈学校二期工程也已竣工验收交付使用；还投资了八百多万元对鼓浪屿音乐厅进行维修改造。市群艺馆、市艺术展览中心、台研所等三家单位将迁入新建的工人文化宫。

市图书馆选址已确定，可行性报告基本完成，并通过“工可”论证；博物馆用地正在重新落实办理相关手续之中；陈化成纪念馆的规范方案基本确定，拆迁的调查摸底工作基本完成。

2001年，完成禾山、杏林、新民、新圩4个示范文化站建设。并完成10个农村村级和社区文化活

动示范点的图书、设备补助。

六、加强对外对台文化交流

2001年，市歌仔戏剧团于5月2日至6月1日赴新加坡演出25场，小白鹭民间舞团7月赴俄罗斯演出2场均获得圆满成功。市金莲升高甲戏团分别赴金门、台湾地区进行文化交流演出。同安美术家应邀赴金门展出国画、油画和水彩画；同安吕堂戏校高甲戏剧团赴金门演出、同安吕厝华兴歌仔戏赴汶莱演出；小白鹭民间舞团首次直航金门进行交流演出，均获得圆满成功。

（厦门市文化局　雷荣通供稿）

广播电视事业

2001年厦门广播电视工作，坚持以宣传工作为中心，把握正确的舆论导向，在确保安全播出的基础上，积极稳妥地推进广电改革，广电事业健康有序发展。

一、宣传工作

（一）围绕市委、市政府的中心工作，扎扎实实做好宣传工作，为特区两个文明建设再创佳绩，营造良好的舆论氛围。厦门电台、电视台和有线电视台围绕市委、市政府确定的中心工作和重大活动，如“两会”召开、厦门大学建校80周年庆典、“台交会”、“严打”和“整顿秩序、规范市场”等组织战役性报道，以不同的声屏表现形式，全力以赴，浓墨重彩，圆满地完成了报道任务，保持了较好的收听（视）效果，产生了良好的社会效应。在厦门市“两会”召开期间，广播电视以“振奋精神、团结奋进、加快发展”为主题，以“新世纪、新厦门、新发展”为主线，以“如何再塑厦门新形象”、“如何引进高精尖人才”、“如何进一步吸引外资”等为话题，进行了深入浅出的报道。

（二）按照中央、省、市党委部门的部署和要求，认真搞好中国共产党建党80周年的宣传。江泽民同志“七一”重要讲话发表之后，厦门市广播电视局属各宣传单位按照市委宣传部的部署，着重报道各级领导班子带头学好用好“讲话”精神的情况，同时还将“讲话”精神宣传与贯彻落实市第九次党代会精神宣传结合起来。电台在《新闻六十分》节目向听众介绍了“七一讲话”的核心内容和重要意义，还与嘉宾、听众就如何建设“教育之城、科技之城、艺术之城”展开讨论。厦门电视台从2001年10月15日起，播出21集系列报道《实践“三个代表”加强作风建设》，反映厦门市各职能部门如何以实际行动贯彻落实“三个代表”的要求。厦门广播电视节目集中展示党的光辉历程，热情讴歌建党80年来的丰功伟绩，唱响了爱党、爱国、爱社会主义的主旋律。

（三）加大对台对外宣传力度，不断扩大厦门特区对外影响。厦门人民广播电台采取多种形式加强对台对外宣传的力度，《海峡时空》从每天1小时增加到2小时，每周还增加了三天的闽南话节目，与全国8家对台广播电台联合举办大型系列广播《台湾同胞看大陆》和《一国两制大家谈》节目，对台对外部还及时向中央人民广播电台港澳中心《闽南风》节目、中国国际广播电台华语台闽南语节目和新加坡丽的呼声广播电台《飞越时空地球村》节目提供数十档节目，每档30分钟。厦门电视台把做好对台宣传作为促进事业发展的重要方向，在两台合并方案中，专门设置了海峡频道。该频道的基本定位就是发挥厦门在对台宣传中独特优势，多方位、多角度地进行海峡两岸的节目制作交流。

每年中国投资贸易洽谈会是广播电视对外宣传的重头戏。2001年广播电视系统对“投洽会”宣传报道呈现出四大特点：①节目信息量大，内容丰富，报道有声有色；②对台对外宣传有了新的进展，扩大了“投洽会”的影响。厦门电台对台对外部播出《英语新闻》45条，厦门电视台《英语新闻》、《每日经济》首次采用自采自编形式制作节目，扩大了英语新闻的信息量，增强了英语新闻的可看性。电视台首次与香港凤凰卫视中文台联合录制了5档共156分的《中国省部长经贸论坛》系列节目，2001年9月9日起向香港美亚卫视频道《海峡之声·厦门纵横游》栏目发送闽南语电视节目，并通过该频道在香港、台湾和东南亚落地；③多形式、多角度，充分发挥各自的优势，较好地做到新闻资源共享；④发挥广播电视快捷报道的独特优势，采用记者现场口头播报和“记者热线”的形式，将二十多项重要的签约项目、开工典礼、论坛等信息快速传递给听众。

（四）精心组织纪念厦门经济特区建设二十周年庆典的宣传。在庆祝厦门经济特区二十周年庆典期间，厦门电台开播《庆祝厦门特区建设二十周年大型直播》板块节目；厦门电视台进行建台以来时间最长、连续10小时庆祝厦门经济特区建设二十周年大型直播节目，精心制作每集5分钟共20集题为《见证20年》的纪录片。厦门广播电视报社记者以独特的视角，以“风景这边独好—厦门公交候车廊的变迁”和“愿乘长风路路通——五通村改革新貌掠影”为题，精心拍摄刊登了两组照片，反映厦门特区改革和建设20年的成就。

（五）加强节目改革，提高节目质量。根据国家广电总局要求，2001年5月18日，市委、市政府召开专题会议，研究并批准了厦门电视台、厦门有线电视台合并方案。6月27日广电总局批复，同意厦门“两台合并”方案。合并后的厦门电视台开设新闻综合、海峡、生活、影视等4个频道。2001年厦门广播电视创优意识不断增强，在全国和全省政府奖评比中，获得较好的成绩。厦门电台对台对外部与兄弟台合作的《百姓论坛》获中国广播电视新闻奖广播新闻类一等奖；厦门电台的《评论：和平统一是两岸同胞历史性的抉择》获中国广播电视新闻奖广播新闻类三等奖；厦门电视台栏目《海峡了望》获中国广播电视新闻奖电视社教类三等奖；厦门电台的节目《有话好好说》获中国播音与主持节目奖广播主持类一等奖。全年共获省以上广播电视政府奖达33个。

二、事业建设

（一）完善技术维护管理基本规范工作，确保广播电视的安全播出。根据总局技术维护管理基本规范和厦门的实际，制定和完善技术维护管理基本规范。厦门广播电台全年播出20 946小时、两套有线电视全年播出10 817小时、传输中心转播节目237 695小时，全年台内百小时停播率0秒。厦门电视台全年播出10 975小时、三个发射台全年共播出34 748小时，全年台内百小时停播率均在5.45秒以内，大大优于发射机百小时停播率15秒和播控机房百小时停播率5秒的指标。全系统发射和传输设备甲级率达到90%以上。

（二）加大事业建设和技改力度，加快数字化、网络化、固态化的步伐。2001年厦门广播电视系统（不含网络升级改造）投入专项资金2 380万元，加快了广播电视播出、制作的数字化、网络化、固态化的步伐。主要项目：①增加1部10kw进口彩色电视发射机、2部10kw进口中波发射机、3部进口调频发射机、4部3kw和10kw国产中波发射机，全系统发射台固态化达80%以上（包括备机）；②厦门电台、电视台购置了一批数字设备，如多轨非线性编辑系统、音频监测系统以及数字摄像机、字幕机、录像机，为厦门广电数字化、网络化打下坚实基础。厦门广播电台还进行了同步调频广播的实验工作；③厦门电视台建成了台内千兆以太网，实现台内办公和节目制作自动化和数字化。厦门电台经过几年来的发展，实现了数字自动化播出和自动化多路监控录音系统，大大提高了电台、电视台的节目制作和播出的质量，降低了台内停播率；④完成厦门广电中心大楼计算机局域网与全系统各单位的计算机联网工作，基本实现全系统各单位办公和节目制作自动化。

（三）按计划完成网改工作。厦门广电信息网改造升级工作于2001年3月份正式开始，已基本上完成了2001年工作目标。厦门广电信息网由4个中心站、14个分站组成。已完成岛内9个中心站和分站进出管道改造，建设光缆1 650芯公里，完成了自愈环路由的建设；完成9个中心站和分站的机房建设；完成岛内有线电视城域网出口（湖里机站——东南网通机房）工程建设；覆盖全市的广电信息网干网已经基本形成。完成出岛备份光缆675芯公里；全年共实现投资约5000万元。

（四）努力提高农村有线电视覆盖。2001年厦门市委、市政府将解决同安农民收看有线电视难问题列为民办实事项目，该项目也同时被市人大教科文委列为议案。市广电部门会同同安广电部门制定了详细的《同安区有线电视建设方案》，对建设目标、施工线路、工程概算、实施步骤等都明确了具体要求，同正在建设的厦门有线电视信息网相衔接。截至2001年底，整个工程已基本完成，共架设光缆260杆公里，通达100个行政村，同安区通有线电视光缆的行政村由74个增加到174个，覆盖率由34.3%提高到80.2%。

（厦门市广播电视局　黄民强供稿）

新闻出版

报纸　6种，平均期印数48.66万份，总印数15 217.8万份，用纸量40.18万令。与上年相比，种数增加1种，平均期印数增加6.11万份，总印数增加2 283.3万份，用纸量增加10.91万令。

期刊　4种，平均期印数4.78万册，总印数

42.5万册，用纸量0.21万令。与上年相比，种数持平，平均期印数增加1.16万册，总印数增加10.9万册，用纸量增加0.09万令。

音像制品　1家音像出版社，共出版音像制品95种，201.85万盒（张）（其中新出33种，36.45万盒张；录音制品6种，5.1万盒；CD 8种，14.7万张；DVD 1种，1.2万张；CVD 1种，3万张）。与上年相比，减少1种，增加55.81万盒（张）（其中新出减少14种，减少34.72万盒张）。

图书发行　厦门市新华书店共有发行网点8处，图书发行769万册，总码洋6 543万元；厦门对外图书交流中心共有发行网点2处，图书发行134.9万册，总码洋2 712万元；集体二级批发书店4家，集个体零售书店380家。

印刷　737家印刷企业，其中出版物印刷省级定点企业1家，出版物印刷非定点企业18家，出版物印刷专项企业9家，包装装潢印刷品印刷企业375家，其他印刷品印刷企业47家，打字复印企业287家。

（厦门市人民政府新闻出版办公室　供稿）

卫 生 体 育

卫生事业

一、突出“中国特色、时代特征、厦门特点”，稳步推进“三项改革”

（一）医疗保险制度改革保持领先水平。自1997年7月厦门市城镇职工基本医疗保险制度改革正式实施以来，已进入第五个年度。全市基本形成了适应市场经济体制要求，以基本医疗保险为基础，涵盖城镇职工基本医疗保险、离休人员医疗费统筹、外来从业人员基本医疗保险、补充医疗保险、商业医疗保险和社会医疗救助等多种制度、多种层次的新型城镇职工医疗保障体系。全市参保单位7 954个，参保总人数突破39万人，覆盖面达84%，医保基金到资率达98%，医保基金收支平衡，略有结余，运行平稳。已开通定点医疗机构68家，其中具有社区服务性质的48家。较好地实现了保障职工基本医疗、遏制医疗费用增长过快的势头和促进医疗服务质量提高的目标。

（二）药品集中招标采购工作成效明显。自1999年9月开展药品集中招标采购以来，已完成招标15批，并进行二轮一次性医用材料的招标。共有5 337个不同剂型和规格的中西药品参与竞标，中标614种、1 740个剂型，中标药品平均降价幅度为25%，最高降价幅度达92.6%，可让利九千多万元，采购的医用卫生耗材平均降幅达20%，有效地降低了群众的医疗费支出。厦门市药品和卫生材料的集中招标已进入第二轮操作，采购的范围和品种及覆盖面都有所扩大。医疗机构采购中标药品金额，综合性医院占采购药品总金额的60%，专科医院占40%。药品集中招标采购后，三级医院每门诊人次药费平均下降7.39元，住院人均日药费下降12.46元；二级医院每门诊人次药费平均下降7.71元，住院人均日药费下降12.10元；一级医院每门诊人次药费平均下降13元，住院人均日药费下降12.67元。

（三）医疗卫生体制改革步入实质推进阶段。卫生系统实行了领导岗位公开竞聘，直接向社会公开招考的部分市属医疗单位8个领导干部已经全部到位到职。中山医院、中医院、第一医院、杏林医院、开元区医院、眼科中心等单位进行了中层领导岗位的竞争上岗；开展了分配制度改革试点；建立了后勤服务中心等。医药分开核算、收支两条线管理取得明显成效，2001年全市医疗机构药品收入占全年收入的比重已下降到43.3%。全市普遍实行了病人选医院、选医生和各大医院医疗费用清单制。改进和加强了医疗机构服务质量监督，强化了医疗机构内部财务检查以及监督管理的措施。进一步完善了医疗机构补偿机制，改善了医疗服务收费结构，调整了2 936项医疗收费项目及标准，并于2001年11月1日起执行，调整后医疗收费结构更趋合理。

二、进一步加强农村卫生工作，大力开展农村卫生政策调研，积极探索农村卫生改革新途径

（一）努力完成市委市政府为民办实事项目。农村合作医疗连续三年被列为政府为民办实事项目，为确保2001年为民办实事项目顺利完成，在市政府领导下，各区政府加大了领导力度，要求各镇、各村把合作医疗作为“民心德政”工程切实落实。研究出台《进一步发展完善农村合作医疗工作意见》及《农村合作医疗村民实行双优惠暂行规定》等指导性政策文件。同时，市政府决定市财政对农村合作医疗的后续补助经费由每人1元提高到3元，共筹集合作医疗资金843万元。全市农村参保人数37.36万人，全市实行合作医疗的村达85.9%，人口覆盖率为54.9%。完成市政府为民办实事要求参保人数达30%的目标。

（二）抓好农村卫生“三项建设”。清理整顿及规范一村一所，抓场所、人员、设备、操作常规及各项规章制度的落实。政府加大对农村卫生建设的投入，重点建设甲级卫生所。改水改厕采取国家、集体、个人“三个一点”的办法筹措资金，市财政调剂了 120 万元农村改水改厕专项经费，保证了“两改”工作顺利进行。全市农村饮用自来水人口 53.67 万人，农村自来水普及率达 72.9%，改厕累计受益 13.62 万户，占农村总户数的 73.2%。全市各乡镇卫生院已经全部得到改建、扩建和新建。

（三）加强农村中医药工作。同安区创建全省农村中医工作先进县初见成效，同安区中医院建设有了新进展，成为业务指标最好的县级中医院之一。2001 年 8 月，同安区通过了省卫生厅组织的农村中医工作先进县的中期评估。同时，各卫生院、村卫生所中医药工作有了进一步发展。

三、齐心协力，努力完成卫生工作各项任务，加快卫生事业改革和发展步伐

（一）预防保健工作成绩显著。加强重点传染病预防与控制工作。2001 年全市共报告甲、乙类传染病 4 408 例，总发病率 249.66/10 万（含外来人口），无死亡病例，没有发生霍乱病例。进一步加强性病、艾滋病的监测。做好艾滋病项目管理工作。继续抓好计划免疫工作。全市儿童基础免疫接种率卡介苗为 99.1%，脊髓灰质炎糖丸和百白破疫苗为 97.6%，麻疹疫苗为 97.4%，乙肝疫苗为 98.19%。全年未发现脊髓灰质炎、白喉、流脑、乙脑确诊病例，全年麻疹报告 9 例，发病率为0.69/10万。计划免疫相应传染病发病率均控制在国家规定的标准内。加强结核病的防治和控制。坚持对麻风病人的随访和治疗，做好麻风病的巩固净化工作。

开展地方病、寄生虫病和慢性非传染疾病的防治。进一步加强全市的鼠疫监测工作，增设了 3 个鼠疫监测点，广泛宣传和落实鼠疫“三报”，及时掌握疫情动态。继续在岛外三个区开展碘缺乏病的宣传，抓好碘盐配给制的落实，巩固厦门市消除碘缺乏病的成果。抓好同安地氟病区的改水工作，全市已达到基本控制地氟病目标。经过省卫生厅专家组的考核验收，确认厦门市已消灭了丝虫病。继续开展慢性非传染病的调查摸底工作，建立了厦门市居民慢性病数据库。

妇幼保健工作坚持落实“一法两纲”。采取多种形式积极宣传《母婴保健法》，提高妇幼保健人员的法制观念，提高广大群众依法保健的意识，坚决打击、取缔非法从事母婴保健专项技术服务的单位和个人，保证母婴健康和生命安全。发挥市围产保健协作组和儿童保健协作组的作用，积极参与基层高危孕妇和高危儿的抢救，有效地提高了保健的质量。

（二）进一步加强医疗质量控制和管理，确保医疗安全。坚持以医疗质量为本，以病人为中心，加强医德医风教育，不断完善服务环境，以规范和提高服务水平和服务质量为出发点，着重抓好首诊负责制等 18 项制度的落实。规范医疗操作规程，继续推行内、外科等 19 项医疗操作规程，使各单位在一个统一的规程下进行操作，减少因不同的操作方法导致的医疗纠纷。贯彻落实卫生部新的《医院感染管理规范（试行）》，组织医院感染管理知识培训，各级各类医疗机构的医护人员共 230 人接受了培训。继续加强对各级各类医疗机构一次性使用注射（输液、血）器的规范管理。进一步深化护理改革，组织召开“厦门市整体护理工作研讨会”，总结交流整体护理实施经验，推动整体护理工作向更深层次发展。加强血液管理，积极宣传合理用血，合理应用成份血；建立了同安采供血点，得到当地政府及市民的大力支持和赞扬。全市无偿献血 2.70 万人次，保证了临床用血需要。

各医疗单位领导重视医疗急救工作，改善急救部门硬件建设，开展急救绿色通道，增强应急抢救能力，提高抢救成功率。厦门市医疗急救中心实现对社会承诺内容，反应迅速，行动快捷，从接到调度电话到出车平均时间为 1.4 分钟，赢得抢救时间，为病人挽回生命。狠抓业务建设，建立海陆空立体救护网络。建立预备役部队卫生队，参与军事演习和组织军事训练；完善市、区、镇三级急救网络，加强“110”民兵救护应急分队建设。

（三）社区卫生服务有了新的发展。厦门市社区卫生服务建设起步早、起点高、标准严，在试点的基础上，又有新的发展，进行了多种模式的探索，诸如鼓浪屿区的社区卫生服务“六位一体”，全方位进入社区的探索。开元区根据区域功能，采取异地搬迁和改造，划归街道管理等措施，合理配置社区卫生服务中心。思明区根据老城区改造，人口减少的现实以及社区卫生服务功能的要求，将三个相邻且规模较小的街道卫生院整合为一个社区卫生服务中心，增强了实力。湖里区试行了吸纳私营卫生机构加盟社区卫生服务工作的探索等，全市各区普遍建立了社区卫生服务中心（站）。

全面开展社区卫生服务工作，全市辖区 60 岁以上老人调查率达 98.8%、体检率达 54%、健康建档率达 50.8%，建立家庭病床 154 床。开展健康教育 696

场,参加人数2.03万人次。对6种常规慢性非传染性疾病(冠心病、糖尿病、高血压、脑卒中后遗症、恶性肿瘤、精神病)1.13万人次进行跟踪管理。

(四)医学教育和医学科研工作得到加强。研究确定厦门市医药卫生科技发展的重点和主要措施,狠抓重点专科建设,认真组织贯彻落实《厦门市医学重点学科建设实施方案》,形成重点学科优势,组建了厦门心脏中心和厦门市肿瘤中心等专科。2001年获市科技进步二等奖3项,三等奖7项。进一步明确了厦门卫生学校升格迁建厦门医学职业技术学院的发展目标,积极争取与福建医大和福建中医学院联合办学,并已成立筹建处领导班子,具体负责各项筹建工作。加强学术交流,办好全国性学术交流会议12场,听讲人员1 200人次。组织全国性继续医学教育研讨班和专业班5个班,共参加人数1 500人。举办全科医师培训班,对基层从事社区卫生服务的医务人员238人组织培训。

(五)中医药事业得到较好发展。中医机构改革有了实质性进展。市中医院与同安区中医院、市第一门诊部组建了中医医疗联合体;市湖里医院向中西医结合医院模式转化工作初见成效。中医专科建设有了较大突破。2001年,省卫生厅正式确认市中医院肝病专科为福建省重点中医专科;市中医院肝科、慢性胃炎专病申报国家中医药管理局全国重点中医专科建设基地,已通过专家组审评,标志着厦门市中医专科(专病)建设上了新台阶;肛肠专科、慢性胃炎、糖尿病专科成为省中医重点专科第二批建设基地;中医药培训交流工作有了进一步发展。

(六)红十字会工作成绩显著。积极开展万人献爱心活动,全年共募集红十字救急基金662万元。为新疆、内蒙古雪灾地区捐献御寒衣被6万件,为两地提供35万元的紧急救助。市和各区红十字会努力加大红会救助力度,共为罹患癌症、白血病、尿毒症等急危重病和意外伤害者250人提供救急援助,用款94万元,进一步发挥了红十字会作为政府人道主义助手的作用。

(七)积极开展爱国卫生运动。开展了以“整治环境、除害防病”为主题的爱国卫生月活动。动员了机关、企事业单位、部队等各类人员清理卫生死角六百多处,清除积水二千多处,疏通下水道一百五十多条。制定了《厦门市2001年度夏秋冬季城乡防病灭鼠工作方案》并由市政府向各区及市有关职能部门转发。全年共投放鼠药249.4吨,捕鼠18.32万只。

(厦门市卫生局　郑林雄供稿)

体育事业

一、市运会圆满成功

厦门市第十六届运动会于2001年6月至10月举行,本届运动会坚持“全面检阅全民健身成果和竞技运动水平”为主题,围绕贯彻落实《全民健身计划纲要》和《奥运争光计划》而展开。市运会(含开幕式大型团体操表演)共有一万余人参加,23支代表团来自全市各条战线,设备13个运动项目。市运会获得圆满成功。

二、竞技体育取得较好成绩

2001年,在第十二届世界航海模型锦标赛上,厦门市航海名将林沁获得第二名;在全国航海模型锦标赛上,曾国升摘得一枚金牌,并获得参加世界锦标赛的资格。9月,厦门市运动员陈和池获得在韩国举行的第十届OP帆船锦标赛第一名。市体校学生张璐代表中国队参加亚洲青年田径锦标赛获得100米栏第四名、4×100米接力第二名的好成绩。5月在厦门市举行的“2001年亚洲卫星巡回赛(中国站)暨全国羽毛球冠军赛”中,厦门市17岁运动员郭振东取得男子单打第二名的好成绩。

在第九届全国运动会上,厦门市有37位运动员代表福建省参赛,有21人进入前八名,是历届全运会厦门市参赛人数最多、成绩最好的一届。其中,田径运动员尤汉山夺得男子400米铜牌;市体校学生谢剑辉获得体操吊环第三名。在全国U-19青年足球冠军赛中,厦门足球俱乐部青年足球队获得冠军,实现福建省青年足球史上零的突破。

2001年,厦门市分别承办了田径、乒乓球、OP级帆船和射箭四项福建省级比赛和青少年比赛。厦门市水上运动项目成绩较为突出,OP级帆船帆板项目包揽了所有金牌。

市体校选派了24支队伍参加10次全国比赛、14次省赛。在全国比赛中,共获得28枚金牌、22枚银牌、19枚铜牌;在省级赛事中,获得185枚金牌、95枚银牌、7枚铜牌。市体校向省体工队输送4名运动员、向解放军输送2名运动员、向省体校输送10名运动员,有37名学生被高校录取。

作为全市重点运动项目的羽毛球队,不仅培养出世界冠军吉新鹏等一批具有国家级以上水准的运动员,且运动员梯形队伍建设已初具规模。2001年8月,厦门市羽毛球队被国家人事部、体育总局授予全国体育系统先进集体的荣誉称号。

2001年，全国足球甲B联赛，厦门足球队在比赛中不尽人意，最终以10胜6平6负的成绩列甲B联赛的第六位，冲A未果。

三、全民健身工作走向新阶段

2001年是国务院颁布《全国健身计划纲要》二期工程启动之年，厦门市群众体育蓬勃开展。其主要特点是：以贯彻《纲要》、支持北京申奥为主题的群众性体育活动多，以市运会为中心内容的竞技比赛多，充分展示了全民健身运动风采和群众性体育活动的运动水平。

全市组队参加了国内外大赛14次。其中国际比赛4次29人次；全国比赛8次86人次；全省比赛2次151人次。共获得特等奖1个、第一名23人次、第二名12人次、第三名8人次、第四至第六名5人次。残疾人运动员叶超群勇于拼搏，在台湾举行的远南运动会上，夺得TT7级乒乓球金牌。在首届世界太极拳健康大会上，厦门市选手获特等奖1个、一等奖5个的好成绩。体育舞蹈有三对选手首次进入全国职业组12强。

在组织基层开展群众性体育活动方面，坚持以社区、乡镇为基础，突出广泛性和参与性；以市运会为中心，突出竞技性和规范性；以政府举办有影响的大型体育健身活动为主线，突出主导性和示范性的工作思路，有力地促进了基层体育的蓬勃开展。有70%的社区、乡镇都根据本地实际情况举办了形式多样、内容丰富的社区运动会。在结合开展福建省“五个百万”和第五届全民健身节活动的同时，积极开展青少年、老年人、职工、妇女、农民体育。尤其是市老体协健身活动不断，有声有色，老年人体育人口已占全市老年人的70%。据不完全统计，全年市老年人共组织各种活动和竞赛78次，参与人数达15.8万人次。

全市共有厦港街道、市体校、市航海运动俱乐部、市直机关、杏林镇、厦门二中和市老体协秘书长吴秀峰、市举重教练陈强、市港务集团工会主席罗建中、市农民体协秘书长余春水、开元区体校校长林文清，共6个单位5人被评为全国群众体育先进单位和个人。在第九届全国运动会期间，厦港街道办事处主任汪荣南作为先进代表，专赴广州，受到了江泽民主席等中央领导人的接见。

为提高群众体育队伍素质，全市选派了6名同志去广州体院参加国家级社会体育指导员培训，有3名同志评为国家级健美操辅导员。开元区、湖里区也举办了三期社会体育指导员培训班，培养指导员106名。全市全年共举办武术、太极拳、体育舞蹈、健美操、游泳教练员各种培训班26期，成立了体育舞蹈培训中心，受训人数近万人，为基层培养和输送了大批的体育人才和骨干。

四、体育设施建设步伐加快

2001年厦门市体育设施建设以市政府为民办实事的重点工程——嘉庚体育馆项目为重点而展开。该馆系市政府2001年四个一批工程，当年已完成工程初步设计、审批、概算等前期准备工作。

在市体育中心大院内，篮、排球馆改造项目已于年底前完成，其建筑面积3 856.75平方米，总投资800万元，共1 500个座位。改造后的篮、排球馆，功能、档次都得到提高，既可作为小型体育馆满足单项运动项目的比赛，又能满足各类项目室内训练的需要，更为广大市民提供了一个更加完善的健身场所。

位于市体育中心的华益保龄球馆三楼新建了“五菱”羽毛球馆，该馆拥有24片羽毛球木质弹性场地，全部面向社会开放。另外，在市体育中心大院内，新建了举重训练馆、健身健美训练馆和体育舞蹈训练馆。健身路径，更直接面对大众服务，为不同年龄层次的运动爱好者提供了活动场所。

五、积极开展对外体育交流

全市共有17批83人次的运动队或访问团分别出访了泰国、新加坡、马来西亚、英国、日本、韩国、香港、台湾、美国、加拿大、澳大利亚、保加利亚、墨西哥等13个国家和地区。共接待了4批、105人次的境外体育代表团访问厦门。

（厦门市体育局　余万影供稿）

人事监察

人事工作

2001年厦门市人事工作以调整、优化、改善人才结构作为首要战略任务，进一步落实公务员管理各项制度，积极推进事业单位人事制度改革，努力引进和培养厦门市急需的人才，积极为企业和用人单位服务，较好地完成了既定的工作目标和任务。

一、适应构筑人才高地的需要，研究调整和改善引进人才政策

（一）全面改革毕业生就业机制，为引进高层次毕业生人才创建“绿色通道”

对普通高等院校本科以上（含本科）毕业生，只要落实接收单位，一律放开接收，取消生源地、专业和审批时限的限制；对毕业研究生、双学位毕业生和教育部直属高校优秀本科毕业生，暂无接收单位的，允许先落户后找单位；对毕业研究生允许先接收后补办手续，不失时机争夺人才。在审批接收手续上，实行“一站式”服务：由用人单位直接报批，材料齐全且条件符合的，当场办结。在毕业生就业后的管理上，取消了毕业生见习期制度：从2001年开始，对到企业就业的，不再实行见习期，不再办理转正定级，毕业生与企业的劳动关系直接依据劳动法规调整；毕业生就业后的调整按在职人员有关规定办理。

（二）积极做好吸引海外人才来厦创业的立法工作

为进一步营造良好的政策环境，为海外人才来厦创业、工作提供法律保障，根据市政府的立法计划和市人大常委会主任会议的决定，会同有关部门起草了《厦门经济特区鼓励留学人员来厦创业工作条例（草案）》。

（三）认真研究调整和完善引进人才政策

为进一步提高厦门对人才的吸引力，对历年来及现行引进人才的有关政策进行了清理，起草了《关于提高厦门市高层次优秀人才生活待遇的若干规定》。就放宽专业技术人员家属“农转非”问题与公安部门协调，纳入《厦门市人口机械增长暂行规定》通盘考虑。

二、认真配合审批制度改革，缩短办事时限，提高办事效率，大力引进各类人才

（一）对社会公开承诺，缩短办事时限

企业调进、引进本科以上学历或中级职称以上人员，审批时限由20个工作日改为5个工作日；大专以下学历或初级职称以下人员调动，由20个工作日改为10个工作日。全年共从外地引进、调入各类专业技术人才和管理人才1 429名，其中高级职称181名、中级职称465名、初级452名。办理行政机关干部调配524名。

（二）降低门槛，简化毕业生接收审批程序

对本科及本科以上应届毕业生就业审批由5个工作日改为3个工作日。由于降低了门槛、简化了程序、缩短了时限，并对本科以上应届毕业生尽可能做到了随到随批，全年共接收非师范类大中专毕业生和毕业研究生9 040人，比上年增加1 274人，增长16.4%。其中：毕业研究生221人（含博士38人）占3.4%，本科生4 158人占64.4%，大专生1 142人占17.7%，中专生935人占6.3%。从生源布局看，外地生源5 072人占78.6%，比上年增加776人，增长18.1%。接收的外地生源中91.6%为大专以上学历。从专业看，主要集中在电子、机械、计算机、通信、会计、市场营销和金融等。

（三）认真做好重点人才的确认工作，努力引进海外留学人才

全年共审核确认重点人才40名，并为他们办理了“厦门市引进人才优惠证”，实现“重点人才，重点倾斜”的目标，增强厦门对人才的凝聚力和吸引

力。同时，申请留学回国人员科研经费资助，获国家人事部资助6万元。根据《厦门市引进留学人员若干规定》，积极引进留学人才来厦创业、工作，全年共引进留学人员57名，其中来厦工作的15名(博士2名、硕士9名、学士4名)、创业的42名。办理留学人员身份认定121名，为95位办理了"厦门市留学人员工作证"。

（四）做好流动人才的重新录用工作，有效引进部分急需、紧缺专业的技术人才

办理重新录用（含重新就业）398人，其中从外地录用、引进的96人中具有高级职称或博士学位的14人，硕士7人，中级职称或本科50人。

三、加强人才市场建设，做好配套服务工作

（一）开拓发展人事代理，多种形式办好人才交流，积极建设网上人才市场

1. 适应"柔性流动"的新形势，开拓"聘用外地人才人事代理"，解决企业聘用外地人才难以理顺劳动关系问题；适应跨国公司急需人才但需总部统一计划的用人需求，开展"人才派遣"业务；按照国家人事部对人才概念的界定，打破干部、工人界限，拓宽服务范围和对象。至2001年底，人事代理单位已达5 085家，人事代理人员2.98万人。同时，加强档案管理硬件建设，人事档案管理已逐步走向制度化、规范化。全市已管理的流动人员档案达三万多卷。

2. 人才交流会由每周一次改为每周两次，缩短了交流会周期，提供了更多的交流机会。全年共举办常规人才交流会81期，平均每期参会单位170家，用人单位参加招聘1.38万次，比上年增长30%，共提供各类职位5.6万个（次），专业人员参加交流30万人次。举办专场交流会，提高成效。①2001年4月份举办了电子、计算机、机械类专业的专场交流会，为人才市场向专业化方向发展迈出了探索性的一步。②配合第五届中国投资贸易洽谈会，举办的"9·8之星人才招聘专场"，共有326家单位参加，1.5万人次的应聘人员参会；③配合国家人事部全国人才流动中心、省人事厅、中国海峡人才市场于9月12日在厦门人民会堂隆重举行了第五届投洽会人才交流会；④多次组织企业赴外地招聘人才，扩大引才渠道。

3. 充分发挥厦门人才网资源共享、优势互补的网络作用，积极发展集市型市场与网络型市场，两者相得益彰。深入研究同类网站先进做法，注重技术攻关、系统更新，不断提高网络效率，树立网络品牌意识，保持和提高了"厦门人才网"和"厦门市人才市场"的品牌影响，总访问量已突破400万次，跃升福建网站排行榜第三位。

（二）企业经营管理人才市场创办一年来初见成效

2001年6月10日，与中国海峡人才市场合作举办厦门市首届高级人才招聘会；全方位搜索人才，提高知名度。举办了首期董事长、总经理电脑实用技能特训班，拓展人才资源开发业务。完善信息化网络建设，建立科学测评体系。至2001年底企业经营管理人才库已拥有三千四百多名中高级人才；职位库中有453个待聘岗位；重点企业库中有109家企业资料。接受过六十余家企事业单位招聘委托；接待企业和人才来访超过2 000人次；同企业正式签订"委托招聘协议书"15份；向企业推荐各类人才1 200人次，有100余名经营管理人才走上管理岗位；接待153人次的人才测评工作。

（三）做好人才中介服务机构的审批，加强人才市场的检查监督

批准中国海峡人才市场厦门办事处在厦从事人才中介服务；适应卫生体制与卫生事业单位人事制度改革的需要，批准成立卫生人才服务中心，激活卫生人才流动；切实维护流动人员人事档案的真实性和严肃性，保证人才流动与人才市场健康发展。

（四）搞好人事争议仲裁

加强法律、人事政策法规知识的宣传教育，并在日常工作中重视为单位和个人提供法律法规政策咨询，提出解决问题的建议，预防和减少人事争议。同时着重提高人事争议案件的"和解率"。全年共处理人事争议案件12起，均通过调解解决，有效地维护了单位和个人的合法权益。

（五）认真做好符合享受本省和国务院政府特殊津贴人员的组织上报工作

根据省委《关于引进高层次人才和青年专业人才的若干规定》文件精神，2001年上半年新增17人享受该津贴，全年共发放津贴17.45万元。根据国家人事部《关于开展2001年度享受政府特殊津贴人员选拔工作的通知》精神，在各单位推荐的基础上，经专家评审和市选拔领导小组研究决定推荐6位同志上报国家人事部审批，并首次在《厦门日报》上公示。

（六）努力推进企业博士后工作

与市科技、财政部门共同下发了《厦门市企业博士后工作若干意见》，为规范企业博士后工作站管理工作提供了政策依据，促进企业博士后科研工作取得实质进展。全市已有10位博士后进站从事科研

工作。2001 年向国家人事部申报了厦工、信达、北大生物园、金龙汽车 4 家企业设立博士后工作站，已批准 2 家，至 2001 年底，全市已有 5 个企业设立博士后工作站。

（七）认真做好专业技术职务的考试考务和评聘工作

印发了《关于厦门市事业单位实行专业技术职务岗位聘任和聘约管理的意见》，进一步完善专业技术职务聘任制，在全市事业单位全面推行评聘分开；加强并完善评审组织建设，新组建 14 个评委库。全年已评审并批准确认高级任职资格 539 人、中级 1 681人；办理省外调入及硕士、博士研究生确认中级任职资格 190 人，上报确认高级的 60 人；完成市属、各系列近二千五百名中高级职务的预审、评审工作；办理市直事业单位聘任各级专业技术职务 1 403人；为事业单位选拔优秀中青年晋升高级专业技术职务及引进高级人才等下达近一百个专项指标，为 32 个新建事业单位、116 个增编事业单位下达了聘任指标；与市建委职改办联合委托市建筑职专对部分长期在集体建筑企业从事技术工作、不具备规定学历、拟申报晋升工程技术初级职务的人员进行专业理论培训。顺利完成 1.87 万人各类专业技术资格考试的资格预审和 2.13 万人次参加的各种职称考试考务工作；继续做好厦门市自行组织的工程技术人员计算机应用能力水平上机考试；制发各种职称或资格证书 4 437 本。

（八）积极开展引进国外智力工作

全年共组织实施 185 项 525 人，国家立项 23 项 113 人，有一个项目被列为国家重点项目；得到国家外专局、协会项目及各种基金会等资助 229.71 万元人民币。

四、人员计划管理、人事宏观调控取得实效，事业单位人事制度改革稳步推进

出台了《厦门市事业单位聘用制暂行规定》，修订了《厦门市事业单位招收大中专院校毕业生若干规定》，进一步规范了事业单位招收大中专院校毕业生和毕业研究生的办法。2001 年上半年组织了行使行政职能、部分行使行政职能及委托组织考试的 20 家事业单位招聘考试。对教育、卫生系统及其它财政全额、差额拨款事业单位，采取审查招考方案、监督指导招聘考试的组织实施及考试结果聘用审核的办法。共审批 144 家事业单位招聘应届大中专毕业生 452 人，在职工作人员 48 名。出台了《厦门市机关事业单位补充工勤人员暂行办法》，为推动事业单位聘用制的实施提供了又一个配套措施。配合市教育、财政部门对市属中小学工资总额包干的基数进行测算和确定，并正式下文执行，使教育事业单位内部分配制度改革进入实质性实施阶段。

五、公务员管理各单项制度得到了进一步落实

根据全省统一部署，与市委组织部联合组织了缺编较多且急需补充工作人员的 26 个单位从大中专毕业生和在职人员中公开考录党群机关工作人员和国家公务员，计划录用 175 人，经严格审查符合报考条件的有 3 936 人。经严格的面试、体检、考核后共录用 96 人。做好 2001 年度 11 名到农村基层工作的高校毕业生的选拔工作；配合市外办做好外语翻译人员的招聘工作，有三百多人报名，最后录用 5 人；配合市公安部门选拔录用公安院校应届毕业生 25 人；配合厦门海关做好录用 125 名应届毕业生的审核工作等。

2001 年 6 月 4 日与市委组织部联合组织机关单位组织人事部门及其主管领导、其它业务骨干共 143 人参加的国家公务员面试考官培训，其中副厅级领导 7 人、副局级领导 15 人。参训人员通过严格的考核后将获得国家公务员三级面试考官资格；与市委组织部、市行政学院研究确定对 2000 年度考核基本称职（基本合格）、不称职（不合格）人员进行培训；与市计委信息中心合作对政府机关工作人员进行计算机应用技能和上网培训，有五千六百多人报名，正分批进行。

严格按关于在机构改革期间暂停提拔副科级以上干部的文件精神，做好基层上报人员的资格审查，重点做好职位轮换人员的任免工作，共承办全市政府机关副科至正处级任职审核 406 人，其中晋升职务 171 人，职位轮换 235 人。办理提请市人大、市政府任免职 84 人。

组织、协调 13 家单位报国家、省人事部门与各个系统联合表彰的先进集体 53 个，先进个人 133 人。参与 42 个单位 104 个职位的竞争上岗工作。对全市行政机关现有公务员队伍数据库进行更新、统计，为新一轮机构改革提供较准确的数据。

六、机关事业单位工资福利制度不断完善，退休和社保工作扎实开展

（一）完成有关人员正常晋升工资级别、档次和连续 3 年考核优秀提前晋升级别工资的审批兑现工作。全市机关事业单位（含参照事业工改的单位）共有正式职工 5.46 万人，其中机关 1.16 万人，事业 3.82 万人，参照事业工改 4 826 人。

（二）严格干部退休制度，保障“出口”畅通，坚持到龄当月办理退休手续。共办理干部退休907人，机关事业单位工人退休411人。

（三）认真履行社保经办机构对机关事业单位养老、失业、工伤保险基金的筹集、给付与管理工作，保证社保基金的安全与完整，促进机关事业单位社会保险事业的健康发展。

七、认真贯彻实施新的《军队转业干部安置暂行办法》，做好军转干部接收安置工作

全年完成上级分配给厦门市的294名军转干部的接收安置工作，其中计划分配251名，自主择业43名。将指令性计划、双向选择及公开、平等、竞争、择优三者有机结合，召开军转干部安置双向选调会，对进公安、工商、国税、司法、海关等6个热门单位实行公开考试，引入竞争机制。

（厦门市人事局　供稿）

机构改革

2001年，厦门市机构编制部门积极推进市级党政机构改革，指导区、镇（街）党政机构改革准备工作，进行事业单位机构改革和法人登记工作，加强机构编制管理和制度建设，取得一定成效。

一、认真做好党政机构改革前期准备工作

（一）建立健全机构改革工作机构。为了加强机构改革工作的组织领导，成立了机构改革领导小组，统一领导和组织全市机构改革工作。市编委办具体承担市机构改革领导小组办公室的日常工作，坚持实事求是的原则，研究制定市级党政机构改革《方案》，并报经省委、省政府批准，抓紧组织实施。

（二）组织人员深入开展职能调查。市机构改革工作小组及时组织力量对全市机关各部门的机构设置、人员编制、领导职数和现有人员情况进行调查摸底。摸清了党委政府各部门职能配置、机构设置和人员编制情况。同时，根据机构改革的要求，在认真分析了机关人员分流工作难点的基础上，形成书面报告，向上级机关提出要实事求是地精简人员编制比例的建议。

（三）配合有关部门推进审批制度改革，促进政府职能转变。在市级机构改革尚未全面推进的情况下，市编办配合市委、市政府有关部门把改革审批制度作为新一轮机构改革的切入点，在市政府各部门和市直各单位自查自清的基础上，运用多种形式，广泛征求各方意见，提出“减少环节，规范审批、强化监督、改善服务”的目标，坚持“取消、保留、规范、监管、监督”相统一的改革内容，对各部门原有的事项进行分类处理、严格审核，对涉及多部门的审批事项加强衔接，避免重复审批或管理失控，对每个审批项目的保留或取消都做到“有法可依”。全市清理了56个部门共1 243项审批事项，先后分三批公布取消审批项目322项，规范合并调整项目234项，拟保留项目612项，基本上达到了改革的预期目标。

（四）研究草拟市级机构改革的配套文件。分别草拟了《厦门市关于实施市级党政机构改革方案的通知》、《厦门市关于制定党政机构“三定”规定的通知》、《厦门市关于实施定编定岗的通知》、《市直机关部门管理机构合署办公机构以及挂牌机构有关问题通知》、《厦门市关于机关人员分流安排的实施办法》、《厦门市关于机关分流人员的学习和培训工作意见》、《厦门市关于机构变动部门和单位物资房产等资产处置的意见》、《厦门市关于机构改革中关于严肃纪律的实施意见》等十多个配套文件，为机构改革提供政策依据。

（五）组织人员对市辖区各镇进行调研。按照省对县乡的测算分类，对区和镇的情况进行分析研究，并组织力量深入5个镇开展调查研究，为制定《厦门市关于贯彻〈福建省乡镇工作纲要〉（试行）的实施办法》，提供了“关于积极进行镇机构改革，加强镇政权建设”的有关章节，也为下一步指导区镇机构改革提供依据。同时，继续抓好临时自聘人员的清理工作，为机构改革创造有利条件。

二、以党政机构改革为契机，促进事业单位的改革

（一）积极推进事业单位登记制度。2001年继续推进事业单位登记管理制度，严格把关、依法办事、规范登记。现已办理登记的事业单位662家，占符合法人登记条件的事业单位812家的81.5%。其中符合法人登记条件的市直事业单位为355家，已办理登记328家，占92.4%；区属事业单位为457家，已办理登记334家，占73.1%。

（二）分类推进事业单位改革。①整合农业事业机构。在调查研究的基础上，与市农业等部门配合提出《关于进一步加强镇级农业技术推广体系建设的意见》，并经市政府转发实施。文件下发后，及时

深入各镇了解实施情况，督促文件的贯彻实施。对已完成镇农业事业单位整合工作的杏林区、集美区还组织验收。并多次与农业部门协商、论证市属农业事业单位实行职能归并，重新组成技术服务、技术检测和执法监督等队伍，形成规模效益，为发展农村经济服务。②《关于科技机构改革工作意见》下发后，积极落实文件精神，对确定为公益科研机构的5家单位逐家调查了解，帮助做好科技定位，合理确定人员结构比例和编制岗位，并及时批复运作。同时帮助确定已具备条件的科研机构转为企业，参加企业登记。③经济鉴证事业单位的改革。根据国务院关于清理整顿经济鉴证类社会中介机构的规定，对已完成脱钩改制的十余家经济鉴证类机构办理收回编制197名，完善了事业单位的管理。④综合设置事业机构，提高服务水平。按照事业单位分类改革的原则，逐步推进事业单位的改革。⑤积极配合有关部门，推进卫生三项改革，参与修订《关于厦门市卫生资源优化配置的若干意见》方案，并下达《厦门市城镇职工基本医疗保险制度与城镇医药卫生体制改革实施意见》等七个实施卫生改革的配套文件。

（三）加强对事业单位的宏观管理，优化调整事业单位资源和结构。按照中央要求的“撤一建一”和“只减不增”的原则，实行对事业单位总量控制。2001年除教育、公益事业外，严格控制批设由财政核拨经费的事业单位，全年直属非医院、学校类事业机构审批新增人员编制合计203名，其中全额73名，差额45名，自收自支19名，企业化管理66名，使财政补贴的事业机构编制逐步减少。

三、贯彻三部办《通知》，加强机构编制管理

（一）坚持执行已建立的工作制度。经市委、市政府同意，由中共厦门市委办公厅、厦门市人民政府办公厅下发的《关于贯彻〈中共中央办公厅、国务院办公厅关于加强管理防止机构编制再度膨胀的通知〉的通知》以及市机构编制委员会、市纪律检查委员会、市委组织部、市监察局、市人事局联合下发的《关于严肃编制纪律、禁止编外配人的通知》精神，使用“表、单、证”的配套管理办法，即全面试行《厦门市机关、事业单位使用编制呈报表》、《厦门市机关、事业单位准许用编通知单》、《厦门市机关、事业单位机构编制管理证》的管理制度，加强对机关、事业单位机构及人员编制的控制和统一监督管理。从2000年1月起严格执行与财政、人事部门对全市机关实施统一工资发放规定，从工资上有效地控制增编、增人，使全年人员进出基本持平。

（二）采取措施，严格机构编制管理。根据《中共厦门市委、厦门市人民政府关于冻结机关、事业单位机构编制的通知》精神，严格控制机构编制增长，使随意增加人员编制和领导职数的现象得到有效控制。配合市政府办公厅清理了议事协调机构97个，已撤销64个，更好地发挥了职能部门的作用。

（三）严格按审批程序，坚持“一支笔”审批制度。严格执行《厦门市机构编制委员会关于建立健全约束机制，强化机构编制管理的通知》精神，坚持经费、计划、增人要服从编制，配员服从结构。严格把好用编关，发挥编制的“龙头”作用，确立机构编制在行政管理中处于“设计师”的地位。

（四）认真做好教育系统核编工作。为落实福建省教委、省财政厅、省委编办、省人事厅《关于进一步加强中小学教师队伍管理的通知》精神，进一步强化中小学校的逐校核编工作。每年的5～6月份，由各级教育行政主管部门根据现有管理权限，以校为单位，按班级数计算，提出各校应核数，报同级编委会核准后，汇同同级财政部门，将核准的编制数用文件核给各校，乡镇的小学具体核定到乡镇中心学校。

（厦门市编办　供稿）

监察工作

2001年，厦门市各级监察机关认真履行职责，加大从源头上预防和治理腐败的力度，继续在推进政府机关廉政勤政建设中发挥重要作用。

一、不断深化对厦门特大走私案的反思，进一步加强从严治政工作

全市各级监察机关继续坚持把深入反思、深刻吸取特大走私案教训摆在重要位置，并注意把握监察对象的思想动态和社会舆论动向，有针对性地开展反思活动和警示教育。认真组织学习中央纪委、监察部《关于厦门特大走私案查处情况的通报》、中央电视台《焦点访谈》特别节目、新华社通稿、《人民日报》社论，深化反思。积极协助中央纪委、监察部等部门办好《查处厦门特大走私案展览》。据统计，在开展的两个月里，共接待各界观众20万人

次。各级各部门结合对《通报》的学习，组织机关干部 1 130 人次旁听特大走私案庭审。经过参观、反思和学习讨论，使广大党员干部更清醒地认识到走私和腐败的严重危害性，深刻领会打击走私惩治腐败的极端重要性。市政府还相继召开了廉政工作会议、全市落实党风廉政建设责任制和加强机关效能建设大会、全市纠风工作会议等。通过认真部署和扎实工作，推动了政府系统廉政勤政工作的深入开展。

二、按照从严治政的要求，扎实抓好反腐败三项工作的落实

（一）坚持教育与管理相结合，增强公务人员拒腐防变能力。各级政府部门和监察机关深刻反思特大走私案教训，加强廉政勤政教育和警示教育，开展了廉洁自律自查整改活动。2001 年，共有 404 人次上交各种礼金、有价证券，折合人民币 667.23 万元、股权证 6.1 万股，清退违规收取的款项 89.9 万元。对领导干部违规收受现金、有价证券和支付凭证情况、领导干部配偶、子女及其配偶从业情况、领导干部离职和退（离）休后个人从业情况、领导干部及其配偶、子女因私持有各种出国（境）证照情况进行了专项清理。建立完善了廉政档案制度、廉政谈话制度，及时帮助一些在思想作风、工作作风等方面存在问题苗头的机关干部查找问题、分析原因，并责令整改，将问题解决在萌芽状态。一年来，全市共对 102 名领导干部进行廉政谈话、诫勉谈话或责令检查，其中正处（副局）级以上领导干部 6 名、处级干部 51 名。

（二）加大惩治腐败工作力度，严肃查处一批有影响的大案要案。全市各级监察机关在继续协助中央专案工作组查办特大走私案的同时，加大了自办、督办案件力度。一方面，抓好重点线索的排查。加强“98100”投诉中心工作，完善信访举报七项工作制度，畅通信访举报渠道，发挥案源主渠道作用。对中央专案工作组转办交办的涉及行政机关党员干部的案件及案件线索进行全面认真的梳理和排查，集中查办。另一方面，建立了办案工作责任制。实行“领导挂帅、专人包案、分级负责、一包到底”的办案制度，统一调派办案人员，提高了办案效率和办案质量。据统计，2001 年，全市各级监察机关共新立涉及监察对象案件 117 件 123 人，比上年分别增长 36.1%和 33.7%。其中，县（处）级以上领导干部要案 47 件 48 人，经济大案 86 件 89 人。新立案件中，已结案件 106 件 112 人，有 61 人受到了行政撤职以上重处分。在查办案件工作中，各级监察机关本着实事求是的原则，严格把握政策界限，注意甄别问题性质，先后为 99 名受到失实举报的党员干部澄清了是非。

（三）认真开展刹风整纪工作，着力解决群众反映强烈的热点难点问题。各级监察机关紧紧围绕政府的中心工作和改善特区投资软环境，配合政府重大决策和改革措施的实施，有针对性地开展纠风专项治理和执法监察。一是抓好纠正医药购销中的不正之风工作。清理规范药品市场、医疗市场，共检查医疗机构 355 家，立案查处违反医疗、医药管理市场行为 121 起。实行药品集中招标采购，减轻群众用药负担 3 241.23 万元。二是巩固减轻农民负担工作成果。全市农村各镇提留统筹款占农民人均纯收入的比例（以 1995 年为基数）控制在 2%以内，全年进一步减轻农民负担4 676.55万元。三是继续减轻企业负担。对涉及生产性企业和外商投资企业的所有省立行政事业性收费项目实行减半征收政策，并逐步扩大到所有企业。组织对港口运输秩序进行整顿，减轻企业负担近亿元。再次组织对全市行政事业性收费项目进行清理。全年又取消、降低了 6 项收费，减轻企业和社会负担八千多万元。与此同时，组织开展民主评议行风活动，各参评部门也充分发挥评议主动性和积极性，开展咨询活动，解决群众难题，出台便民措施 1700 多项。整顿规范市场经济秩序，开展了对土地资金、国债资金、社保四项资金、科技三项资金等专项资金的管理使用情况和安全生产的监督检查，乱收费、乱罚款、乱摊派、行业垄断、部门失范、市场无序等群众反映突出问题不同程度地得到了纠正。

三、积极推进依法行政，改善行政管理，为改革和发展营造良好的政务环境

各级监察机关充分发挥在国家监督体系和行政管理体系中的双重职能作用。把廉政勤政建设的要求贯穿到行政管理的整个过程，坚持以监督促管理。按照国务院提出的“约法三章”和“五项要求”，加强了对政府机关执行法律法规情况、政府机关及其公务员履行职责情况的监督检查，及时纠正了一些有法不依、执法不严、有令不行、有禁不止的行为。全年共受理群众有关效能方面的投诉 1 005 件，办结 933 件。开除或辞退 9 名工作人员，告诫或诫勉教育 33 人，通报批评 105 人。在严肃惩处违纪行为的同时，深入到政府机关业务管理的各个部位和环节，发现和堵塞漏洞，完善管理制度，提高管理水平。积极开展“千家企业评机关效能”活动，组织一千二百多家各类企业对作出承诺的市直机关单位

的效能建设进行评议。结合部门机构改革和转变职能，对政府基本职责和行使行政权力的程序作出规定，对办事时限和服务水平作出承诺，提高了行政效率和服务质量。政务公开、厂务公开、村务公开、医务公开、校务公开等工作得到普遍开展，有效提高了政府机关依法行政的水平，促进了公务员廉洁高效地履行职责。

四、狠抓腐败的源头治理工作，努力减少滋生腐败的土壤和条件

各级监察机关注意将触角延伸到政府机关的业务活动中，紧紧抓住源头问题，有针对性地开展预防和治理。2001年，在政府的统一部署下，会同各职能部门，深化行政审批制度改革，进一步规范审批行为，加强了对取消项目的监督检查，做好服务与管理工作。改革财政管理制度，实行部门预算制度，完善了“收支两条线”管理。实行会计委派制，全年共向17个单位派出财务总监。开通了“厦门市政府采购信息网”，全年委托各代理机构实行集中采购的中标金额达2.13亿元，节约资金3 486.87万元。积极推进干部人事制度改革，试行考察预告、任前公示等制度，加强了领导干部经济责任审计和离任审计工作。建设工程项目公开招标投标制度、政府采购制度日趋完善，建立经营性土地使用权出让招标拍卖、产权交易进入市场制度也正在积极稳妥地推进。积极探索建立和完善思想教育机制、制度规范机制、监督制约机制、查案惩处机制、干部保护机制、廉政责任机制等“六个机制”，努力构建反腐倡廉的综合长效机制。

（厦门市监察局　供稿）

侨 务 台 务

侨务工作

一、发挥侨务优势，加大海外侨务工作的力度，为经济建设和对外开放服务

（一）通过“走出去”、“请进来”等方式，不断巩固、扩大和深化与华侨华人的交往。市侨务部门充分发挥区位优势，立足港澳、东南亚，加强与美、加、日本、澳洲和南部非洲等地华侨华人的友好、合作、交流。2001 年，接待了 2 157 位来自印尼、马来西亚、菲律宾、新加坡、泰国、文莱、日本、美国、加拿大、阿根廷、澳大利亚、新西兰、毛里求斯、法国、德国、捷克、荷兰、英国等 18 个国家的华侨华人重要人士、社团代表和港澳台同胞。积极协助做好由日本神户福建同乡会主办的有近四百位海内外乡亲参加的第 41 届旅日福建同乡恳亲会厦门大会的联络、接待等各项筹备工作。根据工作的实际需要，市侨务部门有 13 人次先后出访美国、加拿大、日本、马来西亚、新加坡、泰国、澳大利亚、新西兰、香港、澳门等国家和地区，参加华社庆典、了解侨情、开展对外宣传及经贸推介活动等。

（二）为“中国投资贸易洽谈会”等大型经贸活动服务，邀请、接待客商，为招商引资牵线搭桥工作取得成效。全年市、区侨务部门共引进外商投资项目 10 项，涉及电子、制药、物流、娱乐、酒店等行业，投资总额 3 300 万美元，合同外资 2 098 万美元，合作意向 2 项，如：在泰国力促中泰合资厦门海顺鳄鱼园项目，总投资 300 万美元等。为切实做好引资引智二作，还积极参与“投洽会”、“台交会”、“果蔬博览会”、“绿色环保搏览会”等大型经贸活动，加强与华侨华人的合作交流。

（三）认真开展新华侨华人工作。市侨务部门参与市人大侨委等组织的“厦门经济特区鼓励留学人员来厦工作规定”的起草工作。邀请学有所成的新移民来厦考察投资环境、了解商务、洽谈合作，组织召开“在厦创业新移民代表座谈会”，积极为其排忧解难。成功举办了“海外经济科技考察交流会”，邀请了 30 位来自美国、加拿大、澳大利亚、新西兰等国家的留学人员与厦门市各区政府和部分企事业单位进行经贸、科技交流，探讨合作与发展，签定了一些合作意向书。推荐厦门三达膜技术有限公司总经理蓝伟光等 8 位移民创业典型出席由国务院侨办召开的“海外华侨华人专业人士回国（来华）创业成果报告会”。同时，认真做好华裔二、三代青少年的工作。组织美国加州同安联谊会华裔青少年 13 人参加“相约新世纪——海外华裔青少年 2001 年中国寻根之旅联欢节”北京、福建的活动，寓教于游，增加他们对中华文化的认同感。

（四）加强侨务外宣工作。支持《鹭风报》大胆创新，在坚持办报宗旨的前提下，扩版增刊，加大信息量，提高可读性，使这一侨刊乡讯的发行量不断增长，已达月发行 12 万份以上。已在菲律宾设立发行窗口，在美国、澳洲的发行窗口事宜也正在洽谈中。

二、依法维护侨益，做好为侨服务工作，进一步凝聚侨心

（一）加大落实侨房政策力度。根据福建省政府关于解决侨房历史遗留问题的工作意见，市侨务部门加强了与市有关部门的协调，综合提出《关于解决我市历史遗留侨房问题的报告》。根据市政府常务会议纪要的要求，协同落实办抓重点、抓典型，入户动员住户搬迁。审核 102 户侨房住户购房资格，参加售房、产权清退等工作。协调解决 6 户侨房住户购房后要求赔偿滞纳金诉讼案等问题。经过努力，厦门已实际清退城市侨房产权 77.32 万平方米；实际清退城市侨房使用权 26.89 万平方米、侨房住户

6 917 户，成为全省落实侨房工作做得最好的地区。

（二）宣传侨法。组织学习、宣传、贯彻重新修改的《中华人民共和国归侨侨眷权益保护法》以及《福建省华侨房屋租赁管理条例》等涉侨法律法规。与市人大侨委、市侨联共同开展侨法宣传讲座系列活动。到思明、开元等区为三百多位基层侨务干部上课，讲解有关侨务政策和涉侨法律法规。深入基层了解当前依法维护华侨、华人在国内合法权益的案例。市、区侨务部门共同深入调查研究，召开涉侨职能部门座谈会，针对鼓浪屿区侨房住户存在的问题及产生的原因，从各自部门职能的角度出发，提出解决的途径，形成了《关于我市鼓浪屿区侨房的历史及现状的调查报告》。邀请相关部门在鼓浪屿举行“侨务法律法规宣传咨询活动”，为近百位归侨侨眷提供咨询服务。

（三）依法行政，为侨办实事。依据法律法规和有关政策严格把关、认真审核，为归侨侨眷出具身份证明，解决实际问题。市侨务部门会同同安区侨务部门深入到大嶝岛现场办公，到村民家中详细了解情况，逐户逐案分析，当场解答村民提出的疑问，尤其是归侨与归侨子女的界定原则及如何办理归侨证手续等，村民都较满意。认真受理涉侨来信来访，一年来共受理来信来访 433 件，其中来信 109 件，包括查报件 22 件，已办结 103 件，余 6 件正在办理；来访 324 批次，内容涉及侨房、户籍、身份证明、定居、落实政策、解决历史遗留问题等几大类。根据法律法规受理审核上报并协助办理 19 位华侨华人及港澳同胞来厦门定居申请；与市高招办沟通做好三侨子女考生身份证明的工作，共为 146 位三侨考生出具身份证明；为 7 位华侨办理房产契证出具身份证明，享受税率优惠；为 139 位港澳侨学生来厦就读中小学出具介绍信；为 47 位在厦学习的印尼侨生协助办理签证延期手续。

（四）扶助救济贫困归侨。市侨务部门一方面做好全市贫难侨救济资金的统筹管理工作，从提高各区报表质量入手，指导各区管好、用好有限的资金。另一方面，还认真开展节日前的慰问安抚和平时贫困归侨遭遇突发性困难时的救济工作。2001 年春节共慰问了 43 户贫困归侨，将党和政府的关心送到广大归侨侨眷心中。与此同时，认真做好贫困归侨遭遇重大突发性困难的救济工作。

（五）组织侨界人士以及侨界知识分子开展活动，凝聚侨心。举办“厦门市侨界庆中秋迎国庆茶话会”活动，邀请具有代表性的侨界知识分子参加。组织基层侨务干部和侨界知识分子到西部考察，参观西安市耿西村“厦门侨心小学”。

三、开展为侨资企业服务工作取得一定成效

市侨务部门深入调查、了解、分析侨资企业的现状和存在的问题，协调有关部门，有针对性地为侨资企业排忧解难和开展跟踪服务工作。定点联系重点侨资企业，会同区侨务部门走访部分侨资企业，协助安排侨资企业代表参加全国、省、市有关部门组织的活动。开展有关执法检查及调研工作；开展“保护、鼓励华侨投资权益的若干规定宣传月”活动。通过服务，促使侨资企业增资扩产，取得成效。

四、开展荣誉市民评授工作并做好后续服务

在市评审领导小组的指导下，市侨务部门行使市荣誉市民评审办的职责，在制定实施方案、对被推荐人材料进行核实、向有关部门征求意见、重新对证书、通行证、金钥匙等进行设计制作以及组织颁证仪式等方面完成了大量的工作。经市人大常委会审议通过，2001 年有 19 人获得第四批“厦门市荣誉市民”称号。

市侨务部门还积极做好对荣誉市民后续服务工作。厦门市政府办公厅转发了《市侨办、市公安局对厦门市荣誉市民提供入境居留便利的意见》，为在厦门投资兴业的荣誉市民及其配偶和未成年子女落实了“一次签证，三年有效”的优惠待遇，方便了他们的经营和生活，得到荣誉市民的热烈反响和好评。

（厦门市人民政府侨务办公室　陈建明供稿）

对台事务

一、围绕厦门经济特区经济建设中心，努力推动厦台经贸交流与合作

2001 年，厦门新批设立台资企业 153 项，合同台资额 2.91 亿美元，分别比上年增长 46% 和 96%。新批合同台资额首次超过港资，成为厦门利用外资的主要来源；对台贸易为 12.70 亿美元，比上年增长 7%。其中进口 10.73 亿美元，比上年增长 8%，出口 1.96 亿美元，与上年持平；两岸试点直航完成

集装箱运输 43.44 万标箱，比上年增长 9%，其中高雄至厦门 21.31 万标箱，比上年增长 8%，厦门至高雄 22.13 万标箱，比上年增长 11%。

2001 年厦门市对台经贸合作出现较好的发展势头，主要采取了以下措施：

（一）加大了改善投资软环境力度。认真传达贯彻全国对台经济工作会议精神，制定全市引进台资目标，市对台工作部门领导分工包片联系台资企业；元旦春节走访台资企业，召开重点台资企业、荣誉市民座谈会，市委、市政府主要领导出席听取意见；对台商反映的码头收费、通关等方面的问题，市领导亲自作出批示，并召开相关单位协调会，邀请新闻媒体配合监督，港务部门先后两次减、免、缓交 31 项港口收费，降低了企业成本，减轻了企业压力；海关通过改革进出口通关流程，实行 6 天工作制及预约加班的做法，方便台资企业货物流通；出台《厦门市关于改善投资环境 21 条意见》；有关部门公开向社会承诺办事制度，接受社会监督，同时成立了“外资（包括台资）项目审批服务中心”，为台商投资的项目审批提供一条龙服务；市台胞投诉受理中心认真履行职责，热心办理台商投诉，抓紧重点案件的处理，依法保护台商合法权益。这些措施有效地促进了机关工作办事效率的提高，进一步改善和优化了投资环境，受到台资企业和台商的普遍欢迎，增加了在厦台资企业增资扩产的积极性。全年台资企业增资额 1.09 亿美元，占全年利用台资额的 35%。

（二）跟踪项目的落实。组织人员深入台资企业调查摸底，对 2001 年引进台资和项目等情况进行分析，拟定方案，明确分工。同时，对接待中发现的引资线索及时跟踪，向国台办请示、汇报厦门台商投资区拟引进台资项目的情况，取得国家有关部门的支持。

（三）借助“台交会”、“投洽会”、“果博会”等大型招商参展活动，做好邀请台商和引进台资工作。市对台工作部门除为“台交会”邀请了 6 个台湾团组外，还指导市台商协会邀请 56 个省、地（市）台商协会组织台商团组参会。

（四）精心组织经济团组赴台考察交流。2001 年安排赴台交流团组 48 个、238 人次，其中经济类团组就有 13 个、59 人次；加强了厦门市与台湾岛内大企业的沟通、联系，在宣传推介厦门投资环境、引进项目、广交朋友方面取得了比较明显成效。此外，经国台办批准由厦门市举办的“2001 年海峡两岸城市间经贸合作研讨会”和协助国台办承办的中华文化与两岸关系论坛，吸引了境内外、台、港、澳许多专家、学者、知名人士和新闻记者赴会，为改善两岸关系，为厦门的经济、社会发展和城市建设献计献策。

二、认真组织厦金个案直航，进一步密切两岸交流交往

经上级批准，从 2001 年元月 2 日起实施了厦金直航个案，结束了厦金 50 多年人为隔绝的历史。此项工作在国台办、省台办直接指导和市委、市政府领导下，市台办严格按照中央的指示精神，对每一个案进行认真审查，及时报批，在公安、港务、边检、海关、检验检疫、口岸办、海防办等相关单位通力协作下，市对台工作部门投入主要力量，保障了金门直航来厦团组的参访、谒祖、进香、考察等交流活动顺利进行。至年底已顺利完成了 117 航次，1.05 万人次；其中厦门直航金门 11 航次、764 人次，金门直航厦门 96 航次、9 776 人次。

为方便厦金民间交流，进一步推动两岸“三通”，经与金门多次沟通，于 2001 年 3 月 2 日，厦门市两岸交流协会与金门地区两岸交流协会在厦门就加强厦门与金门民间合作有关事项举行商谈，并在双方一致认为厦门金门同属一个中国前提下，正式签署《关于加强厦门与金门民间交流合作协议》，打破台湾当局对两岸“三通”的阻挠，为今后更大范围地开展两岸交流创造了条件。

随着厦门市环境的不断改善，旅游资源进一步开发以及厦金直航开通，至年底，厦门入出口岸人数达 32.52 万人次，台轮停泊点来靠台轮 575 艘次、渔船民 4 121 人次。口岸累计接待入出口岸台胞 28.06 万人次。

三、利用对台“窗口”优势，加大对台宣传力度

（一）加大入岛宣传力度，全年共接待台湾新闻媒体 43 家、74 人次。组织台湾记者参观厦门名胜古迹，改革开放 20 年取得的成就，编印《帆起西岸——厦门台企巡礼》画册宣传品推介宣传厦门，并为来厦参加“台交会”、“投洽会”等重要活动的记者在工作、生活上提供方便，增进台湾媒体对厦门的了解，增强他们对祖国大陆的了解。应市外事部门安排，还接待美国、日本、法国等 16 国、23 名记者的采访，市对台工作部门领导通过回答记者的提问，通报两岸关系发展形势，宣传大陆与台湾历史渊源，增进对我“和平统一，一国两制”方针的了解。

（二）扎扎实实为台胞、台商办实事：①厦门市台胞接待机构顺利完成沙坡尾停泊点搬迁东渡点的工作，建起了一套四百多平方米的联检大楼，建立了规章制度，并于2001年9月18日正式启用。至年底共接待台轮474艘次、台胞2 326人次。②与市教育部门联系，为台（金）胞办理入学手续（主要是证件等材料审查把关）120人次；办理台（金）籍考生高（中）考和成人高考加分164人次；③向市政府推荐评选第四批荣誉市民。

（厦门市台办　廖晃诚供稿）

外事工作

2001年，厦门市外事部门认真贯彻中央的对外方针政策，紧紧围绕经济建设这一中心，发挥外事部门自身的优势，使地方外事为经济建设服务落到实处，取得较好的成果。

一、致力招商引资，为企业排忧解难，为经济建设服务

（一）做好第五届中国投资贸易洽谈会招商和接待工作

2001年，厦门外事部门完成了由外交部和外经贸部主办的中——阿双向研讨会的具体落实工作和其他各个外宾团组的接待工作。在接待工作中坚持安全第一，尽量做到精心周密，热情服务，受到外宾和市领导的好评。在前期工作的基础上，促成了市政部门与德国柏林自来水公司签订了投资近3 600万美元首期合作项目的框架协议书。本着“以我为主、积极引导”的原则，认真做好来自英、美、日、新四国主要媒体的5名记者采访第五届投洽会的接待安排工作。几家媒体都对此行的采访安排表示满意，主动将所做的报道内容反馈给我方，并且还表示希望再次来厦就此次采访中未能具体深入的部分做跟踪采访。

第五届投洽会期间，厦门市外事部门共接待来自阿拉伯国家和澳大利亚、美国、新西兰、菲律宾、马来西亚、新加坡、日本、墨西哥等近三十个国家的客商团组42个，客商总人数达485人。其中由厦门外事部门邀请的团组有38个365人。接待外宾团组和外宾人数均为历届投洽会之最。该届“投洽会”来访团组有以下几个特点：一是规模比较大。其中，仅阿盟代表团就包括了阿联酋、约旦、也门等十多个阿拉伯国家的外宾，该代表团人数达120人；二是高级别团组多。约旦副首相穆罕·哈拉伊、澳大利亚塔州州长、马来西亚槟州三位副省长级行政议员、菲律宾宿务市市长、菲律宾迈达威市市长、意大利皮尔琴察市市长、墨西哥瓜达拉哈拉市副市长等各国政府和省市级领导亲自率团前来参加投洽会。三是首次组织设立友城展区。美国、英国、澳大利亚等国家的友城设立标准展位20个，成了投洽会展区的一个新亮点。

（二）贴近经济，努力为特区争创良好的投资软环境

增加了对招商引资工作的参与力度，积极为经济建设服务。加大了对厦门市外资企业，尤其是跨国公司的关注力度。及时为在厦外资企业提供帮助，在柯达、戴尔、ABB、GE等跨国公司的高层人员访厦接待上，认真细致、周到热情。2001年，市外事部门协助太古集团接待了美国州众议员，协助华美卷烟厂接待了新收购方日本烟草（国际）公司，协助接待了美国ITT工业集团总裁、美国ERC公司董事长和沃尔玛百货公司国际部的高级副总裁等。

（三）认真做好领事业务，服务特区经济

2001年，市外事部门共处理使、领馆照会130份；编写了50份有关涉外工作的文件，发出函件30份、简报5份、外专批文21份；处理涉外案件和涉外事项42件；办理外专确认件51份，办理外国专家证102份，批准来厦门任教和续聘的外籍教师102人次，为10位在厦外商子女办理了就学手续，完成了13家聘请外专单位的资格年审；接待来访的领事官和外宾团组34批；安排领馆官员拜会活动34次，办理领馆人员的签证和有关证件25人次，组织在厦门的外专参加活动3次。

1. 领事工作方面

（1）让领馆了解厦门市的经济建设情况，邀请驻厦门的领馆官员出席旁听年初召开的市人大会议，取得较好的效果。在取得市人大支持的基础上，将邀请领馆官员参加市人大会议的活动形成惯例。

（2）全力配合全市中心工作，积极邀请领馆来厦参加第五届中国投资贸易洽谈会。先后向驻广州的总领馆发送了邀请函，寄送了有关投洽会的资料，对来访的几十个领馆团组介绍了厦门投洽会的情况和往届投洽会的成果，通过各种方式推介投资贸易洽谈会，并通过领馆向其国内的企业家推介厦门。英国是连续第二次组织大型经贸团来厦门参加洽谈

会，他们表示对厦门的洽谈会有信心，来年还将组织经贸团来厦门参加，随着中国加入 WTO 的新形势，他们还将组织更高级别的经贸团组来厦门活动。不少领馆人员参加经贸部组织的参观团来厦参加投资贸易洽谈会。由于这几年的大力推介，厦门的“投洽会”在使领馆中已有一定的影响力。加拿大总领事表示，在广州的总领馆都把“投洽会”、“广交会”和“深交会”作为总领馆的工作中心。美国总领馆不但总领事参加了外经贸部组团来厦，同时还派商务领事参加厦门的活动；荷兰总领事刚上任才两天就赶来参加“投洽会”。

(3) 密切与领馆的合作，为厦门市的经济建设服务。2001 年市外事部门加大了对领馆的工作力度，利用几次机会走访了重点工作的领馆。与领馆多交朋友，建立密切的合作关系对本地的经济、文化、教育和人员交流将有极大的帮助。荷兰驻穗总领事冯丹端上任不到半年，来访厦门三次，积极促成厦门市与荷兰港口苏特米尔市建立友好关系，同时向郑成功纪念馆捐赠修缮文物费用 1 万美元。配合领区调整厦门市在广州开办签证业务，市外事部门先后走访了美、英、法、德等主要国家领馆，建立了工作联系，为顺利开展自办签证工作打下良好的基础，并利用这次机会大力做好“投洽会”的邀请工作和宣传厦门。

2. 外专工作方面

(1) 增强外专服务的意识。2001 年来厦门任教的外籍教师数量有较大的增长。市外事部门坚持提供优质高效的服务。办理外专确认件和专家证，做到当场办理当场交件。为了加快审批程序，将原来两道审批程序改为一道，加快了文件周转的时间，使来厦门任教的外专及时得到有关证件。

美国“9·11”恐怖袭击事件发生后，在厦门的外资企业，特别是美资企业对安全问题特别关心。为了消除在厦外国人不必要的担心，市外事部门一方面深入基层，收集外企的情况反映，主动做解释工作；一方面及时向市政府汇报外企动态，协调有关部门加强安全保卫工作。

(2) 为鼓励留学人员回国创业，市外事部门承担了与人事局联合起草《厦门经济特区鼓励留学人员来厦创业的规定》的任务，完成了《规定》的起草和修改，经市人大会议审议通过，成为全国第一部为留学人员回国创业所规定的法规。

(四) 充分利用中央赋予特区颁发因公护照、自办签证的优惠政策，为特区经济建设服务

1. 加强因公出国（境）管理，提供优质、高效服务。截止 11 月底共受理因公出国（境）申请 2 141批 6 824 人次；为 1 351 批 5 089 人次颁发因公护照，为 790 批 1 735 人次颁发通行证，签发 1 720 个赴香港、澳门签注。为本市 1 023 批 3 829 人次申办外国签证；受理外省、市向新加坡、菲律宾驻厦总领事馆申办签证 201 批 860 人次。认证 80 份。邀请外国人来华 139 批 447 人次。

2. 在审发护照、通行证工作中，注意把好四个关：一是异地办照关。严格按照外交部规定，认真审查送办材料是否弄虚作假，是否将外地人员作为本市人员申办护照，一经发现，坚决不予受理护照申请并按规定予以处理；二是严把护照种类颁发关。在确定出国人员持何种护照时严格按照外交部规定办理，对有特殊情况的，需要更换持照种类，及时报外交部领事司护照处审批；三是严把外派劳务关，特别是对 35 岁以下成批派往东南亚的女劳工，都要求派出单位逐个认真审查，必要时还当面进行核实；四是严把利用因公渠道搞非法移民关。

二、配合整体外交，加强对外交往，扩大厦门知名度

(一) 做好礼宾接待工作

2001 年共接待了外交部、全国友协、全国人大、中联部等中央机关安排来厦的外宾团组共 191 个1 997人次。其中副部级以上重要团组 20 个（包括 2 个国宾团、3 个副总理级团组）。指导、协助兄弟单位接待的外宾团组十余个，较好地完成了接待任务。

(二) 做好外国记者接待工作，正面宣传厦门，重塑厦门良好形象

1. 以我为主，讲究艺术，加强外国记者管理

全年共接待外国记者 21 批 87 人次，并做了大量工作，婉拒了 10 批不合理或对我不利的采访申请。

年初，金门与厦门首次实现客运直航以来，两岸三通问题再次成为记者采访的热点。市外事部门严格依照中央及台办的有关精神和规定仔细加以鉴别，做好审查工作，在接待中还注意积极加以引导，主动安排记者采访厦大台研所学者及在厦金门同胞等，让记者全方位地切身体会到两岸统一是历史的必然、是符合两岸人民的最根本利益的，并通过记者的报道将此观点向外传达，达到了为我所用的接待目的。

2. 积极主动，有的放矢，加大对外宣传力度

为消除这两年来远华走私案在客观上对厦门市造成的不良影响，重塑厦门市的形象，为特区二次

创业创造良好国际舆论环境，在市领导的支持及外交部新闻司的协助下，市外事部门克服许多不利因素，精心组织和精心安排，邀请了包括美联社、英国路透社、德国《柏林报》及日本共同社、《每日新闻》、《朝日新闻》、《读卖新闻》、匈牙利《人民自由报》等10家媒体的14位记者来厦成功进行了采访。特别是市长接受采访，亲自出面做工作，让这个以西方主流媒体为主的记者团全面了解了厦门，达到了较好的宣传效果。同时，通过细心周到的安排和接待工作，密切了与外交部新闻司及驻京外国记者的联系，进一步拓展了外宣工作的渠道。

（三）巩固和发展与友城的交流，开拓新的对外交往渠道，为经济建设服务

1. 充分利用友城、友好渠道，以经济建设为工作中心，积极配合招商引资工作

先后组织了5个代表团组出访友城，并以友城为依托，访问了周边国家的有关城市，大力推介第五届投洽会和“绿博会”、“果博会”等重要活动。友城宿务、槟岛、佐世保、巴尔的摩、惠灵顿、马卢奇都派团参加了第五届投洽会，其中巴尔的摩市和马卢奇市还联合其所在的省州共同组团与会和参展。日本宜野湾市、意大利皮亚琴察市、墨西哥瓜达拉哈拉市、哈利斯哥州、新西兰奥克兰马努考市、菲律宾拉布拉布市等也参加了“投洽会”，以上团组的近200位外宾在洽谈会期间同与会的国内成员单位在经贸合作方面进行广泛的探讨和接触，除利用其展位开展宣传和洽谈，部分团组织还利用“投洽会”这一舞台，组织了小型的经贸洽谈会、情况介绍会和专题研讨会，受到了与会人员的极大欢迎。在11月份的绿博会上友城客商再次成为主要的境外客商。考纳斯、惠灵顿、佐世保等城市都组织了代表团与会。

在全力做好第五届投洽会的招商、招展工作的同时，还注意利用友城和对外友好合作关系为外经外贸和招商引资工作服务。2001年6月、8月和11月，市外事部门与市贸发部门组织代表团赴立陶宛考纳斯市、日本宜野湾市和马来西亚槟城参加了当地的大型经贸活动，推销产品。4月，澳大利亚塔斯马尼亚州组团参加了“台交会”，并在会议期间组织了小型经贸洽谈会，介绍塔州情况，寻求在捕捞、造船等行业对华开展合作的可能性。10月下旬，德国莱法州政府和经济合作开发银行组织该州有关机构和企业来厦，市外事部门在设在厦门的德国东源公司代表处配合下，组织了一场莱法州——厦门经贸合作洽谈会，为厦门市酒类酿造、自行车、环保产品企业的对外合作提供了一次有益的机会。

除将工作重点放在重大经贸活动和招商引资外，还积极促成市自来水公司与德国柏林自来水公司在厦合作项目达成初步意向。并进一步促成中外双方就新建水厂和旧水厂改造等项目达成合作意向和框架协议，为德方代表和技术小组三次来厦谈判提供接待和翻译等服务，并组织厦门市相关部门和企业的工作小组赴德国考察。

2. 积极开展友城交流与对外民间交往，为整体外交服务

2001年3月，由全国友协和驻立陶宛使馆安排，考纳斯市政府代表团访问厦门，两市正式签署了缔结友好城市关系协议书。为进一步加强两市关系，并通过两市友好为我在立陶宛的整体外交工作服务，市外事部门于4月下旬组团访问了考市，就两市在经济、文化上的合作进行了深入的探讨。6月，应考市政府邀请，组织4家企业参加了在该市举办的经贸展览会。厦门是该市国际友城中惟一组团参展的城市，此举得到了考市的高度评价与赞赏。立陶宛总统在参观展览会期间还专门到厦门市展位上来参观。11月，应市外事部门邀请，考市派出由该市副市长率领的小组参加在厦门举办的“绿博会”，并利用组委会提供的展位设展。两市就开展地方电视台间交流等合作项目交换了意见。这些交流在较短时间内增进了考纳斯市对厦门的了解，并通过当地媒体对上述项目的报道，增进了立陶宛人民对中国的了解。

2001年7月，全国友协提出为拓展我对俄罗斯及东欧国家地方政府间的交往，促成经济发展较快的南方城市与上述国家城市结好，增进双方城市间的实质性交往，拟组织以厦门市为主的全国友协代表团访问俄罗斯、乌克兰两国，考察有关州市，探讨开展交往、发展友城关系的可能性。市外事部门对此给予了积极反应，并于11月正式组团访问了俄罗斯萨拉托夫州并与萨州签订了友好意向书。萨拉托夫州对与厦门开展经贸合作表现出强烈的愿望和浓厚的兴趣。代表团访问乌克兰，拜会了乌中协会领导人，进一步加深了双方的友谊，也增进了该协会对中国的了解，坚定了他们对华友好的信心。

3. 推动对外文化、教育、体育及培训等项目的交流，扩大厦门市对外影响，促进智力引进工作

做为厦门市与惠灵顿市2001年交流备忘录中的重要活动之一，2001年4月，市外事部门与市文联组织了厦门市15位画家的50幅油画作品赴惠灵顿市举办厦门油画展。新西兰的主流媒体都报导了这

次活动，国家电视台第二频道的亚洲专栏还对画展做了专题报导。大大提高了厦门市在新西兰的知名度，也增进了当地人民对中国的了解。

厦门市小白鹭民间舞团已成为厦门市对外文化交往中的一支重要队伍，7月份，在全国友协的大力支持下，厦门市小白鹭民间舞团一行35人配合北京申奥工作赴莫斯科演出，此次演出获得了极大的成功，获得了上级部门的表彰。

4. 大力拓展对外交流渠道，积极探讨对外结好

近年来，为配合厦门市经济和社会事业的迅速发展，市外事部门加快了对外结好工作。认真就友城的未来发展进行了调研，制定了初步的发展方向和时间计划。积极同意大利皮亚琴察市、墨西哥瓜达拉哈拉市、荷兰苏特米尔市和俄罗斯萨拉托夫州探讨开展地方政府间的交流，并进一步发展友城关系。利用我代表团出访上述城市或对方代表团来访之际，促成双方就发展友城关系达成意向，为结好做准备。同时，在开展对外国地方政府的友好交流与合作工作中，提倡“大友城”观念，不拘泥于通过缔结友好城市关系开展工作，同时也重视发展“友好合作城市”关系。

（厦门市人民政府外事办公室　王晨东供稿）

厦门特区建设二十年专题

厦门特区建设二十年专题

特区建设二十年，厦门开拓创辉煌

1980年10月，党中央国务院决定创办厦门经济特区，使厦门成为全国最早创办的四个经济特区之一。1981年底厦门经济特区正式动工兴建，从此开始谱写特区建设发展的新篇章。二十年来，厦门经济特区在党中央国务院的关心支持下不断取得新的成就。全市人民在市委、市政府的领导下，以邓小平理论为指导，牢记邓小平同志“把经济特区办得更快些、更好些”的要求，树立了“开明、守信、开拓、竞争、奉献”的特区精神，坚决贯彻党的改革开放搞活政策，以经济建设为中心，积极开拓进取，夯实经济发展基础，推进生产力发展，全面实践“三个代表”的重要思想，深入进行经济体制改革，基本建立了社会主义市场经济体制框架；坚定不移地推进改革开放，努力发挥经济特区的示范和窗口作用，外向型经济蓬勃发展；逐步完善城市载体功能，城市品位显著提高，城市面貌大为改观；努力消除亚洲金融危机和厦门关区特大走私案对经济发展的负面影响，经济发展的整体素质全面提高；人民生活水平和生活质量在经济发展中不断得到改善和提升，社会各项事业全面进步，全市社会经济面貌发生了日新月异的变化。厦门已由过去社会封闭、经济基础薄弱的海防前沿海岛小城变成一个各项基础设施比较齐全、内外经济交流活跃、综合经济实力明显增强、社会稳定、风景秀丽、环境优美、人民生活比较富裕的现代化港口风景城市。

一、国民经济快速发展，综合实力显著增强

特区建设二十年来，厦门市坚持以经济建设为中心，抓住经济发展机遇，不断总结经济发展的经验和教训，积极推进经济增长方式的转变，全方位扩大对外开放，加快经济结构的调整步伐，稳步发展第一产业，优先发展第二产业，大力发展第三产业，国民经济实现快速健康发展，综合经济实力明显增强。2001年，全市实现国内生产总值558.33亿元，比特区建设初期的1981年增长28.8倍，年均递增18.5%。其中，第一产业增加值22.03亿元，比1981年增长1.1倍，年均递增3.7%；第二产业增加值296.68亿元，比1981年增长52.4倍，年均递增22%；第三产业增加值239.62亿元，比1981年增长32.2倍，年均递增19.1%。三次产业结构由1981年的26.5:51.6:21.9调整为2001年的3.8:53.2:43.0。人均国内生产总值由1981年的786元发展到2001年的41 111元，增长20.1倍，年均递增16.5%。2001年全市实现财政总收入110.5亿元，比1981年的1.95亿元增加108.55亿元，增长55.7倍，年均递增22.4%，为经济建设和社会事业发展提供强有力的保障。

（一）农村经济稳步发展

八十年代初期，厦门市就在农村开展以联产承包责任制为主的农村经济体制改革，打破大锅饭的生产方式，有力促进了农村生产力发展。并随着经济的发展，逐步完善承包制，使自产自用的小农经济朝着商品经济转化。在耕地减少的情况下，加大投入，依靠科技进步，发展“两高一优”农业，副食品生产和乡镇企业也得到长足发展，厦门农村经济基本实现了“服务特区、出口创汇、富裕农民”的发展目标。

2001年，厦门实现农业总产值35.57亿元，比1981年增长2.16倍，年均递增5.9%。高产、优质、高效农业取得较快发展。粮食、花生单产由1981年的256公斤和137公斤提高到2001年的379公斤和186公斤，分别上升48%和36%，肉、禽、蛋、水产品、水果、蔬菜等副食品产量大幅度增加，农产品商品率逐年提高，丰富了城乡居民食品供给。2001年全市主要副食品产量为：肉类5.79万吨、蛋品1.09万吨、水产品20.28万吨、水果5.15万吨、蔬菜48.09万吨，分别比1981年增长1.9倍，3.5倍，6.0倍，4.6倍和3.7倍。乡镇企业迅速发展，成为农村经济的重要支撑和农民增加收入、农村出口创汇的重要渠道。乡镇企业总产值由1981年不到1亿元发展到2001年的235.79亿元，吸纳劳动力达到21.73万人，生产方式由原来的作坊式生产向集团化、规模化方向发展，现有产值 5 000 万元以上的乡镇企业 39 家。2001 年乡镇企业出口交货值 70.55 亿元

（二）工业经济迅速发展

特区建设初期，厦门工业企业规模小，基础薄弱，所有制以国营、集体为主，产品销售集中在国内市场。经过改革开放和特区建设的不断发展，厦门市大力引进外资，发展外向型经济，工业朝着以“三资”工业为主，国营，集体，私营工业协同发展的新格局。2001 年，全市实现工业总产值 884.32 亿元，按可比价格计算，比 1981 年增长 73.8 倍，年均递增 24.1%，有力推动了国民经济的发展。在 2001 年规模以上工业产值中，国有企业完成产值 44.94 亿元，集体企业完成产值 8.32 亿元，“三资”企业完成产值 673.5 亿元，分别占规模以上工业产值的 4.98%，1.04% 和 83.84%。现全市已有年产值超亿元的骨干工业企业 121 家，其中，年产值十亿元以上的有厦华电子、柯达公司，戴尔电脑，翔鹭纺纤，灿坤实业等 13 家大型企业。全球 500 强已有 26 家企业在厦投产，为改善厦门工业经济结构，推动外向型经济发展发挥了重要作用，为高新技术企业发展奠定基础。现全市工业已有了计算机、视听类电子产品和感光材料等一批支撑经济增长的高新技术企业。初步形成了电子、化工、机械等工业生产集约化程度较高的支柱企业群。厦门工业经过 20 年的发展，已由内向型小工业向较大规模外向型工业经济转换。2001 年全市实现规模以上工业销售产值 780.85 亿元，产品产销率 98.4%，工业品出口交货值 344.30 亿元，出口交货率达 44.1%。厦门的工业外向度不断提高，为经济的持续发展做出了巨大贡献。

（三）第三产业欣欣向荣

随着经济的发展和人民生活水平的提高，第三产业发展有了坚实的基础。经过 20 年的发展，厦门市已形成了以贸易、金融、交通邮电、房地产为骨干，其它第三产业共同发展的格局，第三产业占国民经济的比重逐年提高。2001 年全市第三产业增加值达 239.62 亿元，占国内生产总值的 43.0%。比 1981 年增长 32.2 倍，年均递增 19.1%，占国内生产总值的比重比 1981 年上升了 21.1 个百分点。

消费品市场购销两旺 随着经济的快速发展和人民收入水平的提高，厦门市逐步取消了票证制度。消费品市场货源充足，商品种类齐全，满足了城乡居民日益增长的购物需求。陆续推出早餐工程和放心食品工程，不断提升居民消费品质量。2001 年消费品零售总额达 186.55 亿元，比 1981 年增长 55.4 倍，年均递增 22.3%。外资，联营，个体经济的参与，使商业经济成份呈现多元化，随着华联商厦、巴黎春天、来雅百货、友谊商场、大陆商厦等一批大型商场和沃尔玛、富山诚达特大型超市的开业，全市已形成以大型商场和购物中心及连锁店为主，各种专业经销店和集体、个体商店为配套，集市贸易为辅的营销网络。至 2001 年底，全市已拥有消费品市场 136 个，年成交额 49.79 亿元；批发零售餐饮业网点 4.04 万个，比 1981 年增长 23.7 倍；从业人员 15.92 万人，比 1981 年增长 5.8 倍；平均每万人（户籍人口）拥有商业网点 301 个，比 1981 年增加 284 个。

金融业蓬勃发展 特区建设以来，通过增设专业银行，引进外资金融机构，厦门金融逐步形成一个以中国人民银行为领导，专业银行为主体，外资金融机构，地方金融机构为两翼的多种类、多层次、多功能的特区金融体系，有效地筹措资金，实现资金的合理流通，为特区建设和经济发展发挥了重要作用。现已有国有商业银行 4 家、股份制商业银行 4 家、外（合）资金融机构 19 家、保险公司 4 家，其分支机构营业网点遍布全市。2001 年末全市金融机构人民币存贷款规模达到 642.4 亿元和 506.4 亿元，分别比 1981 年增长 164.4 倍和 105.1 倍。证券交易市场也初具规模，目前，全市经批准在深沪证券市场挂牌上市的有 15 家公司，总股本 31.38 亿股。全市共有证券交易营业部 22 家，证券交易开户人数累计达 54 万人。2001 年，全市证券机构的股票交易额达 569.2 亿元。

旅游会展业方兴未艾 特区建设后，厦门重视旅游资源的利用和开发，在逐步完善原有旅游景点的基础上，陆续建成了景州乐园、海底世界、航天科技城、环岛路、国际会展中心、“东方”和“凯歌”两个高尔夫球场及同安影视娱乐城、战地观光园等旅游观光项目，形成了鼓浪屿、万石山风景区、南普陀、集美、同安等 10 多个旅游观光景区。同时，规范旅游景区景点管理，狠抓旅游从业人员岗位培训和职业道德教育。富山展览城连续召开了十届福建贸易洽谈会后，于 1997 年升格为“中国投资贸易洽谈会”，规模由小到大，辐射影响力增强。随着新的国际会议展览中心落成启用，会展业成为厦门第三产业发展的新增长点。现全市已有境外接待能力的旅行社 12 家、旅游饭店 96 家、其中星级饭店 54 家，悦华酒店被国家旅游局评为“五星级”饭店。2001 年全市共接待境外游客（含一日游）

55.88万人次，国内游客735.04万人次，推动了全市交通、商贸、餐饮服务等相关行业的繁荣，1998年荣获“中国优秀旅游城市”称号。

房地产业日趋兴旺　房地产业随着改革开放的进程形成了全民、集体、外资共同参与的格局，改变了城市住房统建统配，国家独自经营的局面，拓展了城建资金来源和房地产开发领域，有效改善城区建设面貌，全市已建成高层建筑超过二百幢，并建成莲花、振兴、东渡、槟榔、康乐、瑞景、松柏、金鸡亭、金尚、前埔等30多个住宅小区，大大改善了居民住房质量和居住环境。至2001年末，全市已有房地产开发企业495家，1990年至2001年，共建成各类商品房1 670.91万平方米，完成投资514.76亿元。2001年全市商品房销售257.39万平方米，销售额达73.12亿元。

二、加强基础建设，提高城市载体功能

创办经济特区后，厦门市委、市政府从厦门各种基础设施落后的实际出发，优先发展供水、供电、运输、通讯等基础设施建设，努力改善投资环境。先后完成了东渡码头一期4个万吨级泊位；厦门高崎国际机场建设；引进万门程控电话和960路微波通讯工程；完成九龙江引水和电网改造；初步解决长期困扰厦门经济发展的基础设施滞后问题。随后，为适应特区经济的不断发展的需要，缓解基础设施超负荷运转的状况，继续增加对各项基础设施的投入建设，先后完成鹰厦铁路电气化改造、厦门高崎国际机场的扩建改造、厦门大桥、海沧大桥和石鼓山立交桥的建设和钟鼓山隧道、仙岳山隧道建设，对厦禾路和多条城市主干道进行拓宽改造，完成了同集路与集灌路高等级公路以及厦漳、厦泉高速公路，高标准完成了环岛路一、二期工程，既改善了海岸线交通条件，也增加了旅游观光景点。同时对邮电通讯进行扩容，建设了嵩屿电厂，完成了东渡二期和海沧的专用码头建设。对湖里工业区、海沧台商投资区、火炬高科技开发区、象屿保税区、集美北部工业区进行成片开发；创办了思明软件园、路桥高科技园、留学生创业园，兴建了大批住宅小区及商业办公楼宇；建成了鼓浪屿、白鹭洲、湖滨南路等夜景工程，使城市面貌发生显著变化，投资环境大为改观。1992年厦门市被评为全国首批投资硬环境四十优的城市。1981年至2001年，全市累计完成固定资产投资1 481亿元，其中用于基础设施建设的投资达354亿元，占全部固定资产投资的23.9%。

厦门经过20年的发展，已初步形成众星拱月的现代化城市框架。城市建成区面积由1983年的38.5平方公里发展到2001年87.0平方公里，增长1.3倍；2001年全市实有房屋建筑面积4 558万平方米，比1981年增长17.0倍，城市载体功能明显增强。2001年与1981年比较，城市道路长度增长4.3倍，自来水供水量增长5.8倍，全年用电量增长18.8倍，旅客运输周转量增长97.2倍，港口货物吞吐量增长10.2倍，邮电业务总量增长363.5倍，已建成立体交通运输网络和现代化邮电通讯网络。公路有较完善高等级路面的市内交通和通过集灌路、同集路或高速公路与外地四通八达的交通网。2001年末全市拥有营运性运输车辆2.33万辆，其中，出租小汽车3 437辆。鹰厦铁路电气化改造全线完成，使厦门站铁路运输能力增加近1倍，已开通北京、上海、杭州、南京、西安、重庆等地11对客运列车。港口优势得到较快发展，全市已拥有港区7个、生产性泊位63个，并拥有相应配套的装卸机械设备和库场，其中，万吨以上泊位有18个，集装箱专用泊位就有8个。2001年全市港口货物吞吐量2 099万吨，已跻身国内大型一类港口行列。集装箱吞吐量129.32万标箱，居全国第六位，并列入世界集装箱港口50强之列。其中，对台试点直航完成集装箱运输35.3万标箱，占全市集装箱吞吐量的27.3%。厦门高崎国际机场经过扩建，飞行区等级达4E级，可起落B747－400等大型飞机，拥有一条3 400米跑道，一条3 300米平滑道和7条联络道，停机场面积25万平方米，可同时停靠40架大型飞机，并拥用国内较大规模，设施较先进的12.7万平方米的3号候机楼。全国第一家地方性航空公司——厦门航空公司自1984年7月25日成立以来，如今已发展到拥有24架客机、1架货机的大型地方航空公司。2001年高崎国际机场与国内外69个城市直接通航，拥有国内航线101条、国际和地区航线10条，完成飞机安全起降4.61万架次，全年旅客吞吐量达373.74万人次，居全国第8位，成为我国重要的航空枢纽港之一。邮电通讯通过不断的改造与扩充，已形成较先进的邮电通讯网络。2001年末，全市城乡电话用户达79.17万户，比1981年增长169倍；全市已有移动电话用户79.16万户、计算机互联网用户20万户；全市程控电话主线普及率为31线/百人。信息港建设取得新进展，建成了金字系列工程、厦门科技信息网、公众多媒体通信网、教育科研网、电子商务平台等，实行了缴费一卡通和银行间联网，部分政府机关、事业单位已上网，提高了政府办事效率，增加政府决策透明度。

三、发挥优势扩大开放，对外经济成效显著

建特区以来，全市在加快建立社会主义市场经济体制的同时，充分发挥厦门经济特区和台商投资区的优势，不断扩大对外开放，摆脱了过去长期处于的“封闭”、“半封闭”状态，逐步走向外向型经济的发展轨道。在重视改善投资硬环境的同时，也重视投资软环境的优化，从而为更好地吸引外地客商来厦投资创造良好的条件。特别是连续成功举办了十届“九·八”投资贸易洽谈会，并从1997年开始升格为国家级贸易洽谈会后，厦门的国际知名度和口岸辐射功能明显增强，全市利用外资规模不断扩大，投资领域不断拓宽，利用外资层次逐年提高。至2001年，全市累计批准外商直接投资项目5 334项，协议利用外资187.3亿美元，已开业投产的“三资”企业达4 381家，实际直接利用外资126.5亿美元。随着两岸关系的缓和，来厦投资的台商逐年增多。已签订合同的台商直接投资项目1 922个，协议外资金额39.4亿美元。利用外资层次已由八十年代初期的中小型、劳动密集型企业为主逐步向大型和资本技术密集型和高附加值的企业转化，已有70多家全球跨国公司在厦落户，其中26家为世界500强的跨国公司，有力地推动全市经济结构调整和产品的升级换代，较快形成外向型经济格局。“三资”工业产值已占全市工业产值的八成以上，工业品出口交货值已占工业销售产值的近一半。2001年，全市“三资”企业职工达24.4万人，占全市职工总数的48.6%。“三资”企业出口总值达38.76亿美元，占全市外贸出口总额的59.6%。

特区建设以来，厦门市对外贸易日益活跃，已和世界上100多个国家和地区建立了贸易往来关系。在外贸体制上打破了传统单一的国家外贸经营体制，下放企业出口经营权，形成了中央、省属、地方属外贸公司、外贸专业公司和工贸进出口公司、“三资”企业等多层次外贸经营队伍共同发展的新格局。出口产品层次不断提高，由原来以农副产品和初级工业产品为主，发展到以机械、电子、轻纺工业等制品为主。2001年，在国际经济整体走弱，出口需求不旺的情况下，外贸部门积极采取措施，调整出口产品结构，加快进出口退税和通关速度，使对外贸易保持稳步增长，全年外贸进出口总值达110.79亿美元，其中，外贸出口总值65.05亿美元，分别比1981年增长72.2倍和45.1倍，年递增率分别达到24.0%和21.1%。2001年对外出口超千万美元的国家和地区有46个，其中，对美国、日本、香港、德国、台湾、新加坡的出口额均超过亿美元。对外交流也日趋扩大。2001年全市劳务输出与承包工程完成营业额7 115万美元，年末在境外人数9 820人。随着厦门生活环境的改善和旅游接待能力的不断增强，来厦投资和旅游的境外旅客增多，仅2001年全市就接待过夜境外来厦旅游人数44.23万人次，比1981年增长15.4倍。

四、城乡居民收入大幅增加，生活水平明显提高

改革开放以来，厦门市经济取得辉煌的成就，城乡居民得到较多实惠，收入大幅度增加，生活水平明显提高。2001年，全市职工年人均工资达16 678元，比1981年增长22.1倍，年均递增17.0%，扣除物价上涨因素，年均实计增长7%。城乡居民储蓄存款余额达到262.2亿元，比1981年增长180.2倍，年均递增29.7%。

据抽样调查资料表明：2001年厦门市城镇居民人均可支配收入达11 365元，比1981年增长22.6倍，扣除物价因素，年实际递增7.6%；年人均消费性支出8 490元，比1981年增长17.9倍，扣除物价因素，年实际递增6.1%。城镇居民食品消费由量的满足朝质的提高转变，衣着消费朝款式多样化、时装化、分季化转变；用品消费逐步向现代化和享受型转变，彩电、空调、电话、冰箱、洗衣机已成为城镇居民家庭的必备品。小轿车也开始进入部分家庭。据调查，2001年末全市平均每百户城镇居民家庭拥有彩色电视机133台、洗衣机99台、空调器95台、影碟机与录放机105台、照相机44架、淋浴热水器99台。不少家庭还购置了电脑、钢琴、农用汽车等高档用品。随着城市建设的发展，城镇居民住房条件大幅度改善，人均居住面积由1981年的4.54平方米上升到2001年的16.8平方米。随着城市住房制度改革的实施，大部分居民购买了成本价或标准价、优惠价住房，住房装修也逐年呈现高档化。

农村居民在改革开放初期较短几年内，就解决了温饱问题。随着农村经济的发展，农民不断拓宽收入渠道，使全市农村收入不断提高。全市农村已步入小康，正向宽裕型小康迈进。据抽样调查，2001年，全市农村居民人均纯收入4 425元，比1981年增长15.8倍，扣除物价因素，年均实际递增5.1%；全市农民人均生活消费支出3 281元，消费日趋城市化。2001年末平均每百户农民家庭拥有电视机120台（其中：彩电106台）、摩托车108辆、电冰箱46台、洗衣机18台，电话、影碟机等用品在农村普及程度也逐年提高。改革开放以来，

农村居民住房条件显著改善，大部分家庭均新建了房屋，并随着新村建设的发展，涌现了同安马塘村等一批统一规划、布置合理的别墅式建筑群的社会主义新农村典型。农民建房档次逐步提高，已朝着钢筋水泥混合式、庭楼式、别墅式住宅方向发展。2001年末全市农村居民人均住房面积达40.2平方米。

五、社会事业全面进步，精神文明建设喜结硕果

特区建设以来，全市在经济建设取得重大成就的同时，大力发展科技教育等各项社会事业，加强城市管理，深化军警民共建活动，狠抓社会治安，人民生活保障和生活环境逐年改善，市民思想观念发生质的变化，精神文明建设取得丰硕成果。

全市在教育事业方面朝着建设“教育之城”目标不懈努力，增加教育投入，优化师资结构，宏扬社会集资助学义举，教育事业迅速发展，全市已普及九年义务教育。1981年创建了“鹭江大学”，为特区建设培养了大批实用人才。联办共建高校出现喜人景象，市政府及国家教委共建厦门大学和厦大工学院，与省政府及国家有关部门联办集美大学，创办民办大学华厦学院。这些联办高校与原有教育体系形成配套，形成了多层次、多学科、遍布城乡比较完善的教育网络，提高了全市人民的文化素质。重视科技事业的发展，加大科技投入，加强科研机构与企业的联系，加速科技成果的转化。至2001年底，全市已取得科技成果一千多项，其中，荣获国家及省部级科技进步奖二百二十多项。全市还设立了科技成果转化基地、技术创新基地及中试基地。2001年全市已有高新技术企业172家，创造高新技术企业产值375亿元，科技进步对经济发展的贡献率逐年提高。1997年荣获“全国科技兴市先进城市”的称号。在科教事业发展的同时，全市广播电视、文化、卫生、体育等各项社会事业也协调发展，为全市的经济发展和社会进步作出巨大的贡献。

特区建设以来，特别致力于人民生活环境质量的提高，加大了城市建设管理力度，市区实行机动车禁鸣喇叭，城区禁止燃放烟花爆竹，开展市容环境卫生，海岸带及风景资源保护等专项治理，开展筼筜湖综合治理，对污染源企业实行限期整改，直至勒令搬迁等措施，全市2001年环境噪声达标区覆盖率为62.68%，区域环境噪声平均值为58.1分贝，空气污染指数为52，优于国家大气环境质量一级标准。集中式饮用水水源地水质达标率100%，城市污水处理率和生活垃圾处理率分别为57.6%和95.4%，城市气化率达97.7%，工业固体废物综合利用率为89.8%，各项环保指标均达到国家考核标准。全市还重视城市绿化美化工作，2001年，全市绿化覆盖面积3 298公顷，建成区绿化覆盖率达34.9%，人均公共绿地5.05平方米。形成环境优美、交通有序、道路整洁的城市，先后被国家授予“全国卫生城市”、“全国园林城市”、“国家环保模范城市”等光荣称号。

特区建设以来，厦门在社会事业全面进步的基础上，不仅营造了一个优美的城市环境，形成了良好的社会秩序，还造就了一代“有理想、有道德、有文化，有纪律”的社会主义新人，经受了改革开放的考验和洗礼，市民的思想道德品质和科学文化素质以及观念意识明显提高。“开明、守信、开拓、竞争、奉献”特区精神的树立和各具特色的企业精神的树立，成了厦门市民爱岗敬业的主旋律。随着经济的发展，市民对知识的求索更新蔚然成风，自学考试、函授教育、知识补习、技术培训等各种学习方式持续发展，市民对知识的渴求形成自觉的行动。

全市还深化创建军警民共建活动，积极开展双拥活动，巩固和发展双拥成果，军队支持帮助地方经济建设，地方支援部队建设已成为厦门驻军与当地各级政府的共识，已连续四次获得“全国双拥模范城”的称号。广泛开展“厦门市市民文明公约”、“厦门市十不准规定”的宣传，开展创建精神文明建设先进区和五好家庭活动，市民的文明素质和文明程度不断提高，形成自觉规范行动的社会氛围，关心国家、关心集体，一人有难、众人相助的精神，在全市蔚然成风。先后被评为“全省精神文明建设先进城市”、“全国共建社会主义精神文明口岸”。

厦门特区建设以来的20年，是厦门取得卓越成就的20年。厦门将进一步深化改革、扩大开放、团结拼博、开拓进取、与时俱进，再创新的辉煌。

（厦门市统计局　许建良　林东供稿）

工业经济支撑全市经济半壁江山

——厦门经济特区二十年工业发展回顾

厦门经济特区成立二十年来，厦门市委、市政府按照中央“把厦门经济特区建设成为以工业为主，兼营旅游、商贸、房地产业的综合性 外向型经济特区”的指示精神，充分运用中央赋予的特殊政策和灵活措施，抓住机遇，开拓前进，厦门工业经济实现了前所未有的快速发展，从起步走向腾飞，取得辉煌成就。

一、工业经济综合实力显著提高，规模经济进一步发展，工业在国民经济中的支柱作用日益加强

2001年，全市完成工业总产值884.32亿元，比特区建设初期的1981年增长73.8倍（1981年全市不变价总产值仅为10.38亿元）；20年年平均增长速度为24.1%。2001年国有及年产品销售收入500万元以上非国有工业企业（以下简称“规模以上工业”）完成工业总产值803.29亿元，占全部工业总产值的90.8%。2001年工业增加值占全市国内生产总值（GDP）的比重达47.2%，工业对GDP增长的贡献率达53.8%。至2001年末，“规模以上工业”966家，企业资产合计888.60亿元，流动资产达428.48亿元，固定资产原值519.76亿元。其中，生产经营用固定资产达458.21亿元，全部固定资产中88.2%为直接服务于生产经营的固定资产，固定资产净值年平均余额为352.12亿元，固定资产净值和原值比达69.5%。实收资本237.4亿元，其中：公有制资本为32.1亿元，“三资”及个人资本达170.15亿元。实现产品销售收入784.62亿元，是1981年全部独立核算工业企业产品销售收入的87.9倍；实现利税总额66.35亿元。

经过20年的发展，工业企业的规模不断扩大。从1981年没有产值上亿元企业发展到2001年末拥有产值亿元以上工业企业121家，其中产值10亿元以上的企业有14家，5亿元以上的企业有25家，厦华电子、戴尔计算机、翔鹭涤沦纺纤、柯达股份、灿坤实业5家企业产值超过20亿元，在2000年/2001年度中国最大的500家外商投资企业（以销售收入计）中，厦门占11家，其中：戴尔计算机居第44位，厦华电子股份居第60位，翔鹭涤纶纺纤居第89位。

2001年121家产值上亿元企业共实现工业总产值609.35亿元，实现销售收入587.76亿元，拥有固定资产原值381.73亿元，实现利税54.7亿元，分别占全市规模以上企业的75.9%、74.9%、73.4%、82.4%。优势企业的经济规模不断扩张，大大增强了全市工业经济整体实力，规模经济已初见端倪，对全市工业经济乃至全市经济的支撑作用已愈来愈为明显。

二、工业经济结构优化升级加快，支柱行业领先发展成为工业经济的主导力量

工业经济部门按照市政府“突出发展支柱产业，加快改造传统产业，积极发展高新技术产业”的产业发展部署，引进一批高新技术、高附加值、高创汇且联动性强的龙头项目，形成具有市场竞争实力的产业群体，工业经济内部结构和产品结构明显优化和升级。产业结构从以轻工、纺织等轻型加工业为主，行业关联度低的松散型工业逐步发展形成以电子、化学、机械等重工业为主的具有一定行业配套能力和规模竞争优势的支柱行业。一个以新兴产业为主，传统工业为辅，高新技术产品与原有传统优势产品并举，门类较为齐全的，具有一定竞争优势和地方特色的工业体系已形成。目前，厦门工业已有行业大类33个，占行业大类总数的82.5%；2001年，全年市规模以上轻重工业比例为52.54∶47.46，而1981年全部工业中轻、重工业比例为70.42∶29.58，重工业比重上升辐度高达17.88个百分点，重工业发展明显快于轻工业，轻重工业比例更趋合理。

电子、机械、化工三个支柱行业，经过20年的

发展、特别是“八五”期间的飞速增长，已成为带动工业经济发展的龙头。

厦门市电子及通信设备制造业通过外引内联迅速崛起，在不断扩大规模的基础上，技术设备水平和工艺水平，产品科技含量、附加值均有较大的提高，该行业大部分整机等主要产品水平接近国际现有水平，产品技术从模拟走向数字化，从分立元器件走向集成化，大部分重点企业通过 ISO9000 认证。2001 年末，该行业拥有国有及年产品销售收入 500 万元以上工业企业 87 家，完成现价工业总产值 229.31 亿元，占全市同口径产值的 28%，实现工业增加值 46.73 亿元，占全市工业增加值的24.1%，创利税 12.23 亿元，是全市工业的第一大行业。行业内的主要产品有：以视听产品彩电、收录音机、VCD、DVD 和家庭影院为主的消费类电子产品；以计算机及外设、移动通讯及导航设备、各种电话机等为主的投资类电子产品；以微电机、电容器、光电器件、液晶显示器、半导体集成电路引线框架、电源变压器、继电器、各种电源线、磁性材料、导电橡胶等为主的基础元器件类电子产品；以及正在发展中的软件产业。行业内拥有“XOCECO”、“Amoisonic”、“DELL”、“Panasonic”等国内外知名品牌，形成了厦华、厦新、戴尔、松下、建松、TDK、FDK、万利达、共和、多威、法拉、华联、宏发、亚波罗等一批产值上亿元、几十亿元的骨干企业。

厦门市的机械工业作为传统行业，经过改革开放 20 年的发展，通过引进外资进行改造，调整产品结构，增强了市场竞争力。至 2001 年末，共有企业 235 家，全年共完成现价工业总产值 215.7 亿元，完成销售收入 212.82 亿元，创利税 20.09 亿元，拥有资产 213.2 亿元，产品从开关柜、照相机、摩托车、集装箱到万吨级大货轮均有生产，并拥有 ABB 中压和低压电器开关及开关柜、Linde 静压传动叉车、金鹭牌仲钨酸铵及蓝色氧化钨、金鹭牌钨粉及碳化钨粉等享誉世界的产品，厦工牌装载机、金龙牌大中型客车、厦控牌开关及开关柜、达顺牌双零铝箔等国内市场上的知名产品。厦门太古飞机维修中心是目前亚洲规模最大、达到国际先进技术水平的大型商用飞机维修基地，机械冶金工业在全市经济中的支柱作用已渐显现。

厦门市化学工业虽然在特区成立之初已形成了包括橡胶加工、氯碱工业、化肥、油漆塑料树脂在内的门类较为齐全的化工生产体系，但企业整体水平较低、生产规模较小，特区建设 20 年来，随着一批石化下游企业陆续建成投产及柯达感光在厦落户，厦门市的化学工业已有长足发展，至 2001 年末，共有企业 153 家，实现现价工业总产值 123.01 亿元，完成产品销售收入 122.87 亿元，创利税 1.88 亿元，化工业共涉及石油加工及炼油焦业、化学原料及化学制品制造业、医药制造业、化学纤维制造业、橡胶制品业、塑料制品业 6 个行业，产品涉及无机化工、有机化工、化肥、橡胶制品等，其中橡胶制品、感光化学品、精细化工已具有相当规模，正新橡胶、柯达感光、金达威维生素等几个大中型骨干企业，产品产量在全国占有相当比重。厦门市的化学工业已建成一系列高新技术含量较高、市场广阔、具有发展潜力的特色产品。

这三大支柱行业共拥有资产 576.58 亿元，实现现价工业总产值 568.02 亿元，完成产品销售收入 553.44 亿元，创利税 34.2 亿元，分别占到全市同口径工业企业的 64.9%、70.7%、70.5%、51.5%，三大支柱行业在全市工业中的主导地位凸显。

三、工业产业链的形成初见雏型

改革开放以前，厦门特区工业企业的设置基本上从农产品的粗加工、基本消费品的供给保证和就业的需要等方面进行建设的，企业规模普遍较小，企业之间几乎没有关联度，更加谈不上围绕骨干企业的拳头产品形成产业链，进而形成整体的竞争优势。但改革开放以来，随着外商投资工业的不断增加，这种情况开始发生变化，目前，在全市工业经济中已形成和正在形成的产业链包括：以戴尔电脑为龙头形成的规模化的计算机及周边产品产业链；以厦华、厦新、万利达、共和、松下等视听主机产品为龙头的新一代数码视听产品产业链；以灿坤等形成的白色小家电系列产品产业链；以通士达、利胜电光源等形成的绿色照明产业链；以厦华、中桥、厦新、宏泰等通讯类产品为龙头形成的通讯产品产业链；以 TDK、FDK、、建松、华联、永红、法拉等为龙头形成规模化的电子元器件产业链；以厦工装载机、嘉丰机械和三重压路机等为主形成的工程机械产业链；以林德叉车和巨鲸叉车等为主形成的叉车产业链；以太古飞机维修中心、GE 发动机为龙头形成的航空维修及航材、零部件制造产业链；以金龙旅行车、金龙联合汽车等为主形成的汽车产业链；以厦杏摩托车及配套厂为主形成的摩托车产业链；以厦门造船厂和太平货柜为龙头形成的系列船舶及集装箱产业链，以 ABB 公司和厦门电控厂等为龙头形成电工的产业链；以福建钨业公司、金鹭公司和虹鹭公司等为主形成的钨制品及硬质合金钨产品产业链；以翔鹭公司等为龙头的烃生产系列为主的产业链；以PVC为原料的PVC管材、管件和软质胶布系列产品产业链；以感光材料为主的精细化工产品产业链；以正新、海燕为龙头形成的橡胶制品产业链；食品工业产品链；中高档成衣产业链；玻璃陶瓷产业链。可以说，正是产业链的形成和完善，才加快了全市工业体系的形成和发展。

四、利用外资向深层次发展，跨国公司投资成为工业经济一道靓丽的风景线

对外开放，发展外向型经济是中央赋予厦门经济特区的一项重要战略任务。围绕这个中心，厦门致力于建立和完善市场经济体制的同时，不断扩大对外开放；不断完善基础设施建设改善投资硬环境的同时，不断优化投资软环境；转变政府职能，提高办事效率；灵活运用国际惯例和国际通行法则，不失时机加快同国际接轨，使厦门迅速步入外向型经济发展的快车道。至2001年，全市累计批准外商投资工业生产项目3 743个，合同利用外资107.88亿美元。“三资”工业总产值自1988年首次超过国有工业以来，其在全市工业总产值中的比重迅速提升。2001年全市规模以上“三资”工业总产值673.5亿元，占同口径工业总产值的比重达83.8%；“三资”企业工业品出口交货值占工业销售产值的48.9%，外商投资工业蓬勃发展有力地推动工业外向型经济的发展，成为特区工业的主力军。

特区建设二十年来，外资工业的发展呈现明显的阶段特征。在八十年代，外资工业处于起步阶段，外商投资主要以一般加工业为主，这时期厦门的“三资”企业主要以“两头在外，三来一补”型的轻型加工业为主、企业投资规模小，联动性低，平均每年新投资“三资”企业不到30家。进入90年代，特别是“九五”期间，厦门外资工业进入成型阶段，随着特区投资环境的日臻完善，外资工业不断扩张、升级向深层次发展。这时期外商投资扩展到高新技术领域，国外高新技术企业特别是跨国公司及关联企业来厦投资，外资工业跨越式发展。美国柯达感光公司、戴尔计算机公司、瑞典ABB公司、香港太古飞机维修公司、德国林德等一批国际知名跨国公司纷纷进驻厦门，形成跨国公司群落。至2001年止，世界500家最大的跨国公司已有26家在厦投资，工业项目36项，投资总额13.45亿美元，合同利用外资10.81亿美元。

五、积极开拓外销市场，地产工业品出口快速增长

改革开放之初的1981年，厦门市的工业企业除了罐头厂有农产品的加工出口外，基本没有地产工业品的出口，随着外商投资企业的进入，“两头在外，三来一补”型的轻型加工业逐渐带动了全市的工业品出口。

1988～2001年工业品出口交货值（从有资料年份起）

单位：亿元

年　份	1988	1989	1990	1991	1992	1993	1994
出口交货值	13.83	19.15	33.09	36.29	45.64	51.32	68.86

年　份	1995	1996	1997	1998	1999	2000	2001
出口交货值	167.11	179.12	214.37	206.37	234.36	315.04	346.51

注：1994年和1995年之间的数字不衔接是由于1995年工业普查，统计口径有调整

从上表可以看出，全市地产工业品出口已达到相当的规模，2001年地产工业品出口交货值率达43.9%，大批的工业企业凭借其先进的技术和品质优良的产品，致力于开拓国际市场，2001年末，全市规模以上966家工业企业中有565家工业企业的产品销往国际市场，除了传统的农副产品和“三来一补”出口加工外，更有涉及多个工业行业，代表先进技术和水平的电子计算机、新型彩电、集成电路、电子元器件、车载CD、VCD、DVD、大型集装箱货轮、大型商用飞机维修，绿色电光源等产品大批量出口，厦门市的工业正逐渐融入国际经济大环境中。

六、技术进步步伐明显加快，工业技术

水平和装备力量显著提高

特区成立以来，大批“外资”企业进驻厦门，带来了先进的技术和产品，随着全市外商投资企业的逐渐增多和增资扩产，引进先进的设备、技术甚至在厦门建立研发中心。全市多个工业行业技术和产品达到国内一流和国际领先水平，有力地推动全市经济实力的增强和产业结构的调整优化升级。目前，全市骨干企业的技术装备基本上达到九十年代国际水平。以科技进步带动结构深层次延伸，向高品位发展，中外合资企业厦华公司先后引进美国、德国、日本等发达国家先进工艺设备，购买多项专利技术应用于生产，为高科技产品实现产业化提供必要条件；厦新公司与美国 C－CUBE 微软系统公司在硅谷建立了一个联合开发实验室，与美国硅谷掌握关键技术的公司进行技术合作，形成“双赢”机制；灿坤公司在厦门设立了研发中心，作为其全球研发体系的组成部分；厦门 ABB 开关有限公司率先实行了 MRP－2 计算机辅助制造资源计划管理系统，并成为全国第一家通过了 ISO14000 认证的企业；宝龙工业公司是全国首家规模生产固态锂离子电池的企业；柯达公司作为世界最大的感光材料生产企业，其在厦建立的生产基地，拥有世界最先进技术和装备；作为全球电子元件界领头羊的 TDK 公司，也于 1999 年在厦门 TDK 公司成立了研发中心。翔鹭公司引进日本、德国、台湾地区、英国的现代化设备，产品质量达到国内一流水平；厦杏摩托车引进 90 年代最先进的生产及开发技术，尤其在发动机及关键零部件的生产与开发方面，居于国内领先地位；太古飞机工程有限公司和 GE 发动机有限公司使厦门市飞机大修和飞机发动机维修方面达到世界一流水平，成为中国甚至东南亚最重要的飞机维修基地。通过自主开发、联合开发或国外引进等方式，厦门市的多个工业行业的技术水平和产品水平达到国内一流和国际领先水平，初步形成了感光材料技术、计算机制造技术、化学纤维制造技术、电气控制技术、飞机维修技术、静压传动叉车技术、摩托车生产技术、数码视听电子产品技术、汽车制造技术、工程机械制造技术、新型电子元器件制造技术，集成电路生产技术、移动通信技术、生物医药技术等等。这些技术的应用和工业规模的扩大互成因果，形成了较好的良性互动，重点工业企业因扩大规模而引进技术，因技术先进而不断扩大规模，因规模扩大和技术先进，市场占有率高而产生很好的经济效益，带动了厦门市工业经济整体运行质量的提高，2001 年，全市 82.4% 的利税总额是由 121 家产值上亿元的重点工业企业创造的。

七、经济效益总体水平明显提高

厦门市工业以市场为导向，以经济效益为中心，调整优化产业结构，产品结构，提高产品附加值和技术含量，取得良好效果。厦门工业已由特区初期劳动密集型向现在资金密集型、技术密集型转化，劳动生产率大幅提高。2001 年规模以上工业经济效益综合指数为 132.27%；实现利税 66.35 亿元，比 1981 年增长 30.7 倍，其中：实现利润 30.73 亿元，比 1981 年增长 28.9 倍。“九五”时期利税总额累计比“八五”时期增长 2.5 倍；2001 年成本费用利润率 4.14%，比 1995 年提高 1.69 个百分点；年劳动生产率 68 885 元/人，比 1995 年增长 1.66 倍；流动资金周转率 1.92 次，比 1995 年提高 0.44 次。

（厦门市统计局　骆惠珠供稿）

投资领域建设成果显著

厦门特区建设二十年来，投资领域取得了巨大成就，投资建设在改革中发展，在调整中前进，投资额成倍增长，城市基础设施日趋完善，城市经济实力得到进一步增强，为厦门市经济发展和对外开放，为改善人民生活条件奠定了坚实的物资基础。

一、投资总量不断扩大，有力地推动了经济增长

特区建设二十年来，为适应改革开放和外向型经济发展要求，厦门在对固定资产投资体制实施较大改革的基础上，加大力度，优先促进投资适度快速增长，投资总量年年迈上新台阶。全市固定资产投资由1981年的1.78亿元，发展到2001年的192亿元。1981～2001年全市全社会固定资产投资总量达1 481亿元，平均每年递增26.4%，与前31年相比，总量增长188.2倍，其中基本建设投资575.10亿元，占同期全社会投资的38.8%。大规模的投资建设，有力地推动了全市经济的较快发展。

二、基础设施建设更加完善，城市面貌焕然一新

创办经济特区以来，市委、市政府从厦门基础设施落后的实际出发，优先进行供水、供电、运输、通讯等基础设施建设，努力改善投资环境，基本解决了长期困扰厦门经济发展的基础设施滞后问题。先后完成了东渡码头一期4个万吨级泊位和东渡二期及海沧专用码头的建设。完成了厦门高崎国际机场建设，并对机场进行了扩建改造。建设了嵩屿电厂，建成了三条电力进岛通道，完成九龙江引水改造工程。完成了鹰厦铁路电气化改造；建成了同集路与集灌路高等级公路以及厦漳、厦泉高速公路；建成了厦门大桥、海沧大桥和石鼓山立交桥；打通了钟鼓山隧道和仙岳山隧道，完成了仙岳路的建设；并对厦禾路和多条城市主干道进行了扩宽改造，完成了鹭江道改造工程和市府大道（厦禾路——公园南路段）的建设；高标准完成了环岛路一、二期工程，既改善了海岸线交通条件，也增加了旅游观光景点。同时引进了在万门程控电话和960路微波通讯工程，对邮电通讯进行了多次扩容，并发展了移动电话、无线寻呼、市内无线市话等通讯业务。对湖里工业区、海沧台商投资区、火炬高科技开发区、象屿保税区、集美北部工业区进行成片开发，创办了思明软件园、路桥高科技园、留学生创业园，兴建了大批住宅小区及商业办公楼宇，使城市面貌发生显著变化，投资环境大为改观。1992年厦门市被评为全国首批投资硬环境四十优的城市。1981年至2001年，用于基础设施建设的投资达355亿元，占全部固定资产投资的24%。

城市基础设施投资的大幅度增长，使城市基础设施更加完善，投资环境更加优化。至2001年底，城市建成区面积由1981年的不到40平方公里发展到87平方公里，增长1.2倍。2001年全市实有房屋建筑面积4 558万平方米，比1981年增长17.0倍。城市载体功能增强，2001年与1981年比较，城市道路长度增长4.9倍、自来水供水量增长5.8倍、全年用电量增长18.8倍、港口货物吞吐量增长10.2倍、邮电业务总量由1981年的374万元发展到2001年的17.23亿元，已建成立体交通运输网络和现代化邮电通讯网络。公路有较完善高等级路面的市内交通和通过集灌路、同集路或高速公路与外地四通八达的交通网。2001年末全市拥有营运性运输车辆2.33万辆，出租小汽车3 437辆。鹰厦铁路电气化改造全线完成，使厦门站铁路运输能力增加近1倍，已开通北京、上海、杭州、南京、西安、重庆等地11对客运列车。港口优势得到较快发展，至2001年底，全市港口货物吞吐量2 099万吨，集装箱吞吐量达到129万标箱，厦门港已两度名列全国沿海集装箱港第六位。厦门机场2001年共安全起降各类飞机4.61万架次，迎送中外旅客374万人次，居全国第9位，货邮行吞吐量达10.67万吨，2001年厦门航空有限公司拥有飞机25架。厦门机场是全国十大机场之一，是国际民航组织确认的最高一线机场。

三、一批新建的工业制造业建设项目投

入使用，极大地推动了工业经济的发展

随着投资建设步伐的不断加快，一批基础产业和支柱产业相继建成投产，全市国民经济各部门的生产能力迅速扩大，技术装备水平不断提高。1981～2001年建成基本建设项目3 312个，建成更新改造项目1 399个，主要建成的工业项目有林德叉车、太古飞机维修、ABB开关、华亚PVC管材、华亚PVC管件、厦杏摩托、明达塑胶、厦顺铝箔、太古饮料、翔鹭涤纶扩建、林德工业气体、柯达海沧感光材料、DELL电脑、通用电器发动机大修、中坤松节油等。其中飞机维修业、电脑业、感光材料业等世界最大跨国公司企业在厦门的投资，既推动了厦门市传统产业升级，又带动了高新技术产业的发展，促进了工业经济结构的优化，并已成为厦门工业经济的主要骨干企业。2001年仅柯达（中国）股份有限公司厦门分公司、戴尔计算机（中国）有限公司、厦门ABB开关有限司、翔鹭涤纶纺纤（厦门）有限公司、厦门太古飞机工程有限公司合计完成工业总产值就占全市规模以上工业总产值的18.3%。柯达（中国）股份有限公司厦门分公司将成为一个世界一流的感光材料生产基地，2001年戴尔计算机（中国）有限公司实现工业总产值已跃居全市首位。翔鹭涤纶纺纤（厦门）有限公司是全国化纤行业中最大的外商独资企业，屡获“全国外商投资双优企业”等荣誉称号，并稳居全国500家大型外商独资企业前列。

四、房地产业蓬勃发展，已成为国民经济的支柱产业

二十年来，厦门市房地产业作为一个新兴产业从无到有，迅速崛起，日趋兴旺。房地产业随着改革开放的进程形成了国有、集体、外资共同参与的格局，改变了城市住房统建统配，国家独自经营的局面，拓展了城建资金来源和房地产开发领域，有效改善城区建设面貌，全市已建成高层建筑超过二百幢，并建成莲花、振兴、东渡、槟榔、松柏、金鸡亭、金尚、前埔30等多个住宅小区，改善了居民住房质量。至2001年末，全市已有房地产开发企业495家，特区建设20年，共建成各类商品房1 670.91万平方米，其中商品住宅1 238.68万平方米，占同期全社会住宅竣工面积的38.9%；房地产开发完成投资514.76亿元，占同期全社会投资的34.7%。2001年全市商品房销售257万平方米，销售额达73.12亿元。

五、投资管理体制改革进一步深化，投资多元化格局已经形成

首先是形成了多元化的投资主体和分层次决策的建设项目管理模式。单一的国有投资主体被打破，集体、合资、私营等非国有经济成为重要的投资、融资力量。同时，政府逐步下放审批权限，简化审批手续。其次是建立并实施约束投资行为的制度，如先后提出了“拨改贷”、投资包干制和项目法人责任制等。第三，在投资主体上明确分工。根据项目的行业特点及经济效益、社会效益和市场需求等情况，把投资项目划分为竞争性、基础性、公益性三类。政府投资逐步集中到基础设施和公益性项目上，对一般竞争性领域的投资逐渐放开。第四，投资管理方式逐步从计划、行政手段为主过渡到财政、货币政策、产业政策及信息引导等多种手段综合配套的方式。建设特区前，厦门固定资产投资只有国有单位和集体单位两个投资主体，私营、股份制、合资、外资等投资主体基本上是空白，到目前已形成了国有、集体、个体、其他各种经济类型等多种投资主体共存的局面，国有单位所占比重已由1981年的77.1%下降到2001年的53.5%，而三资企业投资比重则上升到2001年的34.5%。

建设资金融资渠道也向多源化发展，建特区前，投资建设的资金来源几乎都是国家财政预算内资金，来源单一，使用集中。1981年全社会固定资产投资资金来源中，国家预算内资金占52.0%、国内贷款占16.0%、自筹资金及其他资金占32.0%。2001年全社会固定资产投资资金来源中，国家预算内资金占4.9%、国内贷款占20.1%、利用外资占14.7%，自筹资金及其他资金占60.3%。投资领域利用外资从无到有，数量不断增加，进入90年代以后，随着投资环境改善和外向型经济发展，利用外资步伐明显加快。2001年与1990年相比，利用外资增长了13倍，居国家预算内资金、国内贷款、自筹资金等各项资金来源首位。至此，利用外资几乎涉及所有大的行业。

（厦门市统计局　吴丹　林华供稿）

对外经济蓬勃发展

厦门经济特区建设二十年来，坚持不断改善投资环境，积极吸引外商投资，大力发展对外贸易和技术交流，充分利用台海地理优势，发展对台经济，积极开发本地丰富的旅游资源，促进涉外旅游业的发展，使厦门这个传统的对外通商口岸重新焕发青春，外向型经济实现质的飞跃。

一、对外贸易迅猛发展

厦门经济特区成立以来，厦门对外贸易步入了崭新的发展时期。改革开放以前，厦门与国外的贸易往来规模一直不大，到1978年，全市外贸出口总值仅为8 208万美元。在出口的商品中，大部分是土畜产品和粮油食品等初级产品，占全部出口总额的80.6%。对外贸易往来的国家只有84个，而且没有进口经营权，全市的对外贸易业务由国家指定的5家外贸专业公司统一经营。改革开放后，特别是特区建设20年来，厦门市对外贸易发展迅猛，20年累计对外贸易进出口总额为786.90亿美元，2000年外贸进出口总值首次突破百亿美元大关，2001年全年外贸进出口总值达110.79亿美元，比1981年增长72.2倍，年平均增长23.9%。

特区成立二十年来，厦门市对外贸易呈现以下特点：

（一）外贸体制改革取得较大进展。特区建设20年来，厦门市灵活运用国家赋于经济特区的特殊政策，较早成立了地方性外贸公司，形成了进出口公司、外贸专业公司、工贸进出口公司、三资企业、私营企业等多层次的外贸进出口经济实体；进一步放宽对进出口经营权的限制，调整外贸企业的组织结构，推进外贸企业的实业化，并以提高经济效益为中心，扩大出口，实现了外贸新旧体制的平稳过渡。至2001年底全市进出口业务达千万美元的企业有173家，进出口总额合计为81.05亿美元，占全市进出口总额的73.2%。

（二）出口商品结构进一步优化。二十年来，厦门市政府实行各项外贸出口扶持政策，重点抓好出口大户的服务，培育和发展一批具有市场竞争优势的高科技产品和高科技出口企业，积极推行品牌战略，加快培育一批名优出口产品，提高国际竞争力，使厦门市的外贸出口规模不断扩大。2001年，全市出口总额达65.05亿美元，比1981年增长45.1倍，年平均增长21.1%，进出口贸易顺差19.3亿美元。在出口快速增长的同时，出口产品结构也发生可喜的变化，出口产品的附加值不断提高，2001年全市共完成机电产品出口27.51亿美元，占全部出口的比重达42.3%，高新技术产品出口达8.33亿美元，占全部出口的比重达12.8%。随着戴尔计算机、灿坤、林德、富士电气、ABB开关、厦华、厦新、太古飞机维修等一大批国内外知名大公司生产能力及企业规模的进一步扩大，厦门市机电产品、高新技术产品出口后续发展能力强劲，已对厦门外贸发展起着主导的作用。

（三）海外市场形成多元化的格局。在激烈的国际市场竞争中，厦门市外贸部门加强对海外市场的调研、促销的工作力度，采取多种方式积极开拓国际贸易市场，在巩固发展港澳台地区及东南亚传统市场的同时，大力发展美、日、西欧、东欧等市场。目前，厦门市与世界178个国家及地区建立贸易往来关系，呈现出多元化的发展格局。

（四）三资企业成为外贸进出口的主力。厦门经济特区建立20年来，外商投资企业从无到有，已成为厦门市外向型经济的重要组成部分。2001年，全市三资企业进出口总值72.39亿美元，占全市进出口总额的65.3%。三资企业生产的发展也带动了进口的同步发展，外资企业的设备原辅材料等进口出现较大幅度的增长。

二、利用外资取得可喜成绩

厦门创办经济特区初始，在直接利用外资方面几乎是从零开始，经过20年的发展，招商引资工作取得飞跃性进展，1981年第一家外商在厦门直接投资兴业。特区创办初期，厦门市利用外资主要形式是对外借款和“三来一补”。随着对外经济活动的改革开放，外商直接投资纷涌而入，投资热潮一浪高过一浪，外商直接投资迅速发展，截止2001年底，全市累计批准直接投资项目5 334项，直接利用合同外资金额187.30亿美元，实际利用外商直接投资126.50亿美元，合同外资到资率为67.5%，已有4 381家三资企业在厦门开业投产。

纵观厦门特区的利用外资发展历程，大致可分为四个阶段：

（一）初始起步阶段，即 1981 年 10 月到 1983 年底。在这个时期内，由于厦门市基础设施不够完善，投资环境不很理想，外商虽表现出投资兴趣，但实现投资并不多，表现出看的多、谈的多、签约的少。前来投资的外商主要以港、澳、台商和华侨为主，多抱以“投石问路”的心态，主要举办劳动密集型和加工贸易型企业，投资形式单一、投资规模较小。至 1983 年底，厦门特区批准外商直接投资企业合同 23 家，协议合同金额 9 840 万美元，实际利用外资 1 082 万美元。这个阶段的招商引资步代迈得不大，却引起了积极反响，为特区的进一步发展奠定了基础。

（二）逐步成长阶段，即 1984 年至 1987 年底。1984 年初，邓小平同志来厦门视察工作时，亲自题词：“把厦门经济特区办得更快些更好些”，标志厦门特区由初创起步走向新的发展阶段。厦门经济特区实行更加开放的政策，把特区范围从湖里 2.5 平方公里扩大到全岛，并逐步实行了自由港的某些政策，出现了全市办特区的新局面，形成了“以工业为主，兼营旅游、商业、房地产业的综合性外向型经济特区”的发展格局。随着投资环境的改善，1984 年出现了外商投资热潮，当年批准的签约合同项目、协议合同金额和实际利用外资比 1983 年分别增长 2.7 倍、52.2%和 3.1 倍。

（三）快速发展阶段，即 1988 年至 1991 年。1987 年台湾当局放宽了外汇管制和开放民众赴大陆探亲，给厦门特区利用台资带来契机，厦门市加强对台招商引资工作的力度，先后设立杏林、海沧两个台商投资区，台商在区内投资可享受现行特区政策，台商投资厦门出现突破性的进展，形成了一股台资热。1988 年至 1991 年，全市引进台资项目累计达四百七十多项，合同外资金额超过十亿美元，平均单项投资额 215 万美元。台商在厦门的投资项目逐步由劳动密集型向资金和技术密集型转化，千万美元以上的企业已有十多家。

（四）蓬勃发展阶段。1992 年邓小平同志视察南方讲话以后，外商在厦门投资出现了新的高潮，利用外资进入了全方位开放、蓬勃繁荣的发展阶段，从 1992 年至 2001 年全市共批准直接投资项目 4 186 项，直接利用合同外资金额 165.87 亿美元，实际利用外商直接投资 118.01 亿美元。这个阶段的招商引资从数量上、质量上都出现可喜的进展，主要有以下几个特点：①国际上的一些著名跨国公司和高新技术企业相继投资落户厦门，一批大项目相继建成投产。截至 2001 年底，世界最大 500 强跨国公司已有 27 家在厦投资办企业，投资项目 35 个，其中工业项目 30 个，工业项目投资总额 12.24 亿美元，合同外资 9.62 亿美元，平均单项合同外资 3 205 万美元。②外商投资的产业结构得到优化，投资领域从第一、二产业扩大到第三产业的饮食服务业、娱乐业、房地产业、运输业、金融业、信息产业等。从劳动密集型企业为主发展到以技术、资金密集型企业为主；从加工贸易到高附加值企业发展，并逐步形成了为龙头产品配套的产业链。③外商投资企业经营良好，步入良性循环的发展阶段，外资工业产值比重继续提高。2001 年三资企业完成工业总产值 673.50 亿元，占全市工业总产值的 83.8%。三资企业经营效益显著提高，三资企业进出口总额持续增长，全市三资企业盈利面在 80%以上。外商投资取得了良好的回报，有力调动三资企业增资扩产的积极性，2001 年全市增资扩产项目 150 项，增资合同外资额 4.90 亿美元，占全年合同外资额的 38.6%。

三、涉外旅游服务业发展看好

厦门市地处祖国东南沿海，自然环境优越、气候条件好、旅游资源丰富。随着对外开放政策的进一步实施，来厦投资、洽谈生意和旅游的外国人、华侨、港澳同胞和台湾同胞不断增加。厦门市努力解决接待能力不足的矛盾，陆续改造了鹭江宾馆、华侨旅行社、厦门宾馆等。同时新建一批餐饮、娱乐等旅游服务设施，推动了旅游业的发展。截止 2001 年底，厦门市旅游饭店已达 96 家，比 1981 年增加 92 家，其中，星级饭店 54 家（五星级 1 家、四星级 4 家、三星级 17 家、一二星级 32 家），具有境外旅客接待能力的旅行社 12 家，旅游接待能力和服务质量大大提高。在维护、翻修老景点的同时，不断开发新景点，现有大小旅游景点 20 个。交通运输也大有改善，陆海空全方位开通，大大方便了广大游客。近几年来厦门的城市建设、造林绿化、环境保护、城市卫生都有根本的改观，先后获得“国家卫生城市”、“国家园林城市”、“国家环境保护示范城市”、“中国优秀旅游城市”和“全国十佳人居城市”的称号，更多地吸引境外游客纷纷涌入“厦门——海上花园”观光旅游。2001 年全年接待过夜境外游客达 44.23 万人次，比 1981 年增长 15.4 倍。对外交流也日趋扩大，2001 年全市劳务输出与承包工程完成营业额 7 115 万美元，年末在境外人数 9 820人。涉外旅游服务业已成为促进厦门经济特区第三产业增长的重要力量。

（厦门市统计局　魏雅芬供稿）

商业经济快速发展

厦门建立经济特区以来，商业经济蓬勃发展，从1981年至2001年的二十年间，社会消费品零售总额以年均22.3%的速度快速增长。二十年来厦门商业已形成了多层次、全方位、多种经济成份和运行方式并存的商品流通格局。

一、伴随流通领域体制改革的不断深入，商品流通规模不断扩大，商业经济向多元化方向发展

（一）加大流通领域体制改革力度，逐步建立现代企业制度。厦门市主要围绕扩权转制、搞活经营来深化大中型国有企业改革，1995年将原有的商业局、粮食局、供销社转制为集团性公司。根据原商业部颁布的《全民所有制商业企业转换经营机制实施办法》，扩大国有大中型商业企业14个方面的自主权，实行企业经营、价格、用工、分配四放开，并实行现代企业制度改革，从根本上改革大中型商业企业经营管理机制。同时，对为数众多的小型国有商业企业进行承包和租赁改革、国有转民营改革，基本实现了由计划管理型向市场经营型的转变。至2001年底，流通领域体制改革取得实质性的进展。一批企业关停并转，出台股权质押、改制和破产准备金管理使用以及职工补偿金等办法，促进国有资金从一般竞争性领域有序退出。商、粮、供三家集团公司的资产盘整、债权债务转移等工作也取得了实质性进展，并妥善处理好善后工作和职工安置分流工作。

（二）商品流通规模不断扩大，促进国内外贸易向前发展。特区建设20年来，厦门市商业企业面对国家流通体制改革措施的不断出台，从观望到参与，直到适应，逐渐加大改革力度，加快转机建制，从而促进全市商品流通规模不断扩大。1981年厦门市商业部门全年实现的商品购进、销售总额分别只有8.94亿元和9.28亿元；而至2001年，批发零售贸易业全年实现的商品购进、销售总额已经分别达到了598.54亿元和619.84亿元，其中限额以上批发零售贸易企业销售总额占到总数的70%以上。大中型贸易业充分发挥规模大、网络多的优势，实行多元化、多功能经营，在稳步扩大国内市场的同时把目标转向国际市场，跨出国门积极开拓国际贸易，参与国际市场竞争，不断促进商品和流通。据海关统计。2001年厦门市外贸进出口总额达110.79亿美元，比1981年增长72.4倍，年平均增长23.9%。

（三）市场机制的作用日益明显，市场竞争日趋激烈，促进商业经济向多元化方向发展。特区建设20年来，厦门商业改变了以往国有、集体商业经济一统天下的状况，积极引进外资，发展“三资”企业，鼓励私营和个体经济发展，加大股份制改革力度，加快发展内联企业；落实非公有制经济发展的鼓励政策措施，鼓励非公有制经济以资本参股、技术参股等形式，参与公有制经济的改组改造，逐步形成了多种经济形式并存的、互相竞争、互相促进的新格局。从2001年限额以上批发零售贸易企业商品销售总额所占的比重来看：国有、集体经济占46.2%，与1981年一统天下的情形相比，其市场占有率缩小50个百分点以上；而各种其他经济商业则从无到有迅速发展，股份合作及股份制经济市场占有率20.2%，私营经济12.2%，联营经济9.7%，外商及港澳台投资经济1.2%。

二、市场主体向多层次发展，商业市场运行体系已基本形成

（一）商业网点建设加快，极大地方便城乡居民的生活。建立特区以前，厦门市商业、餐饮业网点绝大部分集中在中山路至厦港一带的旧市区。特区建设20年来，厦门城市建设发生了翻天覆地的变化，伴随着流通体制的改革，遍布全市大街小巷的商业、餐饮业网点不断涌现，极大地方便了城乡居民的生活。截止2001年底，全市已拥有消费品市场136个，年成交额达49.79亿元；批发零售贸易业、餐饮业网点4.04万个，比1981年增长23.7倍，年平均增长17.4%；从业人员15.92万人，比1981年增长5.8倍，年平均增长10.1%。平均每个网点服务的户籍人口数33人，比1981年减少549人，

平均每万人拥有商业网点 301 个，比 1981 年增加 284 个。

（二）积极探索并建立新的市场运行体系，促进商业市场向多层次发展。在流通组织形式方面，第一家中外合资连锁超市公司福兰普利超市（倍顺）于 1997 年开始运作，世界知名的连锁商业美国沃尔玛、台湾好又多也于 2001 年进入厦门。其他商业零售业组织形式也日趋多样化，如连锁经营式、仓储式、自选式、自动式、直销式、敞开式、网络购物、电视购物等。在商业市场建设开发方面，大胆引进外资、吸引内资，积极新建、改建综合性商场、市场，使商品流通总规模稳步增长。特区建设 20 年来，全市所有新建的住宅小区都有配套的农贸市场，还有闽南果蔬批发市场、东渡水产品批发市场、霞溪消费品综合市场、汽车城、国联建材城、江头建材市场等交易市场投入使用，成交额逐年增长；华联商厦、友谊商场、华联商厦梧村分店、大陆商厦、巴黎春天购物中心、莱雅百货、丰联达商业中心、免税商场、思文电器新城、新时代莱雅等大中型商场，以及新建的湖滨北路美食一条街、牡丹大酒楼、佳丽海鲜大酒楼、舒友大酒楼等等，极大地方便了广大居民的生活消费，对全市消费品市场的快速发展起到了积极的促进作用。随着特区经济发展和市场的扩展，商业网点结构向高层次、多功能变化，便民措施更加完善，集购物、服务、娱乐、休闲、餐饮于一体的网点不断增多，形成一个大中小相结合、多种经济成份和多种经营方式相结合的消费市场网络，全方位满足不同消费者的需求。

（三）商品流通的市场化水平不断提高。特区建设二十年来，在市场经济机制下，商业、外贸、物资企业在经营上已完全打破旧格局，建立起了生活资料和生产资料经营相结合、批发和零售相结合、国内贸易和国外贸易相结合、国内市场和国际市场相衔接的新局面。目前 95% 以上的商品价格通过市场调节，国家定价的商品不到 5%。市场供求平衡基本上由市场机制自发调节，政府主要从宏观上加以调控，以保持市场繁荣稳定。

三、消费品零售市场繁荣稳定，不同经济类型企业竞争激烈

特区建设二十年，厦门市零售市场持续稳步增长，多种经济成分相互竞争。2001 年厦门市实现社会消费品零售总额达 186.55 亿元，比 1981 年增长 55.4 倍，年平均增长 22.3%。

（一）各种经济类型市场占有率发生变化，非公有制经济发展迅速。建立特区以前，国有、集体经济基本是一统天下。经济特区建设二十年来，各种其他经济类型从无到有，迅速发展，市场占有率不断提高。2001 年，厦门市国有、集体经济实现零售额 50.77 亿元，市场占有率为 27.2%，比 1981 年减少 72.1 个百分点；非公有制经济则几乎从无到有，高速发展。其中个体、私营经济增长势头最猛，已经占据零售市场的半壁江山，其零售额已达 98.84 亿元，市场占有率从 1981 年的 0.7% 上升为 53.0%；外商、港澳台经济零售额 14.81 亿元，市场占有率 7.9%；联营经济零售额 3.41 亿元，市场占有率 1.8%；其他经济零售额 18.72 亿元，市场占有率 10.1%。各种经济类型相互竞争、相互补充，促进零售市场繁荣稳定。

（二）从行业结构看，各行业比重发生较大的变化。批发零售贸易业积极改善经营管理，增加营业设施投入，大力组织适销对路产品，开展各种促销活动，满足不同层次的消费需求，服务能力和水平不断提高，在零售市场中仍占较大优势。2001 年批发零售贸易业实现消费品零售总额 129.74 亿元，比 1981 年增长 40.5 倍，年平均增长 20.5%，市场占有率 69.5%，比 1981 年减少 15.3 个百分点，仍居各行业之首，但其市场份额呈逐年下降趋势；随着人民生活水平和生活质量的不断提高，居民消费观念发生很大变化，在外就餐成为时尚，KTV、RTV 等娱乐餐饮消费逐年兴起，厦门传统小吃得到恢复挖掘，肯德基、麦当劳等洋快餐也杀进厦门市场，占据一席之地，中式酒楼、中式快餐也以其服务质量与水平不断提高而赢得大量顾客，全国各地各种菜肴、菜系在厦不断亮相，相互竞争、蓬勃发展。同时，厦门市旅游业、娱乐服务业的快速发展，也大大推动餐饮市场的繁荣发展，餐饮业在零售市场中所占的份额逐年提高。2001 年厦门市餐饮业零售总额达到 29.98 亿元，比 1981 年增长 226.8 倍，年平均增长 31.2%，所占比重为16.1%，比 1981 年增加 12.5 个百分点；制造业直销 2001 年实现零售额 8.17 亿元，比 1981 年增长23.3倍，年平均增长 17.3%，所占比重为 4.4%；其他行业 2001 年实现零售额 18.66 亿元，其市场占有率 10%。

四、买方市场初步形成，居民消费结构发生质的变化，消费出现新热点

随着生产的发展和消费市场的发育成熟，短缺经济的时代已成为过去，多数商品呈现供求平衡或供大于求，市场需求引导生产的作用不断增强，物价由升转降；而城乡居民收入不断增加，社会保障体系改革分流了一部分居民购买力，使消费需求由

被动转为主动，消费市场已由卖方市场转为买方市场。消费领域的不断扩大，使居民消费结构也发生质的变化，消费出现新的热点。主要表现在居民吃、穿比重下降，休闲、娱乐、旅游支出增加，需求出现新亮点，住房、汽车、金融投资、养老、医疗、教育、人寿保险消费已开始步入普通百姓家庭。同时，各类家庭耐用品消费如电视机、电冰箱、空调、摄像机、电脑、通讯器材等消费从无到有快速增长。城市百户居民家庭生活抽样调查表明：2001 年每百户家庭已拥有彩色电视机 133 台、电冰箱 105 台、洗衣机 99 台、空调 95 台、家用电脑 25 台、移动电话 198 台、健身器材 21 件。2001 年厦门市城镇居民人均可支配收入和人均消费性支出分别为 11 365 元和 8 490 元，比 1981 年职工家庭人均生活费收支分别增长 24.1 倍和 17.9 倍，年平均增长 17.5% 和 15.8%。2001 年厦门市居民食品支出占消费支出的比重（恩格尔系数）已降至 41.34%，而用于衣着、交通、娱乐、文教、居住等项目的支出比重均逐步上升。恩格尔系数的下降，表明厦门市居民生活水平已发生质的变化，居民生活水平已由温饱进入小康并逐步走向富裕。

（厦门市统计局　林永明、李薇供稿）

统计资料

统计资料

一、综合·城市基本情况

行　政　区　划

（　2001年末　）

县（区）行政单位名称	街道（镇）办事处名称	居民委员会（村民委员会）名称
7个市辖区	18个街道 17个镇	238个（社区）居委会　295个村委会　（9个农林花果场）
鼓浪屿区 6个社区		延平社区、旗山社区、龙头社区、内厝社区、福祥社区、鸡山社区（6个）
思明区 5个街道 57个居委会	厦港街道	鸿山居委会、永福居委会、新村居委会、蜂巢山居委会、圆山居委会、福海居委会、碧山居委会、民族居委会、厦港居委会、大学路居委会、下澳居委会、顶澳居委会、大生里居委会、南义和居委会、巡司顶居委会、大桥头居委会、寿彭居委会、沙坡尾居委会、南华居委会（19个）
	滨海街道	厦大居委会、白城居委会、北村居委会、海滨新村居委会、龙虎南里居委会、东区居委会（6个） 曾厝垵、黄厝（2个）
	文安街道	思南居委会、定安居委会、石坊居委会、文渊井居委会、马柱居委会、金新河居委会、泰山居委会、水仙居委会、虎头山居委会、青石巷居委会（10个）
	中华街道	仁安居委会、下井居委会、镇海居委会、苏厝居委会、石壁居委会、桥亭居委会、中华居委会、新华居委会、古城居委会、霞溪居委会、南田居委会、石泉居委会（12个）
	思明街道	思明居委会、升平居委会、镇邦居委会、大中居委会、思西居委会、局口居委会、思中居委会、南轿居委会、思东居委会、中山居委会（10个）
开元区 6个街道 99个居委会 6个村委会	鹭江街道	营平社区居委会、大同社区居委会、新路社区居委会、鹭江社区居委会、厦禾社区居委会、白鹭苑社区居委会、思北社区居委会、幸福社区居委会、双莲池社区居委会、小学路社区居委会、西堤新村社区居委会、湖西社区居委会、禾祥西社区居委会（13个）
	公园街道	滨南社区居委会、华新社区居委会、园南社区居委会、深田社区居委会、溪岸社区居委会、美头山社区居委会、美仁社区居委会、西边社区居委会、塔厝社区居委会、文滨社区居委会、后江社区居委会、湖滨社区居委会、白鹤山社区居委会、美仁新村社区居委会、阳台山社区居委会、希望社区居委会、白鹭社区居委会、虎溪社区居委会、坑内社区居委会、天湖社区居委会（20个）
	梧村街道	文灶社区居委会、文园社区居委会、金榜山社区居委会、铁路社区居委会、滨东社区居委会、滨中社区居委会、双涵社区居委会、浦南社区居委会、万寿北社区居委会、金祥社区居委会、文屏社区居委会、官都社区居委会、东坪社区居委会、溪东社区居委会、文汇社区居委会、梧村社区居委会（16个）
	筼筜街道	三里南居委会、石亭社区居委会、西郭社区居委会、四里社区居委会、槟榔东社区居委会、槟榔西社区居委会、湖明社区居委会、振兴社区居委会、莲岳社区居委会、建业社区居委会、岳阳社区居委会、屿后东社区居委会、屿后西社区居委会、岳明社区居委会、岳星社区居委会、育秀社区居委会、仙阁社区居委会、育星社区居委会、屿浦社区居委会、屿后社区居委会、官任社区居委会、侨岳社区居委会、一里社区居委会、仙岳社区居委会、松岳社区居委会（25个）

续一

县（区）行政单位名称	街道（镇）办事处名称	居民委员会（村民委员会）名称
开元区（续）	嘉莲街道	盈翠社区居委会、莲坂社区居委会、莲秀社区居委会、莲西社区居委会、宝龙社区居委会、莲兴社区居委会、怡祥社区居委会、松柏社区居委会、长青社区居委会、莲花一村社区居委会、莲花二村社区居委会、莲花三村社区居委会、莲花四村社区居委会、莲花五村社区居委会（14 个）
	莲前街道	莲怡社区居委会、莲顺社区居委会、莲云社区居委会、莲薇社区居委会、莲茂社区居委会、莲丰社区居委会、金鸡亭社区居委会、龙山桥社区居委会、东浦社区居委会、侨福社区居委会、瑞景社区居委会（11 个） 西林、洪文、前埔、何厝、塔埔、岭兜（6 个）
湖里区 2 个街道 1 个镇 27 个居委会 13 个村委会	湖里街道	湖里居委会、村里居委会、徐厝居委会、濠头居委会、东渡居委会、塘边居委会、后浦居委会、金鼎居委会、华昌居委会、南山居委会、兴湖居委会、东荣居委会、康晖居委会、康乐居委会、新港居委会、和通居委会、怡景居委会（17 个）
	殿前街道	兴隆社区居委会、北站社区居委会、长乐社区居委会、神山社区居委会（ 4 个） 殿前村、马垄村（2 个）
	禾山镇	江头社区居委会、吕厝社区居委会、金尚社区居委会、吕岭社区居委会、园山社区居委会、金西社区居委会（6 个） 枋湖村、坂尚村、钟宅村、岭下村、高林村、五通村、后坑村、江头村、蔡塘村、后埔村、围里村（11 个）
杏林区 1 个街道 3 个镇 18 个居委会 36 个村委会 2 个农林花果场	杏林街道	东风居委会、杏堤居委会、纺织居委会、杏糖居委会、白鹤居委会、杏玻居委会、日东居委会、曾营居委会、龙泉居委会、文华居委会、三秀居委会、宁宝居委会、华铃居委会、永丰居委会、新源居委会、祥业居委会（16 个）
	杏林镇	马銮、西滨、前场、锦园、西亭、杏林、内林、高浦（8 个）
	海沧镇	海沧居委会、海发居委会（2 个） 新垵、霞阳、吴冠、石塘、钟山、东屿、渐美、温厝、囷瑶、海沧、青礁、后井、锦里、贞庵、古楼、祥露（ 16 个）
	东孚镇	东浦、山边、寨后、过坂、东瑶、鼎美、后柯、芸尾、凤山、贞岱、莲花、洪塘（12 个） 第一农场、天竺山农场
集美区 2 个街道 2 个镇 14 个居委会 28 个村委会 1 个农林花果场	集美街道	岑东居委会、岑西居委会、岑郭居委会、尚南居委会、浔江居委会、盛光居委会、银亭居委会、印斗居委会、塘盛居委会(9 个)
	灌口镇	灌口居委会（1 个） 坑内、深青、田头、上塘、双岭、李林、东辉、顶许、灌口、三社、上头亭、井城、陈井、浦林、铁山、黄庄（16 个）
	后溪镇	新村、前进、溪西、后溪、仑上、崎沟、东宅、后垵、岩内、英村（10 个）
	侨英街道	浒井居委会、孙厝居委会、凤林美居委会、叶厝居委会（4 个） 兑山村、东安村（2 个） 坂头防护林场

续二

县（区）行政单位名称	街道（镇）办事处名称	居民委员会（村民委员会）名称
同安区 2个街道 11个镇 23个居委会 210个村委会 6个农林花果场	大同街道	双溪居委会、西安居委会、三秀居委会、后炉居委会、东溪居委会、溪边居委会、南门居委会、北镇居委会、银华居委会、城西居委会、凤山居委会、北门居委会、西池居委会、新安居委会、舒安居委会（15个） 田洋、古庄、朝元、东山、顶溪头、碧岳、东宅、下溪头、康浔（9个）
	祥平街道	西溪居委会、陆丰居委会、祥平居委会（3个） 过溪、溪声、祥侨、杜桥、西洪塘、西湖、阳翟、卿朴、瑶头、凤岗（10个）
	马巷镇	五美居委会、友民居委会、三乡居委会、后亭居委会（4个） 五星、琼头、陈新、井头、城场、窗东、蔡浦、山亭、亭洋、郑坂、后莲、曾林、后许、沈井、桐梓、黎安、内垵、垵边、前庵、内官、何厝、洪溪、同美、西炉、赵厝、后滨、西坂、市头、朱坑、舫阳（30个）
	新圩镇	龙新居委会（1个） 新圩、古宅、后埔、金柄、凤路、村尾、乌山、云头、面前埔、上宅、诗坂、东寮、桂林、庄垵、后亭、马塘（16个）
	新店镇	新兴街居委会（1个） 新店、莲河、霞浯、沙美、霄垄、珩厝、茂林、大宅、吕塘、溪尾、祥吴、湖头、东坑、洪前、洪厝、炉前、下后滨、下许、垵山、刘五店、东界、钟宅、浦园、西滨、澳头、欧厝、彭厝、前浯、浦边、后村、蔡厝、陈塘、东园、古罗（34个）
	莲花镇	莲花、后埔、蔗内、内田、上陵、军营、淡溪、白交祠、西坑、罗溪、尾林、水洋、小坪、澳溪、云埔、云洋、瑶市、溪东、美埔（19个）
	新民镇	四口圳、后宅、禾山、梧侣、乌土、西塘、洋厝埔、西山、蔡宅、湖甘、甘岭、溪林（12个）
	洪塘镇	洪塘、三忠、苏店、新霞、郭山、龙泉、新厝、新学、苏厝、石浔、龙东、龙西、大乡、下墩、塘边、埔后（16个）
	西柯镇	西柯、丙洲、吕厝、浦头、西浦、下山头、埭头、官浔、潘涂、美星、洪塘头、后田（12个）
	汀溪镇	隘头、路下、褒美、古坑、西源、荏畲、顶村、堤内、半岭、前格、五峰、汪前、造水（13个）
	五显镇	垵炉、下峰、布塘、店仔、溪西、竹山、后垅、军村、后塘、上厝、明溪、宋宅、四林、西洋、三秀山（15个）
	内厝镇	上塘、前垵、后垵、黄厝、许厝、莲塘、莲前、霞美、赵岗、曾厝、官路、美山、新垵、锄山、琼坑（15个）
	大嶝镇	田墘、山头、蚵窟、嶝崎、双沪、阳塘、北门、东埕、小嶝（9个） 凤南农场、大帽山农场、汀溪防护林场、祥溪农场、白沙仑农场、华侨农场

土　地　面　积

（　2001年　）

	城市面积（平方公里）	人均拥有面积（平方米）
全市土地面积	**1 565.09**	**1 164.85**
#思明区	18.95	177.68
开元区	52.18	172.14
湖里区	61.41	3 760.56
鼓浪屿区	1.91	15.88
杏林区	209.00	1 987.33
集美区	213.21	1 502.83
同安区	1 008.42	1 832.76
土地利用现状：		
#耕地面积	333.49	248.21
园地面积	237.69	176.91
林地面积	493.06	366.97
居民点及独立工矿	250.93	186.76
交通用地	40.11	29.85
水　域	235.20	175.05
城市建成区面积	**87.00**	**65.51**
#城市建设用地	87.00	65.51
#工业用地	25.00	18.82
公共设施用地	7.00	5.27
生活居住用地	16.00	12.05
仓储用地	2.00	1.51
对外交通用地	7.00	5.27
道路广场用地	8.00	6.02
市政公用设施用地	3.00	2.26
绿　地	16.00	12.05
特殊用地	3.00	2.26

岛内各月气温实况

单位：℃

月份	平均气温	极端最高气温	极端最低气温
一月	14.5	25.6	7.2
二月	14.6	26.7	6.8
三月	16.9	29.6	8.5
四月	19.2	33.6	12.5
五月	23.9	32.9	17.4
六月	26.3	33.6	21.1
七月	27.9	37.4	22.0
八月	28.6	35.1	23.0
九月	26.1	33.1	21.3
十月	23.3	33.2	17.9
十一月	18.5	28.5	11.4
十二月	15.5	26.7	6.0
全年	**平均21.3**	**最高37.4**	**最低6.0**

岛内各月降雨、蒸发、湿度实况

单位：毫米

月份	降雨日数（天）	降雨量	一日最大雨量	蒸发量	相对湿度（%）
一月	8	68	36	99	76
二月	5	12	7	95	78
三月	12	108	54	138	74
四月	16	160	52	120	81
五月	16	202	67	156	82
六月	17	324	68	172	85
七月	10	105	65	193	82
八月	6	201	93	217	78
九月	18	320	153	162	76
十月	4	3	2	188	70
十一月	3	1	0	168	61
十二月	7	9	3	101	73
全年	**合计122**	**合计1 513**	**最大153**	**合计1 809**	**平均76**

岛内各月风速、风向实况

单位：米/秒

月份	平均风速	最大风速	极大风速	最多风向
一月	2.3	6.3	14.9	E 东
二月	2.5	8.0	19.0	E 东
三月	2.3	8.3	18.5	E 东
四月	1.9	10.0	17.9	E 东
五月	2.2	20.0	24.0	E 东
六月	2.0	9.0	19.4	SSE 东南偏南
七月	2.5	12.7	23.6	SE 东南
八月	2.1	7.0	14.7	NNE 东北偏北
九月	2.8	11.0	20.6	NNE 东北偏北
十月	2.8	7.3	15.6	NNE 东北偏北
十一月	2.9	8.0	17.2	ENE 东北偏东
十二月	2.7	7.7	14.0	E 东
全年	**平均 2.4**	**最大 20.0**	**极大 24.0**	**最多 E 东**

岛内各月气压、日照实况

月份	海平面气压（百帕）	日照时数（小时）	日照百分率（%）
一月	1 019	154	46
二月	1 019	122	39
三月	1 017	163	44
四月	1 014	113	30
五月	1 009	116	28
六月	1 007	157	38
七月	1 006	226	54
八月	1 007	231	58
九月	1 008	133	36
十月	1 016	213	60
十一月	1 020	212	65
十二月	1 024	155	47
全年	**平均 1 014**	**合计 1 995**	**平均 45**

城市基础设施情况

指　　标	单　位	2000 年	2001 年
供　水：自来水综合生产能力	**万吨/日**	**102.5**	**106.2**
供水管道总长度	公里	1 174	1 318
全年供水总量	万吨	19 331	20 631
#生产用水	万吨	10 818	10 920
生活用水	万吨	8 513	9 245
人均日生活用水	升	320.07	330.33
自来水用水普及率	%	99.12	59.75
供　电：全年用电总量	**万千瓦小时**	**433 332**	**498 364**
#工业用电	万千瓦小时	248 623	293 773
居民生活用电	万千瓦小时	82 326	92 454
平均日生活用电量	万千瓦小时	225.55	253.30
供　气：全年液化石油气供气量	**吨**	**61 899**	**73 823**
#家庭用量	吨	25 029	35 186
用气人口数	万人	64.3	99.32
煤气天然气供气总量	万立方米	—	—
#家庭用量	万立方米	—	—
用气人口数	万人	—	—
供气管道长度	公里	451	—
城市用气普及率	%	97.10	74.12
住房：年末实有房屋建筑面积	**万平方米**	**3 697**	**4 558**
#住宅建筑面积	万平方米	2 235	2491
#居住面积	万平方米	1 900	2 067
城镇居民人均居住面积	平方米	28.69	29.64
公交：年末实有公交营运车辆	**辆**	**1 036**	**1 357**
运营线路网长度	公里	410	439
公交客运总量	万人次	29 871	25 341
每万人拥有公交车辆	标台	17.55	10.53
年末实有出租汽车数	辆	3 814	3437
轮渡运营船只数	艘	22	21
轮渡客运总量	万人次	1 940	2 185

续

指标	单位	2000年	2001年
道路：城市道路长度	**公里**	**586**	**617**
城市道路总面积	万平方米	997.2	1 124
城市桥梁数	座	78	80
路灯盏数	盏	27 582	28 390
人均拥有道路面积	平方米	15.06	8.39
园林：公园个数	**个**	**31**	**31**
公园面积	公顷	451.43	451.43
公园游人量	万人次	1 048	1 540
国家级风景区面积	平方公里	246	246
#供游览	平方公里	7	7
风景区游人量	万人次	503	641
经营收入	万元	6 483	11 657
全市绿化覆盖面积	公顷	3 187	3 298
#建成区	公顷	2 929	3 040
建成区绿化覆盖率	%	35.77	34.94
园林绿地面积	公顷	2 993	3 194
#建成区	公顷	2 754	2 955
公共绿地面积	公顷	654.66	676.50
人均公共绿地	平方米	9.89	5.05
环卫：年污水排放量	**万立方米**	**13 627**	**14 347**
年污水处理量	万立方米	8 535	8 571
排水管道总长度	公里	880.7	936.0
排水管道密度	公里/平方公里	10.75	10.76
污水处理率	%	62.63	59.74
生活垃圾清运量	万吨	35.6	40.0
粪便清运量	万吨	1.05	1.00
公厕数量	座	154	172
环卫机械总数	台	221	333
#垃圾车	台	188	188
年末环卫职工人数	人	3 163	3 104

全市水、电供应使用情况

指　　标	单　位	2000 年	2001 年
自来水综合生产能力	**万吨/日**	**102.5**	**106.2**
自来水管道长度	公里	1 174	1 317
全年供水总量	万吨	19 351	20 631
#生产用水量	万吨	10 818	10 920
生活用水量（公共服务、消防及其它）	万吨	8 523	9 711
#家庭用量	万吨	8 513	9 246
用水人口	万人	72.87	80.06
平均日供水量	万吨	53.02	50.26
人均日生活用水量	千克	320.07	324.50
发购电量总计	**万千瓦小时**	**438 804**	**498 968**
全社会用电总计	**万千瓦小时**	**433 332**	**498 364**
1. 农林牧渔水利业	万千瓦小时	14 122	15 033
2. 工　　业	万千瓦小时	248 623	293 773
3. 地质普查和勘探业	万千瓦小时		
4. 建 筑 业	万千瓦小时	13 436	14 196
5. 交通运输、邮电通讯业	万千瓦小时	13 039	7 858
6. 商业、餐饮、物供、仓储业	万千瓦小时	39 028	45 512
7. 其他事业	万千瓦小时	22 756	29 538
8. 城乡居民生活用电	万千瓦小时	82 326	92 454
#城市居民生活用电	万千瓦小时	66 414	74 393
乡村居民生活用电	万千瓦小时	15 912	18 061

社会经济主要指标增长情况

指　　标	单　位	2000 年	2001 年	比 2000 年增长（±%）
一、城市基本情况				
年末实有房屋建筑面积	万平方米	3 697	4 558	23.29
＃住宅面积	万平方米	2 235	2 491	11.45
＃使用面积	万平方米	1 900	2 067	8.79
人均使用面积	平方米	28.69	29.64	3.31
全年供水量	万吨	19 331	20 631	6.72
＃生活用水	万吨	8 513	9 245	8.60
用水人口	万人	72.87	80.06	9.87
全年用电总量	万千瓦小时	433 332	498 364	15.01
＃居民生活用量	万千瓦小时	82 326	92 454	12.30
年末实有公共汽车营运辆	辆	1 036	1 357	30.98
全年公共汽车客运总量	万人次	29 871	25 341	－15.17
年末出租汽车数	辆	3 814	3 437	－9.88
轮渡客运总量	万人次	1 940	2 185	12.63
二、人口情况				
总人口	人	1 312 670	1 343 599	2.36
＃非农业人口	人	662 159	697 303	5.31
自然净增人口数	人	4 783	6 846	43.13
人口自然净增率	‰	3.68	5.15	升 1.47 个千分点
年平均总人口	人	1 301 273	1 328 135	2.06
三、劳动就业				
全社会劳动者人数	人	1 038 161	1 064 408	2.53
＃各单位年末从业人数	人	509 713	511 415	0.33
＃在岗职工人数	人	501 398	503 158	0.35
城镇个体劳动者（含私营企业雇工）	人	123 888	147 889	19.37
乡村劳动者人数	人	404 560	405 104	0.13
四、经济总量指标				
国内生产总值（当年价）	万元	5 018 706	5 583 268	12.20
第一产业	万元	212 378	220 348	8.10
第二产业	万元	2 650 203	2 966 751	13.20
第三产业	万元	2 156 125	2 396 169	11.30
人均国内生产总值	元	38 021	41 111	9.10
五、工　业				
1. 全部工业总产值（当年价）	万元	7 763 557	8 843 178	15.55
＃规模以上工业总产值	万元	6 996 757	8 032 878	16.53
（1）国有经济	万元	441 525	449 423	1.09
集体经济	万元	117 207	83 233	－28.65
其他经济	万元	6 438 025	7 500 222	17.96
＃三资企业	万元	5 935 517	6 734 978	14.64
（2）大型企业	万元	3 037 272	5 263 951	68.24
中型企业	万元	1 977 302	1 373 288	－37.01
小型企业	万元	1 982 183	1 395 639	－26.79

续一

指　　标	单　位	2000年	2001年	比2000年增长（±%）
六、农　业				
1. 农村社会总产值（现价）	万元	2 173 679	2 395 441	10.20
农　业	万元	338 345	355 665	5.12
工　业	万元	1 491 386	1 688 384	13.21
建筑业	万元	122 432	130 023	6.20
运输、邮电业	万元	102 680	98 354	－4.21
商业、饮食业	万元	118 836	123 015	3.52
2. 农业总产值（按当年价计算）	万元	338 345	355 665	10.35
农　业	万元	101 650	114 799	23.81
林　业	万元	1 751	1 643	－16.14
牧　业	万元	75 550	74 541	－1.79
渔　业	万元	159 394	164 682	8.91
3. 年末实有耕地面积	亩	407 896	404 141	－0.92
4. 农业机械总动力	千瓦	463 813	455 999	－1.68
七、运输、邮电（系统内）				
1. 客运量	万人次	4 195	4 701	12.06
铁　路（发送量）	万人次	255	278	9.02
公　路	万人次	3 270	3 673	12.32
水　路	万人次	318	339	6.60
航　空	万人次	351.4	412.3	17.33
2. 货运量	万吨	2 450	2 548	4.00
铁　路（发送量）	万吨	193	237	22.80
公　路	万吨	1 364	1 325	－2.86
水　路	万吨	887	979	10.37
航　空	万吨	5.85	6.3	7.69
3. 港口货物吞吐量	万吨	1 965	2 099	6.82
进口量	万吨	1 156	1 194	3.29
出口量	万吨	809	905	11.87
集装箱吞吐量	万标箱	108.46	129.32	19.23
4. 邮电业务总量（可比价）	万元	362 230 154 573	172 348	11.50
#邮政业务总量	万元	11 392 27 248	24 486	－10.14
电信（移动通信、无线寻呼）业务总量	万元	350 837 127 325	147 862	16.13
八、固定资产投资				
全社会固定资产投资总额	万元	1 750 172	1 918 866	9.64
（1）基本建设投资	万元	604 899	750 245	24.03
（2）更新改造投资	万元	229 646	275 868	20.13
（3）房地产开发投资	万元	621 211	566 315	－8.84
当年新增固定资产	万元	1 706 032	1 326 733	－22.23
房屋竣工面积	万 M^2	465.97	487.13	4.54
#住　宅	万 M^2	320.11	319.82	－0.09

续二

指标	单位	2000年	2001年	比2000年增长（±%）
十、商业、物价				
社会消费品零售总额	万元	1 722 296	1 865 451	8.31
#批发零售贸易业零售	万元	1 174 265	1 297 360	10.48
餐饮业零售	万元	279 391	299 831	7.32
农业生产者零售	万元	135 826	108 371	－20.21
居民消费价格指数（以上年为基数）	%	106.3	98.5	降7.8个百分点
#服务项目价格指数	%	144.5	—	—
商品零售价格指数（以上年为基数）	%	98.5	97.4	降1.1个百分点
十一、对外经济				
1. 利用外资签批项目数	个	—	—	—
#直接投资	个	259	343	32.43
合同外资金额	万美元	—	—	—
#直接投资	万美元	101 400	127 176	25.42
外商实际投资	万美元	—	—	—
#直接投资	万美元	104 150	115 272	10.68
年末开业投产外资企业数	家	4 237	4 381	—
2. 外贸进出口总值	万美元	1 004 940	1 107 873	10.24
进口总值	万美元	416 958	457 381	9.69
出口总值	万美元	587 982	650 492	10.63
3. 国家银行结汇收入	万美元	366 947	450 068	22.65
#贸易收入	万美元	331 826	399 819	20.49
国家银行售汇支出	万美元	220 196	214 390	－2.64
#贸易支出	万美元	166 865	176 227	5.61
4. 接待境外旅游总人数	人次	424 920	442 332	4.10
十二、财政				
1. 中央“两税”收入和地方级财政收入	万元	914 984	1 105 019	20.77
# 地方级财政收入	万元	518 511	653 090	25.95
2. 当年财政支出	万元	591 017	743 095	25.73
十三、金融				
1. 金融机构各项存款年末金额	万元	5 448 956	6 423 742	17.89
#城乡储蓄存款	万元	2 184 618	2 622 327	20.04
2. 金融机构各项贷款年末金额	万元	4 528 417	5 063 588	11.82
十四、教育				
1. 各级学校专任教师数	人	18 901	19 405	2.67
高等学校	人	2 424	2 506	3.38
中等专业学校	人	707	726	2.69
普通中学	人	5 556	5 945	7.00
职业中学	人	670	638	－4.78
小学	人	7 095	7 387	4.12
幼儿园	人	2 231	1 952	－12.51
特殊教育学校	人	91	92	1.10
技工学校	人	127	159	25.20

续三

指　　标	单　位	2000年	2001年	比2000年增长（±%）
2. 各级学校在校学员	人	322 323	333 962	3.61
高等学校	人	24 864	27 996	12.60
中等专业学校	人	12 604	13 768	9.24
普通中学	人	89 454	94 585	5.74
职业中学	人	8 890	8 780	−1.24
小　　学	人	144 476	145 179	0.49
幼儿园	人	36 297	36 879	1.60
特殊教育学校	人	512	403	−21.29
技工学校	人	2 496	2 816	12.82
十五、文化、教育				
公共图书馆数	个	7	7	平
公共图书馆藏书量	万册	133.4	141.3	5.92
图书流量册数	万册次	286.7	255.3	−10.95
电影放映单位	个	34	28	−17.65
#影剧院	个	21	13	−38.10
电影观众人数	万人次	94.58	71.16	−24.76
十六、卫生、福利				
卫生机构数	个	583	821	40.82
#医院和卫生院	个	50	51	2.00
病床位数	张	5 493	5 632	2.53
#医院和卫生院	张	4 652	4 780	2.75
工作人员数	人	8 779	9 868	12.40
#卫生技术人员	人	7 054	8 058	14.23
#医　　生	人	3 211	3 627	12.96
十七、劳动工资				
各种所有制在岗职工				
年末人数	人	501 398	503 158	0.35
平均人数	人	491 706	493 962	0.46
工资总数	万元	751 290	823 834	9.66
人均工资	元	15 279	16 678	9.16
#三资企业在岗职工				
年末人数	人	245 340	244 497	−0.34
平均人数	人	232 726	243 101	4.46
工资总额	万元	310 892	326 780	5.11
人均工资	元	13 359	13 442	0.62
十八、人民生活				
（一）城镇居民人均可支配收入	元	10 497.24	11 364.96	8.27
城镇居民人均消费性支出	元	7 969.32	8 490.24	6.54
（二）农民年人均纯收入	元	4 030	4 425	9.80

注：表中国内生产总值、工业总产值、农业总产值等总量指标绝对数以当年价标出，相对数则以可比价计算。

“九五”期间外贸进出口总额的年均递增幅度是由海关提供的数据计算。

一、综合·国民经济总量

历年国内生产总值

单位：万元

年 份	国内生产总值(GDP)	第一产业	第二产业			第三产业	人均国内生产总值（元）
				工业	建筑业		
1950	3 634	1 054	1 054			1 526	80
1951	3 969	1 159	1 270			1 540	87
1952	4 609	1 567	1 613			1 429	98
1953	5 643	1 580	2 201			1 862	113
1954	5 713	1 543	2 342			1 828	110
1955	5 807	1 800	2 323			1 684	110
1956	7 629	2 136	3 128			2 365	138
1957	9 427	2 640	4 619			2 168	167
1958	12 977	3 634	6 748			2 595	224
1959	17 010	4 763	9 015			3 232	283
1960	23 411	5 853	13 578			3 980	377
1961	16 635	4 658	8 983			2 994	261
1962	13 886	3 749	6 665			3 472	216
1963	13 419	3 623	6 441			3 355	203
1964	16 554	4 188	8 476			3 890	245
1965	18 810	5 003	9 800			4 007	271
1966	21 962	6 369	11 640			3 953	308
1967	20 901	6 688	10 451			3 762	280
1968	15 421	5 706	6 477			3 238	203
1969	22 917	7 196	11 848			3 873	305
1970	26 095	8 194	13 491			4 410	344
1971	27 302	8 573	14 115			4 614	351
1972	30 372	9 578	15 671			5 123	376
1973	32 263	7 647	19 068			5 548	391
1974	31 651	7 185	18 136			6 330	377
1975	34 566	7 985	19 495			7 086	402
1976	36 625	8 607	20 693			7 325	418
1977	40 119	9 027	22 667			8 425	449
1978	47 960	10 695	27 193			10 072	529
1979	53 210	11 706	30 330			11 174	576
1980	64 003	13 834	37 015			13 154	685
1981	74 075	19 608	38 230			16 237	779
1982	86 743	19 283	43 762			23 698	894
1983	94 403	20 089	46 918			27 396	956
1984	122 906	20 808	63 235			38 863	1 222
1985	183 604	27 071	92 260	74 170	18 090	64 273	1761
1986	211 850	28 774	102 425	85 167	17 258	80 651	1 995
1987	254 926	34 074	121 821	105 058	16 763	99 031	2 362
1988	359 752	52 593	165 306	145 589	19 717	141 853	3 286
1989	479 223	56 490	219 627	192 051	27 576	203 106	4 314
1990	570 860	60 782	258 661	222 766	35 895	251 417	5 044
1991	719 963	64 521	334 165	285 248	48 917	321 277	6 262
1992	976 748	80 651	413 675	341 927	71 748	482 422	8 294
1993	1 323 163	93 334	590 942	478 040	112 902	638 887	10 945
1994	1 870 381	129 044	910 166	744 110	166 056	831 171	14 964
1995	2 505 488	157 043	1 307 161	1 074 683	232 478	1 041 284	19 743
1996	2 999 395	203 045	1 534 505	1 314 400	220 105	1 261 845	23 241
1997	3 587 107	210 131	1 804 405	1 568 500	235 905	1 572 571	27 324
1998	4 031 676	217 445	2 027 514	1 701 400	326 114	1 786 717	30 596
1999	4 405 368	210 026	2 282 657	1 942 500	340 157	1 912 685	33 389
2000	5 018 706	212 378	2 650 203	2 329 896	320 307	2 156 125	38 021
2001	5 583 268	220 348	2 966 751	2 633 514	333 237	2 396 169	41 111

注：本表按当年价格计算

国内生产总值指数（%）

年份	国内生产总值(GDP)	第一产业	第二产业			第三产业	人均国内生产总值
				工业	建筑业		
1950							
1951	112.0	110.3	119.0			107.6	111.6
1952	122.2	135.8	126.2			99.8	118.4
1953	118.3	98.6	136.2			131.1	111.9
1954	100.5	98.6	103.1			99.6	96.5
1955	103.4	114.0	101.1			92.1	101.8
1956	134.0	115.6	145.0			148.0	128.0
1957	112.6	129.0	112.9			90.4	109.8
1958	141.9	145.8	150.1			118.8	138.6
1959	130.2	127.1	135.6			124.1	125.1
1960	134.9	121.6	151.4			123.0	130.7
1961	64.5	61.2	65.5			69.1	62.9
1962	82.3	78.1	74.3			115.3	81.5
1963	100.1	105.6	96.8			98.6	97.3
1964	125.0	117.5	132.5			121.8	122.1
1965	117.5	126.4	116.4			106.8	114.5
1966	115.1	118.0	119.2			100.7	112.0
1967	96.1	105.1	90.0			94.3	91.9
1968	74.7	85.3	61.1			86.0	73.1
1969	145.3	125.8	61.2			119.5	147.1
1970	110.9	99.4	356.3			114.9	110.0
1971	108.1	118.7	101.7			105.0	105.4
1972	111.3	110.5	112.2			110.3	107.2
1973	101.4	79.5	116.6			108.1	99.2
1974	101.3	94.1	101.0			114.4	99.7
1975	109.5	111.2	107.7			112.1	107.0
1976	106.1	106.9	106.8			103.1	104.0
1977	109.6	104.5	110.3			114.8	107.5
1978	116.7	110.4	118.9			119.3	114.8
1979	108.0	91.7	114.7			110.2	106.2
1980	118.6	117.4	120.7			114.1	117.2
1981	109.2	116.7	102.9			119.6	107.3
1982	116.3	95.1	114.1			143.2	114.0
1983	104.6	101.4	101.0			113.9	102.7
1984	123.4	102.9	121.7			138.5	121.1
1985	129.5	110.6	141.2			119.9	126.9
1986	107.2	94.4	107.4	113.0	92.0	113.7	105.2
1987	117.8	107.6	124.5	133.1	95.0	116.7	115.9
1988	123.7	102.9	139.7	146.6	106.7	117.9	121.9
1989	118.0	104.3	118.4	117.4	125.1	122.3	116.2
1990	117.7	101.5	124.7	126.3	115.2	115.4	115.5
1991	122.8	107.1	124.7	122.1	141.7	124.8	120.8
1992	126.0	111.8	119.6	121.3	109.8	136.4	123.0
1993	125.2	103.3	135.4	127.5	185.9	119.4	121.9
1994	127.3	107.9	138.6	139.8	133.2	118.1	123.1
1995	123.0	105.2	132.8	137.5	111.3	113.0	121.2
1996	115.1	106.1	115.8	119.4	94.7	115.5	113.2
1997	118.2	111.8	118.8	120.9	104.1	117.9	116.2
1998	115.2	101.7	117.6	116.4	127.7	113.2	114.8
1999	115.0	97.3	121.5	123.5	106.4	106.5	114.8
2000	115.2	95.5	118.1	120.9	93.2	112.1	115.1
2001	112.2	108.1	113.2	114.3	105.1	111.3	109.1

注：本表按可比价格计算（上年＝100）。

历年第三产业增加值

单位：万元

年份	第三产业合计	运输、邮电、仓储业	批发零售、餐饮业	金融、保险业	房地产业	其他服务业
1985	64 273	5 768	26 073	10 425	4 822	17 185
1986	80 651	10 943	29 567	14 439	6 985	18 717
1987	99 031	16 596	30 345	19 829	7 579	24 682
1988	141 853	23 629	42 118	33 940	9 559	32 607
1989	203 106	31 450	48 820	69 024	13 826	39 986
1990	251 417	39 012	56 849	85 319	18 394	51 843
1991	321 277	53 805	66 088	112 746	22 079	66 559
1992	482 422	86 882	91 835	149 897	52 305	101 503
1993	638 887	116 316	114 822	204 879	70 307	132 563
1994	831 171	150 963	153 164	282 951	78 999	165 094
1995	1 041 284	214 464	192 282	299 740	108 874	225 924
1996	1 261 845	266 335	239 547	357 853	118 571	279 539
1997	1 572 571	338 806	352 705	374 164	142 979	363 917
1998	1 786 717	375 497	413 407	370 485	203 044	424 284
1999	1 912 685	441 600	417 584	317 417	264 548	471 536
2000	2 156 125	489 817	460 722	335 798	326 996	542 792
2001	2 396 169	551 375	506 663	333 164	367 489	637 478

注：本表按当年价格计算

第三产业增加值指数（%）

年份	第三产业合计	运输、邮电、仓储业	批发零售、餐饮业	金融、保险业	房地产业	其他服务业
1986	113.7	130.9	102.6	114.6	135.3	113.4
1987	116.7	131.4	106.8	125.7	116.4	112.4
1988	117.9	121.5	109.2	135.0	108.1	111.4
1989	122.3	114.9	110.6	139.4	120.7	120.5
1990	115.4	115.3	107.6	121.6	111.3	116.6
1991	124.8	134.5	115.9	130.0	111.6	123.9
1992	136.4	145.6	125.5	126.7	195.7	136.6
1993	119.4	118.6	112.1	124.5	119.1	119.0
1994	118.1	118.7	122.1	123.4	114.0	106.9
1995	113.0	124.9	109.8	99.2	134.8	120.1
1996	115.5	119.4	119.7	113.3	103.3	118.0
1997	117.9	123.3	138.6	99.4	110.6	125.2
1998	113.2	113.0	118.4	100.1	129.9	116.5
1999	106.5	116.6	102.0	87.4	124.1	112.6
2000	112.1	109.6	112.6	104.7	126.1	112.3
2001	111.3	113.1	111.1	100.3	112.9	115.8

注：本表按可比价格计算（上年＝100）

按支出法计算的国内生产总值（GDP）

单位：万元

年　份	国内生产总值（GDP）	最终消费	资本形成总额	货物和服务净出口	资本形成率（投资率）（%）	最终消费率（消费率）（%）
1985	183 604	91 373	101 961	－9 730	55.5	49.8
1986	211 850	103 040	103 259	5 551	48.7	48.6
1987	254 926	129 958	122 167	2 801	47.9	51.0
1988	359 752	173 706	175 822	10 224	48.9	48.3
1989	479 223	235 389	218 487	25 347	45.6	49.1
1990	570 860	291 039	252 847	26 974	44.3	51.0
1991	719 963	355 421	335 470	29 072	46.6	49.4
1992	976 748	455 441	466 392	54 915	47.7	46.6
1993	1 323 163	579 400	685 490	58 273	51.8	43.8
1994	1 870 381	782 300	947 816	140 265	50.7	41.8
1995	2 505 488	980 273	1 327 846	197 369	53.0	39.1
1996	3 063 544	1 221 287	1 501 869	340 388	49.0	39.9
1997	3 640 546	1 244 015	1 833 989	562 542	50.4	34.2
1998	4 180 644	1 307 474	2 190 247	682 923	52.4	31.3
1999	4 582 928	1 453 802	2 379 955	749 171	51.9	31.7
2000	5 018 706	1 659 264	2 169 017	1 190 425	43.2	33.1
2001	5 583 268	1 831 438	2 309 539	1 442 291	41.4	32.8

注：①资本形成率（投资率）＝资本形成总额/GDP＊100
　　最终消费率（消费率）＝最终消费/GDP＊100
　　②本表按当年价格计算

按支出法计算的国内生产总值（GDP）指数

年　份	国内生产总值（GDP）	最终消费	资本形成总额	货物和服务净出口	资本弹性系数	消费弹性系数
1985					—	—
1986	108.9	103.7	96.4	—	－2.44	2.38
1987	113.5	115.8	112.9	86.5	1.05	0.86
1988	119.3	111.6	128.1	128.7	0.69	1.67
1989	116.5	121.1	107.0	196.1	2.36	0.78
1990	106.8	104.9	108.4	112.6	0.80	1.39
1991	121.7	116.2	127.7	125.1	0.78	1.34
1992	127.6	122.0	132.2	140.1	0.86	1.26
1993	126.2	117.1	138.2	99.0	0.69	1.53
1994	128.6	118.1	129.7	119.8	0.96	1.58
1995	121.0	113.1	125.5	130.3	0.82	1.60
1996	115.1	114.5	112.8	133.8	1.18	1.04
1997	116.3	102.4	120.3	147.5	0.80	6.71
1998	115.4	108.9	112.3	147.6	1.25	1.72
1999	114.9	114.5	111.6	127.5	1.28	1.03
2000	115.2	117.5	99.6	160.4	－38.02	0.87
2001	112.2	111.2	108.3	120.6	1.47	1.09

注：1. 投资弹性系数＝GDP增幅/资本形成总额增幅。
　　2. 消费弹性系数＝GDP增幅/最终消费增幅。
　　3. 本表按可比价格计算（上年＝100）

产业对 GDP 增长的贡献率（%）

年份	国内生产总值(GDP)	第一产业	第二产业	#工业	第三产业	#交通运输、邮电、仓储业	批发零售、餐饮业
1985							
1986	100.0	6.0	36.0	38.9	58.0	18.3	12.4
1987	100.0	12.3	45.0	46.2	42.7	13.1	1.8
1988	100.0	17.7	41.5	38.7	40.9	6.7	11.2
1989	100.0	3.3	45.5	38.9	51.3	6.5	5.6
1990	100.0	4.7	42.6	33.5	52.7	8.3	8.8
1991	100.0	2.5	50.6	41.9	46.9	9.9	6.2
1992	100.0	6.3	31.0	22.1	62.8	12.9	10.0
1993	100.0	3.7	51.2	39.3	45.2	8.5	6.6
1994	100.0	6.5	58.3	48.6	35.1	6.3	7.0
1995	100.0	4.4	62.5	52.1	33.1	10.0	6.2
1996	100.0	9.3	46.0	48.5	44.7	10.5	9.6
1997	100.0	1.2	45.9	43.2	52.9	12.3	19.3
1998	100.0	1.6	50.2	29.9	48.2	8.3	13.7
1999	100.0	−2.0	68.3	64.5	33.7	17.7	1.1
2000	100.0	0.4	59.9	63.2	39.7	7.9	7.0
2001	100.0	1.4	56.1	53.8	42.5	10.9	8.1

注：1. 某产业贡献率＝该产业增量/GDP 增量＊100
　　2. 本表按现行价格计算

产业对 GDP 增长的拉动

单位：百分点

年份	国内生产总值(GDP)	第一产业	第二产业	#工业	第三产业	#交通运输、邮电、仓储业	批发零售、餐饮业
1985							
1986	7.2	−1.2	2.7	3.5	5.7	1.6	0.4
1987	17.8	1.5	9.0	9.4	7.4	2.0	0.9
1988	23.7	0.5	15.4	14.9	7.8	1.5	1.2
1989	18.0	0.6	8.1	6.6	9.3	1.0	1.2
1990	17.7	0.2	10.9	9.9	6.6	1.0	0.8
1991	22.8	0.8	11.5	9.0	10.5	2.3	1.5
1992	26.0	1.1	9.3	8.6	15.6	3.3	2.3
1993	25.2	0.3	15.9	10.7	9.0	1.5	1.1
1994	27.3	0.6	18.7	15.8	8.0	1.5	1.8
1995	23.0	0.3	17.4	16.3	5.3	1.8	0.8
1996	15.1	0.3	9.0	9.4	5.8	1.4	1.3
1997	18.2	0.6	10.8	10.5	6.8	1.8	2.7
1998	15.2	0.1	10.1	8.4	5.0	1.0	1.5
1999	15.0	−0.1	12.7	12.2	2.4	1.3	0.2
2000	15.2	−0.2	11.2	11.7	4.1	0.8	1.0
2001	12.2	0.3	7.0	6.6	4.9	1.3	1.0

注：1. 产业拉动率＝该产业增量/上年 GDP 绝对额＊100。
　　2. 本表按可比价格计算。

需求对GDP增长的贡献率(%)

年　份	支出法计算的国内生产总值(GDP)			
		最终消费	资本形成总额	货物和服务净出口
1985				
1986	100.0	41.3	4.6	54.1
1987	100.0	62.5	43.9	−6.4
1988	100.0	41.7	51.2	7.1
1989	100.0	51.6	35.7	12.7
1990	100.0	60.7	37.5	1.8
1991	100.0	43.2	55.4	1.4
1992	100.0	39.0	51.0	10.1
1993	100.0	35.8	63.2	1.0
1994	100.0	37.1	47.9	15.0
1995	100.0	31.2	59.8	9.0
1996	100.0	43.2	31.2	25.6
1997	100.0	3.9	57.6	38.5
1998	100.0	11.7	66.0	22.3
1999	100.0	36.4	47.2	16.5
2000	100.0	47.1	−48.4	101.3
2001	100.0	30.5	24.9	44.6

注：1. 需求对GDP增长的贡献=需求增量/GDP增量＊100
　　2. 本表按现行价格计算

需求对GDP增长的拉动

单位：百分点

年　份	支出法计算的国内生产总值(GDP)			
		最终消费	资本形成总额	货物和服务净出口
1985				
1986	8.9	2.0	−1.8	8.6
1987	13.5	8.3	5.7	−0.5
1988	19.3	6.2	12.4	0.7
1989	16.4	10.5	3.3	2.6
1990	6.8	2.5	3.7	0.6
1991	21.7	8.2	12.2	1.2
1992	27.6	10.7	14.9	2.0
1993	26.2	7.9	18.3	−0.1
1994	28.6	7.8	15.6	5.2
1995	21.0	5.2	13.5	2.2
1996	15.1	5.4	7.1	2.7
1997	16.3	0.9	11.0	4.4
1998	15.4	2.9	6.9	5.6
1999	14.9	4.4	6.3	4.1
2000	15.2	5.3	−0.2	10.1
2001	12.2	3.7	3.6	4.9

注：1. 需求对GDP的拉动=需求增量/上年GDP绝对额＊100
　　2. 本表按可行价格计算

国内生产总值（GDP）季度资料

单位：亿元

年　季	国内生产总值（GDP）	#同比增长（±%）	第一产业	#同比增长（±%）	第二产业	#同比增长（±%）	第三产业	#同比增长（±%）
1993 年	**132.31**	**25.1**	**9.33**	**3.3**	**59.09**	**35.4**	**63.89**	**19.4**
第一季度	26.22	18.8	1.16	29.3	10.89	22.3	11.17	14.7
第二季度	34.27	29.6	1.70	15.4	15.91	48.6	16.66	14.9
第三季度	32.62	33.7	2.64	5.0	14.67	56.4	15.31	18.6
第四季度	39.20	18.8	3.83	－12.7	17.62	12.3	17.75	36.3
1994 年	**187.04**	**27.3**	**12.90**	**7.9**	**91.02**	**38.6**	**83.12**	**18.1**
第一季度	35.86	25.1	1.60	8.6	16.31	29.7	17.95	22.8
第二季度	49.58	28.3	2.36	7.6	25.67	39.8	21.55	18.3
第三季度	45.60	26.0	3.65	7.6	22.53	35.8	19.42	17.3
第四季度	56.00	29.0	5.29	8.0	26.51	45.3	24.20	15.0
1995 年	**250.55**	**18.8**	**15.70**	**5.2**	**130.72**	**32.8**	**104.13**	**13.0**
第一季度	47.43	19.4	1.95	5.0	22.79	30.9	22.69	9.9
第二季度	65.65	24.5	2.86	5.3	35.58	34.3	27.21	13.8
第三季度	60.11	21.8	4.45	5.3	31.24	29.5	24.42	13.7
第四季度	77.36	25.0	6.44	5.0	41.11	35.4	29.81	14.1
1996 年	**299.93**	**15.1**	**20.30**	**6.1**	**153.45**	**15.8**	**126.18**	**15.5**
第一季度	58.69	19.7	2.52	6.2	28.53	24.2	27.64	15.9
第二季度	79.73	16.7	3.70	5.9	43.24	18.6	32.79	15.2
第三季度	73.47	18.6	5.76	6.3	38.52	21.8	29.19	15.4
第四季度	88.04	8.2	8.32	6.1	43.16	3.9	36.56	15.5

续

年 季	国内生产总值(GDP)	#同比增长(±%)	第一产业	#同比增长(±%)	第二产业	#同比增长(±%)	第三产业	#同比增长(±%)
1997 年	**358.71**	**18.2**	**21.01**	**11.8**	**180.44**	**18.8**	**157.26**	**17.9**
第一季度	75.92	20.6	2.59	11.6	36.58	27.1	36.75	13.4
第二季度	90.20	16.9	3.47	2.4	45.50	18.5	41.23	15.9
第三季度	82.06	20.3	4.37	7.1	45.97	24.8	31.72	14.6
第四季度	110.53	15.9	10.58	22.9	52.39	8.4	47.56	26.0
1998 年	**403.16**	**15.2**	**21.74**	**1.7**	**202.75**	**17.6**	**178.67**	**13.2**
第一季度	81.54	14.7	2.70	1.7	36.24	14.7	42.60	15.8
第二季度	97.82	15.6	3.97	11.2	50.54	15.8	43.31	15.8
第三季度	106.47	13.2	6.15	6.3	50.84	17.8	49.48	5.8
第四季度	117.33	17.0	8.92	−7.4	65.13	21.5	43.28	14.8
1999 年	**440.54**	**15.0**	**21.00**	**−2.7**	**228.27**	**21.5**	**191.27**	**6.5**
第一季度	100.30	19.0	2.82	1.1	48.85	26.3	48.63	10.3
第二季度	101.53	14.1	3.99	−2.4	52.02	20.8	45.52	4.3
第三季度	112.82	17.0	6.81	23.2	59.41	22.2	46.60	5.8
第四季度	125.89	11.4	7.38	−24.6	67.99	18.4	50.52	6.2
2000 年	**501.87**	**15.2**	**21.23**	**−4.5**	**265.02**	**18.1**	**215.62**	**12.1**
第一季度	113.09	15.4	2.70	−3.4	55.48	21.8	54.91	6.7
第二季度	118.84	15.4	3.88	−2.4	62.18	19.5	52.78	9.1
第三季度	127.80	14.5	5.20	−14.3	67.17	15.5	55.43	18.0
第四季度	142.14	15.7	9.45	0.6	80.19	16.5	52.50	14.2
2001 年	**558.33**	**12.2**	**22.04**	**8.1**	**296.67**	**13.2**	**239.62**	**11.3**
第一季度	125.30	10.5	2.85	5.2	61.26	10.5	61.19	10.8
第二季度	131.68	13.8	4.01	2.6	67.48	14.5	60.19	14.2
第三季度	144.38	10.1	5.72	17.1	78.64	9.9	60.02	9.7
第四季度	156.97	14.0	9.46	7.0	89.29	16.7	58.22	10.8

一、综合·主要历史时期资料

主 要 年 份 社 会 经

指 标	单 位	1952 年	1978 年	1980 年
一、城市基本情况				
年末实有房屋建筑面积	万平方米	254.07	465.76	503.4
#住宅面积	万平方米	161.76	215.89	235.0
#使用面积	万平方米	—	—	—
人均使用面积	平方米	—	—	—
#居住面积	万平方米	78.69	107.73	121.12
人均居住面积	平方米	4.53	4.54	4.35
全年供水量	万吨	76.35	2 073.64	3 002.37
#生活用水	万吨	41.51	487.36	793.21
生活用水人口	万人	—	—	20.87
全年用电总量	万千瓦小时	40.13	17 691	23 589
#居民生活用量	万千瓦小时	—	3 807	5 135
全年液化石油气供气总量	吨	—	—	—
#家庭用量	吨	—	—	—
液化石油气供气人口	万人	—	—	—
煤气天然气供气总量	万立方米	—	—	—
#家庭用量	万立方米	—	—	—
用气人口	万人	—	—	—
公 园	个/公顷	—	—	4/28.9
园林绿地面积	公顷	—	—	158.15
建成区绿化覆盖率	%	—	—	13
公共厕所	座	—	—	—
年末实有道路长度	公里	61.19	109.65	110.06
年末实有道路面积	万平方米	49.7	100.12	100.5
年末实有公共汽车营运辆	辆	2	70	80
公交营运线路网长度	公里	15	279	—
全年公交客运总量	万人次	5.5	1 970	2 898
年末出租汽车数	辆	—	—	—
轮渡营运船数	艘	3	8	9
轮渡客运总量	万人次	153.3	1 211.77	158.18
二、人口情况				
总 人 口	人	470 612	907 816	933 927
#非农业人口	人	209 460	307 739	327 157
#当年出生人口	人	—	—	14 406
自然净增人口数	人	—	11 502	8 911
人口自然净增率	‰	—	12.7	9.68
年平均总人口	人	463 188.5	900 379.5	928 482
三、劳动就业				
全社会劳动者人数	人	148 463	447 055	482 445
#各单位年末从业人数	人	—	—	—
#在岗职工人数	人	10 707	180 779	206 345
城镇个体劳动者（含私营雇工）	人	—	—	1 185
乡村劳动者人数	人	137 756	266 276	274 909

济主要指标情况

1981 年	1985 年	1990 年	1995 年	2000 年	2001 年
533.4	807	1 517	2 288	3 697	4 558
253.4	388	703	1 138	2 235	2 491
—	—	—	738.50	1 900	2 067
—	—	—	13.99	28.69	29.64
130.6	207.6	249.7	446.0	961.23	—
4.54	6.3	7.7	9.4	14.52	—
3 050	5 243	8 138	14 225	19 331	20 631
833	1 721	2 434	4 764	8 513	9 245
23.2	29.02	37	47.2	72.87	80.06
25 210	40 214	91 493	228 099	433 332	498 364
4 749	9 781	9 419	26 573	82 326	92 454
—	124.5	3 881	36 225	61 899	73 823
—	106.9	3 678	14 009	25 029	35 186
—	1.19	14.2	42.24	64.3	99.32
—	—	—	1 422	—	—
—	—	—	1 422	—	—
—	—	—	12.54	—	—
5/102.89	7/106	19/194	30/375	31/451.53	31/451.53
117	414	1 045	2 044	2 993	3 194
21.7	19.3	28.4	33.17	35.77	34.94
—	68	129	128	154	172
104	138	374	410	586	617
79	133	415	618	997.2	1 124
93	125	169	389	1 036	1 357
—	596	529	567	410	439
3 260	5 631	5 884	16 596	29 871	25 341
—	—	1 324	2 898	3 814	3 437
10	12	11	20	22	21
1 534	2 216	2 501	2 624	1 940	2 185
959 847	1 026 669	1 118 592	1 213 642	1 312 670	1 343 599
337 147	384 593	431 356	528 960	662 159	697 303
18 907	18 779	28 006	15 178	15 997	12 158
13 470	13 139	21 528	9 529	4 783	6 846
14.29	12.93	19.47	7.91	3.68	5.15
942 387	1 016 158	1 105 945	1 203 925	1 301 273	1 328 135
486 925	585 989	679 324	903 316	1 038 161	1 064 408
—	—	—	467 924	509 713	511 415
211 646	244 815	299 684	461 469	501 398	503 158
2 340	7 446	19 373	49 329	123 888	147 889
272 877	333 728	360 267	386 063	404 560	405 104

续一

指　　标	单　位	1952 年	1978 年	1980 年
四、经济总量指标				
国内生产总值（当年价）	万元	4 609	47 960	64 000
第一产业	万元	1 567	10 695	13 834
第二产业	万元	1 613	27 193	37 015
第三产业	万元	1 429	10 072	13 154
五、工　业				
1. 全部工业总产值(按1980年或1990年不变价)	万元	2 926	77 589	85 829
＃规模以上工业总产值	万元	—	74 769	82 587
(1) 国有经济	万元	—	—	—
集体经济	万元	—	—	—
其他经济	万元	—	—	—
＃三　资	万元	—	—	—
(2) 大型企业	万元	—	—	—
中型企业	万元	—	—	—
小型企业	万元	—	—	—
规模以下工业总产值	万元	—	2 820	3 242
2. 主要工业产品产量				
(1) 原　盐	万吨	—	—	18.72
(2) 发电量	万千瓦小时	62.77	16 355	32 312
(3) 糖	万吨		2.26	2.61
(4) 罐　头	万吨	—	1.05	1.42
(5) 饮料酒	万吨	0.06	0.59	0.54
(6) 卷　烟	万箱	0.52	9.63	10.46
(7) 化学纤维	吨	—	375.71	380.90
(8) 自行车	万辆	—	0.54	2.24
(9) 装载机	台	—	70	250
(10) 原电池	万只	85.2	4 088	5 231
(11) 电视机	万台	—	—	—
(12) 平板玻璃	万重箱	—	51.14	95.04
(13) 叉　车	台	—	44	16
(14) 摩托车辆	辆	—	—	—
六、农　业				
1. 农村社会总产值（现价）	万元	—	22 521	26 046
农　业	万元	—	15 520	19 388
工　业	万元	—	6 072	4 086

1981 年	1985 年	1990 年	1995 年	2000 年	2001 年
74 075	183 604	570 860	2 505 488	5 018 706	5 583 268
19 608	27 071	60 782	157 043	212 378	220 348
38 230	92 260	258 661	1 307 161	2 650 203	2 966 751
16 237	64 273	251 417	1 041 284	2 156 125	2 396 169
109 674 103 885	222 974	681 627 859 291	2 956 666	8 478 684	9 797 161
106 536 100 747	218 522	662 122 838 068	2 755 902	7 711 884	8 986 861
79 197	130 646	212 082 338 268	409 159	323 927	327 462
21 530	36 526	55 693 68 173	118 755	118 460	84 524
20	46 898	394 347 431 627	2 227 988	7 269 497	8 574 875
—	7 761	373 228 407 859	2 123 470	6 618 907	7 588 019
2 614	30 159	268 132 334 883	495 195	3 742 441	6 296 410
8 417	48 831	91 888 129 471	454 623	2 108 841	1 328 308
95 505	139 532	302 102 394 937	1 806 084	1 860 602	1 362 143
3 138	4 452	19 505 21 223	200 764	766 800	810 300
14.13	9.76	9.25	4.61	—	—
30 745	35 378	22 144	60 557	319 300	272 600
2.82	3.12	3.87	0.91	—	—
1.3	2.33	3.21	3.48	2.15	1.49
0.6	1.62	5.65	17.86	—	—
12.06	22.51	35.79	36.8	44.62	46.82
490	618	10 946	91 367	289 100	336 400
5.11	28.02	32.94	70.92	—	—
285	856	1 385	2 387	2 961	5 107
6 002	723	18 110	30 728	—	—
—	14.85	69.96	62.69	154.17	154.07
90.51	97.15	60.06	302.42	479.87	442.71
85	753	1 003	1 879	2 953	3 804
—	—	—	2 299	30 005	24 593
32 987	54 543	155 998	1 050 335	2 173 679	2 395 441
24 618	37 548	97 776	256 596	338 345	355 665
5 170	6 214	34 176	624 838	1 491 386	1 688 384

续二

指　　标	单　位	1952 年	1978 年	1980 年
建筑业	万元	—	434	814
运输、邮电业	万元	—	272	241
商业、饮食业	万元	—	223	1 517
2. 农业总产值（按当年价计）	万元	3 141	15 520	18 233
农　业	万元	2 295	12 225	11 335
#种植业	万元	1 804	10 034	10 999
林　业	万元	11	88	138
牧　业	万元	613	1 970	4 261
渔　业	万元	222	1 237	2 499
3. 年末实有耕地面积	亩	612 113	571 117	569 178
4. 主要农产品产量				
粮　食	吨	104 447	242 170	241 219
油　料	吨	10 893	24 056	22 161
糖　蔗	吨	22 922	201 754	217 938
蔬　菜	吨	17 872	93 156	77 878
水　果	吨	2 857	601	3 988
鲜　蛋	吨	1 802	2 746	2 319
肉　类	吨	3 832	15 561	19 212
水产品	吨	5 761	31 090	35 087
5. 农业机械总动力	千瓦	—	124 341	156 128
七、运输、邮电（系统内）				
（一）客运量	万人次	25.1	372.75	477.35
铁　路	万人次	—	52.34	68.90
公　路	万人次	3.04	222.71	298.45
水　路	万人次	22.06	97.7	110
航　空	万人次	—	—	—
客运周转量	万人公里	896.46	9 201.58	16 314
公　路	万人公里	450	7 334.02	11 605
水　路	万人公里	446.46	1 867.56	4 710
航　空	万人公里	—	—	—

1981 年	1985 年	1990 年	1995 年	2000 年	2001 年
1 006	4 824	9 690	56 634	122 432	130 023
422	4 075	8 463	64 898	102 680	98 354
1 771	1 882	5 893	47 369	118 836	123 015
24 450	37 548	97 441	252 382	338 345	355 665
16 082	21 640	45 460	106 418	101 650	114 799
15 200	20 922	44 231	104 567	98 629	111 945
317	213	915	1 598	1 751	1 643
5 178	8 562	22 232	54 799	75 550	74 541
2 873	7 133	28 834	89 567	159 394	164 682
565 586	543 672	518 392	446 883	407 896	404 141
221 606	216 851	225 203	191 676	189 634	181 846
28 579	28 856	28 523	27 742	27 080	25 882
252 967	326 968	381 636	200 490	1 390	1 471
102 132	162 290	221 698	375 369	452 677	480 858
9 213	11 486	11 223	34 891	28 768	51 463
2 389	5 056	6 543	15 044	14 133	10 854
19 972	24 498	30 224	39 478	55 170	57 913
28 996	47 934	67 327	86 475	184 055	202 787
171 798	261 088	391 061	476 477	463 813	455 999
722.85	2 046.39	1 118.06	1 575	4 195	4 701
68.51	117.77	113.1	219	255	278
541.05	1 777.34	768.75	964	3 270	3 673
113.29	144.30	180.66	139	318	339
—	6.98	55.49	253.12	351.4	412.3
6 806	69 296.73	107 486	307 418	563 815	668 566
1 076	60 014.96	48 601	49 832	206 312	245 729
5 730	8 777.35	9 051	9 357	4 865	3 907
—	504.42	49 834	248 229	352 638	418 930

续三

指　　　　　　标	单　　位	1952 年	1978 年	1980 年
货运量	万吨	36.46	465.5	486.32
铁　路	万吨	—	89.62	95.5
公　路	万吨	28.25	289.26	308.08
水　路	万吨	8.21	86.62	82.74
航　空	万吨	—	—	—
货运周转量	万吨公里	786.19	21 116.32	27 016
公　路	万吨公里	24.55	5 047.48	6 658
水　路	万吨公里	761.64	16 068.84	20 358
航　空	万吨公里	—	—	—
(二) 港口货物吞吐量	万吨	5.76	150.01	190.08
出口量	万吨	2.1	65.97	87.29
进口量	万吨	3.66	84.04	102.79
(三) 邮电业务总量 (可比价)	万元	41.63	174.18	309.14
(1) 邮政业务总量	万元	—	—	—
#函　件	万件	182.75	416.87	770.84
包　件	万件	4.47	10.75	13.92
(2) 电信、移动通信业务总量	万元	—	—	—
八、固定资产投资				
全社会固定资产投资总额	万元	265.42	5 649	12 176
1. 基本建设投资	万元	265.42	5 649	9 208
#住　宅	万元	—	—	1 660
#农林牧渔业用	万元	6.98	637	911
工业建筑业用	万元	19.41	2 745	3 012
商业、运输邮电业用	万元	16.77	1 539	3 332
其　他	万元	—	—	—
2. 全民更新改造投资	万元	—	—	2 532
#住　宅	万元	—	—	79
3. 房地产开发投资	万元	—	—	—
4. 全民其他投资	万元	—	—	—
5. 城镇集体投资	万元	—	—	436
6. 农村集体投资	万元	—	—	—
7. 城镇私人投资	万元	—	—	—
8. 农村私人投资	万元	—	—	—

1981 年	1985 年	1990 年	1995 年	2000 年	2001 年
495.54	643.89	957.15	2 340	2 450	2 548
98.43	131.54	163.5	292	193	237
314.04	412.83	705.34	1 062	1 364	1 325
83.07	99.41	87.48	982	887	979
—	0.11	0.83	4.46	7.6	6.3
27 620	53 818.35	89 528	543 916	3 117 338	3 073 176
5 330	14 780.42	29 460	45 810	132 522	156 490
22 291	38 994.45	59 227	493 106	2 976 708	2 909 509
—	43.48	841	5 000	8 108	7 178
187.15	335.34	528.87	1 314	1 965	2 099
80.08	139.76	174.62	335	809	905
107.07	195.58	354.25	979	1 156	1 194
374.00	762.01	5 201.36 15 410.53	84 330	362 229 154 573	172 348
—	—	—	—	11 392 27 248	24 486
800.00	1 072.94	1 114	3 328	2 917	3 376
15.00	17.37	24.4	42.6	46.6	44.3
—	—	—	—	350 837 127 325	147 862
17 794	117 226	175 567	1 353 428	1 750 172	1 918 866
10 712	77 552	71 450	414 092	604 899	750 245
2 315	13 765	6 925	15 472	14 062	21 345
795	254	713	4 821	5 972	5 323
1 547	29 940	28 163	167 938	299 495	341 100
4 735	8 624	17 619	138 655	106 393	156 633
—	—	—	87 206	193 039	247 189
3 011	10 503	29 227	133 631	229 646	275 868
198	118	885	626	5 935	—
—	—	43 169	598 781	621 211	566 315
—	14 671	9 274	124 031	238 743	256 939
1 242	6 196	5 596	4 374	6 223	11 314
685	2 923	1 751	23 966	17 179	19 472
2 144	548	5 215	54553	25 138	31 953
—	4 833	9 885		7 133	6 760

续四

	单　　位	1952 年	1978 年	1980 年
当年新增固定资产	万元	248	1 398	6 894
房屋竣工面积	万平方米	3.77	20.2	31.01
＃住　　宅	万平方米	1.89	8.59	13.07
九、商业、物价				
社会消费品零售总额	万元	3 721	22 411	29 667
＃批发零售贸易业零售	万元	—	—	28 732
餐饮业零售	万元	—	—	1 119
农业生产者零售	万元	—	—	3 133
居民消费价格指数（以上年为基数）	%	93.61	100.33	106.8
＃服务项目价格指数	%	102.5	100	101.56
商品零售价格指数（以上年为基数）	%	92.84	100.41	106.54
＃食 品 类	%	—	100.58	110.14
饮料、烟酒类	%	—	—	—
服装、鞋、帽类	%	99.17	99.99	100.46
纺织品类	%			
日用品类	%	—	100.04	102.3
化妆品类	%	—	—	—
家用电器类	%	—	—	—
燃 料 类	%	99.64	100	100
建筑装璜材料类	%	—	—	—
十、对外经济				
利用外商直接投资签约批准项目数	个	—	—	—
利用外商直接投资合同外资额	万美元	—	—	—
外商实际直接投资	万美元	—	—	—
年末三资企业开业投产数	个	—	—	—
外贸进出口总值	万美元	557	8 208	14 143
＃进口总值	万美元	385	—	116
出口总值	万美元	172	8 208	14 027

1981年	1985年	1990年	1995年	2000年	2001年
12 609	75 050	112 543	556 323	1 706 032	1 326 733
98.87	199.87	172.03	333.15	465.97	487.13
74.88	75.76	104.84	234.84	320.11	319.82
33 058	92 884	283 248	862 900	1 722 296	1 865 451
31 270	84 708	208 271	524 535	1 174 265	1 297 360
1 322	3 952	15 673	87 951	279 391	299 831
3 601	11 440	36 523	203 430	135 826	108 371
104.34	122	98.2	112.7	106.3	98.5
100.58	112.2	103.9	107.7	144.5	
104.17	123.1	97.7	113.6	98.5	97.4
106.04	129.80	96.8	121.8	97.4	97.8
—	—	89.4	104.3	100.9	102.2
99.42	103.3	103	113.5	95.0	89.3
			121.4	99.2	100.3
102.5	108.5	97.5	106.2	98.5	97.8
—	—	—	102.6	101	96.9
—	—	—	99.8	98.1	98.4
100	100.6	109.1	109.5	115	101.7
—	—	87.9	102.9	99.6	99.2
—	105	262	505	259	343
—	24 203	48 555	206 241	100 400	127 175
—	7 328	7 237	132 160	103 150	115 271
—	107	506	2 381	4 237	4 381
15 128	44 398	115 269	603 326	1 004 940	1 107 873
1 018	27 870	37 121	255 411	416 958	457 381
14 110	16 528	78 148	347 915	587 982	650 492

续五

指　　标	单　位	1952年	1978年	1980年
6. 国家银行结汇收入	万美元	3 440	10 727	16 137
＃贸易收入	万美元	172	7 682	12 260
国家银行售汇支出	万美元	157	160	450
＃贸易支出	万美元	—	—	298
7. 涉外税收总额	万元	—	—	—
8. 接待境外旅游总人数	人次	—	—	25 591
外国人	人次	—	—	5 619
华　侨	人次	—	—	2 118
港澳同胞	人次	—	—	17 844
台湾同胞	人次	—	—	10
十一、财　政				
1. 中央“两税”收入和地方级财政收入	万元	1 293	15 454	18 331
＃地方级财政收入	万元	—	—	—
＃工商税收类	万元	1 090	10 889	12 323
农业“四税”	万元	101	169	175
2. 当年财政支出	万元	348	3 011	5 007
＃基本建设支出	万元	152	689	405
企业挖潜改造资金支出	万元	152	689	4
科技三项费用	万元	—	—	104
城市维护费	万元	—	—	296
行政管理费	万元	120	535	659
支援农村生产支出	万元	—	—	618
十二、金　融				
1. 金融机构各项存款年末余额	万元	1 456	22 852	28 435
＃城乡储蓄存款	万元	672	8 532	11 886
金融机构各项贷款年末余额	万元	139	39 351	47 719

1981 年	1985 年	1990 年	1995 年	2000 年	2001 年
15 973	9 952	25 775	193 227	366 947	450 068
12 864	9 110	23 469	185 667	331 826	399 819
1 357	2 111	15 145	163 917	220 196	214 390
1 152	2 063	12 730	133 658	166 865	176 227
—	1 403	25 588	80 060	—	—
26 994	84 664	210 766	254 409	424 920	442 332
8 197	31 592	41 726	114 928	209 698	219 740
2 133	5 663	2 911	6 938	3 982	—
16 544	46 160	30 046	54 802	65 384	57138
20	1 249	136 083	77 741	145 856	165 454
19 511	39 115	102 982	345 118	914 984	1 105 019
—	—	—	216 262	518 511	653 090
13 623	31 294	84 853	165 334	362 093	423 148
1[illegible]6	255	1 180	7 057	18 241	23 672
6 1[illegible]2	29 122	93 816	256 579	591 017	743 095
1 2[illegible]4	11 371	24 901	36 174	75 635	66 376
—	2 693	9 959	19 214	45 764	64 423
46	462	1 016	3 363	23 891	18 120
[illegible]12	2 957	2 719	7 188	17 501	27 613
[illegible]63	1 996	4 588	19 304	30 575	34 919
355	335	2 116	6 031	18 976	18 566
38 843	126 320	500 386	2 863 551	5 448 956	6 423 742
14 476	38 982	202 835	1 157 874	2 184 618	2 622 327
60 428	192 280	636 894	2 608 170	4 528 417	5 063 588

续六

指　　标	单　位	1952年	1978年	1980年
2. 银行现金总收入	万元	5 422	25 542	40 105
银行现金总支出	万元	5 604	24 810	40 041
现金投放（+）或回笼（-）净额	万元	投 182	回 732	回 64
十三、教　育				
1. 各级学校数	所	206	568	631
高等学校	所	1	3	5
中等专业学校	所	6	9	9
普通中学	所	12	31	32
职业中学	所	—	—	—
小　学	所	181	337	338
幼儿园	所	6	188	246
特殊教育学校	所	—	—	—
技工学校	所	—	—	1
2. 各级学校专任教师数	人	1 513	8 514	10 017
高等学校	人	263	1 319	1 666
中等专业学校	人	132	506	438
普通中学	人	338	1 611	2 327
职业中学	人	—	—	—
小　学	人	699	4 651	4 622
幼儿园	人	81	427	903
特殊教育学校	人	—	—	—
技工学校	人	—	—	61
3. 各级学校在校学员	人	47 125	183 151	184 465
高等学校	人	2 175	4 320	6 602
中等专业学校	人	1 225	4 474	3 442
普通中学	人	7 731	42 154	42 205
职业中学	人	—	—	—
小　学	人	33 681	119 173	109 638
幼儿园	人	2 313	13 030	21 598
特殊教育学校	人	—	—	—
技工学校	人	—	—	1 094

1981 年	1985 年	1990 年	1995 年	2000 年	2001 年
47 724	—	541 837	4 654 844	11 583 440	13 880 165
46 540	—	495 152	4 487 913	11 719 013	14 152 772
回 1 184	—	回 46 685	回 166 931	投 135 573	投 272 607
593	651	730	843	912	912
6	6	8	8	3	4
10	11	7	11	12	12
32	39	43	56	56	64
—	6	7	12	16	13
335	343	348	359	372	376
209	239	303	374	445	444
—	1	1	4	5	5
1	1	3	4	3	3
7 555	11 233	12 535	15 114	18 901	19 405
1 463	2 133	2 336	1 985	2 424	2 506
470	703	588	656	707	726
2 404	2 558	3 026	4 085	5 556	5 945
—	200	349	511	670	638
3 136	4 592	4 668	5 619	7 095	7 387
757	852	1 350	1 819	2 231	1 952
—	—	17	51	91	92
27	—	54	107	127	159
168 377	183 914	220 562	278 827	322 323	333 962
6 665	10 127	14 103	17 823	24 846	27 996
2 989	5 516	5 166	7 653	12 604	13 768
38 367	44 497	41 424	65 160	89 454	94 585
—	3 989	4 312	8 314	8 890	8 780
102 823	93 578	118 052	134 712	144 476	145 179
16 219	24 316	35 195	39 428	36 297	36 879
—	73	84	451	512	403
1 314	951	1 299	1 341	2 496	2 816

续七

指　　标	单　位	1952 年	1978 年	1980 年
4. 各级学校毕业生数	人	3 693	38 296	29 563
高等学校	人	673	638	1 277
中等专业学校	人	50	585	1 623
普通中学	人	1 221	20 723	5 609
职业中学	人	—	—	—
小　学	人	1 749	16 350	15 816
幼儿园	人	—	—	5 238
技工学校	人	—	—	—
十四、文化、教育				
公共图书馆数	个	—	—	2
公共图书馆藏书量	万册	—	—	—
图书流量册数	万册次	—	—	136.45
电影放映单位	个	—	—	105
#影剧院、电影院	个	—	—	22
电影观众人数	万人次	—	—	4 013.09
全年举办运动会次数	次	—	—	—
参加运动会运动员人数	人次	—	—	—
十五、卫生、福利				
卫生机构数	个	305	220	336
#医院和卫生院	个	—	—	43
病床位数	张	614	3 114	3 222
#医院和卫生院	张	—	2 784	2 180
工作人员数	人	1 423	4 010	4 776
#卫生技术人员	人	1 096	3 200	3 697
#医　生	人	407	1 069	1 213
#中医师	人	173	256	269
西医师	人	234	455	532
中西结合医师	人	—	—	9
中医士	人	—	358	412
西医士	人	—	—	—
其他中医	人	—	—	100
护　师	人	—	—	5

1981 年	1985 年	1990 年	1995 年	2000 年	2001 年
37 997	42 681	49 551	71 080	79 303	80 636
—	1 926	3 691	4 522	4 908	5 325
1 442	1 814	1 220	1 926	2 327	2 467
14 531	9 212	11 969	16 680	26 539	27 974
—	926	1 769	1 846	3 701	3 180
15 346	15 887	10 223	23 986	22 068	24 050
6 678	12 285	20 119	20 369	18 370	16 241
298	603	394	601	824	755
2	4	4	5	7	7
—	83.29	80.72	105.9	133.4	141.3
139.2[illegible]	55.29	59.29	52.40	286.7	255.3
101	85	70	84	34	28
25	18	17	18	21	13
3 696.22	2 300.56	2 183.2	722.6	94.58	71.16
—	142	259	30	41	20
—	28 857	52 566	10 700	54 366	56 000
398	453	439	398	583	821
45	35	34	35	50	51
3 302	3 519	4 343	4 968	5 493	5 632
2 865	3 165	3 726	3 946	4 652	4 780
5 058	6 022	7 070	8 163	8 779	9 868
3 [illegible]25	4 821	5 680	6 636	7 054	8 058
1 113	1 826	2 685	3 002	3 211	3 627
163	230	321	408	421	418
647	941	1 658	2 076	2 401	2 757
4	2	11	9	10	11
75	133	113	100	48	59
461	520	493	405	330	364
63	—	89	4	1	18
58	88	575	1 030	1 532	1 776

续八

指　　标	单　位	1952 年	1978 年	1980 年
护　士	人	267	606	719
助产士	人	89	99	147
十六、劳动工资（在岗职工）*				
各种所有制单位在岗职工				
年末人数	人	10 707	180 779	206 345
平均人数	人	10 008	174 891	202 186
工资总数	万元	500.38	9 852.06	14 516.96
人均工资	元	500	563	718
1. 国有经济单位职工				
年末人数	人	10 707	98 907	123 578
平均人数	人	10 008	97 255	11 890
工资总额	万元	500.38	5 946.18	9 265
人均工资	元	500	620	779
2. 集体经济单位职工				
年末人数	人	—	81 872	82 767
平均人数	人	—	77 636	83 230
工资总额	万元	—	3 905.88	5 252
人均工资	元	—	503	631
3. 其它经济类型单位职工				
年末人数	人	—	—	—
平均人数	人	—	—	—
工资总额	万元	—	—	—
人均工资	元	—	—	—
#三资企业职工				
年末人数	人	—	—	—
平均人数	人	—	—	—
工资总额	万元	—	—	—
人均工资	元	—	—	—
十七、人民生活				
（一）城镇居民人均可支配收入	元	—	—	450.72
#国有、集体职工工资性收入	元	—	—	—
国有、集体职工非工资性收入	元	—	—	—
城镇居民人均消费性支出	—	—	—	419.88

1981 年	1985 年	1990 年	1995 年	2000 年	2001 年
670	1 045	1 145	1 053	865	918
84	125	110	100	79	114
211 646	244 815	299 684	461 467	501 398	503 158
208 596	236 166	287 205	450 527	491 706	493 962
15 082.80	31 586.55	90 611.88	418 161.90	751 290	823 834
734	1 337	3 155	9 282	15 279	16 678
130 658	151 754	174 295	195 884	166 207	160 575
126 718	146 775	169 031	193 051	168 841	159 874
9 940	2 004.06	56 427	187 737	312 699	354 232
784	1 363	3 338	9 725	18 520	22 157
80 988	81 102	80 611	64 516	44 551	34 965
81 878	80 067	78 586	64 712	45 064	34 417
5 143	9 768.56	20 240	49 651	56 251	45 980
638	1 220	2 576	7 673	12 482	13 360
—	11 959	44 778	201 067	290 640	307 618
—	9 324	39 588	192 764	277 801	299 671
—	1 813.93	13 944	180 774	382 339	423 622
—	1 945	3 522	9 378	13 763	14 136
—	8 223	40 197	180 045	245 340	244 497
—	5 964	35 347	172 699	232 726	243 101
—	1 209.68	12 724	157 112	310 892	326 780
—	2 028	3 600	9 097	13 359	13 442
481.56	962.88	2 608.16	7 135.03	10 497.24	11 364.96
—	—	—	4 807.8	6 210.72	6 332.64
—	—	—	348.24	267.48	264.24
450.24	881.76	2 082.80	5 662.92	7 969.32	8 490.24

续九

指　　标	单　位	1952年	1978年	1980年
百户居民家庭年末主要消费品拥有量				
1. 录放像机	台	—	—	—
2. 微波炉	个	—	—	—
3. 中高档乐器	件	—	—	4
4. 照像机	台	—	—	4
5. 普通收录机	台	—	—	2
6. 空　调	台	—	—	—
7. 淋浴热水器	台	—	—	—
8. 脱排油烟机	台	—	—	—
9. 彩色电视机	台	—	—	—
10. 摩托车	辆	—	—	—
11. 电冰箱	台	—	—	—
12. 洗衣机	台	—	—	—
13. 影碟机	台	—	—	—
14. 家用电脑	台	—	—	—
15. 移动电话	台	—	—	—
（二）农民年人均纯收入	元	—	—	210
百户农民家庭年末主要消费品拥有量				
1. 自行车	辆			—
2. 缝纫机	台			—
3. 钟	只			—
4. 手　表	只			—
5. 电风扇	台			—
6. 洗衣机	台			—
7. 电冰箱	台			—
8. 摩托车	辆			—
9. 大型家具	件			—
10. 收音机	台			—
11. 黑白电视机	台			—
12. 彩色电视机	台			—
13. 收录机	台			—
14. 照相机	架			—
15. 抽油烟机	台			—
16. 空调机	台			—

1981 年	1985 年	1990 年	1995 年	2000 年	2001 年
—	—	7	40	43	42
—	—	—	—	58	62
—	—	9	9	8	10
4	6	12	37	47	44
1	24	27	37	—	—
—	—	—	8	84	95
—	—	—	67	93	99
—	—	—	65	79	78
—	24	61	101	130	133
—	—	1	9	—	—
—	16	77	99	104	105
—	45	83	88	97	99
—	—	—	—	61	63
—	—	—	—	20	25
—	—		—	84	99
264	540	1 035	2 665	4 030	4 425
—	145	197	201	107	133
—	86	94	85	—	—
—	274	267	99	—	—
—	216	252	215	—	—
—	46	126	182	143	208
—	—	2	2	12	18
—	—	3	16	30	46
—	—	2	42	57	108
—	152	320	1 227	485	736
—	46	34	27	—	—
—	22	52	37	16	14
—	—	13	55	60	106
—	6	26	24	11	15
—	—	1	1	8	4
—	—	—	3	7	11
—	—	—	—	2	6

主要历史时期社会

指标	1985年比1980年增长（±%）	“六五”期间年均递增%	1990年比1985年增长（±%）	“七五”期间年均递增%
一、年末总人口	**9.93**	**1.91**	**8.95**	**1.73**
#非农业人口	17.56	3.29	12.16	2.32
#当年出生人口	30.36	5.44	49.13	8.32
二、国内生产总值	**1.19倍**	**16.98**	**1.17倍**	**16.74**
第一产业	28.20	5.09	10.66	2.05
第二产业	94.80	14.27	1.76倍	22.49
第三产业	1.95倍	24.19	1.21倍	17.15
人均国内生产总值	94.04	14.18	99.78	14.84
三、全部工业总产值	**1.74倍**	**22.36**	**2.06倍**	**25.04**
#规模以上工业总产值*	1.80倍	22.85	2.03倍	24.82
#国有工业	82.83	12.83	62.33	10.17
集体工业	86.48	13.27	52.47	8.80
三资工业	—	—	7.41倍	53.09
主要产品产量：				
(1) 原盐	−47.86	−12.21	−5.23	−1.07
(2) 发电量	9.49	1.83	−37.41	−8.94
(3) 糖	19.54	3.63	24.04	4.40
(4) 罐头	64.08	10.41	37.77	6.62
(5) 饮料酒	2.00倍	24.57	2.49	28.38
(6) 卷烟	1.15倍	16.57	59.00	9.72
(7) 化学纤维	62.25	10.16	16.71倍	77.69
(8) 自行车	11.51	65.75	17.56	3.29
(9) 装载机	2.42倍	27.91	61.80	10.10
(10) 电视机	—	—	3.71倍	36.34
(11) 叉车	46.06倍	1.16倍	33.20	5.90
四、农村社会总产值	**1.09倍**	**15.93**	**1.86倍**	**23.39**
农业	93.67	14.13	1.60倍	21.10
工业	52.08	8.75	4.50倍	40.63
建筑业	4.93倍	42.74	1.01倍	14.97
运输、邮电业	15.91倍	76.04	1.07倍	15.74
商业、饮食业	24.06	4.41	2.13倍	25.64

经 济 指 标 增 长 情 况

1995年比1990年增长（±%）	“八五”期间年均递增%	2000年比1995年增长（±%）	“九五”期间年均递增%	2001年比1981年增长（±%）	特区建设以来年均递增%	2001年比2000年增长（±%）
8.50	**1.64**	**8.16**	**1.58**	**41.31**	**1.74**	**2.36**
22.63	4.16	25.18	4.59	1.07倍	3.70	5.31
—45.80	—11.53	5.40	1.06	—35.70	—2.18	—24.00
2.03倍	**24.84**	**1.08倍**	**15.73**	**28.80倍**	**18.50**	**12.20**
40.38	7.02	12.10	2.31	1.07倍	3.69	8.10
2.71倍	30.01	1.32倍	18.35	52.35倍	22.00	13.20
1.71倍	22.08	84.03	12.97	32.23倍	19.14	11.30
1.70倍	22.02	99.53	14.83	20.11倍	16.47	9.10
2.44倍	**28.04**	**1.87倍**	**23.45**	**73.81倍**	**24.08**	**15.55**
2.70倍	29.88	1.80倍	22.85	69.47倍	23.71	16.53
29.35	5.28	—20.83	—4.56	1.59倍	4.88	1.09
1.77倍	22.57	—0.25	—0.05	2.21倍	6.00	—28.65
4.68倍	41.55	2.12倍	25.53	—	—	14.64
—50.16	—13.00	—	—	—	—	—
1.73倍	22.29	4.27倍	39.45	7.87倍	11.53	—14.63
—76.49	—25.14	—	—	—	—	—
8.41	1.63	—38.22	9.18	14.62	0.68	—31.08
2.16倍	25.88	—	—	—	—	—
2.82	0.56	21.25	3.93	2.88倍	7.02	4.93
7.35倍	52.86	2.16倍	25.91	685.54倍	38.62	16.36
1.15倍	16.58	—	—	—	—	—
72.35	11.50	24.05	4.40	16.92倍	15.52	72.48
—10.39	—2.17	1.46倍	19.72	—	—	0.10
87.34	13.38	58.68	9.67	43.75倍	20.93	28.80
5.73倍	**46.43**	**1.07倍**	**15.66**	**71.62倍**	**23.89**	**10.20**
1.62倍	21.28	31.86	5.69	13.45倍	14.29	5.12
17.28倍	78.82	1.39倍	19.00	325.57倍	33.57	13.21
4.84倍	42.35	1.16倍	16.67	128.25倍	27.52	6.20
6.67倍	50.29	58.22	9.61	232.07倍	31.33	—4.21
7.03倍	51.72	1.51倍	20.20	68.46倍	23.62	3.52

续一

指　　标	1985年比1980年增　长（±%）	“六五”期间年均递增%	1990年比1985年增　长（±%）	“七五”期间年均递增%
农、林、牧、渔业总产值	47.17	8.03	42.38	7.32
#农　业	8.87	1.71	11.48	2.20
林　业	67.50	10.87	1.23倍	17.40
牧　业	1.05倍	15.48	23.37	4.29
渔　业	1.14倍	16.45	96.88	14.51
年末实有耕地面积	−4.48	−0.91	−4.65	−0.95
主要农产品产量：				
粮　食	−10.10	−2.11	3.85	0.76
油　料	30.21	5.42	28.72	5.18
糖　庶	50.03	8.45	16.72	3.14
蔬　菜	1.08倍	15.82	36.61	6.44
水　果	1.88倍	23.56	−2.29	−0.46
鲜　蛋	1.18倍	16.87	29.41	5.29
肉　类	27.51	4.98	23.37	4.29
水产品	36.61	6.44	40.46	7.03
农业机械总动力	67.23	10.83	49.78	8.42
五、客运总量周转量	**3.25倍**	**33.55**	**55.11**	**9.18**
货运总量周转量	99.21	14.78	66.35	10.71
港口货物吞吐量	76.42	12.02	57.71	9.54
#出口量	60.11	9.87	24.94	4.55
进口量	90.27	13.73	81.13	12.62
客运总量	3.29倍	33.79	−45.36	−11.39
#铁　路	70.93	11.32	−3.97	−0.81
公　路	4.96倍	42.88	−56.74	−15.43
水　路	31.18	5.58	25.20	4.60
航　空	—	—	6.95倍	51.38
货运总量	32.40	5.77	48.65	8.25
#铁　路	37.74	6.61	24.30	4.45
公　路	34.00	6.03	70.85	11.31
水　路	20.15	3.74	−12.00	−2.52
航　空	—	—	6.55倍	49.81
邮电业务总量	146.49	19.77	5.83倍	46.84

1995年比1990年		2000年比1995年		2001年比1981年		2001年比2000年
增长（±%）	“八五”期间年均递增%	增长（±%）	“九五”期间年均递增%	增长（±%）	特区建设以来年均递增%	增长（±%）
26.04	4.74	21.80	4.02	2.16倍	5.93	10.35
18.76	3.50	1.09	0.22	70.46	2.70	23.81
−12.81	−2.70	−8.99	−1.87	−6.58	−0.34	−16.14
44.22	7.60	43.73	7.53	3.01倍	7.19	−1.79
25.36	4.62	27.77	5.02	5.37倍	9.70	8.91
−13.79	−2.93	−8.72	−1.81	−28.54	−1.67	−0.92
−14.89	−3.17	−1.07	−0.21	−17.94	−0.98	−4.11
−2.75	−0.56	−2.39	−0.48	−9.44	−0.49	−4.42
−47.47	−12.08	−99.35	−63.44	−99.42	−22.69	12.38
69.32	11.11	20.60	3.82	3.71倍	8.05	6.23
2.11倍	25.46	−17.55	−3.79	4.59倍	8.98	78.89
1.30倍	18.12	−6.06	−1.24	3.54倍	7.86	−23.20
30.62	5.49	39.75	6.92	1.90倍	5.47	4.97
28.44	5.13	1.13倍	16.31	5.99倍	10.21	10.18
21.84	4.03	−2.66	−0.54	1.65倍	5.00	−1.68
1.86倍	**23.39**	**73.10**	**11.60**	**97.23倍**	**25.78**	**18.60**
5.11倍	43.61	4.73倍	41.79	110.27倍	26.57	−1.40
1.48倍	19.96	49.54	8.38	10.22倍	12.85	6.82
91.85	13.92	18.08	3.38	10.30倍	12.89	11.87
1.76倍	22.54	1.41倍	19.28	10.16倍	12.81	3.29
35.68	6.29	1.64倍	21.45	5.50倍	9.81	12.06
93.63	14.13	16.16	3.04	3.06倍	7.25	9.02
25.39	4.63	2.39倍	27.67	5.79倍	10.05	12.32
−23.06	−5.11	1.29倍	18.00	1.99倍	5.63	6.60
3.56倍	35.45	38.83	6.78	—	—	17.33
3.81倍	36.92	5.30	1.04	4.14倍	8.53	4.00
78.59	12.30	−29.62	−6.79	1.41倍	4.49	22.80
50.57	8.53	28.44	5.13	3.22倍	7.46	−2.86
10.23倍	62.20	−9.67	−2.01	10.79倍	13.13	10.37
4.37倍	39.98	70.40	11.25	—	—	7.69
4.47倍	40.49	3.30倍	33.84	363.49倍	34.30	11.50

续二

指　　标	1985年比1980年 增　长（±%）	"六五"期间 年均递增%	1990年比1985年 增　长（±%）	"七五"期间 年均递增%
六、全社会固定资产投资	**8.63倍**	**57.29**	**49.77**	**8.41**
#基本建设	7.42倍	53.14	−7.87	−1.63
更新改造	3.15倍	32.91	1.78倍	22.71
房地产开发	—	—	—	—
新增固定资产	9.89倍	61.20	49.96	8.44
房屋竣工面积	5.45倍	45.16	−13.93	−2.96
#住　　宅	4.80倍	42.11	38.38	6.71
七、社会消费品零售总额	**2.13倍**	**25.64**	**2.05倍**	**24.98**
#批发零售贸易业零售	1.95倍	24.14	1.46倍	19.71
餐饮业零售	2.53倍	28.71	2.97倍	31.72
农业生产者零售	2.65倍	29.57	2.19倍	26.13
居民消费价格	42.98	7.41	92.49	13.99
商品零售价格	41.95	7.26	94.73	14.26
八、外贸进出口总额	**2.14倍**	**25.71**	**1.60倍**	**21.02**
#进口总值	239.26倍	1.99倍	33.19	5.90
出口总量	17.83	3.34	3.73倍	36.44
国家银行外汇结汇收入	−38.33	−9.21	1.59倍	20.96
#贸易收入	−25.69	−5.77	1.58倍	20.84
国家银行外汇售汇支出	3.69倍	36.22	6.17倍	48.31
#贸易支出	5.92倍	47.25	5.17倍	43.90
接待境外旅游人数	2.31倍	27.03	1.49倍	20.01
#港澳同胞	1.59倍	20.94	−34.91	−8.23
台　　胞	123.9倍	1.63倍	107.95倍	1.56倍
九、中央"两税"收入和地方级财政收入	**1.13倍**	**16.37**	**1.63倍**	**21.36**
#地方级财政收入	—	—	—	—
#工商税收	1.54倍	20.49	1.71倍	22.08
当年财政支出	4.82倍	42.21	2.22倍	26.36
金融机构各项存款年末余额	3.44倍	34.75	2.96倍	31.69
#城乡储蓄存款余额	2.28倍	26.81	4.20倍	39.08
金融机构各项贷款年末余额	3.18倍	33.09	2.31倍	27.07
十、各类学校年末专任教师数	**12.14**	**2.32**	**11.59**	**2.23**
#高等学校	28.03	5.07	9.52	1.83
中等专业学校	60.50	9.92	−16.36	−3.51
普通中学	9.93	1.91	25.33	4.62
小　　学	−0.65	−0.13	1.66	0.33
幼儿园	−5.65	−1.16	58.45	9.64

1995 年比 1990 年		2000 年比 1995 年		2001 年比 1981 年		2001 年比 2000 年
增长（±%）	“八五”期间年均递增%	增长（±%）	“九五”期间年均递增%	增长（±%）	特区建设以来年均递增%	增长（±%）
6.71 倍	**50.45**	**29.31**	**5.28**	**106.84 倍**	**26.37**	**9.64**
4.80 倍	42.11	46.08	7.87	69.04 倍	23.67	24.03
3.57 倍	35.53	71.85	11.44	90.62 倍	25.34	20.13
12.87 倍	69.21	3.75	0.74	—	—	−8.84
3.94 倍	37.66	2.07 倍	25.12	104.22 倍	26.21	−22.23
93.66	14.13	39.87	6.94	3.93 倍	8.30	4.54
1.24 倍	17.50	36.31	6.39	3.27 倍	7.53	−0.09
2.05 倍	**24.96**	**99.59**	**14.82**	**55.43 倍**	**22.34**	**8.31**
1.52 倍	20.29	1.24 倍	17.49	40.49 倍	20.47	10.48
4.61 倍	41.19	2.18 倍	26.01	225.80 倍	31.15	7.32
4.57 倍	40.98	−33.23	−7.76	29.09 倍	18.56	−20.21
88.56	13.52	13.82	2.62	13.82	0.65	−0.15
80.13	12.49	−9.94	−2.07	−9.94	−0.52	−0.26
4.23 倍	**39.24**	**66.57**	**10.74**	**72.24 倍**	**23.95**	**10.24**
5.88 倍	47.07	63.25	10.30	448.29 倍	35.71	9.69
3.45 倍	34.81	69.00	11.07	45.10 倍	21.11	10.63
6.50 倍	49.61	89.90	13.69	27.18 倍	18.17	22.65
6.91 倍	51.23	78.72	12.31	30.08 倍	18.75	20.49
9.82 倍	61.02	34.33	6.08	156.99 倍	28.80	−2.64
9.50 倍	60.04	24.84	4.54	151.97 倍	28.60	5.61
20.71	3.84	67.02	10.80	15.39 倍	15.01	4.10
82.39	12.77	19.31	3.59	2.45 倍	6.39	−12.61
−42.87	−10.59	87.62	13.41	8271.70 倍	56.99	13.44
2.35 倍	**27.36**	**1.65 倍**	**21.53**	**55.63 倍**	**22.36**	**20.77**
—	—	1.40 倍	19.11	—	—	25.95
94.85	14.27	1.19 倍	16.97	30.06 倍	18.74	16.86
1.73 倍	22.29	1.30 倍	18.11	119.01 倍	27.05	25.73
4.72 倍	41.75	90.29	13.73	164.38 倍	29.10	17.89
4.71 倍	41.68	88.67	13.54	180.15 倍	29.69	20.04
3.10 倍	32.57	73.62	11.67	82.80 倍	24.78	11.82
20.57	**3.81**	**25.58**	**4.66**	**1.57 倍**	**4.83**	**2.67**
−15.03	−3.20	22.12	4.08	70.71	2.71	3.38
11.56	2.21	7.77	1.51	54.47	2.20	2.69
35.00	6.19	36.01	6.34	1.47 倍	4.63	7.00
20.37	3.78	26.27	4.78	1.32 倍	4.29	4.12
34.74	6.15	22.65	4.17	1.58 倍	4.85	−12.51

续三

指标	1985年比1980年 增长（±%）	"六五"期间年均递增%	1990年比1985年 增长（±%）	"七五"期间年均递增%
各类学校年末在校生员数	−0.30	−0.06	13.74	2.61
#高等学校	53.39	8.93	39.26	6.85
中等专业学校	60.26	9.89	−6.35	−1.30
普通中学	5.43	1.06	−6.91	−1.42
小　学	−14.65	−3.12	26.15	4.76
幼儿园	12.58	2.40	44.74	7.68
十一、卫生机构数	**34.82**	**6.16**	**−3.09**	**−0.63**
病床位数	9.22	1.78	23.42	4.30
卫生技术人员数	30.40	5.45	17.82	3.33
#医　生	50.54	8.52	47.04	8.02
十二、全社会劳动就业人数	**19.59**	**3.64**	**17.74**	**3.32**
#乡村劳动力人数	18.11	3.38	10.96	2.10
在岗职工人数（不含非正式职工）	18.64	3.48	22.41	4.13
#国有单位	22.80	4.19	14.85	2.81
集体单位	−2.01	−0.41	−0.61	−0.12
城镇个体从业人数（含私营企业雇工）	5.28倍	44.42	1.60倍	21.08
十三、职工工资总额（在岗）	**1.18倍**	**16.82**	**1.87倍**	**23.46**
年人均工资额（在岗）	86.21	13.24	1.36倍	18.73
城镇居民年人均可支配收入	1.14倍	16.39	1.71倍	22.05
城镇居民年人均消费性支出	1.10倍	16.00	1.36倍	18.76
农民人均纯收入	1.57倍	20.79	91.67	13.90
十四、年末城市实有房屋建筑面积	**60.31**	**9.90**	**87.98**	**13.45**
#住宅面积	65.11	10.55	81.19	12.62
#使用面积	—	—	—	—
人均使用面积	—	—	—	—
#住宅居住面积	71.40	11.38	20.28	3.76
人均居住面积	44.83	7.69	22.22	4.10
全市供水总量	74.63	11.80	55.23	9.19
#生活用水	1.16倍	16.76	41.43	7.18
全年用电总量	70.48	11.26	1.28倍	17.87
#居民生活用电	90.48	13.75	−3.70	−0.75
公园面积	2.67倍	29.68	83.02	12.85
园林绿地面积	1.62倍	21.22	1.52倍	20.34
年末实有道路长度	25.39	4.63	1.71倍	22.07
年末实有道路面积	32.34	5.76	2.12倍	25.56
全年公共汽车客运总量	94.31	14.21	4.49	0.88
轮渡客运总量	45.98	7.86	12.86	2.45

注："九五"期间工业统计口径采用新的"规模以上企业"口径，以前仍以乡及乡以上口径计算。

1995年比1990年		2000年比1995年		2001年比1981年		2001年比2000年
增长（±%）	“八五”期间年均递增%	增长（±%）	“九五”期间年均递增%	增长（±%）	特区建设以来年均递增%	增长（±%）
26.42	4.80	14.61	2.77	98.34	3.48	3.61
26.38	4.79	39.40	6.87	3.20倍	7.44	12.60
48.14	8.18	64.69	10.49	3.61倍	7.94	9.24
57.30	9.48	37.28	6.54	1.47倍	4.61	5.74
14.11	2.68	7.25	1.41	41.19	1.74	0.49
12.03	2.30	−7.94	−1.64	1.27倍	4.19	1.60
−9.34	**−1.94**	**46.48**	**7.93**	**1.06倍**	**3.69**	**40.82**
14.39	2.73	10.57	2.03	70.56	2.71	2.53
16.83	3.16	7.55	1.47	1.05倍	3.66	14.23
11.81	2.26	6.96	1.36	1.57倍	4.83	12.96
32.97	**5.87**	**14.93**	**2.82**	**1.19倍**	**3.99**	**2.53**
7.16	1.39	4.79	0.94	48.46	2.00	0.13
53.99	9.02	8.65	1.67	1.38倍	4.43	0.35
14.07	2.67	−15.15	−3.23	22.90	1.04	−3.39
−19.36	−4.21	−30.95	−7.14	−56.83	−4.11	−5.31
1.55倍	20.55	1.51倍	20.22	62.20倍	23.04	19.37
3.61倍	**35.78**	**79.66**	**12.43**	**53.62倍**	**22.14**	**9.66**
1.94倍	24.09	64.61	10.48	21.72倍	16.90	9.16
1.74倍	22.30	51.55	8.67	22.60倍	17.12	8.27
1.72倍	22.15	59.76	9.82	17.87倍	15.82	6.54
1.57倍	20.82	51.22	8.62	15.76倍	15.14	9.80
50.82	**8.57**	**61.58**	**10.07**	**7.55倍**	**11.32**	**23.29**
61.88	10.11	96.40	14.45	8.83倍	12.11	11.45
—	—	157.28	20.80	—	—	8.79
—	—	105.08	15.45	—	—	3.31
78.61	12.30	1.16倍	16.60	—	—	—
22.08	4.07	54.47	9.09	—	—	—
74.80	11.82	35.89	6.33	5.76倍	10.03	6.72
95.73	14.37	78.69	12.31	9.47倍	12.46	8.60
1.49倍	20.05	89.98	13.69	18.77倍	16.09	15.01
1.82倍	23.05	2.10倍	25.38	18.47倍	16.00	12.30
93.30	14.09	20.38	3.78	3.39倍	7.68	平
95.60	14.36	46.43	7.93	26.30倍	17.98	6.72
9.63	1.86	42.93	7.40	4.93倍	9.31	5.29
48.92	8.29	61.36	10.04	13.23倍	14.20	12.72
1.82倍	23.05	79.99	12.47	6.77倍	10.80	−15.17
4.92	0.96	−26.07	−5.86	42.44	1.78	12.63

主要年份国民经济主要比例关系

指标	1952年	1978年	1980年	1981年	1985年	1990年	1995年	2000年	2001年
一、国内生产总值中（当年价）	**100**	**100**	**100**	**100**	**100**	**100**	**100**	**100**	**100**
三次产业比例（%）									
第一产业	34.00	22.30	21.67	26.47	14.74	10.43	6.27	4.23	3.95
第二产业	35.00	56.70	57.84	51.61	50.25	44.37	52.17	52.81	53.14
第三产业	31.00	21.00	20.55	21.92	35.01	45.20	41.56	42.96	42.92
二、工农业总产值中（按不变价计）	**100**	**100**	**100**	**100**	**100**	**100**	**100**	**100**	**100**
农、轻、重比例（%）									
工　业	36.25	79.85	83.14	83.86	90.02	88.90	96.02	98.10	98.18
轻工业	35.00	56.52	57.32	59.06	61.95	63.27	64.26	—	—
重工业	1.25	23.33	25.84	24.80	28.07	25.63	31.76	—	—
农　业	63.75	20.15	16.86	16.14	9.98	11.10	3.98	1.90	1.82
三、工业总产值中（不变价、规模以上）	**100**	**100**	**100**	**100**	**100**	**100**	**100**	**100**	**100**
轻、重工业比例（%）									
轻工业	95.55	70.78	69.15	70.42	68.00	71.17	66.84	60.44	53.79
重工业	3.45	29.22	30.85	29.58	32.00	28.83	33.16	39.59	46.21
四、农林牧渔业总产值中（当年价）	**100**	**100**	**100**	**100**	**100**	**100**	**100**	**100**	**100**
各业比例（%）									
农　业	63.29	78.77	62.17	65.78	57.63	46.65	42.17	30.44	32.28
林　业	0.33	0.57	0.75	1.30	0.57	0.94	0.63	0.52	0.46
牧　业	19.52	12.69	23.37	21.18	22.80	22.82	21.71	22.33	20.96
渔　业	16.86	7.97	13.71	11.74	19.00	29.59	35.49	47.11	46.30
五、全社会固定资产投资中的比例（%）	**100**	**100**	**100**	**100**	**100**	**100**	**100**	**100**	**100**
#基　建	100.00	100.00	75.62	60.20	66.16	40.70	30.60	34.56	39.10
更新改造	—	—	20.80	16.92	8.96	16.65	9.87	13.12	14.38
房地产开发	—	—	—	—	—	24.59	44.24	35.49	29.51

注：2001年轻、重工业比例的计算按规模以上工业总产值数据而得，与往年数据不可比。

按人口平均的国民经济主要指标

指　　标	单位	1980年	1981年	1985年	1990年	1995年	2000年	2001年
国内生产总值（当年价）	元	**685**	**779**	**1 761**	**5 044**	**19 743**	**38 021**	**41 111**
全部工业总产值（按1980年或1990年不变价计算）	元	**924**	**1 164** **1 102**	**2 194**	**6 163** **7 769**	**24 559**	**65 157**	**73 766**
#规模以上工业	元	889	1 130 1 069	2 150	5 987 7 578	22 891	59 264	67 665
农林牧渔业总产值（当年价）	元	**196.37**	**259.45**	**369.51**	**881.07**	**2 096**	**2 600**	**2 678**
年末实有耕地面积	亩	0.61	0.59	0.53	0.46	0.37	0.31	0.30
农业机械动力	千瓦小时	0.17	0.18	0.32	0.36	0.4	0.36	0.34
全社会固定资产投资	元	**131.14**	**188.82**	**1 154**	**1 587**	**12 242**	**13 450**	**14 448**
当年新增固定资产	元	74.25	133.80	739	1 018	4 621	13 111	9 990
当年竣工房屋建筑面积	平方米	0.14	0.18	1.23	0.95	1.95	3.58	3.67
社会消费品零售额	元	**319.5**	**350.79**	**914.07**	**2 561**	**7 167**	**13 235**	**14 046**
#批发零售贸易业零售	元	309.45	331.82	833.61	1 883	4 357	8 946	9 769
餐饮业零售	元	12.05	14.03	38.89	142	731	2 128	2 258
农业生产者零售	元	33.74	38.21	112.58	282	1 690	1 035	816
中央“两税”收入和地方级财政收入	元	**197.43**	**207.07**	**384.91**	**931**	**2 867**	**7 031**	**8 320**
#地方级财政收入	元	—	—	—	—	1 796	3 950	4 917
对外贸易进出口额	美元	**152.33**	**160.53**	**436.92**	**1 042**	**5 011**	**7 656**	**8 342**
#出口贸易额	美元	151.07	149.73	162.65	707	2 890	4 479	4 898
主要农产品产量								
1. 粮　食	千克	259.80	235.15	213.40	203.63	159.21	144.46	136.92
2. 蔬　菜	千克	83.88	108.38	159.71	200.46	311.79	344.85	362.06
3. 水　果	千克	4.30	9.78	11.30	10.15	28.98	21.92	38.74
4. 蛋　品	千克	2.50	2.54	4.98	5.92	12.50	10.77	8.17
5. 肉　类	千克	20.69	21.19	24.11	27.33	32.79	42.03	43.61
6. 水产品	千克	37.79	30.77	47.17	60.88	71.83	140.21	152.69

平 均 每 天 主 要

指 标	单 位	1952 年	1978 年	1980 年
一、每天所创国民财富				
国内生产总值（当年价）	万元	12.63	131.51	175.34
＃第二产业增加值	万元	4.42	74.50	101.41
第三产业增加值	万元	3.92	27.59	36.04
全部工业总产值（不变价）	万元	8.02	212.57	235.15
＃规模以上工业总产值	万元	—	204.85	226.27
农村社会总产值（当年价）	万元	—	61.70	71.36
农业总产值（当年价）	万元	8.61	42.52	49.95
中央“两税”收入及地方级财政收入	万元	3.54	42.34	50.22
＃地方级财政收入	万元	—	—	—
二、每天主要产品产量				
工业：1. 糖	吨	—	61.92	72.51
2. 罐 头	吨	—	28.77	38.90
3. 饮料酒	吨	1.64	16.16	14.79
4. 卷 烟	箱	14.25	263.84	284.58
5. 自行车	辆	—	14.79	61.37
6. 摩托车	辆	—	—	—
7. 原电池	万只	0.23	11.20	14.33
8. 彩色电视机	台	—	—	—
9. 装载机	台	—	0.19	0.68
10. 叉 车	台	—	0.12	0.04
11. 原 盐	吨	—	—	512.88
12. 发电量	万千瓦小时	0.17	44.81	88.53
农业：1. 蔬 菜	吨	48.96	255.22	213.36
2. 水 果	吨	7.83	9.87	10.93
3. 鲜 蛋	吨	4.94	7.52	6.35
4. 肉 类	吨	10.50	42.63	52.64
5. 水产品	吨	15.78	85.18	96.13

社　会　经　济　活　动

1981年	1985年	1990年	1995年	2000年	2001年
202.95	503.02	1 564.00	6 864.35	13 749.88	15 296.62
104.47	252.77	708.66	3 581.26	7 260.83	8 128.08
44.48	176.09	688.81	2 852.83	5 907.19	6 564.85
300.48 284.62	610.89	1 867.47 2 354.22	8 100.45	23 229.27	26 841.54
291.88 276.02	598.69	1 814.03 2 296.08	7 550.42	21 128.45	24 621.54
90.38	149.43	427.39	2 877.63	5 955.28	6 562.85
66.99	102.87	266.96	691.46	926.97	974.42
53.46	107.16	282.14	945.53	2 506.81	3 027.45
—	—	—	592.50	1 420.58	1 789.29
77.23	85.48	106.03	24.93	—	—
35.62	63.84	87.95	95.34	58.90	40.69
15.34	44.38	154.79	489.32	—	—
330.41	616.71	980.55	1 008.22	1 222.47	1 282.74
140.00	767.67	902.47	1 943.01	—	—
—	—	—	6.30	82.21	67.38
16.44	26.64	49.62	84.19	—	—
—	406.85	1 916.71	1 717.53	4 223.84	4 221.10
0.78	2.35	3.79	6.54	8.11	13.99
0.23	0.27	0.16	0.83	8.09	10.42
387.12	267.40	253.70	126.30	—	—
84.23	96.93	60.67	165.91	874.79	746.85
279.30	444.63	607.39	1 028.41	1 240.21	1 317.42
25.24	31.47	30.75	95.59	78.82	140.99
6.55	13.85	17.93	41.22	38.72	29.74
54.72	67.12	82.81	108.16	151.15	158.67
79.44	131.32	184.46	236.92	504.26	555.58

续一

指　　标	单　位	1952 年	1978 年	1980 年
三、每天市场消费				
全市社会消费品零售额	万元	10.19	61.40	81.28
#批发零售贸易业零售	万元	—	—	78.72
餐饮业零售	万元	—	—	3.07
农业生产者零售	万元	—	—	8.58
四、每天提供服务				
自来水供水量	万吨	0.21	5.68	8.22
#生活用水	万吨	0.11	1.34	2.17
用电总量	万千瓦小时	0.11	48.47	64.54
#生活用电	万千瓦小时	—	10.43	14.07
液化石油气供应量	吨	—	—	—
#家庭用量	吨		—	—
煤气天然气供气量	立方米	—	—	—
#家庭用量	立方米	—	—	—
公共汽车客运量	人次	0.02	5.40	7.94
轮渡客运量	人次			4.16
全市客运总量	千人	0.69	10.21	13.78
#铁路发送量	千人	—	1.43	1.89
航空客运量	人	—	—	—
邮电业务总量(按可比价计算)	万元	0.11	0.48	0.85
#邮政业务总量	万元	—	—	—
电信业务总量（含移动通信及无线寻呼）	万元	—	—	—
五、其他经济活动				
全社会固定资产投资	万元	0.73	15.48	33.36
新增固定资产	万元	0.68	3.83	18.89
竣工住宅建筑面积	平方米	51.78	235.34	358.08
全市货运总量	万吨	0.10	1.28	1.33
#铁路发送量	万吨	—	0.25	0.26
港口货物吞吐量	万吨	0.02	0.41	0.52
对外贸易进出口	万美元	1.53	22.49	38.75
#出　　口	万美元	0.47	22.49	38.43
接待境外旅游人数	人	—	—	70
六、人口变动				
出生人口	人	—	45.49	37.69
死亡人口	人	—	13.98	14.84
迁入人口	人	—	—	45.75
迁出人口	人	—	—	40.60

1981年	1985年	1990年	1995年	2000年	2001年
90.57	776.02	776.02	2 364.11	4 718.62	5 110.82
85.67	570.61	570.61	1 437.08	3 217.16	3 554.41
3.62	10.83	42.94	240.96	765.45	821.45
9.87	100.06	100.06	557.34	372.13	296.91
8.36	14.36	22.30	38.97	52.96	56.52
2.42	4.72	6.67	13.05	23.32	25.33
69.07	110.17	250.67	624.93	1 187.21	1 365.38
13.01	26.80	25.79	72.80	225.55	253.30
—	0.34	10.64	99.25	169.59	202.25
—	0.29	10.08	38.38	68.57	96.40
—	—	—	3.90	—	—
—	—	—	3.90	—	—
8.93	15.43	16.12	45.47	81.84	69.43
[illegible]	6.07	6.85	7.19	5.32	5.99
19.80	56.07	30.63	43.15	114.00	128.77
1.83	3.23	3.10	6.00	6.97	7.62
—	191	1 520	6 935	9 627	11 296
1.02	2.09	14.25 42.27	231.04	992.41 423.49	472.19
—	—	—	—	31.21 74.65	67.08
—	—	—	—	961.20 348.84	405.10
48.75	321.17	481.01	3 708.02	4 794.99	5 257.17
34.55	205.62	308.34	1 524.17	4 674.33	3 634.88
2 051.51	2 075.62	2 872.32	6 433.97	8 770.14	8 762.19
1.36	1.76	2.62	6.41	6.75	6.98
0.27	0.36	0.45	0.80	0.56	0.65
0.51	0.92	1.45	3.60	5.38	5.75
41.44	121.64	315.81	1 652.95	2 753.26	3 035.27
38.65	45.28	214.10	953.19	1 610.91	1 782.17
74	232	577	697	1 164	1 211.87
52.05	51.45	76.73	41.58	43.83	33.31
15.14	15.45	17.75	15.48	30.72	14.55
31.33	51.84	58.76	56.20	90.94	673.82
22.46	30.05	47.42	30.42	42.45	627.61

市　民　物　质　文

指　　标	单　位	1980 年	1981 年
一、在岗职工年平均工资 *	**元**	**718**	**734**
城镇居民人均可支配收入 *	元	450.72	481.56
农民人均纯收入 *	元	210	264
城乡居民储蓄存款年末余额	万元	11 886	14 476
人均储蓄存款	元	127	152
二、市区人均住宅使用面积 *	**平方米**	**—**	**—**
市区人均居住面积 *	平方米	4.35	4.54
三、人均生活用电量	**千瓦小时**	**55.31**	**50.39**
人均生活用水量 *	吨	38.01	38.06
家庭人均液化气用量 *	千克	—	—
家庭人均煤气天然气用量 *	平方米	—	—
四、每万人拥有公共车辆数	**辆**	**0.86**	**0.98**
每万人拥有轮渡船只数	艘	0.10	0.11
万人拥有出租汽车	辆	—	—
五、市区人均公共绿地 *	**公顷**		
建成区绿化覆盖率 *	%	13.00	21.70
六、人均邮电业务总量	**元**	**3.33**	**3.97**
七、每万人拥有在校学生数	**人**	**1 975**	**1 771**
#高等学校学生	人	71	70
每万人拥有各类学校专任教师数	人	107	79
#高等学校教师	人	18	15
八、每万人拥有医院病床位	**张**	**23.34**	**30.13**
每万人拥有医生人数	人	13	15

注：本表中有 * 记号的是分别取自“劳动工资年报”、“城乡居民家庭抽样调查资料”和“城建年报”的数据，其余为年末人口的平均数。

化　生　活　水　平

1985 年	1990 年	1995 年	2000 年	2001 年
1 337	**3 155**	**9 282**	**15 279**	**16 678**
962.33	2 608.16	7 135.08	10 497	11 365
540	1 035	2 665	4 030	4 425
38 982	179 325	1 157 874	2 184 618	2 622 327
[illegible]80	1 603	9 540	16 643	19 517
—	—	13.99	28.69	29.64
6.32	**7.70**	**9.40**	**14.52**	—
96.25	**85.17**	**220.72**	**632.66**	**696.14**
59.32	65.78	90.06	116.83	115.48
[illegible].98	25.90	33.17	38.93	35.43
—	—	113.40	—	—
1.22	**1.51**	**3.21**	**7.89**	**10.10**
0.12	0.10	0.16	0.17	0.16
—	11.84	23.87	29.06	25.58
—	—	**8.03**	**9.89**	**5.05**
19.30	28.4	35.41	35.77	34.94
7.50	**47.03** **139.34**	**700**	**2 784** **1 188**	**1 298**
1 791	**1 972**	**2 297**	**2 455**	**2 486**
99	126	147	189	208
109	112	125	144	144
21	21	16	18	19
30.83	**33.31**	**32.51**	**35.44**	**35.58**
18	24	25	24	27

一、综合·人口

年末户籍人口变动情况

单位：人

	2000年末	2001年末
总户数（户）	**388 837**	**404 839**
总人口	**1 312 670**	**1 343 599**
#男	667 793	682 524
女	644 877	661 075
总人口中非农业人口	662 159	697 303
年内自然净增人口	4 783	6 846
人口自然增长率（‰）	3.68	5.15
#出生人口	15 997	12 158
出生率（‰）	12.29	9.15
死亡人口	11 214	5 312
死亡率（‰）	8.62	4.00
年内机械净增人口	17 697	16 869
人口机械增长率（‰）	13.60	12.70
#迁入人口	33 193	245 945
迁入率（‰）	25.51	185.18
迁出人口	15 496	229 076
迁出率（‰）	11.91	172.48
年平均人口	**1 301 273**	**1 328 135**

2001年全市户籍人口变动明细表

单位：人

	全市	思明区	开元区	鼓浪屿区	湖里区	杏林区	集美区	同安区
总户数（户）	**404 839**	**32 823**	**111 984**	**5 670**	**41 299**	**40 168**	**25 641**	**147 254**
总人口	**1 343 599**	**106 655**	**303 117**	**16 330**	**120 241**	**141 872**	**105 166**	**550 218**
#男	682 524	55 419	154 113	8 127	62 283	70 262	54 204	278 116
女	661 075	51 236	149 004	8 203	57 958	71 610	50 962	272 102
总人口中非农业人口	697 303	102 505	292 588	16 323	94 428	72 594	39 616	79 249
年内自然净增人口	6 846	247	1 771	12	1 121	524	504	2 667
人口自然增长率（‰）	5.15	2.34	5.98	0.73	9.68	3.72	4.84	4.86
#出生人口	12 158	790	3 033	120	1 561	1 070	753	4 831
出生率（‰）	9.15	7.49	10.24	7.34	13.48	7.59	7.23	8.80
死亡人口	5 312	543	1 262	108	440	546	249	2 164
死亡率（‰）	4.00	5.15	4.26	6.60	3.80	3.87	2.39	3.94
年内机械净增人口	16 869	−5 172	12 188	−46	7 778	1 349	1 431	−659
人口机械增长率（‰）	12.70	−49.02	41.16	−2.81	67.17	9.57	13.73	−1.20
#迁入人口	245 945	7 342	139 477	1 331	20 496	14 435	6 121	56 743
迁入率（‰）	185.18	69.59	470.99	81.39	177.01	102.42	58.74	103.32
迁出人口	229 076	12 514	127 289	1 377	12 718	13 086	4 690	57 402
迁出率（‰）	172.48	118.61	429.83	84.20	109.84	92.85	45.01	104.52
年平均人口	**1 328 135**	**105 506**	**296 138**	**16 353**	**115 792**	**140 935**	**104 204**	**549 209**

历年登记暂住人口情况

单位：人

	2001年末	2000年末	1999年末	1998年末	1997年末	1996年末
合计数	**498 347**	**447 335**	**426 289**	**489 504**	**461 257**	**406 146**
#务工	416 093	405 780	402 382	450 828	433 154	381 415
务农	1 147	246	750	1 602	1 848	1 380
经商	19 607	5 339	10 841	11 074	7 759	7 092
服务	3 742	4 400	4 569	7 837	9 021	7 798
作保姆	360	440	534	279	47	31
因公出差	29 736	1 043	484	1 905	885	899
借读培训	1 179	515	444	1 549	11	12
治病疗养	138	83	112	99	197	182
投亲靠友	2 072	1 267	2 236	2 919	1 870	1 746
探亲访友	4 114	844	580	2 501	528	428
旅游观光	12 913	22 004	1 027	6 139	34	51
其他	7 246	5 374	2 330	2 772	5 903	5 112
年平均人数	**472 841**	**436 812**	**457 897**	**475 381**	**433 702**	**348 147**

一、综合・劳动就业与职工工资

全社会劳动从业人员情况

单位：人

	2000 年	2001 年
年末全社会劳动从业人员数	**1 038 161**	**1 064 408**
各种所有制单位从业人员	509 713	511 415
＃在岗职工人数	501 398	503 158
城镇个体工商从业人员（含私营雇工）	123 888	147 889
乡村实有劳动力	404 560	405 104
按国民经济行业分组		
农林牧渔业	224 933	230 446
采掘业	436	144
制造业	359 398	363 889
电力、煤气及水的生产和供应业	5 400	5 321
建筑业	77 503	85 187
地质勘探与水利管理业	480	446
交通运输、仓储及邮电通讯业	40 013	41 551
批发、零售贸易及餐饮业	119 966	126 424
金融、保险业	12 000	11 724
房地产业	10 165	9 884
社会服务业	46 368	55 578
卫生、体育和社会福利业	10 255	10 843
教育、文化艺术和广播电影电视业	30 167	30 983
科研和综合技术服务业	4 967	5 797
国家、政党机关和社会团体	18 326	19 108
其他行业	57 784	67 083
按三次产业分组		
第一产业	244 933	230 446
第二产业	442 737	454 541
第三产业	350 491	379 421

从业人员年末人数

单位：人

项目	合计	其中：在岗职工		
		2001年	2000年	比2000年增长（±%）
总计	**511 415**	**503 158**	**501 398**	**0.35**
一、国有单位	163 991	160 575	166 207	-3.39
二、集体单位	35 806	34 965	44 551	-21.52
三、其他单位	311 618	307 618	290 640	5.84
#“三资”企业	247 068	244 497	245 340	-0.34

从业人员年平均人数

单位：人

项目	合计	其中：在岗职工		
		2001年	2000年	比2000年增长（±%）
总计	**502 280**	**493 962**	**491 706**	**0.46**
一、国有单位	163 237	159 874	168 841	-5.31
二、集体单位	35 277	34 417	45 064	-23.63
三、其他单位	303 766	299 671	277 801	7.87
#“三资”企业	245 864	243 101	232 726	4.46

从业人员年劳动报酬

单位：万元

项目	合计	其中：在岗职工		
		2001年	2000年	比2000年增长（±%）
总计	**852 718**	**823 834**	**751 289**	**9.66**
一、国有单位	360 464	354 232	312 699	13.28
二、集体单位	46 890	45 980	56 251	—18.26
三、其他单位	445 364	423 622	382 339	10.8
#“三资”企业	346 178	326 780	310 892	5.11

从业人员年人均劳动报酬

单位：元

项目	合计	其中：在岗职工		
		2001年	2000年	比2000年增长（±%）
总计	**16 977**	**16 678**	**15 279**	**9.16**
一、国有单位	22 082	22 157	18 520	19.64
二、集体单位	13 292	13 360	12 482	7.03
三、其他单位	14 661	14 136	13 763	2.71
#“三资”企业	14 080	13 442	13 359	0.62

离岗保留劳动关系的职工人数和生活费

单位：人、万元、元

项目	年末人数	平均人数	生活费总额	年平均生活费
合计	**14 608**	**15 520**	**6 407**	**4 128**
国有单位	8 541	8 881	4 586	5 164
集体单位	4 759	5 288	1 228	2 322
其他单位	1 308	1 351	593	4 389

其他从业人员人数和工资

单位：人、万元、元

项目	年末人数	平均人数	工资总额	年平均工资
合计	**8 257**	**8 318**	**28 883**	**34 723**
1. 聘用离退休人员	2 254	2 253	3 606	16 004
2. 聘用港澳台和外籍人员	1 665	1 678	17 734	105 682
3. 聘用兼职、借用、下岗再就业人员	4 338	4 387	7 543	17 194

单位从业人员变动情况（一）

单位：人

项目	本年增加人数						
	合计	从农村招收	从城镇招收	录用的退伍军人	录用的大中专技校毕业生	调入	其他
合计	**127 957**	**79 787**	**13 315**	**1 854**	**11 394**	**4 741**	**16 866**
一、国有单位	20 242	6 688	2 152	354	2 669	2 832	5 547
二、集体单位	6 237	2 683	489	27	187	324	2 527
三、其他单位	101 478	70 416	10 674	1 473	8 538	1 585	8 792

单位从业人员变动情况（二）

单位：人

项目	本年减少人数						
	合计	离休退休退职	开除除名辞退	终止解除合同	离岗保留劳动关系的职工	调出	其他
合计	**107 583**	**11 716**	**16 670**	**49 277**	**1 666**	**3 619**	**24 635**
一、国有单位	20 987	3 259	1 094	7 969	953	2 659	5 053
二、集体单位	6 156	902	331	2 327	214	260	2 122
三、其他单位	80 440	7 555	15 245	38 981	499	700	17 460

按经济类型分行业在岗职工与工资

单位：人、万元、元

行业分类	合计	国有单位	集体单位	其他单位
总计				
年末人数	503 158	160 575	34 965	307 618
年平均人数	493 962	159 874	34 417	299 671
年工资总额	823 834	354 232	45 980	423 622
年平均工资	16 678	22 157	13 360	14 136
按国民经济行业分				
一、农林牧渔业				
年末人数	3 045	2 881	230	294
年平均人数	3 372	2 847	230	295
年工资总额	3 219	2 569	368	282
年平均工资	9 545	9 023	16 004	9 546
#农林牧渔服务业				
年末人数	395	299		96
年平均人数	397	295		102
年工资总额	742	635		107
年平均工资	18 688	21 532		10 461
二、采掘业				
年末人数	124	94		30
年平均人数	125	95		30
年工资总额	207	132		75
年平均工资	16 520	13 821		25 067
三、制造业				
年末人数	283 444	23 559	9 406	250 479
年平均人数	282 917	24 142	9 595	249 180
年工资总额	378 904	43 046	11 474	324 384
年平均工资	13 393	17 830	11 959	13 018
四、电力、煤气、自来水生产和供应业				
年末人数	5 314	4 581	33	700
年平均人数	5 377	4 635	32	710
年工资总额	16 394	13 056	42	3 296
年平均工资	30 489	28 169	13 063	46 423
五、建筑业				
年末人数	56 753	17 848	16 223	22 682
年平均人数	49 262	17 005	15 370	16 887
年工资总额	75 300	26 986	19 588	28 726
年平均工资	15 286	15 870	12 744	17 011
1. 土木工程建筑业				
年末人数	53 393	16 939	15 743	20 711
年平均人数	45 862	16 097	14 909	14 856
年工资总额	67 878	25 663	18 424	23 791
年平均工资	14 800	15 943	12 358	16 014

续一

行业分类	合计	国有单位	集体单位	其他单位
2. 线路、管道、设备安装				
年末人数	1 846	772	298	776
年平均人数	1 918	775	310	833
年工资总额	5 190	1 085	957	3 148
年平均工资	27 057	13 997	30 858	37 792
3. 装修装饰业				
年末人数	1 514	137	182	1 195
年平均人数	1 482	133	151	1 198
年工资总额	2 233	239	207	1 787
年平均工资	15 068	17 962	13 709	14 918
六、地质勘查业、水利管理业				
年末人数	428	415	13	
年平均人数	432	419	13	
年工资总额	738	722	16	
年平均工资	17 076	17 227	12 231	
#水利管理业				
年末人数	137	137		
年平均人数	137	137		
年工资总额	281	281		
年平均工资	20 482	20 482		
七、交通运输、仓储及邮电通信业				
年末人数	21 471	12 243	1 863	7 365
年平均人数	20 971	12 182	1 922	6 867
年工资总额	53 731	32 897	2 425	18 409
年平均工资	25 622	27 005	12 619	26 808
1. 铁路运输业				
年末人数	41	26		15
年平均人数	37	26		11
年工资总额	33	25		8
年平均工资	8 892	9 615		7 182
2. 公路运输业				
年末人数	4 117	1 697	1 488	932
年平均人数	4 122	1 707	1 533	882
年工资总额	6 695	2 969	1 825	1 901
年平均工资	16 241	17 391	11 904	21 554
3. 水上运输业				
年末人数	3 486	2 262	135	1 089
年平均人数	3 412	2 300	150	962
年工资总额	6 260	4 161	137	1 962
年平均工资	18 347	18 092	9 153	20 392
4. 航空运输业				
年末人数	3 073	2 924		149
年平均人数	2 989	2 854		135
年工资总额	13 188	12 910		278
年平均工资	44 123	45 236		20 593

续二

行业分类	合计	国有单位	集体单位	其他单位
5. 交通运输辅助业				
年末人数	6 899	2 311	195	4 393
年平均人数	6 589	2 294	194	4 101
年工资总额	16 586	5 342	377	10 867
年平均工资	25 173	23 286	19 443	26 499
6. 其他交通运输业				
年末人数	69			69
年平均人数	62			62
年工资总额	148			148
年平均工资	23 823			23 823
7. 仓储业				
年末人数	985	449	45	491
年平均人数	945	434	45	466
年工资总额	2 455	1 131	86	1 238
年平均工资	25 978	26 071	19 089	26 556
8. 邮电通信业				
年末人数	2 801	2 574		227
年平均人数	2 815	2 567		248
年工资总额	8 366	6 358		2 008
年平均工资	29 721	24 770		80 968
八、批发、零售、贸易、餐饮业				
年末人数	24 184	13 163	3 322	7 699
年平均人数	25 015	13 727	3 508	7 780
年工资总额	42 866	25 504	4 365	12 997
年平均工资	17 136	18 579	12 444	16 705
1. 食品、饮料、烟草和家庭用品批发业				
年末人数	7 882	4 838	768	2 276
年平均人数	8 443	5 260	909	2 274
年工资总额	14 985	10 196	946	3 843
年平均工资	17 749	19 386	10 407	16 898
2. 能源、材料和机械电子设备批发业				
年末人数	6 263	4 254	389	1 620
年平均人数	6 229	4 272	405	1 552
年工资总额	12 355	8 651	587	3 117
年平均工资	19 835	20 250	14 501	20 082
3. 其他批发业				
年末人数	3 770	1 974	170	1 626
年平均人数	4 056	2 063	168	1 825
年工资总额	7 100	3 394	179	3 527
年平均工资	17 505	16 452	10 631	19 328
4. 零售业				
年末人数	3 774	1 336	1 568	870
年平均人数	3 817	1 352	1 581	884
年工资总额	5 454	2 260	2 246	948
年平均工资	14 288	16 722	14 204	10 718

续三

行业分类	合计	国有单位	集体单位	其他单位
5. 商业经纪与代理业				
年末人数	220	187	5	28
年平均人数	226	193	5	28
年工资总额	446	400	8	38
年平均工资	19 735	20 725	16 400	13 500
6. 餐饮业				
年末人数	2 275	574	422	1 279
年平均人数	2 244	587	440	1 217
年工资总额	2 525	601	399	1 525
年平均工资	11 254	10 239	9 080	12 529
九、金融、保险业				
年末人数	10 813	8 404	650	1 759
年平均人数	10 771	8 365	650	1 756
年工资总额	35 826	28 799	2 073	4 954
年平均工资	33 261	34 428	31 897	28 210
#金融业				
年末人数	9 985	7 704	650	1 631
年平均人数	9 983	7 709	650	1 624
年工资总额	34 181	27 400	2 073	4 708
年平均工资	34 239	35 543	31 897	28 988
十、房地产业				
年末人数	7 397	2 717	355	4 325
年平均人数	7 248	2 637	358	4 253
年工资总额	15 483	6 580	767	8 136
年平均工资	21 361	24 954	21 425	19 129
十一、社会服务业				
年末人数	25 980	15 116	1 437	9 427
年平均人数	25 615	15 092	1 374	9 149
年工资总额	43 435	28 269	1 817	13 349
年平均工资	16 957	18 731	13 226	14 591
1. 公共服务业				
年末人数	9 483	8 114	301	1 068
年平均人数	9 414	8 052	306	1 056
年工资总额	17 724	16 352	416	956
年平均工资	18 827	20 308	13 588	9 051
2. 居民服务业				
年末人数	1 503	663	348	492
年平均人数	1 469	667	340	462
年工资总额	2 218	1 058	516	644
年平均工资	15 100	15 870	15 168	13 939
3. 旅馆业				
年末人数	7 601	2 689	503	4 409
年平均人数	7 495	2 767	478	4 250
年工资总额	11 122	4 305	584	6 233
年平均工资	14 839	15 559	12 207	14 666

续四

行业分类	合计	国有单位	集体单位	其他单位
4. 租赁服务业				
年末人数				
年平均人数				
年工资总额				
年平均工资				
5. 旅游业				
年末人数	1 334	1 083		251
年平均人数	1 325	1 106		219
年工资总额	2 075	1 701		374
年平均工资	15 657	15 375		17 082
6. 娱乐服务业				
年末人数	2 074	215		1 859
年平均人数	2 058	215		1 843
年工资总额	2 633	193		2 440
年平均工资	12 795	8 986		13 239
7. 信息咨询服务业				
年末人数	1 098	706	118	274
年平均人数	1 084	686	125	273
年工资总额	2 432	1 678	195	559
年平均工资	22 431	24 458	15 576	20 476
8. 计算机应用服务业				
年末人数	742	64		678
年平均人数	683	49		634
年工资总额	1 630	95		1 535
年平均工资	23 861	19 245		24 218
9. 其他社会服务业				
年末人数	2 145	1 582	167	396
年平均人数	2 087	1 550	125	412
年工资总额	3 602	2 887	108	607
年平均工资	17 261	18 625	8 608	14 752
十二、卫生、体育、社会福利业				
年末人数	8 265	6 071	994	1 200
年平均人数	8 071	5 958	972	1 141
年工资总额	20 449	13 542	2 279	4 628
年平均工资	25 336	22 728	23 449	40 563
1. 卫生				
年末人数	7 328	5 209	945	1 174
年平均人数	7 098	5 115	926	1 057
年工资总额	17 674	12 076	2 231	3 367
年平均工资	24 900	23 609	24 094	31 851
2. 体育				
年末人数	138	126		12
年平均人数	199	127		72
年工资总额	1 472	219		1 253
年平均工资	73 965	17 276		173 958
3. 社会福利保障业				
年末人数	799	736	49	14
年平均人数	774	716	46	12
年工资总额	1 303	1 246	48	9
年平均工资	16 837	17 404	10 457	7 500

续五

行业分类	合计	国有单位	集体单位	其他单位
十三、教育、文化艺术及广播电影电视业				
年末人数	28 744	28 543	184	17
年平均人数	28 350	28 151	182	17
年工资总额	70 973	70 654	291	27
年平均工资	25 034	25 098	16 011	16 059
1. 教育				
年末人数	26 190	25 997	176	17
年平均人数	25 804	25 613	174	17
年工资总额	62 488	62 182	279	27
年平均工资	24 217	24 278	16 034	16 059
2. 文化艺术业				
年末人数	1 808	1 800	8	
年平均人数	1 796	1 788	8	
年工资总额	6 664	6 652	12	
年平均工资	37 107	37 204	15 500	
3. 广播电影电视业				
年末人数	746	746		
年平均人数	750	750		
年工资总额	1 820	1 820		
年平均工资	24 267	24 267		
十四、科研和综合技术服务业				
年末人数	4 678	4 319	56	303
年平均人数	4 547	4 220	55	272
年工资总额	12 278	10 827	239	1 212
年平均工资	27 003	25 659	43 436	44 544
#综合技术服务业				
年末人数	4 189	3 839	48	302
年平均人数	4 050	3 732	47	271
年工资总额	11 063	9 622	230	1 211
年平均工资	27 317	25 782	49 021	44 686
十五、国家机关、政党机关和社会团体				
年末人数	18 485	18 485		
年平均人数	18 253	18 253		
年工资总额	45 655	45 655		
年平均工资	25 012	25 012		
#国家机关				
年末人数	17 927	17 927		
年平均人数	17 706	17 706		
年工资总额	44 203	44 203		
年平均工资	24 965	24 965		
十六、其他行业				
年末人数	3 673	2 136	199	1 338
年平均人数	3 636	2 146	156	1 334
年工资总额	8 376	4 994	235	3 147
年平均工资	23 037	23 272	15 045	23 593
#企业管理机构				
年末人数	1 186	922	48	216
年平均人数	1 219	955	48	216
年工资总额	3 261	1 969	91	1 201
年平均工资	26 754	20 619	19 021	55 597

城镇个体工商户从业人员

（含私营雇工）

单位：人

行业分类	2001年
总计	**147 549**
#制造业	21 829
建筑业	5 957
交通运输业	2 295
批发和零售贸易、餐饮业	80 962
社会服务业	29 019
其它行业	3 041

离、退休、退职人员人数与保险福利费用构成

单位：人、万元

	合计	一、企业	二、事业	三、机关
1. 离退休、退职人员	79 194	62 667	12 777	3 750
#离休人员	2 371	1 063	521	787
退休人员	76 012	60 888	12 168	2 956
领定期生活费退职人员	811	716	88	7
2. 保险福利费用构成	115 514	69 857	32 917	12 740
#离休金	10 954	4 764	2 339	3 851
退休金	90 090	58 402	24 188	7 500
退职生活费	530	4 301	91	8
医疗卫生费	2 768	2 097	501	170
其它	11 172	4 163	5 798	1 211

一、综合·固定资产投资

历 年 来 全 社 会 固

年　　份	完成投资合计	基本建设	更新改造
1950～1980 年累计	**78 710**	**73 135**	**5 030**
#1980 年	12 176	9 208	2 532
1981 年	17 794	10 712	3 011
1982 年	24 280	17 258	3 864
1983 年	28 316	19 431	5 124
1984 年	56 059	42 283	8 109
1985 年	117 226	77 552	10 503
1986 年	98 912	69 611	13 690
1987 年	105 465	71 815	17 786
1988 年	123 315	62 503	24 466
1989 年	127 264	73 126	24 684
1990 年	175 567	71 450	29 227
1981～1990 年累计	**874 198**	**515 741**	**140 464**
1991 年	212 800	86 025	33 487
1992 年	331 557	142 338	40 110
1993 年	644 586	323 496	69 818
1994 年	952 486	434 419	110 903
1995 年	1 353 428	414 092	133 631
1996 年	1 500 636	498 249	148 974
1997 年	1 533 954	519 328	167 122
1998 年	1 818 170	684 551	187 297
1999 年	1 924 601	777 615	199 971
2000 年	1 750 172	604 899	229 646
1991～2000 年累计	**12 022 390**	**4 485 012**	**1 320 959**
#“九五”期间累计	8 527 533	3 084 642	933 010
2001 年	1 918 866	750 245	275 868
1981～2001 年累计	**14 815 454**	**5 750 998**	**1 737 291**

定　资　产　投　资　情　况

单位：万元

其他投资	城镇集体固定资产投资	农村集体固定资产投资	私人投资	房地产开发投资
—	**545**	—	—	—
—	436	—	—	—
—	1 242	685	2 144	—
—	907	662	1 589	—
275	1 083	273	2 129	—
193	1 984	785	2 705	—
14 671	6 196	2 923	5 381	—
2 910	4 556	1 740	6 405	—
1 248	4 680	1 665	8 271	—
17 596	5 756	1 310	11 684	—
9 220	6 538	1 151	12 545	—
9 274	5 596	1 751	15 100	43 169
55 387	**38 538**	**12 946**	**67 953**	**43 169**
12 978	4 932	4 912	18 434	52 032
32 615	8 148	6 578	18 553	83 215
56 929	—	15 888	38 717	139 738
71 574	—	18 189	50 841	266 560
124 031	4 374	23 966	54 553	598 781
136 305	14 396	16 540	43 527	642 645
112 775	7 142	15 209	34 460	677 918
120 961	9 710	18 955	34 168	762 528
194 783	9 579	15 482	33 644	693 527
238 743	6 223	17 179	32 271	621 211
1 101 694	**64 504**	**152 898**	**359 168**	**4 538 155**
803 567	47 050	83 365	178 070	3 397 829
256 939	11 314	19 472	38 713	566 315
1 414 020	**114 356**	**185 316**	**465 834**	**5 147 639**

全 社 会 固 定 资

项目	单位	2001年合计	基本建设	更新改造
1. 计划总投资	万元	9 103 573	3 060 549	840 908
项目开始建设累计完成投资	万元	—	1 448 862	452 445
2. 全年完成投资	万元	1 918 866	705 245	275 868
#住　宅	万元	415 454	21 345	—
#建安工程	万元	948 921	395 006	62 649
设备工器具购置	万元	615 749	225 794	184 178
#农林牧渔业用	万元	—	5 325	—
工业建筑业用	万元	—	341 100	120 029
商业、运输邮电业用	万元	—	156 633	148 790
其　他	万元	—	247 189	7 049
3. 资金来源合计	万元	2 909 138	919 909	293 330
①上年末资金结余	万元	409 214	93 820	21 023
②本年资金来源小计	万元	2 499 924	826 089	272 307
#国家预算内资金	万元	121 210	98 722	1 125
国内贷款	万元	502 086	238 740	51 488
债　券	万元	5 000	5 000	—
利用外资	万元	368 397	185 487	9 073
自筹资金	万元	792 818	270 163	198 031
其他资金	万元	710 413	27 977	12 590
4. 全年新增固定资产	万元	1 326 733	377 892	189 948
5. 房屋施工面积	万平方米	1 498.74	221.36	41
#住　宅	万平方米	835.42	32.54	—
房屋竣工面积	万平方米	487.13	68.22	13.8
#住　宅	万平方米	319.82	10.1	—
6. 施工项目个数	个	—	329	238
竣工项目个数	个	—	105	159
7. 未完工程占用率	%	—	128.76	50.46
8. 固定资产交付使用率	%	69.14	50.37	68.85
9. 建设周期	年	—	4.08	3.05
10. 项目建成投产率	%	—	31.91	66.81

产 投 资 一 览 表

其他投资	城镇集体固定资产投资	农村集体固定资产投资	私人建房	房地产开发投资
418 841	16 583	21 518	—	4 745 174
323 920	13 387	—	—	2 038 219
256 939	11 314	19 472	38 713	566 315
4 281	—	218	30 929	358 681
67 008	5 997	11 850	21 953	374 458
175 871	3 568	6 397	6 760	13 181
140	—	—	6 760	—
201 157	6 724	—	—	—
14 588	4 312	—	—	—
41 054	278	—	—	—
288 492	12 043	19 911	38 713	1 336 740
18 648	—	—	—	275 723
269 844	12 043	19 911	38 713	1 061 017
14 383	78	3 132	—	3 770
16 942	1 882	2 200	—	190 834
—	—	—	—	—
143 964	—	—	—	29 873
85 356	9 439	11 537	38 713	179 579
9 199	644	3 042	—	656 961
174 305	2 792	15 012	38 713	528 071
89.84	12.78	11.09	92.76	1 029.91
4.31		1.36	89.97	707.24
23.59	0.32	6.76	92.76	281.68
1.96	—	1.07	89.97	216.72
129	6	171	—	—
62	2	152	—	—
39.47	69.90	—	—	264.91
67.84	24.68	77.10	—	93.25
1.63	1.47	—	—	8.38
48.06	33.33	88.89	—	—

基本建设项目

	施工项目（个）	新开工项目（个）	投产项目（个）	计划总投资
合　计	**329**	**136**	**105**	**3 060 549**
按登记注册类型分				
内　资	304	132	101	2 065 182
国　有	275	126	99	1 588 348
国有联营	2			43 320
其他联营	5	1		29 628
国有独资公司	11	1	2	314 720
其他有限责任公司	10	3		87 724
股份有限公司	1	1		1 442
港澳台商投资	13	3	3	234 116
合资经营	3			29 540
合作经营	2	1	1	51 491
独　资	8	2	2	153 085
外商投资	12	1	1	761 251
合资经营	3		1	90 428
独　资	9	1		670 823
按建设性质分				
新　建	184	67	33	2 443 912
扩　建	114	54	58	506 726
改　建	23	13	11	52 155
单纯建造生活设施	6	2	1	46 244
迁　建	2		2	1 950
单纯购置				9 562
按项目规模分				
基建大中型	21	3	1	1 114 106
基建小型	308	133	104	1 945 758
其　他				685
按建设阶段分				
筹　建				192 989
本年正式施工	325	136	105	2 854 024
本年收尾	4			12 851
单纯购置				685
按国民经济行业分				
农、林、牧、渔业	4	1	2	24 808
农　业	1	1	1	600
农、林、牧、渔服务业	3		1	24 208
制造业	27	6	3	946 886
食品制造业	1	1		100
纺织业	1	1		1 030
服装及其他纤维制品制造业	1			4 800
皮革、毛皮、羽绒及其制品业	1			6 622
造纸及纸制品业	1	1		12 415
文教体育用品制造业	1			1 200
石油加工及炼焦业	1			567 720
化学原料及化学制品制造业	3			57 018
医药制造业	1			19 000
化学纤维制造业	1		1	92 438

数　　及　　投　　资　　额

单位：万元

实际需要的总投资	自开始建设累计完成投资	自开始建设累计新增固定资产	未完工程累计投资	本年计划投资	本年完成投资
3 141 254	**1 448 862**	**471 305**	**966 018**	**939 940**	**750 245**
2 136 417	1 061 409	307 101	744 216	592 693	483 307
1 652 690	741 405	243 534	488 193	469 431	413 148
43 320	7 021		7 021	42 270	6 441
31 459	30 798	23 152	7 646	6 496	6 396
319 711	230 561	36 689	193 872	38 490	31 720
87 724	50 111	2 627	47 484	34 564	24 089
1 513	1 513	1 099		1 442	1 513
235 316	199 388	115 406	82 890	124 038	132 654
29 540	19 054	7 216	11 838	12 839	12 808
51 491	35 718	1 588	34 130	3 477	3 518
154 285	144 616	106 602	36 922	107 722	116 328
769 521	188 065	48 798	138 912	223 209	134 284
90 428	28 991	21 040	7 914	33 269	11 686
679 093	159 074	27 758	130 998	189 940	122 598
2 486 132	1 103 250	277 006	815 811	701 173	522 533
541 508	258 268	148 460	108 968	208 518	185 709
54 035	45 173	7 575	37 332	22 693	25 294
48 067	31 034	27 127	3 907	6 276	6 251
1 950	1 575	1 575		1 280	1 455
9 562	9 562	9 562			9 003
1 116 676	322 813	40 598	272 834	318 862	219 192
2 023 893	1 125 364	430 022	693 184	621 078	530 927
685	685	685			126
195 559	15 286		15 286	19 031	11 738
2 932 131	1 429 551	470 620	947 392	919 673	736 098
12 879	3 340		3 340	1 236	2 283
685	685	685			126
24 544	11 909	1 263	10 646	11 247	5 323
600	600	600		600	600
23 944	11 309	663	10 646	10 647	4 723
948 157	350 086	164 715	183 510	359 040	263 479
100	100	100		100	100
1 030	940		940	1 030	940
6 000	5 818	1 806	4 000	3 000	2 248
3 622	2 556	1 772	784	2 500	1 587
12 415	5 653		5 653		5 653
1 200	1 144	1 144		1 200	1 144
567 720	103 275	900	102 375	164 000	99 882
57 018	26 091	1 009	25 082	19 094	10 868
19 000	10 623	453	10 170	8 970	5 895
92 438	92 438	90 000	2 438	86 638	86 638

续

	施工项目（个）	新开工项目个数	投产项目个数	计划总投资
金属制品业	2			7 702
交通运输设备制造业	3		1	79 743
电气机械及器材制造业	1	1		500
电子及通信设备制造业	7	1		79 766
其他制造业	2	1	1	16 832
电力、煤气及水的生产和供应业	26	17	9	121 666
电力、蒸汽、热水的生产和供应业	23	17	9	81 966
煤气生产和供应业	1			9 192
自来水的生产和供应业	2			30 508
建筑业	5	2	1	20 565
土木工程建筑业	5	2	1	20 565
地质勘查业、水利管理业	1	1	1	440
水利管理业	1	1	1	440
交通运输、仓储及邮电通信业	45	12	11	905 784
铁路运输业	1			24 144
水上运输业	2		1	38 080
航空运输业	3	1		27 642
交通运输辅助业	21	6	4	613 772
仓 储 业	4		1	26 936
邮电通信业	14	5	5	175 210
批发和零售贸易、餐饮业	5	2	3	26 642
食品、饮料、烟草和家庭用品批发业	2		1	1 104
其他批发业	2	2	2	538
零 售 业	1			25 000
房地产业	3	2		1 235
房地产开发与经营业	1			625
房地产代理与经纪业	2	2		610
社会服务业	50	16	8	489 783
公共设施服务业	45	15	7	464 277
旅馆业	1			1 500
旅游业	1			5 336
计算机应用服务业	2			18 500
其他社会服务业	1	1	1	170
卫生、体育和社会福利业	13	5	5	77 188
卫 生	7	4	2	19 458
体 育	4	1	3	53 184
社会福利保障业	2			4 546
教育、文化艺术及广播电影电视业	64	28	33	206 732
教 育	60	26	33	70 561
文化艺术业	2	1		117 365
广播电影电视业	2	1		18 806
科学研究和综合技术服务业	3	1		14 324
科学研究业	2			2 424
综合技术服务业	1	1		11 900
国家机关、政党机关和社会团体	74	37	28	143 162
国家机关	71	37	28	133 604
政党机关	1			254
社会团体	1			7 943
基层群众自治组织	1			1 361
其他行业	9	6	1	81 334

实际需要的总投资	自开始建设累计完成投资	自开始建设累计新增固定资产	未完工程累计投资	本年计划投资	本年完成投资
7 702	4 870	2 216	2 654	4 000	2 109
79 743	28 121	20 355	7 729	33 269	11 375
500	318			300	318
79 837	58 673	39 918	17 261	28 858	25 462
16 832	9 466	5 042	4 424	6 081	9 260
121 666	101 263	22 365	78 898	57 774	63 068
81 966	63 718	16 513	47 205	37 367	40 216
9 192	9 192		9 192	9 192	9 192
30 503	28 353	5 852	22 501	11 215	13 660
20 810	15 253	10 583	4 670	12 861	14 553
20 810	15 253	10 583	4 670	12 861	14 553
440	440	440		440	440
440	440	440		440	440
910 779	365 012	96 292	260 456	167 480	147 032
24 144	20 921	782	20 139	4 144	921
38 080	21 705	2 300	19 405	15 200	3 102
29 473	29 473	22 527	6 946	5 896	5 896
615 436	229 924	57 733	163 927	120 242	115 377
27 426	20 458	11 630	8 828	9 799	8 943
176 210	42 531	1 320	41 211	12 199	12 793
26 642	24 223	1 068	23 155	5 734	9 601
1 104	1 104	530	574	574	1 001
538	538	538		538	538
25 000	22 581		22 581	4 622	8 060
1 235	1 095	625	470	570	520
625	625	625		100	50
610	470		470	470	470
505 379	233 892	83 018	150 409	112 699	107 338
479 873	216 606	79 568	136 573	105 543	99 215
1 500	955		955	450	375
5 336	2 823		2 823	536	2 263
18 500	13 338	3 280	10 058	6 000	5 315
170	170	170		170	170
86 100	16 639	3 818	12 821	25 013	9 059
28 178	5 405	463	4 942	8 420	3 469
53 376	6 998	3 355	3 643	15 000	4 099
4 546	4 236		4 236	1 593	1 491
218 036	207 442	42 287	164 236	47 896	57 163
70 980	61 705	42 287	18 499	38 017	46 827
121 856	121 409		121 409	7 019	7 072
25 200	24 328		24 328	2 860	3 264
14 324	8 575	1 959	6 616	9 945	4 492
2 424	2 030	1 959	71	945	677
11 900	6 545		6 545	9 000	3 815
181 808	84 149	41 367	42 752	67 494	51 335
172 250	75 894	41 347	34 517	66 994	50 690
254	160	20	140		148
7 943	7 395		7 395		47
1 361	700		700	500	450
81 334	28 884	1 505	27 379	61 747	16 842

按 构 成 分 的 基 本

	本年完成投资	#住　　宅	建 筑 工 程	安 装 工 程
合　　计	**750 245**	**21 345**	**342 021**	**52 985**
按登记注册类型分				
内　资	483 307	18 299	294 161	37 199
国　有	413 148	16 476	250 761	31 211
国有联营	6 441		375	
其他联营	6 396	1 823	6 391	5
国有独资公司	31 720		20 501	4 406
其他有限责任公司	24 089		15 175	1 472
股份有限公司	1 513		958	105
港澳台商投资	132 654	3 016	26 368	3 342
合资经营	12 808		6 728	25
合作经营	3 518		628	466
独　资	116 328	3 016	19 012	2 851
外商投资	134 284	30	21 492	12 444
合资经营	11 686		4 621	
独　资	122 598	30	16 871	12 444
按建设性质分				
新　建	522 533	12 547	246 714	32 752
扩　建	185 709	2 955	70 738	17 769
改　建	25 294		17 607	2 464
单纯建造生活设施	6 251	5 843	5 908	
迁　建	1 455		1 054	
单纯购置	9 003			
按项目规模分				
基建大中型	219 192	9 600	74 243	22 069
基建小型	530 927	11 745	267 778	30 916
其　他	126			
按建设阶段分				
筹　建	11 738		1 633	78
本年正式施工	736 098	21 345	338 140	52 887
本年收尾	2 283		2 248	20
单纯购置	126			
按国民经济行业分				
农、林、牧、渔业	5 323	600	4 943	
农　业	600	600	600	
农、林、牧、渔服务业	4 723		4 343	
制造业	263 479	3 046	43 272	14 097
食品制造业	100		90	10
纺织业	940		940	
服装及其他纤维制品制造业	2 248		892	51
皮革、毛皮、羽绒及其制品业	1 587	30	841	91
造纸及纸制品业	5 653	149	1 590	
文教体育用品制造业	1 144		1 062	
石油加工及炼焦业	99 882		3 688	12 241
化学原料及化学制品制造业	10 868		895	1 007
医药制造业	5 895		2 733	567
化学纤维制造业	86 638		6 700	

建　　设　　投　　资　　额

单位：万元

设备工器具购置	其他费用			本年新增固定资产
		旧建筑物购置	土地购置	
225 794	**129 445**	**6 477**	**19 679**	**377 892**
40 438	111 509	6 477	18 599	244 842
30 277	100 949	6 150	18 122	189 490
	6 066			
				22 852
4 817	1 996	327		29 750
5 358	2 084		100	1 651
36	414		377	1 099
91 789	11 155		1 080	108 309
5 675	380			2 466
1 759	665			1498
84 355	10 110		1 080	104 345
93 567	6 781			24 741
2 598	4 467			20 481
90 969	2 314			4 260
136 684	106 383	4 300	18 973	191 496
78 698	18 504	327	706	141 116
1 409	3 814	1 850		7 575
	343			27 127
	401			1 575
9 003				9 003
98 652	24 228		1 080	35 256
127 016	105 217	6 477	18 599	342 510
126				126
558	9 469		4 723	
225 100	119 971	6 477	14 956	377 766
10	5			
126				126
	380			1 263
				600
	380			663
186 656	19 454		1 457	133 276
				100
1 305				1 806
652	3			1 772
2 973	1 090			
82				1 144
81 786	2 167			307
7 568	1 398			542
2 009	586			51
71 998	7 940			90 000

续

	本年完成投资	#住　宅	建筑工程	安装工程
金属制品业	2 109		1 700	
交通运输设备制造业	11 375		4 621	
电气机械及器材制造业	318		222	
电子及通信设备制造业	25 462	2 700	11 756	130
其他制造业	9 260	167	5 542	
电力、煤气及水的生产和供应业	63 068	146	12 366	24 650
电力、蒸汽、热水的生产和供应业	40 216	146	4 960	9 204
煤气生产和供应业	9 192			9 192
自来水的生产和供应业	13 660		7 406	6 254
建筑业	14 553	1 645	11 250	1 273
土木工程建筑业	14 553	1 645	11 250	1 273
地质勘查业、水利管理业	440		440	
水利管理业	440		440	
交通运输、仓储及邮电通信业	147 032	1 823	107 399	5 318
铁路运输业	921		758	163
水上运输业	3 102		1 961	149
航空运输业	5 896	1 823	5 896	
交通运输辅助业	115 377		79 420	4 487
仓储业	8 943		7 941	
邮电通信业	12 793		11 423	519
批发和零售贸易、餐饮业	9 601		4 396	2 845
食品、饮料、烟草和家庭用品批发业	1 003		807	45
其他批发业	538		538	
零售业	8 060		3 051	2 800
房地产业	520		445	5
房地产开发与经营业	50		45	5
房地产代理与经纪业	470		400	
社会服务业	107 338		52 931	2 037
公共设施服务业	99 215		46 688	401
旅馆业	375		375	
旅游业	2 263		2 019	
计算机应用服务业	5 315		3 679	1 636
其他社会服务业	170		170	
卫生、体育和社会福利业	9 059		4 915	47
卫　生	3 469		2 838	
体　育	4 099		1 061	47
社会福利保障业	1 491		1 016	
教育、文化艺术及广播电影电视业	57 163	10 604	43 290	2 010
教　育	46 827	10 604	35 679	1 100
文化艺术业	7 072		7 053	
广播电影电视业	3 264		558	910
科学研究和综合技术服务业	4 492	71	4 231	
科学研究业	677	71	521	
综合技术服务业	3 815		3 710	
国家机关、政党机关和社会团体	51 335	3 250	41 991	673
国家机关	50 690	3 250	41 383	673
政党机关	148		128	
社会团体	47		30	
基层群众自治组织	450		450	
其他行业	16 842	160	10 152	30

设备工器具购置	其他费用	旧建筑物购置	土地购置	本年新增固定资产
391	18			2 109
2 472	4 282			20 355
	96			
11 702	1 874		1 457	14 798
3 718				292
13 393	12 659		157	19 178
13 393	12 659		157	13 326
				5 852
39	1 991			10 583
39	1 991			10 583
				440
				440
7 864	26 451	6 477	5 586	57 795
				596
	992			2 300
				22 527
6 652	24 818	6 150	5 586	30 750
520	482	327		302
692	159			1 320
2 309	51			1 068
100	51			530
				538
2 209				
	70			325
				325
	70			
3 329	49 041		9 382	71 066
3 329	48 797		9 138	70 896
	244		244	
				170
459	3 638		2 505	3 776
224	407			421
229	2 762		2 505	3 355
6	469			
9 547	2 316			40 524
8 877	1 171			40 524
	19			
670	1 126			
126	135			1 400
126	30			1 400
	105			
2 072	6 599		492	35 693
2 050	6 584		492	35 673
20				20
2	15			
	6 660		100	1 505

基本建设房屋建筑面积及价值

单位：平方米、万元

	本年施工房屋面积	住　宅	本年竣工房屋面积	住　宅	本年竣工房屋价值	住　宅
合　　计	**2 213 581**	**325 387**	**682 204**	**100 995**	**89 997**	**12 473**
按登记注册类型分						
内　资	1 587 151	300 879	434 546	82 210	65 996	9 743
国　有	1 204 798	186 302	402 832	82 210	63 233	9 743
国有联营	5 843					
其他联营	130 575	114 577	4 800		325	
国有独资公司	174 882		684		25	
其他有限责任公司	57 383		12 560		1 350	
股份有限公司	13 670		13 670		1 063	
港澳台商投资	449 750	24 120	213 210	18 397	14 854	2 700
合资经营	66 220		33 333		2 466	
独　资	383 530	24 120	179 877	18 397	12 388	2 700
外商投资	176 680	388	34 448	388	9 147	30
合资经营	20 000		20 000		8 117	
独　资	156 680	388	14 448	388	1 030	30
按建设性质分						
新　建	1 220 276	114 183	286 757	32 513	44 110	4 313
扩　建	772 196	54 050	336 028	35 130	37 663	4 470
改　建	46 650		18 035		2959	
单纯建造生活设施	166 427	157 154	33 352	33 352	3 690	3 690
迁　建	8 032		8 032		1 575	
单纯购置						
按项目规模分						
基建大中型	367 314	57 964	55 179	18 397	4 452	2 700
基建小型	1 846 267	267 423	627 025	82 598	85 545	9 773
其　他						
按建设阶段分						
本年正式施工	2 207 500	325 387	682 204	100 995	89 997	12 473
本年收尾	6 081					
单纯购置						
按国民经济行业分						
农、林、牧、渔业	6 600	6 600	6 600	6 600	600	600
农　业	6 600	6 600	6 600	6 600	600	600
制造业	511 684	24 508	268 005	18 785	25 514	2 730
食品制造业	1 296		1 296		100	
服装及其他纤维制品制造业	32 652					
皮革、毛皮、羽绒及其制品业	15 802	388	14 448	388	1 030	30
造纸及纸制品业	35 269	241				
文教体育用品制造业	13 716		13 716		1 144	
石油加工及炼焦业	7 206					
化学原料及化学制品制造业	48 796					
医药制造业	14 072					
化学纤维制造业	107 000		107 000		6 700	

续

	本年施工房屋面积	住　宅	本年竣工房屋面积	住　宅	本年竣工房屋价值	住　宅
金属制品业	5 381		5 381		350	
交通运输设备制造业	20 000		20 000		8 117	
电气机械及器材制造业	6 215					
电子及通信设备制造业	198 797	18 397	100 682	18 397	7 781	2 700
其他制造业	5 482	5 482	5 482		292	
电力、煤气及水的生产和供应业	4 071	2 392	1 679		423	
电力、蒸汽、热水的生产和供应业	4 071	2 392	1 679		423	
建筑业	18 600	18 600				
土木工程建筑业	18 600	18 600				
交通运输、仓储及邮电通信业	435 023	114 577	19 181		3 395	
水上运输业	5 980		5 980		1 600	
航空运输业	125 775	114 577				
交通运输辅助业	23 777		2 692		450	
仓储业	21 780		684		25	
邮电通信业	257 711		9 825		1 320	
批发和零售贸易、餐饮业	136 462		7 730		891	
食品、饮料、烟草和家庭用品批发业	4 467		3 467		530	
其他批发业	4 263		4 263		361	
零售业	127 732					
房地产业	4 800		4 800		325	
房地产开发与经营业	4 800		4 800		325	
社会服务业	72 315		4 194		440	
公共设施服务业	8 592		4 194		440	
旅馆业	5 843					
计算机应用服务业	57 880					
卫生、体育和社会福利业	83 393		20 773		3 249	
卫　生	53 052		5 222		385	
体　育	15 551		15 551		2 864	
社会福利保障业	14 790					
教育、文化艺术及广播电影电视业	560 129	80 538	202 442	36 546	26 489	3 907
教　育	357 257	80 538	202 442	36 546	26 489	3 907
文化艺术业	157 362					
广播电影电视业	45 510					
科学研究和综合技术服务业	54 610	4 530	4 679		1 274	
科学研究业	9 209	4 530	4 679		1 274	
综合技术服务业	45 401					
国家机关、政党机关和社会团体	293 040	71 514	134 579	39 064	26 117	5 236
国家机关	292 440	71 514	134 579	39 064	26 117	5 236
政党机关	600					
其他行业	32 854	2 128	7 542		1 280	

基 本 建 设

	本年资金来源合计	上年末结余资金	本年资金来源小计	国家预算内资金
合　计	**919 909**	**93 820**	**826 089**	**98 722**
按登记注册类型分				
内　资	562 913	65 880	497 033	98 722
国　有	464 664	43 236	421 428	90 922
国有联营	6 770	1 500	5 270	1 270
其他联营	6 396		6 396	
国有独资公司	55 590	18 112	37 478	3 458
其他有限责任公司	27 947	2 600	25 347	3 072
股份有限公司	1 546	432	1 114	
港澳台商投资	133 999	234	133 765	
合资经营	13 851		13 851	
合作经营	3 925	234	3 691	
独　资	116 223		116 223	
外商投资	222 997	27 706	195 291	
合资经营	16 216	2 060	14 156	
独　资	206 781	25 646	181 135	
按建设性质分				
新　建	672 850	67 070	605 780	71 784
扩　建	195 706	15 375	180 331	18 690
改　建	25 278	3 250	22 028	7 152
单纯建造生活设施	15 454	7 975	7 479	310
迁　建	1 618	150	1 468	786
单纯购置	9 003		9 003	
按项目规模分				
基建大中型	303 857	32 577	271 280	10 861
基建小型	615 926	61 243	554 683	87 861
其　他	126		126	
按建设阶段分				
筹建	26 427	8 996	17 431	6 161
本年正式施工	891 061	84 701	806 360	90 544
本年收尾	2 295	123	2 172	2 017
单纯购置	126		126	
按国民经济行业分				
农、林、牧、渔业	7 690	1 035	6 655	1 392
农　业	600		600	
农、林、牧、渔服务业	7 090	1 035	6 055	1 392
制造业	357 397	30 102	327 295	1 380
食品制造业	100		100	
纺织业	1 030		1 030	
服装及其他纤维制品制造业	2 248		2 248	
皮革、毛皮、羽绒及其制品业	1 714		1 714	
造纸及纸制品业	5 091		5 091	
文教体育用品制造业	1 600		1 600	
石油加工及炼焦业	177 614	21 285	156 329	
化学原料及化学制品制造业	18 853	4 493	14 360	1 380
医药制造业	10 000	1 600	8 400	
化学纤维制造业	86 638		86 638	

资　金　来　源

单位：万元

国内贷款	债　券	利用外资	外商直接投资	对外借款	自筹资金	其他资金
238 740	**5 000**	**185 487**	**165 146**	**20 341**	**270 163**	**27 977**
194 777	5 000	8 062	3 403	4 659	163 967	26 505
176 187					134 287	20 032
4 000						
					6 396	
10 395		8 062	3 403	4 659	15 563	
4 195	5 000				6 607	6 473
					1 114	
11 758		31 357	23 296	8 061	89 178	1 472
6 366		7 485	7 485			
150		2 069	2 069			1 472
5 242		21 803	13 742	8 061	89 178	
32 205		146 068	138 447	7 621	17 018	
5 001					9 155	
27 204		146 068	138 447	7 621	7 863	
226 483	5 000	185 487	165 146	20 341	100 439	16 587
3 964					147 732	9 945
6 788					8 057	31
1 505					4 932	732
						682
					9 003	
62 004		161 486	149 206	12 280	32 729	4 200
176 736	5 000	24 001	15 940	8 061	237 308	23 777
					126	
1 934		3 403	3 403		4 904	979
236 756	5 000	182 084	161 743	20 341	264 978	26 998
					155	
					126	
4 000					663	600
						600
4 000					663	
47 263	5 000	160 729	153 108	7 621	112 923	
					100	
					1 030	
					2 248	
		1 714	1 714			
3 642		1 449	1 449			
1 600						
27 204		129 125	129 125			
3 450		7 621		7 621	1 909	
	5 000				3 400	
					86 638	

续

	本年资金来源合计	上年末结余资金	本年资金来源小计	国家预算内资金
金属制品业	2 109	56	2 053	
交通运输设备制造业	14 790	2 060	12 730	
电气机械及器材制造业	422		422	
电子及通信设备制造业	25 385	608	24 777	
其他制造业	9 803		9 803	
电力、煤气及水的生产和供应业	66 019	6 710	59 309	
电力、蒸汽、热水的生产和供应业	41 177	36	41 141	
煤气生产和供应业	9 192		9192	
自来水的生产和供应业	15 650	6 674	8 976	
建筑业	17 110	50	17 060	1 855
土木工程建筑业	17 110	50	17 060	1 855
地质勘查业、水利管理业	440		440	440
水利管理业	440		440	440
交通运输、仓储及邮电通信业	160 452	28 886	131 566	14 780
铁路运输业	15 863	15 563	300	
水上运输业	9 709	1 014	8 695	
航空运输业	5 896		5 896	
交通运输辅助业	106 202	7 518	98 684	14 558
仓储业	10 304	1 624	8 680	222
邮电通信业	12 478	3 167	9 311	
批发和零售贸易、餐饮业	9 573		9 573	
食品、饮料、烟草和家庭用品批发业	974		974	
其他批发业	538		538	
零售业	8 061		8 061	
房地产业	660		660	610
房地产开发与经营业	50		50	
房地产代理与经纪业	610		610	610
社会服务业	139 753	5 869	133 884	26 764
公共设施服务业	133 784	2 914	130 870	25 570
旅馆业	450		450	450
旅游业	244		244	244
计算机应用服务业	5 105	2 955	2 150	500
其他社会服务业	170		170	
卫生、体育和社会福利业	9 246	2 223	7 023	6 028
卫　生	3 744	199	3 545	2 550
体　育	4 001	1 901	2 100	2 100
社会福利保障业	1 501	123	1 378	1 378
教育、文化艺术及广播电影电视业	56 651	5 205	51 446	8 653
教　育	45 758	4 923	40 835	5 653
文化艺术业	7 574		7 574	500
广播电影电视业	3 319	282	3 037	2 500
科学研究和综合技术服务业	4 624	259	4 365	2 662
科学研究业	809	259	550	392
综合技术服务业	3 815		3 815	2 270
国家机关、政党机关和社会团体	68 354	11 981	56 373	31 523
国家机关	67 736	11 881	55 855	31 475
政党机关	146	78	68	48
社会团体	22	22		
基层群众自治组织	450		450	
其他行业	21 940	1 500	20 440	2 635

国内贷款	债　券	利用外资	外商直接投资	对外借款	自筹资金	其他资金
					2 053	
5 001					7 729	
		422	422			
		17 253	17 253		7 524	
6 366		3 145	3 145		292	
16 541					37 026	5 742
16 541					23 173	1 427
					9 192	
					4 661	4 315
5 000					5 560	4 645
5 000					5 560	4 645
62 530		16 689	12 030	4 659	30 220	7 347
					300	
8 695						
					5 896	
53 835		10 131	5 472	4 659	12 813	7 347
		6 558	6 558		1 900	
					9 311	
		8 061		8 061	1 512	
					974	
					538	
		8 061		8 061		
					50	
					50	
85 811					18 454	2 855
85 811					16 634	2 855
					1 650	
					170	
		8	8		987	
		8	8		987	
9 805					31 921	1 067
9 805					24 310	1 067
					7 074	
					537	
1 545					126	32
					126	32
1 545						
					19 311	5 539
					18 841	5 539
					20	
					450	
6 245					11 410	150

更 新 改 造 项 目

	施工项目（个）	新开工项目（个）	投产项目（个）	计划总投资
合　计	**238**	**155**	**159**	**840 908**
按登记注册类型分				
内　资	223	147	155	636 889
国　有	191	129	141	416 104
国有联营	11	10	10	92 192
其他联营	1			28 118
国有独资公司	2	1		8 235
其他有限责任公司	3	1		68 200
股份有限公司	14	6	3	21 090
其　他	1		1	2 950
港澳台商投资	9	6	2	148 364
合资经营	7	5	2	113 689
独　资	1	1		14 000
股份有限	1			20 675
外商投资	6	2	2	55 655
合资经营	3	1	1	42 969
合作经营	1			2 400
独　资	2	1	1	10 286
按建设性质分				
新　建	8	3	3	112 300
扩　建	212	144	153	327 480
改　建	11	5	1	42 830
迁　建	7	3	2	275 689
单纯购置				82 609
按项目规模分				
更改限上项目	188	126	134	764 056
其　他	50	29	25	76 852
按建设阶段分				
筹建				152 625
本年正式施工	188	126	134	536 894
单纯购置				74 537

数 及 投 资 额

单位：万元

实际需要的总投资	自开始建设累计完成投资	自开始建设累计新增固定资产	未完工程累计投资	本年计划投资	本年完成投资
841 166	**452 445**	**307 148**	**139 207**	**332 912**	**275 868**
630 391	348 056	260 965	87 059	274 040	242 235
409 628	242 867	200 059	42 776	190 669	170 631
92 228	58 943	44 001	14 942	47 038	47 477
28 118	4 569		4 569	2 000	3 441
8 235	1 915		1 915		1 915
68 200	26 364	4 534	21 830	25 950	9 932
21 482	10 898	9 871	1 027	6 633	7 539
2 500	2 500	2 500		1 750	1 300
154 359	87 075	34 660	46 357	34 394	24 723
119 684	76 033	34 660	35 315	18 699	18 984
14 000	2 850		2 850	4 000	2 850
20 675	8 192		8 192	11 695	2 889
56 416	17 314	11 523	5 791	24 478	8 910
43 730	11 385	7 332	4 053	23 192	7 348
2 400	1 343	855	488		276
10 286	4 586	3 336	1 250	1 286	1 286
111 850	56 474	5 796	50 678	41 091	19 847
332 365	231 250	186 136	39 055	166 078	152 583
42 845	18 626	5 830	12 765	14 740	16 672
271 461	95 802	59 093	36 709	62 876	37 473
82 645	50 293	50 293		48 127	49 293
768 139	399 028	262 230	130 740	288 175	232 954
73 027	53 417	44 918	8 467	44 737	42 914
148 450	22 209	7 935	14 274	43 027	13 731
545 116	333 943	211 419	116 466	202 711	176 347
74 573	42 876	42 876		42 437	42 876

续

	施工项目（个）	新开工项目（个）	投产项目（个）	计划总投资
按国民经济行业分				
制造业	57	28	20	595 674
食品加工业	1		1	2 950
饮料制造业				12 710
烟草加工业	6			68 040
纺织业	10	10	10	1 125
造纸及纸制品业	1	1		6 600
印刷业	2	1	1	10 138
化学原料及化学制品制造业				424
医药制造业	2	1	1	10 520
塑料制品业	1	1	1	3 500
非金属矿物制品业	1		1	4 389
有色金属冶炼及压延加工业	11	6	2	41 480
金属制品业	2	2	1	848
专用设备制造业	2	1	1	94 246
交通运输设备制造业	2			79 318
电气机械及器材制造业	3			56 868
电子及通信设备制造业	13	5	1	202 518
电力、煤气及水的生产和供应业	158	111	122	27 527
电力、蒸汽、热水的生产和供应业	157	110	121	26 728
自来水的生产和供应业	1	1	1	799
建筑业				980
土木工程建筑业				980
交通运输、仓储及邮电通信业	16	13	14	194 571
公路运输业				556
航空运输业				74 537
交通运输辅助业	1			1 635
邮电通信业	15	13	14	117 843
批发和零售贸易、餐饮业	3	2	2	665
能源、材料和机械电子设备批发业	1		1	403
零售业	1	1	1	92
餐饮业	1	1		170
社会服务业	2		1	4 620
公共设施服务业	2		1	4 620
教育、文化艺术及广播电影电视业	1			15 420
广播电影电视业	1			15 420
国家机关、政党机关和社会团体	1	1		1 451
国家机关	1	1		1 451

单位：万元

实际需要的总投资	自开始建设累计完成投资	自开始建设累计新增固定资产	未完工程累计投资	本年计划投资	本年完成投资
598 147	259 104	126 268	126 778	161 937	95 787
2 500	2 500	2 500		1 750	1 300
8 485	7 935	7 935		8 485	5 614
68 040	20 606	5 991	14 615	26 724	18 694
1 125	1 125	1 125		1 125	1 125
6 600	280		280		280
10 138	9 988	138	9 850	138	139
424	424	424		424	424
10 520	4 820	3 570	1 250	1 000	1 518
3 500	3 359	3 063	296	3 500	3 359
5 150	5 150	5 150		2 762	2 294
41 550	9 438	2 509	6 929	13 155	7 976
848	848	848		786	848
94 246	6 358	973	5 385	20 558	6 358
79 318	54 078	46 870	7 208	4 585	4 335
56 868	20 707	2 376	18 331	27 412	8 211
208 835	111 488	42 796	62 634	49 533	33 312
27 527	23 905	20 392	3 513	20 153	23 905
26 728	23 106	19 593	3 513	20 153	23 106
799	799	799			799
980	337	337		337	337
980	337	337		337	337
192 182	160 255	154 079	6 176	145 519	148 113
556	556	556			556
74 573	42 876	42 876		42 437	42 876
1 635	1 635		1 635		1 635
115 418	115 188	110 647	4 541	103 082	103 045
677	677	526	120	665	677
403	403	403		403	403
92	92	92		92	92
182	182	31	120	170	182
4 782	3 905	3 905		2 850	2 967
4 782	3 905	3 905		2 850	2 967
15 420	2 866	677	2 189		2 687
15 420	2 866	677	2 189		2 687
1 451	1 396	964	431	1 451	1 395
1 451	1 396	964	431	1 451	1 395

按 构 成 分 的

	本年完成投资	建筑工程	安装工程
合　　计	**275 868**	**36 750**	**25 899**
按登记注册类型分			
内　资	242 235	28 962	22 491
国　有	170 631	22 464	21 865
国有联营	47 477		
其他联营	3 441	3 011	430
国有独资公司	1 915	852	25
其他有限责任公司	9 932	1 551	
股份有限公司	7 539	304	151
其　他	1 300	780	20
港澳台商投资	24 723	6 143	930
合资经营	18 984	3 909	930
独　　资	2 850	6	
股份有限	2 889	2 228	
外商投资	8 910	1 645	2 478
合资经营	7 348	1 130	2 051
合作经营	276		46
独　　资	1 286	515	381
按建设性质分			
新　　建	19 847	7 335	165
扩　　建	152 583	11 324	23 496
改　　建	16 672	2 383	1 483
迁　　建	37 473	15 708	755
单纯购置	49 293		
按项目规模分			
更改限上项目	232 954	30 065	23 627
其　　他	42 914	6 685	2 272
按建设阶段分			
筹建	13 731	4 348	
本年正式施工	176 347	25 717	23 627
单纯购置	42 876		

更　新　改　造　投　资

单位：万元

设备工具购置	其他费用		本年新增固定资产
		土地购置	
184 178	**29 041**	**11 365**	**189 948**
169 078	21 704	10 387	150 196
108 684	17 618	7 809	138 460
46 919	558		1 125
843	195		
5 253	3 128	2 578	2 031
7 079	5		6 080
300	200		2 500
10 420	7 230	908	34 660
10 420	3 725	247	34 660
	2 844		
	661	661	
4 680	107	70	5 092
4 060	107	70	4 476
230			230
390			386
7 071	5 276	3 948	5 796
104 570	13 193	70	160 864
11 953	853		4 418
11 291	9 719	7 347	13 290
49 293			5 580
152 667	26 595	10 656	155 785
31 511	2 446	709	34 163
674	8 709	4 100	7 935
109 117	17 886	6 556	147 850
42 876			

续

	本年完成投资	建筑工程	安装工程
按国民经济行业分			
制造业	95 787	25 495	4 116
食品加工业	1 300	780	20
饮料制造业	5 614	4 348	
烟草加工业	18 694	3 490	37
纺织业	1 125		
造纸及纸制品业	280	60	25
印刷业	139	139	
化学原料及化学制品制造业	424		
医药制造业	1 518	447	416
塑料制品业	3 359	747	300
非金属矿物制品业	2 294	116	2 022
有色金属冶炼及压延加工业	7 976	1 020	44
金属制品业	848	191	137
专用设备制造业	6 358	345	121
交通运输设备制造业	4 335	3 655	430
电气机械及器材制造业	8 211	5 445	46
电子及通信设备制造业	33 312	4 712	518
电力、煤气及水的生产和供应业	23 905	1 177	12 226
电力、蒸汽、热水的生产和供应业	23 106	1 177	11 427
自来水的生产和供应业	799		799
建筑业	337		
土木工程建筑业	377		
交通运输、仓储及邮电通信业	148 113	7 772	8 571
公路运输业	556		
航空运输业	42 876		
交通运输辅助业	1 635	792	
邮电通信业	103 046	6 980	8 571
批发和零售贸易、餐饮业	677	150	36
能源、材料和机械电子设备批发业	403	58	
零售业	92	92	
餐饮业	182		36
社会服务业	2 967	2 083	60
公共设施服务业	2 967	2 083	60
教育、文化艺术及广播电影电视业	2 687	73	890
广播电影电视业	2 687	73	890
国家机关、政党机关和社会团体	1 395		
国家机关	1 395		

单位：万元

设备工具购置	其他费用		本年新增固定资产
		土地购置	
45 423	20 753	10 656	66 328
300	200		2 500
366	900		7 935
11 704	3 463	3 000	4 579
1 125			1 125
	195		
			138
424			424
655			620
2 016	296	247	3 063
156			2 294
3 956	2 956	70	2 509
500	20		848
925	4 967	4 100	973
250			1 067
2 059	661	661	1 751
20 987	7 095	2 578	36 502
7 265	3 237		20 392
7 265	3 237		19 593
			799
337			
337			
128 065	3 705		98 641
556			556
42 876			
843			
83 790	3 705		98 085
356	135		526
345			403
			92
11	135		31
93	731	709	2 420
93	731	709	2 420
1 675	49		677
1 675	49		677
964	431		964
964	431		964

更新改造房屋建筑面积及价值

单位：平方米、万元

	本年施工房屋面积	本年竣工房屋面积	本年竣工房屋价值
合　　计	**409 954**	**138 023**	**13 609**
按登记注册类型分			
内　资	209 287	47 732	4 976
国　有	154 432	32 732	3 656
其他联营	21 855		
其他有限责任公司	18 000		
股份有限公司			
其　他	15 000	15 000	1 320
港澳台商投资	163 172	84 040	8 347
合资经营	140 072	84 040	8 347
独　资	3 100		
股份有限	20 000		
外商投资	37 495	6 251	286
合资经营	18 244		
合作经营			
独　资	19 251	6 251	286
按建设性质分			
新　建	100 782	15 800	1 412
扩　建	114 814	78 970	7 783
改　建	9 960	910	125
迁　建	184 398	42 343	4 289
按项目规模分			
更改限上项目	376 375	112 092	11 603
其　他	33 579	25 931	2 006

续

	本年施工房屋面积	本年竣工房屋面积	本年竣工房屋价值
按建设阶段分			
筹　建	28 052	28 052	3 256
本年正式施工	348 323	84 040	8 347
按国民经济行业分			
制造业	408 684	136 753	13 472
食品加工业	15 000	15 000	1 320
饮料制造业	28 052	28 052	3 256
烟草加工业	57 200		
印刷业	2 500	2 500	138
医药制造业	13 910	910	125
塑料制品业	8 040	8 040	747
非金属矿物制品业			
有色金属冶炼及压延加工业	21 344		
金属制品业	6 251	6 251	286
专用设备制造业	1 500		
交通运输设备制造业	21 855		
电气机械及器材制造业	83 000		
电子及通信设备制造业	150 032	76 000	7 600
批发和零售贸易、餐饮业	1 270	1 270	137
能源、材料和机械电子设备批发业	470	470	45
零售业	800	800	92
教育、文化艺术及广播电影电视业			
广播电影电视业			

更　新　改　造

	本年资金来源合计	上年末结余资金	本年资金来源小计
合　　计	**293 330**	**21 023**	**272 307**
按登记注册类型分			
内　资	252 307	15 251	237 056
国　有	177 660	3 901	173 759
国有联营	47 624	429	47 195
其他联营	3 441		3 441
国有独资公司	1 915		1 915
其他有限责任公司	12 952	10 921	2 031
股份有限公司	7 415		7 415
其　他	1 300		1 300
港澳台商投资	25 044	681	24 363
合资经营	19 305	681	18 624
独　　资	2 850		2 850
股份有限	2 889		2 889
外商投资	15 979	5 091	10 888
合资经营	8 902	100	8 802
合作经营	5 791	4 991	800
独　　资	1 286		1 286
按建设性质分			
新　　建	23 014	11 349	11 665
扩　　建	159 618	5 638	153 980
改　　建	18 070	3 356	14 714
迁　　建	43 323	680	42 643
单纯购置	49 305		49 305
按项目规模分			
更改限上项目	243 307	15 146	228 161
其　　他	50 023	5 877	44 146
按建设阶段分			
筹建	17 764		17 764
本年正式施工	182 667	15 146	167 521
单纯购置	42 876		42 876

资　金　来　源

单位：万元

国家预算内资金	国内贷款	债券	利用外资		自筹资金	其他资金
				外商直接投资		
1 125	**51 488**		**9 073**	**3 636**	**198 031**	**12 590**
1 125	36 701		5 437		182 703	11 090
1 125	29 659				131 885	11 090
	1 713		5 437		40 045	
					3 441	
					1 915	
	1 351				680	
	3 678				3 737	
	300				1 000	
	11 307		3 350	3 350	8 206	1 500
	11 307		500	500	5 317	1 500
			2 850	2 850		
					2 889	
	3 480		286	286	7 122	
	3 480				5 322	
					800	
			286	286	1 000	
	2 413				7 690	1 562
944	27 616		2 850	2 850	122 432	138
50	11 459				3 205	
	10 000		786	786	20 967	10 890
131			5 437		43 737	
	42 721		8 787	3 350	165 763	10 890
1 125	8 767		286	286	32 268	1 700
	700				8 064	9 000
	42 021		3 350	3 350	120 260	1 890
			5 437		37 439	

续

	本年资金来源合计	上年末结余资金	本年资金来源小计
按国民经济行业分			
制造业	112 923	20 478	92 445
食品加工业	1 300		1 300
饮料制造业	5 614		5 614
烟草加工业	19 866	3 356	16 510
纺织业	1 125		1 125
造纸及纸制品业	280		280
印刷业	139	1	138
化学原料及化学制品制造业	424		424
医药制造业	1 520		1 520
塑料制品业	3 680	680	3 000
非金属矿物制品业	2 294		2 294
有色金属冶炼及压延加工业	9 530	100	9 430
金属制品业	848		848
专用设备制造业	10 391		10 391
交通运输设备制造业	5 831		5 831
电气机械及器材制造业	13 738	4 991	8 747
电子及通信设备制造业	36 343	11 350	24 993
电力、煤气及水的生产和供应业	23 905		23 905
电力、蒸汽、热水的生产和供应业	23 106		23 106
自来水的生产和供应业	799		799
建筑业	337		337
土木工程建筑业	377		337
交通运输、仓储及邮电通信业	148 121		148 121
公路运输业	556		556
航空运输业	42 876		42 876
交通运输辅助业	1 635		1 635
邮电通信业	103 054		103 054
批发和零售贸易、餐饮业	677		677
能源、材料和机械电子设备批发业	403		403
零售业	92		92
餐饮业	182		182
社会服务业	2 967		2 976
公共设施服务业	2 967		2 976
教育、文化艺术及广播电影电视业	2 911		2 911
广播电影电视业	2 911		2 911
国家机关、政党机关和社会团体	1 489	545	944
国家机关	1 489	545	944

单位：万元

国家预算内资金	国内贷款	债券	利用外资	外商直接投资	自筹资金	其他资金
	33 349		3 636	3 636	44 432	11 028
	300				1 000	
					5 614	
	8 600				7 910	
					1 125	
					280	
						138
					424	
	520				1 000	
			500	500	1 000	1 500
					2 294	
	3 480		2 850	2 850	3 100	
	400		286	286	162	
	400				991	9 000
	2 000				3 441	390
					8 747	
	17 649				7 344	
	18 007				5 898	
	18 007				5 099	
					799	
					337	
					337	
			5 437		142 684	
					556	
			5 437		37 439	
					1 635	
					103 054	
50	132				403	92
					403	
						92
50	132					
					1 497	1 470
					1 497	1 470
131					2 780	
131					2 780	
944						
944						

其 他 投 资 项 目

	施工项目（个）	新开工项目（个）	投产项目（个）	计划总投资
合　　计	**175**	**131**	**62**	**418 841**
按登记注册类型分				
内　资	46	37	22	98 361
国　有	20	18	17	52 998
国有联营	1	1	1	1 882
国有独资公司	4	4		5 531
其他有限责任公司	5	3	1	9 172
股份有限公司	1			2 245
私　营	11	8	1	24 912
其　他	4	3	2	1 621
港澳台商投资	69	47	21	199 230
合资经营	9	7	2	24 673
合作经营	2	1		5 304
独　资	58	39	19	169 253
外商投资	60	47	19	121 250
合资经营	12	8	4	26 766
合作经营	4	3	2	4 054
独　资	43	35	13	73 910
股份有限	1	1		16 520
按建设性质分				
新　建	100	68	14	176 557
扩　建	59	49	35	64 086
改　建	14	13	12	3 899
迁　建	2	1	1	3 439
单纯购置				170 860
按国民经济行业分				
农、林、牧、渔业				140
农　业				140
制造业	142	104	43	346 072
食品加工业	9	6	2	20 819
食品制造业	2	2		8 278
饮料制造业	1	1		1 572
烟草加工业	1	1	1	4 896
纺织业	10	6	1	33 626
服装及其他纤维制品制造业	3	3	1	11 010
皮革、毛皮、羽绒及其制品业	3	2	2	1 620
木材加工及竹、藤、棕、草制品业	3	1		21 761
家具制造业	3	2		10 826
造纸及纸制品业	10	8	3	16 885
印刷业	7	6	4	8 525
文教体育用品制造业	4	3	2	12 602
化学原料及化学制品制造业	2	2	1	1 147
医药制造业	2	1		1 300
化学纤维制造业				756
橡胶制品业	2	2		8 121
塑料制品业	7	6	3	12 742

数　　及　　投　　资　　额

单位：万元

实际需要的总投资	自开始建设累计完成投资	自开始建设累计新增固定资产	未完工程累计投资	本年计划投资	本年完成投资
444 726	**323 920**	**219 812**	**101 422**	**151 494**	**256 939**
101 982	93 063	65 335	25 480	21 851	69 380
53 794	52 580	50 019	1 720	9 728	49 054
2 461	2 461	2 461		1 145	1 638
5 531	2 276	1 169	1 107		2 276
9 615	6 774	3 366	2 001	5 027	6 774
2 245	1 971	1 311	660		1 785
26 690	25 505	5 800	19 705	5 389	6 357
1 646	1 496	1 209	287	562	1 496
220 074	147 152	95 652	51 227	78 105	110 915
24 668	18 883	11 930	6 953	8 099	14 694
5 304	3 531	2 281	1 250	1 180	3 531
190 102	124 738	81 441	43 024	68 826	92 690
122 670	83 705	58 825	24 715	51 538	76 644
26 575	21 830	14 879	6 951	9 771	20 319
4 242	3 537	2 042	1 495	1 910	3 473
75 333	56 499	41 904	14 430	34 901	51 013
16 520	1 839		1 839	4 956	1 839
183 507	109 667	29 622	78 365	81 963	78 130
83 043	67 716	55 810	11 741	25 647	45 589
4 129	3 795	2 919	35	1 220	3 225
3 439	2 559	839	1 720	839	2 559
170 608	140 183	130 622	9 561	41 825	127 436
140	140	140			140
140	140	140			140
370 36[illegible]	256 473	162 451	93 584	137 969	197 265
20 819	11 449	4 146	7 303	9 182	8 231
8 273	6 521	5 667	854	2 403	6 521
1 572	1 232	1 232		1 180	1 232
3 135	2 645	2 645		3 000	2 645
52 121	32 936	23 767	9 004	19 660	16 119
10 952	5 034	1 802	3 232	5 411	4 428
1 620	1 346	1 286	60	969	1 160
23 509	23 231	5 523	17 708	4 196	4 254
10 846	5 548	1 553	3 995	4 888	5 548
16 985	9 493	5 367	4 126	1 731	8 594
9 555	8 675	6 240	2 435	4 817	7 798
12 602	8 468	6 408	2 060	2 573	4 221
1 117	1 017	667	350	620	1 017
1 300	944	218	726	1 000	793
753	744	744		170	744
8 121	4 902	3 355	1 547	3 234	4 902
12 758	10 231	7 722	2 509	6 584	9 315

续

	施工项目（个）	新开工项目（个）	投产项目（个）	计划总投资
非金属矿物制品业	9	7	3	15 288
有色金属冶炼及压延加工业	1	1		3 144
金属制品业	11	9	2	24 983
普通机械制造业	9	5	3	10 164
专用设备制造业	2	2	2	2 458
交通运输设备制造业	10	9	8	8 409
电气机械及器材制造业	4	2	1	47 120
电子及通信设备制造业	14	8	2	41 893
仪器仪表及文化、办公用机械制造业				1 271
其他制造业	13	9	2	14 856
电力、煤气及水的生产和供应业	2	2	2	1 530
电力、蒸汽、热水的生产和供应业	2	2	2	1 530
建筑业	2	2		3 608
土木工程建筑业	2	2		3 608
地质勘查业、水利管理业	2	2	2	1 311
水利管理业	2	2	2	1 311
交通运输、仓储及邮电通信业	5	5	1	16 372
公路运输业				6 342
水上运输业				2 275
航空运输业	4	4		5 252
交通运输辅助业				607
其他交通运输业				381
仓储业	1	1	1	886
邮电通信业				629
批发和零售贸易、餐饮业	1			1 528
能源、材料和机械电子设备批发业				638
餐饮业	1			890
金融、保险业	2	2	2	8 984
金融业	2	2	2	8 984
社会服务业	12	9	8	13 343
公共设施服务业	8	7	7	6 912
旅馆业	1	1	1	839
旅游业	1	1		965
娱乐服务业	2			4 570
计算机应用服务业				57
卫生、体育和社会福利业	2			9 469
卫　生	2			9 469
教育、文化艺术及广播电影电视业	2	2	1	4 889
教　育				1 444
文化艺术业	1	1		3 000
广播电影电视业	1	1	1	445
科学研究和综合技术服务业	2	2	2	1 048
科学研究业	1	1	1	857
综合技术服务业	1	1	1	191
国家机关、政党机关和社会团体	1	1	1	10 547
国家机关	1	1	1	10 351
社会团体				196

实际需要的总投资	自开始建设累计完成投资	自开始建设累计新增固定资产	未完工程累计投资	本年计划投资	本年完成投资
16 088	9 419	6 267	3 152	6 472	9 419
3 144	2 333	1 033	1 300	2 984	2 333
24 705	13 947	7 048	6 899	16 963	13 584
10 074	8 613	5 517	2 866	3 458	6 181
2 458	2 458	2 458		140	1 988
8 409	8 150	7 634	516	2 935	7 781
47 204	25 139	19 177	5 962	4 187	20 627
45 157	39 740	27 857	11 840	19 001	36 091
1 271	1 271	1 271			1 271
15 728	10 987	5 847	5 140	10 211	10 468
1 730	1 720	1 120	600	530	1 150
1 730	1 720	1 120	600	530	1 150
3 658	2 742	508	2 234	500	2 742
3 658	2 742	508	2 234	500	2 742
1 311	1 311	1 311			1 311
1 311	1 311	1 311			1 311
16 315	13 060	11 953	1 107	3 988	13 060
6 285	6 285	6 285		3 988	6 285
2 275	2 275	2 275			2 275
5 252	1 997	890	1 107		1 997
607	607	607			607
381	381	381			381
886	886	886			886
629	629	629			629
1 528	1 528	1 208	320		1 528
638	638	638			638
890	890	570	320		890
8 984	8 984	8 984			8 984
8 984	8 984	8 984			8 984
14 152	13 011	8 680	3 490	6 447	8 764
6 942	6 616	5 775		4 792	6 616
1 418	1 418	1 418		234	595
965	711		711	711	711
4 770	4 209	1 430	2 779	710	785
57	57	57			57
10 060	10 060	9 973	87	395	7 104
10 060	10 060	9 973	87	395	7 104
4 889	3 296	1 889		1 500	3 296
1 444	1 444	1 444			1 444
3 000	1 407			1 500	1 407
445	445	445			445
1 048	1 048	1 048		115	1 048
857	857	857		115	857
191	191	191			191
10 547	10 547	10 547		50	10 547
10 351	10 351	10 351		50	10 351
196	196	196			196

按　构　成　分　的

	本年完成投资	住　宅	建筑工程	安装工程
合　　计	**256 939**	**4 281**	**63 044**	**3 964**
按登记注册类型分				
内　资	69 380	1 342	10 492	1 719
国　有	49 054	472	4 120	106
国有联营	1 638		11	113
国有独资公司	2 276		768	
其他有限责任公司	6 774		1 262	1 214
股份有限公司	1 785		40	
私　营	6 357	870	3 495	286
其　他	1 496		796	
港澳台商投资	110 915	1 187	35 039	805
合资经营	14 694	682	4 895	16
合作经营	3 531		1 901	
独　资	92 690	505	28 243	789
外商投资	76 644	1 752	17 513	1 440
合资经营	20 319	1 232	6 056	263
合作经营	3 473		1 269	
独　资	51 013	520	8 961	1 177
股份有限	1 839		1 227	
按建设性质分				
新　建	78 130	2 323	45 672	2 407
扩　建	45 589	1 486	15 292	1 053
改　建	3 225	472	1 480	145
迁　建	2 559		600	359
单纯购置	127 436			
按国民经济行业分				
农、林、牧、渔业	140			
农业	140			
制造业	197 265	3 809	57 056	3 400
食品加工业	8 231		3 012	170
食品制造业	6 521	165	1 010	30
饮料制造业	1 232		460	
烟草加工业	2 645		1 430	20
纺织业	16 119	70	3 998	1 112
服装及其他纤维制品制造业	4 428		2 178	25
皮革、毛皮、羽绒及其制品业	1 160		714	5
木材加工及竹、藤、棕、草制品业	4 254	870	2 071	240
家具制造业	5 548		3 001	
造纸及纸制品业	8 594	657	5 649	37
印刷业	7 798	1 162	2 944	157
文教体育用品制造业	4 221		1 671	
化学原料及化学制品制造业	1 017		356	2
医药制造业	793		75	10
化学纤维制造业	744			
橡胶制品业	4 902		79	
塑料制品业	9 315		2 126	379

其　　他　　投　　资

单位：万元

设备工器具购置	其他费用	土地购置	本年新增固定资产
175 871	**14 060**	**2 363**	**174 305**
54 526	2 643	34	58 144
44 715	113		47 248
1 514			2 461
1 351	157		1 169
2 774	1 524	34	3 366
1 745			1 311
1 768	808		1 380
659	41		1 209
68 667	6 404	1 665	66 604
8 493	1 290	310	10 268
1 475	155	155	1 630
58 699	4 959	1 200	54 706
52 678	5 013	664	49 557
13 849	151		12 454
1 534	670		2 042
37 295	3 580	664	35 061
	612		
18 180	11 871	2 329	20 605
27 510	1 734	34	38 616
1 245	355		2 919
1 500	100		839
127 436			111 326
140			140
140			140
125 253	11 556	2 363	121 025
4 288	761	444	3 921
5 472	9		5 667
572	200		1 232
415	780		2 645
10 193	816		7 980
1 235	990		1 720
441			1 286
1 763	180		1 093
2 097	450	435	900
2 277	631	155	5 367
4 321	376		5 788
2 240	310	310	2 033
659			605
208	500		218
744			744
4 299	524		3 355
6 273	537	177	7 298

续

	本年完成投资	住　宅	建筑工程	安装工程
非金属矿物制品业	9 419	400	5 070	29
有色金属冶炼及压延加工业	2 333		736	224
金属制品业	13 584	255	4 676	57
普通机械制造业	6 181		2 688	120
专用设备制造业	1 988		230	
交通运输设备制造业	7 781		705	392
电气机械及器材制造业	20 627		1 507	
电子及通信设备制造业	36 091	120	7 573	279
仪器仪表及文化、办公用机械制造业	1 271			
其他制造业	10 468	110	3 097	112
电力、煤气及水的生产和供应业	1 150	472	515	5
电力、蒸汽、热水的生产和供应业	1 150	472	515	5
建筑业	2 742		390	40
土木工程建筑业	2 742		390	40
地质勘查业、水利管理业	1 311		1 170	
水利管理业	1 311		1 170	
交通运输、仓储及邮电通信业	13 060		1 017	
公路运输业	6 285			
水上运输业	2 275			
航空运输业	1 997		768	
交通运输辅助业	607			
其他交通运输业	381			
仓储业	886		249	
邮电通信业	629			
批发和零售贸易、餐饮业	1 528			320
能源、材料和机械电子设备批发业	638			320
餐饮业	890			
金融、保险业	8 984		402	
金融业	8 984		402	
社会服务业	8 764		1 607	146
公共设施服务业	6 616		843	33
旅馆业	595		11	113
旅游业	711		88	
娱乐服务业	785		665	
计算机应用服务业	57			
卫生、体育和社会福利业	7 104		721	
卫　生	7 104		721	
教育、文化艺术及广播电影电视业	3 296		1	53
教　育	1 444			
文化艺术业	1 407		1	
广播电影电视业	445			53
科学研究和综合技术服务业	1 048		115	
科学研究业	857		115	
综合技术服务业	191			
国家机关、政党机关和社会团体	10 547		50	
国家机关	10 351		50	
社会团体	196			

设备工器具购置	其他费用		本年新增固定资产
		土地购置	
3 965	355		6 267
1 139	234		1 033
7 306	1 545	177	5 471
2 795	578	565	5 445
1 296	462		1 988
6 558	126		6 417
18 976	144		14 521
27 525	714	100	21 308
1 271			1 271
6 925	334		5 452
630			1 120
630			1 120
2 008	304		508
2 008	304		508
141			1 311
141			1 311
11 885	158		11 953
6 285			6 285
2 275			2 275
1 072	157		890
607			607
381			381
636	1		886
629			629
1 208			1 208
638			638
570			570
8 582			8 984
8 582			8 984
6 388	623		7 370
5 740			5 775
471			1 418
	623		
120			120
57			57
6 383			7 202
6 383			7 202
1 836	1 406		1 889
1 444			1 444
	1 406		
392			445
920	13		1 048
742			857
178	13		191
10 497			10 547
10 301			10 351
196			196

其他投资房屋建筑面积及价值

单位：平方米、万元

	本年施工房屋面积	住　宅	本年竣工房屋面积	住　宅	本年竣工房屋价值	住　宅
合　　计	**898 449**	**43 127**	**235 915**	**19 561**	**19 536**	**1 838**
按登记注册类型分						
内　资	196 268	8 514	32 725	7 800	4 052	1 042
国　有	17 170	7 800	17 170	7 800	1 910	1 042
国有联营	4 055		4 055		947	
其他有限责任公司	98 625					
股份有限公司	2 400		2 400		166	
私　营	67 481	714	3 000		480	
其　他	6 537		6 100		549	
港澳台商投资	517 392	7 597	169 445	4 089	12 875	363
合资经营	51 427	1 630	11 100	300	666	18
合作经营	30 632		14 300		1 550	
独　资	435 333	5 967	144 045	3 789	10 359	345
外商投资	184 789	27 016	33 745	7 672	2 609	433
合资经营	85 602	18 594	18 954	3 250	1 694	165
合作经营	761					
独　资	75 226	8 422	14 791	4 422	915	268
股份有限	23 200					
按建设性质分						
新　建	633 269	13 744	133 430	300	10 942	18
扩　建	252 325	21 583	92 671	11 461	7 337	778
改　建	9 814	7 800	9 814	7 800	1 207	1 042
迁　建	3 041					
单纯购置						
按国民经济行业分						
制造业	782 126	35 327	215 390	11 761	16 758	796
食品加工业	18 604		4 620		435	
食品制造业	16 911	3 250	3 250	3 250	165	165
饮料制造业	12 730		12 730		660	
烟草加工业	9 477		9 477		650	
纺织业	81 881	1 919	3 472	589	216	45
服装及其他纤维制品制造业	53 005		3 000		480	
皮革、毛皮、羽绒及其制造业	6 516		6 516		404	
木材加工及竹、藤、棕、草制品业	18 714	714				

续

	本年施工房屋面积	住宅	本年竣工房屋面积	住宅	本年竣工房屋价值	住宅
家具制造业	51 213					
造纸及纸制品业	62 237	300	35 489	300	2 739	18
印刷业	48 391	15 444	12 793	3 200	1 529	300
文教体育用品制造业	28 382		935		107	
化学原料及化学制品制造业	4 925		100		6	
医药制造业	7 767					
塑料制品业	48 856		23 752		1 525	
非金属矿物制品业	64 290	4 000	24 190		2 249	
金属制品业	66 483	3 100	11 048		614	
普通机械制造业	44 776		23 446		2 302	
交通运输设备制造业	3 041					
电气机械及器材制造业	17 800		3 800		334	
电子及通信设备制造业	72 953	4 422	18 822	4 422	1 143	268
其他制造业	43 174	2 178	17 950		1 200	
电力、煤气及水的生产和供应业	7 900	7 800	7 900	7 800	1 048	1 042
电力、蒸汽、热水的生产和供应业	7 900	7 800	7 900	7 800	1 048	1 042
交通运输、仓储及邮电通信业	3 000		3 000		249	
仓储业	3 000		3 000		249	
金融、保险业	544		544		68	
金融业	544		544		68	
社会服务业	8 816		4 055		947	
旅馆业	4 055		4 055		947	
娱乐服务业	4 761					
卫生、体育和社会福利业	3 449		3 012		301	
卫　生	3 449		3 012		301	
教育、文化艺术及广播电影电视业	90 600					
文化艺术业	90 600					
科学研究和综合技术服务业	1 064		1 064		115	
科学研究业	1 064		1 064		115	
国家机关、政党机关和社会团体	950		950		50	
国家机关	950		950		50	

其　　他　　投　　资

	本年资金来源合计	上年末结余资金	本年资金来源小计	国家预算内资金
合　　计	**288 492**	**18 648**	**269 844**	**14 383**
按登记注册类型分				
内　资	77 981	7 500	70 481	14 383
国　有	50 955	1 799	49 156	14 127
国有联营	3 677	1 334	2 343	100
国有独资公司	2 276		2 276	
其他有限责任公司	9 640	3 164	6 476	
股份有限公司	2 309		2 309	
私　营	7 189	811	6 378	
其　他	1 935	392	1 543	156
港澳台商投资	127 031	6 339	120 692	
合资经营	18 320	4 102	14 218	
合作经营	3 921		3 921	
独　资	104 790	2 237	102 553	
外商投资	83 480	4 809	78 671	
合资经营	22 208	350	21 858	
合作经营	3 791	250	3 541	
独　资	55 642	4 209	51 433	
股份有限	1 839		1 839	
按建设性质分				
新　建	93 983	4 949	89 034	241
扩　建	47 914	1 587	46 327	
改　建	3 699	225	3 474	1 699
迁　建	2 559		2 559	
单纯购置	140 337	11 887	128 450	12 443
按国民经济行业分				
农、林、牧、渔业	140		140	
农　业	140		140	
制造业	222 927	13 669	209 258	
食品加工业	8 514	15	8 499	
食品制造业	6 804		6 804	
饮料制造业	1 572		1 572	
烟草加工业	3 140		3 140	
纺织业	19 049	2 410	16 639	
服装及其他纤维制品制造业	6 632	194	6 438	
皮革、毛皮、羽绒及其制品业	1 160		1 160	
木材加工及竹、藤、棕、草制品业	4 300		4 300	
家具制造业	5 647	696	4 951	
造纸及纸制品业	9 255	43	9 212	
印刷业	10 103	3 458	6 645	
文教体育用品制造业	4 705	199	4 506	
化学原料及化学制品制造业	1 162		1 162	
医药制造业	1 300	300	1 000	
化学纤维制造业	758	23	735	
橡胶制品业	4 903		4 903	
塑料制品业	10 333	236	10 097	

资　　金　　来　　源

单位：万元

国内贷款	利用外资			自筹资金	其他资金
		外商直接投资	对外借款		
16 942	**143 964**	**143 464**	**500**	**85 356**	**9 199**
5 534	1 121	1 121		43 116	6 327
3 665	999	999		26 919	3 446
750				1 493	
				2 276	
179	122	122		5 246	929
				2 309	
140				4 786	1 452
800				87	500
7 293	92 915	92 415	500	20 111	373
3 030	7 783	7 783		3 382	23
1 120	2 801	2 801			
3 143	82 331	81 831	500	16 729	350
4 115	49 928	49 928		22 129	2 499
1 315	5 954	5 954		13 200	1 389
	916	916		2 595	30
2 800	41 219	41 219		6 334	1 080
	1 839	1 839			
5 460	63 221	62 721	500	18 153	1 959
1 670	25 949	25 949		15 682	3 026
	1 013	1 013		762	
				1 720	839
9 812	53 781	53 781		49 039	3 375
	140	140			
	140	140			
13 144	141 224	140 724	500	50 056	4 834
300	5 432	5 432		2 467	300
1 446	568	568		4 203	587
	1 000	1 000		572	
900				2 240	
	10 729	10 729		5 846	64
	5 508	5 508		170	760
	1 071	1 071		89	
	1 239	1 239		3 061	
	4 329	3 829	500	480	142
2 960	5 582	5 582		580	90
1 110	3 116	3 116		2 069	350
170	3 608	3 608		728	
	1 012	1 012		150	
	1 000	1 000			
	268	268		467	
	1 559	1 559		3 344	
523	8 103	8 103		1 448	23

续

	本年资金来源合计	上年末结余资金	本年资金来源小计	国家预算内资金
非金属矿物制品业	9 525	130	9 395	
有色金属冶炼及压延加工业	2 840		2 840	
金属制品业	19 686	1 879	17 807	
普通机械制造业	6 753	40	6 713	
专用设备制造业	1 988	260	1 728	
交通运输设备制造业	7 754		7 754	
电气机械及器材制造业	24 309	2 352	21 957	
电子及通信设备制造业	37 972	637	37 335	
仪器仪表及文化、办公用机械制造业	1 813	735	1 078	
其他制造业	10 950	62	10 888	
电力、煤气及水的生产和供应业	1 150		1 150	
电力、蒸汽、热水的生产和供应业	1 150		1 150	
建筑业	2 778	270	2 508	
土木工程建筑业	2 778	270	2 508	
地质勘查业、水利管理业	1 311		1 311	
水利管理业	1 311		1 311	
交通运输、仓储及邮电通信业	13 403	722	12 681	
公路运输业	6 285	350	5 935	
水上运输业	2 275		2 275	
航空运输业	1 997		1 997	
交通运输辅助业	531		531	
其他交通运输业	381		381	
仓 储 业	1 305	372	933	
邮电通信业	629		629	
批发和零售贸易、餐饮业	1 557		1 557	
能源、材料和机械电子设备批发业	638		638	
餐饮业	919		919	
金融、保险业	9 508		9 508	
金融业	9 508		9 508	
社会服务业	11 855	1 988	9 867	1 780
公共设施服务业	6 942	103	6 839	1 680
旅馆业	1 577	250	1 327	
旅游业	711		711	
娱乐服务业	1 390	500	890	
计算机应用服务业	1 235	1 135	100	100
卫生、体育和社会福利业	8 112	1 079	7 033	2 894
卫　生	8 112	1 079	7 033	2 894
教育、文化艺术及广播电影电视业	3 589	200	3 389	98
教　育	1 444		1 444	98
文化艺术业	1 700	200	1 500	
广播电影电视业	445		445	
科学研究和综合技术服务业	1 048		1 048	832
科学研究业	857		857	742
综合技术服务业	191		191	90
国家机关、政党机关和社会团体	11 114	720	10 394	8 779
国家机关	10 918	720	10 198	8 755
社会团体	196		196	24

国内贷款	利用外资			自筹资金	其他资金
		外商直接投资	对外借款		
190	8 433	8 433		772	
	2 730	2 730		110	
	13 350	13 350		3 630	827
	5 168	5 168		1 545	
	100	100		1 628	
925	2 128	2 128		3 862	839
	18 548	18 548		3 409	
4 620	25 795	25 795		6 920	
	1 078	1 078			
	9 770	9 770		266	852
				1 150	
				1 150	
				2 008	500
				2 008	500
				141	1 170
				141	1 170
3 798				8 604	279
2 998				2 937	
				2 275	
				1 997	
				531	
				381	
800				133	
				350	279
				638	919
				638	
					919
				9 508	
				9 508	
	1 601	1 601		5130	1 356
				3 803	1 356
				1 327	
	711	711			
	890	890			
	999	999		3 110	30
	999	999		3 110	30
				3 291	
				1 346	
				1 500	
				445	
				216	
				115	
				101	
				1 504	111
				1 332	111
				172	

城 镇 集 体 投 资

	施工项目（个）	新开工项目（个）	投产项目（个）	计划总投资
合 计	**9**	**6**	**2**	**16 583**
按登记注册类型分				
内 资	9	6	2	16 583
集 体	6	4	1	11 100
股份合作	3	2	1	5 483
按建设性质分				
新 建	6	4		8 222
扩 建	1	1	1	73
改 建	1	1	1	123
迁 建	1			6 000
单纯购置				2 165
按国民经济行业分				
制造业	4	2		10 329
服装及其他纤维制品制造业	1	1		600
医药制造业	1			6 000
专用设备制造业	1			1 869
其他制造业	1	1		1 860
建筑业				205
土木工程建筑业				205
交通运输、仓储及邮电通信业	2	1	1	5 514
公路运输业				1 891
水上运输业	1	1	1	123
仓储业	1			3 500
房地产业	1	1		350
房地产开发与经营业	1	1		350
社会服务业	1	1	1	73
居民服务业	1	1	1	73
其他行业	1	1		112

项　目　数　及　投　资　额

单位：万元

实际需要的总投资	自开始建设累计完成投资	自开始建设累计新增固定资产	未完工程累计投资	本年计划投资	本年完成投资
16 591	**13 387**	**2 861**	**7 909**	**8 261**	**11 314**
16 591	13 387	2 861	7 909	8 261	11 314
11 108	9 549	2 738	5 611	6 761	7 476
5 483	3 838	123	2 298	1 500	3 838
8 230	5 620	500	2 503	4 262	5 620
73	73	73		73	73
123	123	123			123
6 000	5 406		5 406	3 926	3 333
2 165	2 165	2 165			2 165
10 329	8 592	569	5 406	7 726	6 519
600	500	500		500	500
6 000	5 406		5 406	3 926	3 333
1 869	1 269	69		1 800	1 269
1 860	1 417			1 500	1 417
205	205	205			205
205	205	205			205
5 514	4 312	2 014	2 298		4 312
1 891	1 891	1 891			1 891
123	123	123			123
3 500	2 298		2 298		2 298
350	93		93	350	93
350	93		93	350	93
73	73	73		73	73
73	73	73		73	73
120	112		112	112	112

按 构 成 分 的 城

	本年完成投资	建筑工程	安装工程
合　　计	**11 314**	**4 627**	**1 370**
按登记注册类型分			
内　资	11 314	4 627	1 370
集　体	7 476	2 227	1 140
股份合作	3 838	2 400	230
按建设性质分			
新　建	5 620	3 614	300
扩　建	73		1
改　建	123	32	
迁　建	3 333	981	1 069
单纯购置	2 165		
按国民经济行业分			
制造业	6 519	2 382	1 139
服装及其他纤维制品制造业	500	300	70
医药制造业	3 333	981	1 069
专用设备制造业	1 269	800	
其他制造业	1 417	301	
建筑业	205		
土木工程建筑业	205		
交通运输、仓储及邮电通信业	4 312	2 099	230
公路运输业	1 891		
水上运输业	123	32	
仓储业	2 298	2 067	230
房地产业	93	56	
房地产开发与经营业	93	56	
社会服务业	73		1
居民服务业	73		1
其他行业	112	90	

镇　　集　　体　　投　　资

单位：万元

设备工器具购置	其他费用	土地购置	本年新增固定资产
3 568	**1 749**	**130**	**2 792**
3 568	1 749	130	2 792
3 476	633	130	2 669
92	1 116		123
23	1 683	130	500
72			73
91			123
1 217	66		
2 165			2 096
1 286	1 712	130	500
	130	130	500
1 217	66		
69	400		
	1 116		
205			205
205			205
1 983			2 014
1 891			1 891
91			123
1			
	37		
	37		
72			73
72			73
22			

城镇集体投资房屋建筑面积及价值

单位：平方米、万元

	本年施工房屋面积	本年竣工房屋面积	本年竣工房屋价值
合　　计	**127 770**	**3 200**	**370**
按登记注册类型分			
内　资	127 770	3 200	370
集　体	20 723	3 200	370
股份合作	107 047		
按建设性质分			
新　建	116 547	3 200	370
改　建			
迁　建	11 223		
按国民经济行业分			
制造业	100 723	3 200	370
服装及其他纤维制品制造业	3 200	3 200	370
医药制造业	11 223		
专用设备制造业	6 300		
其他制造业	80 000		
交通运输、仓储及邮电通信业	27 047		
水上运输业			
仓储业	27 047		

城镇集体投资资金来源

单位：平方米、万元

	本年资金来源合计	本年资金来源小计	国家预算内资金	国内贷款	自筹资金	其他资金
合　　计	**12 043**	**12 043**	**78**	**1 882**	**9 439**	**644**
按登记注册类型分						
内　资	12 043	12 043	78	1 882	9 439	644
集　体	7 476	7 476	78	452	6 946	
股份合作	4 567	4 567		1 430	2 493	644
按建设性质分						
新　建	6 349	6 349	78	1 430	4 197	644
扩　建	73	73			73	
改　建	123	123			123	
迁　建	3 333	3 333			3 333	
单纯购置	2 165	2 165		452	1 713	
按国民经济行业分						
制造业	7 246	7 246		1 430	5 172	644
服装及其他纤维制品制造业	500	500			500	
医药制造业	3 333	3 333			3 333	
专用设备制造业	1 269	1 269			1 269	
其他制造业	2 144	2 144		1 430	70	644
建筑业	205	205			205	
土木工程建筑业	205	205			205	
交通运输、仓储及邮电通信业	4 314	4 314		452	3 862	
公路运输业	1 891	1 891		452	1 439	
水上运输业	123	123			123	
仓储业	2 300	2 300			2 300	
房地产业	93	93			93	
房地产开发与经营业	93	93			93	
社会服务业	73	73			73	
居民服务业	73	73			73	
其他行业	112	112	78		34	

农村集体固定资产投资（一）

单位：万元

	本年施工项目个数	本年新开工	本年投产项目个数	计划总投资	本年完成投资小计	住宅	投资按构成分			
							建筑工程	安装工程	设备购置	其他
总计	**171**	**160**	**152**	**21 518**	**19 472**	**218**	**11 256**	**493**	**6 397**	**1 326**
思明区	9	9	9	137	137		122		9	6
开元区	10	8	8	1 369	1 159		1 089	55		15
杏林区	40	40	33	2 636	1 433		1 197		38	198
湖里区	9	9	6	3 740	3 481		2 775	278	229	199
集美区	36	36	36	777	715	55	647	67	1	
同安区	51	43	47	12 500	11 575		4 486	78	6 115	896
海沧镇	16	15	13	359	972	163	940	15	5	12

农村集体固定资产投资（二）

单位：万元

	本年新增固定资产	本年固定资产投资资金来源							房屋建筑面积（平方米）			
		小计	国家资金	国内贷款	引进外资	自筹资金	群众集资	其他资金	施工面积	住宅	竣工面积	住宅
总计	**15 012**	**19 911**	**3 132**	**2 200**	**0**	**11 537**	**292**	**2 750**	**110 935**	**13 618**	**67 604**	**10 749**
思明区	137	137	2			119		16	730		730	
开元区	860	1 159	4			1 001		154	12 016		61	51
杏林区		1 433	432			861	60	80	21 095		3 615	
湖里区	2 238	3 481	170	400		2 533	30	347	50 253	8 790	34 400	6 000
集美区	580	715	507			183	2	23	1 840	1 100	1 840	1 100
同安区	10 211	12 000	2 000	1 800		6 100	200	1 900	21 000		23 100	
海沧镇	986	986	17			740		230	4 001	3 728	3 858	3 598

城镇和工矿区私人建房情况

	城镇个数（个）	本年竣工房屋建筑面积（平方米）	住宅	本年竣工房屋价值（万元）	住宅	建房户数（户）
总计	**20**	**927 578**	**899 698**	**31 953**	**30 929**	**3 890**
其中：农业户建房		816 122	790 222	26 055	25 246	3 438
1. 市	1	19 406	19 406	1 293	1 293	113
其中：农业户建房						
2. 镇	19	908 172	880 292	30 660	29 636	3 777
其中：农业户建房		813 522	787 622	25 925	25 116	3 427
按行政区划分						
其中：鼓浪屿区		2 891	2 891	393	393	10
思明区		6 110	6 110	376	376	42
开元区		3 235	3 235	210	210	37
杏林区	2	1 776	1 776	89	89	6
湖里区	1	39 304	19 504	1 373	620	83
集美区	3	82 242	76 142	3 421	3 365	450
同安区	12	697 810	697 810	21 378	21 378	2 913
海沧镇	1	94 210	92 230	4 713	4 498	349

固定资产投资生产能力

生产能力名称	单　　位	建设规模	本　年 施工规模	本　年 新开工	累计新增 生产能力	本年新增
家　具	万件/年	5	5			
合成纤维单体	万吨/年	45	45			
片剂	万片/年	12 000	12 000			
输液	万瓶/年	800	800			
胶囊剂	万粒/年	800	800			
CD盘	万张	2 000	2 000		1 000	1 000
微型电子计算机	万部/年	370	370	292	146	146
其中：便携式微型计算机	万部/年	146	146	146	146	146
皮　鞋	万双/年	100	100			
服　装	万件/年	2	2	2	2	2
移动电话机（手持机）	万部/年	50	50			
电话单机	万部/年	150	150	50	150	150
新建铁路主线正线交付运营里程	公里	19	19			
新建公路	公里	42	42	42	37	37
一级公路	公里	24	24	24	19	19
一级公路	公里	18	18	18	18	18
新（扩）建港口码头	年吞吐量：万吨	510	510			
	泊位：个	13	13			
其中：新（扩）建沿海港口码头	年吞吐量：万吨	460	460			
	泊位：个	12	12			
船舶购置	艘	3	3	3	3	3
	拖轮功率：千瓦	620	620	620	620	620
飞机购置	架	2	2	2	2	2
粮食仓库	万公斤	15 120	120		15 000	
	平方米	20 198	9 768		10 430	
中等学校：学生席位	个	2 600	2 600	1 700	900	900
建筑面积	平方米	4 039	4 039	2 739	1 300	1 300
小学校：学生席位	个	14 166	9 827	4 112	5 714	4 304
建筑面积	平方米	37 719	29 909	9 420	20 462	7 748
文化馆	平方米	8 000	8 000		8 000	8 000
医院病床	张	830	830	430		
城市自来水管道长度	公里	70.55	70.55	70.55	70.55	70.55
城市煤气生产能力	万立方米/日	4.61	4.61			
城市公共交通车辆购置	辆	159	159	159	159	159
城市道路扩建长度	公里	39.24	37.75	21.17	12.27	8.74
城市道路扩建面积	万平方米	118.68	113.16	51.07	37.98	21.64
城市排水管道铺设长度	公里	0.14	0.14	0.14	0.14	0.14
城市污水处理能力	万吨/日	39.50	39.50	5.00		
城市防洪堤长度	公里	1.50	1.50		1.50	1.50

固定资产投资分国别利用外资

单位：万元人民币

国　　别	总　　计	直接投资	基本建设	直接投资	更新改造	直接投资	其他投资	直接投资
合　　计	**338 524**	**312 246**	**185 487**	**165 146**	**9 073**	**3 636**	**143 964**	**143 464**
亚　洲	231 101	210 260	101 180	80 839	3 350	3 350	126 571	126 071
香　港	119 109	103 427	79 607	63 925	3 350	3 350	36 152	36 152
印度尼西亚	5 124	5 124					5 124	5 124
日　本	4 752	4 752	1 775	1 775			2 977	2 977
马来西亚	1 104	1 104					1 104	1 104
菲律宾	5 728	1 069	4 659				1 069	1 069
新加坡	4 466	4 466					4 466	4 466
韩　国	2 751	2 751					2 751	2 751
泰　国	331	331					331	331
台　湾	87 628	87 128	15 139	15 139			72 489	71 989
其他亚洲国家	108	108					108	108
欧　洲	79 215	79 215	74 596	74 596			4 619	4 619
丹　麦	107	107					107	107
英　国	77 402	77 402	74 596	74 596			2 806	2 806
荷　兰	257	257					257	257
西班牙	999	999					999	999
其他欧洲国家	450	450					450	450
拉丁美洲	1 649	1 649					1 649	1 649
北美洲	21 425	15 988	9 703	9 703	5 723	286	5 999	5 999
加拿大	1 206	1 206					1 206	1 206
美　国	19 614	14 177	9 703	9 703	5 723	286	4 188	4 188
其他北美洲国家	605	605					605	605
大洋洲	4 276	4 276					4 276	4 276
其他大洋洲国家	4 276	4 276					4 276	4 276
其　他	858	858	8	8			850	850

重　　点　　项　　目

项　　目	开工时间	投产时间	计划总投资	本年计划投资	累计完成投资	累计新增固定资产
合　　计				**666 984**		
1. 仙岳路（仙岳村段）	1992/08	2001/12	16 800	12 000	18 291	18 291
2. 市府大道（厦禾路一公园南路段）	2000/12	2001/09	17 000	9 100	11 374	11 374
3. 鹭江道改造（和平码头一海军码头段）	2000/07	2001/09	22 078	8 000	16 474	16 474
4. 环岛路（演武路口一厦大白城段）	2000/07	2001/09	21 000	10 000	20 100	20 100
5. 东部污水处理系统一期	1998/05		38 369	8 000	33 806	47
6. 北溪引水（厦门段）改造（贞岱段、潮瑶一前场段）	1998/08		21 977	2 887	19 822	
7. 电力进岛第三通道	1999/12	2001/10	37 788	5 200	37 786	
8. 东渡港区三期工程	1998/11		78 838	10 000	42 328	24 087
9. 鼓浪屿环岛路	2000/04		3 256	1 996	3 139	
10. 市府大道（公园南路一海军码头段）	2001/08		28 700	15 000	36 773	
11. 仙岳路（仁爱医院一金尚路段）			9 800	6 000	4	
12. 莲黄隧道	2000/12		28 714	15 000	9 382	
13. 湖里大道						
（1）火炬路一机场路段	2000/07		10 300	6 800	9 247	
（2）机场路一金尚路段	2000/07		9 730	6 000	1 556	
（3）金尚路一钟宅段	2000/08		13 000	9 500	7 306	
14. 环卫综合处理厂			29 458	1 000	2 141	
15. 海沧大道	2000/09		33 523	8 000	9 098	
16. 环岛路（五通一墩上段）	2001/12		167 000	35 000	10 410	
17. 县黄路（环岛路一仙岳路段）			31 000	8 000	91	
18. 蔡尖尾山隧道及接线一期工程	2001/01		37 000	15 500	17 685	
19. 市污水处理二厂扩建工程			17 500	1 500	404	
20. 县后前埔 110KV 输变电工程	2000/09		6 900	5 808	4 530	
21. 东渡港区猴屿西航道工程			7 000	2 500		
22. 同安银湖大桥	2001/12		4 000	2 500	1 860	
23. 集美 20 号路	2001/01		3 800	3 800	1 400	
24. 环岛路（香山一五通段）			89 200		420	

投　资　完　成　情　况

单位：万元

本年完成投资	建筑工程	安装工程	设备工器具购置	本年新增固定资产	建设规模
530 605					
6 402	2 644			11 615	全长 790 米，宽 80 米
9 488	2 943			11 374	长 870 米，宽 38 米
7 922	2 163			16 474	长 625 米，宽 44 米
12 100	12 100			20 100	全长 1.1 公里
8 804	4 511	254	2 503		10 万吨/日
5 571	5 571				明渠改暗渠 2.646KM
17 658	3 340	4 196	3 834		220KV 线路 8.6 公里
					厦禾变 220KV 主变
					一台 18 万千伏变
10 141	6 026	4 115		21 595	2 万吨级泊位 3 个、5 千吨级杂货泊位 1 个、1 千吨级杂货泊位 3 个
1 879	1 879				长 2264 米
36 778	1 642				长 1390 米，宽 38 米
4					长 1 公里，宽 90 米
9 382	9 382				长 4 公里，一级
5 747	4 893				长 1.3 公里，宽 40 米
1 556	1 429				长 1 公里，宽 50 米
5 831	2 302				长 1.9 公里，宽 50 米
					400 吨/日
7 921	2 080				长 5.85 公里
9 860	3 835				长 6.22 公里
91					长 4.4 公里，宽 4 米
16 985	15 592				长 3.4 公里
404					10 万吨/日
3 438	1 127	420	1 406		2 台 40MVA 主变、110KV 线路两回、长 7.4 公里
1 860					长 220 米，宽 27 米
1 400	1 400				长 1860 米
120					长 4.09 公里

续

项　　　目	开工时间	投产时间	计　划 总投资	本年计划 投　资	累计完成 投　资	累计新增 固定资产
25. 环岛路（海军码头一演武路口段）	2001/12		58 600		10 115	
26. 吕岭路东段（蔡塘一环岛路段）			20 700		1 780	
27. 五通一刘五店滚装码头			85 000		67	
28. 西海域综合整治工程						
29. 海沧港区一期工程（1、5、6号泊位）			96 800			
30. 厦门航空港空运货站			14 000	500	78	
31. 海沧出口加工区一期	2000/08		19 520	17 520	6 066	
32. 通用电气发动机大修	1999/06	2001/07	24 734	8 025	20 355	20 355
33. 中坤松节油	1998/12		11 576	1 500	9 453	467
34. 通士达搬迁改造						
（1）通士达节能灯一期	1998/09	2001/10	8860	4360	9343	
（2）通士达微晶玻璃一期			11 700	10 700	1 199	
35. 翔鹭涤纶一期收尾工程	2000/02		8 400	2 600	92 438	92 438
36. 柯达一次性相机	2000/07		13 695	8 300	9 174	4 750
37. 绿泉实业易地搬迁改造	2001/02	2001/12	12 710	11 710	7 935	7 935
38. TDK 三期工程	2000/04		16 000	1 000	14 440	13 360
39. 灿坤科技园一期	1999/11		24 817	11 744	14 538	
40. 北大生物园一期	2000/05		19 000	12 403	10 623	453
41. 技术创新基地						
（1）思明综合软件园	1999/03		14 065	7 000	8 208	3 280
（2）留学人员创业园	2001/01		11 900	8 860	6 515	
（3）膜科技园			293	35	294	
42. 厦华工业城二期			24 552	3 000	8 999	

本年完成投资	建筑工程	安装工程	设备工器具购置	本年新增固定资产	建设规模
10 115	3 411				长 2.25 公里
1 780					长 3.22 公里、宽 56 米
67					5000 吨泊位二个
					海域治理、开发
					万吨级集装箱泊位 1 个
78					
6 066					完成 1.467 平方公里土地开发，四条主干道及地下管网、卡口、管理楼等建设
3 646	1 216		2 247	20 355	形成年大修 200～300 台发动机的能力
3 075	353	615	819		年处理精馏硫酸盐松节油 5 000 吨
3 217	3 217				年产紧凑型节能灯 2 000 万支
308					年产微晶玻璃板材 15 万平方米
86 638	6 700		71 998		增建总建筑面积 107 000 平方米的产品深加工二厂房
8 968	5 375		3 593	4 750	年产一次性相机 2 500 万台
7 935	5 687	465	766	7 935	年产果汁饮料 38 000 吨、乌龙茶饮料及浓缩液 20 900 吨，纯净水 5 000 吨，碳酸饮料 15 000 吨，葡萄酒 500 吨，PET 热填充瓶 5 000 只、碳酸饮料瓶 9 000 万只
5 687	5 687			11 103	年产氧化铁粉 2.4 万吨，磁铁芯 3 600 万个，变压器 2 160 万个，EI 磁铁芯 11 400 万组
6 695	2 228				年产电脑机箱 240 万台
5 895	2 733	567	2 009	51	建设实验室、GMP 厂房和相关辅助设施等园区基础设施
3 165	3 165				近 4.2 万平方米土地开发建设，建立软件开发实验室、P&D 中心、软件测试中心、人才培训及信息服务中心、软件出版发行服务中心等
3 815	3 710				总建筑面积 72 000 平方米的研发大楼及综合服务、厂房、配套设施
36					膜料技大楼装修，工程研究中心、人才培养基地建设，生产车间设备购置、安装
2 842					新建注塑厂 1.1 万平方米，引起注塑和周边配套所必需系统设备改造和新建 6 000 平方米高清晰度电视生产厂房、开发、购置生产线软件平台、仪器设备和调试系统等

续

项目	开工时间	投产时间	计划总投资	本年计划投资	累计完成投资	累计新增固定资产
43. PTA 项目	2000/10		567 346	164 000	103 275	900
44. 厦门卷烟厂易地搬迁改造	2000/08		60 000	22 803	15 554	939
45. 金龙旅行车海沧基地建设	2000/09			5 000	4 569	
46. 长天塑化工业园	2000/10		28 118	9 280	6 459	
47. 兴立鞋业	1999/07		20 750	1 700	2 556	1 772
48. 宇达海沧港区仓储	2000/12		12 450	6 468	8 609	
49. 祥腾航太工业（厦门）项目			12 450	420		
50. 太古飞机公司项目						
（1）太古飞机维修三期	2001/03		42 662	16 560	7 308	
（2）飞机改装包总装生产线			12 450	12 450	421	
51. 厦顺铝箔扩建	2001/12		140 887	11 000	2 850	
52. 灿坤科技园二期			24 983	8 300		
53. 三安超高亮度发光二极管一期	2001/09		19 950	15 870	11 980	
54. 同集高新技术园区						
55. 厦大三达膜法水处理项目	2001/09		19 059	6 000	126	
56. 德彦纸管纸板厂	2001/05		12 415	5 810	5 654	2 824
57. 第一幼儿园迁建	2001/01	2001/12	1 110	950	1 125	1 125
58. 青少年科技馆一期	2000/06	2001/06	4 093	3 589	3 506	3 506
59. 厦门影剧院改造	2001/01		2 500	2 500	3 200	
60. 工人文化宫大厦	1998/12		14 000	6 200	16 907	
61. 厦大学生公寓	2000/12		10 819	9 994	11 040	
62. 中医院病房楼	2000/11		3 845	1 430	1 788	
63. 嘉庚体育馆			20 000	15 000	2 237	
64. 群惠小学迁建			1 000	216		
65.（集美）野生动物园			6 000	6 000	185	
66. 高崎闽台渔轮避风港（一期）	2000/09		6 219	5 594	3 846	
67. 杏林高浦海堤开发整治	2000/10		14 000	3 400	6 800	
68. 新一代多普勒天气雷达项目			7 000	3 000		
69. 后溪流域综合整治工程			4 258	1 000		

本年完成投资	建筑工程	安装工程	设备工器具购置	本年新增固定资产	建设规模
99 882	3 688	12 241	81 786	307	年产 PTA45 万吨
15 415	3 490		8 564	939	年产 50 万大箱卷烟
3 441	3 011	430			年产大型客车 2 000 辆
2 920		280	2 530		年产 15 000 吨胶粘带，6 000 吨压敏胶水，2 000 吨丙烯酸羟基酯和 15 000 吨 BOPP 薄膜
1 587	841	91	652	1 772	年产 1 000 万双各式休闲鞋
6 558	6 558				总建筑面积 61 641 平方米的两栋仓库及其它辅助设施
					年产飞机紧急着陆自动充气滑梯、飞机座椅、机载充气救生艇、餐车、飞机铝管材配件、遥控飞艇、热气球、滑翔伞等产品，产值达 800 万美元，预计 6 年后可达 2000 万美元
7 308	3 209				新增 2 个维修机位
421					飞机改装部件生产
2 850	6				年产高档特薄宽幅高档铝箔 25 000 吨，亲水箔 2 000 吨，自用铝箔坯料 20 000 吨
					年产电脑主机板 200 万片
7 900	1 550		3 222		年产红、黄、橙 LED 外延片 10.85 万片，红、黄、橙 LED 芯粒 10.85 亿支
					新的高新技术产业开发区建设
126					日产 5 000 吨安全饮用水，日处理城市污水 2.2 万吨；日处理垃圾渗沥水 600 吨
5 654	1 590	2 973		2 824	年产 36 000 吨各类纸制品
1 125	724			1 125	5 340 平方米
2 602	2 602			3 506	9 683 平方米
3 200	530	917	641		1 400 座位
11 934	11 554		380		38 137 平方米
10 800	10 800				60 500 平方米
1 788	1 600		180		14 000 平方米
2 237					固定座位 4 000 个
					7 000 平方米
185					占地 5 000 亩
984	604				海堤 1 363 米，航道、港池 121 万立方米围堰 2 125 米，导航工程 7 座
3 076	3 076				新建海堤 1 600 米，扩建 1 454 米护岸 2 214 米，蓄洪池、避风坞 15.51 公顷，排洪闸 1 座
					总占地 9 000 平方米
					总建筑面积 10 000 平方米
					治理河段 8.94 公里、堤防加固、河道拓宽

一、综合·地方财政

地方级财政收支情况

单位：万元

指标名称	2001年	2000年	比2000年增长（±%）
财政总收入	**1 105 019**	**914 984**	**20.77**
(1) 中央“两税”收入	451 929	396 473	13.99
#增值税75%	339 760	278 492	22.00
消费税100%	112 169	117 981	−4.93
(2) 地方级财政收入	653 090	518 511	25.95
一般性预算收入	635 864	501 865	26.70
#工商税收	423 148	362 093	16.86
农业“四税”	23 672	18 241	29.77
企业所得税	151 047	86 741	74.14
国有资产经营收益	1 559	1 715	−9.10
海域场地矿区使用费收入	172		
行政性收费收入	10 202	7 843	30.08
罚没收入	11 534	10 291	12.08
专项收入	12 986	13 049	−0.48
其他收入	1 892	1 892	0.00
基金预算收入	17 226	16 646	3.48
财政支出	743 095	591 017	25.73
建设性支出	235 266	207 372	13.45
#基本建设支出类	66 376	75 635	−12.24
企业挖潜改造资金	64 423	45 764	40.77
科技三项费用	18 120	23 891	−24.16
支援农村生产支出类	18 566	18 976	−2.16
城市维护费支出	27 613	17 501	57.78
债务支出类	28 075	15 215	84.52
土地和海域开发支出		1 113	
经常性支出	471 756	361 041	30.67
#工交等部门事业费	23 325	19 232	21.28
文体广播事业费	25 521	23 805	7.21
教育事业费	94 927	78 114	21.52
卫生经费	26 484	24 163	9.61
科学事业费	3 857	2 931	31.59
税务统计财政审计等部门事业费	36 337	18 876	92.50
行政管理费	34 919	30 575	14.21
公检法司支出	35 829	29 339	22.12
政策性补贴支出类	5 858	6 706	−12.65
其他支出类	112 518	70 383	59.87

一、综合·物价

物价指数变动情况

类别	2000年（上年＝100）	2001年（上年＝100）
居民消费价格指数（%）	**106.3**	**98.5**
#食品		96.9
烟酒及用品		99.5
衣着		88.1
家庭设备用品及维修服务		98.1
医疗保健和个人用品		101.4
交通及通讯		103.2
娱乐教育文化用品及服务		103.8
居住		99.6
商品零售价格指数（%）	**98.5**	**97.4**
#食品类	97.4	97.8
饮料、烟酒类	100.9	102.2
服装、鞋帽类	95.0	89.3
纺织品类	99.2	100.3
中西药品类	101.1	96.5
化妆品类	101.0	96.9
书报杂志类	104.1	110.4
文化娱乐用品类	98.4	99.6
日用品类	98.5	97.8
家用电器类	98.1	98.4
首饰类	94.8	99.3
燃料类	115.0	101.7
建筑装璜材料类	99.6	99.2
机电产品类	100.3	91.2

居 民 消 费 价 格 指 数

类　　别	指　　数 （以上年价格为 100）
居民消费价格指数（%）	**98.5**
一、食　品	**96.9**
#粮　　食	96.5
淀粉及薯类	107.2
干豆类及豆制品	97.1
油 脂 类	94.3
肉禽及其制品	98.5
#食用畜肉及副产品	97.8
禽	100.6
肉禽加工制品	98.7
蛋	107.2
水 产 品	94.4
鱼	89.2
其他水产品	97.9
菜	96.3
调 味 品	101.3
糖	106.2
茶及饮料	99.7
#茶　　叶	100.0
饮　　料	99.5
干鲜瓜果	90.9
糕点饼干面包	99.0
奶及奶制品	97.7
在外用膳食品	98.5
其他食品及食品加工费	97.9
二、烟酒及用品	**99.5**
#烟　　草	97.9
酒	102.0
吸烟饮酒用品	100.0
三、衣　着	**88.1**
#服　　装	89.6
男式服装	89.6
女式服装	88.8
儿童服装	92.9
衣着材料	102.4
鞋袜帽	82.1
#鞋	80.3
袜　　子	98.6
帽　　子	102.1
衣着加工服务	96.7
四、家庭设备用品及维修服务	**98.1**
#耐用消费品	98.1
#家　　具	96.6
家庭设备	98.8
室内装饰品	100.0
床上用品	98.8
家庭日用杂品	97.0
家庭服务及加工维修服务	99.2
五、医疗保健和个人用品	**101.4**
#医疗保健	103.4
#医疗器具及用品	97.2
中药材及中成药	109.0
西药	101.3
保健器具及用品	95.1
医疗保健服务	106.6
个人用品及服务	98.7
#化妆美容用品	98.4
卫生用品	98.5
个人饰品	97.9
个人服务	100.0
六、交通和通讯	**103.2**
#交　通	99.9
#交通工具	94.1
车用燃料及零配件	98.4
车辆使用及维修	100.8
市区公共交通	100.0
城市间交通	101.4
通　讯	104.7
#通讯工具	71.7
通讯服务	109.5
七、娱乐教育文化用品及服务	**103.8**
#文娱用耐用消费品及服务	95.8
教　育	111.7
#教材及参考书	99.2
学杂托幼费	114.8
文化娱乐用品	102.1
#文化娱乐	98.4
书报杂志	103.9
文娱费	104.6
旅游及外出	96.4
八、居　住	**99.6**
#建房及装修材料	98.7
租房	98.2
自有住房	100.0
水、电、燃料	100.3

商品零售价格指数

类　别	指　数（以上年价格为100）	类　别	指　数（以上年价格为100）
商品零售价格指数（%）	**97.4**		
#食品类	**97.8**	鞋	81.4
#粮　食	102.3	其他衣着	98.8
#细　粮	102.7	**纺织品类**	**100.3**
粗　粮	95.6	#棉　布	100.8
油　脂	85.4	棉花化纤混纺布	100.6
肉禽蛋	100.2	化纤布	103.3
水产品	94.2	呢　绒	100.0
鲜　菜	99.3	绸　缎	100.0
干　菜	89.0	其他纺织品	100.3
鲜　果	93.7	**中西药品类**	**96.5**
干　果	98.7	#中　药	99.1
其他食品类	102.9	西　药	94.7
#调味品	101.6	医疗用品	96.5
食　糖	119.6	**化妆用品类**	**96.9**
糖　果	100.0	**书报、杂志类**	**110.4**
糕　点	99.5	**文化体育用品类**	**99.6**
奶及奶制品	100.0	#文化用品	99.3
罐　头	97.9	体育用品	100.4
饮食业	98.8	**日用品类**	**97.8**
#主　食	105.5	#一般日用品	96.6
炒　菜	94.9	家　具	98.9
地方小吃	100.0	日用杂品	98.3
饮料、烟酒类	**102.2**	**家用电器类**	**98.4**
#饮　料	99.9	**首饰类**	**99.3**
烟　酒	103.5	**燃料类**	**101.7**
服装鞋帽类	**89.3**	**建筑装璜材料类**	**99.2**
#服　装	89.2	**机电产品类**	**91.2**

房地产销售价格指数

类　　别	指　　数 (以上年价格为100)	类　　别	指　　数 (以上年价格为100)
房地产销售价格指数(%)	**102.2**	高档公寓	96.5
一、商品房	**102.4**	#非住宅	99.9
住　宅	103.3	#写字楼	94.5
#经济适用房	100.0	商业用房	101.1
普通住宅	103.7	**二、公房交易**	**102.5**
#多层住宅	104.2	#住宅	102.5
高层住宅	103.2	**三、私有住房**	**99.9**
豪华住宅	101.9	#住　宅	99.8
#别墅	106.5	非住宅	100.0

房地产租赁价格指数

类　　别	指　　数 (以上年价格为100)	类　　别	指　　数 (以上年价格为100)
房地产租赁价格指数(%)	**94.0**		
一、住　宅	**91.0**	普通办公用房	91.0
#公　房	109.7	**三、商业用房**	**97.5**
私　房	84.8	**四、厂房仓库**	**97.2**
二、办公用房	**93.9**	#工业厂房	98.8
#高标准写字楼	100.9	仓　库	93.9

一、综合·城乡人民生活

城市住户主要指标增长情况

单位：元

指　　标	2001年	2000年	比2000年增长（±%）
一、调查户数（户）	**200**	**200**	**—**
二、家庭人口数（人）	**642**	**654**	**－1.83**
＃就业人口数（人）	372	376	－1.06
＃国有集体职工人数（人）	222	265	－16.23
三、期初手存现金	**692.76**	**412.56**	**67.92**
四、实际收入	**11 507.04**	**10 602.84**	**8.53**
＃可支配收入	11 364.96	10 497.24	8.27
＃国有集体职工收入	6 596.88	6 478.08	1.83
国有集体职工工资性收入	6 332.64	6 210.72	1.96
＃奖金	729.60	716.40	1.84
国有集体职工非工资性收入	264.24	267.48	－1.21
五、借贷收入	**3 150.48**	**2 086.32**	**51.01**
六、实际支出	**11 344.44**	**9 470.04**	**19.79**
＃消费支出	8 490.24	7 969.32	6.54
＃食　　品	3 509.76	3 533.28	－0.67
衣　　着	605.16	611.16	－0.98
家庭设备用品及服务	705.96	687.24	2.72
医疗保健	312.12	320.52	－2.62
交通与通讯	829.68	734.64	12.94
娱乐文教服务	834.96	766.68	8.91
居　　住	1 239.84	858.00	44.50
杂项商品与服务	452.76	457.80	－1.10
七、借贷支出	**3 145.32**	**2 858.04**	**10.05**
八、期末手存现金	**860.52**	**773.76**	**11.21**

200户城市居民家庭基本情况

指　　标	单　位	2001年	2000年
一、调查户数	**户**	**200**	**200**
二、调查户家庭人口数	**人**	**642**	**654**
平均每户人口数	人	3.21	3.27
三、就业人口数	**人**	**372**	**376**
#国有单位职工人数	人	222	239
集体单位职工人数	人	17	26
其他类型单位职工人数	人	47	39
个体劳动者与个体被雇者	人	67	58
离退休再就业者人数	人	6	5
其他就业者人数	人	13	9
平均每户就业人口数	人	1.86	1.88
就业者负担系数	人	1.72	1.74
四、退休人口数	**人**	**71**	**68**
五、按月人均可支配收入分组			
200元以下	户	1	2
201～400元	户	11	14
401～600元	户	33	38
601～800元	户	37	42
801～1 000元	户	41	30
1 001～1 200元	户	27	34
1 201～1 400元	户	17	21
1 400元以上	户	33	19

200户城市居民家庭居住情况

单位：户

分　类　项　目	2001年	2000年
人均居住面积（平方米）	**18.47**	**18.18**
按居住面积分		
无房户	0	0
4平方米以下	1	1
4～6平方米	6	3
6～8平方米	13	18
8～10平方米	17	14
10～12平方米	34	28
12～14平方米	23	29
14平方米以上	106	107
按房屋产权分		
公　房	34	37
租赁私房	3	4
自有房	146	144
部分产权的自有房	17	15
其　他		
按自来水使用情况分		
独用自来水	188	186
公用自来水	10	12
无自来水	2	2
按卫生设备拥有情况分		
有浴室厕所	187	188
有厕所无浴室		
公用卫生设备	10	9
无卫生设备	3	3
按厨房使用情况分		
独用厨房	195	192
公用厨房	4	4
无厨房	1	4
按燃料使用情况分		
液化石油气	152	157
煤　炭	10	8
管道煤气	34	32
其他燃料	4	3

200户城市居民家庭年人均现金收支

单位：元

指　　标	2001年	指　　标	2001年
一、期初手存现金	**692.76**	赡养收入	30.60
二、实际收入	**11 507.04**	亲友搭伙费	92.16
#可支配收入	11 364.96	其他收入	436.08
#国有单位职工收入	6 272.40	**四、借贷收入**	**3 150.48**
#工资性收入	6 018.84	#提取储蓄存款	2 746.92
#奖　　金	692.04	借入款	115.32
非工资性收入	253.56	收回借出款	112.44
集体单位职工收入	324.48	兑售有价证券	73.56
#工资性收入	313.80	其　　他	7.08
#奖　　金	37.56	**五、实际支出**	**11 344.44**
非工资性收入	10.68	#消费支出	8 490.24
其他类型单位职工收入	1 097.16	赡养支出	250.44
#奖　　金	44.64	赠送支出	825.84
个体劳动与个体被雇者收入	1 023.60	个人所得税	53.88
离退休再就业者收入	79.08	非储蓄性保险	149.40
其他就业者收入	90.24	**六、借贷支出**	**3 145.32**
其他劳动收入	75.00	#存入储蓄款	1 698.36
财产性收入	109.92	归还借款	71.04
#利　　息	31.68	储蓄性保险支出	429.96
转移性收入	2 421.36	购买有价证券	210.24
#离退休金	1 521.72	归还购买住房贷款	354.00
赠送收入	258.72	**七、期末手存现金**	**860.52**

200户城市居民家庭年人均消费支出

单位：元

指　　标	2001年	指　　标	2001年
消费性支出	**8 490.24**	毛　线	0.84
（一）食　品	3 509.76	鞋袜帽及其他	149.52
#粮　食	275.52	#鞋　类	129.12
油　脂	103.44	#皮　鞋	77.16
肉禽及其制品	655.80	旅游鞋	14.52
蛋　类	66.24	布　鞋	1.92
水产品	639.84	雨　鞋	0.36
菜　类	289.80	凉　鞋	14.52
烟　草	224.40	其他鞋	14.28
酒和饮料	245.04	各种袜子	11.76
奶及奶制品	109.68	各种帽子	0.48
（二）衣　着	605.16	其他衣着	8.16
#服　装	444.36	衣着加工服务	6.96
#男士服装	147.72	（三）设备用品及服务	705.96
#毛皮大衣		#耐用消费品	374.16
西　服	30.24	#家　具	103.20
茄克衫	11.40	#组合家具	37.68
毛线衣	3.84	沙　发	19.56
衬　衫	27.36	大衣柜	2.16
裤　子	42.00	其他家具	42.36
其他男士服装	30.72	住房装饰	25.20
女士服装	233.04	#地　毯	—
#毛皮大衣	1.56	地板革	—
西　服	25.80	其　他	25.20
茄克衫	2.52	家庭设备	245.76
毛线衣	14.16	#洗衣机	10.08
衬　衫	33.12	微波炉	14.76
连衣裙	32.04	电冰箱	22.92
单　裙	12.36	空调器	145.20
裤　子	41.40	淋浴热水器	13.92
其他女士服装	62.88	脱排油烟机	11.76
各式童装	63.60	室内装饰品	19.44
衣着材料	4.32	床上用品	56.64
#棉　布	0.36	家庭日用杂品	152.52
棉化纤混纺布	0.36	#厨餐茶具	17.88
化纤布	1.80	肥　皂	7.68
呢　绒	0.36	洗衣粉	13.68
绸　缎	0.00	家具材料	7.44

续

指　　标	2001年	指　　标	2001年
家庭服务	95.76	＃文娱用品	36.48
（四）医疗保健	312.12	书报杂志	63.00
＃医药费	172.20	文娱费	73.08
补药品	31.92	（七）居　住	1 239.84
医疗保健服务	96.36	＃住　房	731.28
（五）交通和通讯	829.68	＃建筑材料	466.56
＃交　通	269.16	房　租	69.00
＃家庭交通工具	20.76	维修服务费	195.72
＃自行车	5.88	水电燃料及其他	508.56
燃料充电费	22.92	＃水　费	102.12
交通费	206.88	电　费	249.72
出租汽车费	19.68	燃　料	149.88
其他交通费	187.20	＃煤　炭	7.08
维修服务费	18.48	液化石油气	118.56
＃零配件	1.80	管道煤气	24.24
通　讯	560.64	其　他	6.84
通讯工具	89.76	（八）杂项商品和服务	452.76
电讯费	459.84	＃个人消费	359.52
邮　费	4.32	＃个人用品	78.96
其　他	6.72	＃金银珠宝饰品	16.92
（六）娱乐文教服务	834.96	＃纯金饰品	13.68
＃耐用消费品	209.04	手　表	2.04
＃彩色电视机	42.72	纸张文具	12.12
影碟机	6.84	其他日用品	47.88
录放像机	—	理发美容用品	67.08
家用电脑	105.48	＃理发美容用品	1.44
组合音响	16.56	美容化妆品	65.04
摄像机	—	旅　游	161.88
照相机	12.36	＃火车费	7.20
录音机	1.68	其他交通费	64.08
钢　琴	—	住宿费	25.80
其它中高档乐器	0.96	伙食费	12.00
维修服务费	12.72	服务费	51.60
教　育	453.36	＃理发洗澡费用	29.76
＃材料及参考书	84.60	美容费	16.92
学杂费	244.20	其他商品	27.84
文化娱乐	172.68	其他服务	65.40

200户城市居民家庭年人均主要食品消费量

指　　标	单　位	2001年	2000年	比2000年增长（±%）
粮　食	千克	79.20	78.90	0.38
油脂类	千克	10.80	11.30	—4.42
猪　肉	千克	18	19.80	—9.09
牛羊肉	千克	1.20	1.30	—7.69
其他肉及制品	千克	2.40	2.70	—11.11
白条鸡	千克	1.20	1.30	—7.69
活　鸡	千克	2.40	2.10	14.29
活　鸭	千克	6	5.60	7.14
其他禽及制品	千克	2.40	2.30	4.35
蛋　类	千克	9.60	9.80	—2.04
鱼	千克	18	17.30	4.05
虾	千克	3.60	2.80	28.57
鲜　菜	千克	102	100.1	1.9
干　菜	千克	1.20	1.30	—7.69
食　糖	千克	2.40	2.80	—14.29
卷　烟	盒	49.20	47.20	4.24
白　酒	千克	1.20	1.50	—20
啤　酒	千克	14.40	14.30	0.70
干鲜瓜果	千克	61.20	56.70	7.94
糕　点	千克	6.00	5.90	1.69
鲜　奶	千克	6.00	5.10	17.65

200户城市居民家庭年末主要耐用品拥有量

用品名称	单位	2001年	2000年
彩色电视机	台	265	260
电冰箱	台	209	208
洗衣机	台	198	194
组合音响	套	62	59
影碟机	台	126	121
录放像机	台	84	86
家用电脑	台	49	39
摄像机	台	6	6
照相机	架	87	93
空调器	台	189	168
淋浴热水器	台	198	185
脱排油烟机	台	155	157
微波炉	台	123	116
移动电话	台	198	168
健身器材	件	21	21
钢琴	架	5	4
其他中高档乐器	件	15	11

200户城市居民家庭消费结构

单位：元

指　　标	2001年	消费结构（%）	指　　标	2001年	消费结构（%）
年人均消费支出	**8 490.24**	**100.00**	家具材料	7.44	1.05
一、食品支出	**3 509.76**	**41.34**	家庭服务	95.76	13.57
#粮　　食	275.52	7.85	**四、医疗保健支出**	**312.12**	**3.68**
油　　脂	103.44	2.95	# 医药费	172.20	55.17
肉禽及制品	655.80	18.69	补药品	31.92	10.23
蛋　类	66.24	1.89	医疗保健服务	96.36	30.87
水产品	639.84	18.23	其　　他	5.16	1.65
菜　　类	289.80	8.26	**五、交通通讯支出**	**829.68**	**9.77**
烟　　草	224.40	6.39	#交　　通	269.16	32.44
酒及饮料	245.04	6.98	通　　讯	560.52	67.56
糖　　类	25.44	0.72	**六、娱乐文教服务**	**834.96**	**9.83**
其　　他	984.24	28.24	#耐用消费品	209.04	25.04
二、衣着支出	**605.16**	**7.13**	教　　育	453.24	54.28
#服　　装	444.36	73.43	文化娱乐	172.68	20.68
衣着材料	4.32	0.71	**七、居住支出**	**1 239.84**	**14.60**
鞋帽袜及其他	149.52	24.71	#住　　房	731.28	58.98
衣着加工费	6.96	1.15	水电燃料及其他	508.56	41.02
三、设备用品及服务	**705.96**	**8.31**	**八、杂项商品及服务**	**452.76**	**5.34**
#耐用消费品	374.16	53.00	#个人消费	359.52	79.41
室内装饰品	19.44	2.75	其他商品	27.84	6.15
床上用品	56.64	8.02	其他服务	65.40	14.44
家庭日用杂品	152.52	21.61			

140户农民家庭基本情况表

指标	单位	厦门市	市辖区	同安
一、调查户数（户）	户	**140**	**70**	**70**
个体工商户	户	15	14	1
乡村干部户	户	8	3	5
个体工商和乡村干部户	户	1	1	
五保户	户			
家庭结构		116	52	64
单身或夫妇	户	3	2	1
夫妇与一个孩子	户	22	11	11
夫妇与两个孩子	户	57	30	27
夫妇与三个以上孩子	户	11	1	10
单亲与孩子	户	1	1	
三代同堂	户	42	22	20
其他	户	4	3	1
参加专业性合作经济组织户	户			
参加合作医疗社会保障户	户	83	48	35
二、期末生产性固定资产拥有情况				
生产性固定资产原值（人均数）	元	2 733.75	6 631.91	813.76
农业	元	389.27	234.04	465.72
#房屋及建筑物	元	121.65	19.50	171.96
役畜及产品畜	元	89.90	51.42	108.86
大中型铁木农具	元	52.89	55.78	51.47
农林牧渔机械	元	56.24	23.65	72.29
工业	元	409.39	975.18	130.72
#房屋及建筑物	元	301.73	648.94	130.72
生产设备	元	107.66	626.24	
建筑业	元			
交通运输业	元	151.46	17.73	217.32
批发和零售贸易、餐饮业	元	140.54	425.89	
社会服务业	元	1 572.06	4 763.83	
文教卫生业	元	46.81	141.84	
其他	元	24.22	73.40	
主要生产性固定资产数量（人均数）				
房屋及建筑物	平方米	7.27	14.80	3.57
汽车	辆			0.01
大中型拖拉机	辆			
小型和手扶拖拉机	辆	0.01	0.02	0.01
机动脱粒机	台	0.01	0.02	0.01
收割机	台			
农用动力机械	台	0.02	0.01	0.03
胶轮大车	辆			
水泵	台	0.06	0.02	0.08
役畜	头	0.04	0.02	0.05
产品畜	头	0.08	0.03	0.10
三、土地经营情况（人均数）				
#耕地面积	亩	0.57	0.50	0.60
#其中：自留地面积	亩			
山地面积	亩	0.05	0.05	0.05
园地面积	亩	0.04	0.09	0.02
牧草地面积	亩			
养殖水面面积	亩	0.07	0.08	0.07
四、耕地流转情况（人均数）				
#年初经营耕地面积	亩	0.53	0.46	0.57
年内转入耕地面积	亩	0.07	0.05	0.08
年内转出耕地面积	亩	0.04	0.02	0.05
年末经营耕地面积	亩	0.56	0.48	0.60

140户农民家庭居住情况表

单位：平方米

指　　标	厦门市	市辖区	同　安
（一）住房面积	**40.20**	**43.89**	**38.38**
（二）住房类型			
楼房面积	27.48	33.66	24.44
砖瓦平房面积	10.60	8.02	11.87
其　他	2.12	2.21	2.07
（三）住房结构			
钢筋混泥土结构面积	27.86	37.80	22.97
砖木结构面积	12.07	5.68	15.23
其　他	0.63	0.66	0.61
（四）新建（购）住房面积			
楼房面积	1.14		1.70
砖瓦平房面积			
其　他			
（五）新建（购）住房结构			
钢筋混泥土结构面积	1.14		1.70
砖木结构面积			
其　他			
每百户家庭住房有卫生设备的（户）	110	63	47
户均生活用电数量（度）	841	1 441	572
每百户家庭使用安全饮用水的（户）	79	50	29
每百户家庭燃料使用情况（户）			
液化气	54	51	3
煤　炭	85	19	66
柴　草	1		1

140户农民家庭人口情况

单位：人

指　　标	厦门市	市辖区	同　安
一、家庭常住人口	**588**	**282**	**306**
6岁及以下	34	18	16
7～15岁	74	42	32
16～60岁	441	200	241
61岁及以上	39	22	17
二、在校学生人数	**113**	**55**	**58**
其中：7～15岁在校学生人数	74	42	32
三、整半劳动力数量	**416**	**197**	**219**
#整劳动力	290	145	145
#不识字或识字很少	18	15	3
小学程度	166	76	90
初中程度	149	60	89
高中程度	50	33	17
中　专	25	9	16
大专及以上	8	4	4
#农　业	212	72	140
采掘业	4	3	1
制造业	52	16	36
电力煤气及水的生产供应业	1	1	
建筑业	6	1	5
地质勘查探业水利管理业			
交通运输仓储及邮电通讯业	6	4	2
批发和零售贸易、餐饮业	22	16	6
金融保险业	4	1	3
房地产业	1		1
社会服务业	17	12	5
卫生体育和社会福利业	2	1	1
教育文化艺术及广播电影电视业	6	4	2
科学研究和综合技术服务业			
国家机关政党机关社会团体	4	1	3
其　他	79	65	14
#乡　内	345	167	178
县内乡外	56	19	37
省内县外	10	8	2
省　外			
国　外	1	1	
四、劳动力在本地乡镇企业职工的人数	**22**	**7**	**15**
五、主要从业地区在乡以外的劳动力人数	**412**	**195**	**217**
#累计外出从业6个月以上	38	7	31

140户农民家庭人均全年总收支情况

单位：元

指　　标	厦门市	市辖区	同　安
一、总收入	**6 095.26**	**7 495.33**	**5 405.68**
（一）工资性收入	1 955.46	2 321.61	1 775.12
在非企业组织中劳动得到的	334.46	650.51	178.79
在本地企业中劳动得到的	710.31	756.06	687.77
#在本地乡镇企业得到的	223.44	258.06	206.38
#在第一产业劳动得到的	162.71	258.45	115.55
在第二产业劳动得到的	398.32	278.10	457.54
在第三产业劳动得到的	149.28	219.50	114.69
常住人口外出从业得到的	563.93	548.16	571.70
在第一产业从业得到的	55.48	95.22	35.91
在第二产业从业得到的	326.48	342.30	318.68
在第三产业从业得到的	181.97	110.64	217.11
其　他	346.77	366.88	336.86
（二）家庭经营收入	3 448.57	3 687.19	3 331.04
农业收入	1 325.62	946.12	1 512.55
#种植业收入	1 320.03	941.65	1 506.39
林业收入	8.87	26.88	
牧业收入	672.55	176.72	916.76
渔业收入	433.80	303.65	497.90
工业收入	21.96	54.48	5.95
建筑业收入	25.16	54.61	10.55
交通、运输和邮电业收入	322.39	359.20	304.26
批发和零售贸易、餐饮业	220.77	570.82	48.37
社会服务业收入	44.51	97.52	18.40
文教卫生业收入	15.80	47.87	
其他家庭经营收入	257.14	1 049.34	16.21
（三）财产性收入	469.46	1 010.72	202.87
#利　息	24.15	15.59	28.37
股　息			
租　金	429.56	989.26	153.88
红　利	0.25	0.77	
土地征用补偿	12.59	5.11	16.27
其　他	2.91	0.00	4.35
（四）转移性收入	221.77	475.80	96.65
#家庭非常住人口寄回或带回	69.38	195.99	7.03
亲友赠送	61.81	126.59	29.90
农村外部亲友赠送	0.21	0.64	
调查补贴	66.57	90.09	54.98
救济金	3.05	1.28	3.92
救灾款	0.09		0.13
保险年金			
退休金	10.59	32.09	
抚恤金			
其　他	10.28	29.77	0.69

续

指　　标	厦门市	市辖区	同　安
二、总支出	**5 001.85**	**6 483.78**	**4 271.94**
（一）家庭经营费用支出	1 330.61	1 142.88	1 423.08
#农业生产	343.34	164.97	431.20
#种植业	343.34	164.97	431.20
林业生产	3.04	4.86	2.14
牧业生产	427.09	106.00	585.24
渔业生产	235.85	239.21	234.19
工业生产	0.45	1.37	
建筑业生产	5.92	7.99	4.90
交通、运输和邮电业	136.21	84.98	161.45
批发和零售贸易、餐饮业	12.64	35.57	1.34
社会服务业	0.01	0.03	
文教卫生业	0.66		0.98
其他家庭经营支出	165.41	497.91	1.64
（二）购置生产性固定资产支出	93.24	158.12	61.29
（三）生产性固定资产折旧	182.25	442.11	54.25
（四）税费支出	30.54	9.45	40.93
#缴纳生产税	18.88	8.68	23.90
#第一产业	18.46	7.43	23.90
第二产业	0.02	0.05	
第三产业	0.40	1.21	
缴纳其他直接税			
村提留	1.46		2.18
乡统筹	8.85	0.55	12.94
其他各项收费	1.35	0.21	1.91
（五）生活消费支出	3 281.51	4 760.60	2 553.00
食品消费支出	1 386.48	1 629.17	1 266.95
#主　　食	238.63	254.35	230.89
副　　食	390.02	849.10	611.66
其他食品	369.89	471.72	319.74
在外饮食	79.62	47.74	95.33
衣着消费	104.17	127.31	92.77
居住消费	803.57	1 833.87	296.11
#住房装饰、装修	38.45	8.91	53.00
家庭设备、用品及服务	136.70	156.05	127.16
医疗保健	81.94	87.52	79.19
交通通讯消费	356.69	478.83	296.53
文教娱乐用品及服务	321.11	287.28	337.77
其他商品和服务消费	90.86	160.58	56.52
（六）财产性支出	42.09	110.91	8.19
#非生产性贷款利息支出	17.53	44.45	4.27
其　　他	24.56	66.46	3.92
（七）转移性支出	223.85	301.82	185.44
#寄给或带给家庭非常住人口	9.78	19.68	4.90
赠送亲友	165.59	212.30	142.59
#赠送农村外部亲友	1.17	3.55	
缴纳保险费	37.82	39.18	37.15
缴纳罚款			
其　　他	10.65	30.66	0.80
三、全年可支配收入	**4 322.18**	**5 480.87**	**3 751.48**
四、全年人均纯收入	**4 424.69**	**5 687.87**	**3 802.53**

140户农民家庭人均现金收支情况

单位：元

指　　标	厦门市	市辖区	同　安
一、期内现金收入	**5 658.94**	**6 955.58**	**5 020.30**
（一）工资性收入	1 866.17	2 309.20	1 647.97
在非企业组织中劳动得到的	334.46	650.51	178.79
在本地企业中劳动得到的	710.31	756.06	687.77
#在本地乡镇企业劳动得到	223.44	258.06	206.38
#在第一产业劳动得到的	162.71	258.45	115.55
在第二产业劳动得到的	398.32	278.10	457.54
在第三产业劳动得到的	149.28	219.50	114.69
常住人口外出从业得到的	474.64	535.75	444.55
在第一产业从业得到的	55.48	95.22	35.91
在第二产业从业得到的	326.48	342.30	318.68
在第三产业从业得到的	92.69	98.23	89.96
其　他	346.77	366.88	336.86
（二）家庭经营收入	3 101.54	3 159.85	3 072.81
#出售产品的收入	2 089.89	923.47	2 664.40
#出售农业产品收入	1 014.19	474.69	1 279.92
#种植业	1 013.51	474.01	1 279.23
出售林业产品收入	8.87	26.88	
出售牧业产品收入	637.51	121.47	891.68
出售渔业产品收入	428.32	299.19	491.92
出售工业产品的收入	0.05		0.07
出售其他产品的收入	0.95	1.24	0.81
工业加工费	21.92	54.48	5.88
建筑业	25.16	54.61	10.65
交通运输	322.39	359.20	304.26
批发和零售贸易、餐饮	220.77	570.82	48.37
社会服务业	44.51	97.52	18.40
文教卫生业	15.80	47.87	
其他家庭经营收入	356.19	1 048.10	15.40
（三）财产性收入	469.46	1 010.72	202.87
#利　息	24.15	15.59	28.37
股　息			
租　金	429.56	989.26	153.88
红　利	0.25	0.77	
土地征用补偿	12.59	5.11	16.27
其　他	2.91		4.35

续一　　　　　　　　　　　　　　　　　　　　　　　　　　　　单位：元

指　　标	厦门市	市辖区	同　安
（四）转移性收入	221.77	475.80	96.65
＃家庭非常住人口寄回带回	69.38	195.99	7.03
亲友赠送	61.81	126.59	29.90
＃农村外部亲友赠送	0.21	0.64	
调查补贴	66.57	90.09	54.98
救济金	3.05	1.28	3.92
救灾款	0.09		0.13
保险年金收入			
退休金	10.59	32.09	
抚恤金			
其　他	10.28	29.77	0.69
二、非收入所得	**983.18**	**2 560.86**	**206.11**
从银行信用社得到的贷款			
借入款	84.92	101.42	76.80
收回借出款	409.06	1 167.55	35.47
从银行信用社取回存款	441.54	1 153.55	90.85
收回投资款			
出售财产所得款	46.66	135.32	2.99
一次性工伤补贴			
保险公司赔付	1.00	3.02	
其　他			
三、期内现金支出	**4 812.28**	**6 249.15**	**4 104.57**
（一）生产费用支出	1 418.61	1 299.63	1 477.21
＃家庭经营费用支出	1 325.37	1 141.51	1 415.95
＃农业生产支出	340.25	163.60	427.25
＃种植业支出	340.25	163.60	427.25
林业生产支出	3.04	4.86	2.14
牧业生产支出	424.94	106.00	582.02
渔业生产支出	235.85	239.21	234.19
工业生产支出	0.45	1.37	
建筑业生产支出	5.92	7.99	4.90
交通运输支出	136.21	84.98	161.45
批发和零售贸易、餐饮	12.64	35.57	1.34
社会服务业支出	0.01	0.03	
文教卫生业	0.66		0.98
其他经营支出	165.41	497.91	1.64
购置生产性固定资产支出	93.24	158.12	61.29
＃房屋及建筑物			
大中型铁木农具	0.12		0.18
农林牧渔业机械	43.30	7.12	61.11
工业机械	3.02	9.15	

续二

单位：元

指　　标	厦门市	市辖区	同　安
运输机械	46.81	141.84	
役畜			
产品畜			
（二）税费支出	30.54	9.45	40.93
#缴纳生产税	18.88	8.68	23.90
#第一产业	18.46	7.43	23.90
第二产业	0.02	0.05	
第三产业	0.40	1.21	
缴纳直接税			
村提留	1.46		2.18
乡统筹	8.85	0.55	12.94
其他各项收费	1.35	0.21	1.91
（三）生活消费支出	3 097.19	4 527.34	2 392.78
（四）财产性支出	42.09	110.91	8.19
#非生产性贷款利息支出	17.53	44.45	4.27
其　他	24.56	66.46	3.92
（五）转移性支出	223.85	301.82	185.44
#寄给带给家庭非常住人口	9.78	19.68	4.90
赠送亲友支出	165.59	212.30	142.59
#赠送农村外部亲友	1.17	3.55	
支付保险费支出	37.82	39.18	37.15
缴纳罚款			
其　他	10.65	30.66	0.80
四、非消费性现金付出	**894.22**	**2 581.31**	**63.27**
#归还银行信用社贷款	8.19	24.82	
借出款	9.48	28.72	
归还借款	282.96	796.76	29.90
存入银行信用社	591.17	1 725.09	32.68
购买股票支出			
支出投资额	2.41	5.92	0.69
其　他			
五、期末金融资产余额	**3 255.53**	**2 796.52**	**3 481.60**
#债　　券			
股　　票			
银行存款	1 216.63	1 441.49	1 105.88
手存现金	2 038.90	1 355.04	2 375.72
其　　他			

140户农民家庭人均生活消费现金支出

单位：元

指　　标	厦门市	市辖区	同　安
一、食　品	**1 202.16**	**1 395.91**	**1 106.74**
（一）主　食	95.15	95.89	94.79
#粮　食	64.55	73.84	59.97
豆　类	30.61	22.05	34.83
粮食复制品	650.21	776.88	587.82
（二）副　食	90.87	144.47	64.47
#蔬　菜	7.06	6.98	7.11
豆制品	34.22	43.79	29.51
油脂类	9.94	7.34	11.22
食　糖	291.44	342.18	266.45
肉、禽及其制品	16.82	22.00	14.27
蛋　类	151.93	166.38	144.81
水产品	32.39	37.84	29.71
调味品	15.53	5.91	20.27
其　他	368.85	469.14	319.45
（三）其他食品	136.60	161.19	124.49
#烟草类	82.15	114.54	66.20
酒　类	47.55	69.60	36.69
饮料类	32.85	60.97	18.99
干鲜果品	15.84	24.72	11.46
糖果糕点	2.68	5.67	1.21
奶和奶制品	0.33	0.30	0.35
罐头类	50.84	32.15	60.05
其　他	79.62	47.74	95.33
（四）在外饮食	8.33	6.26	9.34
（五）食品加工费	104.17	127.31	92.77
二、衣　着	**83.48**	**94.72**	**77.94**
（一）服　装	0.50	0.73	0.39
（二）衣着材料	19.56	31.30	13.78
（三）鞋、帽、袜类	0.17	0.37	0.07
（四）衣着加工费	0.46	0.19	0.60
（五）其　他	803.57	1 833.87	296.11
三、居　住	**551.09**	**1 454.60**	**106.07**
（一）住房	357.13	988.99	45.92
#建筑材料	38.45	8.91	53.00
住房装饰、装修			
房　租	155.51	456.70	7.16
其　他	121.39	196.09	84.60
（二）电　费	28.98	58.65	14.36
（三）水　费	102.12	124.53	91.08
（四）燃　料	50.49	40.43	55.45
#煤　炭	38.66	72.25	22.11
柴　草			
其　他	12.97	11.85	12.52

续　　单位：元

指　　标	厦门市	市辖区	同　安
（五）其　他			
四、家庭设备、用品及服务	**136.70**	**156.05**	**127.16**
（一）耐用消费品	58.53	78.66	48.61
#家　具	25.67	19.15	28.88
家庭设备	31.96	57.39	19.43
其　他	0.90	2.13	0.29
（二）床上用品	6.40	7.14	5.91
（三）家庭日用杂品	64.09	66.58	62.86
日用小五金	2.21	4.28	1.19
日用百货	43.00	55.80	36.69
其　他	18.88	6.50	24.98
（四）设备用品加工修理费	3.52	3.00	3.78
（五）其　他	4.16	0.40	6.01
五、医疗保健	**81.94**	**87.52**	**79.19**
（一）医疗卫生保健用品	24.72	28.42	22.89
（二）医疗保健服务费	49.97	45.19	52.33
（三）医疗卫生保健设备用品修理			
（四）其　他	7.25	13.91	3.96
六、交通和通讯	**356.69**	**478.83**	**296.53**
（一）交通工具	137.95	118.26	147.65
（二）动力燃料	34.03	53.35	24.51
（三）通讯工具	21.06	35.84	13.77
（四）交通费	16.56	32.30	8.80
#客运交通费	4.50	3.55	4.97
货运费	148.02	250.12	97.74
（五）邮电费	15.63	21.26	12.86
（六）交通、通讯工具修理费			
七、文化教育、娱乐用品及服务	**321.11**	**287.28**	**337.77**
（一）文化教育、娱乐用品	49.91	59.45	45.22
#文化教育、娱乐用机电	44.53	48.83	42.42
书、报、杂志	1.92	4.10	0.84
纸张、文具	2.04	3.64	1.25
其他用品	1.42	2.88	0.71
（二）文化教育、娱乐服务	271.19	227.82	292.55
#学杂费	246.15	185.84	275.86
技术培训费	21.39	38.39	13.01
文娱费	0.23	0.30	0.20
用品加工修理服务费	0.68	1.51	0.28
其　他	2.74	1.78	3.21
八、其他商品和服务	**90.86**	**160.58**	**56.52**
（一）商品性支出	32.20	24.03	36.23
#化妆品	1.84	4.81	0.37
首饰饰品	4.69	12.70	0.75
其　他	25.67	6.52	35.10
（二）服务支出	58.66	136.55	20.29
#旅店住宿费			
殡殓费	4.33	13.12	0.00
其　他	54.33	123.43	20.29

140户农民家庭人均主要食物消费量

单位：公斤

指标	厦门市	市辖区	同安
一、谷物和薯类	**167.29**	**182.19**	**159.95**
#小麦	10.19	6.53	11.99
稻谷	140.14	156.31	132.17
玉米	0.04	0.03	0.04
薯类	16.51	19.09	15.24
二、豆类及豆制品	**2.61**	**3.12**	**2.37**
#大豆	0.12	0.19	0.08
杂豆	0.09	0.28	
三、蔬菜及菜制品	**74.8**	**94.36**	**65.16**
#根茎块花类	4.09	11.13	0.62
菜瓜类	0.77	1.12	0.6
茄果类	0.78	1.95	0.2
白菜类	4.69	2.62	5.7
绿叶菜类	25.08	21.61	26.79
其他鲜菜	38.24	54.36	30.3
干菜类	0.54	0.48	0.56
菜制品	0.67	1.19	0.42
四、调味品	—	**0.01**	
五、油脂类	**7.68**	**7.78**	**7.62**
#植物油	7.54	7.49	7.57
动物油	0.13	0.29	0.06
六、肉禽及其制品	**29**	**38.62**	**24.26**
#猪　肉	21.28	25.12	19.39
牛　肉	0.06	0.15	0.01
羊　肉	0.2	0.34	0.14
家　禽	5.78	9.72	3.84
肉禽制品	1.43	2.61	0.85
七、蛋类及蛋制品	**3.17**	**4.06**	**2.74**
八、奶和奶制品	**0.38**	**0.85**	**0.14**
九、水产品	**15.32**	**16.09**	**14.94**
#鱼　类	11.08	9.5	11.86
虾、贝、蟹类	2.78	3.54	2.4
藻　类	0.03		0.04
其　他	1.44	3.04	0.64
十、食　糖	**2.4**	**1.66**	**2.76**
十一、酒和饮料	**26.04**	**30.29**	**23.95**
#白　酒	2.26	3.17	1.81
啤　酒	17.27	20.63	15.61
果　酒	0.06	0.05	0.07
不含酒精饮料	5.23	5.12	5.28
十二、糖　果	**0.82**	**0.74**	**0.85**
十三、糕　点	**1.22**	**2.83**	**0.42**
十四、水果及水果制品	**10.78**	**18.43**	**7.01**
十五、坚果及果仁制品	**0.04**	**0.11**	

140户农民家庭平均每百户年末主要耐用品拥有量

指　　标	单　位	厦门市	市辖区	同　安
大型家具	件	736.09	374.29	914.29
洗衣机	台	17.50	41.43	5.71
电风扇	台	208.23	277.14	174.29
电冰箱	台	46.47	85.71	27.14
空调机	台	5.69	11.43	2.86
抽油烟机	台	11.34	28.57	2.86
吸尘器	台			
微波炉	台	4.73	11.43	1.43
热水器	台	33.71	52.86	24.29
自行车	辆	133.09	87.14	155.71
摩托车	辆	108.17	92.86	115.71
汽车（生活用）	部	0.47	1.43	
电话机	部	99.49	107.14	95.71
移动电话	部	34.71	44.29	30.00
寻呼机	台	19.09	11.43	22.86
彩色电视机	台	105.69	111.43	102.86
黑白电视机	台	14.30	11.43	15.71
录放像机	台	6.14	15.71	1.43
摄像机	台	0.47	1.43	
影碟机	台	46.16	52.86	42.86
组合音响	台	17.10	25.71	12.86
收录机	台	14.73	21.43	11.43
照相机	架	3.79	8.57	1.43
家用计算机	台	3.31	7.14	1.43
中高档乐器	件	0.47	1.43	

二、农　　业

农村经济主要指标增长情况

项　　　目	单　位	2001 年	2000 年	比 2000 年增长（±%）
乡村户数	户	189 579	189 875	－0.16
乡村人口数	人	721 124	734 331	－1.80
乡村实有劳动力合计	人	405 104	404 560	0.13
年末实有耕地面积	亩	404 141	407 896	－0.92
农村社会总产值	万元	2 395 441	2 173 679	10.20
农林牧渔业总产值（1990 年不变价）	万元	181 302	164 295	10.35
农林牧渔业总产值（现行价）	万元	355 665	338 345	—
全年粮食总产量	吨	181 846	189 634	－4.11
全年蔬菜总产量	吨	480 858	452 677	6.23
全年水果总产量	吨	51 463	28 768	78.89
全年生猪出栏头数	万头	72.25	68.08	6.13
全年家禽出栏头数	万只	748.79	747.99	0.11
全年肉类总产量	吨	57 913	55 170	4.97
全年奶类总产量	吨	1 896	1 577	20.23
全年禽蛋产量	吨	10 854	14 133	－23.20
全年水产品总产量	吨	202 787	184 055	10.18
#海洋捕捞	吨	24 764	23 155	6.95
乡镇企业单位数	个	25 892	24 633	5.11
乡镇企业现价总产值	万元	2 357 883	2 117 032	11.38
农民人均全年总收入	元	6 095	5 669	7.51
#劳动者的报酬收入	元	1 955	1 772	10.33
家庭经营收入	元	3 449	3 330	3.57
转移性收入	元	222	172	29.07
财产性收入	元	469	395	18.73
农民人均全年纯收入	元	4 425	4 030	9.80
农民人均全年总支出	元	5 002	4 760	5.08
#生活消费支出	元	3 282	3 039	8.00

乡村基本情况

项目	单位	合计	厦门市	同安区
镇政府	个	17	6	11
村民委员会	个	304	91	213
村民小组	个	3 066	827	2 239
乡镇干部人数	人	1 424	375	1 049
乡村户数	户	189 579	64 427	125 152
乡村人口	人	721 124	241 514	479 610
国有农林牧渔场数	个	13	7	6
自来水受益村	个	150	62	88
通汽车村	个	303	91	212
通电话村	个	304	91	213
外出乡村人口数	人	61 014	14 887	46 127
外来人口数	人	292 784	242 276	50 508

乡村劳动力情况

项目	单位	合计	厦门市	同安区
一、乡村劳动力资源总数	人	**440 356**	**143 452**	**296 904**
其中：劳动力年龄内的人数	人	412 843	132 033	280 810
二、乡村实有劳动力合计	人	**405 104**	**133 007**	**272 097**
按性别分组				
男性劳力	人	204 087	66 600	137 487
女性劳力	人	201 017	66 407	134 610
按行业分组				
农、林、牧、渔业	人	226 311	58 654	167 657
工　业	人	51 711	20 635	31 076
建筑业	人	21 663	5 611	16 052
交通运输、邮电业	人	17 272	8 293	8 979
商饮业、物资供销和仓储业	人	20 435	10 308	10 127
房管、公用、居民和咨询服务业	人	1 776	1 370	406
卫生、体育、社会福利事业	人	1 861	923	938
教育、广视、文艺事业	人	1 770	707	1 063
科学研究和综合技术服务业	人	708	75	633
金融、保险业	人	834	423	411
镇经济组织管理	人	450	113	337
其　他	人	60 313	25 895	34 418
按文化程度分组				
大学、大专	人	2 902	1 174	1 728
高中、中专	人	49 012	21 175	27 837
初　中	人	162 495	48 009	114 486
小　学	人	179 415	58 521	120 894
文盲或半文盲	人	11 280	4 128	7 152
三、农、林、牧、渔场劳动力	人	**11 993**	**4 041**	**7 952**
四、外出乡村实有劳动力	人	**50 929**	**13 314**	**37 615**
五、外来乡村实有劳动力	人	**256 521**	**213 202**	**43 319**

主要农业机械拥有量

项目	单位	合计	厦门市	同安区
一、农业机械总动力	**千瓦**	**455 999**	**163 781**	**292 218**
柴油发动机动力	千瓦	352 191	108 957	243 234
汽油发动机动力	千瓦	48 900	36 291	12 609
电动机动力	千瓦	54 908	18 533	36 375
其他机械动力	千瓦			
二、拖拉机及配套机械	**千瓦**	**59 395**	**18 422**	**40 973**
（一）拖拉机	台	6 151	1 898	4 253
动力	千瓦	59 395	18 422	40 973
1. 大中型	台	146	66	80
动力	千瓦	5 019	2 077	2 942
（1）轮式拖拉机	台	128	48	80
动力	千瓦	4 713	1 771	2 942
（2）36.78KW（含36.78）以上	台	128	48	80
动力	千瓦	4 713	1 771	2 942
（3）变形拖拉机	台	18	18	
动力	千瓦	306	306	
2. 小型	台	6 005	1 832	4 173
动力	千瓦	54 376	16 345	38 031
#小四轮拖拉机	台	5		5
动力	千瓦	71		71
（二）拖拉机配套农具				
大中型拖拉机配套农具	部	13	13	
小型拖拉机配套农具	部	1 064	478	586
三、种植业机械	**千瓦**	**136 683**	**22 793**	**113 890**
（一）耕整地及种植机械	千瓦	2 643	774	1 869
#耕整机	台	52	52	
动力	千瓦	231	231	
机引犁	台	103	16	87
旋耕机	台	633	191	442
机引耙	台	45	5	40
机耕船	艘	64	64	
动力	千瓦	564	564	
播种机	台			
#精少量播种机	台			
免耕播种机	台			
机动水稻插秧机	台	3	2	1
动力	千瓦	24	15	9
机动水稻浅栽机	台			
动力	千瓦			
专用水稻直播机	台			

续一

项　　　　目	单位	合　计	厦门市	同安区
（二）农用排灌机械动力	千瓦	129 527	20 542	108 985
排灌动力机械	台	16 444	2 455	13 989
动力	千瓦	129 527	20 542	108 985
#柴油机	台	12 930	1 405	11 525
动力	千瓦	95 478	8 848	36 630
电动机	台	3 514	1 050	2 464
动力	千瓦	34 049	11 694	22 355
农用水泵	台	13 456	1 978	11 478
节水灌溉类机械	套	229	79	150
（三）植保机械动力合计	千瓦	808	458	350
机动喷雾（粉）机	台	317	173	144
动力	千瓦	852	502	350
（四）收获机械动力合计	千瓦	124	94	30
联合收获机	台	6	4	2
动力	千瓦	118	88	30
(1) 自走式	台	6	4	2
动力	千瓦	118	88	30
(2) 稻麦联合收割机	台	6	4	2
动力	千瓦	118	88	30
机动割晒机	台	2	2	
动力	千瓦	6	6	
#自走式	台	2	2	
动力	千瓦	6	6	
（五）脱粒烘干机械动力合计	千瓦	3 500	856	2 644
机动脱粒机	台	1 155	195	960
谷物烘干机	台	5	4	1
（六）种子加工设备动力合计	千瓦			
种子包衣机	台			
种子清选机	台			
（七）设施农业设备动力合计	千瓦	81	69	12
水稻工厂化育秧设备	套			
温室	平方米	3 350		3 350
#玻璃连栋温室	平方米			
塑料连栋温室	平方米			
塑料大棚温室	平方米	3 350		3 350
日光温室	平方米			
田园管理机	台	19	15	4
动力	千瓦	81	69	12
四、农副产品加工机械动力合计	**千瓦**	**29 837**	**5 300**	**24 537**
农副产品加工机械总量合计	台	2 996	607	2 389
#柴油机	台	1 390	54	1 336

续二

项目	单位	合计	厦门市	同安区
动力	千瓦	15 225	471	14 754
电动机	台	1 606	553	1 053
动力	千瓦	14 612	4 829	9 783
△农副产品加工作业机械	台	2 616	538	2 078
#粮食加工机械	台	1 916	446	1 470
油料加工机械	台	624	92	532
五、畜牧业机械	**台**	**694**	**234**	**460**
动力合计	千瓦	5 882	1 747	4 135
#牧草播种机	台			
牧草收割机	台			
牧草打捆机	台			
青贮饲料收获机	台			
饲料粉碎机	台	694	234	460
机动挤奶器	套			
六、林业机械	**台**	**3**	**3**	
动力合计	千瓦	7	7	
七、渔业机械	**台**	**4 280**	**1 611**	**2 669**
动力合计	千瓦	19 939	9 814	10 125
八、运输机械动力合计	**千瓦**	**185 182**	**96 585**	**88 597**
#农用载重汽车	辆	1 308	627	681
动力	千瓦	128 045	70 996	57 049
机动运输船	艘	621	186	435
动力	千瓦	15 926	5 023	10 903
农用运输车	辆	1 739	913	826
动力	千瓦	41 211	20 566	20 645
#三轮运输车	辆	104	62	42
动力	千瓦	869	547	322
四轮运输车	辆	1 635	851	784
动力	千瓦	40 342	20 019	20 323
九、农田基本建设机械	**千瓦**	**19 074**	**9 113**	**9 961**
推土机	台	143	67	76
动力	千瓦	10 027	5 299	4 728
挖掘机	台	42	20	22
动力	千瓦	4 403	1 918	2 485
装载机	台	44	21	23
动力	千瓦	4 534	1 896	2 638
平地机	台	1		1
动力	千瓦	110		110
开沟机	台			
动力	千瓦			
十、其他机械动力合计	**千瓦**			
#农用飞机	架			

农业现代化情况

项目	单位	合计	厦门市	同安区
一、农业机械化情况				
当年机耕面积	市亩	102 690	36 600	66 090
机械植保面积	市亩	26 190	7 935	18 255
机械脱粒量	吨	20 471	10 652	9 819
机械收割面积	市亩	1 474	1 263	211
二、农业化肥施用量				
（一）按实物量计算	吨	123 836	40 149	83 687
#氮　肥	吨	49 452	14 104	35 348
磷　肥	吨	30 023	10 871	19 152
钾　肥	吨	18 451	6 725	11 726
复合肥	吨	25 910	8 449	17 461
（二）按折纯法计算	吨	36 094	11 666	24 428
#氮　肥	吨	12 363	3 526	8 837
磷　肥	吨	4 503	1 630	2 873
钾　肥	吨	6 273	2 286	3 987
复合肥	吨	12 955	4 224	8 731
三、沼气池	**个**	**1 417**	**101**	**1 316**
四、农业电气化情况				
1. 农村水电站	处	75	7	68
装机容量	千瓦	14 287	170	14 117
发电量	万千瓦小时	4 894	63	4 831
2. 乡村用电量	万千瓦小时	32 840	21 897	10 943
五、农药使用量	**吨**	**1 181**	**243**	**938**
六、农用薄膜使用量	**吨**	**784**	**109**	**675**
七、农用柴油使用量	**吨**	**12 608**	**3 516**	**9 092**
八、地膜覆盖面积	**市亩**	**62 402**	**2 124**	**60 278**
九、农用水利化情况				
1. 水　　库	座	109	48	61
总库容	万立方米	26 588.42	15 318.92	11 269.5
#中型水库	座	5	2	3
总库容	万立方米	18 879	11 610	7 269
#小型水库	座	104	46	58
总库容	万立方米	7 709.42	3 708.92	4 000.50
2. 引水工程供水	万立方米	8 825	510	8 315
#农业供水	万立方米	8 728	504	8 224
3. 蓄水工程供水	万立方米	24 015	11 207	12 808
#农业供水	万立方米	16 704	5 306	11 398
4. 机电井	眼	948	101	847
#已配套	眼	729	93	636
装　机	千瓦	4 116	586	3 530
5. 有效灌溉面积	万亩	34.22	7.46	26.76
6. 机电排灌面积	万亩	21.06	4.71	16.35
7. 旱涝保收面积	万亩	23.13	5.79	17.34
8. 除涝面积	万亩	4.05	0.42	3.63

耕地面积变化情况

单位：亩

项目	合计	厦门市	同安区
年初耕地面积	**407 896**	**105 946**	**301 950**
当年新增耕地面积	**493**	**223**	**270**
＃新开荒	—	—	—
围垦	—	—	—
平整土地增加	282	50	232
退果还耕面积	173	135	38
退渔还耕面积	8	8	—
退牧还耕面积	30	30	—
当年减少耕地面积	**4 248**	**1 928**	**2 320**
＃国家基建	1 593	—	1 593
乡村基建	534	—	534
农民基建	50	—	50
退耕还林	17	—	17
退耕改果	500	487	13
灾害毁地	63	—	63
退耕改渔	1 491	1 441	50
年末实有耕地面积	**404 141**	**104 241**	**299 900**
＃水田	229 048	66 915	162 133
旱地	175 093	37 326	137 767

农村社会总产值

单位：万元

项目	合计	厦门市	同安区
现价农村社会总产值合计	**2 395 441**	**1 478 771**	**916 670**
＃农林牧渔业总产值	**355 665**	**138 531**	**217 134**
农村工业产值	**1 688 384**	**1 084 271**	**604 113**
＃乡办工业产值	187 200	77 533	109 667
村办及村办以下工业产值	1 501 184	1 006 738	494 446
农村建筑业产值	**130 023**	**95 992**	**34 031**
＃农村集体建筑业产值	39 011	28 749	10 262
农村运输业产值	**98 354**	**72 503**	**25 851**
＃乡办运输业货运产值	16 566	15 318	1 248
批发零售贸易餐饮业总产值	**123 015**	**87 474**	**35 541**

农 林 牧 渔 业 总 产 值

单位：万元

项 目	合 计	厦 门 市	同 安 区
按1990年不变价计算	**181 302**	**72 190**	**109 112**
一、农 业	**57 226**	**19 216**	**38 010**
种植业	54 979	18 772	36 207
主产品	53 830	18 601	35 229
#粮食作物	9 421	1 594	7 827
经济作物	4 056	695	3 361
蔬菜作物	17 590	5 508	12 082
茶、桑、果	18 505	7 465	11 040
青饲料、绿肥作物	50	14	36
其他农作物	4 208	3 325	883
副产品	1 149	171	978
#粮食作物	877	131	746
经济作物	272	40	232
其他农业	2 247	444	1 803
#采集野生植物	153	3	150
农民家庭兼营商品性工业	2 094	441	1 653
二、林 业	**696**	**87**	**609**
村及村以下竹木采伐	455	19	436
林产品	88	5	83
营 林	153	63	90
三、牧 业	**39 617**	**21 035**	**18 582**
牲畜繁殖增长、增重	24 370	11 873	12 497
#猪	24 098	11 818	12 280
大牲畜	197	39	158
羊	75	16	59
家禽饲养	8 056	5 075	2 981
活的畜禽产品	5 225	3 489	1 736
野生动物捕猎	33	9	24
其他动物及产品	1 933	589	1 344
四、渔 业	**83 763**	**31 852**	**51 911**
海水产品	70 707	23 984	46 723
淡水产品	13 056	7 868	5 188

续

项　　目	合　计	厦 门 市	同 安 区
按当年现行价计算	**355 665**	**138 531**	**217 134**
一、农　业	**114 799**	**32 545**	**82 254**
种 植 业	111 945	32 023	79 922
主 产 品	109 890	31 667	78 223
#粮食作物	22 454	3 803	18 651
经济作物	8 801	1 529	7 272
蔬菜作物	55 912	14 804	41 108
茶、桑、果	15 400	5 902	9 498
青饲料、绿肥作物	5 763	5 544	219
其他农作物	1 560	85	1 475
副 产 品	2 055	356	1 699
#粮食作物	1 513	278	1 235
经济作物	542	78	464
其他农业	2 854	522	2 332
#采集野生植物	408	9	399
农民家庭兼营商品性工业	2 446	513	1 933
二、林　业	**1 643**	**557**	**1 086**
村及村以下竹木采伐	507	22	485
林产品	127	8	119
营　林	1 009	527	482
三、牧　业	**74 541**	**38 168**	**36 373**
牲畜繁殖增长、增重	51 195	24 858	26 337
#猪	50 324	24 680	25 644
大牲畜	487	95	392
羊	384	83	301
家禽饲养	10 889	6 860	4 029
活的畜禽产品	7 874	5 051	2 823
野生动物捕猎	38	10	28
其他动物及产品	4 545	1 389	3 156
四、渔　业	**164 682**	**67 261**	**97 421**
海水产品	135 637	48 351	87 286
淡水产品	29 045	18 910	10 135

农作物播种面积、产量

单位：亩、公斤、吨

项　　目	合　计	厦门市	同安区	项　　目	合　计	厦门市	同安区
全年农作物播种面积	**926 702**	**183 137**	**743 565**				
一、粮食、大豆总计：面　积	479 934	86 035	393 899	大　豆：面　积	14 089	4 605	9 484
单　产	379	339	389	单　产	144	128	152
总　产	181 846	29 203	152 643	总　产	2 028	591	1 437
1. 春收粮食：面　积	61 559	1 050	60 509	杂豆类：面　积	52	42	10
单　产	351	274	352	单　产	154	119	300
总　产	21 598	288	21 310	总　产	8	5	3
#小　麦：面　积	—	—	—	3. 秋收粮食：面　积	275 512	49 878	225 634
单　产	—	—	—	单　产	391	333	404
总　产	—	—	—	总　产	107 751	16 600	91 151
大　麦：面　积	—	—	—	#中　稻：面　积	4 465	—	4 465
单　产	—	—	—	单　产	365	—	365
总　产	—	—	—	总　产	1 628	—	1 628
冬地瓜：面　积	17 437	1 050	16 387	晚　稻：面　积	121 269	30 998	90 271
单　产	336	274	340	单　产	377	369	380
总　产	5 852	288	5 564	总　产	45 768	11 431	34 337
马铃薯：面　积	42 244	—	42 244	早地瓜：面　积	32 416	1 507	30 909
单　产	359	—	359	单　产	439	282	446
总　产	15 150	—	15 150	总　产	14 221	425	13 796
杂豆类：面　积	1 878	—	1 878	晚地瓜：面　积	111 948	16 546	95 402
单　产	317	—	317	单　产	405	281	427
总　产	596	—	596	总　产	45 393	4 643	40 750
2. 夏收粮食：面　积	142 863	35 107	107 756	秋高粱：面　积	88	32	56
单　产	367	351	373	单　产	170	188	161
总　产	52 497	12 315	40 182	总　产	15	6	9
#早　稻：面　积	125 697	30 334	95 363	玉　米：面　积	130	—	130
单　产	394	385	397	单　产	246	—	246
总　产	49 571	11 693	37 878	总　产	32	—	32
春高粱：面　积	987	126	861	秋大豆：面　积	5 178	777	4 401
单　产	184	206	181	单　产	134	120	136
总　产	182	26	156	总　产	692	93	599
玉　米：面　积	2 038	—	2 038	杂豆类：面　积	18	18	—
单　产	347	—	347	单　产	111	111	—
总　产	708	—	708	总　产	2	2	—

续　　　　　　　　　　　　　　　　　　　　　　　　单位：亩、公斤、吨

项　　目	全　市	市辖区	同安区	项　　目	全　市	市辖区	同安区
二、经济作物播种面积	**151 333**	**32 620**	**118 713**	（六）药材：面　积	1 406	686	720
（一）油料：面　积	139 502	23 900	115 602	产值（万元）	239	117	122
单　产	186	155	192	（七）花卉：面　积	8 742	6 921	1 821
总　产	25 882	3 710	22 172	产值（万元）	6 994	5 537	1 457
1. 花生：面　积	139 075	23 644	115 431	**三、其他农作物播种面积**	**295 435**	**64 482**	**230 953**
单　产	186	156	192	（一）蔬菜：面　积	277 572	59 400	218 172
总　产	25 848	3 689	22 159	单　产	1 732	1 735	1 732
#春花生：面　积	113 090	20 699	92 391	总　产	480 858	103 046	377 812
单　产	190	159	197	1. 春收蔬菜：面　积	100 915	21 141	79 774
总　产	21 486	3 284	18 202	单　产	1 748	1 787	1 737
#秋花生：面　积	25 985	2 945	23 040	总　产	176 349	37 776	138 573
单　产	168	138	172	2. 夏收蔬菜：面　积	82 534	17 933	64 601
总　产	4 362	405	3 957	单　产	1 694	1 782	1 670
2. 芝　麻：面积	374	203	171	总　产	139 849	31 963	107 886
单　产	80	84	76	3. 秋收蔬菜：面　积	94 123	20 326	73 797
总　产	30	17	13	单　产	1 749	1 639	1 780
3. 油菜籽：面　积	53	53	—	总　产	164 660	33 307	131 353
单　产	75	75	—	#芋头：面　积	3 270	1 546	1 724
总　产	4	4	—	单　产	1 183	1 301	1 077
（二）糖蔗：面　积	348	338	10	总　产	3 868	2 012	1 856
单　产	4 227	4 278	2 500	生姜：面　积	741	121	620
总　产	1 471	1 446	25	单　产	1 250	1 231	1 253
（三）果蔗：面　积	1 100	775	325	总　产	926	149	777
单　产	5 181	5 812	3 677	马铃薯：面积	3 383	3 383	—
总　产	5 699	4 504	1 195	单产	983	983	—
（四）黄麻：面　积	—	—	—	总产	3 325	3 325	—
单　产	—	—	—	（二）瓜果类：面　积	2 620	815	1 805
总　产	—	—	—	单　产	1 310	1 259	1 332
（五）烟叶：面　积	235	—	235	总　产	3 431	1 026	2 405
单　产	157	—	157	（三）饲料、绿肥播种面积	15 243	4 267	10 976
总　产	37	—	37	**附：蘑菇面积（平方米）**	**607 859**	**521 858**	**86 001**
				产量	4 255	3 553	602

水果、茶叶种植面积和产量

单位：亩、吨

项　　　目	合　计	厦门市	同安区
一、水果现有总面积	**234 581**	**79 714**	**154 867**
#采摘面积	96 066	46 918	49 148
新植面积	6 334	3 084	3 250
总产量	51 463	24 605	26 858
柑桔现有面积	6 570	4 633	1 937
#采摘面积	5 940	4 003	1 937
新植面积	60	60	—
总产量	6 379	2 999	3 380
龙眼现有面积	191 165	55 638	135 527
#采摘面积	62 063	26 993	35 070
新植面积	1 892	1 892	—
总产量	23 080	6 986	16 094
荔枝现有面积	8 443	5 601	2 842
#采摘面积	5 948	3 948	2 000
新植面积	561	561	—
总产量	1 846	1 246	600
波萝现有面积	507	7	500
#采摘面积	504	4	500
新植面积	3	3	—
总产量	154	4	150
香蕉现有面积	10 917	8 347	2 570
#采摘面积	10 271	7 721	2 550
新植面积	163	163	—
总产量	11 812	9 264	2 548
枇杷现有面积	47	47	—
#采摘面积	33	33	—
新植面积	—	—	—
总产量	12	12	—
柚现有面积	5 073	1 832	3 241
#采摘面积	4 806	1 735	3 071
新植面积	24	24	0
总产量	5 170	2 660	2 510
葡萄现有面积	97	97	—
#采摘面积	34	34	—
新植面积	50	50	—
总产量	20	20	—
桃现有面积	793	293	500
#采摘面积	493	193	300
新植面积	17	17	—
总产量	285	135	150
李现有面积	868	808	60
#采摘面积	717	707	10
新植面积	49	49	—
总产量	620	619	1
杨梅现有面积	2 444	264	2 180
#采摘面积	2 444	264	2 180
新植面积	—	—	—
总产量	120	19	101
柿子现有面积	1 040	515	525
#采摘面积	607	182	425
新植面积	10	10	—
总产量	290	89	201
杂果现有面积	6 617	1 632	4 985
#采摘面积	2 206	1 101	1 105
新植面积	3 505	255	3 250
总产量	1 675	552	1 123
二、茶叶现有面积	**6 444**	**—**	**6 444**
#采摘面积	5 777	—	5 777
新植面积	62	—	62
总产量	753	—	753

亚热带作物种植面积和产量

单位：亩、吨

项　目	合　计	厦门市	同安区
橡胶年末实有面积	—	—	—
#收获面积	—	—	—
新植面积	—	—	—
总产量	—	—	—
剑麻、龙舌兰麻年末实有面积	**1 010**	**290**	**720**
#收获面积	795	285	510
新植面积	—	—	—
总产量	48	13	35
香料作物年末实有面积	—	—	—
#收获面积	—	—	—
新植面积	—	—	—
总产量	—	—	—

林业生产情况

项　目	单　位	合　计	厦门市	同安区
造林面积	亩	4 844	1 723	3 121
封山育林面积	亩	88 500	23 500	65 000
零星植树	万株	54	37	17
迹地更新面积	亩	5 577	1 304	4 273
幼林抚育实际面积	亩	24 618	5 612	19 006
成林抚育面积	亩	13 733	7 463	6 270
育苗面积	亩	45	22	23
#本年新育	亩	45	22	23
林产品产量				
1. 木材采伐量	立方米	9 989	307	9 682
2. 油茶籽	吨	560	—	560
3. 油桐籽	吨	—	—	—
4. 毛　竹	万根	—	—	—
5. 篙　竹	万根	—	—	—
6. 松　脂	吨	95	50	45
附：杂木棍	立方米	60	—	60
竹林面积	亩	809	510	299

畜牧业生产情况

项　目	单　位	合　计	厦　门　市	同　安　区
一、大牲畜总头数	头	**49 219**	**8 958**	**40 261**
#从事劳役	头	40 992	6 671	34 321
1. 牛总头数	头	49 117	8 950	40 167
当年生仔畜	头	1 911	327	1 584
能繁殖母畜	头	24 203	4 073	20 130
#黄　牛	头	47 173	7 809	39 364
当年生仔畜	头	1 829	266	1 563
能繁殖母畜	头	23 030	3 370	19 660
#水　牛	头	1 624	972	652
当年生仔畜	头	68	51	17
能繁殖母畜	头	914	587	327
#乳　牛	头	320	169	151
当年生仔畜	头	14	10	4
能繁殖母畜	头	259	116	143
2. 马	匹	47	8	39
当年生仔畜	匹			
能繁殖母畜	匹	7	2	5
3. 骡	头	55		55
二、羊	只	**14 216**	**3 850**	**10 366**
#能繁殖母畜	只	5 906	1 596	4 310
三、兔	只	**47 991**	**13 322**	**34 669**
四、生猪出栏头数	头	**722 498**	**351 407**	**371 091**
五、生猪存栏头数	头	**374 480**	**167 951**	**206 529**
#能繁殖母猪	头	29 110	12 992	16 118
六、家禽年末存栏数	只	**2 962 833**	**1 766 437**	**1 196 396**
七、年末实有蜜蜂	箱	**6 044**	**3 383**	**2 661**
八、年内出栏的肉牛	头	**11 327**	**2 473**	**8 854**
九、年内出栏的肉羊	只	**13 160**	**2 662**	**10 498**
十、年内出栏的肉兔	只	**96 046**	**30 916**	**65 130**
十一、年内出栏的家禽	只	**7 487 926**	**4 713 957**	**2 773 969**
十二、蜂蜜产量	吨	**278**	**93**	**185**
十三、牛羊乳产量	吨	**1 896**	**1 038**	**858**
#牛　乳	吨	1 136	594	542
十四、蛋品总产量	吨	**10 854**	**7 280**	**3 574**
十五、全年肉类总产量	吨	**57 913**	**28 895**	**29 018**
1. 猪　肉	吨	49 130	23 896	25 234
2. 牛　肉	吨	1 030	222	808
3. 羊　肉	吨	172	35	137
4. 禽　肉	吨	7 486	4 712	2 774
5. 兔　肉	吨	95	30	65

水产品生产量

单位：吨

项目	合计	厦门市	同安区
水产品总产量	**202 787**	**73 482**	**129 305**
一、海水产品产量	**178 510**	**61 305**	**117 205**
捕捞产量	24 764	18 754	6 010
#鱼类	21 668	18 418	3 250
虾蟹类	2 772	262	2 510
贝类	322	72	250
其他	2	2	—
养殖产量	153 746	42 551	111 195
#鱼类	4 810	3 380	1 430
虾蟹类	3 438	1 528	1 910
贝类	144 103	37 548	106 555
藻类	1 395	95	1 300
其他	—	—	—
二、淡水产品产量	**24 277**	**12 177**	**12 100**
捕捞产量	—	—	—
养殖产量	24 277	12 177	12 100
#鱼类	20 359	9 084	11 275
虾蟹类	3 194	2 794	400
其他	724	299	425

水产养殖面积与产量

单位：市亩、吨

项目	养殖面积	产量
合计	**257 070**	**178 023**
一、海水养殖	**182 220**	**153 746**
#贝类	122 400	144 103
#蛏	2 775	2 429
蛤	10 095	15 788
蚶	4 785	3 250
牡蛎	98 610	119 530
贻贝	210	128
藻类	13 590	1 395
#紫菜	13 590	1 395
鱼类	6 000	4 810
#网箱养鱼	5 310	3 707
虾蟹类	40 230	3 438
#对虾	33 345	2 582
其他	6 885	856
其他海产品养殖	—	—
二、淡水养殖	**74 850**	**24 277**
#池塘	49 755	22 008
水库	18 075	1 493
河沟	1 200	188
湖泊	—	—
其它	5 820	536
在养殖合计中：鳗鱼	195	254

海水产品主要品种产量

单位：吨

项　　　目	合　　计	厦 门 市	同 安 区
海水产品产量合计	**178 510**	**61 305**	**117 205**
（一）鱼　　类	**26 478**	**21 798**	**4 680**
大 黄 鱼	49	49	—
小 黄 鱼	100	98	2
带　　鱼	3 935	3 795	140
鳓　　鱼	35	35	—
马 鲛 鱼	885	5	880
鲳　　鱼	49	27	22
鲐　　鱼	490	—	490
蓝 圆 参	12 191	11 105	1 086
啼　　鱼	252	52	200
鳗　　鱼	60	60	—
石 斑 鱼	465	465	—
马 面 屯	—	—	—
其　　他	7 967	6 107	1 860
（二）虾 蟹 类	**6 210**	**1 790**	**4 420**
对　　虾	3 237	937	2 300
鹰 爪 蟹	335	5	330
毛　　虾	1 359	79	1 280
梭 子 蟹	315	65	250
青　　蟹	871	651	220
其　　他	93	53	40
（三）贝　　类	**144 425**	**37 620**	**106 805**
贻　　贝	128	128	—
蛏	2 429	229	2 200
蛤	15 788	6 868	8 920
蚶	3 250	570	2 680
牡　　蛎	119 530	29 570	89 960
墨　　鱼	180	50	130
鲍　鱼（公斤）	—	—	—
其　　他	3 120	205	2 915
（四）藻　　类	**1 395**	**95**	**1 300**
紫　　菜	1 395	95	1 300
（五）其他海水产品	**2**	**2**	**—**

乡镇企业单位数和人员数

单位：个、人

项目	合计	厦门市	同安区
单位数	**25 892**	**12 499**	**13 393**
#集体企业	454	172	282
私营企业	3 174	2 046	1 128
个体企业	22 264	10 281	11 983
1. 农业	59	3	56
2. 工业	4 618	1 959	2 659
3. 建筑业	894	427	467
4. 交通运输业	4 676	1 987	2 689
5. 批发零售、贸易业	11 854	5 983	5 871
6. 旅游饮食服务业	3 342	1 972	1 370
7. 其他	449	168	281
人员数	**217 281**	**131 956**	**85 325**
#集体企业	23 334	12 474	10 860
私营企业	131 989	89 530	42 459
个体企业	61 958	29 952	32 006
1. 农业	1 019	20	999
2. 工业	139 858	84 873	54 985
3. 建筑业	18 368	13 926	4 442
4. 交通运输业	14 256	7 215	7 041
5. 批发零售、贸易业	28 491	16 506	11 985
6. 旅游饮食服务业	13 485	8 190	5 295
7. 其他	1 804	1 226	578

乡镇企业总产值

单位：万元

项目	合计	厦门市	同安区
乡镇企业总值（现行价）	**2 357 883**	**1 473 635**	**884 248**
#集体企业	296 965	156 654	140 311
私营企业	1 706 039	1 125 679	580 360
个体企业	354 879	191 302	163 577
一、农业	5 538	257	5 281
二、工业	1 688 384	1 000 038	688 346
三、建筑业	187 992	133 753	54 239
四、交通运输业	98 354	57 657	40 697
五、批发零售、贸易业	241 948	181 496	60 452
六、旅游饮食服务业	111 591	84 650	26 941
七、其他	24 076	15 784	8 292

乡镇企业主要产品产量

项　　目	单　　位	2001年
水　泥	万吨	17
砖	亿块	16
瓦	亿片	2
水泥预制构件	万立方米	5
花岗石板材	万立方米	515
大理石板材	万立方米	361
水磨石板材	万立方米	14
机制纸及纸板	万吨	424
服　装	万件	1 094
#衬衫	万件	81
西服	万件	6
童装	万件	40
罐头食品	万吨	
食用植物油	万吨	1
书刊印刷品	万令	5
家　具	万件	66
布总计	万米	1 141
软饮料	吨	241 998
布　鞋	万双	150
皮　鞋	万双	1 063
农用运输车	辆	
日用陶瓷	万件	589
乳制品	吨	
饮料酒（商品量）	万吨	1
印染布总计	万米	189

乡镇企业出口情况

项　　目	单　位	合　计	厦门市	同安区
一、企业数	个	449	276	173
二、企业人数	人	75 360	50 650	24 710
三、出口产品生产总值（现价）	万元	795 155	564 681	230 474
三、出口产品交货值	万元	705 450	511 905	193 545
#直接出口	万元	705 450	511 905	193 545
#交外贸部门出口	万元	80 146	36 862	43 284
#自营出口	万元	624 668	474 418	150 250
在出口企业中				
“三资”企业数	个	25	7	18
客商累计投资额	万美元	1 497	370	1 127
#本年实际	万美元	—	—	—

三、工　　业

全部国有及年产品销售收入500万元以上非国有工业企业工业总产值增长情况

单位：万元

	企业单位数（个）	工业总产值		比2000年增长（±）%
		按1990年不变价计算	按现行价计算（新规定）	
总　计	966	8 986 861	8 032 878	16.53
一、按经济类型分				
国有企业	57	327 462	449 423	1.09
集体企业	49	84 524	83 233	−28.65
联营企业	21	121 005	94 725	−40.97
有限责任公司	51	304 847	205 540	189.62
股份有限公司	10	332 830	223 208	46.66
私营企业	119	226 682	240 278	104.23
港、澳、台商投资企业	457	4 727 612	4 040 386	3.58
外商投资企业	200	2 860 407	2 694 591	39.21
其他经济	2	1 492	1 492	−37.86
二、按轻重工业分				
1. 轻工业	608	4 833 870	4 220 362	3.71
以农产品为原料	330	1 460 299	1 636 149	5.59
以非农产品为原料	278	3 373 570	2 584 213	2.91
2. 重工业	358	4 152 991	3 812 516	36.13
采掘工业	1	2 303	2 450	11.36
原料工业	43	324 273	463 388	1.78
加工工业	314	3 826 415	3 346 678	40.16
三、按企业规模				
大型企业	122	6 296 409	5 263 951	68.24
中型企业	159	1 328 308	1 373 288	−37.01
小型企业	685	1 362 143	1 395 639	−26.79

注：1. 企业改制，经济类型变动较大；
　　2. 大中型企业重新核定，企业规模变动较大。

全部国有及年产品销售收入500万元以上非国有工业企业单位数和工业总产值（一）

单位：万元

	企业单位数（个）	工业总产值		工业销售产值当年价	
		1990年不变价	当年价		出口交货值
总　　计	**966**	**8 986 861**	**8 032 878**	**7 902 598**	**3 465 144**
一、按登记注册类型分组：					
国有企业	57	327 462	449 423	440 022	62 808
集体企业	49	84 524	83 233	81 399	10 831
联营企业	21	121 005	94 725	97 982	9 707
有限责任公司	51	304 847	205 540	200 736	48 637
股份有限公司	10	332 830	223 208	211 283	57 264
私营企业	119	226 682	240 278	235 881	32 339
其他企业	2	1 492	1 492	1 519	573
港、澳、台商投资企业	457	4 727 612	4 040 386	3 966 834	2 036 916
外商投资企业	200	2 860 407	2 694 591	2 666 943	1 206 069
二、按轻重工业分					
轻工业	608	4 833 870	4 220 362	4 126 307	1 832 820
以农产品为原料	330	1 460 299	1 636 149	1 591 690	639 606
以非农产品为原料	278	3 373 570	2 584 213	2 534 617	1 193 214
重工业	358	4 152 991	3 812 516	3 776 292	1 632 324
采掘工业	1	2 303	2 450	2 399	643
原料工业	43	324 273	463 388	474 163	91 192
加工工业	314	3 826 415	3 346 678	3 299 730	1 540 490
三、按企业规模分					
特大、大一型企业	31	4 264 007	3 199 990	3 150 039	1 182 504
大二型企业	91	2 032 403	2 063 960	2 023 509	1 012 740
中一型企业	69	581 327	570 165	559 878	360 268
中二型企业	90	746 982	803 123	801 659	286 326
小型企业	685	1 362 143	1 395 639	1 367 513	623 306

全部国有及年产品销售收入500万元以上非国有工业企业单位数和工业总产值（二）

单位：万元

	企业单位数（个）	工业总产值（不变价）	工业总产值（当年价）
总　　计	**966**	**8 986 861**	**8 032 878**
按登记注册类型分：			
国有企业	57	327 462	449 423
集体企业	49	84 524	83 233
联营企业	21	121 005	94 725
有限责任公司	51	304 847	205 540
股份有限公司	10	332 830	223 208
私营企业	119	226 682	240 278
其他企业	2	1 492	1 492
港、澳、台商投资企业	457	4 727 612	4 040 386
合资经营企业（港或澳、台资）	97	2 079 855	1 534 785
合作经营企业（港或澳、台资）	10	27 731	91 706
港澳台商独资企业	349	2 394 583	2 188 770
港澳台商投资股份有限公司	1	225 444	225 125
外商投资企业	200	2 860 407	2 694 591
中外合资经营企业	65	738 153	786 632
中外合作经营企业	5	46 900	66 881
外资企业	129	1 723 860	1 623 058
外商投资股份有限公司	1	351 494	218 021
在总计中：国有控股企业	122	2 423 760	2 011 068
按工业行业大中小类分			
非金属矿采选业	1	2 303	2 450
土砂石开采业	1	2 303	2 450
食品加工业	43	277 973	219 420
粮食及饲料加工业	15	67 216	84 713
植物油加工业	2	20 765	24 743
屠宰及肉类蛋类加工业	4	6 236	9 553
水产品加工业	9	142 954	55 738
其他食品加工业	13	40 803	44 673
食品制造业	15	44 093	55 831
糕点、糖果制造业	6	9 169	11 798
罐头食品制造业	2	11 843	16 911
发酵制品业	2	20 087	21 595
调味品制造业	4	2 736	4 925
其他食品制造业	1	259	603
饮料制造业	16	129 587	143 984
酒精及饮料酒制造业	3	18 660	25 688
软饮料制造业	9	106 206	112 823
制茶业	4	4 721	5 474
烟草加工业	3	135 895	226 654
卷烟制造业	2	135 778	226 538
其他烟草加工业	1	117	117

续一

	企业单位数（个）	工业总产值（不变价）	工业总产值（当年价）
纺织业	26	126 024	137 854
纤维原料初步加工业	3	16 952	21 313
棉纺织业	10	93 970	101 601
毛纺织业	1	5 376	4 650
丝绢纺织业	1	572	724
针织品业	8	5 463	5 268
其他纺织业	3	3 692	4 299
服装及其他纤维制品制造业	75	283 955	333 112
服装制造业	66	131 620	158 131
制鞋业	2	2 449	2 449
其他纤维制品制造业	7	149 885	172 532
皮革、毛皮、羽绒及其制品业	29	162 241	187 075
制革业	1	4 510	5 427
皮革制品制造业	25	147 981	168 587
羽毛（绒）及制品业	3	9 751	13 062
木材加工及竹、藤、棕、草制品业	12	30 389	34 943
锯材、木片加工业	1	7 395	7 507
人造板制造业	1	1 537	1 330
木制品业	8	19 804	22 456
竹、藤、棕、草制品业	2	1 653	3 650
家具制造业	10	59 364	66 320
木制家具制造业	4	18 644	19 112
金属家具制造业	5	38 424	44 550
其他家具制造业	1	2 296	2 658
造纸及纸制品业	47	91 002	101 617
造纸业	7	14 688	17 100
纸制品业	40	76 314	84 516
印刷业	46	88 798	96 463
印刷业	45	86 636	94 302
记录媒介的复制	1	2 161	2 161
文教体育用品制造业	26	107 335	141 872
文化用品制造业	4	2 527	2 651
体育用品制造业	20	98 853	133 266
玩具制造业	2	5 955	5 955
石油加工及炼焦业	4	6 391	10 062
石油制品业	4	6 391	10 062

续二

	企业单位数（个）	工业总产值（不变价）	工业总产值（当年价）
化学原料及化学制品制造业	33	481 930	336 235
基本化学原料制造业	3	13 409	12 317
化学肥料制造业	3	10 676	12 618
有机化学产品制造业	9	10 864	11 490
合成材料制造业	8	73 183	50 649
专用化学产品制造业	2	353 360	219 886
日用化学产品制造业	8	20 437	29 275
医药制造业	14	98 608	96 159
化学药品原药制造业	2	3 009	2 838
化学药品制剂制造业	5	22 303	27 223
中药材及中成药加工业	3	33 275	39 667
动物药品制造业	1	22 219	13 263
生物制品业	3	17 802	13 168
化学纤维制造业	8	524 448	295 300
纤维素纤维制造业	1	5 652	2 734
合成纤维制造业	5	510 230	285 666
渔具及渔具材料制造业	2	8 567	6 900
橡胶制品业	23	211 380	221 804
轮胎制造业	2	151 359	159 025
橡胶板、管、带制造业	3	2 466	2 854
橡胶零件制品业	7	38 163	41 329
橡胶靴鞋制造业	3	3 840	4 055
日用橡胶制品业	2	1 365	1 474
其他橡胶制品业	6	14 187	13 067
塑料制品业	71	265 343	270 577
塑料薄膜制造业	7	92 269	87 452
塑料板、管、棒材制造业	9	53 043	47 390
塑料丝、绳及编织品制造业	3	10 979	12 906
泡沫塑料及人造革、合成革制造业	7	13 424	15 203
塑料包装箱及容器制造业	5	8 834	8 849
塑料鞋制造业	2	2 717	4 764
日用塑料杂品制造业	11	27 250	31 167
塑料零件制造业	9	24 154	25 483
其他塑料制品业	18	32 674	37 364

续三

	企业单位数（个）	工业总产值（不变价）	工业总产值（当年价）
非金属矿物制品业	47	176 196	200 307
水泥制造业	2	2 632	2 803
水泥制品和石棉水泥制品业	7	23 461	31 074
砖瓦、石灰和轻质建筑材料制造业	19	48 798	50 970
玻璃及玻璃制品业	3	43 818	54 260
陶瓷制品业	11	46 556	50 169
矿物纤维及其制品业	3	4 588	4 588
其他类未包括的非金属矿物制品业	2	6 343	6 442
黑色金属冶炼及压延加工业	3	51 409	81 356
钢压延加工业	3	51 409	81 356
有色金属冶炼及压延加工业	7	118 785	156 585
轻有色金属冶炼业	1	897	1 136
稀有稀土金属冶炼业	2	52 653	67 924
有色金属合金业	1	10 042	10 829
有色金属压延加工业	3	55 193	76 696
金属制品业	77	254 950	258 669
金属结构制造业	9	44 544	46 469
铸铁管制造业	1	747	864
工具制造业	5	7 581	6 857
集装箱和金属包装物品制造业	6	59 532	54 526
金属丝绳及其制品业	5	4 286	4 490
建筑用金属制品业	18	21 783	25 401
金属表面处理及热处理业	2	4 058	4 204
日用金属制品业	18	56 838	58 499
其他金属制品业	13	55 581	57 360
普通机械制造业	33	126 529	146 831
金属加工机械制造业	5	12 039	12 747
通用设备制造业	10	72 419	92 030
其他通用零部件制造业	13	37 773	37 553
铸锻件制造业	2	1 756	1 756
普通机械修理业	1	326	326
其他普通机械制造业	2	2 216	2 419
专用设备制造业	12	140 496	147 755

续四

	企业单位数（个）	工业总产值（不变价）	工业总产值（当年价）
轻纺工业专用设备制造业	3	2 347	1 718
医疗器械制造业	3	21 620	25 772
其他专用设备制造业	5	114 519	118 255
专用机械设备修理业	1	2 011	2 011
交通运输设备制造业	35	679 082	674 141
汽车制造业	15	351 232	345 128
摩托车制造业	11	31 107	32 290
自行车制造业	2	2 294	2 274
船舶制造业	1	40 104	40 104
交通运输设备修理业	6	254 345	254 345
电气机械及器材制造业	49	662 095	598 290
电机制造业	2	5 867	4 773
输配电及控制设备制造业	21	202 321	187 022
电工器材制造业	12	71 344	80 524
日用电器制造业	4	230 542	230 905
照明器具制造业	10	152 022	95 066
电子及通信设备制造业	87	3 266 732	2 293 128
通信设备制造业	7	220 796	70 513
电子计算机制造业	6	702 345	702 862
电子器件制造业	12	154 833	114 617
电子元件制造业	42	799 063	458 479
日用电子器具制造业	10	1 326 538	865 384
其他电子设备制造业	10	63 157	81 274
仪器仪表及文化、办公用机械制造业	19	112 495	93 415
通用仪器仪表制造业	7	16 629	16 224
计量器具制造业	4	6 663	9 717
文化、办公用机械制造业	6	66 358	44 659
其他仪器仪表制造业	2	22 845	22 815
其他制造业	84	226 746	251 721
工艺美术品制造业	40	82 113	84 789
日用杂品制造业	33	117 037	136 131
其他生产、生活用品制造业	11	27 596	30 801
电力、蒸汽、热水的生产和供应业	8	36 415	127 545
电力生产业	4	20 327	93 309
电力供应业	2	15 695	32 170
蒸汽、热水生产和供应业	2	394	2 067
煤气生产和供应业	1	3 537	3 537
煤气供应业	1	3 537	3 537
自来水的生产和供应业	2	4 337	21 867
自来水生产业	2	4 337	21 867

主要工业产品产量

	单　　位	2001 年	比 2000 年增长（±%）
电视机	万台	154.07	−0.10
微型电子计算机	万部	67.61	9.90
移动电话	万部	94.0	77.69
录放音机	万部	558.13	26.36
照相机	万台	362.56	12.54
传真机	部	80 122	48.74
发电量	亿千瓦小时	27.26	−14.60
供电量	亿千瓦小时	49.32	14.80
改装汽车	辆	9 214	33.70
摩托车	辆	24 593	−18.00
叉车	辆	3 804	28.80
装载机	辆	5 107	72.48
金属集装箱	万立方米	123.80	−42.90
平板玻璃	万重量箱	442.71	−7.70
成品钢材	万吨	36.53	38.51
高压开关板	面	5 533	25.70
低压开关板	面	9 513	−21.28
罐头	吨	14 851	−31.08
白酒	吨	1 838	−2.90
软饮料	万吨	30.25	12.08
卷烟	万箱	46.82	4.90
化肥	吨	37 191	−1.00
合成纤维聚合物	吨	74 860	−20.10
化学纤维	万吨	33.64	16.35
轮胎外胎	万条	719	−19.80
中成药	吨	599	8.80

全部国有及年产品销售收入500万以上

	企业单位数（个）	亏损企业	工业总产值（不变价）	工业总产值（当年价）
总　　计	**966**	**262**	**8 986 861**	**8 032 878**
国有企业	57	17	327 462	449 423
集体企业	49	12	84 524	83 233
联营企业	21	4	121 005	94 725
有限责任公司	51	10	304 847	205 540
股份有限公司	10	1	332 830	223 208
私营企业	119	19	226 682	240 278
其他企业	2		1 492	1 492
港、澳、台商投资企业	457	137	4 727 612	4 040 386
合资经营企业（港或澳、台资）	97	26	2 079 855	1 534 785
合作经营企业（港或澳、台资）	10	4	27 731	91 706
港澳台商独资企业	349	107	2 394 583	2 188 770
港澳台商投资股份有限公司	1		225 444	225 125
外商投资企业	200	62	2 860 407	2 694 591
中外合资经营企业	65	15	738 153	786 632
中外合作经营企业	5	3	46 900	66 881
外资企业	129	43	1 723 860	1 623 058
外商投资股份有限公司	1	1	351 494	218 021
在总计中：国有控股企业	122	34	2 423 760	2 011 068
在总计中：轻工业	608	186	4 833 870	4 220 362
以农产品为原料	330	95	1 460 299	1 636 149
以非农产品为原料	278	91	3 373 570	2 584 213
重工业	358	76	4 152 991	3 812 516
采掘工业	1		2 303	2 450
原料工业	43	8	324 273	463 388
加工工业	314	68	3 826 415	3 346 678
在总计中：大型企业	122	31	6 296 409	5 263 951
中型企业	159	46	1 328 308	1 373 288
小型企业	685	185	1 362 143	1 395 639

非国有工业企业主要经济指标（一）

单位：万元

工业销售产值（当年价）	出口交货值	工业增加值（当年价）	资产合计	流动资产小计	应收账款净额	存货
7 902 598	**3 465 144**	**1 940 563**	**8 885 966**	**4 284 784**	**1 103 403**	**1 507 726**
440 022	62 808	238 283	1 161 853	444 431	53 605	174 232
81 399	10 831	25 553	71 410	48 521	19 700	15 868
97 982	9 707	21 758	111 363	54 755	15 369	19 116
200 736	48 637	52 410	292 268	145 741	35 545	46 668
211 283	57 264	40 524	313 746	145 335	22 386	65 941
235 881	32 339	40 468	179 221	102 852	30 774	38 725
1 519	573	343	1 006	629	303	162
3 966 834	2 036 916	964 905	3 956 947	2 019 458	540 551	734 101
1 527 359	437 901	326 999	1 299 363	782 356	159 826	268 222
91 143	6 285	45 994	249 657	67 759	22 289	10 158
2 128 398	1 383 606	537 005	2 210 200	1 072 579	327 785	433 339
219 933	209 124	54 907	197 727	96 764	30 651	22 382
2 666 943	1 206 069	556 319	2 798 153	1 323 064	385 171	412 914
757 103	170 454	233 503	660 082	361 686	86 566	133 725
68 286	28 467	10 346	133 016	56 878	20 254	23 353
1 610 204	914 196	306 278	1 282 601	833 206	261 029	216 896
231 350	92 951	6 193	722 454	71 294	17 322	38 940
1 972 415	281 381	634 980	2 801 660	1 383 732	238 975	509 081
4 126 307	1 832 820	1 074 887	4 973 162	2 326 270	540 033	892 245
1 591 690	639 606	496 513	1 687 110	935 431	213 977	415 993
2 534 617	1 193 214	578 374	3 286 052	1 390 839	326 056	476 252
3 776 292	1 632 324	865 676	3 912 804	1 958 514	563 370	615 481
2 399	643	326	1 923	492	11	
474 163	91 192	151 837	939 546	266 559	59 206	60 308
3 299 730	1 540 490	713 513	2 971 336	1 691 463	504 153	555 173
5 173 548	2 195 244	1 213 070	5 986 130	2 656 232	613 679	924 830
1 361 537	646 595	396 405	1 580 507	797 425	222 772	295 007
1 367 513	623 306	331 088	1 319 329	831 127	266 952	287 889

续

	企业单位数（个）	亏损企业	工业总产值（不变价）	工业总产值（当年价）
非金属矿采选业	1		2 303	2 450
食品加工业	43	13	277 973	219 420
食品制造业	15	3	44 093	55 831
饮料制造业	16	7	129 587	143 984
烟草加工业	3	1	135 895	226 654
纺织业	26	10	126 024	137 854
服装及其他纤维制品制造业	75	20	283 955	333 112
皮革、毛皮、羽绒及其制品业	29	10	162 241	187 075
木材加工及竹、藤、棕、草制品业	12	4	30 389	34 943
家具制造业	10	2	59 364	66 320
造纸及纸制品业	47	15	91 002	101 617
印刷业	46	10	88 798	96 463
文教体育用品制造业	26	8	107 335	141 872
石油加工及炼焦业	4		6 391	10 062
化学原料及化学制品制造业	33	9	481 930	336 235
医药制造业	14	5	98 608	96 159
化学纤维制造业	8	4	524 448	295 300
橡胶制品业	23	5	211 380	221 804
塑料制品业	71	18	265 343	270 577
非金属矿物制品业	47	9	176 196	200 307
黑色金属冶炼及压延加工业	3		51 409	81 356
有色金属冶炼及压延加工业	7	1	118 785	156 585
金属制品业	77	23	254 950	258 669
普通机械制造业	33	9	126 529	146 831
专用设备制造业	12	1	140 496	147 755
交通运输设备制造业	35	12	679 082	674 141
电气机械及器材制造业	49	8	662 095	598 290
电子及通信设备制造业	87	21	3 266 732	2 293 128
仪器仪表及文化、办公用机械制造业	19	5	112 495	93 415
其他制造业	84	26	226 746	251 721
电力、蒸汽、热水的生产和供应业	8	2	36 415	127 545
煤气生产和供应业	1	1	3 537	3 537
自来水的生产和供应业	2		4 337	21 867

工业销售产值（当年价）	出口交货值	工业增加值（当年价）	资产合计	流动资产小计	应收账款净额	存货
2 399	643	326	1 923	492	11	
203 686	80 802	44 954	191 229	90 492	24 955	38 841
56 374	16 316	3 386	79 974	34 300	3 691	12 549
137 580	8 127	38 588	207 407	64 106	7 679	24 738
220 049	1 118	154 972	257 010	176 624	12 031	109 098
136 139	33 945	31 711	195 685	72 468	16 423	34 762
329 434	261 404	84 142	259 694	199 919	49 730	100 575
185 609	161 383	42 672	114 005	82 282	24 794	40 788
34 939	32 042	6 225	32 001	19 353	4 949	6 215
64 179	54 119	17 061	45 761	21 571	6 175	9 344
101 040	14 079	21 619	113 581	66 111	29 735	14 959
93 876	15 848	27 907	141 486	62 703	17 587	18 681
136 126	127 146	35 455	115 098	67 460	25 354	24 129
11 723		1 184	6 645	4 788	1 441	1 743
351 932	106 351	31 830	892 516	143 616	30 674	60 809
90 320	8 152	54 740	135 594	85 066	29 507	14 415
270 923	10 738	59 742	453 924	85 095	11 264	27 976
217 655	93 976	68 721	217 641	94 879	27 592	40 640
273 005	185 911	48 169	321 909	165 822	54 676	65 069
189 969	82 577	69 825	311 294	128 225	35 671	46 218
88 379	1 089	4 456	56 256	30 402	2 770	9 953
158 731	77 837	45 406	151 093	72 647	15 754	26 382
258 069	167 432	42 056	305 002	171 849	53 437	65 730
145 015	32 554	25 204	214 460	106 520	31 350	50 026
134 [illegible]80	10 831	15 327	161 842	95 826	13 257	53 588
679 402	305 727	133 505	577 017	304 991	50 833	138 423
573 139	370 297	185 018	589 944	347 709	113 599	84 992
2 269 600	926 071	467 252	1 605 541	1 134 504	314 171	293 410
86 203	64 170	20 793	76 379	47 314	15 628	14 998
250 208	214 461	63 317	266 575	163 764	49 766	67 716
127 265		83 747	536 172	90 968	26 858	8 850
[illegible] 537		−1 183	56 620	15 461	1 157	1 132
2[illegible] 867		12 437	194 690	37 459	883	979

全部国有及年产品销售收入500万以上

	产成品存货	流动资产年平均余额	固定资产小计
总计	**413 900**	**4 096 034**	**3 761 755**
国有企业	16 148	402 060	608 118
集体企业	7 896	47 042	17 922
联营企业	8 071	51 122	47 349
有限责任公司	16 779	149 153	98 130
股份有限公司	32 145	138 299	98 486
私营企业	15 044	100 903	56 244
其他企业		628	304
港、澳、台商投资企业	218 188	2 017 095	1 579 995
合资经营企业（港或澳、台资）	88 128	795 775	386 638
合作经营企业（港或澳、台资）	1 561	57 915	181 068
港澳台商独资企业	126 758	1 067 327	946 519
港澳台商投资股份有限公司	1 742	96 078	65 770
外商投资企业	99 629	1 189 732	1 255 209
中外合资经营企业	31 023	344 162	202 409
中外合作经营企业	6 072	53 129	70 926
外资企业	62 535	708 126	383 619
外商投资股份有限公司		84 315	598 254
在总计中：国有控股企业	130 769	1 343 152	1 149 341
在总计中：轻工业	226 404	2 305 999	2 119 071
以农产品为原料	103 038	913 064	556 923
以非农产品为原料	123 366	1 392 934	1 562 149
重工业	187 497	1 790 035	1 642 684
采掘工业		488	1 379
原料工业	20 856	263 735	629 153
加工工业	166 641	1 525 812	1 012 152
在总计中：大型企业	221 596	2 515 189	2 743 346
中型企业	104 529	782 372	667 747
小型企业	87 776	798 472	350 662

非国有工业企业主要经济指标（二）

单位：万元

固定资产原价	#生产经营用	固定资产净值年平均余额	负债合计	流动资产小计
5 197 596	**4 582 062**	**3 521 156**	**5 168 104**	**3 842 996**
715 690	647 615	526 583	644 265	255 577
30 680	26 972	15 745	40 617	38 804
100 060	90 071	47 297	71 191	36 199
130 029	109 431	81 022	156 846	127 734
141 109	131 602	91 353	139 799	121 666
66 856	50 864	49 435	102 312	94 620
311	77	302	604	604
2 379 718	2 108 508	1 484 309	2 181 061	1 886 414
550 073	489 768	367 418	833 131	753 371
336 433	229 207	190 868	190 092	123 225
1 400 625	1 307 209	870 517	1 067 283	919 263
92 582	82 324	55 506	90 555	90 555
1 633 142	1 416 921	1 225 109	1 831 408	1 281 378
297 039	208 769	194 655	356 473	297 063
106 049	89 873	72 880	76 574	72 528
536 401	424 686	372 325	767 645	706 498
693 594	693 594	585 249	630 715	205 289
1 624 156	1 412 148	1 042 569	1 693 705	1 100 035
2 808 314	2 594 329	1 968 117	2 928 622	2 210 923
798 428	706 741	518 488	848 777	756 387
2 009 887	1 887 588	1 449 629	2 079 844	1 454 536
2 389 281	1 987 733	1 553 039	2 239 482	1 632 073
683	482	498	146	146
914 226	765 533	588 533	635 473	257 738
1 471 373	1 221 719	964 008	1 603 864	1 374 189
3 751 479	3 326 730	2 595 516	3 576 307	2 616 146
911 540	809 239	602 935	935 100	606 799
534 577	446 093	322 704	656 697	620 051

续

	产成品存货	流动资产年平均余额	固定资产小计
非金属矿采选业		488	1 379
食品加工业	14 831	95 158	63 294
食品制造业	6 102	33 582	38 839
饮料制造业	4 939	52 989	77 031
烟草加工业	3 769	164 129	60 831
纺织业	11 658	71 247	107 874
服装及其他纤维制品制造业	38 123	211 305	46 329
皮革、毛皮、羽绒及其制品业	6 048	75 995	26 821
木材加工及竹、藤、棕、草制品业	1 576	18 033	11 284
家具制造业	2 398	22 374	19 355
造纸及纸制品业	4 303	64 880	42 368
印刷业	6 034	57 916	61 134
文教体育用品制造业	6 271	66 957	40 243
石油加工及炼焦业	504	4 840	1 117
化学原料及化学制品制造业	8 039	156 675	680 070
医药制造业	4 907	81 099	38 601
化学纤维制造业	15 491	91 345	296 547
橡胶制品业	18 621	90 377	110 446
塑料制品业	22 120	162 164	134 694
非金属矿物制品业	20 189	126 496	124 501
黑色金属冶炼及压延加工业	3 233	30 293	21 017
有色金属冶炼及压延加工业	11 907	79 808	56 468
金属制品业	16 197	167 887	113 215
普通机械制造业	16 044	97 268	93 599
专用设备制造业	25 361	82 652	42 069
交通运输设备制造业	26 542	288 825	202 888
电气机械及器材制造业	16 181	330 505	159 582
电子及通信设备制造业	80 446	1 028 238	355 189
仪器仪表及文化、办公用机械制造业	2 798	47 045	19 962
其他制造业	19 273	162 935	78 466
电力、蒸汽、热水的生产和供应业		82 880	442 885
煤气生产和供应业		14 100	37 969
自来水的生产和供应业		35 552	145 690

固定资产原价	生产经营用	固定资产净值年平均余额	负债合计	流动资产小计
683	482	498	146	146
99 366	89 706	57 796	94 684	85 366
50 876	45 101	37 877	37 438	35 458
111 948	99 274	79 935	83 422	73 919
74 894	74 894	44 365	113 084	86 412
152 762	143 723	105 182	102 896	81 048
74 403	57 708	43 641	144 354	134 638
44 608	41 252	27 100	67 127	65 546
15 032	13 664	10 293	15 852	13 463
25 487	15 865	18 310	27 548	24 591
61 991	51 622	41 481	62 815	60 016
84 526	74 250	55 918	76 163	67 898
59 683	51 200	37 816	61 514	59 341
2 228	1 274	1 193	3 351	3 348
824 681	787 568	668 318	707 408	259 523
40 659	36 128	26 027	73 908	62 430
398 608	396 439	241 059	255 041	146 740
197 443	191 109	104 331	72 563	68 749
199 689	170 197	130 212	173 422	133 348
198 158	104 255	123 232	119 594	109 338
30 916	28 275	21 009	41 034	37 979
78 455	77 271	56 192	57 8047	33 688
159 321	140 209	107 112	158 404	149 300
131 873	108 958	92 901	123 540	120 283
54 595	49 446	39 228	64 358	63 914
260 832	215 984	186 168	379 213	244 098
223 350	199 021	142 534	283 243	270 312
523 843	461 558	336 257	1 109 663	1 020 101
26 845	25 047	17 961	33 370	33 112
122 363	111 451	76 861	130 646	128 986
650 642	535 025	409 541	451 939	133 908
37 937	37 337	29 952	19 733	8 340
178 899	146 770	150 857	22 829	22 659

全部国有及年产品销售收入500万以上

项目	所有者权益合计	实收资本	国家资本	集体资本
总计	**3 717 861**	**2 373 997**	**285 250**	**35 474**
国有企业	517 588	166 199	136 244	
集体企业	30 792	20 076	123	10 099
联营企业	40 172	28 706	18 344	2 627
有限责任公司	135 421	102 063	49 817	909
股份有限公司	173 947	97 938	26 981	8 390
私营企业	76 908	61 337		1 121
其他企业	402	420		
港、澳、台商投资企业	1 775 884	1 230 478	20 066	9 955
合资经营企业（港或澳、台资）	466 232	311 932	19 666	9 955
合作经营企业（港或澳、台资）	59 565	52 536	400	
港澳台商独资企业	1 142 915	820 916		
港澳台商投资股份有限公司	107 172	45 093		
外商投资企业	966 745	666 780	33 675	2 373
中外合资经营企业	303 609	193 671	32 925	2 373
中外合作经营企业	56 441	110 365	750	
外资企业	514 955	362 745		
外商投资股份有限公司	91 739			
在总计中：国有控股企业	1 107 955	507 640	254 753	2 889
在总计中：轻工业	2 044 540	1 257 111	178 236	21 216
以农产品为原料	838 333	615 273	103 950	16 882
以非农产品为原料	1 206 208	641 838	74 286	4 334
重工业	1 673 321	1 116 886	107 014	14 258
采掘工业	1 777	1 495		1 013
原料工业	304 074	191 519	26 277	1 900
加工工业	1 367 470	923 872	80 737	11 344
在总计中：大型企业	2 409 821	1 326 813	206 297	11 066
中型企业	645 407	523 004	57 050	5 941
小型企业	662 633	524 180	21 903	18 467

非国有工业企业主要经济指标（三）

单位：万元

				产品销售收入	产品销售成本
法人资本	个人资本	港澳台资本	外商资本		
351 825	**96 358**	**1 034 574**	**570 518**	**7 846 153**	**6 512 276**
29 955				493 073	300 337
7 678	2 176			82 211	68 981
5 587	2 149			95 339	87 292
38 387	12 951			204 845	173 814
45 069	16 043		1 455	223 791	168 944
12 559	47 657			240 368	212 614
420				1 555	1 361
155 415	13 386	990 229	41 427	3 854 264	3 299 995
114 762	11 179	149 578	6 793	1 470 529	1 286 610
36 731		15 181	225	92 030	77 843
3 922	2 208	780 378	34 409	2 070 454	1 755 846
		45 093		221 250	179 696
56 755	1 997	44 345	527 636	2 650 707	2 198 938
46 741	1 997	1 278	108 357	750 486	583 618
10 014		4 352	95 248	67 822	50 278
		38 715	324 031	1 583 378	1 377 256
				249 022	187 786
167 348	8 257	45 799	28 594	1 974 684	1 555 189
149 996	60 886	647 355	199 423	4 059 307	3 316 749
96 687	38 984	229 545	129 225	1 587 411	1 217 363
53 309	21 902	417 810	70 198	2 471 896	2 099 336
201 829	35 472	387 219	371 094	3 786 846	3 195 527
	482			2 399	2 202
68 653	2 867	53 517	38 306	514 058	433 712
133 176	32 124	333 702	332 789	3 270 390	2 759 612
177 354	29 888	586 950	315 258	5 167 834	4 281 440
85 382	7 402	224 205	143 025	1 278 025	1 039 142
89 088	59 068	223 418	112 235	1 400 293	1 191 694

续

项目	所有者权益合计	实收资本	国家资本	集体资本
非金属矿采选业	1 777	1 495		1 013
食品加工业	96 545	84 044	4 803	2 883
食品制造业	42 537	42 804	13 610	
饮料制造业	123 984	98 138	18 172	540
烟草加工业	143 926	54 392	46 340	
纺织业	92 789	89 123	8 245	5 116
服装及其他纤维制品制造业	115 341	69 802	213	82
皮革、毛皮、羽绒及其制品业	46 878	39 983	61	65
木材加工及竹、藤、棕、草制品业	16 149	12 200		
家具制造业	18 213	15 531		887
造纸及纸制品业	50 766	43 452	1 100	2 017
印刷业	65 324	50 858	9 638	3 302
文教体育用品制造业	53 584	50 289		
石油加工及炼焦业	3 294	3 176		1 460
化学原料及化学制品制造业	185 108	64 838	14 885	280
医药制造业	61 686	39 624	8 850	2 420
化学纤维制造业	198 884	109 202	7 078	
橡胶制品业	145 078	71 236	6 664	2
塑料制品业	148 487	124 209	1 980	1 245
非金属矿物制品业	191 700	129 707	18 900	931
黑色金属冶炼及压延加工业	15 223	22 136		
有色金属冶炼及压延加工业	93 290	45 277	2 700	
金属制品业	146 599	130 947	1 182	1 165
普通机械制造业	90 920	146 083	10 754	737
专用设备制造业	97 483	40 760	23 230	56
交通运输设备制造业	197 804	136 164	11 924	385
电气机械及器材制造业	306 698	158 807	26 763	1 405
电子及通信设备制造业	495 878	257 514	6 969	7 218
仪器仪表及文化、办公用机械制造业	43 009	27 755	878	
其他制造业	135 929	116 699	664	2 264
电力、蒸汽、热水的生产和供应业	84 232	61 032	2 927	
煤气生产和供应业	36 888	8 371	8 371	
自来水的生产和供应业	171 861	28 351	28 351	

				产品销售收　入	产品销售成　本
法人资本	个人资本	港澳台资本	外商资本		
	482			2 399	2 202
33 765	7 861	7 625	27 107	192 955	176 427
5 635	25	15 831	7 703	56 525	47 604
28 535	10 302	31 648	8 940	135 797	108 978
			8 052	263 331	100 685
1 712	4 939	65 497	3 614	133 304	116 462
4 331	3 558	35 328	26 290	331 223	262 648
	1 379	18 326	20 152	149 664	137 648
5 153	600	4 536	1 911	35 824	30 207
1 072	956	9 157	3 459	65 851	57 986
10 243	3 525	19 124	7 443	102 345	89 454
5 329	9 990	17 652	4 947	95 914	81 379
353	53	48 661	1 222	126 632	109 889
394	500	822		11 668	10 693
9 540	1 705	21 815	16 613	371 368	303 833
16 007	1 396	5 856	5 095	86 085	49 544
	2 890	97 542	1 692	269 323	248 898
2 067	171	61 324	1 009	215 242	164 893
14 464	3 957	74 706	27 857	275 050	236 760
10 885	1 645	50 543	46 804	181 142	138 518
3 534		1 667	16 935	83 705	78 454
12 349		25 729	4 498	167 234	122 699
15 291	2 876	77 123	33 311	263 779	229 464
17 964	3 674	6 006	106 949	155 566	123 039
2 500	8 610	3 526	2 837	146 184	120 893
37 773	514	43 266	42 303	643 082	559 500
15 803	6 850	78 722	29 265	579 635	445 065
48 032	8 350	95 776	91 139	2 177 478	1 913 178
2 931	2 340	10 003	11 553	89 007	67 956
5 698	5 646	90 608	11 820	250 271	215 103
40 386	1 567	16 152		151 701	126 155
				16 039	16 704
				20 831	19 360

全部国有及年产品销售收入500万以上

项目	产品销售收入		利润总额
	产品销售税金及附加	产品销售利润	
总计	**125 761**	**809 130**	**307 270**
国有企业	94 585	75 382	37 686
集体企业	554	8 586	2 600
联营企业	360	5 985	1 317
有限责任公司	1 445	24 275	7 686
股份有限公司	3 089	37 138	18 069
私营企业	933	18 815	6 114
其他企业	9	105	11
港、澳、台商投资企业	10 170	375 955	171 831
合资经营企业（港或澳、台资）	2 900	107 514	34 327
合作经营企业（港或澳、台资）	152	13 594	1 535
港澳台商独资企业	7 118	226 875	115 756
港澳台商投资股份有限公司		27 972	20 213
外商投资企业	14 617	262 890	61 957
中外合资经营企业	11 413	116 857	63 128
中外合作经营企业	13	8 732	—1 048
外资企业	2 968	135 131	82 680
外商投资股份有限公司	224	2 169	—82 804
在总计中：国有控股企业	108 465	203 983	75 918
在总计中：轻工业	113 432	370 148	73 642
以农产品为原料	110 235	168 924	81 094
以非农产品为原料	3 197	201 223	—7 452
重工业	12 329	438 982	233 628
采掘工业		196	142
原料工业	1 107	71 902	32 330
加工工业	11 222	366 884	201 156
在总计中：大型企业	109 508	505 617	176 808
中型企业	13 060	151 353	67 726
小型企业	3 193	152 159	62 736

非国有工业企业主要经济指标（四）

单位：万元

亏损企业亏损总额	利税总额	本年应交增值税	销项税额	全部从业人员年平均人数（人）
164 641	**663 537**	**230 506**	**731 286**	**315 165**
6 352	177 049	44 778	100 001	18 208
1 719	7 517	4 364	13 110	9 113
1 356	4 321	2 644	15 018	4 714
2 830	18 181	9 050	26 404	18 983
1 511	28 438	7 281	32 510	6 551
1 015	13 413	6 367	30 422	15 966
	67	47	264	121
38 977	250 171	68 170	246 270	165 422
15 750	54 957	17 730	100 420	26 900
116	11 828	10 141	15 012	1 523
23 111	163 173	40 299	129 584	127 423
	20 213		1 255	9 576
110 882	164 379	87 805	267 286	76 087
13 037	103 994	29 453	110 606	16 555
1 424	−324	712	6 231	766
13 567	127 971	42 323	124 282	57 479
82 804	−67 262	15 318	26 168	1 287
24 972	264 426	80 043	241 147	49 954
124 542	299 297	112 223	340 413	200 818
22 087	256 282	64 953	187 379	82 587
102 455	43 015	47 270	153 034	118 231
40 099	364 240	118 284	390 873	114 347
	286	144	144	400
10 916	64 173	30 736	78 912	9 378
29 184	299 781	87 403	311 817	104 569
124 428	430 039	143 724	445 746	127 344
19 543	130 862	50 076	151 432	73 230
20 670	102 636	36 706	134 108	114 591

续

项　　目	产品销售收入		利润总额
	产品销售税金及附加	产品销售利润	
非金属矿采选业		196	142
食品加工业	130	9 356	1 036
食品制造业	235	5 548	1 900
饮料制造业	4 498	9 035	3 187
烟草加工业	103 755	43 292	29 564
纺织业	248	14 404	4 496
服装及其他纤维制品制造业	185	46 381	30 022
皮革、毛皮、羽绒及其制品业	216	7 339	－60
木材加工及竹、藤、棕、草制品业	67	4 205	2 224
家具制造业	41	5 825	1 093
造纸及纸制品业	502	9 931	4 153
印刷业	206	12 850	5 783
文教体育用品制造业	11	12 499	3 765
石油加工及炼焦业	30	598	148
化学原料及化学制品制造业	462	5 951	－86 523
医药制造业	632	15 239	1 818
化学纤维制造业	227	18 071	11 069
橡胶制品业	6 764	30 917	20 726
塑料制品业	244	28 706	13 520
非金属矿物制品业	273	34 713	13 076
黑色金属冶炼及压延加工业	19	4 350	2 023
有色金属冶炼及压延加工业	279	39 949	26 818
金属制品业	527	25 186	8 677
普通机械制造业	379	19 883	3 011
专用设备制造业	289	15 689	7 960
交通运输设备制造业	2 502	62 795	28 523
电气机械及器材制造业	395	102 517	66 878
电子及通信设备制造业	1 532	157 657	77 996
仪器仪表及文化、办公用机械制造业	87	16 526	8 886
其他制造业	274	24 455	8 608
电力、蒸汽、热水的生产和供应业	589	24 921	7 393
煤气生产和供应业	5	－1 164	－908
自来水的生产和供应业	161	1 311	268

亏损企业亏损总额	利税总额	本年应交增值税	销项税额	全部从业人员年平均人数（人）
	286	144	144	400
3 750	3 821	2 656	14 036	8 162
1 185	5 288	3 153	8 512	3 293
2 168	12 901	5 215	21 554	4 317
14	162 631	29 312	65 207	1 592
2 761	9 663	4 919	17 921	6 557
1 084	34 503	4 296	12 846	22 496
2 165	1 587	1 431	6 261	17 798
156	2 970	679	2 046	2 556
573	1 802	668	3 984	5 502
1 480	9 611	4 957	13 634	4 749
2 604	9 980	3 991	13 599	6 117
3 537	3 890	113	4 382	12 685
	594	416	2 269	198
89 961	—66 989	19 073	43 644	5 296
5 336	9 743	7 293	12 784	6 088
710	21 820	10 524	35 054	4 412
1 810	34 613	7 124	22 096	10 690
1 341	19 028	5 264	20 077	14 646
6 936	20 964	7 615	13 090	10 932
	4 023	1 981	14 634	320
159	33 087	5 990	19 225	2 416
4 920	13 383	4 179	17 834	15 000
3 061	7 239	3 848	20 107	6 329
11	10 991	2 742	23 067	3 875
11 260	40 999	9 973	79 734	9 597
979	80 429	13 157	28 089	26 764
8 681	122 288	42 761	145 264	55 579
1 448	10 717	1 744	4 754	4 410
2 681	13 440	4 558	14 210	37 022
2 963	26 996	19 014	27 403	3 349
908	—866	37	2 148	634
	2 107	1 678	1 678	1 384

国有控股工业企业

	企业单位数（个）	亏损企业	工业总产值（不变价）	工业总产值（当年价）
总计	**122**	**34**	**2 423 760**	**2 011 068**
在总计中： 中央企业	9	5	158 032	266 553
地方企业	113	29	2 265 728	1 744 515
在总计中： 轻工业	59	20	1 610 725	1 252 063
以农产品为原料	33	12	255 630	363 665
以非农产品为原料	26	8	1 355 095	888 398
重工业	63	14	813 035	759 005
原料工业	20	4	181 722	262 940
加工工业	43	10	631 314	496 066
在总计中： 特大、大一型企业	7	4	1 301 540	895 257
大二型企业	22	5	723 888	707 229
中一型企业	17	4	139 460	135 624
中二型企业	13	4	141 034	147 741
小型企业	63	17	117 839	125 217
在总计中： 食品加工业	9	2	55 259	60 187
食品制造业	7	2	19 767	26 159
饮料制造业	5	3	17 465	16 727
烟草加工业	3	1	135 895	226 654
纺织业	1		11 550	12 812
服装及其他纤维制品制造业	1	1	1 426	1 669
木材加工及竹、藤、棕、草制品业	1		1 537	1 330
造纸及纸制品业	2		3 707	5 075
印刷业	3	2	2 780	3 917
文教体育用品制造业	1	1	227	227
石油加工及炼焦业	1		1 207	3 289
化学原料及化学制品制造业	9	2	78 357	56 379
医药制造业	5	2	21 483	30 127
化学纤维制造业	2	1	46 168	20 031
橡胶制品业	2	1	21 674	16 719
塑料制品业	9	3	20 028	19 868
非金属矿物制品业	4	1	10 550	12 985
有色金属冶炼及压延加工业	3		63 849	79 388
金属制品业	2	2	136	141
普通机械制造业	7	3	26 205	30 467
专用设备制造业	4		113 211	116 824
交通运输设备制造业	9	2	191 487	183 628
电气机械及器材制造业	5		142 029	119 364
电子及通信设备制造业	12	1	1 389 921	814 514
仪器仪表及文化、办公用机械制造业	3	1	2 940	2 217
其他制造业	2		1 459	1 530
电力、蒸汽、热水的生产和供应业	7	2	35 570	123 437
煤气生产和供应业	1	1	3 537	3 537
自来水的生产和供应业	2		4 337	21 867

主要经济指标（一）

单位：万元

工业销售产值（当年价）	出口交货值	工业增加值（当年价）	资产合计	流动资产小计	应收账款净额	存货
1 972 415	**281 381**	**634 980**	**2 801 660**	**1 383 732**	**238 975**	**509 081**
259 572	1 118	191 352	525 627	199 978	15 000	111 348
1 712 843	280 263	443 628	2 276 034	1 183 754	223 975	397 733
1 218 525	150 836	416 331	1 463 206	843 688	125 194	311 933
344 186	29 885	185 666	467 755	247 563	23 974	132 392
874 339	120 951	230 665	995 450	596 125	101 221	179 541
753 890	130 546	218 649	1 338 455	540 044	113 781	197 148
266 387	57 077	113 150	743 112	174 599	39 310	31 996
487 503	73 469	105 499	595 343	365 446	74 471	165 152
874 563	84 079	241 214	970 364	554 331	102 209	176 088
695 542	108 723	226 932	1 078 750	532 600	61 980	256 790
133 643	39 865	74 996	409 280	107 216	24 106	21 062
142 304	32 936	58 881	165 046	92 164	23 555	30 414
126 064	15 779	32 957	178 220	97 420	27 126	24 727
49 927	12 400	19 705	24 076	10 242	962	4 616
26 582	9 224	−820	41 571	17 157	1 944	8 319
14 700		4 159	60 846	10 238	2 521	3 466
220 049	1 118	154 972	257 010	176 624	12 031	109 098
13 077	5 107	4 129	17 520	2 917	667	1 624
1 750	1 750	27	8 096	7 177	329	963
1 330		73	906	797	436	250
5 091		1 044	6 118	3 839	1 179	1 244
4 058		535	27 117	8 008	2 055	1 008
450		−95	4 028	3 926	1 183	1 041
4 038		279	971	688	148	325
57 297	475	10 784	91 938	38 123	6 998	9 056
28 213	314	19 437	65 720	40 810	8 588	4 603
19 669		3 367	33 143	12 174	345	3 244
17 444	2 040	2 705	23 167	14 061	4 596	6 104
20 253		3 349	22 252	10 308	2 856	3 277
12 586		6 067	16 235	9 338	3 272	1 571
81 495	56 601	21 148	77 447	36 825	5 121	13 911
129		22	2 974	1 700	34	207
29 689	184	8 594	48 661	25 978	3 934	12 347
106 301	103	9 404	132 674	72 924	6 778	42 497
189 952	49 315	39 337	240 728	155 580	21 311	78 383
113 683	54 140	32 380	139 514	86 953	23 663	15 845
802 327	86 566	200 482	670 101	492 274	97 542	173 611
2 331	779	705	4 968	3 741	2 274	677
1 436	1 267	299	4 099	2 425	243	922
123 157		81 639	528 469	85 988	25 923	8 764
3 537		−1 183	56 620	15 461	1 157	1 132
21 867		12 437	194 690	37 459	883	979

国有控股工业企业

项目	产成品存货	流动资产年平均余额	固定资产小计
总计	**130 769**	**1 343 152**	**1 149 341**
在总计中：中央企业	4 467	186 936	303 625
地方企业	126 302	1 156 216	845 716
在总计中：轻工业	67 053	830 168	444 690
以农产品为原料	14 583	239 090	143 036
以非农产品为原料	52 470	591 077	301 654
重工业	63 716	512 984	704 651
原料工业	10 567	170 137	537 874
加工工业	53 150	342 848	166 778
在总计中：特大、大一型企业	49 338	550 240	345 079
大二型企业	58 645	508 276	384 098
中一型企业	9 473	102 633	279 035
中二型企业	5 915	88 404	68 194
小型企业	7 397	93 598	72 936
在总计中：食品加工业	2 595	15 009	13 604
食品制造业	4 711	16 561	19 297
饮料制造业	1 101	10 481	5 334
烟草加工业	3 769	164 129	60 831
纺织业	683	3 068	14 572
服装及其他纤维制品制造业	700	8 142	919
木材加工及竹、藤、棕、草制品业		722	96
造纸及纸制品业	115	4 043	2 194
印刷业	319	7 435	12 456
文教体育用品制造业	246	3 821	101
石油加工及炼焦业	72	728	233
化学原料及化学制品制造业	3 859	39 563	45 453
医药制造业	2 066	38 715	21 352
化学纤维制造业	1 760	12 757	15 510
橡胶制品业	2 973	15 321	7 520
塑料制品业	1 027	9 960	10 986
非金属矿物制品业	912	9 079	5 054
有色金属冶炼及压延加工业	7 026	41 201	19 447
金属制品业	84	1 605	996
普通机械制造业	4 392	24 599	17 946
专用设备制造业	23 695	61 086	37 255
交通运输设备制造业	13 812	146 985	58 969
电气机械及器材制造业	2 809	80 380	31 152
电子及通信设备制造业	51 714	494 658	120 632
仪器仪表及文化、办公用机械制造业	228	3 410	643
其他制造业	102	2 358	1 201
电力、蒸汽、热水的生产和供应业		77 683	441 932
煤气生产和供应业		14 100	37 969
自来水的生产和供应业		35 552	145 690

主要经济指标（二）

单位：万元

固定资产原价	生产经营用	固定资产净值年平均余额	负债合计	流动负债小计
1 624 456	**1 412 148**	**1 042 569**	**1 693 705**	**1 100 035**
354 761	339 492	243 327	377 567	93 434
1 269 695	1 072 656	799 242	1 316 137	1 006 601
606 579	541 876	399 796	826 522	698 499
196 045	175 325	118 459	206 437	157 652
410 533	366 551	281 366	620 085	540 846
1 017 877	870 272	642 774	867 183	401 536
789 103	668 309	497 777	534 961	178 159
228 775	201 962	144 997	332 222	223 377
577 570	461 712	331 213	738 675	595 302
507 540	459 902	354 942	475 394	329 295
326 525	314 320	232 067	318 635	56 280
109 597	88 049	61 899	75 192	47 547
103 225	88 165	62 448	85 809	71 611
27 246	24 588	13 672	15 977	12 766
26 550	22 096	18 657	14 753	12 774
14 235	8 435	8 366	12 246	12 046
74 894	74 894	44 365	113 084	86 412
21 212	18 020	14 339	10 874	3 575
1 848	1 848	1 045	6 937	6 672
206	206	100	539	539
3 555	1 383	2 223	3 045	2 866
16 074	15 520	9 553	14 627	12 993
265	2	124	3 537	2 125
551	360	235	503	499
83 133	73 147	46 869	41 533	27 575
18 414	16 116	10 447	34 837	27 012
49 711	47 702	15 876	19 927	3 323
17 887	17 816	7 809	15 742	15 569
15 047	14 646	9 161	7 729	6 881
7 597	3 032	2 486	8 581	5 581
27 710	26 526	19 190	29 228	14 913
733	51	654	2 541	2 046
22 314	18 088	17 178	25 549	23 965
47 646	45 296	35 178	48 886	48 534
77 124	68 515	47 546	173 462	83 426
36 975	34 134	25 900	67 798	58 859
164 542	158 915	100 321	526 907	464 060
1 190	960	672	2 574	2 329
1 659	1 659	1 254	2 320	2 320
648 300	534 082	408 542	447 408	129 376
37 937	37 337	29 952	19 733	8 340
178 899	146 770	150 857	22 829	22 659

国有控股工业企业

	产品销售收入	产品销售成本	产品销售税金及附加	产品销售利润
总计	**1 974 684**	**1 555 189**	**108 465**	**203 983**
在总计中：中央企业	302 612	128 900	104 037	53 979
地方企业	1 672 072	1 426 289	4 428	150 004
在总计中：轻工业	1 213 787	926 944	105 106	99 789
以农产品为原料	381 080	201 207	104 429	49 120
以非农产品为原料	832 707	725 737	677	50 669
重工业	760 897	628 245	3 359	104 195
原料工业	307 757	261 603	892	43 191
加工工业	453 140	366 642	2 467	61 004
在总计中：特大、大一型企业	846 761	748 159	387	44 643
大二型企业	709 346	487 853	95 626	91 888
中一型企业	134 942	98 195	636	32 638
中二型企业	140 169	99 289	11 263	21 612
小型企业	143 466	121 693	553	13 203
在总计中：食品加工业	44 528	41 310	33	1 637
食品制造业	27 149	22 104	214	3 810
饮料制造业	14 572	13 228	193	383
烟草加工业	263 331	100 685	103 755	43 292
纺织业	11 698	10 023	45	1 142
服装及其他纤维制品制造业	1 760	1 672		24
木材加工及竹、藤、棕、草制品业	1 385	1 294		81
造纸及纸制品业	5 144	4 560	38	536
印刷业	3 921	3 610	21	219
文教体育用品制造业	496	232	2	210
石油加工及炼焦业	4 038	3 737	9	292
化学原料及化学制品制造业	57 561	59 500	98	−2 408
医药制造业	28 316	14 427	379	4 726
化学纤维制造业	19 435	19 645	65	−416
橡胶制品业	17 660	14 653	577	1 720
塑料制品业	19 633	17 370	44	1 939
非金属矿物制品业	12 451	7 921	124	4 289
有色金属冶炼及压延加工业	86 543	62 421	224	22 608
金属制品业	136	144	1	−9
普通机械制造业	33 648	28 550	203	3 885
专用设备制造业	111 647	93 302	250	10 666
交通运输设备制造业	147 546	122 635	1 062	17 420
电气机械及器材制造业	112 187	84 595	135	19 874
电子及通信设备制造业	762 187	665 745	257	43 611
仪器仪表及文化、办公用机械制造业	2 226	1 818	16	321
其他制造业	1 463	1 292	2	69
电力、蒸汽、热水的生产和供应业	147 155	122 655	554	23 917
煤气生产和供应业	16 039	16 704	5	−1 164
自来水的生产和供应业	20 831	19 360	161	1 311

主要经济指标（三）

单位：万元

利润总额	亏损企业亏损总额	利税总额	本年应交增值税	销项税额	全部从业人员年平均人数（人）
75 918	**24 972**	**264 426**	**80 043**	**241 147**	**49 954**
34 447	3 462	175 468	36 983	73 132	3 647
41 471	21 510	88 959	43 060	168 015	46 307
37 289	10 707	184 845	42 450	121 573	25 731
27 262	8 122	165 737	34 045	79 901	8 281
10 027	2 586	19 109	8 405	41 672	17 450
38 629	14 265	79 581	37 593	119 574	24 223
13 759	10 609	37 555	22 904	47 553	7 033
24 871	3 656	42 026	14 689	72 021	17 190
2 378	3 472	16 912	14 147	50 708	12 646
44 116	10 809	177 607	37 866	135 124	16 865
16 811	910	28 936	11 489	18 671	7 721
10 517	3 441	33 048	11 268	18 063	4 905
2 097	6 340	7 923	5 274	18 581	7 817
-405	1 419	295	668	3 784	986
1 739	348	3 630	1 678	4 508	2 270
1 326	226	1 951	432	1 677	765
29 564	14	162 631	29 312	65 207	1 592
484		873	345	1 796	568
-270	270	-270			296
62		69	7	237	33
97		443	308	884	414
-965	1 130	-729	216	706	655
-49	49	-19	29	84	76
32		114	73	697	49
-6 283	6 753	-4 508	1 677	9 144	2 044
-2 354	4 871	1 046	3 021	4 707	1 935
-610	611	-59	486	3 380	851
-1 372	1 454	-186	609	2 683	2 003
609	172	1 337	684	3 437	1 087
2 186	67	3 213	904	1 349	495
14 008		16 574	2 342	8 519	1 431
-41	41	-28	11	32	101
-468	1 401	1 369	1 634	5 992	2 258
4 509		6 673	1 914	19 731	2 673
10 104	1 178	13 775	2 610	24 978	3 249
13 225		17 197	3 837	8 557	5 613
4 837	1 060	11 739	6 645	37 985	12 829
15	40	161	130	382	304
57		72	13	106	267
6 524	2 963	25 823	18 745	26 760	3 092
-908	908	-866	37	2 148	634
268		2 107	1 678	1 678	1 384

产品销售收入500万元以上独立

	企业单位数（个）	亏损企业	工业总产值（不变价）	工业总产值（当年价）	工业销售产值（当年价）	出口交货值
总计	**49**	**12**	**84 524**	**83 233**	**81 399**	**10 831**
在总计中：轻工业	31	9	45 074	46 152	45 181	10 188
以农产品为原料	20	6	25 094	27 329	26 072	6 835
以非农产品为原料	11	3	19 980	18 823	19 108	3 353
重工业	18	3	39 450	37 081	36 219	643
采掘工业	1		2 303	2 450	2 399	643
加工工业	17	3	37 147	34 631	33 820	
中一型企业	2	2	11 791	9 681	10 212	
中二型企业	3	2	5 781	5 357	5 394	655
小型企业	44	8	66 952	68 195	65 794	10 176
在总计中：非金属矿采选业	1		2 303	2 450	2 399	643
食品加工业	2		5 756	7 358	7 030	3 190
服装及其他纤维制品制造业	6	1	6 586	6 755	5 375	2 630
皮革、毛皮、羽绒及其制品业	2		4 255	4 255	4 290	
家具制造业	1		1 824	2 068	2 012	1 015
造纸及纸制品业	3	2	2 067	2 515	2 506	
印刷业	6	3	4 607	4 378	4 350	
化学原料及化学制品制造业	2		1 388	1 821	1 535	771
医药制造业	2	2	9 345	9 063	9 179	655
橡胶制品业	1		952	952	952	
塑料制品业	3		4 073	4 177	4 177	
非金属矿物制品业	1	1	559	1 133	863	
金属制品业	4		4 290	4 584	4 782	
普通机械制造业	4	1	15 802	16 282	15 466	
专用设备制造业	1		554	581	470	
交通运输设备制造业	1		3 087	3 087	3 087	
电气机械及器材制造业	4		3 068	3 160	3 312	
电子及通信设备制造业	2	1	6 749	2 862	2 874	
其他制造业	3	1	7 260	5 753	6 179	1 928

核算集体工业企业主要经济指标(一)

单位：万元

工业增加值(当年价)	资产合计	流动资产小计	应收账款净额	存货	产成品存货	流动资产年平均余额	固定资产小计
25 553	**71 410**	**48 521**	**19 700**	**15 868**	**7 896**	**47 042**	**17 922**
15 706	44 612	29 858	12 160	8 979	5 360	29 081	12 129
6 687	20 976	14 517	4 808	6 501	3 768	14 827	5 820
9 019	23 636	15 341	7 352	2 478	1 592	14 255	6 309
9 847	26 797	18 663	7 540	6 889	2 536	17 961	5 793
326	1 923	492	11			488	1 379
9 521	24 875	18 171	7 529	6 889	2 536	17 473	4 414
6 346	12 711	9 976	5 723	1 214	996	10 116	2 282
1 953	11 343	4 584	1 820	1 228	535	3 187	5 552
17 254	47 356	33 961	12 157	13 427	6 365	33 739	10 088
326	1 923	492	11			488	1 379
2 160	3 991	2 854	811	1 549	1 405	2 595	1 137
1 710	4 887	3 908	1 224	1 638	520	4 025	702
895	1 053	780	492	187		798	274
466	2 282	1 216	38	986	580	1 321	948
277	3 314	2 869	751	1 802	1 241	2 896	445
1 178	5 449	2 891	1 492	340	23	3 192	2 314
824	1 361	937	329	189	162	808	292
5 937	13 857	10 129	6 254	585	411	8 601	2 942
64	286	225	178	30		225	58
1 316	4 162	2 195	1 048	660	219	2 115	1 520
53	2 448	2 355	63	1 988		2 140	93
1 201	2 952	2 292	1 043	519	240	2 183	646
5 166	9 908	7 005	3 219	2 150	1 079	6 702	1 066
112	583	538	43	317	206	510	44
485	725	607	543			607	118
797	2 683	2 183	767	842	201	2 196	500
799	2 482	1 965	932	823	709	2 139	517
1 786	7 064	3 084	464	1 265	900	3 503	2 927

产品销售收入500万元以上独立

	固定资产原价	生产经营用	固定资产净值年平均余额	负债合计	流动负债小计
总计	**30 680**	**26 972**	**15 745**	**40 517**	**38 804**
在总计中： 轻工业	20 881	17 830	10 605	28 534	27 076
以农产品为原料	12 456	10 841	5 968	13 061	12 644
以非农产品为原料	8 425	6 989	4 636	15 472	14 432
重工业	9 799	9 142	5 140	12 084	11 728
采掘工业	683	482	498	146	146
加工工业	9 116	8 660	4 643	11 938	11 583
中一型企业	3 519	2 794	2 160	10 957	10 768
中二型企业	8 013	7 885	4 370	4 464	3 443
小型企业	19 149	16 294	9 216	25 197	24 593
在总计中： 非金属矿采选业	683	482	498	146	146
食品加工业	1 567	1 512	1 334	2 351	2 351
服装及其他纤维制品制造业	1 046	1 018	801	2 597	2 597
皮革、毛皮、羽绒及其制品业	654	624	299	778	778
家具制造业	1 679	764	901	937	854
造纸及纸制品业	1 154	1 101	329	2 790	2 660
印刷业	6 358	5 822	2 305	3 609	3 404
化学原料及化学制品制造业	490	401	256	474	474
医药制造业	2 366	2 366	1 244	10 538	9 686
橡胶制品业	62	62	58	239	239
塑料制品业	2 339	2 339	1 827	1 445	1 445
非金属矿物制品业	1 112	1 100	102	2 223	2 223
金属制品业	1 373	1 311	622	1 384	1 384
普通机械制造业	2 552	2 552	941	3 421	3 333
专用设备制造业	178	178	49	439	347
交通运输设备制造业	139		118	536	536
电气机械及器材制造业	861	618	514	1 361	1 279
电子及通信设备制造业	778	778	555	1 621	1 527
其他制造业	5 292	3 945	2 994	3 728	3 540

核算集体工业企业主要经济指标(二)

单位：万元

产品销售收入	产品销售成本	产品销售税金及附加	产品销售利润	利润总额	亏损企业亏损总额	利税总额	本年应交增值税	销项税额	全部从业人员年平均人数（人）
82 211	**68 981**	**554**	**8 586**	**2 600**	**1 719**	**7 517**	**4 364**	**13 110**	**9 113**
46 071	38 549	344	3 986	−129	1 544	2 712	2 497	7 204	6 310
26 757	23 986	145	1 981	134	683	1 274	995	4 215	2 791
19 314	14 564	200	2 005	−264	861	1 438	1 501	2 988	3 519
36 141	30 432	210	4 599	2 729	175	4 806	1 867	5 906	2 803
2 399	2 202		196	142		286	144	144	400
33 742	28 230	210	4 403	2 587	175	4 520	1 723	5 762	2 403
10 448	6 871	155	1 045	−813	813	484	1 142	1 798	2 834
5 445	4 356	35	948	271	94	580	274	866	440
66 318	57 755	364	6 592	3 141	812	6 453	2 948	10 445	5 839
2 399	2 202		196	142		286	144	144	400
7 030	5 921	20	899	575		736	142	914	500
6 739	6 099	50	402	85	18	387	252	1 072	740
4 466	4 060	27	282	58		288	203	770	595
1 866	1 695	9	105	5		80	66	322	161
2 341	2 248	9	56	−63	64	31	86	398	166
4 315	3 963	31	236	−525	602	−248	246	740	629
1 700	1 400	11	285	513		618	94	289	164
9 274	5 382	135	1 379	−423	423	779	1 067	1 496	2 818
956	893	6	54	19		67	43	162	47
4 173	3 226	34	747	375		637	227	735	156
863	802	7	48	−4	4	17	14		83
4 458	3 869	23	512	143		386	220	775	323
16 180	13 159	96	2 196	1 800	59	2 790	894	2 872	1 022
501	404	2	85	2		20	16	86	61
3 114	2 840	13	244	105		217	99	533	220
3 043	2 533	23	457	282		458	154	520	188
2 394	2 197	14	185	−82	113	35	103	407	297
6 400	6 089	45	216	−405	438	−66	294	874	543

年产品销售收入500万元以上外商及

	企业单位数（个）	亏损企业	工业总产值（不变价）	工业总产值（当年价）
总　　计	**657**	**199**	**7 588 019**	**6 734 978**
在总计中：港、澳、台商投资企业	457	137	4 727 612	4 040 386
合资经营企业（港或澳、台资）	97	26	2 079 855	1 534 785
合作经营企业（港或澳、台资）	10	4	27 731	91 706
港澳台商独资企业	349	107	2 394 583	2 188 770
港澳台商投资股份有限公司	1		225 444	225 125
外商投资企业	200	62	2 860 407	2 694 591
中外合资经营企业	65	15	738 153	786 632
中外合作经营企业	5	3	46 900	66 881
外资企业	129	43	1 723 860	1 623 058
外商投资股份有限公司	1	1	351 494	218 021
在总计中：国有控股企业	38	10	1 656 774	1 243 785
在总计中：轻工业	427	146	4 230 403	3 527 374
以农产品为原料	212	71	1 077 034	1 148 370
以非农产品原料	215	75	3 153 369	2 379 003
重工业	230	53	3 357 616	3 207 604
原料工业	23	6	237 158	342 312
加工工业	207	47	3 120 459	2 865 292
在总计中：特大、大一型企业	26	5	4 048 804	3 106 733
大二型企业	67	18	1 469 079	1 498 897
中一型企业	51	11	484 155	456 309
中二型企业	75	27	658 223	712 182
小型企业	438	138	927 758	960 856
在总计中：食品加工业	23	11	198 363	136 481
食品制造业	8	2	24 155	30 167
饮料制造业	11	5	109 258	119 992
烟草加工业	1		11 695	27 266
纺织业	20	8	95 676	104 985
服装及其他纤维制品制造业	55	16	261 508	309 569
皮革、毛皮、羽绒及其制品业	22	8	149 755	173 455
木材加工及竹、藤、棕、草制品业	10	4	21 910	26 130
家具制造业	6	2	44 112	48 709
造纸及纸制品业	24	9	58 819	64 945
印刷业	23	6	61 254	65 105
文教体育用品制造业	25	7	107 109	141 645
石油加工及炼焦业	1		1 581	1 699
化学原料及化学制品制造业	17	7	451 236	304 992
医药制造业	7	2	44 613	43 053
化学纤维制造业	4	2	468 234	268 011
橡胶制品业	17	3	186 079	201 309
塑料制品业	56	14	237 899	242 144
非金属矿物制品业	36	7	158 424	180 212
黑色金属冶炼及压延加工业	3		51 409	81 356
有色金属冶炼及压延加工业	6	1	86 591	116 092
金属制品业	56	21	227 329	229 933
普通机械制造业	13	4	64 320	79 888
专用设备制造业	6	1	15 927	19 450
交通运输设备制造业	27	10	629 493	623 838
电气机械及器材制造业	31	6	594 904	537 077
电子及通信设备制造业	61	16	2 896 250	2 153 763
仪器仪表及文化、办公用机械制造业	15	4	108 232	89 647
其他制造业	71	22	203 924	230 111
电力、蒸汽、热水的生产和供应业	2	1	17 962	83 954

港澳台投资工业企业主要经济指标（一）

单位：万元

工业销售产值（当年价）	出口交货值	工业增加值（当年价）	资产合计	流动资产小计	应收账款净额	存货
6 633 776	**3 242 985**	**1 521 224**	**6 755 100**	**3 342 521**	**925 722**	**1 147 014**
3 966 834	2 036 916	964 905	3 956 947	2 019 458	540 551	734 101
1 527 359	437 901	326 999	1 299 363	782 356	159 826	268 222
91 143	6 285	45 994	249 657	67 759	22 289	10 158
2 128 398	1 383 606	537 005	2 210 200	1 072 579	327 785	433 339
219 933	209 124	54 907	197 727	96 764	30 651	22 382
2 666 943	1 206 069	556 319	2 798 153	1 323 064	385 171	412 914
757 103	170 454	233 503	660 082	361 686	86 566	133 725
68 286	28 467	10 346	133 016	56 878	20 254	23 353
1 610 204	914 196	306 278	1 282 601	833 206	261 029	216 896
231 350	92 951	6 193	722 454	71 294	17 322	38 940
1 219 074	155 813	343 137	1 185 491	720 752	144 913	250 566
3 450 954	1 725 816	808 584	3 907 120	1 849 688	465 012	706 837
1 120 205	594 732	299 469	1 106 649	646 368	169 830	266 997
2 330 749	1 131 084	509 115	2 800 471	1 203 320	295 182	439 840
3 182 823	1 517 170	712 640	2 847 980	1 492 834	460 710	440 177
349 686	52 645	99 791	519 048	180 911	46 202	47 617
2 833 137	1 464 524	612 849	2 328 932	1 311 923	414 508	392 560
3 058 075	1 159 962	619 359	3 383 109	1 408 083	349 273	433 731
1 477 816	906 098	374 224	1 392 244	684 408	189 680	243 334
448 550	348 804	113 144	403 911	230 011	82 072	79 288
711 329	264 590	181 225	638 781	410 910	106 182	179 139
938 007	563 532	233 272	937 056	609 109	198 515	211 523
123 195	60 933	25 492	102 889	61 802	20 489	25 332
30 239	7 313	4 873	42 218	18 035	2 000	4 404
113 965	7 288	31 366	130 153	50 772	5 745	19 715
29 508	1 118	22 287	32 428	25 750	3 721	14 896
103 727	27 914	21 086	163 932	62 585	14 693	30 232
307 230	257 009	78 116	244 135	187 217	47 110	93 734
171 758	159 159	4 2004	108 872	78 899	24 098	38 705
26 103	24 512	4 300	18 130	13 039	4 313	5 159
46 866	42 046	13 587	39 706	17 675	4 950	7 502
65 531	13 172	15 009	83 832	45 691	18 826	8 743
63 384	15 848	21 116	82 513	39 770	10 233	13 428
135 676	127 146	35 550	111 070	63 534	24 170	23 089
2 154		205	2 688	1 804	1 129	206
320 252	102 096	24 386	848 018	121 483	26 498	54 635
39 973	858	22 553	52 088	31 553	10 948	7 721
243 904	6 753	56 001	414 088	70 195	10 956	22 965
196 491	91 936	65 445	193 775	79 790	22 551	33 903
244 377	179 492	46 001	295 567	151 596	51 408	61 363
170 423	81 411	62 372	281 141	111 777	31 439	41 797
88 379	1 089	4 456	56 256	30 402	2 770	9 953
115 880	47 295	38 616	113 976	54 414	13 950	21 731
228 346	163 837	36 636	276 893	153 071	47 285	58 999
79 425	31 551	11 654	143 947	65 728	23 089	32 324
18 460	10 728	2 801	27 077	21 054	6 678	9 682
629 041	265 746	125 297	418 816	205 165	34 141	94 009
512 802	348 740	168 612	466 698	285 006	100 892	69 354
2 132 836	900 962	418 478	1 441 843	1 039 765	279 404	260 533
82 105	63 252	20 538	67 906	42 048	15 115	13 175
227 888	203 782	57 874	241 336	150 315	46 389	62 575
83 857		44 516	253 108	62 588	20 730	7 152

年产品销售收入500万元以上外商及

项目	产成品存货	流动资产年平均余额	固定资产小计
总计	**317 818**	**3 206 827**	**2 835 203**
在总计中：港、澳、台商投资企业	218 188	2 017 095	1 579 995
合资经营企业（港或澳、台资）	88 128	795 775	386 638
合作经营企业（港或澳、台资）	1 561	57 915	181 068
港澳台商独资企业	126 758	1 067 327	946 519
港澳台商投资股份有限公司	1 742	96 078	65 770
外商投资企业	99 629	1 189 732	1 255 209
中外合资经营企业	31 023	344 162	202 409
中外合作经营企业	6 072	53 129	70 926
外资企业	62 535	708 126	383 619
外商投资股份有限公司		84 315	598 254
在总计中：国有控股企业	74 542	723 274	385 493
在总计中：轻工业	188 608	1 845 826	1 703 787
以农产品为原料	79 538	638 250	381 887
以非农产品为原料	109 070	1 207 576	1 321 900
重工业	129 209	1 361 002	1 131 416
原料工业	15 909	176 763	317 948
加工工业	113 301	1 184 238	813 468
在总计中：特大、大一型企业	100 797	1 329 829	1 670 817
大二型企业	70 455	663 976	594 335
中一型企业	25 548	226 150	143 338
中二型企业	62 758	402 059	176 840
小型企业	58 259	584 813	249 873
在总计中：食品加工业	9 891	66 567	34 419
食品制造业	1 474	18 029	21 962
饮料制造业	4 287	38 505	60 981
烟草加工业	1 340	27 045	6 607
纺织业	9 178	60 183	88 473
服装及其他纤维制品制造业	35 774	199 074	44 208
皮革、毛皮、羽绒及其制品业	5 120	72 913	25 436
木材加工及竹、藤、棕、草制品业	1 231	13 794	4 226
家具制造业	1 592	17 615	17 402
造纸及纸制品业	2 119	44 650	34 400
印刷业	4 588	35 038	34 537
文教体育用品制造业	6 024	63 136	40 142
石油加工及炼焦业	73	1 877	443
化学原料及化学制品制造业	6 237	135 677	664 424
医药制造业	2 131	29 402	14 051
化学纤维制造业	12 142	75 756	279 589
橡胶制品业	15 235	74 022	103 203
塑料制品业	20 950	148 973	124 525
非金属矿物制品业	18 772	110 317	113 926
黑色金属冶炼及压延加工业	3 233	30 293	21 017
有色金属冶炼及压延加工业	8 961	56 405	51 619
金属制品业	12 643	150 435	105 300
普通机械制造业	8 624	58 677	72 531
专用设备制造业	1 528	19 926	4 941
交通运输设备制造业	25 716	208 706	157 528
电气机械及器材制造业	11 685	267 356	122 867
电子及通信设备制造业	68 169	936 037	305 123
仪器仪表及文化、办公用机械制造业	2 538	42 177	18 457
其他制造业	16 566	150 117	72 500
电力、蒸汽、热水的生产和供应业		54 128	190 368

港澳台投资工业企业主要经济指标（二）

单位：万元

固定资产原价	生产经营用	固定资产净值年平均余额	负债合计	流动负债小计
4 012 860	**3 525 429**	**2 709 418**	**4 012 469**	**3 167 792**
2 379 718	2 108 508	1 484 309	2 181 061	1 886 414
550 075	489 768	367 418	833 131	753 371
336 436	229 207	190 868	190 092	123 225
1 400 625	1 307 209	870 517	1 067 283	919 263
92 582	82 324	55 506	90 555	90 555
1 633 142	1 416 921	1 225 109	1 831 408	1 281 378
297 099	208 769	194 655	356 473	297 063
106 049	89 873	72 880	76 574	72 528
536 401	424 686	372 325	767 645	706 498
693 594	693 594	585 249	630 715	205 289
664 885	547 201	374 670	826 673	683 366
2 255 865	2 116 751	1 586 358	2 461 943	1 835 354
566 131	502 938	367 959	569 995	526 126
1 689 734	1 613 813	1 218 400	1 891 948	1 309 228
1 756 995	1 408 678	1 123 060	1 550 526	1 332 438
551 659	418 101	329 885	316 377	208 020
1 205 336	990 577	793 175	1 234 149	1 124 418
2 233 570	1 969 664	1 586 118	2 342 156	1 655 134
894 327	796 697	582 831	672 628	571 045
216 535	193 420	137 467	191 142	181 740
271 205	231 381	171 108	344 212	319 486
397 224	334 267	231 895	462 332	440 387
63 672	59 445	35 139	59 602	54 349
28 562	27 429	21 703	22 813	22 813
81 104	74 928	61 786	46 601	43 988
17 472	17 472	7 020	5 545	5 545
124 466	119 336	86 469	88 249	74 433
71 235	55 130	39 430	135 866	126 150
42 100	39 166	25 509	64 100	62 518
7 039	5 670	4 137	9 529	9 511
22 449	13 930	16 589	23 737	20 863
49 870	42 389	33 875	43 632	41 143
50 374	41 452	34 271	40 236	38 518
59 419	51 198	37 692	57 977	57 216
721	721	475	2 189	2 189
802 840	776 205	653 607	686 935	241 354
11 394	9 154	6 531	29 187	22 587
347 124	347 059	224 110	231 677	139 981
130 008	173 717	96 921	55 028	51 386
184 993	156 268	120 586	160 223	121 991
183 481	95 819	116 040	101 411	94 155
30 916	28 275	21 009	41 034	37 979
70 713	70 021	51 463	45 425	24 536
148 667	133 447	100 000	138 237	129 628
103 340	86 175	73 062	88 206	87 727
7 926	5 112	4 372	14 109	14 109
210 226	172 200	152 7962	242 495	197 270
181 754	163 136	111 249	221 664	217 754
437 030	383 767	285 630	1 021 307	960 708
24 796	23 245	16 521	28 675	28 675
113 600	104 855	71 414	119 725	118 269
355 570	248 710	200 045	187 058	120 451

年产品销售收入500万元以上外商及

	产品销售收入	产品销售成本	产品销售税金及附加	产品销售利润
总计	**6 504 971**	**5 498 933**	**24 787**	**638 845**
在总计中：港、澳、台商投资企业	3 854 264	3 299 995	10 170	375 955
合资经营企业（港或澳、台资）	1 470 529	1 286 610	2 900	107 514
合作经营企业（港或澳、台资）	92 030	77 843	152	13 594
港澳台商独资企业	2 070 454	1 755 846	7 118	226 875
港澳台商投资股份有限公司	221 250	179 696		27 972
外商投资企业	2 650 707	2 198 938	14 617	262 890
中外合资经营企业	750 486	583 618	11 413	116 857
中外合作经营企业	67 822	50 278	13	8 732
外资企业	1 583 378	1 377 256	2 968	135 131
外商投资股份有限公司	249 022	187 786	224	2 169
在总计中：国有控股企业	1 158 916	984 155	12 316	90 683
在总计中：轻工业	3 345 436	2 819 902	15 699	289 635
以农产品为原料	1 078 041	893 709	13 633	109 247
以非农产品为原料	2 267 396	1 926 193	2 066	180 388
重工业	3 159 535	2 679 030	9 089	349 210
原料工业	347 051	295 016	259	46 216
加工工业	2 812 484	2 384 015	8 830	302 994
在总计中：特大、大一型企业	3 034 992	2 606 369	1 642	236 653
大二型企业	1 449 654	1 219 513	10 510	175 780
中一型企业	401 981	328 168	237	50 323
中二型企业	674 267	556 670	11 454	63 992
小型企业	944 078	788 214	945	112 097
在总计中：食品加工业	120 609	112 497	35	4 562
食品制造业	29 717	25 789	12	1 851
饮料制造业	112 063	93 798	1 921	8 035
烟草加工业	29 508	10 970	10 903	6 464
纺织业	102 305	88 717	61	12 024
服装及其他纤维制品制造业	308 854	242 786	75	44 688
皮革、毛皮、羽绒及其制品业	134 301	123 650	148	6 333
木材加工及竹、藤、棕、草制品业	26 962	23 871	1	1 881
家具制造业	48 545	41 894	4	4 985
造纸及纸制品业	66 469	56 054	383	7 999
印刷业	64 004	52 668	38	10 238
文教体育用品制造业	126 136	109 657	10	12 289
石油加工及炼焦业	2 024	1 736		149
化学原料及化学制品制造业	339 922	276 633	257	2 419
医药制造业	35 725	20 149	49	2 084
化学纤维制造业	242 447	222 240	154	18 069
橡胶制品业	193 881	146 770	6 164	29 002
塑料制品业	242 861	207 243	65	26 656
非金属矿物制品业	161 654	124 536	106	29 683
黑色金属冶炼及压延加工业	83 705	78 454	19	4 350
有色金属冶炼及压延加工业	118 869	85 179	64	30 083
金属制品业	233 643	203 623	385	22 166
普通机械制造业	81 950	59 714	18	12 480
专用设备制造业	25 071	19 322	8	4 437
交通运输设备制造业	615 945	535 566	2 439	59 891
电气机械及器材制造业	517 586	394 048	159	94 220
电子及通信设备制造业	2 043 692	1 810 186	969	130 591
仪器仪表及文化、办公用机械制造业	84 895	65 386	56	15 324
其他制造业	227 729	194 779	134	23 167
电力、蒸汽、热水的生产和供应业	83 900	71 021	151	12 727

港澳台投资工业企业主要经济指标（三）

单位：万元

利润总额	亏损企业 亏损总额	利税总额	本年应交增值税	销项税额	全部从业人员年平均人数（人）
233 787	**149 859**	**414 550**	**155 976**	**513 557**	**241 509**
171 831	38 977	250 171	68 170	246 270	165 422
34 327	15 750	54 957	17 730	100 420	26 900
1 535	116	11 828	10 141	15 012	1 523
115 756	23 111	163 173	40 299	129 584	127 423
20 213		20 213		1 255	9 576
61 957	110 882	164 379	87 805	267 286	76 087
63 128	13 087	103 994	29 453	110 606	16 555
−1 048	1 424	−324	712	6 231	766
82 680	13 567	127 971	42 323	124 282	57 479
−82 804	82 804	−67 262	15 318	26 168	1 287
23 108	14 676	61 897	26 473	95 777	16 145
35 348	117 553	117 440	66 393	219 425	159 733
49 743	18 040	91 792	28 416	90 760	60 038
−14 395	99 513	25 648	37 978	128 665	99 695
198 439	32 307	297 110	89 582	294 132	81 776
17 544	7 190	35 967	18 165	53 334	3 895
180 895	25 116	261 142	71 417	240 798	77 881
44 831	91 839	124 093	77 621	228 677	50 342
86 833	25 306	124 170	26 827	96 497	52 296
13 816	8 901	21 439	7 386	25 052	35 175
40 322	6 196	77 045	25 268	98 860	22 403
47 986	17 617	67 804	18 873	64 471	81 293
−1 685	3 485	753	2 403	11 270	3 627
123	991	1 675	1 541	4 029	1 062
3 191	606	8 454	3 342	17 703	2 601
4 807		20 396	4 685	5 069	287
3 869	2 730	7 322	3 392	12 756	4 559
29 793	1 024	33 453	3 586	9 060	19 473
−167	2 065	912	932	3 762	15 898
548	156	657	108	1 025	2 304
956	573	1 197	237	2 536	4 431
3 708	1 345	6 601	2 510	7 600	2 777
6 354	918	8 949	2 556	8 163	3 490
3 815	3 487	3 908	84	4 298	12 609
55		171	116	344	34
−88 101	89 936	−69 873	17 970	39 753	3 020
−1 421	4 757	1 369	2 741	5 063	930
11 523	59	21 649	9 973	30 379	3 189
22 135	352	34 713	6 414	18 817	8 393
13 242	775	17 464	4 157	14 568	12 498
10 703	6 865	17 275	6 467	11 134	9 787
2 023		4 023	1 981	14 634	320
20 147	159	24 252	4 041	14 407	1 953
7 986	4 880	11 316	2 945	13 146	12 525
921	1 585	1 797	858	7 789	2 057
3 316	11	3 836	513	1 548	810
29 207	10 082	41 125	9 479	74 622	7 120
60 858	908	72 138	11 120	22 281	21 478
68 028	8 427	105 688	36 690	127 592	46 326
8 370	1 409	9 958	1 532	4 052	3 907
8 617	2 130	12 266	3 515	11 667	33 323
868	145	11 110	10 091	14 489	721

附：全 市 企 业 集 团

	集团数	年末资产总计		固定资产原价		累计折旧	
		2001 年	2000 年	2001 年	2000 年	2001 年	2000 年
总　　计	**73**	**4 244 488**	**4 021 625**	**1 103 319**	**1 038 403**	**335 522**	**289 717**
按母公司控股情况分							
国有绝对控股	22	2 782 230	2 682 309	865 617	830 286	263 646	231 344
国有相对控股	3	267 631	241 209	62 722	55 601	20 911	18 148
集体绝对控股	8	142 632	127 528	16 815	20 138	4 502	4 888
集体相对控股	1	3 209	3 034	1 947	1 947	45	22
其　他	39	1 048 786	967 545	156 218	130 431	46 418	35 315
按企业集团主营行业分							
农、林、牧、渔业	1	1 243	1 264	102	136	26	28
采掘业							
制造业	17	671 249	572 231	274 091	247 693	76 923	65 809
电气水的生产和供应业							
建筑业	4	95 281	83 880	6 071	4 634	1 928	1 550
运输邮电业	3	609 986	556 903	383 822	360 068	125 029	109 971
批发零售贸易餐饮业	33	2 334 724	2 279 196	383 304	367 859	112 540	95 921
金融保险业							
房地产业	13	487 970	483 868	40 554	42 399	14 223	12 187
其　他	2	44 035	44 283	15 375	15 614	4 850	4 251
按母公司登记注册类型分							
国有企业	8	326 755	348 948	120 804	127 279	34 156	29 980
国有独资企业	11	2 379 197	2 248 574	719 691	676 201	221 429	192 294
其他有限责任公司	38	975 064	875 062	128 590	108 182	37 365	27 690
股份有限公司	9	426 742	421 474	97 718	97 506	31 338	30 651
中外合资企业							
港澳台合资企业	3	87 070	78 920	18 986	16 473	8 328	6 923
其　他	4	49 660	48 647	17 530	12 762	2 906	2 179
按母公司企业规模分							
特大型							
大型	7	668 608	619 152	239 283	221 453	77 765	74 701
中型	10	448 593	427 557	58 784	63 038	15 623	12 769
小型	12	126 155	116 997	23 717	27 972	6 551	7 148
其他	44	3 001 132	2 857 919	781 535	725 940	235 583	195 099

主要经济指标表（一）

单位：万元

累计对外投资		本年对外投资		年末负债合计		流动资产年平均余额		主营业务收入	
2001 年	2000 年	2001 年	2000 年	2001 年	2000 年	2001 年	2000 年	2001 年	2000 年
526 152	**494 2[illegible]8**	**24 687**	**26 159**	**2 402 856**	**2 240 747**	**2 282 357**	**2 139 796**	**2 853 069**	**2 727 279**
385 529	378 031	2 715	24 995	1 803 706	1 773 007	1 328 167	1 272 890	2 028 940	1 956 806
35 304	29 952	14 482	−4 293	150 303	130 372	166 512	150 564	321 533	314 990
11 728	7 957	1 994	1 075	102 034	86 747	96 110	77 651	72 834	78 557
				339	152	101	252	345	663
93 591	78 238	5 496	4 382	630 488	561 822	691 467	638 439	429 417	376 263
608	608			293	360	485	366	4	1
34 381	30 256	3 357	5 022	315 519	263 316	354 537	303 474	565 872	418 981
8 337	5 915	854	374	71 884	60 295	68 145	50 763	53 340	41 581
83 679	63 232	5 148	1 147	265 640	250 438	170 479	170 324	119 048	107 481
327 441	333 279	12 894	16 462	1 721 779	1 670 506	1 319 387	1 268 348	1 948 395	1 978 227
65 545	54 [illegible]71	2 424	2 003	294 753	289 230	348 339	332 266	117 295	135 115
6 161	6 757	10	1 151	17 002	17 955	20 985	14 255	49 115	45 893
23 407	24 368	2 035	4 590	228 276	255 205	195 550	172 475	202 677	237 848
359 222	350 926	600	20 165	1 539 818	1 469 572	1 073 497	1 042 319	1 737 739	1 640 695
99 328	81 339	6 562	5 365	571 241	503 643	656 428	575 794	427 606	380 099
43 328	36 719	15 438	−3 961	271 478	249 953	270 238	262 195	414 451	405 677
52		52		51 698	49 257	63 601	59 468	25 699	18 485
815	866	6 570	6 049	24 359	24 470	23 043	27 545	44 897	44 475
85 631	84 931	5 453	3 363	351 050	342 655	342 644	309 733	373 195	371 437
34 377	40 361	−6 935	7 389	338 332	297 786	282 614	262 844	328 905	298 634
14 136	9 437	2 975	555	68 400	62 110	75 943	71 127	105 963	87 987
392 008	359 489	23 194	14 852	1 929 088	1 849 549	1 581 156	1 496 092	2 045 006	1 969 221

全 市 企 业 集 团

	出口销售总额		主营业务成本		主营业务税金及附加	
	2001 年	2000 年	2001 年	2000 年	2001 年	2000 年
总　　　　计	**866 945**	**677 211**	**2 426 016**	**2 311 633**	**29 043**	**24 641**
按母公司控股情况分						
国有绝对控股	697 847	499 020	1 740 280	1 681 582	16 945	12 798
国有相对控股	83 124	85 281	287 522	277 533	1 428	2 089
集体绝对控股	3 591	10 158	58 405	53 836	1 877	1 552
集体相对控股			315	594	4	2
其　他	82 383	82 752	339 494	298 088	8 789	8 200
按企业集团主营行业分						
农、林、牧、渔业			3	1		
采掘业						
制造业	91 071	79 001	454 015	332 155	3 707	3 893
电气水的生产和供应业						
建筑业			43 658	35 095	1 730	1 191
运输邮电业			66 072	56 079	4 342	4 217
批发零售贸易餐饮业	754 057	569 879	1 732 176	1 742 578	13 008	9 707
金融保险业						
房地产业	8 741	17 147	87 564	106 256	5 919	5 309
其　他	13 076	11 184	42 528	39 469	337	324
按母公司登记注册类型分						
国有企业	36 769	55 769	172 705	206 214	1 659	1 600
国有独资企业	627 977	416 170	1 502 778	1 413 947	14 652	10 282
其他有限责任公司	71 495	81 877	340 673	303 031	9 125	8 428
股份有限公司	116 127	112 126	351 701	348 742	3 207	4 080
中外合资企业						
港澳台合资企业	10 940	1 094	16 216	12 349	384	202
其　他	3 637	10 175	41 943	27 350	16	49
按母公司企业规模分						
特大型						
大型	1. 8	39 687	293 389	298 341	3 681	3 829
中型	69 095	60 913	285 715	262 965	2 400	1 953
小型	8 165	5 171	75 022	52 077	2 081	1 431
其他	551 820	377 481	1 771 890	1 698 250	20 881	17 428

主要经济指标表（二）

其他业务收入		存货跌价损失和营业、管理、财务		投资收益		营业外收入		利润总额	
2001 年	2000 年	2001 年	2000 年	2001 年	2000 年	2001 年	2000 年	2001 年	2000 年
36 117	**38 264**	**365 264**	**635 071**	**47 563**	**28 071**	**8 039**	**8 167**	**73 222**	**52 095**
27 579	31 092	256 285	548 099	33 371	24 459	4 218	4 314	49 806	18 808
2 878	2 858	31 278	30 549	6 403	−252	1 214	987	10 562	7 563
1 645	1 [illegible]66	11 159	8 431	417	1 006	185	795	3 445	3 078
		49	53					−20	7
4 015	2 348	66 493	47 939	7 372	2 858	2 422	2 071	9 429	22 639
		164	95	215	205	2	5	46	115
12 297	10 159	76 970	59 099	3 877	4 075	2 246	1 620	33 865	29 459
84		7 375	4 236	435	1 052	27	15	1 125	2 108
2 799	1 984	28 972	29 836	2 219	2 818	621	778	20 895	20 840
18 940	24 549	226 634	518 847	39 047	18 094	4 476	3 681	9 401	−11 592
1 618	1 253	19 280	17 385	588	460	654	2 012	6 120	9 465
379	319	5 869	5 573	1 182	1 367	13	56	1 770	1 700
8 778	[illegible] 085	39 336	41 074	942	−3 017	1 669	1 402	−3 906	−5 381
18 477	24 722	203 818	496 171	32 411	27 017	2 518	2 654	43 654	17 521
4 684	2 996	57 513	43 108	4 546	3 733	2 064	2 348	22 985	30 255
3 081	3 676	55 233	46 289	9 669	−327	1 355	1 484	5 743	7 697
551	220	6 096	5 323	−69	665	334	53	3 718	1 385
546	565	3 268	3 106	64		99	226	1 028	618
2 231	1 240	−8.6		4 064	1 715	410	1 360	32 344	28 536
1 083	1 434	37 629	30 432	8 343	2 815	1 004	579	−9 247	4 790
981	1 196	13 733	12 605	137	108	321	422	16 419	15 490
31 822	24 394	274 215	548 618	35 019	23 433	6 304	5 806	33 706	3 279

全市企业集团

	应交所得税		应缴增值税		固定资产投资完成额	
	2001 年	2000 年	2001 年	2000 年	2001 年	2000 年
总　　计	**18 520**	**17 920**	**23 387**	**24 964**	**61 939**	**59 037**
按母公司控股情况分						
国有绝对控股	10 990	9 866	18 286	18 286	34 074	33 007
国有相对控股	1 831	1 662	2 092	2 118	6 856	2 216
集体绝对控股	396	718	355	433	1 495	769
集体相对控股						
其　他	5 303	5 674	2 654	4 127	19 514	23 045
按企业集团主营行业分						
农、林、牧、渔业						
采掘业						
制造业	5 405	4 517	12 957	12 553	26 048	11 920
电气水的生产和供应业						
建筑业	178	333	3		820	767
运输邮电业	5 152	5 594			18 713	25 961
批发零售贸易餐饮业	6 339	5 530	9 931	11 128	9 106	15 654
金融保险业						
房地产业	1 186	1 762	−9	983	6 982	4 535
其　他	260	184	505	300	270	200
按母公司登记注册类型分						
国有企业	935	922	3 466	4 889	1 477	768
国有独资企业	8 665	8 111	12 365	12 325	28 972	30 553
其他有限责任公司	5 116	5 586	3 476	4 410	10 289	17 006
股份有限公司	3 260	2 955	4 323	3 012	10 886	3 704
中外合资企业						
港澳台合资企业	382	251	−787	−150	5 055	4 019
其　他	162	95	544	478	5 260	2 987
按母公司企业规模分						
特大型						
大型	5 992	5 679	2 560	1 707	20 986	24 585
中型	2 264	2 038	1 927	2 223	3 959	4 768
小型	2 934	2 973	1 584	2 046	2 692	7 227
其他	7 330	7 230	17 316	18 988	34 302	22 457

主要经济指标表（三）

研究开发费用		年末股东（所有者）权益总计		从业人员年末人数		从业人员劳动报酬	
2001 年	2000 年	2001 年	2000 年	2001 年	2000 年	2001 年	2000 年
8 714	**3 935**	**1 557 618**	**1 469 525**	**59 111**	**52 868**	**107 144**	**87 130**
5 925	2 763	978 524	909 302	37 676	37 154	70 158	62 393
1 060	442	117 328	110 837	1 710	1 438	5 788	3 973
		40 598	40 781	3 119	1 716	4 673	2 732
		2 870	2 882	16	16	19	19
1 729	730	418 298	405 723	16 590	12 544	26 502	18 013
		950	904	13	13	52	36
8 572	3 452	355 730	308 915	20 159	17 331	33 156	26 096
		23 397	23 585	3 420	1 950	6 981	3 534
		344 346	306 465	9 022	9 131	22 809	21 299
142	295	612 945	608 690	22 013	20 658	37 651	30 509
188	—100	193 217	194 638	3 307	2 643	4 453	3 815
		27 033	26 328	1 177	1 142	2 038	1 841
91	313	98 479	93 743	7 825	8 546	12 950	12 832
1 282	390	839 379	779 002	28 350	27 202	53 651	46 783
1 283	468	403 823	371 419	16 270	10 646	27 199	16 243
5 612	2 502	155 264	171 521	3 298	3 105	9 125	6 821
442	254	35 372	29 663	2 427	2 321	3 172	3 386
4	8	25 301	24 177	941	1 048	1 043	1 065
4 980	2 429	317 558	276 497	11 876	12 120	28 730	28 138
504	278	110 261	129 771	5 704	5 222	10 356	9 026
113	79	57 755	54 887	4 268	2 135	9 317	2 854
3 117	1 149	1 072 044	1 008 370	37 263	33 391	58 737	47 112

四、建 筑 业

建 筑 业 企 业

	企业数（个）	建筑业总产值	在外省完成的产值	装修装饰产值
总计	**405**	**797 229**	**10 348**	**57 088**
其中：一、二级企业	169	595 169	9 978	48 545
其中：国有及国有控股	118	368 961	6 902	14 976
（一）按登记注册类型分组				
内资企业	382	776 900	9 798	40 978
国有企业	105	296 439	6 531	5 495
集体企业	73	154 707		2 037
股份合作企业	6	4 839		133
联营企业	14	14 764	371	3 943
国有联营企业	4	2 965	371	
国有与集体联营企业	2	9 217		3 127
其他联营企业	8	2 581		816
有限责任公司	63	164 445		7 572
国有独资公司	3	43 775		
其他有限责任公司	60	120 670		7 572
股份有限公司	19	56 537		3 178
私营企业	101	85 170	2 896	18 619
私营合伙企业	1			
私营有限责任公司	93	73 004	2 896	16 449
私营股份有限公司	7	12 166		2 169
其他企业	1			
港、澳、台商投资企业	18	15 108		13 905
合资经营企业（港、澳、台资）	8	15 108		13 905
合作经营企业（港、澳、台资）	3			
港、澳、台商独资经营企业	7			
外商投资企业	5	5 222	550	2 205
中外合资经营企业	5	5 222	550	2 205
（二）按国民经济行业分组				
土木工程建筑业	233	684 787	8 431	11 562
房屋	172	529 102	2 202	9 695
铁路公路隧道桥梁	26	104 251	2 737	650
堤坝电站码头	8	46 316	3 492	25
其他土木工程	27	5 119		1 192
线路管道设备安装业	50	57 656	371	994
线路管道安装业	12	42 584		
设备安装业	38	15 072	371	994
装修装饰业	122	54 786	1 546	44 531
（三）按企业资质等级分组				
一级	61	244 566	6 431	6 785
二级	108	350 604	3 546	41 760
三级	71	93 685	371	2 151
四级	165	108 375		6 392

生　产　情　况　(一)

单位：万元

				竣工产值
建筑工程	安装工程	房屋构筑物修理	非标准设备制造	
726 944	**60 979**	**8 774**	**532**	**651 470**
556 412	34 506	3 720	532	518 282
335 593	30 090	3 278		272 386
706 614	60 979	8 774	532	623 143
264 964	28 197	3 278		193 817
139 001	11 949	3 758		146 334
4 203	635			5 707
13 963	801			9 092
2 165	801			1 256
9 217				3 767
2 581				4 070
152 139	10 882	891	532	160 977
43 775				54 887
108 365	10 882	891	532	106 090
56 352	85	100		48 531
75 993	8 431	747		58 686
64 287	7 994	723		56 292
11 705	437	23		2 394
15 108				21 631
15 108				21 631
5 222				6 696
5 222				6 696
648 638	27 375	8 774		561 697
499 096	21 255	8 751		474 033
98 131	6 120			55 679
46 316				27 428
5 096		23		4 557
28 251	28 873		532	43 270
24 924	17 660			36 974
3 327	11 213		532	6 296
50 055	4 732			46 503
233 376	10 658		532	200 096
323 036	23 848	3 720		318 187
79 611	9 904	4 170		61 643
90 921	16 569	885		71 544

建　筑　业　企　业

	单位工程施工个数（个）	本年新开工个数	实行投标承包个数	本年新开工
总　　计	**4 961**	**3 253**	**1 041**	**558**
其中：一、二级企业	2 987	1 950	750	371
其中：国有及国有控股	2 435	1 430	475	245
（一）按登记注册类型分组				
内资企业	4 918	3 238	1 032	549
国有企业	1 844	1 183	345	178
集体企业	990	707	287	142
股份合作企业	13	7		
联营企业	87	69	26	13
国有联营企业	42	36	8	4
国有与集体联营企业	37	32	10	8
其他联营企业	8	1	8	1
有限责任公司	1 435	870	245	120
国有独资公司	109	58	100	53
其他有限责任公司	1 326	812	145	67
股份有限公司	122	85	61	45
私营企业	427	317	68	51
私营有限责任公司	392	282	52	35
私营股份有限公司	35	35	16	16
港、澳、台商投资企业	8	6		
合资经营企业（港、澳、台资）	8	6		
外商投资企业	35	9	9	9
中外合资经营企业	35	9	9	9
（二）按国民经济行业分组				
土木工程建筑业	3 230	1 844	985	513
房　屋	2 240	1 335	768	381
铁路公路隧道桥梁	808	420	134	91
堤坝电站码头	85	44	66	28
其他土木工程	97	45	17	13
线路管道设备安装业	1 604	1 295	27	24
线路管道安装业	1 479	1 198	10	7
设备安装业	125	97	17	17
装修装饰业	127	114	29	21
（三）按企业资质等级分组				
一　级	560	255	307	145
二　级	2 427	1 695	443	226
三　级	909	500	136	95
四　级	1 065	803	155	92

生　产　情　况　（二）

单位工程竣工个数（个）	优良单位工程个数	房屋建筑施工面积（平方数）	本年新开工面积	实行投标承包的面积	本年新开工面积	房屋建筑竣工面积（平方米）	优良工程竣工面积
2 968	**334**	**10 950 619**	**4 709 208**	**5 200 022**	**2 457 247**	**4 928 761**	**1 255 102**
1 890	187	7 928 678	3 200 867	3 872 064	1 718 354	3 556 845	999 506
1 358	154	5 230 708	1 903 994	2 276 297	1 015 021	2 128 181	448 726
2 930	334	10 863 347	4 687 716	5 181 027	2 438 252	4 859 655	1 255 102
1 085	125	4 265 798	1 458 532	1 385 061	584 421	1 587 749	276 880
470	88	2 821 001	1 329 864	1 359 065	624 625	1 479 467	369 261
8	1	141 282	78 279			62 121	32 800
75	9	44 465		44 465		43 865	33 205
36	2						
31	3						
8	4	44 465		44 465		43 865	33 205
961	60	2 324 576	966 691	1 846 069	782 687	1 100 474	423 952
57	25	721 831	333 200	648 157	318 338	410 837	159 053
904	35	1 602 745	633 491	1 197 912	464 349	689 637	264 899
76	21	475 726	326 276	314 408	261 145	201 985	23 889
255	30	790 499	528 074	231 959	185 374	383 994	95 115
232	22	695 895	433 470	211 908	165 323	383 994	95 115
23	8	94 604	94 604	20 051	20 051		
7		51 846				51 846	
7		51 846				51 846	
31		35 426	21 492	18 995	18 995	17 260	
31		35 426	21 492	18 995	18 995	17 260	
1 684	253	10 796 449	4 594 055	5 118 179	2 413 174	4 825 760	1 251 935
1 168	213	10 758 817	4 578 580	5 102 790	2 413 174	4 802 403	1 251 935
433	26	22 757	600	15 389		22 757	
34	6	14 875	14 875			600	
49	8						
1 186	77	1 298	628	628	628	670	
1 086	68	1 298	628	628	628	670	
100	9						
98	4	152 872	114 525	81 215	43 445	102 331	3 167
227	58	4 138 667	1 474 307	1 717 921	724 997	1 524 551	290 846
1 663	129	3 790 011	1 726 560	2 154 143	993 357	2 032 294	708 660
490	92	1 456 321	801 717	541 240	351 036	555 205	79 071
588	55	1 565 620	706 624	786 718	387 857	816 711	176 525

建 筑 业 企 业

	自有机械设备年末总台数（台）	自有机械设备年末总功率（千瓦）	施工机械功率	自有机械设备年末净值
总计	**20 044**	**418 992**	**342 358**	**68 366**
其中：一、二级企业	12 689	329 340	269 410	50 810
其中：国有及国有控股	6 587	229 846	190 844	32 929
（一）按登记注册类型分组				
内资企业	19 492	415 067	339 635	67 930
国有企业	5 453	206 684	178 292	30 228
集体企业	5 010	44 489	40 889	6 266
股份合作企业	212	1 516	1 466	319
联营企业	139	9 430	8 088	1 341
国有联营企业	58	4 987	4 187	128
国有与集体联营企业	69	4 279	3 737	1 139
其他联营企业	12	164	164	75
有限责任公司	3 912	54 956	34 023	9 990
国有独资公司	440	12 462	3 800	955
其他有限责任公司	3 472	42 494	30 223	9 036
股份有限公司	1 466	52 795	38 161	10 269
私营企业	3 300	45 197	38 716	9 516
私营合伙企业				
私营有限责任公司	3 169	40 817	35 092	9 082
私营股份有限公司	131	4 380	3 624	434
其他企业				
港、澳、台商投资企业	447	3 772	2 570	302
合资经营企业（港、澳、台资）	447	3 772	2 570	302
合作经营企业（港、澳、台资）				
港、澳、台商独资经营企业				
外商投资企业	105	153	153	134
中外合资经营企业	105	153	153	134
（二）按国民经济行业分组				
土木工程建筑业	16 964	396 466	328 586	64 493
房屋	13 602	229 712	182 563	35 089
铁路公路隧道桥梁	2 177	110 006	99 523	20 987
堤坝电站码头	1 070	50 128	40 207	7 634
其他土木工程	115	6 620	6 293	783
线路管道设备安装业	753	11 495	4 524	2 161
线路管道安装业	185	6 411	877	1 383
设备安装业	568	5 084	3 647	778
装修装饰业	2 327	11 031	9 248	1 713
（三）按企业资质等级分组				
一级	4 204	167 477	135 227	24 425
二级	8 485	161 863	134 183	26 385
三级	4 014	42 163	31 364	10 105
四级	3 341	47 489	41 584	7 452

生 产 情 况 （三）

单位：万元

计算劳动生产率的平均人数（人）	期末从业人数（人）		企业总产值		年末拖欠工程款	
		工程技术人员		对内销售产值		施工拖欠
76 061	**84 710**	**12 678**	**893 019**	**35 480**	**162 030**	**86 802**
53 366	58 904	8 841	680 132	23 474	137 536	70 252
30 397	31 259	5 152	433 951	22 966	107 557	44 561
74 954	83 539	12 443	872 450	34 284	161 637	86 515
25 206	26 475	4 317	352 320	19 366	93 269	36 221
19 878	20 591	2 715	165 393	849	24 692	16 882
1 033	1 032	83	5 976	134	104	104
1 215	1 182	229	18 005	1 108	1 827	1 827
240	264	108	3 273	1 108	236	236
530	462	93	12 104		1 591	1 591
445	456	28	2 628			
14 066	15 653	2 560	172 157	5 055	34 919	27 863
3 226	3 166	443	49 688	2 492	13 252	7 304
10 840	12 487	2 117	122 469	2 563	21 667	20 560
6 107	7 477	1 013	70 221	4 214	3 848	848
7 449	11 121	1 526	88 378	3 558	2 978	2 770
	3					
6 499	10 055	1 302	76 212	3 558	2 589	2 382
950	1 063	224	12 166		389	389
	8					
827	874	154	15 108			
827	654	154	15 108			
	54					
	166					
280	297	81	5 462	1 196	393	288
280	297	81	5 462	1 196	393	288
67 492	74 278	10 839	776 183	29 448	154 399	79 437
56 200	61 120	8 611	567 460	22 230	115 989	65 146
7 621	8 162	1 554	155 365	5 824	13 900	4 053
3 270	4 234	575	48 229	198	23 953	9 787
401	762	99	5 129	1 196	558	452
4 006	4 779	784	59 071	1 528	5 619	5 353
2 456	2 442	338	42 994			
1 550	2 337	446	16 077	1 528	5 619	5 353
4 563	5 653	1 055	57 766	4 505	2 012	2 012
20 542	21 455	3 684	311 084	5 149	104 423	48 330
32 824	37 449	5 157	369 048	18 325	33 113	21 922
11 405	12 151	2 186	98 077	9 023	12 053	9 583
11 290	13 655	1 651	114 810	2 983	12 441	6 967

建　筑　业　企　业

	流动资产小计	存货	在建工程	长期投资
总　计	**1 038 977**	**407 734**	**315 830**	**43 796**
其中：一、二级企业	791 986	284 904	219 572	37 192
其中：国有及国有控股	500 029	128 749	111 045	20 518
（一）按登记注册类型分组				
内资企业	1 020 265	404 766	313 015	43 701
国有企业	434 670	115 644	99 543	13 142
集体企业	215 169	138 124	130 834	8 998
股份合作企业	15 062	6 267	6 267	
联营企业	26 318	803	287	847
国有联营企业	12 042	48		
国有与集体联营企业	13 469	394		847
其他联营企业	807	362	287	
有限责任公司	181 520	91 478	48 126	11 212
国有独资企业	31 212	7 913	6 731	5 860
其他有限责任公司	150 308	83 565	41 395	5 352
股份有限公司	68 142	11 907	6 509	1 778
私营企业	79 384	40 542	21 450	7 724
私营有限责任公司	65 821	35 957	21 024	7 254
私营股份有限公司	13 563	4 585	426	470
港、澳、台商投资企业	15 671	2 737	2 736	95
合资经营企业（港、澳、台资）	15 074	2 229	2 228	95
港、澳、台商独资经营企业	597	508	508	
外商投资企业	3 041	232	79	
中外合资经营企业	3 041	232	79	
（二）按国民经济行业分组				
土木工程建筑业	852 458	330 353	249 224	29 185
房　屋	651 736	288 295	212 291	21 679
铁路公路隧道桥梁	145 776	29 063	26 449	5 486
堤坝电站码头	47 713	10 455	8 117	1 868
其他土木工程	7 233	2 540	2 367	151
线路管道设备安装业	128 910	62 918	58 536	10 817
线路管道安装业	100 821	55 319	53 033	9 323
设备安装业	28 089	7 599	5 503	1 494
装修装饰业	57 608	14 463	8 070	3 794
（三）按企业资质等级分组				
一　级	341 615	67 761	51 384	10 574
二　级	450 372	217 144	168 187	26 618
三　级	152 088	97 068	76 694	3 558
四　级	94 902	25 762	19 565	3 045

财　务　状　况　（一）

单位：万元

固定资产小计	固定资产原值	生产经营用	累计折旧	本年折旧	专项工程	无形及递延资产小计	无形资产	资产合计
146 502	**222 249**	**175 934**	**75 747**	**12 062**	**19 057**	**10 436**	**3 441**	**1 264 255**
114 014	178 452	140 386	64 438	9 735	11 103	8 212	2 126	967 333
80 874	124 846	94 097	43 972	6 214	17 035	5 390	426	627 490
144 579	219 363	173 253	74 784	11 955	19 024	10 141	3 441	1 243 146
66 319	106 244	85 399	39 925	5 514	17 033	5 241	426	539 840
21 848	29 913	25 229	8 065	1 464	1 004	1 685	832	249 093
375	432	333	57	4				15 524
2 221	3 183	2 977	963	155	8	287	277	29 758
651	894	894	243	64				12 770
1 383	2 081	2 081	697	90	8	285	275	15 993
186	208	2	22	1		2	2	995
25 297	33 440	18 952	8 143	1 647	284	1 390	1 123	220 967
11 596	14 489	4 810	2 893	354	2	88		48 816
13 701	18 951	14 142	5 250	1 293	282	1 302	1 123	172 150
14 368	27 457	24 161	13 089	1 971	518	724	199	85 603
14 151	18 694	16 202	4 543	1 201	177	815	584	102 363
13 497	17 823	15 344	4 326	1 164	177	814	584	87 666
654	871	858	217	37		1		14 696
847	1 529	1 469	683	65	33	8		16 704
839	1 505	1 469	666	62	33	8		16 100
8	25		17	3				605
1 076	1 357	1 211	281	42		287		4 404
1 076	1 357	1 211	281	42		287		4 404
131 648	199 088	158 557	67 440	9 759	18 279	8 976	2 625	1 044 560
79 034	106 868	81 588	27 834	4 872	6 426	4 875	2 319	767 240
30 833	54 310	50 455	23 477	2 968	7 281	546	284	190 389
20 166	35 395	24 625	15 229	1 777	4 485	3 535	2	77 776
1 615	2 515	1 889	900	142	87	20	20	9 155
9 582	15 416	11 500	5 834	1 829	740	830	626	152 185
6 574	10 264	7 741	3 690	1 285	612	735	557	119 044
3 008	5 152	3 759	2 144	544	128	95	69	33 141
5 272	7 745	5 876	2 474	475	38	630	190	67 509
60 815	97 792	73 895	36 977	4 886	9 076	5 210	590	430 552
53 199	80 660	66 491	27 461	4 849	2 026	3 002	1 535	536 781
15 724	20 890	18 277	5 166	1 339	6 019	1 584	1 065	179 145
16 764	22 907	17 271	6 143	988	1 936	641	250	117 777

建 筑 业 企 业

	负债合计			所有者权益合计
		流动负债	长期负债	
总计	**951 374**	**918 896**	**32 479**	**312 881**
其中：一、二级企业	725 180	695 027	30 153	242 153
其中：国有及国有控股	491 949	466 357	25 592	135 542
(一)按登记注册类型分组				
内资企业	940 169	907 728	32 441	302 977
国有企业	428 800	408 776	20 024	111 040
集体企业	191 802	191 434	368	57 291
股份合作企业	15 288	15 288		236
联营企业	23 511	23 511		6 247
国有联营企业	10 624	10 624		2 146
国有与集体联营企业	12 072	12 072		3 921
其他联营企业	815	815		180
有限责任公司	158 464	152 825	5 639	62 503
国有独资公司	34 132	28 590	5 542	14 684
其他有限责任公司	124 332	124 235	97	47 819
股份有限公司	62 435	56 025	6 409	23 168
私营企业	59 870	59 870		42 493
私营有限责任公司	49 560	49 560		38 106
私营股份有限公司	10 310	10 310		4 387
港、澳、台商投资企业	9 257	9 231	26	7 447
合资经营企业(港、澳、台资)	8 653	8 627	26	7 447
港、澳、台商独资经营企业	605	605		
外商投资企业	1 948	1 936	12	2 456
中外合资经营企业	1 948	1 936	12	2 456
(二)按国民经济行业分组				
土木工程建筑业	795 352	763 775	31 577	249 208
房屋	593 082	581 610	11 472	174 158
铁路公路隧道桥梁	135 344	124 317	11 028	55 045
堤坝电站码头	59 938	50 862	9 077	17 837
其他土木工程	6 987	6 987		2 168
线路管道设备安装业	117 168	116 659	509	35 017
线路管道安装业	92 721	92 718	2	26 324
设备安装业	24 448	23 941	507	8 693
装修装饰业	38 854	38 461	393	28 655
(三)按企业资质等级分组				
一级	339 414	319 210	20 203	91 139
二级	385 767	375 817	9 950	151 014
三级	139 460	139 048	412	39 685
四级	86 735	84 821	1 914	31 042

财　务　状　况　（二）

单位：万元

实收资本合计	国家资本	集体资本	法人资本	个人资本	港澳台资本	外商资本
243 026	**70 009**	**32 482**	**79 345**	**56 074**	**3 364**	**1 753**
181 279	54 503	23 742	56 924	40 993	3 364	1 753
101 405	66 265	1 152	32 091	1 136	761	
233 657	68 151	32 482	76 949	56 074		
87 715	59 940	100	27 675			
42 757		30 065	12 692			
269		41	228			
4 640	37	8	4 446	150		
1 735	33		1 703			
2 743			2 743			
162	4	8		150		
41 403	6 292	1 477	14 242	19 392		
6 000	6 000					
35 403	292	1 477	14 242	19 392		
20 415	1 882	792	9 358	8 383		
36 458			8 308	28 149		
32 143			7 708	24 434		
4 315			600	3 715		
6 798	1 678		1 757		3 364	
6 798	1 678		1 757		3 364	
2 572	180		639			1 753
2 572	180		639			1 753
197 138	65 324	30 057	56 703	42 285	1 456	1 313
141 611	35 273	29 265	39 465	35 419	1 456	733
46 126	22 973	792	16 137	6 224		
6 845	6 845					
2 556	232		1 102	642		580
20 597	2 664	1 300	14 127	2 506		
13 456	1 577	1 200	10 679			
7 140	1 087	100	3 447	2 506		
25 292	2 021	1 126	8 515	11 283	1 908	440
67 746	38 407		26 776	1 420	1 144	
113 533	16 096	23 742	30 148	39 574	2 220	1 753
36 661	6 803	6 021	16 837	7 000		
25 086	8 703	2 719	5 584	8 080		

建　筑　业　企　业

	工程结算收入	工程结算成本	工程结算税金及附加	工程结算利润
总　　计	**1 041 416**	**938 622**	**35 451**	**67 344**
其中：一、二级企业	814 499	735 841	27 091	51 567
其中：国有及国有控股	500 531	451 198	16 407	32 926
(一) 按登记注册类型分组				
内资企业	1 017 189	916 840	34 727	65 623
国有企业	397 221	356 207	12 717	28 297
集体企业	231 797	214 245	8 185	9 367
股份合作企业	5 967	5 623	236	108
联营企业	13 075	11 221	629	1 225
国有联营企业	2 554	2 002	309	243
国有与集体联营企业	7 893	6 794	230	869
其他联营企业	2 628	2 425	91	112
有限责任公司	201 016	178 434	6 783	15 800
国有独资公司	37 559	34 578	1 278	1 703
其他有限责任公司	163 457	143 856	5 505	14 097
股份有限公司	78 249	71 495	2 676	4 079
私营企业	89 864	79 615	3 501	6 748
私营有限责任公司	81 301	71 742	3 208	6 351
私营股份有限公司	8 563	7 873	293	396
港、澳、台商投资企业	18 607	16 541	577	1 489
合资经营企业（港、澳、台资）	16 977	15 037	526	1 414
港、澳、台商独资经营企业	1 630	1 504	51	75
外商投资企业	5 620	5 241	147	232
中外合资经营企业	5 620	5 241	147	232
(二) 按国民经济行业分组				
土木工程建筑业	903 453	828 406	30 884	44 162
房　屋	681 334	626 039	23 873	31 422
铁路公路隧道桥梁	157 524	142 729	4 958	9 837
堤坝电站码头	57 133	52 740	1 884	2 510
其他土木工程	7 462	6 899	169	394
线路管道设备安装业	82 811	62 223	2 761	17 827
线路管道安装业	69 058	50 399	2 106	16 553
设备安装业	13 753	11 824	656	1 274
装修装饰业	55 153	47 993	1 805	5 355
(三) 按企业资质等级分组				
一　级	315 723	291 835	10 406	13 482
二　级	498 776	444 006	16 685	38 085
三　级	108 491	97 990	4 488	6 013
四　级	118 426	104 790	3 872	9 764

财　务　状　况　(三)

单位：万元

其他业务收入	其他业务利润	管理费用				财务费用	
			税金	财产保险费	劳动、待业保险费		利息支出
26 915	**5 242**	**48 773**	**1 060**	**178**	**4 657**	**2 394**	**2 854**
25 143	4 221	38 502	884	128	3 771	1 920	2 464
24 737	3 836	28 721	744	116	3 163	1 641	2 135
26 832	5 197	47 473	992	177	4 598	2 398	2 854
12 545	2 174	24 636	640	90	2 275	1 476	1 857
1 036	862	6 403	96	16	958	93	162
		165	2		3	−1	
4 583	805	1 316	22	8	46	2	−1
372	487	669	22	7	46	4	
4 211	318	558				−1	
		89		1		−1	−1
8 246	1 180	7 479	143	39	1 098	367	548
7 583	830	2 306	77	18	771	129	220
664	350	5 173	66	22	327	238	328
69	−15	2 927	23	7	112	161	1
353	191	4 546	67	16	106	300	287
322	189	4 244	66	14	101	303	287
31	2	302	1	2	5	−3	
46	20	956	61		44	−19	−9
46	20	880	61		40	−19	−9
		77			4		
37	25	344	7	1	15	15	9
37	25	344	7	1	15	15	9
21 233	3 998	33 260	872	152	4 083	2 291	2 492
9 639	2 134	22 060	622	80	2 598	1 428	1 646
5 610	938	7 660	137	49	844	221	215
5 941	916	3 022	105	18	626	610	601
43	11	517	9	6	16	32	30
1 306	812	11 257	72	8	409	26	269
825	279	9 256	49		87	−229	
481	533	2 000	23	8	322	255	269
4 376	431	4 256	116	18	165	78	93
19 306	2 725	15 928	629	78	2 778	1 697	2 013
5 837	1 496	22 575	255	50	992	223	451
1 281	853	4 775	79	17	551	135	110
491	168	5 496	97	33	336	339	280

建 筑 业 企 业

	营业利润	利润总额（亏损为一）	应交所得税	应付利润
总计	**21 419**	**23 592**	**4 815**	**10 287**
其中：一、二级企业	15 365	16 773	3 413	8 826
其中：国有及国有控股	6 400	5 061	1 842	2 030
（一）按登记注册类型分组				
内资企业	20 949	23 107	4 760	10 166
国有企业	4 359	2 872	1 435	1 849
集体企业	3 733	6 940	738	574
股份合作企业	−57	−43		
联营企业	712	853	164	101
国有联营企业	59	67	13	
国有与集体联营企业	630	762	151	101
其他联营企业	24	24		
有限责任公司	9 133	9 469	1 828	6 454
国有独资公司	98	117	12	25
其他有限责任公司	9 035	9 352	1 816	6 429
股份有限公司	975	989	180	
私营企业	2 093	2 028	416	1 187
私营有限责任公司	1 994	1 924	397	1 187
私营股份有限公司	99	104	20	
港、澳、台商投资企业	572	576	54	121
合资经营企业（港、澳、台资）	573	581	54	121
港、澳、台商独资经营企业	−1	−5		
外商投资企业	−101	−91	2	
中外合资经营企业	−101	−91	2	
（二）按国民经济行业分组				
土木工程建筑业	12 610	14 132	2 942	3 868
房屋	10 067	11 704	2 223	2 202
铁路公路隧道桥梁	2 894	2 434	688	1 613
堤坝电站码头	−207	149	25	52
其他土木工程	−144	−155	6	1
线路管道设备安装业	7 356	7 968	1 590	6 196
线路管道安装业	7 804	8 350	1 528	6 182
设备安装业	−448	−382	62	14
装修装饰业	1 453	1 492	283	223
（三）按企业资质等级分组				
一级	−1 418	−3 538	458	263
二级	16 783	20 311	2 960	8 563
三级	1 956	2 258	634	916
四级	4 097	4 561	764	545

财 务 状 况 （四）

单位：万元

本年应付工资总额	主营业务应付工资总额	本年应付福利费总额	主营业务应付福利费总额	增加值	亏损企业个数（个）	亏损额
112 982	**109 578**	**8 297**	**6 524**	**236 676**	**73**	**—6 867**
86 263	83 289	6 063	4 585	180 921	41	—5 878
47 138	45 780	5 003	3 696	108 930	28	—5 361
111 627	108 223	8 274	6 515	232 632	68	—6 682
35 846	35 649	4 360	3 160	88 252	27	—5 341
25 115	24 762	1 357	1 248	46 079	11	—256
1 252	1 252	59	57	1 661	4	—43
1 901	1 901	115	70	4 048	2	—35
482	482	21	14	1 179	1	—20
965	965	92	54	2 209		
454	454	2	2	660	1	—15
25 691	24 204	1 085	951	50 626	10	—795
6 634	5 474	309	209	9 866		
19 057	18 730	776	742	40 759	10	—795
9 421	8 225	573	461	17 546		
12 400	12 230	727	568	24 420	14	—213
11 079	10 927	702	557	22 374	13	—196
1 321	1 303	25	11	2 047	1	—17
1 078	1 078	17	3	3 318	2	—83
1 078	1 078	9	3	3 185	1	—78
		8		133	1	—5
277	277	6	6	726	3	—102
277	277	6	6	726	3	—102
99 703	96 519	6 797	5 696	191 976	49	—5 536
82 549	79 489	4 536	3 835	146 711	40	—3 959
13 457	13 334	1 189	800	32 877	3	—1 394
3 188	3 188	952	947	11 036	1	—2
510	509	120	114	1 352	5	—181
7 734	7 654	1 036	443	30 995	5	—946
5 568	5 541	814	251	25 872	2	—254
2 167	2 113	223	193	5 123	3	—692
5 545	5 404	464	385	13 705	19	—384
30 759	29 507	2 630	2 120	63 808	21	—5 340
55 505	53 782	3 434	2 464	117 113	20	—538
14 686	14 450	1 199	1 070	27 989	16	—732
12 033	11 838	1 035	869	27 765	16	—256

建筑业企业房屋建筑工程生产情况

	单　　位	本年竣工的房屋建筑面积
总　　计	平方米	**4 928 761**
按房屋主要用途分		
厂　房	平方米	898 643
住　宅	平方米	2 696 435
办公用房	平方米	455 821
商业、居民服务业用房	平方米	400 690
文化教育用房	平方米	226 701
医疗用房	平方米	22 972
科研用房	平方米	11 300
其他用房	平方米	216 199

五、交通运输邮电通讯业

客、货运输总量及周转量

指　　标	单　位	2001年	比2000年增长（±%）
一、客运量	**万人**	**4 701.4**	**12.1**
铁路（发送）	万人	277.6	8.9
公　路	万人	3 672.6	12.3
水　运	万人	338.9	6.6
航　空	万人	412.3	17.3
二、周转量	**万人公里**	**668 565.8**	**18.6**
公　路	万人公里	245 728.8	19.1
水　运	万人公里	3 906.8	−19.7
航　空	万人公里	418 930.2	18.8
三、货运量	**万吨**	**2 547.6**	**4.0**
铁路（发送）	万吨	237.0	22.7
公　路	万吨	1 325.0	−2.9
水　运	万吨	979.3	10.4
航　空	万吨	6.3	7.8
四、货物周转量	**万吨公里**	**3 073 176.0**	**−1.4**
公　路	万吨公里	156 489.5	18.1
水　运	万吨公里	2 909 508.5	−2.3
航　空	万吨公里	7 178.0	6.6
五、港口旅客吞吐量	**万人**	**31.9**	**10.6**
六、港口货物吞吐量	**万吨**	**2 098.9**	**6.8**
七、集装箱吞吐量	**万标箱**	**129.3**	**19.2**
八、空港旅客吞吐量	**万人**	**373.7**	**5.2**
九、空港货物吞吐量	**万吨**	**10.7**	**7.2**

公路里程数

指　　标	单　位	年底到达数	指　　标	单　位	年底到达数
一、公路通车里程	**公里**	**1 456**	省　道	公里	94
#有路面公路	公里	1 399	县　道	公里	418
#高　级	公里	697	乡　道	公里	816
次高级	公里	139	#晴雨通车里程	公里	1 433
中　级	公里	180	**二、可绿化公路里程**	**公里**	**1 455**
低　级	公里	383	#绿化里程	公里	497
无路面公路	公里	57	**三、公路桥梁**	**座**	**325**
#等级公路	公里	1 199	公路桥梁长度	米	19 462
等外公路	公里	257	#互通式立交桥	座	6
#国　道	公里	128	互通式立交桥长度	米	4 515

民用车辆拥有量

指标	单位	总计
民用车辆	**辆**	**210 201**
一、民用汽车	**辆**	**65 250**
#载客汽车	辆	34 763
#大型	辆	2 892
中型	辆	5 529
小型	辆	23 393
微型	辆	2 949
普通载货汽车	辆	28 145
#重型	辆	1 135
中型	辆	4 660
轻型	辆	13 970
微型	辆	8 380
其他汽车	辆	2 342
二、摩托车	**辆**	**142 183**
#普通	辆	130 268
轻便	辆	11 915
三、农用运输车	**辆**	**2 439**
四、挂车	**辆**	**328**
五、其他	**辆**	**1**

民用运输船舶拥有量

指标	单位	总计
机动船	**艘**	**595**
总吨	吨位	398 700
载客量	客位	12 571
净载重量	吨位	625 676
总功率	千瓦	238 217
1. 客船	艘	93
总吨	吨位	3 579
载客量	客位	4 159
功率	千瓦	11 501
2. 客货船	艘	245
总吨	吨位	3 342
载客量	客位	8 412
净载重量	吨	3 326
功率	千瓦	6 749
3. 货船	艘	254
总吨	吨位	391 012
净载重量	吨	622 350
功率	千瓦	214 573
4. 拖船	艘	3
总吨	吨位	767
功率	千瓦	5 394

港　口　货　物　吞　吐　量

单位：万吨

指　　标	总　计			出　口			进　口		
	合计	外贸	内贸	合计	外贸	内贸	合计	外贸	内贸
总　　计	**2 098.91**	**1 405.24**	**693.67**	**905.20**	**801.87**	**103.33**	**1 193.71**	**603.37**	**591.34**
＃转　口	3.87	1.94	1.93	1.93		1.93	1.94	1.94	
＃煤炭及制品	123.66		123.66	9.67		9.67	113.99		113.99
石油天然气制品	124.62	49.33	75.29	12.35		12.35	112.27	49.33	62.94
金属矿石	59.82	45.12	14.7	0.76		0.76	59.06	45.12	13.94
钢　铁	93.66	68.93	24.73	13	5.11	7.89	80.66	63.82	16.84
矿建材料	358.7	109.8	248.9	69.92	55.75	14.17	288.78	54.05	234.73
水　泥	1		1				1		1
木　材	2.82	2.06	0.76	0.71	0.47	0.24	2.11	1.59	0.52
非金属矿石	34.56	24.72	9.84	28.31	24.72	3.59	6.25		6.25
化肥及农药	33.62	29.95	3.67	4.24	2.77	1.47	29.38	27.18	2.2
盐	2.14		2.14				2.14		2.14
粮　食	55.39	3.19	52.2	2.5	0.03	2.47	52.89	3.16	49.73
机械设备、电器	26.09	24.78	1.31	21.34	20.78	0.56	4.75	4	0.75
化工原料制品	95.74	69.1	26.64	12.09	6.3	5.79	83.65	62.8	20.85
有色金属	1.5	1.49	0.01	0.45	0.45	0	1.05	1.04	0.01
轻工、医药产品	201.17	196.39	4.78	172.41	172.35	0.06	28.76	24.04	4.72
农村牧渔产品	33.8	11.91	21.89	7.58	7.42	0.16	26.22	4.49	21.73
其　他	850.62	768.47	82.15	549.87	505.72	44.15	300.75	262.75	38

邮 电 业 务 基 本 情 况

	单　位	2001 年	比 2000 年增长（±%）
邮电业务总量	**万元**	**172 348**	**11.5**
一、邮政业务总量	**万元**	**24 486**	**—10.1**
函　件	万件	3 376	27
机要文件	万件	2.1	—23.3
包　件	万件	44.3	—4.2
汇　票	万张	139	—4.1
订销报纸累计数	万份	3 953	—33
订销杂志累计数	万份	697	14.5
二、电信、移动通信业务总量	**万元**	**147 862**	**16.1**
（一）市话年末到达数	万户	66.5	49.44
市话用户平均数	万户	55	36.48
（二）农话年末到达数	万户	9.6	21.52
农话用户平均数	万户	8.5	16.44
（三）计算机互联网用户	万户	20	82.5
#数据通信总用户（含分组交换 DDN 用户）	万户		
（四）移动电话年末到达数	万户	79.1	31.61
（五）无线寻呼业务总量	万元	3 385	—57.7
无线寻呼年末到达数	万户	18.7	—60.21

邮电机构数

单位：处

项目	合计
邮电所合计	**331**
#自办局所合计	72
代办所合计	259
#邮政代办所	19
总计中：邮政储蓄点	42
信筒信箱	750
公用电话点	23 714
磁卡电话数（台）	116
IC卡电话数（台）	10 200

邮电线路情况

单位：公里

指标	合计
邮路总长度	**60 332**
#农村邮路	1 322
一、机动运输工具邮路	**59 413**
#航空邮路	56 476
汽车邮路	2 929
#自办	2 929
机动船邮路	8
二、非机动运输工具邮路	**919**

主要邮电设备拥有量

项目	单位	合计
邮运汽车	辆	35
电传机	台	
长途交换机容量（自动）	路端	42 000
电话交换机总容量	门	1 170 696
电话机数	部	758 084
农村交换机总容量	门	129 528
电话机数	部	97 982

六、批发零售贸易和餐饮业

社会消费品零售总额

单位：万元

项　　　　目	2001年	2000年	比2000年增长（±%）
社会消费品零售总额	**1 865 450.8**	**1 722 296.1**	**8.31**
按销售单位所在地分组			
市	1 865 450.8	1 722 296.1	8.31
县	—	—	—
县以下	—	—	—
按行业分组			
批发零售贸易业	1 297 359.8	1 174 264.6	10.48
餐饮业	299 831.1	279 390.7	7.32
其　他	268 259.9	268 640.8	－0.14
＃制造业直接零售额	81 753.9	67 745.5	20.68
农业生产者直接零售额	108 370.8	135 825.8	－20.21
按登记注册类型分组			
国有企业	282 695.7	343 632.5	－17.73
集体企业	225 013.1	226 587.6	－0.69
联营企业	34 058.7	22 261.1	53.00
私营企业	352 286.5	255 668.1	37.79
港澳台投资企业	30 467.6	37 451.3	－18.65
外资投资企业	117 656	75 158.5	56.54
个体经济	636 103.5	571 315.8	11.34
其他经济	187 169.7	190 221.2	－1.60

注：零售总额含当年9月份开始增加“戴尔”公司国内直销同期调整数。

餐　饮　业　销　售　情　况

单位：万元

	法人企业（个）	产业活动单位（个）	从业人数（人）	营业总收入	商品零售额
总　　计	**187**	**7 487**	**26 650**	**304 238.5**	**299 831.6**
一、限额以上	**43**	**89**	**10 480**	**93 264.5**	**90 493.6**
按登记注册类型分组					
内资企业	30	62	6 173	49 327.4	47 727.2
国有企业	6	21	2 086	15 233.4	13 873.6
集体企业	4	6	632	2 224.6	2 224.6
股份合作企业	1	2	223	1 148.2	1 148.2
联营企业		4	441	3 605.6	3 605.6
国有联营企业		3	389	3 226.5	3 226.5
其他联营企业		1	52	379.1	379.1
有限责任公司	3	11	723	6 356.6	6 127.3
国有独资企业		1	68	534.8	534.8
其他有限责任公司	3	10	655	5 821.8	5 592.5
股份有限公司		1	79	666.7	655.6
私营企业	16	17	1 989	20 092.3	20 092.3
私营独资企业	2	2	145	963.0	963.0
私营合伙企业	2	2	73	645.1	645.1
私营有限责任公司	12	13	1 771	18 484.2	18 484.2
港、澳、台商投资企业	9	19	2 963	27 682.9	27 010.5
合资经营企业	3	9	1 144	8 047.3	7 650.7
合作经营企业	1	3	898	10 620.9	10 479.0
独资经营企业	4	6	790	8 582.7	8 448.8
投资股份有限公司	1	1	131	432.0	432.0
外商投资企业	4	8	1 344	16 254.2	15 755.9
中外合资经营企业	1	1	49	492.0	492.0
中外合作经营企业		3	581	7 518.9	7 020.6
外资企业	3	4	714	8 243.3	8 243.3
按国民经济行业分组					
正餐	35	79	8 587	69 960.3	68 522.6
快餐	5	7	1 707	21 815.3	20 482.1
其他	3	3	186	1 488.9	1 488.9
二、限额以下	**144**	**7 398**	**16 170**	**210 974.0**	**209 338.0**

批发贸易企业机构、网点、人员

	法人单位（个）	网　点（个）	人　员（人）
总　　计	**2 762**	**5 560**	**54 831**
一、按登记注册类型分组			
内资企业	2 751	5 237	52 866
国有企业	37	814	11 850
集体企业	118	353	2 769
股份合作企业	10	30	293
联营企业	28	137	1 779
有限责任公司	467	792	8 567
股份有限公司	22	71	2 250
私营企业	2 054	3 016	25 139
其他企业	15	24	219
港、澳、台商投资企业	7	48	656
合资经营企业	3	9	221
合作经营企业	—	1	36
独资经营企业	4	36	378
投资股份有限公司	—	2	21
外商投资企业	4	49	690
中外合资经营企业	1	15	200
中外合作经营企业	—	1	10
外资企业	3	33	480
个体经济	—	226	619
二、按国民经济行业分组			
食品、饮料、烟草和家庭用品批发业	1 356	2 634	25 500
食品、饮料、烟草批发业	260	830	7 732
棉、麻、土畜产品批发业	8	15	94
纺织品、服装和鞋帽批发业	201	337	4 088
日用百货批发业	318	521	5 325
日用杂品批发业	39	68	523
五金、交电、化工批发业	497	771	6 168
药品及医疗器械批发业	33	92	1 570
能源、材料和机械电子设备批发业	1 257	2 461	24 815
能源批发业	67	275	4 419
化工材料批发业	140	281	2 481
木材批发业	19	37	428
建筑材料批发业	359	592	5 041
矿产品批发业	14	26	310
金属材料批发业	72	153	1 595
机械、电子设备批发业	503	943	9 069
汽车、摩托车及零配件批发业	74	140	1 332
再生物资回收批发业	9	14	140
其他批发业	149	465	4 516
工艺美术批发业	66	95	1 322
图书报刊批发业	10	13	71
农业生产资料批发业	29	104	409
其他类未包括的批发业	44	253	2 714

零售贸易企业机构、网点、人员

	法人单位（个）	网点（个）	人员（人）
总计	**1 242**	**27 808**	**77 669**
一、按登记注册类型分组			
内资企业	1 240	2 434	24 005
国有企业	41	226	4 104
集体企业	216	497	3 054
股份合作企业	16	19	272
联营企业	12	52	820
有限责任公司	151	262	4 719
股份有限公司	5	22	368
私营企业	796	1 315	10 583
其他企业	3	41	85
港、澳、台商投资企业	—	38	219
合资经营企业	—	3	70
合作经营企业	—	4	9
独资经营企业	—	31	140
外商投资企业	2	39	396
中外合资经营企业	2	18	318
中外合作经营企业	—	1	27
外资企业	—	20	51
个体经济	—	25 297	53 049
二、按国民经济行业分组			
食品、饮料和烟草零售业	145	14 112	32 549
日用百货零售业	199	2 039	11 175
纺织品、服装和鞋帽零售业	88	3 405	7 095
日用杂品零售业	14	150	553
五金、交电、化工零售业	343	1 465	5 968
药品及医疗器械零售业	31	240	973
图书报刊零售业	16	585	2 743
其他零售业	406	5 812	16 613

餐饮企业机构、网点、人员

	法人单位（个）	网　点（个）	人　员（人）
总　　计	**187**	**7 035**	**26 650**
一、按登记注册类型分组			
内资企业	176	600	9 124
国有企业	1	347	2 759
集体企业	42	86	1 390
股份合作企业	5	9	254
联营企业	—	14	564
有限责任公司	8	32	908
股份有限公司	1	5	111
私营企业	119	107	3 138
港、澳、台商投资企业	8	62	3 358
合资经营企业	2	22	1 269
合作经营企业	—	13	898
独资经营企业	6	21	1 060
投资股份有限公司		6	131
外商投资企业	3	25	1 412
中外合资经营企业	1	2	54
中外合作经营企业		9	581
外资企业	2	14	777
个体经济	—	6 348	12 756
二、按国民经济行业分组			
正餐	137	1 176	13 578
快餐	15	3 923	8 998
其他餐饮业	35	1 936	4 074

各类商品交易市场指标

	市场个数（个）	市场摊位数量（个）	市场成交额（万元）	市场营业面积（平方米）	市场管理费（万元）
合　　计	**136**	**18 829**	**497 856**	**499 257**	**3 705**
按经营环境分					
露天式	20	2 041	69 551	44 118	1 548
封闭式	74	11 168	199 626	266 109	1 355
其他	42	5 620	228 679	189 030	802
按营业状态分					
常年营业	134	18 743	497 800	494 157	3 405
其它	2	86	56	5 100	300
按经营方式分					
批发（或以批发为主）	16	1 308	187 270	178 266	1 193
零售（或以零售为主）	120	17 521	310 586	320 991	2 512
按市场类别分					
综合市场	100	16 121	272 782	263 236	2 515
工业品综合市场	3	233	850	6 800	36
农副产品综合市场	95	15 817	271 467	253 036	2 009
其它综合市场	2	71	465	3 400	470
专业市场	36	2 708	225 074	236 021	1 190
纺织品服装鞋帽市场	4	298	1 446	17 040	18
食品饮料烟酒市场	1	—	—	—	—
小商品市场	2	370	407	900	45
文化、音响、书报杂志市场	1	101	16	1 820	2
旧货市场	2	58	142	8 300	15
机动车市场	3	136	46 831	12 014	36
金属材料市场	1	23	10 918	2 000	—
木材市场	1	—	—	20 000	—
建材装修材料市场	6	615	26 825	76 000	22
干鲜果品市场	1	26	9 000	2 000	5
水产品市场	1	144	30 800	12 896	110
蔬菜市场	6	676	60 476	46 895	895
肉食禽蛋市场	1	7	35 000	12 300	—
土畜产品市场	2	113	51	2 800	—
餐饮业市场	1	22	1 162	7 756	39
其他专业市场	3	119	2 000	13 300	3

限额以上批发零售贸易业

	法人企业数（个）	活动单位数（个）	从业人员（人）	购进总额	进口
总计	**499**	**503**	**26 810**	**4 575 794.6**	**630 558.4**
一、批发业	**407**	**409**	**18 068**	**4 248 782.7**	**629 109.1**
#国有及国有控股	164	164	10 395	2 871 850.9	482 542.6
1. 按登记注册类型分组					
内资企业	396	397	17 698	4 155 729.1	628 449.2
国有企业	119	119	7 507	1 668 553.7	173 354.4
集体企业	8	8	591	55 210.3	—
股份合作企业	1	1	22	3 579.0	—
联营企业	28	29	797	241 888.3	29 724.7
国有联营企业	21	21	571	161 479.3	4 753.3
国有与集体联营企业	2	3	131	45 195.7	15 852.1
其他联营企业	5	5	95	35 213.3	9 119.3
有限责任公司	76	76	2 776	497 228.3	85 374.5
国有独资企业	3	3	83	22 389.4	2 733.3
其他有限责任公司	73	73	2 693	474 838.9	82 641.2
股份有限公司	16	16	1 828	1 001 868.3	278 397.7
私营企业	147	147	4 152	683 468.4	61 597.9
私营独资企业	2	2	39	22 142.0	—
私营合伙企业	5	5	50	23 793.9	1 925.0
私营有限责任公司	138	138	4 038	631 769.6	59 672.9
私营股份有限公司	2	2	25	5 762.9	—
其他企业	1	1	25	3 932.8	—
港、澳、台商投资企业	7	7	252	37 857.6	659.9
合资经营企业	3	3	135	18 235.1	—
独资经营企业	4	4	117	19 622.5	659.9
外商投资企业	4	5	118	55 196.0	—
中外合资经营企业	1	2	36	9 309.2	—
外资企业	3	3	82	45 886.8	—
2. 按国民经济行业分组					
食品、饮料、烟草和家庭用品批发业	177	179	8 263	1 591 034.4	171 884.2
食品、饮料、烟草批发业	50	50	3 218	576 269.2	80 184.3

注：活动单位均包含法人本部单位数。

商品购进、销售、库存总额

单位：万元

销售总额	批发		零售	年末库存总额
		出口		
4 864 330.9	**4 440 741.6**	**1 553 085.0**	**423 589.3**	**274 613.0**
4 476 460.1	**4 371 271.4**	**1 539 998.4**	**105 188.7**	**234 505.3**
2 904 744.3	2 847 153.5	1 112 114.6	57 590.8	136 284.2
4 371 888.5	4 269 344.8	1 538 984.5	102 543.7	229 533.4
1 611 316.4	1 566 673.3	661 419.7	44 643.1	65 587.3
67 330.8	65 610.7	—	1 720.1	3 734.0
3 866.0	3 866.0	—	—	17.7
260 648.2	251 229.2	44 720.0	9 419.0	15 831.5
166 509.3	159 165.6	28 555.9	7 343.7	12 453.7
57 649.0	55 573.7	440.9	2 075.3	1 791.2
36 489.9	36 489.9	15 723.2	—	1 586.6
574 619.0	556 263.4	154 934.2	18 355.6	35 951.5
24 377.1	24 377.1	15 231.3	—	400.7
550 241.9	531 886.3	139 702.9	18 355.6	35 550.8
1 076 102.9	1 071 913.0	371 345.8	4 189.9	69 199.0
774 007.0	749 884.2	306 564.8	24 122.8	39 110.6
5 270.1	1 843.0	—	3 427.1	173.0
22 998.8	18 731.8	2 514.9	4 267.0	2 336.7
739 824.4	723 395.7	304 049.9	16 428.7	36 527.4
5 913.7	5 913.7	—	—	73.5
3 998.2	3 905.0	—	93.2	101.8
42 097.5	39 452.5	1 013.9	2 645.0	859.6
19 066.7	19 066.7	—	—	121.9
23 030.8	20 385.8	1 013.9	2 645.0	737.7
62 474.1	62 474.1	—	—	4 112.3
12 295.6	12 295.6	—	—	663.6
50 178.5	50 178.5	—	—	3 448.7
1 573 325.6	1 526 626.1	666 196.2	46 699.5	80 516.6
551 094.8	539 251.5	236 305.2	11 843.3	29 234.1

续一

	法人企业数（个）	活动单位数（个）	从业人员（人）	购进总额	进口
粮食、食用油批发业	15	15	924	191 151.6	24 943.2
烟草及其制品批发业	6	6	584	143 778.0	37 214.2
纺织品、服装和鞋帽批发业	51	51	1 663	524 713.7	47 866.5
日用百货批发业	24	25	1 145	156 111.2	6 924.5
日用杂品批发业	4	4	85	12 974.5	48.6
五金、交电、化工批发业	32	33	1 029	192 971.9	19 203.4
药品及医疗器械批发业	13	13	1 093	117 095.6	14 389.3
能源、材料和机械电子设备批发业	195	195	8 429	2 269 873.2	369 691.0
能源批发业	27	27	3 795	744 052.1	17 035.5
石油及制品批发业	21	21	3 453	710 296.4	16 895.7
煤炭及制品批发业	5	5	292	23 491.0	139.8
化工材料批发业	30	30	620	177 212.2	35 068.7
木材批发业	4	4	139	17 280.1	9 266.9
建筑材料批发业	36	36	794	182 591.0	29 041.3
矿产品批发业	5	5	149	40 551.5	4 669.4
金属材料批发业	27	27	675	683 191.4	236 044.8
机械、电子设备批发业	45	45	1 672	294 523.1	31 782.5
汽车、摩托车及零配件批发业	20	20	542	128 950.8	6 781.9
汽车批发业	13	13	328	85 975.7	6 599.6
再生物资回收批发业	1	1	43	1 521.0	—
其他批发业	35	35	1 376	387 875.1	87 533.9
工艺美术批发业	14	14	709	98 995.0	350.2
图书报刊批发业	1	1	18	2 067.2	—
农业生产资料批发业	10	10	185	56 255.1	8 846.7
其他类未包括的批发业	10	10	464	230 557.8	78 337.0
二、零售业	**92**	**94**	**8 742**	**327 011.9**	**1 449.3**
#国有及国有控股	34	34	3 917	134 284.0	1 449.3
1. 按登记注册类型分组					
内资企业	90	91	8 460	309 753.6	1 449.3
国有企业	19	19	2 758	99 625.7	1 449.3
集体企业	3	4	319	11 994.3	—

销售总额	批发	出口	零售	年末库存总额
141 647.1	138 523.7	65 607.2	3 123.4	12 783.6
156 152.9	151 405.5	6 063.0	4 747.4	3 585.2
472 391.3	472 391.3	311 207.5	—	7 732.6
169 351.3	168 561.8	28 397.1	789.5	12 535.6
14 076.7	13 999.9	10 658.9	76.8	2 370.0
225 276.4	220 443.7	43 597.9	4 832.7	13 100.0
131 597.7	102 441.9	29 388.6	29 155.8	14 700.3
2 499 304.8	2 441 886.3	636 660.1	57 418.5	129 495.4
770 565.6	752 235.1	812.6	18 330.5	49 656.7
731 654.0	713 323.5	669.4	18 330.5	47 396.7
26 617.7	26 617.7	143.2	—	2 233.1
190 866.8	190 835.8	40 781.2	31.0	9 916.3
50 365.6	50 365.6	35 167.4	—	1 273.7
218 224.6	218 224.6	120 986.3	—	9 277.2
49 232.9	49 232.9	43 541.8	—	718.5
752 697.8	751 496.3	296 843.6	1 201.5	26 813.9
330 866.6	328 993.3	90 291.2	1 873.3	24 524.6
134 462.0	98 479.8	8 236.0	35 982.2	7 293.3
89 547.8	54 643.7	3 928.7	34 904.1	5 231.0
2 022.9	2 022.9	—	—	21.2
403 829.7	402 759.0	237 142.1	1 070.7	24 493.3
121 169.3	121 169.3	120 572.7	—	5 135.6
2 146.0	2 146.0	—	—	452.7
56 927.8	56 927.8	11 466.7	—	2 585.7
223 586.6	222 515.9	105 102.7	1 070.7	16 319.3
387 870.8	69 470.2	13 086.6	318 400.6	40 107.7
162 631.0	38 024.4	13 086.6	124 606.6	22 373.6
366 504.5	69 470.2	13 086.6	297 034.3	39 098.8
108 596.4	29 631.0	13 086.6	78 965.4	17 826.9
13 409.1	318.8	—	13 090.3	2 177.4

续二

	法人企业数（个）	活动单位数（个）	从业人员（人）	购进总额	进口
联营企业	10	10	377	20 956.0	—
国有联营企业	4	4	137	9 926.2	—
国有与集体联营企业	4	4	153	9 191.1	—
其他联营企业	2	2	87	1 838.7	—
有限责任公司	24	24	2 786	75 519.0	—
国有独资企业	1	1	25	1 032.2	—
其他有限责任公司	23	23	2 761	74 486.8	—
股份有限公司	2	2	188	7 004.6	—
私营企业	32	32	2 032	94 654.0	—
私营独资企业	1	1	18	537.6	—
私营合伙企业	2	2	168	2 604.6	—
私营有限责任公司	28	28	1 821	91 254.5	—
私营股份有限公司	1	1	25	257.3	—
港、澳、台商投资企业		1	—	862.0	—
独资经营企业		1	—	862.0	—
外商投资企业	2	2	282	16 396.3	—
中外合资经营企业	1	1	258	6 267.6	—
中外合作经营企业	1	1	24	10 128.7	—
2. 按国民经济行业分组					
食品、饮料和烟草零售业	5	6	274	14 416.4	—
副食品零售业	1	1	45	633.6	—
日用百货零售业	29	30	5 802	135 660.6	1 424.9
百货零售业	22	23	5 415	119 413.6	1 424.9
文化体育用品零售业	1	1	58	1 182.7	—
纺织品、服装和鞋帽零售业	2	2	41	890.4	—
五金、交电、化工零售业	11	11	783	43 083.9	—
药品及医疗器械零售业	3	3	254	5 242.0	—
图书报刊零售业	3	3	398	11 375.6	24.4
其他零售业	39	39	1 190	116 343.0	—
家具零售业	2	2	59	1 240.7	—
汽车、摩托车及其零配件零售业	18	18	410	57 279.1	—
计算机及软件、办公设备零售业	9	9	280	26 678.7	—

销售总额	批发	出口	零售	年末库存总额
35 703.7	3 836.7	—	31 867.0	1 822.9
23 827.8	3 836.7	—	19 991.1	1 237.6
9 610.0	—	—	9 610.0	290.3
2 265.9	—	—	2 265.9	295.0
99 050.8	9 076.2	—	89 974.6	9 609.5
2 061.4	—	—	2 061.4	659.1
96 989.4	9 076.2	—	87 913.2	8 950.4
7 628.3	4 556.7	—	3 071.6	501.8
102 116.2	22 050.8	—	80 065.4	7 160.3
648.9	—	—	648.9	311.6
3 057.8	—	—	3 057.8	1 098.5
97 872.0	22 050.8	—	75 821.2	5 726.1
537.5	—	—	537.5	24.1
823.2	—	—	823.2	38.8
823.2	—	—	823.2	38.8
20 543.1	—	—	20 543.1	970.1
7 508.6	—	—	7 508.6	546.9
13 034.5	—	—	13 034.5	423.2
15 854.3	4 644.3	—	11 210.0	1 142.5
572.8	—	—	572.8	270.3
165 242.1	20 136.4	13 023.9	145 105.7	21 016.6
145 426.0	20 136.4	13 023.9	125 289.6	18 958.9
1 016.3	—	—	1 016.3	166.4
1 242.8	38.5	—	1 204.3	115.8
47 189.8	6 027.7	—	41 162.1	5 064.7
7 762.5	2 955.7	—	4 806.8	648.3
10 725.8	1 382.2	62.7	9 343.6	3 357.3
139 853.5	34 285.4	—	105 568.1	8 762.5
1 480.8	—	—	1 480.8	64.2
71 693.5	8 247.0	—	63 446.5	4 427.8
34 454.9	17 784.3	—	16 670.6	681.6

限额以上批发零售

	企业数（个）	资产总计	负债合计	所有者权益合计
批发、零售贸易企业总计	**499**	**2 439 240.4**	**1 514 937.6**	**924 302.8**
一、批发企业	**407**	**2 253 758.9**	**1 379 044.6**	**874 714.3**
#国有及国有控股	164	1 573 459.4	932 582.6	640 876.8
（一）按登记注册类型分组				
内资企业	396	2 168 651.7	1 298 487.1	870 164.6
国有企业	119	930 724.9	568 212.1	362 512.8
集体企业	8	13 763.4	8 614.5	5 148.9
股份合作企业	1	1 167.3	493.3	674.0
联营企业	28	108 225.1	72 980.9	35 244.2
国有联营企业	21	73 352.6	49 684.9	23 667.7
国有与集体联营企业	2	19 688.6	13 330.3	6 358.3
其他联营企业	5	15 183.9	9 965.7	5 218.2
有限责任公司	76	247 507.8	145 058.2	102 449.6
国有独资公司	3	24 550.6	9 532.2	15 018.4
其他有限责任公司	73	222 957.2	135 526.0	87 431.2
股份有限公司	16	620 011.5	349 381.6	270 629.9
私营企业	147	246 762.7	153 357.5	93 405.2
私营独资企业	2	1 197.4	449.3	748.1
私营合伙企业	5	6 021.8	4 483.3	1 538.5
私营有限责任公司	138	238 859.5	148 148.3	90 711.2
私营股份有限公司	2	684.0	276.6	407.4
其他企业	1	489.0	389.0	100.0
港、澳、台商投资企业	7	12 843.5	10 197.5	2 646.0
合资经营企业	3	3 155.7	2 194.8	960.9
独资经营企业	4	9 687.8	8 002.7	1 685.1
外商投资企业	4	72 263.7	70 360.0	1 903.7
中外合资经营企业	1	49 267.1	49 561.6	−294.5
外资企业	3	22 996.6	20 798.4	2 198.2
（二）按国民经济行业分组				
食品、饮料、烟草和家庭用品批发业	177	792 959.1	500 271.6	292 687.5
食品、饮料、烟草批发业	50	326 724.1	177 239.0	149 485.1
粮食、食用油批发业	15	91 411.7	72 107.7	19 304.0
烟草及其制品批发业	6	54 606.4	22 661.8	31 944.6

贸易企业财务状况

单位：万元

商品销售收入	商品销售成本	经营费用	商品销售税金及附加	商品销售利润	管理费用	财务费用	利润总额	本年应交增值税总额
4 575 025.2	**4 324 016.4**	**144 017.9**	**3 991.2**	**101 454.1**	**95 446.1**	**24 134.2**	**49 016.2**	**31 276.1**
4 222 239.5	**4 010 890.6**	**122 625.8**	**2 886.7**	**85 222.0**	**75 031.7**	**21 156.4**	**48 822.1**	**25 167.8**
2 782 364.6	2 674 114.0	71 532.6	1 463.9	34 972.8	41 797.9	14 953.5	13 128.7	11 923.1
4 134 236.3	3 929 258.2	118 884.5	2 866.7	82 749.0	73 315.8	19 462.8	49 575.1	23 983.2
1 606 668.3	1 546 451.6	43 179.9	810.0	15 967.4	34 280.0	11 098.5	−7 183.7	7 994.1
58 659.3	52 703.2	4 488.5	109.5	1 357.9	1 222.4	−1.7	419.1	917.2
3 305.1	3 059.0	209.2	6.0	30.9	82.5	−2.1	495.1	46.7
223 222.6	213 758.7	4 630.9	151.4	4 659.8	3 446.0	629.4	2 521.3	2 239.8
145 024.6	137 960.3	3 222.2	122.3	3 698.0	2 608.5	511.6	1 911.9	643.1
45 129.8	44 578.7	580.0	11.2	−40.1	185.8	33.9	−34.2	86.2
33 068.2	31 219.7	828.7	17.9	1 001.9	651.7	83.9	643.6	1 510.5
530 857.8	494 298.1	16 556.2	567.1	19 263.7	13 064.4	1 410.8	8 591.4	3 415.1
23 450.8	21 653.3	1 160.9	26.5	610.1	1 224.5	25.9	−701.1	199.6
507 407.0	472 644.8	15 395.3	540.6	18 653.6	11 839.9	1 384.9	9 292.5	3 215.5
974 069.7	933 868.0	20 400.5	682.8	19 118.4	9 221.9	4 028.1	34 605.2	4 258.1
733 455.3	681 285.5	29 327.2	537.4	22 281.4	11 948.6	2 292.7	10 114.3	5 092.9
5 270.1	5 141.9	27.0	1.8	99.3	95.2	0.3	2.8	9.8
22 321.8	21 256.6	612.6	10.4	442.1	214.9	68.4	80.6	70.7
700 808.9	649 978.8	28 626.4	521.9	21 658.5	11 617.1	2 228.2	9 967.5	4 987.8
5 054.5	4 908.2	61.2	3.3	81.5	21.4	−4.2	63.4	24.6
3 998.2	3 834.1	92.1	2.5	69.5	50.0	7.1	12.4	19.3
36 315.6	33 048.4	2 122.5	8.7	1 131.4	811.3	−22.5	706.8	262.4
16 464.1	15 620.5	980.4	0.5	−137.3	—	−0.7	−160.9	159.9
19 851.5	17 427.9	1 142.1	8.2	1 268.7	811.3	−21.8	867.7	102.5
51 687.6	48 584.0	1 618.8	11.3	1 341.6	904.6	1 716.1	−1 459.8	922.2
8 730.3	7 633.7	740.1	9.4	347.1	604.9	39.6	−294.5	324.6
42 957.3	40 950.3	878.7	1.9	994.5	299.7	1 676.5	−1 165.3	597.6
1 496 581.5	1 399 080.4	48 450.3	1 297.2	47 341.5	31 598.8	8 807.2	18 664.6	13 043.4
527 512.3	488 827.8	17 140.3	659.3	20 617.9	14 209.8	2 366.3	9 735.3	5 395.4
136 686.4	130 605.5	3 482.7	32.7	2 565.4	2 632.2	1 608.9	162.9	−616.7
133 495.3	119 893.0	3 929.7	310.0	9 362.6	2 909.8	−99.5	7 352.6	1 349.2

续一

	企业数（个）	资产总计	负债合计	所有者权益合计
棉、麻、土畜产品批发业	3	2 539.0	1 519.1	1 019.9
纺织品、服装和鞋帽批发业	51	176 774.7	126 322.6	50 452.1
日用百货批发业	24	94 236.6	51 089.7	43 146.9
日用杂品批发业	4	3 806.9	2 286.9	1 520.0
五金、交电、化工批发业	32	118 648.2	92 560.5	26 087.7
药品及医疗器械批发业	13	70 229.6	49 253.3	20 975.8
能源、材料和机械电子设备批发业	195	1 215 143.2	729 643.9	485 499.3
能源批发业	27	225 654.1	152 360.0	73 294.1
石油及制品批发业	21	154 774.5	106 527.6	48 246.9
煤炭及制品批发业	5	33 704.4	19 301.7	14 402.7
化工材料批发业	30	85 172.4	42 587.5	42 584.9
木材批发业	4	52 429.5	30 622.8	21 806.7
建筑材料批发业	36	93 626.9	59 017.4	34 609.5
矿产品批发业	5	24 989.9	16 232.0	8 757.9
金属材料批发业	27	453 030.7	252 325.0	200 705.7
机械、电子设备批发业	45	234 430.3	142 423.5	92 006.8
汽车、摩托车及零配件批发业	20	45 591.8	34 053.6	11 538.2
汽车批发业	13	26 719.0	19 038.2	7 680.8
再生物资回收批发业	1	217.6	22.1	195.5
其他批发业	35	245 656.6	149 129.1	96 527.5
工艺美术批发业	14	40 921.2	24 465.4	16 455.8
图书报刊批发业	1	1 045.0	637.6	407.4
农业生产资料批发业	10	14 423.1	9 537.4	4 885.7
其他类未包括的批发业	10	189 267.3	114 488.7	74 778.6
二、零售企业	**92**	**185 481.5**	**135 893.0**	**49 588.5**
＃国有及国有控股	34	120 494.9	96 455.5	24 039.4
（一）按登记注册类型分组				
内资企业	90	179 620.0	134 589.7	45 030.3
国有企业	19	60 189.8	49 606.6	10 583.2
集体企业	3	3 204.4	2 185.0	1 019.4
联营企业	10	26 437.2	18 372.1	8 065.1
国有联营企业	4	15 957.5	12 019.7	3 937.8
国有与集体联营企业	4	4 792.0	2 880.7	1 911.3
其他联营企业	2	5 687.7	3 471.7	2 216.0
有限责任公司	24	48 980.2	35 802.9	13 177.3

商品销售收入	商品销售成本	经营费用	商品销售税金及附加	商品销售利润	管理费用	财务费用	利润总额	本年应交增值税总额
10 270.5	9 894.0	245.7	—	130.8	92.4	29.6	66.8	79.1
480 027.1	457 149.7	11 957.4	89.4	10 830.2	7 072.9	3 042.3	3 134.6	621.5
150 198.6	140 339.8	6 087.4	135.0	3 544.9	2 384.9	2 346.4	193.3	3 002.3
14 076.4	12 958.9	787.3	2.8	327.3	231.6	36.4	94.7	−4.7
197 324.6	184 056.4	7 998.3	169.7	5 100.2	2 972.8	224.1	2 790.9	2 348.6
117 172.0	105 853.8	4 233.9	241.0	6 790.2	4 634.4	762.1	2 649.0	1 601.2
2 337 318.5	2 251 205.0	57 178.1	1 436.6	27 296.9	35 588.6	10 390.0	22 726.2	11 592.7
722 492.9	721 348.9	17 778.7	424.1	−17 058.8	2 208.0	3 009.5	−13 301.2	3 442.6
685 558.2	689 017.4	16 098.4	284.6	−19 842.2	1 110.6	2 140.7	−21 413.1	2 637.1
23 630.5	21 343.8	1 680.3	35.2	571.2	946.8	302.5	109.9	460.5
178 833.0	169 215.2	4 084.6	184.1	5 330.8	4 047.3	307.9	1 418.4	−463.6
47 788.2	44 933.0	1 013.4	3.7	1 838.1	877.2	328.8	2 071.1	987.7
206 291.8	187 761.8	10 718.9	135.0	7 666.3	4 681.8	440.2	4 369.8	174.4
46 171.5	43 774.3	1 751.0	2.9	643.3	809.3	585.6	1.0	1 389.9
706 603.6	687 474.0	10 080.6	96.1	8 780.1	4 158.6	4 007.3	12 470.4	2 179.0
304 788.2	278 570.5	8 538.6	508.6	17 169.9	17 173.5	1 566.7	14 199.0	2 857.6
122 620.1	116 607.6	3 146.6	79.6	2 785.9	1 439.2	144.0	1 480.9	1 006.1
78 862.3	76 010.2	1 055.2	48.9	1 747.7	1 044.5	90.8	709.8	377.2
1 729.2	1 519.7	65.7	2.5	141.3	193.7	—	16.8	19.0
388 339.5	360 605.2	16 997.4	152.9	10 583.6	7 844.3	1 959.2	7 431.3	531.7
121 482.5	106 572.3	9 593.8	2.5	5 313.6	4 071.9	665.8	1 808.1	1.3
2 146.0	1 883.7	18.4	3.6	240.3	40.5	0.1	200.5	27.3
56 684.0	53 850.9	1 728.8	4.7	1 099.6	673.8	139.8	754.9	−2.4
208 027.0	198 298.3	5 656.4	142.1	3 930.1	3 058.1	1 153.5	4 667.8	505.5
352 785.7	313 125.8	21 392.1	1 104.5	16 232.1	20 414.4	2 977.8	194.1	6 108.3
146 248.2	125 672.0	7 044.7	528.5	12 695.1	13 414.0	2 584.1	1 512.4	3 160.2
335 079.9	299 082.0	17 023.4	1 083.0	17 309.9	20 024.2	2 988.5	1 524.2	5 556.6
98 910.5	83 966.4	4 402.3	324.6	9 932.7	9 904.4	1 044.5	1 282.4	2 107.5
11 060.3	9 958.7	529.5	47.2	524.9	355.8	44.3	162.9	149.6
30 562.4	28 896.2	745.2	92.1	828.9	2 046.0	575.2	−50.5	544.8
20 365.7	19 645.5	360.4	51.9	307.9	944.3	539.9	527.8	400.3
8 204.1	7 638.4	247.7	12.7	305.3	365.0	33.1	−69.2	101.7
1 992.6	1 612.3	137.1	27.5	215.7	736.7	2.2	−509.1	42.8
85 055.1	73 762.7	5 902.2	370.6	4 922.5	4 729.9	749.9	443.8	1 155.7

续二

	企业数（个）	资产总计	负债合计	所有者权益合计
国有独资企业	1	2 802.0	1 409.7	1 392.3
其他有限责任公司	23	46 178.2	34 393.2	11 785.0
股份有限公司	2	12 280.4	9 512.4	2 768.0
私营企业	32	28 528.0	19 110.7	9 417.3
私营独资企业	1	391.3	252.1	139.2
私营合伙企业	2	2 194.0	1 750.7	443.3
私营有限责任公司	28	24 672.2	16 635.4	8 036.8
私营股份有限公司	1	1 270.5	472.5	798.0
外商投资企业	2	5 861.5	1 303.3	4 558.2
中外合资经营企业	1	4 183.1	1 194.7	2 988.4
中外合作经营企业	1	1 678.4	108.6	1 569.8
（二）按国民经济行业分组				
食品、饮料和烟草零售业	5	3 969.6	705.9	3 263.7
副食品零售业	1	507.7	2.6	505.1
日用百货零售业	29	107 146.2	88 548.9	18 597.3
百货零售业	22	98 640.7	83 666.1	14 974.6
文化体育用品零售业	1	2 141.1	1 986.0	155.1
纺织品、服装和鞋帽零售业	2	627.5	140.1	487.4
五金、交电、化工零售业	11	16 318.0	11 470.2	4 847.8
药品及医疗器械零售业	3	2 743.3	1 711.2	1 032.1
图书报刊零售业	3	9 858.0	6 000.5	3 857.5
其他零售业	39	44 818.9	27 316.2	17 502.7
家具零售业	2	1 757.0	762.6	994.4
汽车、摩托车及其零配件零售业	18	29 298.6	19 755.1	9 543.5
计算机及软件、办公设备零售业	9	3 170.4	2 043.3	1 127.1
（三）按经营方式分组				
独立商店	48	131 242.6	106 256.1	24 986.5
连锁总店	14	16 050.8	9 072.7	6 978.1
连锁分店	1	1 483.6	530.9	952.7
其他	29	36 704.5	20 033.3	16 671.2
（四）按业态分组				
百货商店	19	91 347.7	77 969.4	13 378.3
超级市场	7	16 379.3	10 484.8	5 894.5
专业（专卖）商店	39	50 873.0	30 486.6	20 386.4
其　他	27	26 881.5	16 952.2	9 929.3

商品销售收入	商品销售成本	经营费用	商品销售税金及附加	商品销售利润	管理费用	财务费用	利润总额	本年应交增值税总额
1 982.1	1 151.2	515.2	10.3	305.4	50.2	9.1	446.3	84.8
83 073.0	72 611.5	5 387.0	360.3	4 617.1	4 679.7	740.8	−2.5	1 070.9
6 559.6	5 813.5	110.7	32.2	603.2	422.3	379.3	−36.3	119.6
102 932.0	96 684.5	5 333.5	216.3	497.7	2 565.8	195.3	−278.1	1 479.4
554.6	443.4	29.3	2.6	79.3	74.3	−1.5	12.0	19.7
16 124.9	15 496.4	393.2	8.5	226.8	266.7	27.1	42.6	60.8
85 735.6	80 364.2	4 900.0	202.5	68.9	2 066.5	169.5	−296.9	1 398.9
516.9	380.5	11.0	2.7	122.7	158.3	0.2	−35.8	—
17 705.8	14 043.8	4 368.7	21.5	−1 077.8	390.2	−10.7	−1 330.1	551.7
6 222.2	5 090.9	1 296.8	21.5	−193.6	374.8	−8.3	−336.9	189.8
11 483.6	8 952.9	3 071.9		−884.2	15.4	−2.4	−993.2	361.9
9 922.5	9 062.7	372.8	20.6	466.4	505.3	−8.6	302.4	95.6
648.1	572.9	109.3	—	−34.1	16.1	—	−23.2	3.5
146 529.1	121 631.6	14 882.5	599.7	8 992.0	12 262.3	2 059.3	−1 176.1	3 949.1
128 714.4	108 380.6	10 101.9	573.5	9 578.1	11 776.1	2 038.8	−419.3	3 374.4
859.1	792.6	168.4	3.1	−105.0	135.5	−5.0	−219.5	21.0
1 166.7	855.5	36.4	34.5	240.3	102.8	−2.6	151.3	52.0
54 075.6	51 227.1	1 988.0	61.8	798.7	1 792.3	152.7	−277.1	379.4
7 071.9	6 073.8	478.8	30.9	488.4	409.2	68.6	34.6	239.7
9 741.8	6 982.5	1 034.2	43.1	1 397.5	1 336.7	−8.9	298.7	341.3
124 278.1	117 292.6	2 599.4	313.9	3 848.8	4 005.8	717.3	860.3	1 051.2
1 323.1	1 059.8	39.9	5.4	218.0	246.1	−0.8	−19.9	6.2
64 687.6	62 022.8	1 186.7	96.4	1 381.7	2 100.6	583.7	432.9	589.2
29 549.9	28 297.8	586.4	21.8	443.9	430.0	33.7	41.9	194.3
196 527.9	169 658.4	11 731.1	850.5	13 729.7	15 711.4	2 264.4	185.6	4 134.6
70 652.8	64 516.5	5 006.8	100.2	1 022.7	2 219.7	144.5	−194.5	716.4
4 628.4	4 299.7	—	6.7	322.0	95.9	−1.0	24.4	54.3
80 976.6	74 651.2	4 654.2	147.1	1 157.7	2 387.4	569.9	178.6	1 203.0
98 187.4	80 999.1	6 254.9	398.3	10 461.4	11 410.2	1 969.6	43.4	2 210.1
34 936.5	30 420.0	4 639.2	194.2	−323.5	961.6	80.0	−219.6	1 288.0
164 823.8	152 277.9	5 917.1	421.8	5 922.5	6 544.9	885.7	1 424.4	1 848.7
54 838.0	49 428.8	4 580.9	90.2	171.7	1 497.7	42.5	−1 054.1	761.5

限 额 以 上 餐 饮

	企业数（个）	资产总计	负债合计	所有者权益合计
总计	**43**	**48 121.3**	**24 148.9**	**23 972.4**
#国有及国有控股	6	3 043.7	2 456.8	586.9
按登记注册类型分组				
内资企业	30	16 940.4	7 422.8	9 517.6
国有企业	6	3 043.7	2 456.8	586.9
集体企业	4	3 552.1	1 214.1	2 338.0
股份合作企业	1	108.2	86.4	21.8
有限责任公司	3	403.0	116.5	286.5
其他有限责任公司	3	403.0	116.5	286.5
私营企业	16	9 833.4	3 549.0	6 284.4
私营独资企业	2	742.8	85.8	657.0
私营合伙企业	2	224.4	88.9	135.5
私营有限责任公司	12	8 866.2	3 374.3	5 491.9
港、澳、台商投资企业	9	18 387.5	13 064.3	5 323.2
合资经营企业	3	5 756.5	3 756.7	1 999.8
合作经营企业	1	10 103.3	7 797.0	2 306.3
独资经营企业	4	2 110.5	1 500.9	609.6
投资股份有限公司	1	417.2	9.7	407.5
外商投资企业	4	12 793.4	3 661.8	9 131.6
中外合资经营企业	1	1 218.1	311.0	907.1
外资企业	3	11 575.3	3 350.8	8 224.5
按国民经济行业分组				
正餐	35	23 591.0	10 945.4	12 645.6
快餐	5	24 237.8	13 126.7	11 111.1
其他餐饮业	3	292.5	76.8	215.7

企 业 财 务 状 况

单位：万元

营业收入	营业成本	营业费用	营业税金及附加	经营利润	管理费用	财务费用	营业利润	利润总额	本年应付工资总额
68 577.2	**34 926.5**	**19 997.9**	**4 672.7**	**8 980.1**	**6 047.3**	**742.4**	**2 190.4**	**2 422.0**	**6 818.4**
3 827.6	2 235.9	1 041.1	218.0	332.6	435.9	70.1	－173.4	－396.2	570.4
27 039.2	15 009.4	6 630.1	2 038.8	3 360.9	2 627.7	370.6	362.6	4.0	3 361.0
3 827.6	2 235.9	1 041.1	218.0	332.6	435.9	70.1	－173.4	－396.2	570.4
2 221.6	926.4	789.4	118.3	387.5	374.9	0.6	12.0	7.8	453.4
554.8	317.6	198.0	31.6	7.6	84.8	6.5	－83.7	－83.7	88.2
1 676.9	906.8	435.8	117.3	217.0	183.8	15.1	18.1	26.8	202.2
1 676.9	906.8	435.8	117.3	217.0	183.8	15.1	18.1	26.8	202.2
18 758.3	10 622.7	4 165.8	1 553.6	2 416.2	1 548.3	278.3	589.6	449.3	2 046.8
876.0	589.2	18.5	86.6	181.7	97.8	－0.7	84.6	41.0	126.0
645.2	330.6	196.4	36.2	82.0	94.1	1.3	－13.4	－26.9	65.2
17 237.1	9 702.9	3 950.9	1 430.8	2 152.5	1 356.4	277.7	518.4	435.2	1 855.6
22 612.5	12 194.7	7 022.8	1 312.8	2 082.2	1 784.2	362.5	－64.5	514.4	1 877.1
3 795.7	1 802.8	1 272.5	122.5	597.9	646.3	－18.4	－30.0	－25.3	606.6
11 139.8	6 137.9	3 118.6	695.3	1 188.0	858.0	324.1	5.9	600.2	701.2
7 245.0	4 152.8	2 389.7	473.0	229.5	219.8	56.8	－47.1	－66.5	518.7
432.0	101.2	242.0	22.0	66.8	60.1		6.7	6.0	50.6
18 925.5	7 722.4	6 345.0	1 321.1	3 537.0	1 635.4	9.3	1 892.3	1 903.6	1 580.3
1 549.2	644.8	411.7	304.1	188.6	110.9	45.2	32.5	32.3	63.5
17 376.3	7 077.6	5 933.3	1 017.0	3 348.4	1 524.5	－35.9	1 859.8	1 871.3	1 516.8
38 460.0	20 603.3	10 569.7	2 941.1	4 345.9	3 594.5	494.4	257.0	－99.6	4 351.2
28 628.2	13 450.7	9 096.6	1 645.9	4 435.0	2 309.7	248.7	1 876.6	2 466.9	2 350.7
1 489.0	872.5	331.6	85.7	199.2	143.1	－0.7	56.8	54.7	116.5

限额以上连锁店（公司）商品销售情况

单位：万元

	连锁总店数（个）	连锁门店数（个）		
			直销店	加盟店
总计	**21**	**151**	**141**	**10**
一、零售业	**15**	**106**	**106**	**—**
#国有及国有控股	3	20	20	—
#外商及港澳台投资	1	15	15	—
按零售业态分				—
百货商店	1	6	6	—
超级市场	3	39	39	—
专业店	6	42	42	—
专卖店	4	16	16	—
其他	1	3	3	—
二、餐饮业	**6**	**45**	**35**	**10**
#外商及港澳台投资	5	42	32	10
按行业分				
正餐	2	12	10	2
快餐	3	30	22	8
其他	1	3	3	—

续

	营业面积（平方米）	从业人数（人）	销售总额（营业总收入）	
				零售额
总计	**53 136**	**3 814**	**106 343.7**	**85 354.9**
一、零售业	**38 006**	**1 952**	**78 364.7**	**68 613.2**
#国有及国有控股	4 953	227	13 260.8	4 750.5
#外商及港澳台投资	4 500	308	7 508.6	7 508.6
按零售业态分				
百货商店	2 400	55	1 142.8	1 142.8
超级市场	18 700	830	23 124.7	23 059.2
专业店	14 143	782	18 995.8	18 145.7
专卖店	2 413	240	33 252.4	25 097.2
其他	350	45	1 849.0	1 168.3
二、餐饮业	**15 130**	**1 862**	**27 979.0**	**16 741.7**
#外商及港澳台投资	14 856	1 829	27 749.5	16 512.2
按行业分				
正餐	6 639	575	4 303.9	2 108.0
快餐	8 217	1 254	23 445.6	14 404.2
其他	274	33	229.5	229.5

限额以上批发零售贸易业商品销售值

单位：万元

	合计		批发		零售	
	2001年	2000年	2001年	2000年	2001年	2000年
合　　计	**4 297 448.7**	**4 510 609.8**	**3 888 087.3**	**4 147 247.3**	**409 361.4**	**363 362.5**
食品、饮料、烟酒类	574 377.5	648 437.4	513 305.2	602 785.6	61 072.3	45 651.8
＃肉禽蛋	13 256.4	37 486.8	10 533.9	34 926.6	2 722.5	2 560.2
其他食品类	237 729.9	279 378.3	199 352.8	250 218.5	38 377.1	29 159.8
饮料类	5 177.2	4 252.0	1 242.8	1 568.9	3 934.4	2 683.1
烟酒类	318 214.0	327 320.3	302 175.7	316 071.6	16 038.3	11 248.7
服装鞋帽、针、纺织品类	540 240.4	515 695.3	494 177.7	476 158.4	46 062.7	39 536.9
＃服装类	215 652.7	214 254.6	184 705.2	186 407.0	30 947.5	27 847.6
鞋帽类	212 372.5	196 552.1	204 892.1	191 115.4	7 480.4	5 436.7
针、纺织品类	112 215.2	104 888.6	104 580.4	98 636.0	7 634.8	6 252.6
化妆品类	16 502.0	15 370.0	8 036.7	8 812.1	8 465.3	6 557.9
金银珠宝类	14 662.9	15 576.0	2 585.1	4 054.7	12 077.8	11 521.3
日用品类	141 257.7	133 728.0	114 427.1	111 454.7	26 830.6	22 273.3
＃洗涤用品类	15 538.0	16 535.0	7 917.2	11 260.5	7 620.8	5 274.5
儿童玩具类	11 115.5	9 593.9	9 804.8	7 857.2	1 310.2	1 736.7
五金、电料类	15 024.0	15 651.2	14 447.4	14 875.3	576.6	775.9
体育、娱乐用品类	34 268.4	33 887.8	29 593.5	30 576.3	4 674.9	3 311.5
书报杂志类	9 900.9	10 179.0	1 515.0	1 509.7	8 385.9	8 669.3
电子出版物及音像制品类	4 191.7	2 913.6	3 304.3	1 981.1	887.4	932.5
家用电器和音像器材类	193 140.4	151 232.3	128 768.5	97 464.3	64 371.9	53 768.0
中西药品类	114 507.7	104 002.7	80 739.2	74 695.7	33 768.5	29 307.0
＃西药	64 505.4	59 514.2	43 690.1	40 915.2	20 815.3	18 599.0
中草药及中成药	21 970.9	22 005.1	11 964.5	14 123.9	10 006.4	7 881.2
文化办公用品类	47 808.4	53 399.1	37 997.8	41 416.0	9 810.6	11 983.1
家具类	15 504.8	16 500.1	14 002.7	14 730.5	1 502.1	1 769.6
通讯器材类	68 380.2	87 827.5	61 539.7	79 889.8	6 840.5	7 937.7
煤碳及制品类	23 341.9	119 210.3	23 341.9	119 194.1	—	16.2
木材及制品类	38 362.1	15 995.3	38 362.1	15 995.3	—	—
石油及制品类	770 446.5	792 600.7	734 329.0	761 158.1	36 117.5	31 442.6
化工材料及制品类	343 499.2	364 808.3	341 652.0	363 663.8	1 847.2	1 144.5
＃化肥类	30 946.3	36 070.1	30 946.3	36 070.1	—	—
金属材料类	296 512.0	411 963.8	294 436.8	407 808.7	2 075.2	4 155.1
建筑及装璜材料类	115 555.2	123 365.3	114 637.2	122 159.3	918.0	1 206.0
机电产品及设备类	333 466.1	325 174.5	259 170.4	251 647.7	74 295.7	73 526.8
＃农机类	1 878.4	855.6	1 846.5	843.0	31.9	12.6
汽车类	146 429.0	138 144.7	75 191.4	68 552.1	71 237.6	69 592.6
种子饲料类	22 514.5	27 554.6	22 514.5	27 554.6	—	—
棉麻类	1 751.3	4 939.5	1 751.3	4 939.5	—	—
其他类	562 232.9	520 597.5	553 452.2	512 722.0	8 780.7	7 875.5

备注：此表以月代年汇总统计，以2000年年报标准划分，包括限额以上单位数为445家。

限额以上批发零售贸易业商品销售量

	单位	合计		批发		零售	
		2001年	2000年	2001年	2000年	2001年	2000年
粮食	吨	65 234	156 593	56 897	147 792	8 337	8 801
粮食	千元	126 734	255 220	104 462	231 696	22 272	23 524
食用植物油	吨	20 410	13 100	17 720	10 741	2 690	2 359
食用植物油	千元	111 349	100 709	84 118	73 985	27 231	26 724
食糖	吨	37 822	26 075	37 795	26 024	27	51
食糖	千元	153 758	89 770	153 595	89 510	163	260
棉花	吨	6 067	867	6 067	867	—	—
棉花	千元	47 098	10 085	47 098	10 085	—	—
鞋	百双	929 378	657 376	891 470	641 811	37 908	15 565
鞋	千元	1 898 400	1 458 239	1 840 277	1 411 583	58 123	46 656
布	百米	441 220	489 402	439 302	487 639	1 918	1 763
布	千元	186 354	194 877	183 942	192 710	2 412	2 167
电视机	台	249 422	221 426	216 936	196 295	32 486	25 131
电视机	千元	490 284	460 906	374 649	371 327	115 635	89 579
组合音响	台	5 944	6 273	3 590	4 573	2 354	1 700
组合音响	千元	12 883	12 381	6 128	7 653	6 755	4 728
摄像机	台	1 390	702	40	2	1 350	700
摄像机	千元	6 171	3 458	214	32	5 957	3 426
录像机	台	2 255	3 493	2 075	2 887	180	606
录像机	千元	2 921	4 425	2 413	3 364	508	1 061
影碟机	台	125 514	111 587	105 931	95 190	19 583	16 397
影碟机	千元	83 236	87 814	53 377	62 976	29 859	24 838
家用电冰箱	台	66 098	30 149	44 167	11 328	21 931	18 821
家用电冰箱	千元	149 304	78 359	90 121	26 523	59 183	51 836
家用洗衣机	台	64 508	27 398	44 779	10 716	19 729	16 682
家用洗衣机	千元	79 743	39 069	44 504	8 027	35 239	31 042
房间空调器（台）	110 735	46 874	66 589	17 488	44 146	29 386	
房间空调器	千元	388 754	181 687	222 634	66 232	166 120	115 455
微波炉	台	71 594	42 659	51 486	23 942	20 108	18 717
微波炉	千元	60 770	41 434	42 984	23 880	17 786	17 554
微型计算机	台	37 046	26 809	28 428	20 909	8 618	5 900
微型计算机	千元	225 659	184 807	166 847	143 445	58 812	41 362
普通电话机	部	18 429	17 614	2 265	1 830	16 164	15 784
普通电话机	千元	9 613	8 433	4 771	4 370	4 842	4 063

注：此表以月代年汇总统计，以2000年年报标准划分，包括限额以上单位数为445家。

续

	单位	合计		批发		零售	
		2001年	2000年	2001年	2000年	2001年	2000年
移动电话机	部	48 852	45 527	23 154	15 630	25 698	29 897
移动电话机	千元	78 434	88 796	27 337	21 008	51 097	67 788
寻呼机	部	25	26	—	—	25	26
寻呼机	千元	6	7	—	—	6	7
化学肥料	吨	239 431	273 792	239 431	273 792	—	—
化学农药	吨	4 141	5 095	4 141	5 095	—	—
化学农药	千元	22 727	26 139	22 727	26 139	—	—
农用薄膜	吨	—	—	—	—	—	—
农用薄膜	千元	—	—	—	—	—	—
煤碳	吨	900 446	5 757 784	900 446	5 756 898	—	886
煤碳	千元	231 705	1 375 529	231 705	1 375 208	—	321
木材	立方米	56 384	46 150	56 384	46 150	—	—
木材	千元	37 788	23 417	37 788	23 417	—	—
汽油	吨	687 279	542 704	630 212	505 216	57 067	37 488
汽油	千元	1 921 814	1 677 335	1 720 067	1 543 127	201 747	134 208
煤油	吨	131 282	107 353	130 403	106 572	879	781
煤油	千元	269 488	265 407	266 763	263 075	2 725	2 332
柴油	吨	1 426 769	1 128 184	1 380 659	1 084 928	46 110	43 256
柴油	千元	3 137 920	2 970 368	3 001 029	2 841 866	136 891	128 502
钢材	吨	945 767	992 854	937 895	979 516	7 872	13 338
钢材	千元	1 515 408	2 152 043	1 497 192	2 119 781	18 216	32 262
铜	吨	3 218	6 911	3 218	6 911	—	—
铜	千元	42 069	159 661	42 069	159 661	—	—
铝	吨	865	1 478	865	1 478	—	—
铝	千元	21 542	38 947	21 542	38 947	—	—
水泥	吨	192 617	102 174	192 617	102 174	—	—
水泥	千元	68 438	40 821	68 438	40 821	—	—
汽车	辆	25 057	27 898	19 022	20 658	6 035	7 240
#轿车	辆	6 175	6 005	3 038	2 829	3 137	3 176
轿车	千元	969 584	895 193	388 664	328 074	580 920	567 119
摩托车	辆	160	570	160	—	—	570
摩托车	千元	221	1 225	221	—	—	1 225
拖拉机	台	—	62	—	62	—	—
拖拉机	千元	—	348	—	348	—	—

七、对外经济贸易和旅游业

对外经济主要指标增长情况

指　　标	单　位	2001年	2000年	比2000年增长（±%）
一、外贸进出口总额（海关数）	**万美元**	**1 107 873**	**1 004 940**	**10.24**
#出口总额	万美元	650 492	587 982	10.63
进口总额	万美元	457 381	416 958	9.69
二、直接利用外资签约批准数	**项**	**343**	**259**	**32.43**
直接利用合同外资	万美元	127 175	100 400	26.67
实际利用外商直接投资额	万美元	115 271	103 150	11.75
三资企业已开业投产数	家	4 381	4 237	3.40
三、国家银行结汇收入	**万美元**	**450 068**	**366 947**	**22.65**
国家银行售汇支出	万美元	214 390	220 196	－2.64
四、全市税收收入	**万元**	**1 065 890**	**897 217**	**18.80**
#涉外税收	万元	423 787	333 842	26.94
五、境外游客	**人次**	**442 332**	**424 920**	**4.10**
#外国人	人次	219 740	209 698	4.79
港澳同胞	人次	57 138	65 384	－12.61
台湾同胞	人次	165 454	145 856	13.44

外贸进出口总额情况（一）

（海关数）　　单位：万美元

项　　目	2001年	2000年	比2000年增长（±%）
进出口总额	**1 107 873**	**1 004 940**	**10.24**
#出口总额	**650 492**	**587 982**	**10.63**
#一般贸易	276 965	238 311	16.22
来料加工	49 777	51 953	-4.19
进料加工	275 589	253 829	8.57
保税仓库	37 069	42 263	-12.29
保税区	11 086	1 627	581.58
其　他	6	—	—
#进口总额	**457 381**	**416 958**	**9.69**
#一般贸易	166 088	147 112	12.90
来料加工	24 045	24 050	-0.20
进料加工	156 648	160 345	-2.31
保税仓库	30 321	33 327	-9.02
保税区	40 014	20 893	91.52
港澳捐赠	11	1	1 183.74
来料设备	46	46	0.46
三资设备	38 466	25 795	49.12
免税外汇	—	267	-100.00
其　他	95	182	-47.80

外贸进出口总额情况（二）

（海关数）　　单位：万美元

项　　目	2001年	比重（%）	2000年	比重（%）	2001年增长（±%）
进出口总额	**1 107 873**	**100.00**	**1 004 940**	**100.00**	**10.24**
#国　营	292 332	26.39	291 367	28.99	0.33
集　体	13 812	1.25	11 397	1.13	21.19
私　营	77 869	7.02	40 753	4.07	91.08
合　作	5 715	0.52	1 039	0.10	450.05
合　资	173 250	15.64	174 967	17.41	-0.98
独　资	544 885	49.18	485 404	48.30	12.25
其　它	10	平	13	平	-23.08
#出口总额	**650 492**	**100.00**	**587 982**	**100.00**	**10.63**
#国　营	186 194	28.62	182 335	31.01	2.12
集　体	10 484	1.61	9 076	1.54	15.51
私　营	63 745	9.80	33 952	5.77	87.75
合　作	2 464	0.38	680	0.12	262.42
合　资	86 059	13.23	94 596	16.09	-9.02
独　资	301 546	46.36	267 343	45.47	12.79
其　它	—	—	—	—	—
#进口总额	**457 381**	**100.00**	**416 958**	**100.00**	**9.69**
#国　营	106 138	23.21	109 032	26.15	-2.65
集　体	3 328	0.73	2 321	0.56	43.40
私　营	14 124	3.09	6 801	1.63	107.67
合　作	3 251	0.71	359	0.08	806.26
合　资	87 191	19.06	80 371	19.28	8.49
独　资	243 339	53.20	218 061	52.30	11.59
其　它	10	平	13	平	-22.29

外贸进出口主要国家（地区）

（海关数）　　单位：万美元

		金额			金额
出口国别（地区）：	美　国	158 633		芬　兰	1 426
	日　本	127 265		委内瑞拉	1 382
	香　港	69 618		阿根廷	1 350
	台湾省	19 642		斯里兰卡	1 267
	德　国	19 486		新西兰	1 173
	新加坡	18 028		瑞　士	1 061
	英　国	17 525		科威特	1 003
	加拿大	12 783	进口国别（地区）：	台湾省	107 327
	韩　国	12 461		日　本	69 854
	澳大利亚	12 204		美　国	51 432
	荷　兰	12 176		韩　国	39 755
	意大利	9 451		马来西亚	18 846
	马来西亚	9 078		香　港	16 998
	菲律宾	9 028		德　国	14 983
	法　国	8 529		英　国	14 904
	西班牙	8 094		新加坡	11 739
	比利时	7 665		俄罗斯	8 798
	阿拉伯联合酋长国	6 995		菲律宾	8 609
	波　兰	6 391		泰　国	8 211
	巴拿马	5 919		印　度	7 603
	沙特阿拉伯	5 852		澳大利亚	6 385
	匈牙利	5 795		印度尼西亚	6 376
	泰　国	5 641		加拿大	5 919
	印度尼西亚	4 953		意大利	5 281
	墨西哥	4 408		法　国	5 036
	南　非	4 163		巴　西	4 056
	以色列	4 113		沙特阿拉伯	3 078
	埃　及	3 919		墨西哥	1 964
	智　利	3 683		西班牙	1 928
	捷克共和国	3 562		瑞　典	1 630
	巴　西	3 510		芬　兰	1 616
	瑞　典	3 459		丹　麦	1 473
	印　度	3 176		瑞　士	1 416
	俄罗斯	2 936		南　非	1 406
	尼日利亚	1 722		巴布亚新几内亚	1 387
	丹　麦	1 655		阿拉伯联合酋长国	1 282
	爱尔兰	1 630		智　利	1 162
	希　腊	1 589		奥地利	1 136
	土耳其	1 530			
	奥地利	1 506			

外贸出口主要商品类别

（海关数）　　　　单位：万美元

项　　目	2001年	2000年	比2000年增长（±%）
出口值合计	**650 492**	**587 982**	**10.63**
#活动物；动物产品	5 582	6 137	－9.03
植物产品	12 867	12 264	4.92
动、植物油、脂及其分解产品；精制的食用油脂；动、植物蜡	33	31	7.70
食品；饮料、酒及醋；烟草、烟草及烟草代用品的制品	21 353	22 848	－6.55
矿产品	1 897	2 163	－12.29
化学工业及其相关工业的产品	38 928	38 444	1.26
塑料及其制品；橡胶及其制品	43 871	40 386	8.63
生皮、皮革、毛皮及其制品；鞍具及挽具；旅行用品、手提包及类似品；动物肠线（蚕胶丝除外）制品	20 756	17 216	20.57
木及木制品；木炭；软木及软木制品；稻草、秸秆、针茅或其他编结材料制品，篮筐及柳条编结品	6 646	5 650	17.63
木浆及其他纤维状纤维素浆；回收（废碎）纸或纸板；纸、纸板及其制品	3 558	2 588	37.49
纺织原料及纺织制品	74 148	68 044	8.97
鞋、帽、伞、杖、鞭及其零件；已加工的羽毛及其制品；人造花；人发制品	62 869	50 420	24.69
石料、石膏、水泥、石棉、云母及类似材料的制品；陶瓷产品；玻璃及其制品	44 084	36 371	21.21
天然或养殖珍珠、宝石或半宝石、贵金属、包贵金属及其制品；仿首饰；硬币	1 068	1 368	－21.92
贱金属及其制品	21 815	19 563	11.51
机器、机械器具、电气设备及其零件；录音机及放声机、电视图像、声音的录制和重放设备及其零件、附件	165 923	156 825	5.80
车辆、航空器、船舶及有关运输设备	37 909	40 603	－6.63
光学、照相、电影、计量、检验、医疗或外科用仪器及设备、精密仪器及设备；钟表；乐器；上述物品的零件、附件	23 047	17 928	28.55
杂项制品	63 999	49 021	30.55
艺术品、收藏品及古物	119	116	2.31
特殊交易品及未分类商品	21	—	—

外贸进口主要商品类别

（海关数）　　单位：万美元

项目	2001 年	2000 年	比 2000 年增长（±%）
进口值合计	**457 381**	**416 958**	**9.69**
#活动物；动物产品	860	1 561	－44.88
植物产品	712	1 180	－39.67
动、植物油、脂及其分解产品；精制的食用油脂；动、植物蜡	992	1 157	－14.31
食品；饮料、酒及醋；烟草、烟草及烟草代用品的制品	3 163	3 060	3.35
矿产品	25 530	20 475	24.69
化学工业及其相关工业的产品	43 086	50 853	－15.27
塑料及其制品；橡胶及其制品	49 542	41 912	18.21
生皮、皮革、毛皮及其制品；鞍具及挽具；旅行用品、手提包及类似品；动物肠线（蚕胶丝除外）制品	8 236	6 550	25.74
木及木制品；木炭；软木及软木制品；稻草、秸秆、针茅或其他编结材料制品，篮筐及柳条编结品	5 009	3 347	49.66
木浆及其他纤维状纤维素浆；回收（废碎）纸或纸板；纸、纸板及其制品	10 777	7 265	48.34
纺织原料及纺织制品	25 767	25 859	－0.35
鞋、帽、伞、杖、鞭及其零件；已加工的羽毛及其制品；人造花；人发制品	558	545	2.29
石料、石膏、水泥、石棉、云母及类似材料的制品；陶瓷产品；玻璃及其制品	4 142	3 750	10.47
天然或养殖珍珠、宝石或半宝石、贵金属、包贵金属及其制品；仿首饰；硬币	211	527	－59.99
贱金属及其制品	49 463	47 215	4.76
机器、机械器具、电气设备及其零件；录音机及放声机、电视图像、声音的录制和重放设备及其零件、附件	185 571	149 664	23.99
车辆、航空器、船舶及有关运输设备	28 125	39 490	－28.78
光学、照相、电影、计量、检验、医疗或外科用仪器及设备、精密仪器及设备；钟表；乐器；上述物品的零件、附件	12 823	9 635	33.09
杂项制品	2 554	2 913	－12.33
艺术品、收藏品及古物	4	2	83.41
特殊交易品及未分类商品	257	—	—

外贸出口前40位主要商品情况

（海关数）

单位：万美元

项目	2001年	2000年	比2000年增长（±%）
服装及衣着附件	57 410	50 683	13.27
鞋类	50 770	41 706	21.73
塑料制品	33 656	30 267	11.20
花岗岩石材及制品	31 278	24 657	26.85
自动数据处理设备及其部件	26 735	24 448	9.35
纺织纱线、织物及制品	19 428	21 785	-10.82
家具	18 886	15 134	24.79
旅行用品及箱包	14 808	12 287	20.52
录音机及收录（放）音组合机（包括整套散件）	9 481	7 609	24.60
蔬菜	9 350	8 842	5.75
伞	8 008	5 431	47.45
自动数据处理设备的零件	6 692	5 985	11.81
装饰用陶瓷制品	6 507	6 922	-6.00
通断及保护电路装置	6 458	6 319	2.20
制作或保藏的河鳗（烤鳗）	6 032	8 562	-29.55
静止式变流器	5 923	7 552	-21.57
游戏机	5 737	1 326	332.65
汽车零件	5 274	3 205	64.56
集装箱	4 955	4 956	-0.02
水海产品	4 819	5 652	-14.74
扬声器	4 090	4 320	-5.32
轮胎	4 064	4 558	-10.84
变压器	4 060	3 810	6.56
电视机	3 893	5 898	-33.99
电动机及发电机	3 860	5 362	-28.01
蘑菇罐头	3 769	5 012	-24.80
床垫、寝具及类似品	3 529	2 665	32.42
有线电话机	3 364	3 115	7.99
圣诞用品	2 598	2 048	26.86
激光唱机	2 557	1 683	51.93
人造花	2 493	2 032	22.69
玩具	2 364	1 640	44.15
医药品	2 345	2 269	3.35
照相机	2 225	741	200.27
家用或装饰用木制品	2 222	2 066	7.55
电容器	2 048	3 108	-34.11
汽车和汽车底盘	2 007	872	130.16
足球、篮球、排球	1 666	1 144	45.63
灯具、照明装置及类似品	1 594	2 104	-24.24
茶叶	1 573	1 481	6.21
补充：机电产品	275 057	250 670	9.73
高新技术产品	83 321	86 824	-4.03

外贸进口前40位主要商品情况

（海关数） 单位：万美元

项目	2001年	2000年	比2000年增长（±%）
初级形状的塑料	34 275	28 278	21.21
自动数据处理设备的零件	24 791	16 271	52.36
集成电路及微电子组件	18 492	17 827	3.73
自动数据处理设备及其部件	17 270	13 055	32.29
航空器零件	17 074	25 814	－33.86
钢　材	14 135	12 211	15.76
未锻造的铝及铝材	11 842	11 265	5.12
对苯二甲酸	11 277	15 603	－27.73
钢坯及粗锻件	10 010	6 048	65.51
通断及保护电路装置	9 616	7 789	23.46
计量检测分析自控仪器及器具	8 606	6 162	39.66
合成纤维长丝机织物	7 639	7 291	4.77
飞　机	7 401	11 556	－35.96
牛皮革及马皮革	6 929	5 354	29.42
成品油	6 480	6 214	4.28
合成橡胶（包括胶乳）	5 639	5 022	12.29
纸及纸板（未切成形的）	5 615	4 974	12.89
纺织机械	5 606	3 521	59.22
感光材料	5 516	7 108	－22.40
电容器及其零件	5 269	4 492	17.30
乙二醇	5 260	6 973	－24.57
二极管及类似半导体器件	4 981	5 790	－13.97
电线和电缆	4 787	4 259	12.40
合成纤维纱线	4 615	3 436	34.31
未锻造的铜及铜材	4 568	6 801	－32.83
变压、整流、电感器及零件	4 225	3 890	8.61
录放音、像机及唱机的零附件	3 778	3 584	5.41
机械提升搬运装卸设备及零件	3 402	2 702	25.91
纸浆	3 379	417	710.31
塑料制品	3 324	3 080	7.92
金属加工机床	3 067	3 142	－2.39
型模及金属铸造用型箱	2 903	2 919	－0.55
涂覆浸渍塑料的织物	2 783	2 444	13.87
橡胶或塑料加工机械	2 704	3 552	－23.87
铁矿砂	2 619	803	226.15
印刷电路	2 602	2 451	6.16
涡轮喷气发动机	2 357	1 664	41.65
电视显像管	2 237	3 500	－36.09
针织或钩编织物	2 233	2 773	－19.47
原　木	2 075	65	3 092.31
补充：机电产品	234 081	208 407	12.32
高新技术产品	79 321	76 503	3.68

出口额1 000万美元以上的企业

单位：万美元

企　业　名　称	2001年出口	占出口总额的比重（%）
厦门建发股份有限公司	34 392	5.29
厦门灿坤实业股份有限公司	26 453	4.07
厦门太古飞机工程有限公司	22 259	3.42
戴尔计算机（中国）有限公司	21 815	3.35
厦门进雄企业有限公司	19 394	2.98
柯达（中国）股份有限公司厦门分公司	15 158	2.33
宇达（中国）投资有限公司	12 110	1.86
厦门国贸集团股份有限公司	10 067	1.55
厦门TDK有限公司	9 875	1.52
厦门松下音响有限公司	8 526	1.31
厦门建松电器有限公司	7 843	1.21
厦门多威电子有限公司	7 787	1.20
厦门富士电气化学有限公司	6 080	0.93
福建厦门土产畜产进出口有限公司	5 719	0.88
厦门正新橡胶工业有限公司	5 325	0.82
厦门华侨电子股份有限公司	5 170	0.79
厦门太平货柜制造有限公司	4 955	0.76
东金科技（厦门）有限公司	4 927	0.76
厦门外运物流有限公司	4 756	0.73
厦门通士达照明有限公司	4 274	0.66
厦门嘉华进出口贸易有限公司	4 131	0.64
厦门台和电子有限公司	4 027	0.62
厦门集立工业有限公司	3 990	0.61
利胜电光源（厦门）有限公司	3 942	0.61
厦门信达股份有限公司	3 793	0.58
厦门涌泉集团有限公司	3 775	0.58
中国航空技术进出口厦门公司	3 663	0.56
明达塑胶（厦门）有限公司	3 408	0.52
福建厦门经贸集团粮油食品进出口有限公司	3 408	0.52
华夏山二实业有限公司	3 326	0.51
厦门群鑫机械有限公司	3 296	0.51
厦门歌乐电子企业有限公司	3 220	0.50
厦门市中信隆进出口有限公司	3 170	0.49
厦门鑫兴鞋业有限公司	3 116	0.48
厦门新技术集成有限公司	2 993	0.46
厦门茗辉进出口有限公司	2 860	0.44
波特（厦门）鞋业有限公司	2 818	0.43
亚美（厦门）皮件有限公司	2 706	0.42

注：该表数据由贸发局提供。

续一　　单位：万美元

企　业　名　称	2001年出口	占出口总额的比重（%）
厦门华闽进出口公司	2 705	0.42
厦门福太洋伞有限公司	2 681	0.41
厦门建发集团工贸有限公司	2 653	0.41
厦门宏泰发展有限公司	2 608	0.40
福建省粮油食品厦门进出口公司	2 367	0.36
厦门三德兴工业有限公司	2 355	0.36
柯达（厦门）有限公司	2 331	0.36
福建省工艺品厦门进出口公司	2 290	0.35
厦门非金属矿进出口有限公司	2 284	0.35
厦门古龙进出口有限公司	2 236	0.34
中福国际经济技术合作厦门公司	2 227	0.34
路达（厦门）工业有限公司	2 198	0.34
厦门茶叶进出口有限公司	2 137	0.33
厦门卢卡斯太古宇航有限公司	2 106	0.32
厦门民兴工业有限公司	2 101	0.32
厦门侨兴工业有限公司	2 099	0.32
瑞声达听力技术（中国）有限公司	2 091	0.32
厦门湄洲进出口贸易公司	2 088	0.32
厦门金龙联合汽车工业有限公司	2 007	0.31
永嘉（厦门）餐具有限公司	1 980	0.30
厦门伯灵顿仓储有限公司	1 922	0.30
厦门新凯复材科技有限公司	1 920	0.30
厦门金鹭特种合金有限公司	1 890	0.29
厦门厦新电子股份有限公司	1 876	0.29
厦门艾德进出口有限公司	1 874	0.29
厦门艺盛进出口公司	1 819	0.28
厦门香江塑化有限公司	1 710	0.26
厦门纬嘉运动器材有限公司	1 693	0.26
厦门台松精密电子有限公司	1 664	0.26
麦克奥迪实业集团有限公司	1 645	0.25
厦门钨业股份有限公司	1 643	0.25
厦门市德顺贸易有限公司	1 614	0.25
厦门富华光学工业有限公司	1 613	0.25
厦门惠利隆进出口有限公司	1 606	0.25
厦门商业集团华联商厦	1 573	0.24
福建省五金矿产厦门进出口公司	1 539	0.24
厦门芗江进出口公司	1 535	0.24
信华科技（厦门）有限公司	1 524	0.23
厦门迈克化学进出口有限公司	1 495	0.23
厦门华联轻工实业有限公司	1 468	0.23

续二　　　　　　　　　　　　　　　　　　　　单位：万美元

企　业　名　称	2001年出口	占出口总额的比重（%）
厦门宏发电声有限公司	1 449	0.22
厦门金鹏人造花有限公司	1 434	0.22
厦门市电力投资发展总公司	1 424	0.22
中国新兴厦门进出口公司	1 405	0.22
厦门经济特区对外贸易（集团）公司	1 392	0.21
厦门厦顺铝箔有限公司	1 383	0.21
林德—厦门叉车有限公司	1 361	0.21
厦门尚贸家饰工业有限公司	1 354	0.21
厦门外图进出口有限公司	1 352	0.21
中日电热（厦门）有限公司	1 339	0.21
厦门国旅进出口贸易公司	1 338	0.21
拥华（厦门）家用品有限公司	1 331	0.20
厦门泰和眼镜工业有限公司	1 322	0.20
厦门万里石有限公司	1 312	0.20
厦门市立达信进出口有限公司	1 300	0.20
福建省轻工业品厦门进出口公司	1 270	0.20
中国精密机械进出口厦门公司	1 262	0.19
厦门象屿太平综合物流有限公司	1 258	0.19
中国厦门国际经济技术合作公司	1 254	0.19
厦门兴联电子有限公司	1 233	0.19
厦门福联经贸发展有限公司	1 217	0.19
厦门市轻工业供销公司	1 197	0.18
厦门兴大进出口贸易有限公司	1 190	0.18
厦门建南集团公司	1 186	0.18
厦门新世基进出口贸易有限公司	1 175	0.18
玛立克（厦门）电气有限公司	1 169	0.18
来明工业（厦门）有限公司	1 169	0.18
厦门永大橡塑五金工业有限公司	1 158	0.18
厦门诚益光学工业有限公司	1 115	0.17
三立（厦门）汽车配件有限公司	1 106	0.17
厦门圣源金属制造有限公司	1 070	0.16
厦门百信实业有限公司	1 069	0.16
厦门同安进出口贸易公司	1 066	0.16
厦门睿保精密钨钢制品有限公司	1 056	0.16
厦门凯普文化用品有限公司	1 042	0.16
厦门巨星进出口有限公司	1 035	0.16
厦门丰福公司	1 035	0.16
厦门金盈电子有限公司	1 031	0.16
厦门鸿佳地毯有限公司	1 008	0.15
厦门三德盛实业有限公司	1 002	0.15

进口额1 000万美元以上的企业

单位：万美元

企业名称	2001年进口	占进口总额的比重（%）
厦门伯灵顿仓储有限公司	29 801	6.52
厦门建发股份有限公司	22 674	4.96
翔鹭涤纶纺纤（厦门）有限公司	22 122	4.84
厦门太古飞机工程有限公司	21 947	4.80
翔鹭石化企业（厦门）有限公司	14 569	3.19
戴尔计算机（中国）有限公司	13 739	3.00
厦门灿坤实业股份有限公司	12 513	2.74
厦门 TDK 有限公司	11 312	2.47
厦门航空器材公司	9 710	2.12
厦门国贸集团股份有限公司	9 446	2.07
厦门进雄企业有限公司	8 291	1.81
厦门众达钢铁有限公司	7 686	1.68
厦门富士电气化学有限公司	6 966	1.52
厦门高新技术创业中心	6 509	1.42
厦门华侨电子股份有限公司	6 369	1.39
厦门象屿集团有限公司	6 229	1.36
厦门厦新电子股份有限公司	5 837	1.28
柯达（中国）股份有限公司厦门分公司	5 767	1.26
厦门建松电器有限公司	5 363	1.17
厦门正新橡胶工业有限公司	5 291	1.16
厦门金龙联合汽车工业有限公司	5 233	1.14
厦门松下音响有限公司	4 657	1.02
厦门厦顺铝箔有限公司	4 636	1.01
厦门多威电子有限公司	4 432	0.97
厦门信达股份有限公司	4 374	0.96
宇达（中国）投资有限公司	3 527	0.77
华夏山二实业有限公司	3 024	0.66
厦门台和电子有限公司	2 945	0.64
东金科技（厦门）有限公司	2 726	0.60
林德—厦门叉车有限公司	2 556	0.56
中国烟草福建进出口有限责任公司	2 523	0.55
厦门 ABB 开关有限公司	2 460	0.54
明达塑胶（厦门）有限公司	2 382	0.52
厦门集立工业有限公司	2 334	0.51

注：该表数据由贸发局提供。

续　　　　　　　　　　　　　　　　单位：万美元

企　　业　　名　　称	2001 年进口	占进口总额的比重（%）
厦门卢卡斯太古宇航有限公司	2 329	0.51
瑞声达听力技术（中国）有限公司	2 251	0.49
厦门兴大进出口贸易有限公司	2 188	0.48
亚美（厦门）皮件有限公司	1 915	0.42
华懋（厦门）织造染整有限公司	1 878	0.41
厦门宏泰发展有限公司	1 867	0.41
厦门古龙进出口有限公司	1 812	0.40
大通物流（厦门）有限公司	1 767	0.39
厦门星鲨实业总公司	1 718	0.38
厦门洪氏企业有限公司	1 666	0.36
厦门民兴工业有限公司	1 659	0.36
厦门非金属矿进出口有限公司	1 533	0.34
厦门金屿发展有限公司	1 399	0.31
厦门福记钢业有限公司	1 379	0.30
厦门台松精密电子有限公司	1 351	0.30
厦门海润进出口有限公司	1 322	0.29
金光纸业（厦门）有限公司	1 303	0.28
厦门新凯复材科技有限公司	1 299	0.28
厦门象屿太平综合物流有限公司	1 295	0.28
厦门侨兴工业有限公司	1 227	0.27
厦门香江塑化有限公司	1 181	0.26
厦门太平货柜制造有限公司	1 178	0.26
厦门法拉电子股份有限公司	1 178	0.26
厦门金龙旅行车有限公司	1 142	0.25
利胜电光源（厦门）有限公司	1 126	0.25
厦门东纶织造有限公司	1 098	0.24
厦门国投节能有限公司	1 095	0.24
厦门福冶进出口公司	1 087	0.24
厦门鑫兴鞋业有限公司	1 074	0.23
厦门圣源金属制造有限公司	1 072	0.23
厦门国贸泰达股份有限公司	1 031	0.23
信华科技（厦门）有限公司	1 021	0.22
厦门致乐电子企业有限公司	1 014	0.22
厦门智丞电子有限公司	1 009	0.22
永嘉（厦门）餐具有限公司	1 002	0.22

进出口额前 100 家企业

单位：万美元

企 业 名 称	进出口额	出 口 额	进 口 额
厦门建发股份有限公司	61 808	37 931	23 877
厦门太古飞机工程有限公司	44 206	22 259	21 947
厦门灿坤实业股份有限公司	38 966	26 453	12 513
戴尔计算机（中国）有限公司	35 554	21 815	13 739
厦门伯灵顿仓储有限公司	31 723	1 922	29 801
厦门进雄企业有限公司	27 684	19 394	8 291
翔鹭涤纶纺纤（厦门）有限公司	22 611	488	22 122
厦门 TDK 有限公司	21 187	9 875	11 312
柯达（中国）股份有限公司厦门分公司	20 925	15 158	5 767
厦门国贸集团股份有限公司	20 675	10 865	9 810
宇达（中国）投资有限公司	15 637	12 110	3 527
翔鹭石化企业（厦门）有限公司	14 569	—	14 569
厦门象屿集团有限公司	13 498	2 659	10 840
厦门建松电器有限公司	13 206	7 843	5 363
厦门松下音响有限公司	13 182	8 526	4 657
厦门富士电气化学有限公司	13 046	6 080	6 966
厦门多威电子有限公司	12 219	7 787	4 432
厦门华侨电子股份有限公司	11 539	5 170	6 369
厦门正新橡胶工业有限公司	10 615	5 325	5 291
厦门航空器材公司	9 711	1	9 710
厦门信达股份有限公司	8 167	3 793	4 374
厦门厦新电子股份有限公司	7 714	1 876	5 837
厦门众达钢铁有限公司	7 711	25	7 686
东金科技（厦门）有限公司	7 653	4 927	2 726
厦门金龙联合汽车工业有限公司	7 240	2 007	5 233
厦门台和电子有限公司	6 972	4 027	2 945
福建厦门土产畜产进出口有限公司	6 536	6 355	182
厦门高新技术创业中心	6 516	7	6 509
华夏山二实业有限公司	6 350	3 326	3 024
厦门集立工业有限公司	6 324	3 990	2 334
厦门太平货柜制造有限公司	6 133	4 955	1 178
厦门厦顺铝箔有限公司	6 019	1 383	4 636
福建省粮油食品厦门进出口公司	5 968	5 867	100
明达塑胶（厦门）有限公司	5 790	3 408	2 382

注：该表数据由贸发局提供。

续一

单位：万美元

企　业　名　称	进出口额	出口额	进口额
林德一厦门叉车有限公司	5 266	1 773	3 492
厦门外运物流有限公司	5 206	4 756	450
利胜电光源（厦门）有限公司	5 068	3 942	1 126
厦门涌泉集团有限公司	4 719	3 775	944
亚美（厦门）皮件有限公司	4 621	2 706	1 915
中国航空技术进出口厦门公司	4 541	3 663	878
厦门宏泰发展有限公司	4 475	2 608	1 867
厦门通士达照明有限公司	4 465	4 274	191
厦门卢卡斯太古宇航有限公司	4 435	2 106	2 329
瑞声达听力技术（中国）有限公司	4 342	2 091	2 251
厦门歌乐电子企业有限公司	4 235	3 220	1 014
厦门鑫兴鞋业有限公司	4 189	3 116	1 074
厦门嘉华进出口贸易有限公司	4 189	4 131	58
福建省市工艺品厦门进出口公司	4 127	4 109	18
厦门古龙进出口有限公司	4 048	2 236	1 812
厦门群鑫机械有限公司	4 004	3 296	709
厦门非金属矿进出口有限公司	3 817	2 284	1 533
厦门新技术集成有限公司	3 793	2 993	800
厦门民兴工业有限公司	3 760	2 101	1 659
厦门福太洋伞有限公司	3 557	2 681	876
厦门侨兴工业有限公司	3 326	2 099	1 227
厦门三德兴工业有限公司	3 293	2 355	938
厦门新凯复材科技有限公司	3 219	1 920	1 299
厦门市中信隆进出口有限公司	3 210	3 170	41
中国烟草福建进出口公司	3 205	681	2 523
波特（厦门）鞋业有限公司	3 172	2 818	354
柯达（中国）股份有限公司厦门分公司	3 043	2 331	712
厦门华闽进出口公司	3 037	2 705	332
厦门台松精密电子有限公司	3 015	1 664	1 351
永嘉（厦门）餐具有限公司	2 983	1 980	1 002
厦门茗辉进出口有限公司	2 968	2 860	108
厦门香江塑化有限公司	2 892	1 710	1 181
厦门 ABB 开关有限公司	2 862	402	2 460
华懋（厦门）织造染整有限公司	2 793	915	1 878

续二 单位：万美元

企业名称	进出口额	出口额	进口额
路达（厦门）工业有限公司	2 785	2 198	587
厦门经济特区对外贸易(集团)公司轻工业品进出口公司	2 695	2 662	33
厦门星鲨实业总公司	2 637	919	1 718
厦门象屿太平综合物流有限公司	2 553	1 258	1 295
信华科技（厦门）有限公司	2 545	1 524	1 021
福建省五金矿产厦门进出口公司	2 387	2 113	274
中福国际经济技术合作厦门公司	2 352	2 227	125
厦门金鹏人造花有限公司	2 296	1 810	486
厦门湄洲进出口贸易公司	2 289	2 088	201
厦门茶叶进出口有限公司	2 144	2 137	8
厦门圣源金属制造有限公司	2 142	1 070	1 072
中日电热（厦门）有限公司	2 104	1 339	765
厦门金鹭特种合金有限公司	2 078	1 890	188
厦门宏发电声有限公司	2 052	1 449	603
厦门富华光学工业有限公司	2 050	1 613	437
玛立克（厦门）电气有限公司	2 038	1 169	869
厦门永大橡塑五金工业有限公司	1 972	1 158	814
厦门智丞电子有限公司	1 958	949	1 009
厦门纬嘉运动器材有限公司	1 954	1 693	261
厦门泰利眼镜工业有限公司	1 938	1 322	616
中国厦门国际经济技术合作公司	1 932	1 322	610
厦门艾德进出口有限公司	1 877	1 874	3
拥华（厦门）家用品有限公司	1 876	1 331	546
麦克奥迪实业集团有限公司	1 824	1 645	179
厦门法拉电子股份有限公司	1 804	626	1 178
大通物流（厦门）有限公司	1 795	28	1 767
厦门尚贸家饰工业有限公司	1 763	1 354	409
厦门洪氏企业有限公司	1 744	77	1 666
厦门明蓓塑胶有限公司	1 725	1 042	682
中国新兴厦门进出口公司	1 709	1 405	304
厦门商业集团华联商厦	1 698	1 573	124
厦门建南集团公司	1 689	1 186	504

涉外金融业务情况

单位：万美元

项　　目	金　额	项　　目	金　额
银行结汇售汇情况			
（一）结汇收入	450 068	（二）售汇支出	214 390
1. 贸易收入	399 819	1. 贸易支出	176 227
2. 非贸易收入	21 983	2. 非贸易支出	14 604
3. 资本收入	28 266	3. 资本支出	23 559

直接利用外资基本情况

项　　目	单　位	历年累计	2001 年实绩
一、直接利用外资签约批准数	**项**	**5 334**	**343**
#台　资	项	1 922	153
二、直接利用合同外资	**万美元**	1 873 003	127 175
#台　资	万美元	393 750	29 069
三、实际利用外商直接投资额	**万美元**	**1 265 011**	**115 271**
四、三资企业已开业投产数	**家**	**4 381**	**144**

利用外资分国别情况

单位：万美元

国别（地区）	历年累计		2001年	
	项目数	合同外资	项目数	合同外资
总计	**5 334**	**1 873 003**	**343**	**120 342**
香港	2 286	906 485	67	28 327
台湾	1 922	393 750	153	29 069
英国	94	157 114	—	10 604
美国	186	126 262	21	4 979
新加坡	267	64 119	14	4 152
日本	133	40 529	22	3 214
菲律宾	121	30 067	3	673
德国	17	24 237	1	3
马来西亚	54	24 273	6	1 115
澳门	32	14 288	3	1 663
维尔京	26	16 538	25	15 538
凯曼群岛	6	11 675	6	11 675
西萨摩亚	14	10 332	7	3 120
澳大利亚	30	9 056	5	132
荷兰	6	8 410	—	—
韩国	28	5 729	6	1 242
泰国	22	5 316	3	1 553
印尼	17	5 144	1	440
法国	12	3 305	1	7
葡萄牙	1	2 950	—	—
加拿大	28	2 800	8	389
毛里求斯	2	1 845	1	57
约旦	2	1 400	—	—
西班牙	1	725	—	—
丹麦	4	2 333	1	2 000
库克群岛	1	600	—	—
新西兰	6	542	1	14
意大利	5	312	—	—
瑞士	1	306	—	—
南非	2	170	—	—
奥地利	2	168	1	160
伯里兹	3	97	2	27
希腊	2	80	1	30
比利时	2	75	—	—
巴拿马	1	70	1	70
阿根廷	2	62	—	—
纳米比亚	1	50	—	—
俄罗斯	1	30	—	—
巴西	1	20	—	—
玻利维亚	1	20	—	—
以色列	1	20	1	20
莱索托	1	16	—	—
印度	1	15	1	15
匈牙利	1	10	1	10
挪威	1	20	1	20
百慕大	0	24	—	24
其它	8	1 614	—	—

境外来厦旅游情况

单位：人次、人天

项目	人数	人天数
境外游客	**442 332**	**1 844 424**
其中：1. 外国人	219 740	935 891
2. 香港同胞	54 222	229 956
3. 澳门同胞	2 916	11 734
4. 台湾同胞	165 454	666 843

接待过夜外国旅游者分国别（地区）情况

单位：人次

国别（地区）	2001年	国别（地区）	2001年
合计	**219 740**	德国	3 624
亚洲小计	**175 482**	意大利	1 946
#日本	67 451	俄罗斯	464
菲律宾	20 623	瑞士	735
新加坡	40 341	瑞典	509
泰国	2 660	西班牙	869
印度尼西亚	8 240	荷兰	1 067
马来西亚	24 415	**美洲小计**	**21 011**
韩国	6 442	#美国	17 789
蒙古	191	加拿大	2 539
印度	1 812	**大洋洲小计**	**3 445**
欧洲小计	**17 248**	#澳大利亚	2 964
#英国	3 431	新西兰	424
法国	2 350	**非洲小计**	**2 554**

八、金融、保险业

全市金融机构信贷情况

单位：万元

指标名称	2001年年末数	比年初增减数	比年初增长（±%）
金融机构存款余额	**6 423 742**	**974 784**	**17.89**
#企业存款	3 204 847	485 039	17.83
财政存款	47 542	—9 761	—17.03
机关团体存款	127 048	23 298	22.46
城乡居民储蓄存款	2 622 327	437 709	20.04
农业存款	78 709	21 170	36.79
信托存款	2 905	—58 903	—95.30
委托存款	19 660	—60 067	—75.34
其他存款	320 704	136 299	73.91
金融机构贷款余额	**5 063 588**	**535 173**	**11.82**
#短期贷款	2 906 031	184 882	6.79
1. 工业贷款	557 286	52 189	10.33
2. 商业贷款	903 274	12 281	1.38
3. 建筑业贷款	204 439	76 376	59.64
4. 农业贷款	112 535	3 971	3.66
5. 乡镇企业贷款	77 198	1 849	2.45
6. 三资企业贷款	529 091	12 955	2.51
7. 私营企业及个体经营贷款	46 772	—14 672	—23.88
8. 其他短期贷款	475 436	39 933	9.17
中期流动资金贷款	240 107	—66 895	—21.79
中长期贷款	1 782 640	396 231	28.58
1. 基本建设贷款	507 654	144 370	39.74
2. 技术改造贷款	217 512	—34 951	—13.84
3. 其他中长期贷款	1 057 474	286 812	37.22

全市金融机构现金收支情况

单位：万元

指标名称	2001年	2000年	2001年比2000年增减%
一、现金总收入	**13 880 165**	**11 583 440**	**19.83**
商品销售收入	1 821 604	1 806 452	0.84
服务业收入	883 054	740 145	19.31
税款收入	85 607	73 357	16.70
城乡个体经营收入	164 989	153 534	7.46
储蓄存款收入	9 425 080	7 399 777	27.37
其他金融机构收入	105 774	126 824	—16.60
居民归还贷款收入	128 125	89 507	43.15
汇兑收入	308 534	308 147	0.13
有价证券收入	28 664	56 333	—49.12
其他收入	928 734	829 365	11.98
二、现金总支出	**14 152 772**	**11 719 013**	**20.77**
工资性支出	858 895	851 568	0.86
农副产品采购支出	460 924	369 166	24.86
行政企事业管理费支出	1 020 607	880 663	15.89
城乡个体经营支出	321 359	257 448	24.82
储蓄存款支出	10 260 721	8 329 699	23.18
居民提取贷款支出	85 613	55 784	53.47
其他金融机构支出	76 893	100 009	—23.11
汇兑支出	49 469	45 808	7.99
有价证券支出	35 745	32 895	8.66
其他支出	840 588	665 284	26.35
现金投入（＋）或回笼（－）净额	**投 272 607**	**投 135 573**	**多投 137 034**
另：代发工资	697 239	551 715	26.38

九、房地产开发

房 地 产 开 发 企 业

	开发单位数（个）	计划总投资	实际需要的总投资	自开始建设累计完成投资
合　　计	**495**	**4 745 174**	**5 171 379**	**2 038 219**
按登记注册类型分				
内资企业	314	2 498 784	2 702 994	1 100 662
国有企业	83	761 512	842 902	373 202
集体企业	21	76 960	77 684	44 952
股份合作企业	6	39 333	52 389	25 316
国有联营企业	9	43 400	47 000	13 042
集体联营企业	6	152 278	152 278	10 128
国有与集体联营企业				
其他联营企业	11	74 123	75 123	31 019
国有独资公司	2	21 020	21 520	4 755
其他有限责任公司	66	601 904	618 130	189 861
股份有限公司	15	96 018	99 269	69 648
私营独资企业	2	17 620	26 600	11 300
私营合伙企业	9	38 700	44 377	22 919
私营有限责任公司	72	510 053	575 859	263 474
私营股份有限公司	6	28 463	28 463	18 328
其他内资企业	6	37 400	41 400	22 718
港澳台商投资企业	131	1 581 196	1 745 159	689 451
合资经营企业	34	289 979	343 044	158 196
合作经营企业	19	263 804	278 579	176 443
独资企业	74	912 918	1 008 741	340 674
股份有限公司	4	114 495	114 795	14 138
外商投资企业	50	665 194	723 226	248 106
合资经营企业	18	194 686	216 649	64 360
合作经营企业	5	62 620	75 404	43 564
独资企业	27	407 888	431 173	140 182
按资质等级分				
一　级	7	343 705	386 795	131 359
二　级	8	299 190	309 490	141 837
三　级	82	899 687	1 015 412	410 499
四　级	230	2 108 044	2 301 187	914 570
五　级	46	324 532	341 512	141 288
其　他	107	710 335	746 298	271 950
兼　营	15	59 681	70 685	26 716

单　位　数　及　投　资　额

单位：万元

自开始建设累计新增固定资产	未完工程累计投资	本年计划投资	本年完成投资			本年新增固定资产
				商品房建设投资	土地开发投资	
537 749	**1 500 210**	**749 892**	**566 315**	**395 183**	**21 048**	**528 071**
329 965	770 437	494 177	393 111	263 063	15 956	320 287
102 160	270 782	179 956	148 952	101 109	9 415	101 660
12 538	32 414	10 484	8 972	7 693	26	12 538
3 886	21 430	12 013	9 849	8 431		3 886
3 787	9 255	4 933	81	10	4	3 787
	10 128	6 330	5 548		1 491	
15 164	15 855	7 349	5 123	5 090		15 164
	4 755	2 550	1 572	1 552	20	
65 797	124 064	88 799	71 300	46 523	1 415	65 797
7 575	62 073	21 625	21 795	18 396		7 575
10 100	1 200	2 500	706	706		10 100
8 771	14 148	11 010	7 039	5 096	1 003	8 771
86 874	176 600	131 190	97 390	58 988	2 493	77 696
7 276	11 052	8 628	8 941	3 715		7 276
6 037	16 681	6 810	5 843	5 754	89	6 037
157 721	531 730	166 285	109 372	85 252	4 642	157 721
71 425	86 771	50 185	38 387	33 878	2 137	71 425
26 394	150 049	37 586	27 516	17 613	2 450	26 394
56 580	284 094	69 259	38 491	30 065	55	56 580
3 322	10 816	9 255	4 978	3 696		3 322
50 063	198 043	89 430	63 832	46 868	450	50 063
11 739	52 621	18 463	18 388	13 511	10	11 739
23 768	19 796	11 000	6 582	5 899		23 768
14 556	125 626	59 967	38 862	27 458	440	14 556
63 771	67 588	58 360	58 948	41 160	691	63 771
45 381	96 456	64 549	63 983	33 502	5 900	45 381
144 517	265 722	133 285	92 511	67 358	3 124	144 517
220 958	693 612	327 989	220 892	177 292	5 158	214 860
12 650	128 638	54 983	38 832	21 635	3 523	9 070
35 987	235 963	105 818	87 343	50 622	2 502	35 987
14 485	12 231	4 908	3 806	3 614	150	14 485

按构成和工程用途分

	本年完成投资	按构成分			
		建筑工程	安装工程	设备购置	其他费用
总计	**566 315**	**336 119**	**38 339**	**13 181**	**178 676**
按登记注册类型分组					
内资企业	393 111	233 632	21 608	7 523	130 348
国有企业	148 952	95 901	7 928	3 549	41 574
集体企业	8 972	8 084	320		568
股份合作企业	9 849	5 652	2 965		1 232
国有联营企业	81	10			71
集体联营企业	5 548	817			4 731
国有与集体联营企业					
其他联营企业	5 123	3 597	946	449	131
国有独资公司	1 572	1 552			20
其他有限责任公司	71 300	43 141	2 085	1 233	24 841
股份有限公司	21 795	15 183	2 466	414	3 732
私营独资企业	706	706			
私营合伙企业	7 039	3 803	50		3 186
私营有限责任公司	97 390	48 861	4 828	1 819	41 882
私营股份有限公司	8 941	2 712			6 229
其他内资企业	5 843	3 613	20	59	2 151
港澳台商投资企业	109 372	64 363	11 149	3 668	30 192
合资经营企业	38 387	27 583	4 590	851	5 363
合作经营企业	27 516	11 932	4 594	1 125	9 865
独资企业	38 491	21 160	1 965	1 692	13 674
股份有限公司	4 978	3 688			1 290
外商投资企业	63 832	38 124	5 582	1 990	18 136
合资经营企业	18 388	10 972	912	532	5 972
合作经营企业	6 582	2 536	2 167	1 404	475
独资企业	38 862	24 616	2 503	54	11 689
按资质等级分					
一　级	58 948	42 576	1 063	1 109	14 200
二　级	63 983	24 611	4 345	3 082	31 945
三　级	92 511	63 128	4 193	1 927	23 263
四　级	220 892	139 333	24 732	4 869	51 958
五　级	38 832	18 528	1 300	1 093	17 911
其　他	87 343	44 748	2 245	1 101	39 249
兼　营	3 806	3 195	461		150

的房地产开发投资

单位：万元

旧建筑物购置	土地购置费	按工程用途分					
		住宅	别墅高档公寓	经济适用房	办公楼	商业营业用房	其他
3 737	**111 375**	**358 681**	**48 752**	**17 417**	**43 589**	**72 001**	**92 044**
3 737	82 077	257 558	24 164	17 417	27 745	49 246	58 562
418	24 410	84 651	5 890	17 417	24 547	19 078	20 676
	557	6 937	44		95	831	1 109
62	1 100	7 528	6 305				2 321
		11			1	1	68
2 900	340	4 000				84	1 464
		4 588	32			72	463
		1 357				195	20
10	16 614	43 460	5 508		934	11 341	15 565
	3 030	14 315	1 000		1 117	4 630	1 733
		565				85	56
	940	4 562	3 500			528	1 949
	30 509	74 288	1 622		959	11 625	10 518
347	4 577	7 178				119	1 644
		4 118	263		92	657	976
	15 686	68 851	14 555		8 310	12 119	20 092
	1 443	32 641	6 311		278	3 667	1 801
	6 908	13 079	4 131		5 773	3 752	4 912
	7 335	21 932	4 113		2 259	3 947	10 353
		1 199				753	3 026
	13 612	32 272	10 033		7 534	10 636	13 390
	4 738	11 630	5 157			1 765	4 993
		1 614	1 184		4 010	306	652
	8 874	19 028	3 692		3 524	8 565	7 745
	3 507	37 196	5 371	14 364	11 338	868	9 546
	22 646	40 729	4 958		6 508	13 027	3 719
	16 601	61 987	9 012	80	4 939	13 298	12 287
2 972	25 818	142 395	19 171	2 973	14 830	31 961	31 706
347	12 131	21 014	8 518		3 045	5 227	9 546
418	30 672	52 355	1 722		2 468	7 550	24 970
		3 005			461	70	270

房　地　产　开　发

	本年资金来源合计	上年末结余资金	本年资金到位小计	国家资金	国内贷款	债券	利用外资
合　计	**1 336 740**	**275 723**	**1 061 017**	**3 770**	**190 834**		**29 873**
按登记注册类型分							
内资企业	900 252	183 895	716 357	3 770	106 378		2 883
国有企业	354 825	77 992	276 833	3 770	40 359		303
集体企业	26 366	3 423	22 943		30		
股份合作企业	21 626	6 030	15 596		1 430		
国有联营企业	11 824	3 675	8 149		4 177		
集体联营企业	8 836	1 448	7 388		96		
国有与集体联营企业							
其他联营企业	21 751	700	21 051		5 500		2 580
国有独资公司	6 620	274	6 346				
其他有限责任公司	141 710	32 036	109 674		15 934		
股份有限公司	54 477	5 824	48 653		9 959		
私营独资企业	862	112	750				
私营合伙企业	15 455	2 675	12 780		1 050		
私营有限责任公司	192 581	31 261	161 320		26 488		
私营股份有限公司	19 941	4 325	15 616		855		
其他内资企业	23 378	14 120	9 258		500		
港澳台商投资企业	308 317	66 180	242 137		49 400		8 174
合资经营企业	124 127	29 359	94 768		25 250		836
合作经营企业	64 297	12 604	51 693		5 994		2 516
独资企业	103 823	22 587	81 236		15 856		4 822
股份有限公司	16 070	1 630	14 440		2 300		
外商投资企业	128 171	25 648	102 523		35 056		18 816
合资经营企业	44 583	3 182	41 401		14 978		6 193
合作经营企业	17 341	11 232	6 109				4 533
独资企业	66 247	11 234	55 013		20 078		8 090
按资质等级分							
一　级	152 433	36 194	116 239		20 718		303
二　级	115 842	19 692	96 150		12 997		
三　级	277 801	70 403	207 398	1 000	53 129		4 781
四　级	527 303	101 499	425 804	2 770	67 172		14 633
五　级	73 338	15 222	58 116		16 907		3 846
其　他	174 246	27 739	146 507		19 911		6 310
兼　营	157 777	4 974	10 803				

资 金 来 源 情 况

单位：万元

外商直接投资	对外借款	自筹资金	自有资金	其他资金来源	集资	定金及预收款	本年各项应付款合计	工程款	设备款
22 443	5 279	179 579	101 208	656 961	13 486	405 514	52 472	22 721	2 174
2 883		136 427	89 091	466 899	10 881	271 081	29 995	14 169	236
303		56 694	32 889	175 707	7 354	80 990	6 612	2 758	20
		2 886	1 516	20 027	755	16 544	643	643	
				14 166		12 736	569	86	203
		189	189	3 783			1 520	50	
		1 980		5 312		102			
2 580		500		12 471		1 643	655	560	
		2 100		4 246		4 246	169	68	
		21 491	18 510	72 249	1 905	39 766	9 443	5 244	
		6 110	4 685	32 584		26 087	299	299	
				750	750		1 013		
		4 606	4 606	7 124		3 524	242	102	
		23 725	11 527	111 107	117	79 560	7 725	4 318	13
		10 630	10 452	4 131		4 131	261		
		5 516	4 717	3 242		1 752	844	41	
4 900	1 501	39 758	12 002	144 805	2 105	94 728	18 172	5 871	1 231
215		10 374	9 717	58 308		40 408	7 870	880	
1 620	120	11 183	2 285	32 000		24 193	3 664	2 343	
3 065	1 381	18 201		42 357	2 105	26 337	6 637	2 647	1 231
				12 140		3 790	1	1	
14 660	3 778	3 394	115	45 257	500	39 705	4 305	2 681	707
5 815		1 023	42	19 207		18 710	2 455	2 070	
4 003	530	183		1 393					
4 842	3 248	2 188	73	24 657	500	20 995	1 850	611	707
303		26 273	18 971	68 945		34 418	1 718	546	
		22 343	20 565	60 810		25 410	187	37	
4 771		15 030	9 449	133 458	6 256	62 017	20 019	7 038	1 231
8 159	5 109	74 838	34 741	266 391	4 840	199 516	21 574	9 542	932
2 900	170	6 252	1 860	31 111	605	19 542	1 990	1 186	
6 310		30 706	11 935	89 580	1 785	64 611	6 984	4 372	11
		4 137	3 687	6 666					

房　地　产　开　发

	实收资本合计	资产总计	固定资产	
			累计折旧	本年折旧
合计	**1 146 235**	**5 032 191**	**45 309**	**6 383**
按登记注册类型分				
内资企业	549 910	3 130 462	19 305	3 823
国有企业	193 183	2 008 465	9 638	1 776
集体企业	13 306	56 261	443	79
股份合作企业	13 524	36 695	3	−65
国有联营企业	13 326	79 413	745	329
集体联营企业	10 763	15 985	71	68
国有与集体联营企业				
其他联营企业	12 269	40 600	238	72
国有独资公司	1 100	9 570	31	4
其他有限责任公司	100 557	301 050	4 025	554
股份有限公司	51 230	105 557	321	87
私营独资企业	5 540	9 840	105	2
私营合伙企业	10 930	29 775	211	54
私营有限责任公司	104 881	368 331	2 644	643
私营股份有限公司	7 953	28 787	418	149
其他内资企业	11 348	40 133	412	71
港澳台商投资企业	443 372	1 353 680	22 139	1 987
合资经营企业	103 535	387 498	9 905	473
合作经营企业	59 177	187 357	1 081	157
独资企业	262 760	709 191	10 712	1 257
股份有限公司	17 900	69 634	441	100
外商投资企业	152 953	548 049	3 865	573
合资经营企业	49 286	154 065	1 989	294
合作经营企业	13 799	59 160	256	42
独资企业	89 868	334 824	1 620	237
按资质等级分				
一　级	47 100	559 073	3 784	489
二　级	31 840	202 580	887	215
三　级	314 198	1 755 059	15 589	1 421
四　级	456 884	1 659 192	11 628	2 205
五　级	76 358	225 651	1 934	290
其　他	181 488	568 477	11 011	1 615
兼　营	38 367	62 159	476	148

经　　营　　情　　况　　（一）

单位：万元

负债总计	所有者权益合计	经营收入总计	(1) 土地转让收入	(2) 商品房屋销售收入	销售给个人	商品住宅销售收入	个人
3 691 445	**[illegible] 340 746**	**678 770**	**26 905**	**614 727**	**393 622**	**340 174**	**277 432**
2 464 124	666 338	452 158	25 606	399 684	257 913	200 421	174 208
1 725 564	282 901	147 083	16 297	112 630	86 491	60 940	59 169
41 859	14 402	16 529		16 013	16 013	15 177	15 177
25 920	10 775	10 992		10 992	5 603	4 703	4 703
61 950	17 463	11 252		11 037	9 019	8 947	8 877
5 851	10 134	145		145	145	145	145
29 393	11 207	12 170		12 170	8 073	9 506	533
9 213	357	60		60	60	60	60
186 712	114 338	94 113	9 309	83 084	53 235	31 433	31 066
71 606	33 951	16 924		16 873	2 767	14 862	1 742
4 302	5 538	−56		−77	−77	−77	−77
17 424	12 351	11 130		11 130	5 368	5 368	5 368
238 297	130 034	113 385		110 919	56 565	35 938	34 026
18 002	10 785	10 881		10 781	10 724	9 992	9 992
28 031	12 102	7 530		3 927	3 927	3 427	3 427
852 897	500 783	165 892	447	161 368	115 170	120 866	88 624
258 658	128 840	57 469		56 971	33 575	50 410	24 222
116 554	70 803	28 035		28 035	25 977	26 662	25 405
435 775	273 416	71 972		68 565	49 792	37 968	33 171
41 910	27 724	8 416	447	7 797	5 826	5 826	5 826
374 424	173 625	60 720	852	53 675	20 539	18 887	14 600
97 354	56 711	29 807	852	28 701	11 944	10 747	6 460
40 311	18 849	256		256	256	256	256
236 759	98 065	30 657		24 718	8 399	7 884	7 884
469 038	90 035	65 171	2 646	58 831	39 581	33 695	33 695
150 883	51 697	61 239	4 950	56 289	17 645	15 543	15 543
1 382 329	372 730	158 849	9 310	144 062	93 383	90 592	62 025
1 150 361	508 831	292 122	1 369	276 490	189 837	151 005	132 116
152 335	73 316	19 965		13 274	11 381	10 955	10 292
354 388	214 089	78 591	8 630	63 323	40 706	37 845	23 222
32 111	30 048	2 833		2 458	1 089	539	539

房　地　产　开　发

	（3）房屋出租收入	（4）其他收入	经营成本
合　　计	**6 593**	**30 545**	**488 659**
按登记注册类型分组			
内资企业	3 624	23 244	328 533
国有企业	3 119	15 037	99 877
集体企业	18	498	11 225
股份合作企业			6 990
国有联营企业	215		8 421
集体联营企业			173
国有与集体联营企业			
其他联营企业			8 749
国有独资公司			42
其他有限责任公司	103	1 637	76 868
股份有限公司	44	7	13 608
私营独资企业		21	400
私营合伙企业			8 071
私营有限责任公司	4	2 462	80 609
私营股份有限公司	100		8 164
其他内资企业	21	3 582	5 336
港澳台商投资企业	1 225	2 852	117 624
合资经营企业	498		43 654
合作经营企业			22 433
独资企业	561	2 846	46 101
股份有限公司	166	6	5 436
外商投资企业	1 744	4 449	42 502
合资经营企业	187	67	21 145
合作经营企业			179
独资企业	1 557	4 382	21 178
按资质等级分			
一　级	1 662	2 032	42 477
二　级			43 241
三　级	2 029	3 448	115 821
四　级	1 658	12 605	209 618
五　级	32	6 659	16 342
其　他	1 168	5 470	58 976
兼　营	44	331	2 184

经　营　情　况　（二）

单位：万元

销售费用	经营税金及附加	其他业务利润	管理费用及财务费用	投资收益及营业外收入	营业外支出	利润总额
19 493	**37 023**	**6 511**	**75 503**	**15 189**	**5 632**	**74 160**
13 039	25 439	5 520	41 579	11 723	4 102	56 709
4 350	7 813	5 149	19 618	10 147	1 205	29 516
794	1 405	2	1 237	51	332	1 589
416	751		1 034	21	241	1 581
522	628	89	1 333	672	23	1 086
2	15		157			—202
212	545		679	—5		1 980
	4		26	1		—11
2 059	4 195	128	4 797	408	361	6 389
801	1 239	33	1 586	338	14	47
21	229		168			—874
571	618	—56	638	12	26	1 162
2 907	6 848	94	8 811	68	1 853	12 519
141	819	13	469	7	11	1 297
243	330	68	1 026	3	36	630
4 830	8 568	593	25 883	3 283	1 048	11 815
1 637	2 822	178	7 559	2 032	190	3 817
860	1 442	99	4 547	45	57	—1 160
1 963	3 837	83	12 210	116	778	7 282
370	467	233	1 567	1 090	23	1 876
1 624	3 016	398	8 041	183	482	5 636
921	1 566	16	2 453	104	330	3 512
10	57		216	18		—188
693	1 393	382	5 372	61	152	2 312
2 065	3 625	3 290	9 609	2 790	413	13 062
1 226	3 268	313	2 688	399	1 159	10 369
3 794	7 928	853	19 010	8 135	580	20 704
8 468	16 715	1 457	30 590	2 216	2 149	28 255
847	718	443	3 886	335	288	—1 338
3 020	4 299	153	8 705	1 311	733	4 322
73	470	2	1 015	3	310	—1 214

房 地 产 土 地 开

	本年完成开发土地面积	正在开发的土地面积	待开发的土地面积	本年购置土地面积	竣工房屋住宅套数（套）	别墅、高档公寓
合　计	**494 996**	**674 724**	**2 491 776**	**912 535**	**20 955**	**3 081**
按登记注册类型分						
内资企业	369 547	539 960	1 818 572	725 588	15 315	1 654
国有企业	169 816	340 517	111 007	122 752	5 510	234
集体企业	1 924	5 655	178 073	30 724	590	450
股份合作企业			42 872	26 816	84	
国有联营企业		7 000	10 600		166	
集体联营企业	60 000	107 081	219 007	76 481		
其他联营企业			8 111		331	
国有独资公司	14 217		36 144			
其他有限责任公司	35 252	37 896	641 117	187 432	3 196	350
股份有限公司			27 941	27 746	718	
私营独资企业					180	
私营合伙企业	16 458		26 128	9 325	496	384
私营有限责任公司	59 246	41 811	501 659	196 693	3 371	236
私营股份有限公司			15 913	47 619	422	
其他内资企业	12 634				251	
港澳台商投资企业	20 000	134 764	418 064	64 582	4 152	1 359
合资经营企业	20 000	91 000	8 830	1 700	2 151	786
合作经营企业		24 268	98 539	38 593	604	
独资企业		19 496	279 476	24 289	1 397	573
股份有限公司			31 219			
外商投资企业	105 449		255 140	122 365	1 488	68
合资经营企业	2 097		70 225	40 000	463	34
合作经营企业			8 778		328	
独资企业	103 352		176 137	82 365	697	34
按资质等级分						
一　级	17 281	179 527		29 633	3 866	268
二　级	99 182	146 388		147 103	2 020	
三　级	96 654	5 631	599 869	100 775	4 175	1 211
四　级	187 357	269 448	1 169 908	323 670	7 848	1 602
五　级	42 293	42 473	304 593	113 793	503	
其　他	49 526	31 257	289 036	197 561	1 293	
兼　营	2 703		128 370		1 250	

发　及　其　他　指　标

单位：平方米、套、万元

经济适用房	拆迁还建竣工面积	统建代建竣工面积	公益性建筑竣工面积	年均从业人员数（人）	年末从业人员数（人）	全年从业人员劳动报酬	空置一年以上的房屋面积	统、代建房投资
4 159	**27 388**	**323 402**	**44 788**	**9 322**	**10 473**	**17 228**	**1 283 995**	**56 609**
4 001	18 821	311 589	41 493	6 144	7 108	10 886	646 330	53 558
3 416	11 321	311 589	7 855	2 034	2 207	4 330	305 475	51 733
56	7 500			313	308	368	38 907	
				115	115	141	3 202	
				182	181	425	43 702	
				63	67	109	2 340	
				139	310	248	19 844	
				28	28	65	1 202	
			31 931	1 165	1 670	1 869	70 745	600
				226	227	468	48 053	
				38	39	52	12 110	
				169	162	180	3 116	
529			1 707	1 421	1 600	2 233	86 950	1 225
				105	106	176	3 050	
				116	88	222	7 634	
158	8 567	11 813	3 295	2 277	2 274	4 374	470 820	3 051
			1 340	615	618	1 087	175 799	608
91		6 813		348	336	767	20 791	
67	8 567		1 955	1 176	1 182	2 238	254 110	
		5 000		138	138	282	20 120	2 443
				931	1 091	1 968	166 845	
				326	328	670	65 398	
				88	72	202	4 212	
				517	691	1 096	97 235	
3 177		287 289	3 160	526	526	1 918	160 315	30 049
	11 321			391	420	798	20 287	3 575
67			6 650	2 012	2 074	3 140	422 792	14 586
330	16 067	36 113	34 978	4 091	4 594	7 368	497 199	7 241
				542	942	1 118	16 508	550
				1 538	1 696	2 518	130 888	608
585				222	221	368	36 006	

房地产开发房屋施工、竣工房屋面积及价值（一）

单位：平方米

	房屋施工		房屋竣工		房屋竣工价值（万元）	
	面积	住宅	面积	住宅		住宅
总计	**10 299 133**	**7 072 381**	**2 816 780**	**2 167 226**	**387 372**	**284 548**
按登记注册类型分						
内资企业	6 240 674	4 620 023	1 962 322	1 548 658	229 889	177 012
国有企业	2 174 572	1 635 704	682 658	590 621	76 670	64 127
集体企业	229 394	186 409	70 600	49 666	9 397	6 330
股份合作企业	106 085	84 565	19 677	10 487	2 716	1 470
国有联营企业	25 660	14 283	25 660	14 283	3 720	2 142
集体联营企业	41 577	29 146				
国有与集体联营企业						
其他联营企业	233 897	169 891	51 593	45 203	9 380	8 218
国有独资公司	25 173	20 459				
其他有限责任公司	1 180 612	817 511	436 683	314 926	46 086	33 237
股份有限公司	393 644	252 211	70 125	60 006	7 535	5 961
私营独资企业	26 626	18 311	26 626	18 311	5 200	3 568
私营合伙企业	137 066	114 236	64 051	53 126	8 031	6 767
私营有限责任公司	1 405 942	1 063 925	440 276	323 875	52 327	37 252
私营股份有限公司	87 335	83 341	38 320	38 320	4 525	4 525
其他内资企业	173 091	130 031	36 053	29 834	4 302	3 415
港澳台商投资企业	3 142 189	1 905 016	668 189	477 194	121 103	82 764
合资经营企业	779 625	620 165	333 160	258 101	55 892	43 763
合作经营企业	882 092	509 969	106 683	69 636	24 389	15 582
独资企业	1 382 948	700 843	223 346	149 457	39 561	23 419
股份有限公司	97 524	74 039	5 000		1 161	
外商投资企业	916 270	547 342	186 269	141 374	36 380	24 772
合资经营企业	268 801	214 234	54 930	54 392	8 935	8 900
合作经营企业	126 137	41 892	50 579	26 397	19 872	10 213
独资企业	521 332	291 216	80 760	60 585	7 573	5 659
按资质等级分						
一级	854 839	716 362	440 171	413 708	43 235	39 891
二级	687 743	470 995	261 842	187 985	30 832	21 966
三级	2 179 739	1 579 208	615 538	464 458	105 218	74 625
四级	4 335 523	2 819 175	1 105 180	817 484	157 583	114 207
五级	662 981	392 357	61 680	53 885	6 647	5 901
其他	1 412 413	971 096	212 109	118 080	30 616	16 298
兼营	165 895	123 188	120 260	111 626	13 241	11 660

房地产开发房屋施工、竣工面积及价值（二）

单位：平方米

	施工面积	新开工	竣工面积	竣工价值（万元）	竣工造价（万元）
房屋建筑面积合计	**10 299 133**	**2 855 177**	**2 816 780**	**387 372**	**1 375**
1. 住　宅	7 072 381	2 274 048	2 167 226	284 548	1 313
其中：别墅、高档公寓	876 763	236 577	273 264	44 819	1640
经济适用房	482 959	6 755	404 022	34 245	848
2. 办公楼	834 841	41 267	77 097	15 497	2 010
3. 商业营业用房	1 261 603	331 330	325 034	47 473	1 461
4. 其他	1 130 308	208 472	247 423	39 854	1 611

商品房屋销售与出租情况

单位：平方米

	实际销售面积	预售面积	空置面积	空置一年以上	出租面积	实际销售额（万元）
房屋面积合计	**2 573 907**	**1 436 613**	**1 761 339**	**1 283 995**	**208 494**	**731 230**
其中：外销（租）	25 876	41 446			14 761	7 887
个　人	2 355 093	1 204 940			55 843	655 956
1. 住　宅	2 153 073	1 245 360	794 309	560 827	27 088	550 969
其中：别墅、高档公寓	185 750	73 816	114 905	102 922		70 099
经济适用房	301 164	19 488	128 601	44 139		43 815
其中：个　人	2 036 556	1 012 737			15 766	513 592
2. 办公楼	75 919	44 148	267 562	230 930	57 741	30 380
3. 商业营业用房	249 119	138 036	275 819	185 959	65 545	124 835
4. 其　他	95 796	9 069	423 649	306 279	58 120	25 046

房地产开发利用外资情况

单位：万元

国别名称	利用外资合计	直接投资	国别名称	利用外资合计	直接投资
合　计	**29 873**	**22 443**			
亚　洲	21 568	14 960	北美洲	3 703	3 703
香　港	16 004	12 150	加拿大	45	45
印度尼西亚	1 213	835	美　国	3 658	3 658
菲律宾	2 376		其　他	4 602	3 780
台　湾	1 975	1 975			

十、科技、教育及文化事业

各类专业技术人员情况

单位：人

	2001年	比增（±%）	2000年	比增（±%）	1999年
合　　　计	**92 500**	**7.26**	**86 243**	**11.31**	**77 480**
按经济类型分					
国有单位	52 754	−0.25	52 888	3.59	51 056
集体单位	6 792	41.29	4 807	−12 2	5 475
其他单位	32 954	15.43	28 548	36.26	20 949
按国民经济行业分					
农林牧渔业	286	−48.93	560	48.15	378
采掘业	28	−71.43	98	262.96	27
制造业	26 301	9.51	24 017	36.2	17 634
电力、煤气及水的生产和供应业	1 778	6.21	1 674	−7.77	1 815
建筑业	11 083	41.44	7 836	0.45	7 801
地质勘探与水利管理业	201	−6.94	216	−2.7	222
交通运输、仓储及邮电通讯业	4 534	17.92	3 845	21.6	3 162
批发、零售贸易及餐饮业	4 164	−9.42	4 597	−6.77	4 931
金融、保险业	5 724	−14.95	6 730	−0.15	6 740
房地产业	1 999	−3.99	2 082	4.41	1994
社会服务业	3 119	18.05	2 642	4.39	2 531
卫生、体育和社会福利业	5 651	−0.58	5 684	0.66	5 647
教育、文化艺术和广播电视业	22 256	4.46	21 305	3.34	20 617
科研和综合技术服务业	2 892	22.85	2 354	2.84	2 289
国家、政党机关和社会团体	1 135	43.49	791	−29.38	1 120
其他行业	1 349	−25.55	1 812	216.78	572

市属企事业单位各类专业技术人员

单位：人

项　　目	1995年	1996年	1997年	1998年	1999年	2000年	2001年
总　　计	**34 452**	**36 566**	**37 388**	**38 293**	**38 545**	**39 370**	**38 543**
#中级以上职称	9 189	10 088	10 736	11 112	11 599	13 539	14 233
#高级职称	1 351	1 475	1 618	1 679	1 647	2 100	2 379
1. 工程技术人员	9 370	9 780	9 444	8 951	8 809	8 869	8 145
#高级工程师	471	491	480	408	402	570	584
工程师	2 402	2 527	2 426	2 222	2 302	2 746	2 653
2. 农业技术人员	391	377	340	397	423	363	371
#高级农艺师（农业推广研究员）	18	18	13	21	20	26	30
农艺师	121	132	123	124	140	139	144
3. 科学研究人员	116	129	137	151	155	125	123
#正副研究员	20	19	17	17	23	15	14
助理研究员	40	18	78	70	58	54	59
4. 卫生技术人员	3 783	3 979	4 343	4 942	5 046	5 439	5 780
#正副主任医师	192	222	298	351	344	429	533
主治医师	767	835	1 012	1 092	1 136	1 298	1 403
5. 教学人员	12 693	13 798	14 561	15 452	15 907	16 421	16 706
#正副教授（高级讲师）	517	588	652	719	708	841	998
讲　师（高级教师）	3 009	3 382	3 672	3 710	4 200	4 598	5 036
6. 经济人员	3 308	3 331	3 261	3 052	2 449	3 023	2 706
#高级经济师	22	21	26	25	20	47	52
经济师	492	519	552	598	663	1 010	996
7. 会计人员	2 349	2 495	2 588	2 671	2 099	2 625	2 463
#高级会计师	18	18	18	18	19	34	45
会计师	313	406	472	553	523	773	764
8. 统计人员	350	350	303	268	883	240	192
#高级统计师	—	—	—	1	7	1	10
统计师	39	41	42	43	136	53	63
9. 翻译人员	220	220	232	204	717	169	159
#正副译审	3	3	3	3	5	4	3
翻　译	21	23	33	36	104	41	42

续

项　　目	1995 年	1996 年	1997 年	1998 年	1999 年	2000 年	2001 年
10. 图书、档案、文博人员	330	417	399	410	496	465	452
＃正副研究馆员	10	11	11	12	14	21	21
馆　员	59	77	78	98	101	102	77
11. 新闻、出版人员	356	450	446	457	503	483	497
＃正副编审、高级、主任记者	36	40	42	43	37	50	45
编辑记者、一级校对	132	158	166	183	218	215	224
12. 律师、公证人员	80	67	18	56	79	53	31
＃一、二级律师、公证员	3	2	—	2	2	4	3
三级律师、公证员	23	22	10	23	22	15	14
13. 船舶技术人员	245	239	224	234	—	—	—
＃高级船长	1	1	4	3	—	—	—
船长、大副	72	69	73	78	—	—	—
14. 民航飞行技术人员	56	57	107	107	—	—	—
＃一级飞行技术员	9	12	15	17	—	—	—
二级飞行技术员	14	13	26	24	—	—	—
15. 播音人员	25	27	28	26	32	40	39
＃播音指导、主任播音员	1	1	1	—	1	1	1
一级播音员	8	9	10	11	11	11	11
16. 工艺美术人员	113	112	111	93	93	90	81
＃高级工艺美术师	3	3	3	1	—	—	1
工艺美术师	28	27	26	20	21	17	17
17. 体育人员	65	68	70	67	72	74	71
＃国家级、高级教练	6	6	7	6	6	6	5
一级教练	30	30	28	27	30	30	29
18. 艺术人员	96	115	235	240	296	318	220
＃一、二级艺术人员	10	9	18	23	28	29	22
三级艺术人员	35	41	51	64	90	92	70
19. 政工人员	506	555	541	515	486	573	507
＃高级政工师	1	10	10	9	11	22	19
政工师	233	253	240	227	215	245	226

大中型工业企业科技活动情况

指　　标	单　位	2001 年	2000 年
企业数	个	281	85
#有科技活动	个	132	52
从业人数	人	200 574	84 853
企业开发机构数	个	54	27
从事科技活动人员	人	8 146	3 962
#企业办科技机构人员	人	2 581	1 208
经费筹集总额	万元	110 486.8	39 012
#企业自筹资金	万元	91 669.6	37 158.2
金融机构贷款	万元	11 300	1 140
来自政府部门的资金	万元	1 514	658.8
来自事业单位的资金	万元	15	15
来自国外的资金	万元	3 890	0
其他	万元	2 098.2	40
经费支出总额	万元	102 885.3	36 414.2
#内部支出	万元	87 872.8	30 801.7
#劳务费	万元	18 749.6	6 347.5
原材料费	万元	18 765.1	7 583.7
非基建费	万元	26 741.7	11 421.8
其他	万元	23 616.4	5 448.7
#外部支出	万元	15 012.5	5 612.5
#对研究院所支出	万元	203.3	67.2
对高等院校支出	万元	342.8	186.4
对其他企业支出	万元	1 840.2	2 884.4
对国外机构支出	万元	12 570.8	2 474.5
用于科研基建经费支出	万元	9 471.3	2 169.5
#土建工程支出	万元	4 280.4	1 935.9
R&D 经费支出	万元	51 161.2	21 653.8
基础研究支出	万元	3	0
应用研究支出	万元	161.3	162.8
试验发展支出	万元	50 996.9	21 491
新产品开发经费支出	万元	51 071.1	19 841.9
科技开发项目	项	886	355
#限额以上项目	项	326	140
产品销售收入	万元	6 445 859.4	2 459 846.5

规模以上工业企业科技开发活动情况

指　　标	单　位	2001 年	2000 年	比 2000 年增长（±%）
企业数	个	411	363	13.22
#有科技活动	个	222	247	-10.12
从业人数	人	219 319	177 934	23.26
从事科技活动人员	个	9 679	8 728	10.90
企业办科技机构数	人	86	78	10.26
#企业办科技机构人员	人	3 078	2 206	39.53
经费筹集总额	万元	125 632.3	114 544.4	9.68
#企业自筹资金	万元	105 222.7	95 843.8	9.79
金融机构贷款	万元	11 511	10 678.7	7.79
政府部门的资金	万元	2 616.5	2 097.2	24.76
事业单位的资金	万元	15	21.8	-31.19
国外的资金	万元	4 038.9	2 008.4	101.10
其他	万元	2 228.2	3 894.5	-42.79
经费支出总额	万元	113 626.3	125 624.8	-9.55
#内部支出	万元	97 636.7	99 617.3	-1.99
外部支出	万元	15 989.6	26 007.5	-38.52
R&D 经费支出	万元	56 811.5	42 394.5	34.01
新产品开发经费支出	万元	58 209.3	44 794.9	29.95
科技开发项目	项	1 188	910	30.55
#限额以上项目	项	491	489	0.41
技术改造支出	万元	58 347.9	62 403.4	-6.50
技术引进支出	万元	35 077.8	25 108.6	39.70
消化吸收支出	万元	2 290.1	945.4	142.24

各级各类学校概况

单位：人

	校数（所）	毕业生数	招生数	在校生数	教职工数	专任教师
2001年合计	**1 327**	**169 594**	**171 508**	**401 001**	**28 556**	**20 159**
＃普通高等学校	4	5 325	8 815	27 996	5 827	2 506
中等专业学校	12	2 467	3 908	13 768	1 394	726
普通中学	64	27 974	33 518	94 585	7 603	5 945
职业中学	13	3 180	3 557	8 780	927	638
小　　学	376	24 050	19 354	145 179	8 076	7 387
幼儿园	444	16 241	16 763	36 879	2 858	1 952
特殊教育学校	5	28	37	403	109	92
技工学校	3	755	1 018	2 816	222	159
成人学校	406	88 958	83 054	67 039	1 540	754
2000年合计	**1 422**	**157 115**	**175 519**	**393 263**	**27 172**	**16 910**
＃普通高等学校	3	4 908	7 868	24 864	5 670	2 424
中等专业学校	12	2 327	3 590	12 604	1 369	707
普通中学	56	26 539	30 944	89 454	6 951	5 556
职业中学	16	3 701	3 061	8 890	1 073	670
小　　学	372	22 068	20 074	144 476	7 677	7 095
幼儿园	445	18 370	17 697	36 297	2 880	2 231
特殊教育学校	5	50	53	512	108	91
技工学校	3	824	1 160	2 496	197	127
成人学校	510	77 812	89 923	70 940	1 247	709

注：“各级各类学校”含成人教育。

普通高等学校基本情况

单位：人

	合　计	厦门大学	集美大学	鹭江大学	电大（普通班）	华夏学院
毕业生数	5 325	2 455	2 137	581	152	
招生数	8 815	3 926	3 463	965	130	331
在校生数	27 996	12 318	12 217	2 816	314	331
教职工数	5 827	3 190	2 286	296		55
＃专任教师	2 506	1 375	958	150		23
＃教　授	298	231	59	2		6
副教授	794	424	328	37		5
讲　师	827	367	395	60		5
助　教	395	114	225	49		7

中等专业学校基本情况(一)

单位：人

	合　　计	厦门师范学校	集美轻工学校	福建化工学校	集美水产学校	音乐学校
毕业生数	2 467		715	344	396	12
招生数	3 908		879	507	813	19
在校生数	13 768	157	3 686	2 203	2 232	56
教职工数	1 394	49	182	123	209	32
#专任教师	726	30	90	55	124	29
#高级讲师	150	7	17	10	14	12
讲　　师	300	11	49	28	42	15
助理讲师	271	14	19	32	68	7
教　　员	17		5	1		

中等专业学校基本情况(二)

单位：人

	厦门卫生学　　校	厦门商业学　　校	福建工艺美术学校	厦门工业学　　校	厦门戏曲舞蹈学校	体育中专	海峡工贸学　　校
毕业生数	217	338	87	245		46	67
招生数	181	756		337	29	45	342
在校生数	834	1 651	363	1 352	151	169	914
教职工数	226	114	165	118	40	75	61
#专任教师	56	62	116	80	30	15	38
#高级讲师	22	7	18	22	6	5	10
讲　　师	21	33	46	35	14	7	9
助理讲师	10	20	41	23	6	2	29
教　　员	2	2	1		4	2	

普通中学基本情况

单位：人

	合　　计	同　　安
一、校　数　(所)	**64**	**29**
二、班级数　(个)	**1 987**	**858**
其中：高中	555	202
三、学生数	**94 585**	**41 777**
其中：高中	27 500	10 920
四、毕业生数	**27 974**	**13 434**
其中：高中	6 401	2 423
五、招生数	**33 518**	**14 486**
其中：高中	9 808	3 953
六、学生数中：女生	**44 578**	**18 301**
其中：高中	13 465	4 740
七、初中年保留率　(%)	**99.89**	**98.93**
八、高中年保留率 (%)	**98.6**	**97.95**
九、初中留级率　(%)	**0.02**	**0**
十、高中留级率　(%)	**0.35**	**0**
十一、教职工人数	**7 603**	**3 086**
#专任教师	5 945	2 417

职业中学（含职业中专）基本情况

单位：人

	校数（所）	班数（个）	毕业生数	招生人数	在校学生数	毕业班学生数	教职工数	
							合计	专任教师
总计	**13**	**247**	**3 180**	**3 557**	**8 780**	**2 835**	**927**	**638**
鼓浪屿区		2			29	19		
思明区	1	38	558	556	1 358	420	161	126
开元区	3	52	702	621	1 873	644	252	139
杏林区	3	41	504	666	1 635	441	113	82
海沧台商投资区								
集美区	1	7	118	167	266	57	15	14
湖里区	2	43	475	514	1 685	590	187	159
同安区	3	64	823	1 033	1 934	664	199	118
#市属合计	7	146	1 988	1 813	5 234	1 776	640	451
电子职业学校	1	29	226	345	1 164	442	155	128
旅游职业学校	1	38	376	556	1 358	420	161	126
交通职业学校	1	17	157	262	707	207	91	61
财经职业学校	1	19	273	216	696	273	100	51
五中			114					
禾山中学		3	33		112	42	14	14
湖里中学	1	7	133	130	262	39	18	17
杏林中学	1	11	120	122	289	103	40	27
女子职业学校	1	12	136	122	345	94	61	27
二中		2			29	19		
华侨中学			68					
十中			72					
集美中学			61					
湖滨中学			70					
工业学校		4	83	39	147	67		
电大中专班		4	66	21	125	70		

小　学　基　本　情　况

单位：人

	合　计	其中：同　安
学校数　(所)	376	222
班级数　(个)	4 017	1 912
毕业生数	24 050	10 668
招生数	19 354	6 071
在校学生数	145 179	59 494
教职员工数	8 076	3 086
#专任教师	7 387	2 784
学生数中：女生	65 555	26 298
学龄儿童入学率　(%)	99.99	99.99
年保留率　(%)	103.74	100.32
毕业率　(%)	99.5	99.92
平均每班教职工	2.01	1.61
#专任教师	1.84	1.46
每个教职工负担学生	17.98	19.28
#专任教师	19.65	21.37

幼　儿　园　基　本　情　况

单位：人

	合　计	其中：同　安
园　数　(所)	444	217
班　数　(个)	1 426	374
入园数	16 763	5 363
在园幼儿数	36 879	10 528
离园数	16 241	5 878
教职工数	2 858	193
#园　长	231	24
教　师	1 952	163
保 健 员	113	5
3至未满7岁幼儿入园率　(%)	96.24	87.22

成　人　教　育　基　本　情　况

单位：人

项　目	学校数(所)	毕业生数	招生数	在校生数	教职员工	#专任教师	兼职教师
成人高等学校	3	2 914	5 476	11 992	338	187	
成人中等专业学校	16	1 239	2 653	4 962	321	224	129
#教师进修学校	3	24		232	83	68	
干部中专							
职工中专	1	121	216	576	44	32	9
成人中学	5	107	234	270	16	6	16
成人技工培训学校	348	83 989	73 855	48 979	831	337	1 048
成人初等学校	34	709	836	836	34		86
#鼓浪屿区	1		23	23			1
海沧台商投资区	16	439	463	463	34		34
集美区	17	270	350	350			51

文化部门表演团体及艺术表演场所演出情况

	单　位	实　绩		单　位	实　绩
文化表演团体：			座 席 数	个	4 127
剧团数	个	6	演出场数	万场	0.5
国内演出场数	场次	1 000	#艺术场数	场	76
#在农村	场次	426	电影场次	万场	0.5
国内观众人数	万人次	93.2	观众人数	万人次	24
总收入	万元	2 080.9	#艺术观众	万人次	3.9
#演出收入	万元	261.8	电影观众	万人次	20.1
总支出	万元	2 025.1	总收入	万元	2 125.1
#修缮费	万元	12.3	#电影放映收入	万元	120.6
训练制作费	万元	185.9	总支出	万元	1 536.7
固定资产原值	万元	826.7	#修缮费	万元	761.1
公用房屋建筑面积	万平方米	0.8	固定资产原值	万元	3 247.4
艺术表演场所：			公用房屋建筑面积	万平方米	3.1
机构数	个	8			

群艺馆、文化馆和公共图书馆基本情况

	单　位	实　绩		单　位	实　绩
群艺馆、文化馆：			书架单层总长度	万米	3.6
机构数	个	40	发放借书证数	万个	6.1
举办展览个数	个	78	图书流通情况		
组织文艺活动次数	次	620	人　次	万人次	115.3
举办培训班	班次	231	册　次	万册次	255.3
结业人数	万人次	0.6	为读者举办各类活动次	次	542
藏　书	万册	5.9	参加人次	万人次	3.8
本年收入	万元	1 050.5	总收入	万元	1 233
总支出	万元	999.6	总支出	万元	1 211
#修缮费	万元	3	#修缮费	万元	53.2
业务费	万元	542.7	#本年新购图书	万元	223.4
固定资产原值	万元	1 529.9	固定资产原值	万元	3 080.6
公用房屋建筑面积	万平方米	1.3	公用房屋建筑面积	万平方米	2
公共图书馆：			#书　库	万平方米	0.7
机构数	个	7	阅览室	万平方米	0.5
藏　书	万册	141.3	阅览室座席数	万个	0.1

博物馆与文物保护机构情况

	单　位	实　绩		单　位	实　绩
博　物　馆：			业务费	万元	36.1
机构数	个	3	固定资产原值	万元	393
文物藏品	件	11 302	公用房屋建筑面积	万平方米	1.1
#一级品	件	77	#文物库房	万平方米	
业务活动			**文物保护机构：**		
陈　列	个	9	机构数	个	2
展　馆	个	2	职工数	人	2
参观人数	万人次	33.2	总收入	万元	98.4
总收入	万元	591	总支出	万元	65.6
总支出	万元	428.1	#维修费	万元	27.1
#文物维修	万元		设备购置费	万元	1.9

文物商店基本情况

	单　位	实　绩
机构数	个	1
年终库存件数	件	60 527
金额	万元	162
当年收购	件	2 130
	万元	182
当年销售	件	1 379
	万元	320
当年盈亏金额	万元	−10.1
固定资产原值	万元	304.3
公用房屋建筑面积	万平方米	0.2
#营业用房	万平方米	0.1
文物库房	万平方米	0.1
从业人员	人	35

广播、电视事业基本情况

	单位	实绩		单位	实绩
一、无线广播电台	**座**	**1**	三、微 波		
1. 节目套数	套	3	1. 微波站	站	14
2. 平均每日播音时间	时：分	59：05	2. 微波线路长度	公里	204.7
＃自办节目	时：分	57：20	**四、卫星地面站**	**座**	**11**
3. 制作广播节目	小时	20 927	**五、广播电视报发行量**	**万份**	**234**
二、电视台	**座**	**1**	**六、经费**		
1. 电视节目套数	套	4	1. 事业费来源	万元	14 463
2. 平均每周播出时间	时：分	420：00	2. 事业费支出	万元	14 855
＃自办节目	时：分	413：00	3. 预算外收入	万元	11 829
3. 本年制作电视节目	小时	2 198	4. 预算外支出	万元	11 829

电影放映情况

	单位数（个）	座席数（位）	放映场数（场）	观众数（千人）	放映收入（万元）
总 计	**28**	**7 327**	**9 845**	**711.6**	**4 804.7**
一、按放映机械分					
1. 35毫米	23	7 327	9 718	698.9	4 800.7
＃电影院	3	2 781	3 133	262.4	3 155
影剧院	7	3 666	4 109	188.6	1 512.2
农村电影院	7	880	2 053	205.3	80
开放礼堂俱乐部					
对内俱乐部					
放映队	6		423	42.6	53.5
2. 16毫米	5		127	12.7	4
二、按地区分					
合 计	28	7 327	9 845	711.6	4 804.7
市 区	26	5 568	9 397	672.8	4 662.9
同安区	2	1 759	448	38.8	141.8

十一、卫生、体育及其他事业

卫　生　事　业

	总　计	1. 卫生部门	2. 工业部门	3. 集　体所有制	一、医院	二、卫生院		
							城　市	农　村
一、机构数　（个）	**821**	40	269	34	23	28	10	18
二、床位数　（位）	**5 632**	3 302	957	1 315	4 233	547	20	527
三、工作人员	**9 868**	5 358	1 443	1 686	5 861	829	137	692
#卫生技术人员	**8 058**	4 149	1 194	1 369	4 626	695	120	575
#中医数	**418**	199	64	87	220	53	14	39
西医数	**2 757**	1 451	481	402	1 500	203	51	152
中西结合医师数	**11**	7	2		8			
护　师	**1 776**	1 182	198	294	1 379	112	19	93
中药师	**171**	87	9	69	102	46	7	39
西药师	**277**	189	27	45	190	16	8	8
检验师	**263**	193	22	31	168	9	1	8
其他技师	**159**	93	12	45	86	28	2	26
中医士	**59**	14	11	15	19	11		11
西医士	**364**	65	132	99	94	80	5	75
护　士	**918**	479	150	92	575	42	4	38
助产士	**114**	68	9	28	104	7		7
中药剂士	**53**	11	7	30	15	28	4	24
西药剂士	**107**	35	20	24	56	13	3	10
检验士	**70**	30	12	21	33	13		13
其他技士	**126**	28	7	14	32	11	2	9
其他中医	18			6	5	1		1

基　本　情　况

单位：人

三、疗养院	四、门诊部、所	五、专科防治所	六、卫生防治站	七、妇幼保健所	八、药品检验所	九、科研机构	十、中等医校	十一、诊所医务室	十二、其他机构
4	16	3	9	3	2	1	2	721	9
500	51	120							181
183	331	48	262	33	55	36	138	1 838	254
69	276	36	219	28	44	20	35	1 838	172
5	32	3	1			5	1	93	5
22	91	14	150	16		4	24	687	46
	1							1	1
18	43	6	3	2		1	8	167	37
1	6	1			8	2		5	
2	13	1			27	1	1	22	4
2	14	2	37			2		12	17
2	6		11	3	9	3		6	5
2	3							22	2
2	10	2	8	4				160	4
8	22	2	1					245	23
								3	
	4					1		5	
1	14	2						21	
3	6	3	3	3				4	2
	5		1			1	1	75	
								12	

农村村级卫生组织情况

单位：个、人

	2001 年		2001 年
一、村　　数	288	乡卫生院设点	8
#实行合作医疗或保险的村	161	个体办	30
无医疗点的村数	1	三、乡村医生和卫生员数	975
二、村设置的医疗点数	356	#乡村医生	798
#村或群众集体办	255	卫生员	177
乡村医生或卫生员联办	63	四、农村接生员	147

体育事业基本情况

单位：人

	2001 年		2001 年
一、举办运动会情况		少　年	
举办运动会次数（次）	20	**三、等级裁判员发展人数**	
参加人数（人次）	56 000	#二　级	38
二、等级运动员		三　级	
#二级	87	**四、教练员人数**	**63**
三级	16		

计划生育基本情况

单位：人

	合计	开元区	思明区	鼓浪区	湖里区	杏林区	集美区	同安区	海沧区
一、计划内生育情况	**12 624**	**3 299**	**641**	**93**	**1 576**	**648**	**788**	**5 173**	**406**
计划生育率（%）	99.24	99.34	98.77	98.94	99.43	99.39	100	99.08	98.78
#一　孩	10 698	3 165	609	91	1 478	544	620	3 857	334
占一孩总数（%）	99.67	99.56	99.51	100	99.8	99.82	100	99.64	100
二　孩	1 909	132	31	2	97	101	168	1 306	72
占二孩总数（%）	97.95	94.96	88.57	66.67	94.17	98.06	100	98.72	96
多　孩	17	2	1		1	3		10	
占多孩总数（%）	43.59	66.67	50		100	75		37.04	
二、育龄妇女及初婚情况									
育龄妇女数	425 034	103 615	30 159	4 560	44 147	27 371	33 518	165 338	16 326
已婚育龄妇女数	303 114	76 304	18 231	3 058	32 438	18 784	21 835	120 632	11 832
女性初婚	9 841	2 718	584	103	1 140	509	710	3 737	340
#早　婚	9		1		1			7	
三、领取独生子女证人数	**8 005**	**2 426**	**579**	**81**	**1 278**	**435**	**574**	**2 340**	**292**
四、各种节育人数	**9 652**	**800**	**302**	**83**	**618**	**656**	**736**	**5 889**	**568**
#男　扎	17	3	1		2			11	
女　扎	1 688	45	19		99	112	176	1 160	77
放　环	5 612	465	180	54	392	359	491	3 409	262
皮下埋植	50	14	5		5	9	3	13	1

全市自然保护区工作基本情况

	单 位	实绩		单 位	实绩
一、自然保护区情况			地市级	公顷	
自然保护区数	个	1	县 级	公顷	
＃国家级	个	1	占辖区面积	%	5.01
省 级	个		管理机构数	个	3
地市级	个		＃环保部门主管	个	1
县 级	个		林业部门主管	个	
自然保护区面积	公顷	7 588	农业部门主管	个	
＃国家级	公顷	7 588	其他部门主管	个	2
省 级	公顷		管理人员数	人	27

“三废”排放、处理、综合利用情况

	单 位	实 绩		单 位	实 绩
一、工业废水排放量			＃排放达标量	万吨	0.04
工业废水排放量	万吨	2 951.08	**三、工业固体废物排放及处理利用情况**		
工业废水排放达标量	万吨	2 832.58	工业固体废物排放量	万吨	0.02
工业废水排放达标率	%	95.98	工业固体废物产生量	万吨	44.33
二、工业废气排放量			工业固体废物贮存量	万吨	2.22
工业废气排放总量	亿标立米	210.08	工业固体废物处置量	万吨	3.21
＃燃料燃烧中排放量	亿标立米	145.08	工业固体废物综合利用量	万吨	44.39
生产工艺中排放量	亿标立米	65	＃冶炼废渣	万吨	0.03
工业二氧化硫排放量	万吨	3.76	粉煤灰	万吨	20.95
烟尘排放量	万吨	0.9	炉 渣	万吨	8.38
工业粉尘排放量	万吨	0.04	煤矸石	万吨	1.47

工业企业污染治理情况

项 目	2001年	项 目	2001年
一、汇总单位（个）	**29**	＃治理废水	17
二、企业污染治理资金来源（万元）	**1 632.4**	治理废气	13
＃国家预算内资金	439.9	治理固体废物	1
环保补助资金	185.1	治理噪音	4
环保贷款	170	其 他	2
其它资金	837.4	**五、当年竣工项目（个）**	**34**
其中：国内贷款	81.6	＃治理废水	15
利用外资	716	治理废气	13
三、企事业污染治理资金使用情况（万元）	**1 632.4**	治理固体废物	1
＃治理废水	730.3	治理噪音	3
治理废气	666.6	其 他	2
治理固体废物	30	**六、当年竣工项目新增设计处理能力**	
治理噪音	64	1. 治理废水（吨/日）	1 043
其 他	141.5	2. 治理废气（万标立方米/时）	14.66
四、当年施工项目总数（个）	**37**	3. 治理固体废物（吨/日）	100

法规文件

法规文件

厦门市法规

厦门市人民代表大会常务委员会
公　告
第 23 号

（2001 年 1 月 9 日）

《厦门市道路交通安全管理规定》已经厦门市第十一届人民代表大会常务委员会第三十一次会议于 2001 年 1 月 9 日通过，现予公布，自 2001 年 3 月 1 日起施行。

厦门市道路交通安全管理规定

第一章　总　　则

第一条　为维护道路交通秩序，保障道路交通安全和畅通，保护交通参与者的合法权益，根据有关法律、法规的规定，结合本市实际，制定本规定。

第二条　本规定所称的道路，是指公路、城市道路、通行社会车辆的专用道路、公共广场、公共停车场等供车辆、行人通行的地方。

本规定适用于本市行政区域内的道路交通活动及其管理。

第三条　市、区人民政府应加强道路交通规划建设，优化道路交通运输结构，加大对道路交通科技、教育的投入，保障道路交通与我市国民经济、社会发展和城乡建设相协调。

市、区人民政府应加强道路交通安全工作的领导，对道路交通安全实行综合治理。

第四条　市公安机关是本市道路交通安全管理的主管机关，市公安交通管理部门负责本规定的实施。

规划、市政、建设、交通、公路、教育等部门应当按照各自的职责协同做好道路交通安全管理工作。

第五条　公安交通管理部门及其交通警察应当做好交通安全知识和道路交通安全法律、法规的宣传教育，忠于职守、公正执法、严格执法、文明执法、热情服务，提高管理水平，并接受社会监督。

第六条　机关、部队、社会团体、企事业单位以及其他组织（以下简称单位）应加强对所属人员道路交通安全知识的宣传和教育。

各级各类学校应将道路交通安全知识列入学习内容，在公安交通管理部门指导下，开展多种形式的交通安全教育活动。

司法行政、新闻出版、广播电视、文化、旅游等部门和工会、共青团、妇联等人民团体应当采取各种形式，配合做好道路交通安全宣传工作。

第七条　本市实行以减少交通违章、预防交通事故为目的的交通安全责任制。各运输企业、机动车所属单位应当落实交通安全责任制，加强对所属驾驶人员交通安全教育和车辆的管理工作。

第八条　任何单位和个人都应该遵守交通安全法律、法规。

车辆、行人必须各行其道。残疾人、老年人、儿童和其他需要帮助的人员在进行道路交通活动时，应当受到特殊的保护和扶助。

第二章　道路和道路交通设施

第九条　道路的规划、建设和道路交通设施的设置，应当符合国家标准、技术规范及安全、畅通的原则。

新建、改建道路必须配建相应的道路交通设施。道路交通设施应与道路同时设计、同时建设、同时交付使用。有关部门在审批道路和道路交通设施设计方案时，应当征求公安交通管理部门的意见。

第十条　任何单位和个人不得占用、损毁、移动、涂改道路交通设施。道路交通设施损毁、缺失的，设置部门应当及时修复。

第十一条　养护、维修道路及其设施影响正常交通的，养护、维修部门应当设置引导交通的标志和安全设施，施工结束后，应当及时恢复正常交通。道路出现损毁、坍塌以及影响道路交通安全畅通的其他情况，道路建设、养护部门应当及时修复；不能及时修复的，应当设置引导交通的标志和安全设施。

第十二条　除日常养护、维修道路作业外，因施工作业等特殊情况占用、挖掘道路影响交通安全的，须经道路主管部门和公安交通管理部门批准，并按规定的时间、地点、范围施工，有关单位应于5日内予以审批。占用、挖掘道路需中断交通的，批准部门应当提前5日发布通告。因抢修地下管线挖掘道路的，抢修单位应当同时向公安交通管理部门和道路主管部门报告，并在24小时内补办手续。

占用、挖掘道路时，须在现场周围设置围挡设施，并在距来车方向不少于50米的地点设置反光的施工警告标志和交通引导标志。作业完毕后，应当及时清理现场，按规范标准修复路面和道路设施。

第十三条　树木、线杆、架空管线、广告牌、标志牌、井盖及其他设施出现倾斜、断裂、缺损或倒塌可能影响交通时，维护单位应及时整修排除。在紧急情况下，公安交通管理部门或道路主管部门可先行排除，所发生的费用，由维护单位承担。

第十四条　需开辟通道与城市道路连接的，审批部门应征求规划、公安交通管理部门的意见。

第十五条　在道路上禁止下列妨碍道路交通安全和畅通的行为：

（一）挤占人行道；

（二）排水、堆放物品，倾倒垃圾和渣土；

（三）从事维修、擦洗车辆等经济活动；

（四）擅自设置停车场（点）；

（五）随意停放机动车辆；

（六）擅自设置含有交通指示内容的标志、标线；

（七）在车行道兜售、发送物品；

（八）擅自在道路交通设施上张贴、悬挂广告、标语、旗帜；

（九）其它可能影响交通安全、畅通的行为。

第三章　车辆和驾驶人员

第十六条　车辆必须经过公安交通管理部门检验合格，领取号牌、行驶证，方准行驶。经市人民政府批准，市公安交通管理部门可以在一定区域或一定时间内禁止或者限制摩托车、拖拉机、农用运输车、轮式专用机械、畜力车、三轮车、人力车等交通工具挂牌、行驶。

在鼓浪屿区，严格限制机动车辆和非机动车辆的挂牌、行驶。

第十七条　设有动力装置的残疾人专用车必须持有专用号牌、行驶证。下肢有残疾但身体其他部位不影响操作的残疾人，向公安交通管理部门申领残疾人专用车辆操作证后，方可驾驶。

禁止非残疾人驾驶残疾人专用车辆。

第十八条　任何单位和个人不得有下列行为：

（一）挪用、转借、伪造、冒领、涂改机动车号牌、行驶证和机动车通行证；

（二）擅自安装或使用特种车辆标志和警灯、警报器；

（三）使用拼装、报废和未列入国产车辆产品目录的机动车；

（四）使用挪用、伪造、冒领、涂改、失效的机动车号牌、行驶证和机动车通行证；

（五）非营业性客运车辆从事营业性旅客运输；

（六）非法拆卸或扣留机动车号牌、行驶证；

（七）擅自在机动车驾驶室及挡风玻璃悬挂、放置、张贴各种影响操作、妨碍驾驶视线的标牌或其他物品；

（八）不按规定安装或故意遮盖、损坏机动车号牌；

（九）其他违反车辆管理的行为。

第十九条　机动车维修单位和个人承修外观碰撞损坏的车辆，应建立机动车修车台账。发现有肇事逃逸嫌疑的车辆，应及时向公安交通管理部门报告。

因交通事故造成车架、发动机、制动、转向等重要安全机件损坏的机动车修复后，须经公安交通管理部门或公安交通管理部门认可的机动车检测机构检验合格，方可上路行驶。

第二十条　申领机动车驾驶证，应按规定的申领条件、考试办法、发证手续办理。外地驾驶员受雇驾驶本市机动车辆的，须向辖区公安交通管理部门备案。驾驶营业性客运车辆（以下简称客运车辆）的，还须将驾驶技术档案转入本市。

客运车辆驾驶员必须向行业主管部门提出从业申请，经公安交通管理部门核准后，由行业主管部门发给服务证，方可上岗。

第二十一条　驾驶人员不得有下列行为：

（一）无驾驶证驾驶或驾驶资格丧失后驾驶机动车辆；

（二）持军队、武警驾驶证驾驶地方牌照的车辆或持地方驾驶证驾驶军队、武警牌照的车辆；

（三）将机动车交给未成年人、无驾驶证和饮酒后的人员驾驶；

（四）机动车行驶中手持使用移动通讯工具或戴耳机收听录音、广播，驾驶执行任务的特种车辆除外；

（五）在精神药品、麻醉药品的作用下驾驶机动车；

（六）饮酒后驾驶机动车；

（七）过度疲劳驾驶机动车；

（八）驾驶机动车时相互追逐或故意危及其他车辆、行人的安全；

（九）驾驶摩托车时手中持物或在车把上悬挂妨碍驾驶的物品；

（十）向车外投掷物品；

（十一）其他足以影响驾驶的行为。

第四章　行人、乘车人

第二十二条　行人应遵守下列规定：

（一）按交通信号、交通标志、标线和道路交通设施的指示行走；

（二）在人行道、人行横道或其他行人通行设施上行走，没有人行道的靠路边行走；

（三）在交叉路口通过无人行横道信号灯控制的人行横道时，须让按车辆放行信号通过的车辆先行；

（四）在没有人行横道或者其他行人通行设施的路段横过道路时，须直行通过，注意来往车辆，不准在车辆临近时突然横穿；

（五）不准翻越、穿越或跨越交通隔离设施；

（六）不准在机动车道和非机动车道上使用溜冰鞋、滑板、踏板等工具通行；

学龄前儿童、精神疾病患者、智力障碍者和其他需要帮助的人员在道路上行走时，应当由其监护人或其他成年人带领。

第二十三条　乘车人应遵守下列规定：

（一）未经驾驶员或售票员许可，不得强行搭乘车辆；车辆停稳前，不得上下车；

（二）明知驾驶机动车的人员饮酒或无证驾驶的，不准乘坐；

（三）在道路上乘车不得从机动车辆左侧车门上下车；

（四）不得指使、强迫驾驶员违章或冒险行驶；

（五）不准向车外投掷物品；

（六）乘坐二轮摩托车不准侧坐或倒坐；

（七）不准在机动车道上拦乘客运车辆；

（八）在设有客运车辆停靠站点的路段，不得在站点外拦乘客运车辆；

（九）不得妨碍驾驶员操作。

第五章　车辆通行

第二十四条　市公安交通管理部门根据必要、合理和有利交通畅通的原则，可以采取均衡交通流量、分隔车辆通行时间、划定限制通行区域和核发机动车通行凭证等交通管理措施。采取限制区域通行方式等重大交通管理措施时，应经市人民政府批准并于实施5日前公告。

第二十五条　机动车行驶应遵守下列规定：

（一）确保安全，谨慎驾驶；

（二）非遇危急情况，不准突然减速、停车；

（三）严禁超速、超载行驶；

（四）禁鸣区域内不得鸣喇叭；

（五）遇行进方向公共交通车辆驶离站点时，应主动避让；

（六）市区夜间路灯照明良好的道路上，不得持续使用远光灯；

（七）城区平面交叉路口最高时速30公里；

（八）不得持续跨压二个车道行驶。

第二十六条　机动车行驶中遇道路受阻时，须在本车道内依次等候，不得超越、穿插排队等候的车辆，不得驶入交通管制的车道、非机动车道或公共交通专用车道，不得在人行横道或者禁止停车区内停车。

第二十七条　在道路上有下列情形之一的，机动车应当使用危险报警闪光灯：

（一）车辆发生故障或者发生交通事故不能离开机动车道时；

（二）牵引和被牵引时；

（三）由公安警卫车辆护卫时；

（四）夜间在机动车道临时停车时；

（五）法律、法规规定的其他情形。

除前款规定的情形和需要报警求助、抢救病人外，机动车不准使用危险报警闪光灯。

第二十八条 机动车行经无交通信号控制的人行横道，应当减速行驶，遇有行人通过时，应当在人行横道线外停车让行。

机动车遇有盲人、行走不便的残疾人、老年人、学龄前儿童横过道路，或行经学校门口遇有学生上学、放学、集体活动，或者在道路上遇有横过道路的队列时，必须停车让行。

第二十九条 客运车辆在营运中应当按照核定的路线行驶。在城区设有客运车辆停靠点的路段上，客运车辆必须在停靠点依次停车上下客。在其它未限制停车的路段上，可顺向停车上下客，停车时右侧车轮应距路沿 50 厘米内，不得妨碍其他车辆通行。

第三十条 在设有公共交通专用车道的路段，公共交通车辆应在公共交通专用车道上行驶。遇有障碍时，公共交通车辆可借用相邻机动车道，超越障碍后须立即驶回原车道。

公共交通专用车道只准公共交通车辆行驶。其他机动车在准许借道通行的公共交通专用车道行驶时，应就近出入，避让公共交通车辆，不得停车或逆向行驶。

第三十一条 载运易燃、易爆、剧毒等危险物品的车辆，应当按规定悬挂危险物品标志，按指定的时间、路线、时速和场所行驶或停放。

第三十二条 警车及其护卫的车队、消防车、工程救险车、救护车执行任务时，在确保安全的原则下，不受行驶速度、行驶路线、行驶方向、指挥灯信号和停放的限制，其他车辆和行人必须让行，不准穿插或超越。

第三十三条 驾驶非机动车，须遵守下列规定：

（一）靠道路右侧行驶，不准逆向行驶；

（二）禁止在人行道、人行过街通道或人行横道上骑行；

（三）不准在公路、城市道路、通行社会车辆的专用道路上学骑自行车；

（四）在市区道路，自行车只准附载一名不满十周岁的儿童；

（五）在划分机动车道与非机动车道的道路上，不准在机动车道上行驶或滞留；

（六）不准三辆以上自行车并排骑行；

（七）非机动车须停放在指定的停车地点，不得随意在道路上停放；

（八）转弯时，让直行车辆先行；

（九）不准在禁止通行的道路上行驶。

第六章 交通事故救援和处理

第三十四条 交通事故发生后、当事人应当保护现场，抢救伤者和财产，并立即报案。公安交通管理部门接到报警后，应立即派员赶赴现场，迅速处置，及时恢复交通。

在城区道路上发生的车辆损失不大，无人员伤、亡，事故责任明确且双方无异议的交通事故，当事人互相抄录对方车辆号牌和驾驶证后可自行撤离现场；撤离现场后，当事人可协商解决，或将事故车辆驶到辖区公安交通管理部门接受调查、处理。

第三十五条 公安交通管理部门应当依照道路交通事故处理的有关规定，认定当事人的交通事故责任。

交通事故责任者应当按所负的交通事故责任承担相应的损害赔偿责任。

行人、非机动车违反交通管理规定，与机动车发生道路交通事故，机动车无过错的，机动车不负交通事故责任，但应当依法承担损害赔偿责任。

第三十六条 本市按照国家规定实行机动车第三者责任保险。对符合保险给付条件的交通事故伤者的救助医疗费用，保险机构根据公安交通管理部门的书面通知给予预付。

第三十七条 对可能承担事故同等责任以上的肇事者或肇事车辆所有人，应当提供有效担保，对无法提供相应担保的，公安交通管理部门可暂扣肇事车辆。

第三十八条 设立交通事故伤亡援助金，用于援助因交通事故遭受伤害后无力支付医疗费用或者生活困难需要援助的人员。具体筹集、使用和管理办法，由市人民政府另行规定。

第七章 法律责任

第三十九条 违反本规定第七条规定，不履行交通安全责任，造成严重后果的，对单位处以 500 元以上 1 000 元以下罚款，对直接责任人和直接负责的主管人员由有关部门按规定给予行政处分。

第四十条 有下列情形之一的，责令改正或限期改正，给予警告或按照下列规定罚款：

（一）违反本规定第十二条第一款、第十五条第（四）项规定未办理审批手续的，处以 200 元以上 500 元以下罚款；

（二）违反本规定第十五条第（三）、（五）、（六）、（七）、（八）项规定的，处以100元以上200元以下罚款。

第四十一条　有下列情形之一的，责令改正或限期改正，给予警告或按照下列规定处罚：

（一）违反本规定第十六条第一款、第十八条第（一）、（三）、（四）项规定的，处以500元以上1 000元以下罚款，违反第十八条第（五）项规定的，处以500元以上2 000元以下罚款，可以并处吊扣二个月以下驾驶证；其中对违反第十八条第（一）、（四）项规定的，没收伪造、冒领、涂改、失效的牌证，对违反第十八条第（三）项规定的，可以没收非法车辆；

（二）违反本规定第十七条第二款、第十八条第（六）项规定的，处以100元以上200元以下罚款；

（三）违反本规定第十八条第（二）项规定的；处以100元以上200元以下罚款，可以并处吊扣一个月以下驾驶证，没收警灯、警报器和标志；

（四）违反本规定第十九条第一款规定不建立机动车维修台账或违反第十九条第二款规定的，处以500元以上1 000元以下罚款；

（五）违反本规定第二十条第二款规定不向公安交通管理部门备案的，违反本规定第十八条第（七）、（八）项、第二十一条第（四）、（五）、（七）、（九）项规定的，处以50元以上100元以下罚款；

（六）违反本规定第二十条第三款、第二十一条（一）、（二）、（三）、（六）、（八）项规定的，处以200元以上500元以下罚款；其中对违反本规定第二十条第三款、第二十一条第（三）、（六）项规定的，可以并处吊扣二个月以下驾驶证；

（七）违反本规定第二十一条第（十）项规定的，给予警告或处以30元以下罚款。

第四十二条　违反本规定第二十二条第一款、第二十三条第（一）、（三）、（四）、（五）、（六）、（七）、（八）项规定的，责令改正，给予警告或处以30元以下罚款。

第四十三条　有下列情形之一的，责令改正，给予警告或按照下列规定处罚：

（一）违反本规定第二十五条第（二）、（五）、（六）、（七）、（八）项、第二十六条、第二十七条、第二十九条、第三十条规定的，处以100元以上200元以下罚款；其中对违反本规定第二十五条第（二）、（七）项、第二十六条规定的，可以并处吊扣一个月以下驾驶证；

（二）违反本规定第二十五条第（四）项规定的，处以500元以下罚款；

（三）违反本规定第二十八条规定的，处以50元以下罚款，可以并处吊扣一个月以下驾驶证；

（四）违反本规定第三十一条规定的，处以1 000元以下罚款，可以并处吊扣三个月以下驾驶证；

（五）违反本规定第三十三条规定的，处以30元以下罚款。

第四十四条　公安交通管理部门对违反本规定受到行政处罚的驾驶员，依照国家规定，给予交通违章记分和考试。

在一个记分周期内，客运驾驶员交通违章记分连续五次记分满分值的，两年之内不得从事客运驾驶。

第四十五条　违反本规定依法须给予拘留的，由公安机关予以拘留；构成犯罪的，由司法机关依法追究刑事责任。

第四十六条　当事人对公安交通管理部门的具体行政行为不服的，可以依法申请行政复议或提起行政诉讼。

公安交通管理部门及其交通警察违法行使职权侵犯单位或个人的合法权益造成损害的，应当依法赔偿。

第四十七条　公安交通警察有下列情形之一的，应当给予批评教育，并视情节轻重，责令其停止执行职务，按规定给予行政处分；构成犯罪的，依法追究刑事责任：

（一）对道路交通违法行为不依法处理的；

（二）接到交通阻塞或交通事故的报警后，无正当理由不及时赶到现场处理的；

（三）不按规定核发机动车号牌、行驶证或其他证件的；

（四）暂扣车辆、证件不按规定时间上交的；

（五）处罚不出具票据、处罚决定书，暂扣车辆、证件不出具暂扣凭证的；

（六）故意损毁当事人证件、物品的；

（七）打骂、侮辱当事人的；

（八）以权谋私、贪污受贿的；

（九）其他滥用职权、玩忽职守、徇私舞弊的行为。

第八章　附　　则

第四十八条　本规定的具体应用问题由厦门市人民政府负责解释。

第四十九条　本规定自2001年3月1日起施行。

厦门市人民代表大会常务委员会
公　告

第24号

（2001年2月24日）

《厦门市人民代表大会及其常务委员会立法条例》已于2001年2月24日经厦门市第十一届人民代表大会第三次会议通过，于2001年3月30日经福建省第九届人民代表大会常务委员会第二十五次会议批准，现予公布，自公布之日起施行。

厦门市人民代表大会及其常务委员会立法条例

第一章　总　　则

第一条　根据《中华人民共和国立法法》和《全国人民代表大会关于授权厦门市人民代表大会及其常务委员会和厦门市人民政府分别制定法规和规章在厦门经济特区实施的决定》，结合本市实际，制定本条例。

第二条　市人民代表大会及其常务委员会制定、修改、废止法规和审查市人民政府报请备案的规章，适用本条例。

第三条　市人民代表大会及其常务委员会根据全国人民代表大会的授权决定制定厦门经济特区法规，在本经济特区范围内实施。

市人民代表大会及其常务委员会根据立法法关于较大的市立法的规定制定厦门市法规，在本市行政区域内实施。

第四条　厦门经济特区法规应遵循宪法的规定以及法律、行政法规的基本原则。厦门市法规不得同宪法、法律、行政法规和本省法规相抵触。

第五条　规定下列事项的法规应当由市人民代表大会通过：

（一）法律规定由市人民代表大会规定的事项；

（二）属于本市需要制定法规的特别重大事项；

（三）规范市人民代表大会活动需要制定法规的事项。

第二章　立法规划、计划的编制和法规草案的起草

第六条　立法规划和年度立法计划由市人民代表大会法制委员会（以下简称法制委员会）工作机构会同市人民代表大会有关专门委员会（以下简称有关专门委员会）工作机构、市人民代表大会常务委员会（以下简称常务委员会）工作机构及市人民政府法制工作机构在广泛征求社会各界意见的基础上进行编制。

立法规划和年度立法计划由常务委员会主任会议（以下简称主任会议）讨论通过后，提请常务委员会审议决定。年度立法计划项目的增减、调整，须报主任会议同意，并向常务委员会报告。

年度立法计划内容包括：立法项目、提案人、起草单位、送审时间等。

第七条　国家机关和社会团体、企业事业组织以及公民都可以向市人民代表大会及其常务委员会提出立法建议。

立法建议的内容包括：法规名称、立法依据、立法宗旨和目的、需要解决的主要问题和采取的对策等。

第八条　法规起草可以采取以下方式：

（一）提案人起草；

（二）提案人委托有关专家或组织起草；

（三）提案人招标起草。

第九条　法规起草应当深入调查研究，总结实践经验，广泛听取有关机关、组织和公民的意见。

第十条　法规起草过程中，法制委员会和有关专门委员会可以派人了解法规起草、征求意见和协调工作等情况。

第十一条　提案人应当按照立法计划规定时限完成法规草案的起草任务。不能按时完成的，应当向主任会议作出书面报告。

第三章　市人民代表大会立法程序

第十二条　市人民代表大会主席团（以下简称主席团）可以向市人民代表大会提出制定、修改、废止法规的议案（以下简称法规案），由市人民代表大会会议审议。

常务委员会、市人民政府、市人民代表大会专门委员会可以向市人民代表大会提出法规案，由主席团决定列入会议议程。

第十三条　一个代表团或者10名以上的市人民代表大会代表（以下简称代表）联名，可以向市人民代表大会提出法规案，由主席团决定是否列入大会议程；或者先交由有关专门委员会审议，提出是否列入会议议程的意见，再决定是否列入会议议程，列入会议议程的，有关专门委员会的审议意见应印发会议。

有关专门委员会审议法规案的时候，可以邀请提案人列席会议，发表意见。

第十四条　向市人民代表大会提出法规案，应当同时提交法规草案文本及其说明，并提交必要的资料。法规草案的说明应当包括制定该法规的必要性和主要内容。

第十五条　向市人民代表大会提出法规案，在市人民代表大会闭会期间，可以先向常务委员会提出，经常务委员会会议依照本条例第四章规定的有关程序审议后，决定提请市人民代表大会审议，由常务委员会向大会全体会议作说明，或者由提案人向大会全体会议作说明。

第十六条　常务委员会决定提请市人民代表大会会议审议的法规案，应当在会议举行前将法规草案及其说明、必要的资料，发给代表。

第十七条　列入市人民代表大会会议议程的法规案，大会全体会议听取常务委员会或提案人的说明后，由各代表团进行审议。

各代表团审议法规案时，根据代表团的要求，提案人、有关机关或组织应当派人听取意见，回答询问。

第十八条　列入市人民代表大会会议议程的法规案，由法制委员会根据各代表团和有关专门委员会的审议意见，对法规案进行统一审议，向主席团提出审议结果报告和法规草案修改稿，对重要的不同意见应当在审议结果报告中予以说明，经主席团会议审议通过后，印发会议。

第十九条　列入市人民代表大会会议议程的法规案，必要时，主席团常务主席可以召开各代表团团长会议，就法规案中的重大问题听取各代表团的审议意见，进行讨论，并将讨论的情况和意见向主席团报告。

主席团常务主席也可以就法规案中的重大的专门性问题，召集代表团推选的有关代表进行讨论，也可以向有关专家咨询，并将讨论的情况和意见向主席团报告。

第二十条　向市人民代表大会提出的法规案，在列入会议议程前，提案人有权撤回。

列入市人民代表大会会议议程的法规案，在交付表决前，提案人要求撤回的，应当说明理由，经主席团同意，并向大会报告，对该法规案的审议即行终止。

第二十一条　法规案在审议中有重大问题需要进一步研究的，经主席团提出，由大会全体会议决定，可以授权常务委员会根据代表的意见进一步审议，作出决定，并将决定情况向市人民代表大会下次会议报告；也可以授权常务委员会根据代表的意见进一步审议，提出修改方案，提请市人民代表大会下次会议审议决定。

第二十二条　法规草案修改稿经各代表团审议，由法制委员会工作机构根据各代表团的审议意见进行修改，提出法规草案表决稿，由主席团提请大会全体会议表决，由全体代表的过半数通过。

第二十三条　交付市人民代表大会全体会议表决未获通过的法规案，如果提案人认为必须制定法规，可以按照本条例规定的程序重新向市人民代表大会提出，由主席团决定是否列入会议议程。

第二十四条　市人民代表大会通过的厦门经济特区法规由主席团发布公告予以公布。

市人民代表大会通过的厦门市法规，报经福建省人民代表大会常务委员会批准后，由市人民代表大会常务委员会发布公告予以公布。

法规通过或批准后在常务委员会公报上刊登，7日内在《厦门日报》上刊登。

在常务委员会公报上刊登的法规文本为标准文本。

第四章　市人民代表大会常务委员会立法程序

第二十五条　主任会议可以向常务委员会提出法规案，由常务委员会审议。

市人民政府、市人民代表大会专门委员会可以向常务委员会提出法规案，由主任会议决定列入常务委员会会议议程，或者先交由有关专门委员会审议，提出报告，再决定列入常务委员会会议议程。如果主任会议认为法规案有重大问题需要进一步研究，可以建议提案人修改完善后再向常务委员会提出。

第二十六条 常务委员会组成人员 5 人以上联名，可以向常务委员会提出法规案，由主任会议决定是否列入常务委员会会议议程，或者先交由有关专门委员会审议，提出是否列入会议议程的意见，再决定是否列入常务委员会会议议程。不列入常务委员会会议议程的，应当向常务委员会会议报告或者向提案人说明。

有关专门委员会审议的时候，可以邀请提案人列席会议，发表意见。

第二十七条 向常务委员会提出法规案，应当同时提交法规草案文本及其说明，并提交必要的资料。法规草案的说明应当包括制定该法规的必要性和主要内容。

列入常务委员会会议议程的法规案，应当在会议举行的 7 日前将法规草案及其说明、必要的资料，发给常务委员会组成人员。

第二十八条 列入常务委员会会议议程的法规案，一般应当经三次常务委员会会议审议后再交付表决；各方面意见比较一致的，可以经两次常务委员会会议审议后交付表决；修改、废止法规案，各方面的意见比较一致的，也可以经一次常务委员会会议审议即交付表决。

第二十九条 常务委员会会议第一次审议法规案，在全体会议上听取提案人的说明和有关专门委员会审议报告，对法规草案进行审议。

常务委员会会议第二次审议法规案，在全体会议上听取法制委员会关于法规草案修改情况及其他主要问题的汇报，对法规草案修改稿进行审议。

常务委员会会议第三次审议法规案，在全体会议上听取法制委员会关于法规草案审议结果的报告，对法规草案修改稿进行审议。审议后，由法制委员会工作机构根据常务委员会组成人员的审议意见进行修改，形成法规草案表决稿，由常务委员会全体会议表决，由组成人员的过半数通过。

第三十条 常务委员会第一次审议法规案前，由有关专门委员会进行审议，提出审议报告。

第三十一条 法制委员会根据常务委员会组成人员、有关专门委员会和各方面提出的意见，对法规案进行统一审议，提出修改情况的汇报或者审议结果报告和法规草案修改稿，对重要的不同意见应当在汇报或者审议结果报告中予以说明。对有关专门委员会的重要意见没有采纳的，应当向有关专门委员会反馈。

第三十二条 市人民代表大会专门委员会审议法规案时，应当召开全体会议审议，可以邀请其他专门委员会的成员或者常务委员会工作机构的负责人列席会议，发表意见；根据需要，可以要求有关机关、组织派有关负责人说明情况。

第三十三条 市人民代表大会专门委员会之间对法规草案的重要问题意见不一致时，应当向主任会议报告。

第三十四条 列入常务委员会会议议程的法规案，法制委员会、有关专门委员会应当听取各方面的意见。听取意见可以采取座谈会、论证会、听证会等多种形式。

第三十五条 列入常务委员会会议议程的法规案，应当将法规草案在报刊或者因特网上公布，征求意见。国家机关和社会团体、企业事业组织以及公民提出的意见送有关专门委员会或法制委员会。

第三十六条 向常务委员会提出的法规案，在列入会议议程前，提案人有权撤回。

列入常务委员会会议议程的法规案，在交付表决前，提案人要求撤回的，应当说明理由，经主任会议同意，并向常务委员会报告，对该法规案的审议即行终止。

第三十七条 常务委员会审议的法规案，因各方面对制定该法规案的必要性、可行性等重大问题存在较大意见分歧的，由主任会议提出，经全体会议同意，可以搁置审议。

法规案经常务委员会三次会议审议后，仍有重大问题需要进一步研究的，由主任会议提出，经全体会议同意，可以暂不交付表决，交由法制委员会和有关专门委员会进一步审议。

第三十八条 法规案搁置审议满两年的，或者因暂不交付表决满两年没有再次列入常务委员会会议议程审议的，由主任会议向常务委员会报告，该法规案终止审议。

第三十九条 常务委员会组成人员对法规草案表决稿的个别重要条款有意见分歧的，可以对该条款进行先行表决。

第四十条 交付常务委员会全体会议表决未获通过的法规案，如果提案人认为必须制定法规，可以按照本条例规定的程序重新提出，由主任会议决定是否列入会议议程。

第四十一条 常务委员会会议通过的厦门经济特区法规，由常务委员会发布公告予以公布。

常务委员会通过的厦门市法规，报经省人民代表大会常务委员会批准后，由市人民代表大会常务委员会发布公告予以公布。

法规通过或批准后在常务委员会公报上刊登，7日内在《厦门日报》上刊登。

在常务委员会公报上刊登的法规文本为标准文本。

第五章 法规的报批、备案

第四十二条 市人民代表大会及其常务委员会制定的厦门市法规，应当在法规通过后15日内，向省人民代表大会常务委员会报请批准。

第四十三条 省人民代表大会常务委员会审查认为报请批准的厦门市法规需要修改的，由市人民代表大会法制委员会提出修改意见，经主任会议，提请常务委员会审议决定。

第四十四条 市人民代表大会及其常务委员会制定的厦门经济特区法规由常务委员会于法规公布后30日内向全国人民代表大会常务委员会、国务院和省人民代表大会常务委员会备案。

第六章 法规解释

第四十五条 法规解释权属于常务委员会。

常务委员会的法规解释同法规具有同等效力。

法规有以下情况之一的，由常务委员会负责解释：

（一）法规的规定需要进一步明确具体含义的；

（二）法规制定后出现新的情况，需要明确适用法规依据的。

第四十六条 市人民政府、市中级人民法院、市人民检察院、厦门海事法院和市人民代表大会专门委员会、区人民代表大会常务委员会，可以向常务委员会提出法规解释的要求。

第四十七条 法制委员会会同有关专门委员会拟订法规解释草案，由主任会议决定列入常务委员会会议议程。

法规解释草案经常务委员会会议审议，由法制委员会工作机构根据常务委员会组成人员的审议意见进行修改，提出法规解释草案表决稿。

法规解释草案表决稿由常务委员会全体组成人员的过半数通过，由常务委员会发布公告予以公布。

第四十八条 市人民政府根据法规授权对法规具体应用问题作出的解释，应当予以公布，并于公布之日起7日内报常务委员会备案。

第四十九条 法规解释、具体应用问题的解释不得与法规的原意相违背。

第七章 规章的备案审查

第五十条 市人民政府制定的规章，应当自公布之日起30日内，报送常务委员会备案。报送备案的文件包括规章文本、说明和备案报告。

第五十一条 市中级人民法院、市人民检察院、厦门海事法院、市人民代表大会专门委员会、区人民代表大会常务委员会认为规章同宪法、法律、行政法规和本省、市法规相抵触的，可以向常务委员会书面提出进行审查的要求，由法制委员会工作机构分送有关专门委员会进行审查，提出意见。

前款规定以外的其他国家机关和社会团体、企业事业组织以及公民认为规章同宪法、法律、行政法规和本省、市法规相抵触的，可以向常务委员会书面提出进行审查的建议，由法制委员会工作机构研究，必要时，由有关专门委员会进行审查，提出意见。

第五十二条 有关专门委员会在审查中认为规章同宪法、法律、行政法规和本省、市法规相抵触的，可以向市人民政府提出书面审查意见；也可以由法制委员会与有关专门委员会召开联合审查会议，要求市人民政府到会说明情况，再向市人民政府提出书面审查意见。市人民政府在收到书面审查意见后，应当在两个月内研究提出是否修改或废止的意见，并向法制委员会和有关专门委员会反馈。

第五十三条 法制委员会或有关专门委员会审查认为规章同宪法、法律、行政法规和本省、市法规相抵触而市人民政府不予修改或废止的，可以向常务委员会提出书面审查意见和予以撤销的议案，由主任会议决定是否提请常务委员会会议审议决定。

第五十四条 常务委员会会议审议规章撤销案，在全体会议上听取法制委员会或有关专门委员会审查意见的报告，进行审议，作出决定。

常务委员会对规章作出的撤销决定，由常务委员会发布公告予以公布。

第八章 附 则

第五十五条 市人民代表大会及其常务委员会通过的法规修正案或废止案应当作出关于修改或废止法规的决定，并予以公布，作出修改法规决定的，应当同时公布修改后的法规文本。

第五十六条 本条例自公布之日起施行。1994年5月19日厦门市第十届人大常委会第八次会议通过的《厦门市制定法规规定》和1997年10月10日厦门市第十届人大常委会第三十二次会议通过的《厦门市人民代表大会常务委员会关于法规解释的若干规定》同时废止。

厦门市人民代表大会常务委员会
公　告

第3号

（2001年2月24日）

《厦门市人民代表大会议事规则修正案》已经厦门市第十一届人民代表大会第四次会议于2001年2月24日通过，现予公布，自公布之日起实施。

厦门市人民代表大会议事规则

第一章　总　　则

第一条　根据宪法和法律的有关规定，结合市人民代表大会具体实践，制定本规则。

第二条　市人民代表大会会议，应当充分发扬民主，严格依法办事，实行民主集中制的原则。

第二章　会议的举行

第三条　市人民代表大会会议一般每年举行一次，于当年第一季度举行。

市人民代表大会常务委员会认为必要，或者有五分之一以上的市人民代表大会代表（以下简称“代表”）书面联名提议，可以临时召开市人民代表大会会议。

第四条　市人民代表大会会议由市人民代表大会常务委员会召集。每届市人民代表大会第一次会议，在本届市人民代表大会代表选举完成后的两个月内，由上届市人民代表大会常务委员会召集。

第五条　市人民代表大会会议有三分之二以上的代表出席，始得举行。

第六条　市人民代表大会常务委员会在市人民代表大会会议举行前，进行下列准备工作；

（一）提出会议议程草案；

（二）提出主席团和秘书长名单草案；

（三）对市人民代表大会的代表资格进行审查；

（四）会议的其他准备事项。

第七条　市人民代表大会常务委员会在市人民代表大会会议举行的一个月前，应将开会的日期和建议会议的主要议程予以公告。

特殊情况需要推迟公告的，由市人民代表大会常务委员会决定。

第八条　市人民代表大会会议举行前，代表以区为单位组成代表团，驻厦部队单独组成代表团。代表团全体会议推选代表团团长、副团长。团长召集并主持代表团全体会议。副团长协助团长工作。

代表团全体代表推选团长、副团长的会议，由市人民代表大会常务委员会在代表中确定临时召集人主持。

第九条　市人民代表大会每次会议举行前，举行预备会议，选举主席团和秘书长，通过本次会议议程和其他准备事项的决定。

预备会议由市人民代表大会常务委员会主持。每届人民代表大会第一次会议的预备会议，由上届市人民代表大会常务委员会主持。

预备会议前，各代表团审议市人民代表大会常务委员会提出的主席团和秘书长名单草案、会议议程草案以及关于会议的其他准备事项，并提出意见。

市人民代表大会常务委员会主任会议根据各代表团提出的意见，可以对主席团和秘书长名单草案、会议议程草案以及关于会议的其他准备事项的个别调整提出意见，提请预备会议审议。

第十条　市人民代表大会会议由主席团主持。

主席团决定问题，由主席团全体成员的过半数通过。

第十一条　主席团第一次会议，推选主席团常务主席若干人，推选主席团成员若干人分别担任每次大会全体会议的执行主席，并决定下列事项：

（一）副秘书长的人选；

（二）会议日程；

（三）表决议案的办法；

（四）代表提出议案的截止时间；

（五）其他需要由主席团第一次会议决定的事项。

第十二条　主席团第一次会议由市人民代表大会常务委员会主任或受其委托的副主任召集和主持。

第十三条　主席团常务主席的职责为：

（一）召集和主持主席团会议；

（二）对属于主席团职权范围内的事项向主席团提出建议，并可以对会议日程安排作必要的调整；

（三）可以召开代表团团长会议，就议案和有关报告的重大问题听取各代表团的审议意见，进行讨论，并将讨论的情况和意见向主席团报告；

（四）可以就重大专门问题，召集代表团推选的有关代表进行讨论，并要求市人民政府有关部门及其他有关负责人参加会议，汇报情况，回答问题。讨论情况和意见应当向主席团报告。

第十四条　代表团审议议案和有关报告，由代表团全体会议或代表小组会议进行。

第十五条　主席团可以决定召开大会全体会议进行大会发言，就会议议题和议案发表意见。组织大会发言的具体办法，由主席团决定。

第十六条　市人民代表大会会议设立秘书处。秘书处根据需要可以分设若干组。

秘书处在秘书长领导下，办理主席团交付的有关事项并处理会议日常事务。副秘书长协助秘书长工作。

第十七条　市人民代表大会举行会议时，市人民代表大会代表应当出席；因病或者其他特殊原因不能出席会议的，会前应当向市人民代表大会常务委员会请假，会议期间必须向所在代表团团长或副团长请假，由代表团汇总情况报大会秘书处。

第十八条　市人民代表大会选出的或市人民代表大会常务委员会补选的省人民代表大会代表，不是市人民代表大会代表的市人民政府组成人员和市中级人民法院院长、市人民检察院检察长、厦门海事法院院长，列席市人民代表大会会议；其他有关机关、团体的负责人和有关人员，由市人民代表大会常务委员会决定，可以列席市人民代表大会。

第十九条　市人民代表大会会议公开举行。

大会可设旁听席。旁听的具体办法由市人民代表大会常务委员会决定并提前发布公告。

市人民代表大会会议根据需要举行新闻发布会、记者招待会。

第二十条　市人民代表大会在必要时，经主席团决定可以举行秘密会议。

第三章　议案的提出和审议

第二十一条　主席团、市人民代表大会常务委员会、各专门委员会、市人民政府、市中级人民法院、市人民检察院、厦门海事法院可以向市人民代表大会提出属于市人民代表大会职权范围内的议案，由主席团决定列入会议议程。

十名以上代表书面联名，可以向市人民代表大会提出属于市人民代表大会职权范围内的议案，由主席团决定是否列入会议议程，或者先交有关专门委员会审议，提出是否列入会议议程的意见，再由主席团决定是否列入会议议程。专门委员会审议议案的时候，可以邀请提案人列席会议，发表意见。

议案须在大会规定截止时间前提出，也可以在市人民代表大会会议举行前提出。

第二十二条　列入会议议程的议案，提案人和有关的市人民代表大会专门委员会、有关的市人民代表大会常务委员会工作部门应当提供有关资料。

第二十三条　列入会议议程的议案，提案人应当向会议提出关于议案的说明。议案由各代表团进行审议，主席团可以同时交有关的专门委员会进行审议、提出报告，由主席团决定提请大会全体会议表决。

第二十四条　专门委员会审议议案和有关报告，涉及专门性问题的时候，可以邀请有关代表和人员列席会议，发表意见。

第二十五条　列入会议议程的议案在交付表决前，提案人要求撤回的，会议对该议案的审议即行终止。

第二十六条　十名以上代表书面联名，可以对列入会议议程的议案或者准备交付大会表决的决议草案提出书面修正案。修正案最迟必须在大会表决前举行的主席团会议前两小时提出，由主席团决定是否提交代表团审议和提请大会表决，或者先交有关的专门委员会审议，提出意见，再由主席团决定是否提交代表团审议和提请大会表决。

第二十七条　列入会议议程的议案，在审议中有重大问题需要进一步研究的，经主席团提出，由大会全体会议决定，可以授权市人民代表大会常务委员会审议决定，并报市人民代表大会下次会议备案，或者提请市人民代表大会下次会议审议。

第二十八条 主席团交付专门委员会审议的议案，对于没有列入本次大会会议议程的，有关的专门委员会必须于本次会议闭会后半年内审议完毕，并向市人民代表大会常务委员会提出报告。市人民代表大会常务委员会对有关专门委员会的报告审议通过后，应当向下次市人民代表大会会议作出书面报告。

十名以上代表书面联名提出的议案经主席团决定不作为议案处理的，作为建议、批评和意见处理。

第二十九条 市人民代表大会代表向市人民代表大会提出对各方面工作的建议、批评和意见，由市人民代表大会常务委员会办事机构交有关机关和组织研究处理，承办的有关机关和组织应有领导负责，专人办理。

承办的有关机关和组织在收到代表的建议、批评和意见后，一般应在三个月内将办理情况和意见答复代表，并报告市人民代表大会常务委员会办公厅，办理情况和意见的报告应由承办机关和组织的分管领导签署并加盖公章。

代表对答复不满意的，可以提出意见，由市人民代表大会常务委员会办事机构督促原办理机关、组织再作研究处理，并负责答复。

市人民代表大会举行会议时，市人民代表大会常务委员会应将上次代表大会以来代表提出的建议、批评和意见的办理情况，向大会提出书面报告。

第四章 审议工作报告、审查国民经济和社会发展计划及财政预算

第三十条 市人民代表大会举行会议时，市人民代表大会常务委员会、市人民政府、市中级人民法院、市人民检察院向会议提出的工作报告，经各代表团审议后，会议可以作相应的决议。

第三十一条 市人民代表大会会议举行的一个月前，市人民政府有关主管部门应将全市上年度或上个五年计划的国民经济与社会发展计划执行情况和本年度或本五年计划草案（以下简称计划草案）、上年度地方财政预算执行情况和本年度预算草案（以下简称预算草案）的主要内容提交市人民代表大会财政经济委员会（以下简称市人大财经委）进行初步审查。

市人大财经委进行初步审查时，应征求市人民代表大会有关专门委员会的意见。

市人大财经委初步审查后应提出审查报告，并于市人民代表大会举行前报送市人民代表大会常务委员会，由市人民代表大会常务委员会分发全体代表。

第三十二条 市人民政府应将计划草案报告和预算草案报告及相应资料于市人民代表大会会议举行前10日，五年计划草案及相应资料于市人民代表大会会议举行前20日，提交市人民代表大会常务委员会，由市人民代表大会常务委员会分发全体代表。

第三十三条 市人民代表大会举行会议，听取并审议市人民政府关于计划草案的报告、关于预算草案的报告，同时审议市人大财经委的审查报告。

临时召开的市人民代表大会会议不适用前款的规定。

第三十四条 计划草案、预算草案经市人民代表大会批准后，在执行过程中必须作部分调整、变更的，市人民政府应当事先将调整、变更草案提请市人民代表大会常务委员会审查和批准。

第三十五条 市人民代表大会举行会议时，市人民政府因故未能编制出本年度的地方财政预算草案，经大会全体会议决定，可以授权市人民代表大会常务委员会在大会闭会后予以审查和批准，并报下次市人民代表大会会议备案。

第五章 选举、罢免和辞职

第三十六条 市人民代表大会常务委员会组成人员的人选，市长、副市长的人选，市中级人民法院院长和市人民检察院检察长的人选，由市人民代表大会主席团或者二十名以上代表书面联名提出。

省人民代表大会代表候选人，由各政党、各人民团体联合或单独推荐，或者由市人民代表大会十名以上代表书面联名推荐。

市人民代表大会各专门委员会组成人员的人选，由主席团在代表中提名。

第三十七条 会议选举市人民代表大会常务委员会主任、副主任、秘书长、委员，市长、副市长，市中级人民法院院长，市人民检察院检察长，省人民代表大会代表，以及通过市人民代表大会各专门委员会主任委员、副主任委员、委员的人选，按地方组织法和选举法的规定进行。

第三十八条 市人民代表大会会议选举和罢免，采用无记名投票方式，以全体代表的过半数通过。

选举或者表决结果，由会议主持人当场宣布。选举或表决通过的得票数应当向大会公布。

第三十九条 市人民代表大会选举和罢免的具体办法，由大会全体会议通过。

第四十条 市人民代表大会会议期间，市人民代表大会常务委员会组成人员、市人民代表大会专

门委员会组成人员，市长、副市长，市中级人民法院院长，市人民检察院检察长提出辞职的，由主席团将其辞职请求交各代表团审议后，提请大会全体会议决定是否接受辞职；大会闭会期间提出辞职的，由主任会议将其辞职请求提请市人民代表大会常务委员会审议表决是否接受辞职，市人民代表大会常务委员会决定接受辞职的，报市人民代表大会备案。

市人民代表大会闭会期间，市长、市中级人民法院院长、市人民检察院检察长缺位的，市人民代表大会常务委员会应当分别从副市长、市中级人民法院副院长、市人民检察院副检察长中决定代理人选；决定代理检察长，须报省人民检察院和省人民代表大会常务委员会备案。

第四十一条　市人民代表大会举行会议时，主席团、常务委员会或者十分之一以上代表书面联名，可以提出对市人民代表大会常务委员会的组成人员，市政府组成人员，市中级人民法院院长，市人民检察院检察长和市人民代表大会选举的省人民代表大会代表的罢免案，由主席团交各代表团审议后，提请大会全体会议表决，或者依照本规则第七章的规定，组织调查委员会调查，由市人民代表大会下次会议根据调查委员会的报告审议决定。

罢免案应写出罢免理由，并提供有关的材料。

罢免案提请大会全体会议表决前，被提出罢免的人员有权在主席团会议和大会全体会议上提出申辩意见，或者书面提出，在主席团会议上提出的申辩意见或者书面提出的申辩意见由主席团印发会议。

第四十二条　市人民代表大会常务委员会组成人员、各专门委员会组成人员的市人民代表大会代表职务被原选举单位罢免或撤换的，其市人民代表大会常务委员会组成人员、专门委员会组成人员的职务相应撤销，由主席团或者市人民代表大会常务委员会予以公告。

第四十三条　市人民代表大会选出的市人民检察院检察长，或者接受市人民检察院检察长辞职，以及罢免市人民检察院检察长，须报经省人民检察院检察长提请省人民代表大会常务委员会批准。

第六章　询问和质询

第四十四条　各代表团审议议案和有关报告时，代表可以向本级国家机关提出询问。有关各工作部门的负责人应当到会，听取意见，回答代表提出的询问。

各代表团全体会议审议政府工作报告和关于国民经济和社会发展计划及计划执行情况的报告、审查关于财政预算及预算执行情况的报告时，市人民政府及其所属各工作部门负责人应当分别参加会议，听取意见，回答询问。

主席团和专门委员会对议案和有关报告进行审议时，市人民政府或者有关各工作部门负责人应当到会，听取意见，回答询问，并可以对议案或者有关报告作补充说明。

第四十五条　市人民代表大会会议期间，十名以上代表书面联名，可以提出对市人民政府及其所属各工作部门、市中级人民法院和市人民检察院的质询案。

质询案必须写明质询对象、质询的问题和内容。

第四十六条　受质询的机关须在市人民代表大会会议期间负责答复。

质询案按照主席团的决定由受质询机关的负责人在主席团会议、有关的专门委员会会议或者有关的代表团会议上口头答复，或者由受质询机关书面答复。在主席团会议或者专门委员会会议上答复的，提质询案的代表有权列席会议，发表意见。

提质询案的代表半数以上对答复质询不满意的，可以提出要求，经主席团决定，由受质询机关再作答复。

在专门委员会会议或者代表团会议上答复的，有关的专门委员会或者代表团应当将答复质询案的情况向主席团报告。

主席团认为必要时，可以将答复质询案的情况印发会议。

质询案以书面答复的，受质询机关的负责人应当签署，由主席团印发会议。

第七章　调查委员会

第四十七条　市人民代表大会会议期间，主席团、市人民代表大会十分之一以上的代表书面联名，可以提议组织关于特定问题的调查委员会，由主席团提请大会全体会议决定。

调查委员会由主任委员、副主任委员若干人和委员若干人组成，由主席团在代表中提名，提请大会全体会议通过。调查委员会可以聘请专家参加调查工作。

市人民代表大会认为必要时，可以授权市人民代表大会常务委员会在闭会期间进行调查、处理，并向下次大会报告调查、处理情况。

第四十八条　调查委员会进行调查时，全市一切有关国家机关、社会团体、企事业单位和公民都有义务如实向它提供必要的材料。提供材料的公民要求调查委员会对材料来源保密的，调查委员会应当予以保密。

调查委员会在调查过程中，可以不公布调查的情况和材料。

第四十九条 调查委员会应当向市人民代表大会提出调查报告。市人民代表大会根据调查委员会的报告，可以作出相应的决议。

市人民代表大会可以授权市人民代表大会常务委员会在市人民代表大会闭会期间，听取调查委员会的调查报告，并可以作出相应的决议，报市人民代表大会下次会议备案。

第八章　发言和表决

第五十条 市人民代表大会代表在市人民代表大会各种会议上的发言和表决，不受法律追究。

第五十一条 主席团成员和代表团团长或者代表团推选的代表在主席团每次会议上发言的，每人可以就同一议题发言两次，第一次不超过十五分钟，第二次不超过五分钟。经会议主持人许可，发言时间可以适当延长，但不得超过五分钟。

第五十二条 市人民代表大会代表对列入会议议程需要表决的议案和决议、决定草案有重要不同意见的，经主席团提出，由出席会议的代表过半数同意，可以暂不交付表决。

第五十三条 大会全体会议表决议案和决议、决定草案，有修正案的先表决修正案。

第五十四条 大会全体会议表决议案和决议、决定草案，由全体代表的过半数通过。表决结果由会议主持人当场宣布。

第五十五条 会议表决议案和决议、决定草案的方式，由主席团决定。

第九章　附　　则

第五十六条 市人民代表大会审议法规案，《厦门市人民代表大会及其常务委员会立法条例》另有规定的，从其规定。

第五十七条 市人民代表大会通过的决议、决定，在《厦门日报》上公布，并按照规定分别报有关机关备案。

第五十八条 本规则的解释权，在市人民代表大会举行会议期间，属大会主席团；闭会期间，属市人民代表大会常务委员会。

第五十九条 本规则自通过之日起施行。

厦门市人民代表大会常务委员会
公　告

第 25 号

（2001 年 9 月 29 日）

《厦门市人民代表大会代表建议、批评和意见办理办法》已于 2001 年 7 月 26 日经厦门市第十一届人民代表大会常务委员会第三十五次会议通过，于 2001 年 9 月 21 日经福建省第九届人民代表大会常务委员会第二十六次会议批准，现予公布，自公布之日起施行。

厦门市人民代表大会代表建议、批评和意见办理办法

第一章　总　　则

第一条 为做好市人民代表大会代表建议、批评和意见的办理工作，根据《中华人民共和国地方各级人民代表大会和地方各级人民政府组织法》、《中华人民共和国全国人民代表大会和地方各级人民代表大会代表法》和《福建省实施〈中华人民共和国全国人民代表大会和地方各级人民代表大会代表法〉办法》的有关规定，结合本市实际情况，制定本办法。

第二条 本办法所称代表建议、批评和意见包括：

（一）市人民代表大会代表（以下简称代表）在

市人民代表大会会议期间书面提出的建议、批评和意见；

（二）代表在市人民代表大会会议期间依法提出的议案，经主席团决定作为代表建议、批评和意见处理的；

（三）代表在市人民代表大会会议期间依法提出的议案，经主席团交付有关专门委员会审议后向市人民代表大会常务委员会（以下简称市人大常委会）报告，市人大常委会决定作为代表建议、批评和意见处理的；

（四）代表在市人民代表大会闭会期间书面提出的建议、批评和意见。

第三条 代表提出建议、批评和意见，是法律赋予的权利，是依法执行代表职务，代表人民参与管理国家事务、经济文化事业和社会事务，监督国家机关工作的一种重要形式。

办理代表建议、批评和意见的有关机关和组织（以下统称承办单位），必须尊重代表的权利，认真研究处理并负责答复。

第四条 市人大常委会人事代表工作机构负责代表建议、批评和意见的登记、交办、督办、检查等具体工作。

第二章 代表建议、批评和意见的提出

第五条 代表应当与原选举单位和人民群众保持密切联系，听取和反映他们的意见和要求，积极提出代表建议、批评和意见。

第六条 代表建议、批评和意见在市人民代表大会会议期间向市人民代表大会提出，在市人民代表大会闭会期间向市人大常委会提出。

第七条 代表建议、批评和意见，可以由代表一人提出，也可以由代表联名提出。

第八条 代表提出建议、批评和意见，应当一事一议，标题明确，内容具体，书写清楚，按照市人大常委会印制的代表建议、批评和意见专用纸所列的项目填写，并亲笔签名。

第三章 代表建议、批评和意见的交办

第九条 代表建议、批评和意见按照其内容，由市人大常委会人事代表工作机构于闭会之日或收到之日起7日内分别交市人民政府、市中级人民法院、市人民检察院、厦门海事法院及其他机关和组织研究办理。

交市人民政府办理的代表建议、批评和意见，由市人民政府办公厅确定具体的承办单位，并于收到之日起14日内交办。

第十条 代表建议、批评和意见需要两个以上单位共同办理的，交办时应确定主办单位和协办单位。

第十一条 市人大常委会人事代表工作机构和市人民政府办公厅交办代表建议、批评和意见，应同时抄送市人大有关专门委员会。

第十二条 代表建议、批评和意见涉及具体司法案件的，不适用本办法规定的办理程序，由市人大有关专门委员会或市人大常委会工作机构依照有关规定处理。

第十三条 承办单位对承办的代表建议、批评和意见应当及时研究，对不属于本单位职责范围内的，应当在收到之日起7日内，向市人大常委会人事代表工作机构或市人民政府办公厅说明情况，经同意后及时退回，不得滞留或自行转办。

市人大常委会人事代表工作机构或市人民政府办公厅对承办单位退回的代表建议、批评和意见，应当在收到之日起7日内重新确定承办单位并交办。

第四章 代表建议、批评和意见的办理

第十四条 承办单位应当重视代表建议、批评和意见的办理工作，列入本单位的议事日程，确定主管领导和承办人员，认真研究处理，保证办理质量。

第十五条 对综合性强、涉及面广、办理难度大的代表建议、批评和意见，应当由承办单位主要负责人组织有关机构和人员研究办理；必要时由市人民政府、市中级人民法院、市人民检察院、厦门海事法院的负责人组织有关机构和人员研究办理。

第十六条 代表建议、批评和意见由两个以上部门共同办理的，主办单位应当主动与协办单位联系和协调，并负责答复；协办单位应当密切配合，协同办理。

第十七条 承办单位对于内容相同的代表建议、批评和意见，可以合并办理，但必须分别答复代表。

第十八条 办理代表建议、批评和意见应重在解决问题，并遵循以下原则：

（一）应当解决且有条件解决的，应尽快解决；

（二）应当解决而受条件限制暂不能解决的，应列入下一年度或今后的工作计划，在计划期限内解决；

（三）不符合法律、政策规定或受条件限制确实不能解决的，应实事求是地向代表说明情况，作出解释；

（四）属于上级有关机关或组织职权范围内的，应及时向上级有关机关或组织反映，并向代表说明情况。

第十九条 承办单位在办理代表建议、批评和意见过程中，应当密切与代表联系，通过走访、座谈、邀请视察等方式，充分听取和征求代表对办理工作的意见和要求。

第二十条 承办单位对代表要求为本人和当事人保密的，应当为代表和当事人保密。

第二十一条 承办单位应当在交办之日起3个月内就办理情况和意见作出答复；需要延长时间的应向代表说明理由，并报经市人大常委会人事代表工作机构同意，但所延长时间不得超过3个月。

第二十二条 承办单位对代表建议、批评和意见办理的答复，应当按照统一格式行文，经单位主要负责人签名、加盖公章后，送交市人大常委会人事代表工作机构。属市人民政府办公厅交办的，应同时抄报市人民政府办公厅。答复件由市人大常委会人事代表工作机构送交有关代表征求意见。

代表收到答复件后，应当对办理结果提出意见并及时寄送市人大常委会人事代表工作机构。

第二十三条 代表对承办单位办理结果不满意的，可以提出书面意见，交由市人大常委会人事代表工作机构督促承办单位重新办理。属市人民政府办公厅交办的，市人大常委会人事代表工作机构应通知市人民政府办公厅。承办单位应当在1个月内将重新办理情况作出答复。

第二十四条 承办单位对答复代表予以解决的事项，应当及时组织实施。

第五章 代表建议、批评和意见办理的检查监督

第二十五条 市人大常委会、市人大各专门委员会可以组织代表对代表建议、批评和意见办理工作情况进行视察、检查。

市人大常委会在组织对市人民政府及其所属部门、市中级人民法院、市人民检察院、厦门海事法院进行工作评议或述职评议时，应当将被评议单位办理代表建议、批评和意见工作情况列为评议的内容。

第二十六条 市人大常委会人事代表工作机构应深入承办单位，了解检查办理情况，必要时可会同市人大各专门委员会对代表建议、批评和意见办理工作进行检查监督。

第二十七条 代表可以持代表证向承办单位了解代表建议、批评和意见的办理情况，或者约见承办单位主管领导，提出意见；也可以对代表建议、批评和意见的办理情况依法提出询问、质询。

第二十八条 市人民政府应对所属部门和下级人民政府办理代表建议、批评和意见的工作情况进行检查监督。

第二十九条 市人民政府、市中级人民法院、市人民检察院、厦门海事法院应在下次市人民代表大会召开前分别将代表建议、批评和意见办理工作情况向市人大常委会报告。

市人大常委会应将办理代表建议、批评和意见的综合情况报告印发市人民代表大会会议。

第三十条 对代表建议、批评和意见办理工作成绩显著的承办单位和人员，由市人大常委会或有关主管机关给予表彰。

对违反本办法规定的承办单位和人员，市人大常委会或有关主管机关可以给予通报批评，情节严重的依照有关规定追究相关领导和直接责任人的责任。

第六章 附 则

第三十一条 本市各区人民代表大会代表建议、批评和意见的办理工作，参照本办法执行。

第三十二条 本办法自公布之日起施行。

厦门市人民代表大会常务委员会
公　告

第 26 号

（2001 年 11 月 28 日）

《厦门经济特区出租汽车营运管理条例》已于 2001 年 11 月 27 日经厦门市第十一届人大常委会第三十八次会议通过，现予公布，自 2002 年 3 月 1 日起施行。

厦门经济特区出租汽车营运管理条例

第一章　总　　则

第一条　为加强出租汽车营运管理，维护市场秩序，提高出租汽车服务质量，保障乘客、经营者及驾驶员的合法权益，遵循有关法律、行政法规的基本原则，结合厦门经济特区实际情况，制定本条例。

第二条　本条例所称出租汽车是指根据乘客意愿提供客运服务，并按里程和时间收费的五座以下小轿车。

第三条　出租汽车行业应当规范管理、合法经营、公平竞争。

第四条　出租汽车行业发展规划由市交通行政管理部门根据本市城市建设和社会、经济发展的实际情况编制，报市人民政府批准后实施。

第五条　市交通行政管理部门是本市出租汽车行业的行政主管部门。道路运输管理机构具体负责出租汽车行业的行政管理。

公安、工商、税务、技术监督、物价等行政管理部门在各自的职责范围内，依法对出租汽车行业进行管理。

第六条　市出租汽车行业协会负责制定出租汽车行业职业规范，协调行业内部关系，开展行业自律，促进和维护公平的市场秩序，教育和督促会员遵守法律、法规和行业职业规范，向有关行政管理部门反映会员的意见和要求，维护会员的合法权益，并根据协会章程为会员提供相关的服务。

市人民政府及有关行政管理部门对出租汽车行业的发展和管理作出重要决策前，应当征求市出租汽车行业协会的意见。

第七条　道路运输管理机构应当建立举报投诉制度，受理对违反本条例行为的举报投诉。出租汽车经营者、驾驶员和乘客有义务协助道路运输管理机构调查举报投诉案件。举报投诉经查证属实的，可由道路运输管理机构对举报投诉人予以奖励。

第八条　道路运输管理机构及其工作人员应当做好出租汽车管理法规的宣传教育，忠于职守、公正廉洁、严格执法、文明执法、热情服务，提高管理水平和办事效率，并接受社会监督。

出租汽车经营者和驾驶员应当安全营运，文明行车，热情服务，规范收费，自觉接受道路运输管理机构的检查和监督。出租汽车经营者和驾驶员在安全营运、文明行车、热情服务等方面成绩显著和拾金不昧、救死扶伤、见义勇为等方面事迹突出的，可由道路运输管理机构予以表彰和奖励。

第二章　出租汽车经营权

第九条　拟从事出租汽车经营的单位和个人，必须依照本条例取得出租汽车经营权。

出租汽车经营权必须按照公开、公正、公平和诚实信用的原则通过拍卖的方式取得。出租汽车经营权拍卖的具体办法由市人民政府制定。

通过拍卖取得的经营权使用期限由市人民政府规定。出租汽车经营权以单车为计算单位，每个经营权限一部车使用。在使用期限内，使用该经营权的出租汽车报废和注销《道路运输证》后，可以按规定办理更新，不需另交经营权使用费。

第十条　出租汽车经营权拍卖由市交通行政管理部门根据出租汽车行业发展规划，提出出租汽车经营权拍卖总量和拍卖方案，并征求相关行政管理部门和出租汽车行业协会的意见，报市人民政府批准后组织实施。

第十一条 市交通行政管理部门在组织出租汽车经营权拍卖时，应当于拍卖三十日前在本地新闻媒体发布拍卖公告。公告应当写明拍卖的时间、地点、经营权数量、拍卖保证金及报名申请的时间等内容。

第十二条 拍卖成交后一个月内，买受人应当缴清出租汽车经营权使用费，并与市道路运输管理机构签订出租汽车经营权使用合同，领取出租汽车经营权确认书。出租汽车经营权确认书应当载明经营权使用期限。

买受人未缴清出租汽车经营权使用费，不签订出租汽车经营权使用合同的，该出租汽车经营权由市交通行政管理部门另行组织拍卖，原拍卖保证金不予退还。

第十三条 拍卖取得的出租汽车经营权可以转让、质押、继承。转让经营权须在取得经营权之日起满二年后方可进行。

经营权转让的，转让、受让双方应当签订书面转让合同。原出租汽车经营权使用合同所载明的权利、义务随之转移。与该经营权配置的出租汽车应当一并转让，但转让时已达到更新期的车辆除外。

经营权转让、质押、继承应当向道路运输管理机构办理登记手续。

第十四条 拍卖出租汽车经营权所得的款项应当上缴财政设立的专户，专项用于出租汽车行业发展和交通基础设施建设，不得挪作他用。

第三章 出租汽车经营者

第十五条 出租汽车经营权使用人从事出租汽车经营可以设立出租汽车企业，也可以设立出租汽车个体工商户。

第十六条 设立出租汽车企业的，必须具备以下条件：

（一）拥有出租汽车经营权；

（二）注册资金五十万以上；

（三）配备必要的汽车技术人员、管理人员、驾驶人员；

（四）有固定的办公场所和与经营规模相适应的专用停车场；

（五）有完善的内部管理制度。

第十七条 出租汽车个体工商户可以委托出租汽车企业进行管理。

委托出租汽车企业管理的，必须签订书面合同，委托双方原有的经济性质、产权和出租汽车经营权不变。

被委托的出租汽车企业应当加强对委托管理的车辆及其驾驶员的监督管理，组织驾驶员培训，办理有关证件和车辆审验等手续，协助委托方及其驾驶员解决营运过程中出现的问题。向委托方及其驾驶员收取费用应当符合规定，不得擅自扩大收费范围、提高收费标准。

第十八条 出租汽车经营权使用人，必须按下列程序办理有关手续后，方可经营出租汽车：

（一）向道路运输管理机构提交设立出租汽车企业或者个体工商户的相关资料，申领《道路运输经营许可证》；

（二）凭《道路运输经营许可证》及有关资料，向工商、税务部门办理营业执照和税务登记手续；

（三）凭道路运输管理机构核发的出租汽车经营权确认书向有关部门办理车辆报牌入户手续；

（四）持营业执照、税务登记证和有关车辆资料向道路运输管理机构申领车辆《道路运输证》。

第十九条 申领《道路运输经营许可证》、《道路运输证》的，道路运输管理机构应当自接到全部申请资料之日起十五日内予以审查，符合条件的，予以发证。不予发证的，应当书面说明理由。

取得《道路运输经营许可证》、《道路运输证》的，由发证机构每年审验一次。审验不合格的，应当在发证机构规定的期限内整改。

第二十条 遇有抢险、救灾等特殊情况，出租汽车经营者或者驾驶员必须服从道路运输管理机构的统一调度和指挥，并由政府给予适当的经济补偿。

第二十一条 出租汽车经营者应当加强对出租汽车车辆及其驾驶员的监督管理，并按道路运输管理机构的要求填报营运统计资料。

第二十二条 出租汽车经营者和驾驶员有权拒绝非法检查、非法摊派和乱收费，并有权拒绝非法强制配备附属设施或者器具。

第二十三条 非本市籍出租汽车除在经市交通行政管理部门批准设立的出租汽车回程配载站点回程配载外，不得从事起点在本市范围内的出租汽车经营活动。

第二十四条 汽车租赁服务企业不得从事出租汽车经营活动，不得提供驾驶劳务。

第四章 驾驶员与乘客

第二十五条 出租汽车驾驶员必须符合下列条件：

（一）取得汽车驾驶证二年以上；

（二）男性年龄在五十五周岁以下，女性年龄在五十周岁以下，身体健康；

（三）初中以上文化程度；

（四）具有岗位服务资格证件。

岗位服务资格证件每两年审验一次。

出租汽车经营者不得聘用无岗位服务资格证件的人员驾驶出租汽车。出租汽车驾驶员不得将出租汽车交由无岗位服务资格证件的人员驾驶。

第二十六条　驾驶员应当遵守下列规定：

（一）安全、文明行车；

（二）随车携带《道路运输证》、《计价器使用证》；

（三）按规定装置岗位服务资格证件，实行亮证服务；

（四）保持车内整洁，不得在车内吸烟或者向车外乱扔废弃物、吐痰；

（五）正确使用税控计价器，按税控计价器显示金额收取车费，主动给付出租汽车专用发票；

（六）非经乘客同意，不得另载他人；

（七）按乘客要求的路线行驶，乘客未提出要求的，应当选择距离最短的路线行驶；确需绕道的，应当事先向乘客说明；

（八）在设有出租汽车营业站点的场所，应当在指定的营业站点内排队载客，不得在营业站点外揽客、拉客或者从事乘车中介活动；

（九）提醒下车乘客携带随身物品，及时归还或者上交乘客遗失物。

第二十七条　驾驶员无正当理由不得拒载、中断服务。

驾驶员有下列情形之一的，视为拒载：

（一）在待租状态下，问明乘客去向后，拒绝提供载客服务的；

（二）载客途中无正当理由中断服务的；

（三）在出租汽车营业站点内不服从管理人员调派的；

（四）已确认电召服务而不完成服务的。

第二十八条　出租汽车暂停载客时，驾驶员应当在空车待租标志灯上设置统一的“暂停载客”标志。

车辆需检修或者税控计价器失准失灵的，应当暂停载客。

第二十九条　乘客有下列情形之一的，驾驶员有权拒载：

（一）非法携带管制刀具、武器，携带易燃、易爆等危险物品的；

（二）精神病人无人监护的、酗酒后丧失自控能力无人陪同的；

（三）在禁停路段要求乘坐的；

（四）要求驾驶员作出违反出租汽车管理、道路交通管理、治安管理规定的行为或其他违法行为的。

第三十条　乘客应当文明乘车，遵守下列规定：

（一）按税控计价器显示金额支付车费和承担依法收费设施、路段的规费；

（二）不得携带管制刀具、武器或者易燃、易爆等危险物品；

（三）精神病人、酗酒者乘车须有人监护、陪同；

（四）不得在车内吸烟或者向车外乱扔废弃物，不得损坏车内设施；

（五）不得要求驾驶员作出违反出租汽车管理、道路交通管理、治安管理规定的行为或者其他不当行为。

第三十一条　驾驶员有下情形之一的，乘客可以拒付车费：

（一）不使用税控计价器或者不按税控计价器显示金额收取车费的；

（二）不给付出租汽车专用发票的；

（三）基价里程内因车辆或者驾驶员原因无法完成运送服务的。

第三十二条　出租汽车运价实行统一标准。

市价格管理部门会同市交通行政管理部门根据运输市场和社会经济发展的实际情况，适时制定和调整运价标准。

目的地为本市范围以外的，驾驶员可以与乘客协议确定车费。

第三十三条　出租汽车专用发票由税务部门统一管理。

税务部门应当将出租汽车专用发票的发放情况及时通报道路运输管理机构。

第五章　车辆与站点

第三十四条　出租汽车必须符合下列要求：

（一）发动机排气量在一千六百毫升以上；

（二）废气、噪声排放符合国家规定的标准，本市制定的标准高于国家规定标准的应当符合本市的标准；

（三）车身统一颜色，前车门喷涂经营者名称；

（四）在指定位置装置出租汽车标志顶灯、营运标志、税控计价器和空车待租标志，并张贴统一价格标签和监督电话号码；

（五）统一安装使用卫星定位无线调度报警装置；

（六）车容整洁、车况良好，服务设施齐全、完好；

（七）车号牌齐全，字迹清晰；

（八）税控计价器状态完好，计量准确。

非出租汽车不得装置出租汽车标志顶灯、营运标志、税控计价器、空车待租标志及使用出租汽车的标志。

第三十五条 出租汽车营运期间应当保持良好技术状况，按规定定期进行维护，并到具有出租汽车专业检测资格的车辆综合性能检测机构接受综合性能的检测、定级。

第三十六条 出租汽车税控计价器由道路运输管理机构、技术监督部门和税务部门统一选型，由符合资质条件的技术机构安装、维修、检定。

出租汽车税控计价器应当按规定周期检定，不得私自改装、调整、维修。

第三十七条 出租汽车达到报废标准的，应当停止营运，办理报废和营运证件注销手续，拆除、缴销出租汽车有关营运标志、设施、发票。

经营权使用期满的车辆，未达到报废标准的，应当拆除、缴销出租汽车营运标志、设施，注销《道路运输证》，停止营运，但可以改作其他用途。

第三十八条 出租汽车营业站点由市交通行政管理部门会同公安、规划、土地、市政等行政管理部门统一规划、建设。

机场、火车站、码头、汽车站、旅游景点等重要客流集散场所应当设置出租汽车免费候客营业站点；三星级以上宾馆、居住小区等公共场所应当设置二个以上出租汽车专用免费候客车位。

市公安交通管理部门会同市道路运输管理机构在商业中心区和主要道路上，根据道路条件和方便乘客原则，确定出租汽车禁停路段和非禁停路段，并在禁停路段设置明显的禁停标志。

第六章 法律责任

第三十九条 竞买人在拍卖时使用虚假证明文件或者采用其他欺骗手段取得出租汽车经营权的，无偿收回经营权。

违反本条例第十三条第一款规定，取得经营权未满二年进行转让的，没收违法所得，无偿收回经营权。

第四十条 有下列行为之一的，责令停止营运，没收违法所得，并处以五千元以上二万元以下罚款：

（一）未按本条例规定取得出租汽车经营权和《道路运输经营许可证》、《道路运输证》，非法从事出租汽车营运的；

（二）违反本条例第二十四条、第三十四条第二款规定，汽车租赁服务企业从事出租汽车经营活动或者提供驾驶劳务的；非出租汽车的车辆装置使用出租汽车标志顶灯、使用出租汽车标志的；

（三）违反本条例第三十七条第一款规定，车辆不办理报废和营运证件注销手续而继续营运的。

有前款第（三）项行为，情节严重的，还可以吊销《道路运输经营许可证》。

第四十一条 违反本条例第二十三条规定，非本市籍出租汽车从事起点在本市范围内的出租汽车经营活动的，责令停止营运，没收违法所得，处以二千元罚款。

第四十二条 出租汽车经营者有下列行为之一的，按下列规定处罚：

（一）违反本条例第十七条第三款规定的，责令改正，拒不改正的，处以二千元罚款，其中向委托方和驾驶员多收费、乱收费的，处以多收、乱收费额三至五倍罚款；

（二）违反本条例第十九条第二款规定，未在规定期限内办理《道路运输经营许可证》或者《道路运输证》审验手续的，责令限期办理；逾期不办理《道路运输经营许可证》审验手续的，处以二千元罚款，逾期不办理《道路运输证》审验手续的，每辆车处以五百元罚款；逾期一个月未办理审验手续或者经审验不合格，整改后仍未达到审验要求的，吊销相应证件；

（三）违反本条例第二十条规定，不服从统一调度和指挥的，责令改正，拒不改正的，处以二千元罚款；

（四）违反本条例第二十五条第三款规定，聘用无岗位服务资格证件的人员驾驶出租汽车的，按聘用人数每人处以五百元罚款；情节严重的，可以暂扣《道路运输证》十日。

第四十三条 有下列行为之一的，按下列规定处罚：

（一）违反本条例第三十四条第（三）项至第（七）项规定，责令限期改正；逾期不改的，处以五百元罚款；

（二）违反本条例第三十五条规定，未按规定期限进行车辆维护和车辆综合性能检测、定级的，责令改正，并处以五百元罚款；

（三）违反本条例第三十六条第二款规定，私自改装、调整、维修税控计价器或者不按规定检定税控计价器的，责令改正，暂扣《道路运输证》十五日；情节严重的，吊销《道路运输证》。

第四十四条　出租汽车驾驶员有下列行为之一的，按下列规定处罚；情节严重的，可吊销岗位服务资格证件：

（一）违反本条例第二十条规定，驾驶员不服从统一调度和指挥的，责令改正；拒不改正的，处以五百元罚款；

（二）违反本条例第二十五条规定，未取得岗位服务资格证件从事营运活动、未在规定期限内办理岗位服务资格证件审验手续或者将出租汽车交由无岗位服务资格证件的人员驾驶的，责令停止营运，并处以五百元罚款；

（三）违反本条例第二十六条第（二）项、第（三）项规定的，责令改正，并处以三百元罚款；

（四）违反本条例第二十六条第（五）项至第（八）项、第二十七条第一款规定的，暂扣岗位服务资格证件十五日，并处以五百元罚款。

第四十五条　出租汽车经营者违反本条例被处以罚款的，罚款不得转嫁给委托方或者驾驶员。

第四十六条　吊销《道路运输证》或者《道路运输经营许可证》的，责令停止营运，其经营权由市交通行政管理部门按照使用年限折价回赎，并收缴出租汽车经营权确认书。吊销《道路运输经营许可证》的，同时提请工商部门依法注销其相应的经营资格。

出租汽车驾驶员被暂扣、吊销驾驶证的，同时分别暂扣、吊销其岗位服务资格证件。

被吊销岗位服务资格证件的，三年内不得再申领。

第四十七条　有下列情形之一的，可以当场暂扣车辆：

（一）车辆、驾驶员与营运证件记载内容不符的；

（二）拒绝接受依法检查或者暂扣营运证件的；

（三）无营运证件从事营运活动，或者被暂扣营运证件后仍然继续营运的；

（四）被道路运输管理机构依照本条例规定责令停止营运的。

暂扣车辆、营运证件的，应当分别出具和车凭证和扣证凭证。暂扣车辆的期限不得超过七日。

第四十八条　本条例规定的行政处罚和行政强制措施由道路运输管理机构作出决定。

第四十九条　当事人对行政处罚和行政强制措施决定不服的，可以依法申请行政复议或者依法向人民法院提起行政诉讼。

第五十条　道路运输管理机构工作人员有下列情形之一的，应当给予批评教育，并视情节轻重，责令其停止执行职务，按规定给予行政处分；构成犯罪的，依法追究刑事责任：

（一）对违反本条例规定的行为不依法处理的；

（二）不按规定核发营运证件的；

（三）暂扣车辆、营运证件不按规定时间上交和处理的；

（四）实施处罚不出具处罚决定书，实施暂扣车辆、营运证件不出具凭证的；

（五）打骂、侮辱当事人的；

（六）故意损毁当事人证件、物品的；

（七）以权谋私、贪污受贿的；

（八）其他滥用职权、玩忽职守、徇私舞弊的行为。

第五十一条　道路运输管理机构及其工作人员违法行使职权，侵犯企业或者个人的合法权益并造成损害的，应当依法承担赔偿责任。

第七章　附　　则

第五十二条　本条例的具体应用问题由市人民政府负责解释。

第五十三条　本条例自二〇〇二年三月一日起施行。

厦门市人民代表大会常务委员会
公　告

第 27 号

（2001 年 9 月 27 日）

《厦门市农村集体财务审计条例》已于 2001 年 9 月 27 日经厦门市第十一届人民代表大会常务委员会第三十六次会议通过，于 2002 年 1 月 20 日经福建省第九届人民代表大会常务委员会第三十次会议批准，现予公布，自 2002 年 3 月 1 日起施行。

厦门市农村集体财务审计条例

第一章　总　　则

第一条　为加强农村集体财务审计监督，巩固和发展农村集体经济，保护农民合法权益，根据有关法律、行政法规和《福建省村集体财务管理条例》的有关规定，结合本市实际，制定本条例。

第二条　本条例适用于对本市行政区域内的农村集体经济组织、村民委员会、独立核算的村民小组等农村集体的财务审计。

对非农村集体单位占有、管理、使用村提留、镇统筹费以及农村义务工、劳动积累工以资代劳资金情况进行专项财务审计，适用本条例。

本条例所称的农村集体财务审计是指对农村集体财务收支的真实性、合法性、完整性依法进行的审计监督。

第三条　市、区农业行政主管部门负责本行政区域内的农村集体财务审计工作，其设立的农村集体财务审计机构（以下简称农村审计机构）承担具体审计事项。

农村集体财务审计工作接受市、区审计机关的业务指导、监督。

第四条　农业行政主管部门和农村审计机构开展农村集体财务审计，应当指导、帮助农村集体建立健全财务管理制度，支持村务监督小组和村民对农村集体财务进行监督。

第五条　农村审计机构应当配备专职审计人员。农村审计人员必须具备与其从事的审计工作相适应的专业知识和业务能力，并持省农业行政主管部门颁发的农村审计证上岗。

第六条　农业行政主管部门和农村审计机构及其工作人员依法行使审计职权，受法律保护。任何单位和个人不得拒绝、阻碍审计人员依法行使职权，不得打击报复审计人员。

农业行政主管部门和农村审计机构及其工作人员办理审计事项，必须客观公正，实事求是，廉洁奉公，保守秘密。

农村审计人员与被审计单位或者审计事项有利害关系的，应当回避。

第七条　农业行政主管部门和农村审计机构依法履行审计职责时，不得向被审计单位收取审计费用。所需的审计经费列入农业行政主管部门的行政管理经费，由同级财政安排。

第二章　审计事项和权限

第八条　农村集体财务的审计事项包括：

（一）年度财务收支计划及其执行情况；

（二）农村集体资产的管理、使用和债权、债务、损益情况；

（三）财务会计报表、凭证、账簿的完整性、真实性、合法性；

（四）政府、部门所拨资金、物资的管理和使用情况；

（五）接受捐赠、赞助资金、物资的管理和使用情况；

（六）有价证券收益、承包金、租金等收入及其使用情况；

（七）土地补偿费、土地作价入股金的收支和建设项目的预算、决算情况；

（八）农村集体投资项目的账目和损益情况；

（九）农村集体经济组织、村民委员会、独立核算的村民小组的主要负责人任期经济责任的履行情况；

（十）农村集体建设用地的有偿使用费收支情况；

（十一）借入资金的管理、使用情况；

（十二）村提留、镇统筹费的提取、管理、使用情况；

（十三）农村义务工、劳动积累工以资代劳资金的占有、管理、使用情况；

（十四）代管的集体资金的使用情况；

（十五）其他需要审计的事项。

第九条　农村审计机构在审计中可以行使下列职权：

（一）要求被审计单位如实提供财务收支计划及其执行情况、会计报表、合同以及其他有关资料；

（二）检查被审计单位的有关账目，查阅有关文件资料，参加被审计单位的与审计事项有关的活动；

（三）向有关单位和人员调查与审计事项有关的问题，被调查的单位和人员应当如实提供有关资料，并出具相关的证明材料；

（四）发现被审计单位正在或者可能转移、隐匿、篡改、毁弃会计报表、凭证、账簿以及其他有关资料的，予以制止，并可以依法登记保存与被审计事项有关的账册资料；

（五）发现被审计单位违反有关财务收支行为的，予以制止，并可以对审计发现的问题提出处理建议；

（六）对接受被审计单位捐赠或者拨付款项的单位、个人，进行调查或者查阅有关账册及资料。

第十条　区农村审计机构承担本行政区域内的农村集体财务审计事项。

市农村审计机构承担下列农村集体财务审计事项：

（一）在全市有重大影响的；

（二）市农业行政主管部门认为需要由市农村审计机构审计的；

（三）属于区农村审计机构承担但该区未设立农村审计机构的。

第三章　审计程序

第十一条　市、区农业行政主管部门按照同级人民政府和上级业务主管部门的要求，根据本地实际，编制年度审计计划。

有下列情况之一的，可以确定专项审计：

（一）因农村集体财务管理问题引起群众不满，需要审计的；

（二）需要进行重点审计调查的；

（三）需要对农村集体经济组织、村民委员会、独立核算的村民小组的主要负责人进行离任审计的。

农业行政主管部门在编制年度审计计划和确定专项审计任务时，应当防止不必要的重复审计。农村审计机构应当按照下达的年度审计计划和专项审计任务进行审计。

第十二条　农村审计机构可以派出审计人员到被审计单位进行现场审计，必要时也可以要求被审计单位将审计所需资料按规定时间报送审计机构进行审计。

农村审计机构进行审计时，应当指派至少两名审计人员组成审计组，并在实施审计的三日前，向被审计单位送达审计通知书。被审计单位应当配合审计工作，提供必要的工作条件。

第十三条　审计人员在审计或者调查时，应当向有关单位和个人出示农村审计证和审计通知书副本。

第十四条　审计组实施审计，按下列规定进行：

（一）编制审计工作底稿，对审计中发现的问题，作出详细、准确的记录，并注明资料来源；

（二）搜集能够证明审计事项的原始资料、有关文件、会议记录和实物等；对不能或者不宜提取的，进行复制、拍照或者制作书面说明；

（三）向有关单位和个人调查取证，所作的记录或者提供的证明材料，由提供者签名或者盖章，不能取得提供者签名或者盖章的，审计人员应当注明原因；

（四）向村民调查了解有关情况，广泛听取村民意见；

（五）在向农村审计机构提交审计报告前，应当征求被审计单位意见，被审计单位应当在收到审计报告之日起十日内提出书面意见，逾期未提出的，视为无异议；

（六）被审计单位对审计报告有异议的，审计组应当进一步核实情况，根据所核实的情况对审计报告作必要的修改，并将审计报告和被审计单位的书面意见一并提交给指派该审计组的农村审计机构审核后，报送同级农业行政主管部门。

审计组应当自实施审计之日起六十日内提交审计报告，遇审计事项复杂或者其他特殊情况，经同级农业行政主管部门批准，可以适当延长，但延长不得超过三十日。农村审计机构应当在收到审计报告之日起七日内完成审核工作。

第十五条 农业行政主管部门应当在接到审计报告后三十日内，对审计事项作出评价，出具审计结论。对违反财务规定，情节轻微的，应当在审计结论中指明并责令被审计单位自行纠正；对需要进行处理的，还应当在法定职权范围内作出处理的审计意见书；对有关责任人员需要由有关部门、单位处理的，还应当做出审计建议书，及时送达有关部门、单位。

农业行政主管部门应当及时将审计结论、审计意见书向被审计单位的村民公布。

第十六条 审计结论和审计意见书自送达之日起生效。被审计单位和有关单位必须执行。农村审计机构应当自审计结论、审计意见书生效之日起三个月内检查审计结论、审计意见书的执行情况。

第十七条 对农业行政主管部门做出的审计建议书，有关部门、单位应当自收到审计建议书之日起六十日内作出处理，并将处理结果书面反馈农业行政主管部门，农业行政主管部门应当及时将处理结果向被审计单位的村民公布。

第十八条 被审计单位五分之一以上有选举权的村民对审计结论、审计意见书有异议，可以在审计结论、审计意见书公布之日起三十日内，联名向农业行政主管部门申请复查。农业行政主管部门审查后认为确有必要的，可以进行复查；认为不需要复查的，应当在收到复查申请之日起十五日内书面告知申请复查的村民。

复查期间，原审计结论和审计意见书不停止执行。

第十九条 被审计单位对审计结论和审计意见书有异议的，可以在收到审计结论、审计意见书之日起六十日内，向作出审计结论、审计意见书的上一级农业行政主管部门或同级人民政府申请复议，也可以依法直接向人民法院提起行政诉讼。

上一级农业行政主管部门或者同级人民政府应当在受理申请之日起六十日内作出复议决定。遇有特殊情况，作出复议决定的期限可以适当延长，但延长的期限不得超过三十日，并应当将延长的期限和理由及时通知申请人。

复议期间，原审计结论和审计意见书不停止执行。

第二十条 区农业行政主管部门应当将审计结论、审计意见书报市农业行政主管部门备案。

农村审计机构对办理的审计事项，应当建立审计档案。

第四章 法律责任

第二十一条 违反本条例规定，有下列行为之一的，由农业行政主管部门责令限期改正，给予警告；逾期未改正的，对直接负责的主管人员和其他直接责任人员给予通报批评，并可以处以一千元以上二千元以下的罚款：

（一）拒绝接受法定事项审计的；

（二）在审计工作中拒绝提供或者不如实提供财务收支计划及其执行情况、会计报表、合同以及其他有关资料的；

（三）被审计单位对审计结论、审计意见书无异议又拒不改正的。拒绝、阻碍农村审计人员依法行使审计职权或者打击、报复农村审计人员，触犯《中华人民共和国治安管理处罚条例》的，由公安机关依法给予处罚；构成犯罪的，依法追究刑事责任。

第二十二条 被审计单位转移、隐匿、篡改、毁弃会计报表、凭证、账簿以及其他有关的资料的，由农业行政主管部门对直接负责的主管人员和其他直接责任人员给予通报批评，并处以二千元以上五千元以下的罚款；构成犯罪的，依法追究刑事责任。

第二十三条 经审计，发现被审计单位有下列行为之一的，由农业行政主管部门责令限期改正，给予警告；逾期未改正的，对直接负责的主管人员和其他直接责任人员给予通报批评，并可以处以一千元以上二千元以下的罚款；给农村集体经济造成损失的，应当赔偿损失；构成犯罪的，依法追究刑事责任：

（一）擅自用集体资产购置交通、通讯工具和其它物品归个人使用的；

（二）擅自用集体资产为他人担保或者将集体资产出借给他人的；

（三）擅自增发工资、奖金、补贴或者用集体资金旅游或者为个人办理保险的；

（四）不按规定管理、使用借入资金或者代管的集体资金的；

（五）设立账外账、小金库的；

（六）以不符合财务制度规定的会计凭证入账归档的。

第二十四条 被审计单位有本条例第二十一条、第二十二条、第二十三条所列行为的，村民会议、村民代表会议可依法对其直接负责的主管人员和其他直接责任人员撤销、罢免其职务。

第二十五条 取得会计从业资格证书的财会人员，违反会计制度的，由区以上地方人民政府财政部门依法追究其责任。

第二十六条　在审计中被依法追回的款物应当退回原所有人。

对直接负责的主管人员或者其他责任人员所处的罚款，不得在农村集体财务中列支或者变相列支。

第二十七条　当事人对行政处罚不服的，可以依法向作出行政处罚决定的上一级主管部门或同级人民政府申请复议，也可以依法直接向人民法院提起诉讼。

第二十八条　农业行政主管部门及其农村审计机构的工作人员有下列行为之一的，由上级主管部门或其所在单位给予行政处分；构成犯罪的，依法追究其刑事责任：

（一）利用职权，谋取私利的；

（二）弄虚作假，徇私舞弊的；

（三）玩忽职守，给被审计单位和个人造成损失的；

（四）泄露审计工作秘密的；

（五）在审计工作中有其他违法违纪行为的。

农业行政主管部门和农村审计机构及其工作人员违法行使职权，给农村集体经济造成损失的，应当依法予以赔偿。

第五章　附　　则

第二十九条　由村民委员会改为居民委员会后仍然保留农村集体经济性质的，可以参照本条例进行审计。

第三十条　本条例的具体应用问题由厦门市人民政府负责解释。

第三十一条　本条例自二〇〇二年三月一日起施行。

大事记

大事记

大　事　记

二〇〇一年

一　月

2日　金门同胞陈水在一行180人乘金门客轮自金门直航厦门参观访问。这是新中国成立以来厦门和金门首次实现直接往来。

12日　由厦门造船厂为德国船东建造的3万吨多用途集装箱货船“凯普·达比”号下水。

18日　厦门市主要污染物总量控制工作通过福建省政府验收，环境功能区和工业污染源达标工作（双达标）同时通过复验。

21日　近日，鼓浪屿区继获“全国文明风景旅游区示范点”称号后，再次获“国家4A级旅游区”称号和国家ISO14001环境管理体系认证证书。

二　月

2日　在全国“畅通工程”表彰总结电视电话会议上，厦门市获全国实施畅通工程“优秀管理城市”称号。

6日　由90多位生活在福建的金门同胞从厦门和平码头乘“鼓浪屿”号，直航金门料罗港。这是半个多世纪来，第一个从祖国大陆直航金门的探亲团。

9日　近日，厦门市供电进岛第三通道、厦门港东渡港区三期工程、厦门东部污水处理系统一期工程、厦门环岛路三期工程列入福建省2001年重点建设项目。

15日　厦门市为民办实事项目之一——农村电网改造工程全面完成。该工程总投资2.73亿元，受益农户28万户，全年可减轻农民负担2 500万元。

18日　根据国家外经贸部、工商总局、海关总署等七部委联合年检统计，厦门市有厦门华侨电子股份有限公司等10家外企列入1999～2000年度全国最大500家外商投资企业座次（以销售收入计）排行榜。

22日　18～22日，厦门市政协第九届第四次会议召开，大会通过《政协第九届厦门市委员会第四次会议决议》。

教育部、福建省和厦门市联合签署重点共建厦门大学协议。从现在起的三年中，上述三方将共同为厦大提供总计6亿元的建设经费。

23日　英国驻华大使高德年爵士一行抵厦访问。

24日　19～24日，举行市十一届人大四次会议，大会通过《关于市政府工作报告及〈厦门市国民经济和社会发展“十五”计划纲要〉的决议》等6个决议和立法条例。

27日　厦门市特大走私案第二批94起案件一审宣判，129名涉案人员中4人被依法判处死刑，6人处无期徒刑，其余119人被判有期徒刑。

三　月

12日　立陶宛考纳斯市政府代表团一行抵厦访问，并与厦门市签订缔结友好关系协议书。这是厦门市缔结的第8个友好城市。

23日　近日，厦门市“引鸟进城”工程启动，首批300个鸟笼将陆续挂上狐尾山等处树梢。

26日　厦门港驶进迄今最大船舶——可装载6 800多个标准箱、最大载重量为11万吨、最大吃水量达14米的荷兰“铁行渣华沙克尔顿”号超大型集装箱船。

四　　月

6 日　厦门大学庆祝建校 80 周年，江泽民总书记发来贺信，全国人大常委会副委员长成思危，全国政协副主席张克辉，福建省、厦门市领导及来自全国各地和海外的厦大校友、嘉宾和师生代表2 000多人出席庆典活动。

9 日　台湾赴祖国大陆物流考察团一行 29 人抵厦考察。

15 日　12～15 日，首届由海峡两岸共同主办的第五届厦门对台出口商品交易会、海峡两岸（机械电子）商品暨第二届台胞回乡旅游购物节在厦举行。大会签订各类贸易合同和协议订单总金额 4.2 亿美元，其中两岸间的贸易额约 1.85 亿美元，对其他国家和地区出口约 2 亿美元，内贸订货协议金额超过 3 亿元人民币。

23 日　由《中国航务周刊》杂志主办的第二届中国货运大奖——货运质量调查活动评奖结果揭晓，在“最佳集装箱港口”的综合服务、集疏运条件、作业效率及科技管理水平等 4 项基本指标评选中，厦门港均名列第 5 位。

28 日　厦华公司自行研制开发的中国第一批数字高清晰度电视上市。厦华成为国内第一家、世界第四家能生产数字高清晰度彩电的厂家。

五　　月

1 日　厦门市第一条以经营女性用品为主的特色街、长 397 米的女人街（一期）正式命名开街。

10 日　戴尔全球中国客户中心落成。该中心是戴尔在亚太地区的第二个集成制造设施，也是其在中国惟一的生产基地。

24 日　22～24 日，厦门市十一届人大常委会第 33 次会议举行，大会审议通过“改革厦门大桥的收费办法，促进岛外经济发展”议案审议结果的报告及有关人事任免。

25 日　鼓浪屿全岛 1 万伏高压架空供电线路缆化工程全面完成，全岛实现地下电缆供电。同时，具有现代化水平的鼓浪屿配电综合管理系统也如期建成。

六　　月

5 日　厦门市招商中心成立，我市招商引资工作从过去的纯政府行为转变为由政府主导、专业运行的市场行为。

今起，中央电视台将发布包括厦门市在内的重点城市空气污染预报。厦门本地媒体将发布市区及杏林、集美、同安、海沧等地的空气质量预报。

市严打头号大案——“一·二三”除夕夜好清香大酒楼爆炸案告破，嫌犯沈金平夫妇及提供炸药的沈宝德被抓获归案。

8 日　台湾“肖太傅大陆进香团”366 名信众乘坐“金门快轮”号客轮，从高雄出发经金门直航厦门。这是今年 1 月金厦直航开通以来，第一艘来自台湾岛经金门直航厦门的台湾客轮。

10 日　厦门市华侨博物院被列为全国第二批百个爱国主义教育示范基地。

12 日　金门红十字观摩交流参访团首次组团直航厦门访问。

15 日　金门县总工会代表团一行 131 人，从金门直航抵达厦门进行交流行动。

22 日　福建省首家“保险超市’——厦门金富安保险代理有限公司正式挂牌。

27 日　“城市化：中国世纪发展的挑战与对策国际研讨会”在厦开幕，百余位中美经济专家参加研讨会。

29 日　26～29 日，中共厦门市第九次代表大会召开，大会号召全市共产党员要紧密团结在以江泽民为核心的党中央周围，高举邓小平理论伟大旗帜，深入贯彻党的基本路线，在新一届市委的领导下，团结和带领全市人民解放思想，振奋精神，凝聚力量，加快发展，为我市率先基本实现社会主义现代化而努力奋斗。大会对厦门城市建设作出从海岛型向海湾型转变的战略性调整。会议通过了《关于八届委员会工作报告的决议》和《关于市纪律检查委员会工作报告的决议》，并选举产生新一届市委委员 35 名、市纪委委员 29 名。在九届委员会第一次全体会议上，洪永世当选市委书记，朱亚衍、张昌平、吴凤章当选市委副书记。

七　　月

1 日　厦门市国税系统金税工程计算机广域网全线开通，并与全国金税工程正式并网运行。

2 日　厦门市迄今最大 IT 项目、单项投资总额 3 亿美元的美国西菱科技股份有限公司落户杏林中亚城。

10日 国家外经贸部和科技部日前公布“2001年科技兴贸百家重点出口企业”名单，厦华电子股份有限公司和厦门市金鹭特种合金有限公司入榜。

18日 厦门电信开通福建省内第一家互联网数据中心。

26日 市人大常委会第35次会议审议通过任命张昌平、詹沧洲为厦门市人民政府副市长。

八 月

9日 第二届消费品博览会暨厦门图书展开幕，本届博览会共设800多个展位，参展客商数千家。展区共展出110家知名出版社的2万多种、15万余册书籍。

11日 400位三峡库区移民入住同安、集美4个移民点。

16日 建筑面积约3.8万平方米，年货物吞吐能力为15万吨的两岸民航业界第一个合作项目——厦门航空港新货运站奠基。该站总投资2.25亿人民币，其中厦门空港集团拥有51%的股权，台湾航勤拥有41%的股权。

22日 “2001年台湾软件业大陆访问团”团长、台湾中华资讯软件协会理事长翁正雄一行抵厦访问。

九 月

1日 全国首批中国名牌产品评选揭晓，厦华彩电获“中国名牌产品”称号，为此次评选中福建省惟一上榜产品。

6日 中共中央政治局委员、国务院副总理吴邦国来厦考察。

8日 阿拉伯国家联盟代表团团长、约旦副首相穆罕默德·哈莱加率团来厦出席“第五届中国投资贸易洽谈会”和“中国和阿拉伯国家双向投资研讨会”。

全国首家台商会馆——厦门台商会馆落成。该馆占地面积3 538平方米，总投资3 800万元。

12日 8～12日，第五届中国投资贸易洽谈会在厦开幕，来自97个国家和地区的8 950名客商与会，共签订合同项目1 027个，合同外资金额47.98亿美元，意向项目368个，意向外资金额33.52亿美元。在洽谈会上，厦门代表团共与外商签订48个项目，协议利用外资8.74亿美元。其中，签订合同项目35项，合同利用外资5.06亿美元。

16日 总投资近1亿元的曾厝垵厦门大学学生公寓投入使用。公寓占地约100亩，建有学生宿舍7幢和教学楼、食堂、招待所各1幢，总建筑面积6.7万平方米，可满足5 000名学生住宿和学习需要。

17日 新加坡总统纳丹一行抵厦访问。

20日 凌晨，“爱丁堡”号集装箱与“运鸿”号油轮在厦门正南6海里处碰撞，随后，运载8 600多吨柴油的“运鸿”油轮沉没，23名遇险船员全部获救。沉船除少量机舱中的燃油外溢外，货仓中的柴油未泄漏，这是厦门港有史以来最大的一起沉船事故。

25日 在第13届全国发明展览会上，厦门展团获3枚金牌、8枚银牌和6枚铜牌。获金牌项目为厦门大学化学系胡荣宗等发明的“PCD－1型高性能智能化离子色谱仪”、厦门一中江腾舟发明的“可收集降水的植物栽培容器”、厦门外国语学校周倩倩发明的“多轴片式转轴拉杆天线”。

十 月

14日 11～14日，中国国际果蔬产业博览会在厦门开幕。博览会集中展示改革开放以来中国南方省市及海内外果蔬产业发展的最新成果，共设国际标准展位1 076个，展品30多类。全国政协副主席宋健参加了开幕式，5万多名海内外宾客参展参会。博览会期间签约项目153个，其中合同101个，协议52个，总投资额6.8亿美元，利用外资4.8亿美元；贸易额1.5亿美元。其中厦门市签约项目48个，投资贸易总额2.17亿美元。

17日 第八届中国广告节在厦门开幕，上万幅广告作品参展，展览面积3.2万平方米。全国人大常委会副委员长王光英为开幕式揭幕。

23日 历时4个多月的市第十六届运动会结束。本届运动会共设13个比赛项目，296枚金牌。共有21个代表团、1 700多名运动员参加运动会。

31日 据全国工商联统计，厦门市有厦门惠尔康公司等7家民营企业进入2000年民营企业500强排行榜。

厦门日报成为首家定期出席国台办新闻发布会的地方媒体。

十 一 月

2日 厦门国贸集团股份有限公司赴金门商贸考察团一行11人，乘“太武”号客轮直航金门。这是今年“两门”、“两马”直航以来，首个赴金门的商贸考察团。

11日 8～11日，首届中国（厦门）国际城市绿色环保博览会在厦开幕，2万多名海内外客商参展，与会的国内外城市代表团83个。本届绿博会围绕绿色城市这一主题，通过系列展览活动、“21世纪绿色城市论坛”、城市生态环保建设项目投资合作洽谈等多种形式，向人们展示国内外城市在环保及园林绿化方面取得的成就，以唤起社会各界积极保护生态，吸引国际社会关注支持中国的环保事业。展会上，有10个招商项目达成合作意向，涉及金额1.6亿美元。

12日 晚，湖里海天路冰青美容美发婚纱摄影中心发生重大火灾事故，4人窒息死亡。

15日 厦门市环境监理中心等84个青年集体获2000年度市级“青年文明号”称号。厦门电信公司客户服务部江头营业厅等10个青年集体被确定为首批“厦门市青年文明号信用建设示范创建单位”。

17日 在2000年度厦门市科学技术进步评奖会上，厦门大学肿瘤细胞工程国家专业实验室副研究员夏宁邵、厦门眼科中心主任洪荣照获市科技重大贡献奖并分获奖金30万元。

20日 厦门港内首座新建灯塔——高33.1米，射程16海里以上的猴屿灯塔正式启用。

21日 赤道几内亚共和国总统奥比昂·恩奎马姆巴索戈抵厦访问。

23日 经国家科技部批准，厦门市包括电子与信息、新材料及应用、生物工程和新医药、光机电一体化、新能源与高效节能在内的19个项目列入2001年度国家级火炬计划项目。

26日 在中国第七届戏剧节上，厦门市歌仔戏剧团创作演出的歌仔戏神话剧《白鹭女神》获“中国曹禺戏剧奖优秀演出奖”及单项奖第8个奖项。

28日 在2001年旅客话民航评价活动中，厦门航空有限公司获旅客运输量350～800万人次组别旅客评价第一名。

30日 鼓浪屿通过国家环保总局、建设部“ISO14000国家示范区”验收。

十 二 月

6日 经专家推选和市民投票，厦门国际会展中心、海沧大桥等10个项目入选市“十大优秀建设工程”。

7日 在2000～2001年度中国最大的500家外商投资企业（以销售收入计）排行榜上，厦门市有戴尔计算机（中国）有限公司等11家外企入榜。

9日 厦门大学化学系教授郑兰荪当选中科院院士。

20日 桥面宽37米，长144.16米，跨越鹰厦铁路和东苑路的湖里大道中段铁路立交桥建成通车。

22日 举行厦门经济特区建设20周年庆祝大会。全国政协副主席、中共中央统战部部长王兆国等中央、国家领导人出席庆祝大会。

25日 中共中央政治局常委、国务院副总理李岚清在厦门考察。

28日 2002年度全国煤炭订货交易会在厦门开幕，来自全国的煤矿企业、用煤单位等1 200多人参加会议。

（厦门市方志办 叶赛梅供稿）

中国统计出版社最新资料书简目

中国工商银行厦门市分行自1984年12月成立以来，不断强化金融服务意识，充分运用现代科技手段，不断创新金融产品，完善服务功能，形成以效益为中心，本外币一体化，存、贷、汇相配套，传统业务与新兴业务协调发展的商业银行服务体系。

工行厦门市分行一贯重视对地方经济建设、高新技术改造项目的信贷资金支持，特别是配合厦门市政府抓好地方重点项目建设，如大力支持了厦门高崎国际机场、海沧大桥、环岛路等一大批基础设施建设项目，同时投入巨资有力支持了翔鹭石化、法拉电子、宏发电子等高新技术改造项目，为厦门经济特区建设成为国际性现代化的信息港和美丽的海湾城市做出积极的贡献。

近年来，中国工商银行已在全国三万多个营业网点中建立了我国金融系统最先进的资金汇划电子清算系统，借此优势，工行厦门市分行高效率地为广大客户提供方便快捷的资金结算服务，同时大力发展电子银行、网上银行业务，创立了金融e通道品牌，通过SWIFT环球金融电讯系统办理外汇速汇业务等。最近厦门工行又率先开办了祖国大陆与台湾地区两岸之间直通的汇入汇款、信用证往来等业务。

工行厦门市分行的中间业务和代理业务快速发展，目前已开办代收代付、代理保险等三十几项代理业务，牡丹卡业务也突飞猛进地发展，现已拥有98万持卡人，在厦门市发卡银行中，卡品种最为齐全，各项指标均居前列，并保持着厦门市银行卡同业中的多项第一。为应对入世的挑战，该行还全面加强同证券、保险领域的代理合作，推出理财中心品牌，拓展新的服务功能。开通**95588**全国统一电话服务系统，昼夜不停地为社会各界提供更加温馨便捷、人性化的金融服务。

法人客户信贷业务

> 项目贷款

- ⊙ 一般项目贷款
  - √基本建设贷款
  - √技术改造贷款
  - √科技开发贷款
  - √商业网点贷款
- ⊙ 并购贷款
- ⊙ 临时周转贷款
- ⊙ 外汇转贷款

> 流动资金贷款

> 法人房地产贷款

- ⊙ 住房开发贷款
- ⊙ 商用房开发贷款
- ⊙ 住房项目储备贷款
- ⊙ 安居工程贷款
- ⊙ 学生公寓建设贷款
- ⊙ 法人商业用房贷款

> 非融资类人民币保函

> 法人客户银行承兑汇票

结算业务种类

>基础业务：包括支票、汇兑、银行汇票、商业汇票、委托收款、托收承付、单位金卡等业务。

>网络结算：办理企业集团系统内跨地区自动划款，帐户查询、代理收付等业务。

>代理证券资金清算：代理法人券商各类证券资金的清算。

>代收付业务：代理公用事业收费，代收代付社会保险，代发工资，代收学费，代收行政罚没款等业务。

>集团帐户：集团总公司和子公司分别开立帐户，资金集中管理，提高资金的使用效率。

存款帐户种类

基本存款帐户、辅助存款帐户、临时存款帐户、专用存款帐户、协定存款帐户、定期存款帐户、通知存款帐户

网 上 银 行 / 电 话 银 行 / 手 机 银 行

服 务 种 类 多

网上银行集团理财　网上支付结算代理　网上收费站　缴费通　银证通……

金融e通道

e-Banking

与 时 代 同 行

功能丰富

网上银行：

>企　业：集团理财、网上结算、支付结算代理、收费站、银企对接

>个　人：帐户查询、转帐、汇款、外汇买卖、银证通、质押贷款、基金业务

电话银行：帐户查询、帐户转帐、银证转帐、银证通、缴费通、外汇买卖、基金业务

手机银行：帐户查询、帐户转帐、缴费付款

自助银行：帐户查询、购买基金、打印对帐单、打印回单、补登折

厦门港务集团有限公司

厦门港务集团有限公司是在原厦门港务局所属企业的基础上组建成立的一家大型国有港口企业。为进一步促进港口企业组织结构的优化组合，推动生产要素的合理流动，发挥港口企业的综合能力，保证国有资产的保值、增值，实施厦门市委、市政府提出的“以港立市”，”以港兴市 ”的发展战略，原厦门港务局在全国同行业中率先实行政企分设，于1998年6月18日正式设立厦门港务集团有限公司。厦门港务集团已成为厦门市重点扶持的十大企业集团之一。

集团公司的经营范围涉及国有资产的运营管理、国际国内集装箱及散杂货装卸、仓储、中转、拆装拼箱、堆存、洗箱、修箱、公路汽车运输、信息产品开发服务、港口工程开发建设、港口机械设备租赁、海上油污、水回收处理、环境监测等业务。目前，厦门港务集团总资产达36.7亿元，净资产17.3亿元，员工总数6千余人。公司共有生产性码头泊位44个，码头总延长4270.5米，其中万吨级以上集装箱泊位4个，万吨级以上散杂货码头5个，2.5万吨级煤炭专用码头泊位2个，万吨级客运泊位2个，千吨级泊位14个及大型储粮圆筒仓12个；公司拥有较先进的各类机械设备700多台套，其中有集装箱装卸桥、跨运车、正面吊、空箱堆高机、牵引车、重箱叉车、底盘车、集箱轮胎式龙门起重机等集装箱装卸运载设备，还有50吨汽车起重机、门式起重机、装载机、200吨起重船、90吨、60吨驳吊及自动化散粮、散化肥灌包设备、先进的煤码头装卸系统等，并拥有计算机信息管理网络系统。 2001年公司完成货物吞吐量为1406.7吨，占全港货物吞吐量的67.02%； 集装箱吞吐量为102.94万标箱，占全港集装箱吞吐量的79.6%，企业连续八年实现利润超亿元，为厦门的纳税大户，多次受到市政府及有关部门的表彰。

目前，厦门港务集团正按现代企业制度的要求，进一步解放思想，转变观念，深化集团企业经营管理体制改革 ，构建集团发展战略框架 ，加强企业管理和创新，加快产业、功能、组织等方面的结构调整，集中资源大力培育集团核心竞争力，抓住入世带来的新挑战和新机遇，团结一致，与时俱进，开拓创新，努力把厦门港务集团建设成为结构合理布局分明、功能完善、信息畅通、安全高效的现代化大型港口企业集团 ，为把厦门港建设成为东南沿海主枢纽港和区域性航运中心而努力奋斗。

繁忙的港口集装箱生产

散杂货装卸

优质的外轮代理服务

公司法定代表人、总经理：曾英国

地址：厦门东渡路127号港务大楼

电话：0592-6013616

电挂：3099

邮编：361012

厦门市医疗急救中心

厦门市医疗急救中心位于中山医院振河大楼十二楼，筹建于1993年，于1998年底建成，并在1999年元月28日正式开通“120”公众救助电话，同年6月5日，中心全方位启动。

医疗急救中心以院外急救为重点，兼有急诊科研和教育功能，承担全市医疗急救和重大意外灾害事故的急救指挥、调度、统计分析；进行各种急、危、重症病人的现场抢救、转送及途中医疗监护；组织和承担有关急救医学教育、宣传以及急救医学知识的普及。

接受上级领导检阅

中心实行平战结合，准军事化管理，24小时全天候待命出警，设有指挥调度室、医务科、护理部、车管科、办公室五个职能科室，以及杏林、集美、同安、马巷、新店五个急救分站，还有12名员工正式列入预备役师高炮五团卫生队建制，成为预任官兵，并成立了厦门卫生系统民兵医疗救护应急分队。至今已建成一个国内设施完备、功能齐全的“陆海空120”立体交叉急救网络。中心有高素质的全科医生34名，护士37名，调度员17名，驾驶员35名，行政后勤人员19名。指挥调度人员做到1分钟下达出车命令，医、护、驾驶人员做到反应迅速，行动快捷。

青年自愿者义诊

陆上，引进的20辆配备国际先进的医疗设备的“奔驰”救护车日夜穿梭于厦门的大街小巷、城镇乡村，在全市建立了三级急救网；

海上，我们又与厦门海警三支队联手实施海上救护，建立了具有双拥特色的“海上120”，保障了厦、漳海域和台湾海峡渔民等往来人员的生命健康与安全；

市直机关授予的“荣誉称号”

空中，我们还与驻漳空军部队建立联防协调机制，并在中心所在振河大厦顶楼建有直升飞机停机坪，机坪旁边设有ICU重症抢救室，为空运而来的急重症病员开辟生命的“绿色通道”。

三年来，中心多次获得了省、厦门市委、市政府的各种表彰、奖励，省110社会联动办授予“1998——1999年度福建省110社会联动工作先进集体”、市委市政府驻厦部队授予的“1999——2000年双拥先进单位”荣誉称号、在2001年度中心党支部被评为市卫生系统“先进党组织”、2001年厦门市“诚实守信”活动“十佳单位”及厦门市卫生局颁发的1999年度卫生系统“白求恩杯”奖，并涌现出了许多先进个人。

厦门市健鹏农资有限公司

一、公司概况

厦门市农业生产资料公司成立于1977年，系厦门市供销合作社的直属企业。主要负责厦门地区农业生产所需化肥、农药、农用薄膜等农业生产资料的供应和市场调控及储备任务。几年来，公司认真贯彻国务院关于深化农资流通体制改革的精神，解放思想，转换观念，加强管理，开拓经营，企业经济效益稳步增长的同时取得良好的社会效益。自1977年起连续五年获得“福建省第三产业300家大企业”的称号。

二、与时俱进，推进企业改革

为适应市场经济发展的要求，2001年12月6日公司正式改制为“厦门市健鹏农资有限公司”，同时，正式开展进出口经营业务，新公司注册资本人民币1000万元，其中厦门市供销社集团公司出资900万元，占总资本90%，25位自然人股东出资100万元，占总资本的10%。同时按照《公司法》的要求，真正建立规范化的现代企业制度，改制后公司本着“求实、创新、开拓、奉献”的企业精神和“诚信经营、全面为"三农"”的经营理念，不断提高为农服务的水平。2002年是公司规范化改制后的第一年，预计全年可销售化肥10万吨、农药500吨，实现销售收入12000万元，全年创税利400万元。企业的经济效益将继续保持良好的发展势头。

三、企业今后的发展思路

随着中国加入WTO，农资商品经营的市场竞争将更加激烈，从厦门的地理位置看，厦门是非主要农业产区，幅地小，市场空间有限，又是远离国产化肥产地，但厦门港是福建省进口化肥的集散地，辐射能力可以到邻近的几个省份，进口化肥经营具有得天独厚的优势，同时具备国产化肥出口和化肥转口贸易的条件。因此，公司今后拟采取强强联合，资产重组的办法来提高企业的竞争力，做好做大进口化肥的经营，走规模效益的发展道路，最终形成辐射广、规模大的区域性农资专业公司。

厦门港东渡码头化肥调运现场

四、机构设置及联系电话

董事长：陈　坚　　2203814

总经理：陈鹏图　　5319950

传　真：5311371

HTTP://XMNZ.COM.CN

EMAIL：XMNZ@XMNZ.COM.CN

白鹤山农资配送中心

厦门港务集团物业管理有限公司

厦门港务集团物业管理有限公司成立1999年2月，是厦门港务集团下属从事物业管理和后勤保障的专业化子公司。注册资金为人民币200万元。1999年4月，经市建委审核，企业经营资质为三级（目前已进入申办二级资质的阶段），2002年2月成为厦门市物业管理协会成员单位。经过3年多的改革与发展，公司目前已承接了港务集团和通里、双狮山（含牛头山）、金鼎路、湖滨南路4个生活小区以及港务集团办公大院、建港大院、港集大厦、厦门港联检报关中心、港务集团职工单身公寓等各类物业项目的管理，总面积约达30万m^2。在企业的经营管理过程中，我们积极依托港口，走多元化发展的道路，各项业务发展迅速，公司的经营项目包括招待所、幼儿园、文体中心、物质采购供应中心、社区综合服务中心、房屋中介服务等。根据现代企业的管理要求，公司内部设置了综合部、财务部、物业管理部、业务发展部等职能部门，各项规章及管理制度健全，保证了各项专业化管理工作健康有序的进行。随着市场经济的不断完善和发展，厦门港务集团物业管理有限公司将继续立足港口，不断进取，以辉煌的业绩迈向新的台阶。